U0152907

考前充分準備　臨場沉穩作答

千華數位文化
Chien Hua Learning Resources Network

公務人員
「高等考試三級」應試類科及科目表

高普考專業輔考小組◎整理

完整考試資訊

http://goo.gl/LaOCq4

★普通科目

1.國文◎（作文60%、公文20%與測驗20%）
2.法學知識與英文※（中華民國憲法30%、法學緒論30%、英文40%）

★專業科目

類科	科目		
一般行政	一、行政法◎	二、行政學◎	三、政治學
	四、公共政策	五、民法總則與刑法總則	六、公共管理
一般民政	一、行政法◎	二、行政學◎	三、政治學
	四、公共政策	五、民法總則與刑法總則	六、地方政府與政治
社會行政	一、行政法◎	二、社會福利服務	三、社會學
	四、社會政策與社會立法	五、社會研究法	六、社會工作
人事行政	一、行政法◎	二、行政學◎	三、各國人事制度
	四、現行考銓制度	五、民法總則與刑法總則	
	六、心理學（包括諮商與輔導）		
勞工行政	一、行政法◎	二、經濟學◎	三、勞資關係
	四、就業安全制度	五、勞工行政與勞工立法	六、社會學
戶政	一、行政法◎		
	二、國籍與戶政法規（包括國籍法、戶籍法、姓名條例及涉外民事法律適用法）		
	三、移民政策與法規（包括入出國及移民法、臺灣地區與大陸地區人民關係條例、香港澳門關係條例、護照條例及外國護照簽證條例）		
	四、民法總則、親屬與繼承編		
	五、人口政策與人口統計	六、地方政府與政治	
公職社會工作師	一、行政法◎	二、社會福利政策與法規	三、社會工作實務
教育行政	一、行政法◎	二、教育行政學	三、教育心理學
	四、教育哲學	五、比較教育	六、教育測驗與統計
財稅行政	一、財政學◎	二、經濟學◎	三、民法◎
	四、會計學◎	五、租稅各論◎	六、稅務法規◎
商業行政	一、民法◎	二、行政法◎	三、貨幣銀行學
	四、經濟學◎	五、證券交易法	六、公司法
經建行政	一、統計學	二、經濟學◎	三、國際經濟學
	四、公共經濟學	五、貨幣銀行學	六、商事法

金融保險	一、會計學◎　　二、經濟學◎　　三、金融保險法規 四、貨幣銀行學　　五、保險學　　六、財務管理與投資
統　計	一、統計學　　二、經濟學◎　　三、資料處理 四、統計實務（以實例命題）　五、抽樣方法　六、迴歸分析
會　計	一、財政學◎　　二、審計學◎　　三、中級會計學◎ 四、成本與管理會計◎　　五、政府會計◎ 六、會計審計法規（包括預算法、會計法、決算法與審計法）◎
財務審計	一、審計學（包括政府審計）◎ 二、內部控制之理論與實務 三、審計應用法規（包括預算法、會計法、決算法、審計法及政府採購法） 四、財報分析　　五、政府會計◎　　六、管理會計
法　制	一、行政法◎　　二、立法程序與技術　　三、民法◎ 四、刑法　　五、民事訴訟法與刑事訴訟法　六、商事法
土木工程	一、結構學　　二、測量學　　三、鋼筋混凝土學與設計 四、營建管理與工程材料　　五、土壤力學（包括基礎工程） 六、工程力學（包括流體力學與材料力學）
水利工程	一、水文學　　二、流體力學　　三、渠道水力學 四、水資源工程學　五、營建管理與工程材料 六、土壤力學（包括基礎工程）
文化行政	一、世界文化史　二、本國文學概論　　三、藝術概論 四、文化人類學　五、文化行政與政策分析 六、文化資產概論與法規
電力工程	一、工程數學◎　　二、電路學　　三、電子學 四、電機機械　　五、電力系統 六、計算機概論
法律廉政	一、行政法◎　　二、行政學◎　　三、社會學 四、刑法　　五、刑事訴訟法 六、公務員法（包括任用、服務、保障、考績、懲戒、行政中立、利益衝突迴避，財產申報與交代）
財經廉政	一、行政法◎　　二、行政學◎　　三、社會學 四、公務員法（包括任用、服務、保障、考績、懲戒、行政中立、利益衝突迴避，財產申報與交代） 五、心理學　　六、財政學概論與經濟學概論◎
機械工程	一、熱力學　　二、機械設計　　三、流體力學 四、自動控制　　五、機械製造學（包括機械材料） 六、工程力學（包括靜力學、動力學與材料力學）

註：應試科目後加註◎者採申論式與測驗式之混合式試題(占分比重各占50%)，應試
　　科目後加註※者採測驗式試題，其餘採申論式試題。

各項考試資訊，以考選部正式公告為準。

 千華數位文化股份有限公司
新北市中和區中山路三段136巷10弄17號
TEL: 02-22289070　FAX: 02-22289076

目 次

第一章　緒論

第二章　理論與方法

第三章　社會與社會組織

第四章　個人與社會化

第十六章　社會學重點名詞解釋

第十七章　近年試題及解析

作者的話

據個人多年的教學經驗，初學者研讀社會學的心得多為：內容太多、觀念深澀、霧裡看花，總覺得花費很多時間與心力，無法獲致預期的效果。其實不然，社會學是一門非常生活化的學科，它所探討的是我們所生活的世界，只是在未具備社會學的概念以前，不知周遭發生的事物，應採何種觀點加以探討，應以何種方法深入瞭解罷了。因此，為使您在準備考試過程中，讓「社會學」這一科為您取得滿意的分數，請先調整心情，以洞察咱們生活的社會之態度來面對它，相信會減少您的心理障礙，讓學習過程更加順暢。

本書在編排上完全是站在讀者有利準備與吸收的立場著想，首先在每一章節前面安排課前導讀，先將整章概要作一簡要說明，並提醒閱讀訣竅。其次，再將整章之重點筆記加以臚列，可在全章閱讀完畢以後，檢視個人所獲心得，與前段重點摘要是否一致，若無時間自行整理重點摘要筆記，亦可以此為主，可省卻時間不足之困。另在書後將重要名詞解釋依據英文字母順序加以排列，建議在閒暇時稍作翻閱，對於提高社會學一科的興趣，以及應付突如其來的名詞解釋題型當有助益。最後在歷屆考題的整理上，限於篇幅，無法一一作出解答，但可經由各年考試之題目，獲知可能的命題方向與重點，有空時，找三五題做做練習，一方面可熟悉答題速度，再方面可練習時間的掌握，也是獲取高分的必備功夫。

在準備上，社會學的古典四大理論：功能論、衝突論、互動論及交換論，是非常重要的內容，應對其論點與應用加以瞭解；其次，在社會組織（科層制）、社會化、教育、社會階層與階級、集體行為、社會運動、現代化、全球化、社會麥當勞化等議題多下功夫，試著以每一章的系統綱要為參考架構，自行整理重點筆記；最後，針對時事的主題稍加留意，在筆記上適時的補充，相信一定會有滿意的成績表現。祝福您！金榜題名！

陳月娥 敬上

重要社會學者與其鉅著一覽表

學者	著作
Adam Smith（史密斯）	The Wealth of Nations（國富論）
Erving Goffman（高夫曼）	Asylums（收容所）
C.W.Mills（米爾斯）	The Sociological Imagination（社會學想像）
Emile Durkheim（涂爾幹）	1. The Elementary Forms of the Religions Life（宗教生活的基本型式） 2. Suicide Theory（自殺論） 3. Social Division of the Labor（社會分工） 4. The Rules of Sociological Method（社會學方法的規則）
Max Weber（韋伯）	The Protestant Ethics and the Spirit of Capitalism（基督新教倫理與資本主義精神）
George Herbert Mead（米德）	Mind , Self and Society（心靈、自我和社會）
Daniel Bell（貝爾）	The Coming and Post Industrial Society（未來和後工業社會）
Becker（貝克）	Outsider（局外人）
Immanuel Wallerstein（華勒斯坦）	The Modern World System（現代世界體系）
Whyte William Foote（懷特）	Street Corner Society（街角社會）
Herbert Blumer（布魯默）	Symbolic Interactionism（符號互動論）

學者	著作
Harold Garfinkel（高分柯）	Studies in Ethnomethodology（俗民方法學研究）
Frederick W.Taylor（泰勒）	Alienation and Freedom（疏離與自由）
Anthony Giddens（季登斯）	1. Social Theory and Social Structure（社會理論和社會結構） 2. Capitalism and Modern Social Theory（資本主義和現代社會理論） 3. The Constitution of Society（社會的建構） 4. Social Theory and Modern Sociology（社會理論和現代社會學）
Erving Goffman（高夫曼）	The Presentation of Self in Everyday Life（每日生活中的自我表現）
Alfred Schutz（徐志）	Phenomenology of the Social World（現象學的社會世界）
Bourdieu（布爾岱）	1. Distinction（傑出） 2. Cultural Reproduction and Social Reproduction（文化再生產和社會再生產）
Herbert Spencer（斯賓塞）	Development Hypothesis（發展假設）
Talcott Parsons（帕森思）	Action System Theory（行動體系理論）
Charles Cooley（顧里）	Human Nature and the Social Order（人性與社會秩序）
Robert Merton（莫頓）	Social Theory and Social Structure（社會理論和社會結構）
Jonathan Turner（杜納）	1. The Structure of Sociological Theory（社會學理論的結構） 2. Collective Behavior（集體行為）

社會學者及其論述一覽表

學者	論述主題
孔德（Comte）	社會動靜學、知識發展三階段
斯賓塞（Spencer）	社會有機體論
涂爾幹（Durkheim）	脫序、自殺論、社會分工、連帶社會、集體意識
韋伯（Weber）	科層制、瞭悟、理想類型、價值中立、權威、理性化
馬克思（Marx）	階級衝突、經濟決定論、上下層建築、自在階級與自為階級、虛偽意識
顧里（Cooley）	鏡中之我、初級與次級團體
米德（Mead）	社會互動我、符號互動論
墨頓（Merton）	中型理論、顯性及隱性功能、結構緊張論
帕森思（Parsons）	一般行動論
米爾斯（Mills）	社會學想像
密歇爾（Michels）	寡頭鐵律
華勒斯坦（Wallerstein）	世界體系論
史美舍（Smelser）	價值增加論
高夫曼（Goffman）	戲劇論、總體組織（全控機構）
高分柯（Garfinkle）	俗民方法論
布魯默（Blumer）	符號互動論、群眾的分類
貝克（Becker）	標籤論
達倫道夫（Dahrendorf）	衝突論
杜尼斯（Tonnies）	禮俗社會與法理社會
烏格朋（Ogburn）	文化失調

學者	論述主題
渥斯（Wirth）	都市決定論
蘇薩蘭（Sutheralnd）	差別結合論
勒馬特（Lemert）	初級與次級偏差
法蘭克（Frank）	依賴理論
帕雷托（Pareto）	精英循環論
波德里亞（Bourdrillard）	消費社會
柏格（Berger）	現代化理論
李歐塔（Lyotard）	後現代社會理論
哈伯瑪斯（Habermas）	溝通行動理論
貝爾（Bell）	後工業社會理論
季登斯（Giddens）	現代化社會理論、第三路線
孫末楠（Sumner）	內、外團體

參考書目

1. 林瑞穗譯（2012）社會學，台北：雙葉。
2. 王振寰、瞿海源（2015）社會學與台灣社會精簡本（第四版），台北：巨流。
3. 宋鎮照（2018）社會學，台北：五南。
4. 王淑女等譯（2014）社會學的概念與特色，台北：洪葉。
5. 林義男（2014）社會學（上、下冊），台北：巨流。
6. 蔡文輝（2014）社會學理論（第四版），台北：三民。
7. 黃瑞祺、張維安譯（2012）古典社會學理論，台北：巨流。
8. 高宣揚（2010）當代社會理論（上、下冊），台北：五南。
9. Neil.Smelser（中譯本）（2014）社會學，台北：巨流。
10. Jonathan Turner（中譯本）（2013）社會學：概念與應用，台北：巨流。
11. George Ritzer（中譯本）（2015）社會學概論，台北：雙葉。
12. 陸先恆（2014）世界體系與資本主義，台北：巨流。
13. 社會學（2017）Howard F.Taylor 等人（中譯本），台北：雙葉。
14. 張平吾（2015）社會學，台北：三民。

第一章　緒論

課前導讀

本章重點在於對社會學的基本定義、歷史背景、分類、功能、目標等等作介紹，其中，最為重要的是社會學的代表性人物，亦即影響社會學發展的重量型學者，又以涂爾幹、馬克思及韋伯三位大師最具代表性，在歷屆考題中，學者的論述是常見的，請配合目次後所整理的各學者之論述摘要配合記憶，當有莫大助益。

系統綱要

一、社會學定義：研究社會關係或探索人類社會起源發展，組織和各種功能的一門學科。

二、起源：19世紀上半期。

(一) **直接因素**：工業革命。

(二) **間接因素**：

　　1. 自然科學興盛，提供基礎研究方法。

　　2. 實證主義盛行，符合研究趨勢。

　　3. 英法大革命，開學術自由風氣。

三、社會學的五個重要概念

(一) **社會結構**：指社會關係、社會位置及人數等社會模式。

(二) **社會行動**：指社會成員的行為係立基於了解到自己的所作所為及回應、協調或針對他人的行動。

(三) **功能整合**：指社會體系各部分間的互賴。

(四) **權力**：指社會行動者驅使他人作為或不作為的能力。

(五) **文化**：指構成生活方式的語言、規範、價值、信仰及知識等。

四、重要學者與論述

(一) **孔德**

　　1. 社會學之父，創「社會學」一詞。

　　2. 提出知識發展三階段：神學、玄學與科學。

　　3. 劃分社會動學與社會靜學。

　　4. 強調以客觀科學方法研究社會現象。

(二) 斯賓塞

　　1. 以進化觀點的適者生存觀念分析社會，研提「社會有機論」。

　　2. 鉅著：《社會學原理》與《社會靜學》。

(三) 涂爾幹

　　1. 提出集體意識、社會分工論、脫序。

　　2. 經典之作—《自殺論》，批駁自殺屬個人歸因的說法，係來自與社會整合程度不同所致。

　　3. 將社會依演化程度劃分為「機械連帶社會」與「有機連帶社會」。

　　4. 提出社會事實一詞。

(四) 馬克思

　　1. 提出經濟決定論及上下層建築論。

　　2. 研提有產階級（布爾喬亞階級）與無產階級（普羅階級）的長期衝突。

　　3. 虛偽意識造成普羅階級的「自在階級」，唯有採「自為階級」加以改善。

　　4. 異化與物化的概念。

　　5. 鉅著：《資本論》、《政治經濟學批判》。

(五) 韋伯

　　1. 鉅著：《基督新教倫理與資本主義精神》、《經濟與社會》。

　　2. 社會階層產生的多元觀點。

　　3. 權威的區分：神才、傳統與法理權威。

　　4. 研究的態度採暸悟及價值中立，方法採理想類型。

　　5. 提出科層制組織。

　　6. 以主觀意識觀點看待社會行動，屬理性化觀點。

五、範圍

(一) 依研究現象性質劃分為社會靜學與社會動學。

(二) 依研究目標劃分為理論社會學與應用社會學。

(三) 依研究內容劃分為普通社會學與特殊社會學。

(四) 依研究範疇劃分為鉅視社會學與微視社會學。

(五) 依研究主題劃分為社會學的分析、社會生活的基本單位、基本的社會制度及基本的社會過程。

六、三大傳統學派

(一) **實證社會學傳統**：採科學實證方法研究人類社會。

(二) **批判社會學傳統**：採辯證、否定思考方式研究人類社會。

(三) **詮釋社會學傳統**：從個人主觀觀點分析外在社會。

七、貢獻

(一) **對個人**：可獲得概念、建立觀點及掌握方法。

(二) **對社會**：正確有效訂定社會政策，解決社會問題。

八、社會學觀點：以客觀與科學態度觀察或探究社會事務與問題

(一) **研究方式**：1.分析的方式；2.綜合的方式。

(二) **特徵**

　　1. 強調環境因素的重要性。

　　2. 從社會出發轉向對於個人的影響。

　　3. 關心整體社會生活。

九、社會學與社會科學

(一) 經濟學重視商業交換。

(二) 人類學著重前文字社會的人類團體。

(三) 政治學關注政治組織與活動。

(四) 心理學注重個人內在心理層面與人格發展。

(五) 歷史學注重過去社會發生之各項事件。

(六) 法律學注重社會規範的形成與運作。

(七) 社會學注重社會關係維持與建立及發展。

十、社會學的應用與限制

(一) **應用**：1.科學研究；2.政策顧問；3.專家；4.教學活動；5.社會行動；

　　　　　6.非專業目的。

(二) **限制**：1.倫理問題；2.價值判斷問題。

十一、目標

(一) 解釋社會現象。　　　(二) 預測社會現象。　　　(三) 控制社會現象。

十二、社會學家的倫理

(一) 保密受研究者資料或身分。　　　(二) 不可歪曲事實。

(三) 樂於發表研究成果。　　　　　　(四) 不可抄襲。

(五) 不可杜撰或造假。　　　　　　　(六) 資料取得應合法。

重點整理

一、定義與起源

社會學（sociology）一詞最早由創始者「孔德（A. Comte）」於1839年提出。字意是由拉丁文（socius）與希臘文（logos）合併而成，"socius"是指結合或同伴之意，而"logos"是指「談論」。易言之，是指有關社會的討論。目前最常使用的定義為「是一門研究社會關係（social relations）的學科」，是探究人如何、為何及以何種方式，去創造或改變社會關係及社會關係對人的影響。簡言之，社會學是一門「探索人類社會起源、發展、組織，和各種功能的研究或科學」。

社會學源自十九世紀上半期，產生的背景因素可分直接與間接兩方面概述之：

(一) **直接因素**：十八世紀的工業革命

由於生產方式由動物力改由機器取代，生產結構的驟然改變，致使大量民眾失業，因失業所衍生的貧窮、疾病、犯罪、家庭失調及自殺等社會問題叢生且日益嚴重。在面對問題無法研提有效對策之下，急須一門鑽研社會現象的學科，在社會學之父—孔德（A. Comte）大力提倡下，營造一最有力的直接因素。

(二) **間接因素**：有三：

1. **自然科學興盛，提供基礎的研究方法**：自然科學在十六至十八世紀在歐洲社會非常興盛，提供一系列科學方法的根基。

2. **實證主義的盛行，符合研究趨勢**：彼時歐洲學術研究風潮，已脫離理想主義而邁入以實際問題為主、科學態度為導向的研究方式。
實證主義（empiricism）強調知識的獲得是經由感官的觀察結果而來；也就是用觸、視、聽、聞，或嚐的感官來觀察或體驗現象，是科學的基礎。

3. **英法政治大革命，開學術研究自由風氣**：使得學術研究走向平民化、普遍化。超脫以往學術貴族化的傳統方式。
因此，社會學的起源在於十九世紀的歐洲，至於懷胎期則是十六至十八世紀的歐洲社會。

二、社會學的五個關鍵概念

為分析複雜及變化多端的社會世界，社會學家依賴五個關鍵概念。概念（concept）是有助於組織思想和認知或使所觀察的現象顯示出意義的構思。所有科學都依賴概念以顯示研究者的關照點。在物理學中，關鍵概念包括阻力、質量、及引力等。在社會學中，社會結構（social structure）、社會行動（social action）、功能整合（functional integration）、權力（power）、及文化（culture）等概念是基本的。這些概念可協助社會學者超越個人人格和事務以考察並分析歷史和傳記的社會層面。社會學者也使用許多其他的概念（但這五個是關鍵的），主要是對所有社會學理論是重要的，使我們能分辨社會生活中最重要的及最通常的面相。許多其他概念都更加專門化，主要使用在像家庭或犯罪等社會生活方面的研究。

(一) **社會結構**：社會結構（social structure）（或簡稱結構）意指社會關係（如結婚或就業）、社會位置（如總裁或牧師）、及人數（如國家人口或老年人口）等社會模式，通常是相對穩定和緩慢變遷。例如，大學的校友會在五十年中有同樣的結構，變化的只有會員人數。

就較大的層次而言，世界上富國和窮國的差別已存續了幾個世代，其間變化不大。二百多年來，歐美國家仍接近頂端，而非洲（國家）則趨近底層。

(二) **社會行動**：社會行動（social action）（或行動）存在的情況：人們的行為立基於了解到自己的所做所為及回應、協調、或針對他人的行動。因此，社會學家區別兩類行動：一類是人們無意識的或不自覺的作為，完全是自動的或外因決定的；另一類是人們完全自身的作為，沒有與他人溝通或影響他人。各種意外甚至車禍傷人，都不是社會行動，因為這些純然是偶發的，除非有意撞人，否則車禍不是行動。炒蛋代替煎蛋是一種行動，但除非與友人吃早餐，否則炒蛋不是社會行動。

社會行動之所以是社會學的一個關鍵概念，主要是它涉及個人和團體試著使社會生活變成其所想要的方式，以及因為它揭示人們所想做的每件事都得看與他人的關係而定。由於人們依賴各種關係以遂行其行動，因此他們發展溝通的方法－從語言到傳真機的新科技。人們使用這些方法組織政府、軍隊、學校、教會、及其他團體。幾乎你（妳）所採取的所有行動都有社會成分在內：你（妳）的裝扮將符合社會情境或讓別人看

得順眼；你（妳）努力用功因它可使老師印象深刻，並且得高分可令父母高興等。簡言之，個人的社會行動同時依賴他人和影響他人。

(三) **功能整合**：功能整合（functional integration）涉及社會體系各部分之間的互賴。如同人體是由各器官組成，每一種對維繫整體扮演其固有的角色一般。社會體系是由相互關聯的部分組成，彼此支持和依賴。各部分對整體的良好運作具體貢獻，這些貢獻就是功能－－亦即，功能是相互關係的體系內社會團體、事件、或制度的效果。例如各體系在功能上充分整合，提供彼此所需物質、服務、及支持。

功能上整合的體系也可能產生反功能（dysfunctions），亦即對體系無益的副作用，污染即是工業體系的反功能，輻射致癌即是科技體系的反功能。

(四) **權力**：權力（power）是社會行動者（個人、團體、或組織）驅使他人作為或不作為的能力。權力可以武力直接運作，如父母懲罰子女；也能以塑造社會結構的模式、功能整合、或文化使某些人獲得更多利益的方式間接運作。例如，美國白人創造對其有利的社會體系，凌駕黑人或其他有色人種。

權力可侷限在個人關係上運作，如丈夫支配妻子；也可推而廣之至非個人層次上，如大公司行號資遣大批員工。權力可以是血淋淋地公諸於眾；也可以是陰謀算計暗幹。權力的運作可能遭遇反抗，導致衝突。

(五) **文化**：文化（culture）是構成生活方式的語言、規範、價值、信仰、知識、及符號。文化的概念用來描述一個國家或民族的獨特生活方式。融入一個文化中方可能有意義地理解自己和別人的行為，沒有文化（如沒有語言）將難以思考或溝通。

三、社會學重要學者與論述

為社會學立下根基的學者計有五位，其中涂爾幹、韋伯及馬克思被尊稱為社會學三位大師其論點及貢獻分別是：

(一) **孔德（August Comte）**：首先使用「社會學」一詞，奠定社會學的基礎，其著名或影響深遠的論點為：

1. 提出知識發展的三階段論：任何觀念或社會的研究要通過神學、玄學與科學等三個階段。

2. 將社會學的領域劃分為社會靜學（social statics）與社會動學（social dynamics），強調人類社會的性質為結構與過程。

3. 兩部重要著作：《實證哲學》（the positive philosophy）及《實證政治》（the positive polity），詳述社會學的重要概念、原則和資料形式。

4. 強調以科學方法研究社會，反對以宗教、哲學與道德等非科學觀點分析社會。

孔德的實證方法是：

(1) 觀察方法：除了以觀察到的事實為依據的知識以外，沒有任何真實的知識，通過觀察，可以得到確切的資料。

(2) 實驗方法：直接實驗是在專門為研究設計創造的條件下對社會現象進行觀察。

(3) 比較方法：可以通過對動物社會與人類社會、同一社會中不同階級的社會地位、世界各地各族人民生活的比較，尋找社會存在與發展的一般規律與特殊規律。

(4) 歷史方法：是將人類不同的連貫的狀態作歷史的比較。其中，歷史法是社會學的特殊方法，觀察法、實驗法與比較法則是實證科學所共有的方法。

(二) 斯賓塞（Herbert Spencer）

1. 與達爾文（Darwin）同時提出演化論，斯氏將演化原則應用於自然與社會的各層面，提出社會有機論（social organic theory）。主要研究親族、宗教、財產與政府等社會制度的演化。認為社會並非個人的總合，而恰似一個有機組織，是一個有生命與活力的有機組織，是一種相關與功能組織的系統（借用孔德的概念）。並藉此發展社會演化論，主張社會是一個不斷成長的有機體，社會的發展是由簡單到複雜，由同質至異質的複雜團體。

達爾文（Charles Darwin）的「物種原始論」及相關的「物競天擇」學說，以及關於人種起源的演化論，對於人類的世界觀，有非常大的影響。以及受其影響而在十九世紀盛行一時的「社會達爾文主義」（Social Darwinism），主張人類社會是各地方的「種族」團體對於當地自然條件的適應，文化和種族團體有一對一的「自然」關係；而種族團體的競爭，就是文明進化「程度」的差異優劣對比，和自然界的物種的「強者生存」、「優勝劣敗」原理是相通的。

2. 重要著作：《社會靜學》（social statistic）與《社會學原理》（principles of sociology），針對社會結構、社會穩定與社會變遷等問題進行分析。

(三) 涂爾幹（Emile Durkheim）

1. 鉅著有二：《自殺論》（suicide theory）與《社會分工論》（the division of labor in society），自殺論是採理論與經驗並重方式進行，是社會學實證研究結果的一個重要模型。而分工論則提出兩種重要的社會型態：機械連帶社會（mechanical solidarity society）與有機連帶社會（organic solidarity society）。

2. 提出集體意識（collective consciousness）概念，認為一個社會的人民共同持有的信仰與情操，包括傳統、儀式、習俗、符號行為、價值、理想、情感等，是存在於個人之外，遍及整個社會，且對個人產生極大的束縛力。

3. 研究不同團體的自殺率，指出自殺是一種社會現象，非個人心理現象，或其他自然環境所造成。社會整合程度影響該社會的自殺行為，也決定自殺率的差異性，由於不同程度的社會整合，自殺可分成四類：

   (1) **個人主義（egoism）**：又稱利己式自殺，指個人私利至上，社會公益次之。例如：天主教徒比較團結，有整體信仰及權威，故自殺率較基督教徒低。單身未婚、寡居者的自殺率較已婚者高；在戰時或社會不穩定情況下，人人都為自己著想，個人主義本體濃厚，社會整合程度低，此類自殺率相對提高。

   (2) **利他主義（altruism）**：又稱利他式自殺，在此社會中，社會至上，個人其次。團體責任遠超過私人利益，人們傾向於效忠社會，社會整合程度高，二次大戰時日本軍官的切腹自殺，即屬此類。

   (3) **迷亂（anomie）**：又稱脫序，是由涂爾幹所創，指出當社會漸趨解組，社會秩序遭受破壞情況下，致使規範模糊不清未明確，人們無所適從，此時可能促成此類的自殺。亦即，社會成員無法獲致進行社會整合之規範，以致產生自殺行為。

   (4) **宿命主義（fatalism）**：在此種社會中，人們沒有自我決定的能力與權利，一切聽天由命。被迫陪葬的奴隸，即為宿命式的自殺。

4. **提出社會事實（social facts）**：是社會生活的事物，不存在於孤立的個人中，而是外在於個人。

   經濟即是社會事實的一個佳例。沒有單獨的個人可設計或創造經濟，也沒有任何人或團體能操控它。個人也許引介新產品或技術、或者創造新組織和生產策略來改變經濟。有些人（如政府決策者、大公司董

事長）運用強勢影響力扭轉經濟趨勢；其他人（如遊民）則被拋在邊緣。一般人在經濟中多少扮演一部分的角色，經濟也是個人和團體彼此互動的結果。反觀，不管經濟狀況是繁榮或蕭條，都會影響到每個人，譬如，高利率或低利率、資遣等等。

有些社會事實是社會現象率。犯罪率就是一種社會事實。其他如出生率、結婚率或愛滋病感染率，都是同時考慮許多個案才呈現出來，因其影響到未犯罪者、未出生者、未婚者、或未感染愛滋病者。

表1-1　涂爾幹自殺論摘要

類型	特徵	指標	自殺率比較
個人主義	私利重於公益；缺乏社會整合性。	宗教	天主教自殺率低於基督教
			猶太教自殺率低於基督教
			英國教派自殺率低於基督教
		教育	教育程度低者自殺率低於教育程度高者
			女性自殺率低於男性
			黑種男性自殺率低於黑種女性
		家庭	已婚者自殺率低於未婚者
			已婚者自殺率低於喪偶者
			未婚者自殺率低於喪偶者
			有子女者自殺率低於無子女者
		政治	政治危機時期自殺率低於和平時期
利他主義	社會價值高於一切；個人是社會之部分，高社會整合性。	軍隊	被徵召者自殺率低於職業軍人
			士兵自殺率低於軍官
		初民社會	(例子)被迫陪葬者犧牲者
		印度宗教	(例子)為宗教而犧牲生命者
迷亂	社會制度暫時性地崩潰，人們無所適從，缺乏社會整合。	家庭	喪偶者自殺率低於離婚者
			已婚者自殺率低於喪偶者
			離婚婦女自殺率低於離婚男性
		經濟結構	非工商職業自殺率低於工商職業

(四) 馬克思（Karl Marx）

1. **鉅著**：《資本論》（capitalism）、《政治經濟學批判》（critique of political economy）。

2. **經濟決定論**（economic determinism）：認為經濟結構決定社會生活的其他層面，而且是持續衝突的基礎。

3. **上下層建築論**（theory of construction）：馬克思依辯證法（Method of Dialectic）之哲學觀念用於分析社會現象，最有名的莫過於上下層建築論。馬氏由唯物史觀的社會矛盾性與對立性出發，認為社會的演變動力是生產力與生產關係。這兩種要素構成所謂的下層建築（infrastructure），也就是經濟結構，再由經濟結構反射產生的，通稱為上層建築（super structure），包括文藝、政治、宗教……。而在上下層建築之間，充滿著對立與矛盾，下層建築隨著生產力與生產關係的不斷改變，不停地向前推進，然而上層建築為保有既得利益，往往具有傳統性的保守行為，兩者之間產生難於撮合的鴻溝，社會危機或社會革命乃應運而生。

4. **階級衝突**（class conflict）：馬克思相信，整部歷史就是不同階級間為了爭取物資上的特權和權力，而彼此互相鬥爭的歷史。「剝削者」（the exploiters）極力維護自己從「被剝削者」（the exploited）得來的利益。工業社會中，這種鬥爭發生在兩種人之間：一種是擁有生產工具的資本家，馬克思稱之為「資產階級」（或稱為布爾喬亞階級）（bourgeoisie）；另一種是出賣勞力給擁有生產工具者的工人，馬克思稱之為「無產階級」（又稱為普羅階級）（proletariat）。依照馬克思的說法，資產階級藉著控制經濟生活以維持優勢地位。透過工廠、礦場、大型農場及其他生活必需資源的所有權，資產階級使自己處在無產階級和生產工具之間的有利地位。資產階級靠生產工具滿足其社會和生物需要。由於資產階級控制社會的重要資源，因而也支配了社會的所有人民，並使大眾無法抗拒並容許他們的控制。又由於資產階級掌握傳播工具、學校和其他的主要制度，所以資產階級企圖以社會化的方法灌輸無產階級的尋常看法和想法，並使無產階級無法對被剝削的狀況產生正確的知覺。因此，無產工人就發展出一種「假意識」（或稱虛偽或錯誤意識）（false consciousness）。以致成為所謂的「自在階級」（class in itself）。因此，如何揭開這種虛偽意

識，成為關切的問題，馬克思進一步提出，唯有無產階級覺醒，成為「自為階級」（class for itself），推翻既有之社會關係，無產階級才能真正解放。

馬克思認為，國家是一種壓迫的工具；宗教是一種消遣和控制大眾的方法；而十九世紀的家庭形式，則是一種用來維持少數人手中的財富和教育的措施。他預言，當勤奮的工人提高地位時，他們越來越能夠意識到他們被剝削的狀況，及雇主與工人之間越來越大的財富懸殊，這種意識將挑起階級間的戰爭。

又馬克思以疏離（或「異化」）（alienation）的概念解釋資本主義的勞動特徵。「疏離」的原始意義是指與自己本性相違背。馬克思指出工人的疏離感有四個層次：

(1) **工人對自己的工作成果的疏離**：工作的產品不屬於工人，而工人工資過低，甚至只能糊口，無法購買自己所製造的產品。

(2) **工人與工作過程的疏離**：工人不像早期的工匠，能夠在製造過程中表現自己的技藝，工作成為無聊的、重複的動作，受制於沒有人性的機器；馬克思說，這種「異化的勞動」（aliened labor）與人的本性和興趣相悖離，而且工人受制於其他人的支配、壓抑和禁錮。

(3) **工人與其他人的疏離**：工業資本主義的經濟體系發展出一種工資契約關係，工人與其他人（特別是資本家與工作伙伴）的關係遂以自我利益為主軸，整個社會轉變成所謂的「市民社會」（civil society），缺乏社會聯繫的個體追逐私利，無法建構以集體利益為考量的社會。

(4) **工人與自己的疏離**：馬克思認為工業資本的利潤累積和市民社會的私利性格，與人的真正興趣（對社區和文化生活的參與）相違背，壓抑人作為主體的人性感覺（例如對音樂和自然的欣賞），資本主義是剝奪人性的制度，使工人與自己的原本性格疏離。

(五) **韋伯（Max Weber）**

1. **鉅著**：《基督新教倫理與資本主義精神》（the protestant ethic and the spirit of capitalism）、《經濟與社會》（economy and society）。反駁馬克思的主張，認為資本主義發展的原因不在於經濟性因素，而是宗教因素。

2. **社會階層的概念**，由於權力來自經濟、政治與社會等三方面，由於權力的不平等分配，以致形成階級差異。

3. **權威擁有可區分為三類**：神才（魅力）權威（charismatic authority）、傳統權威（traditional authority）與法理權威（legal-rational authority）。

4. 社會學研究的方法應採瞭悟（verstehen），又稱理解（understanding），即欲瞭解人類行為與互動，必須先考慮行動者的價值、意義、取向與動機，著重行動者的主觀意義，瞭悟即是主觀的方法。與涂爾幹的實證主義重視旁觀者的觀察有所不同。

5. **價值中立**：韋伯強調科學家在從事研究時，需要「價值中立」（value-free），每個人都經常憑著主觀的偏好，對周遭事物的好壞對錯作出「價值判斷」，但科學家最重要的任務，是根據事實「是什麼」進行「事實判斷」，如果有人打著科學研究的名義，卻用充滿個人好惡的「價值判斷」代替嚴謹的「事實判斷」，不僅會造成誤導，也等於破壞了科學知識的「客觀性」基礎，由此可知價值中立的重要性。

6. **理想類型**（ideal type）：此研究方法，主要是透過建構一個理想類型來強調現象的重要特徵，而這個特徵是要將要素由現實中加以抽離，且作有系統的歸納，以為瞭解現象的有利工具。理想並不表示完美或良好，僅是一種抽取現象特徵的純形式，以為探討實際現象的依據。

   事實上，所有社會都存在三個層面現象：

   (1) 理想模式（the ideal type），即社會中的人對社會關係的一般看法。

   (2) 規範模式（the norm pattern），即社會中人們的實踐行為在統計學上的趨同狀態。

   (3) 實踐（practice），即現實中的人的行為。

   韋伯之理想類型分析的層面可歸納出三方面：

   (1) 針對歷史現象與過程的理想類型：例如「西方城市」、「新教倫理」或「現代資本主義」等。

   (2) 涉及到社會真實現象的抽象因素：例如「科層組織」、「封建制度」、「權威」等概念。

   (3) 特殊行為的「理性」建構：經濟理論裡的所有命題都是屬於這類型，純粹是經濟動機與行為而已。

7. **科層制（bureaucracy）**：為社會組織最普遍存在的類型，影響後續的社會，各種不同組織均朝此組織類型發展。

8. **社會行動（social action）**：認為社會行動是行動中的一種類型，是有主觀目的並考慮與他人行動發生一定關係的行動。韋伯指出，社會行動是以「個體—個體」的關係為前提的。韋伯提出了社會行動的兩個基本特徵：(1)是具有主觀意義，是一種行動。從而，與行為區別了開來。行為往往是非理性的、無個性的，而行動總是理性的、有個性的。(2)是具有對另一個個體的目的性。從而，使行動具有社會性。

9. **理性化**：韋伯對於資本主義的發展基本上想要建立一個「理性化」（rationalization）的理論。理性化係指現代西方社會重視以最有效的方式達到目標的行動過程，也就是排除諸神的影響。以往個人只能聽由機會、感覺、熱情與投入方式處理事務，個人生命是受宗教擺布的，而在理性化的發展下，人們逐漸可以計算與計畫自己的事務，並決定自己的目標方向。

   韋伯對理性化的定義可從四個層面來說明：

   (1) **理性化是追求「效率」（efficiency）的過程**：也就是一個社會注重兩點間最快速與最直接的路徑，例如行政效率、生產效率等之有效方式。

   (2) **一種「可計算性」（calculability）的過程**：涉及到預估的作法，以及重視可計量的事務評估，簡言之，就是擁有成本的概念。

   (3) **一種「去神秘化」（demystification）的過程**：將社會中宗教的神聖色彩降低，排除巫術影響，代以邏輯思維；簡言之，就是世俗化的過程。

   (4) **一種「非人性化」（dehumanization）的過程**：趨向現實、勢利、非情感、就事論事、片面、次級關係的普遍主義（universalism）現象。

四、社會學的範圍

一般有五種劃分法，分別是：

(一) **以社會學研究的現象性質為依據**：劃分為社會靜學（social statics）與社會動學（social dynamics）。社會靜學研究的是社會的橫斷面，即社會結構或各種制度的相互關係。社會動學研究的則是社會發展和進步的法則，注重影響社會變遷的因素：如動機、願望等。

(二) 以社會學研究的目標為根據：劃分為理論的（theory）與應用的（applied）兩部分。理論社會學目標在於研究社會現象，分析社會事實，發現和建立社會生活的一般原理法則；應用社會學則以理論、原理、法則應用於實際生活上，以改良社會、增進人類福利。

(三) 以社會學的內容為依據：劃分為普通的（general）和特殊的（special）社會學。

　　1. 普通社會學可分為：

　　　　(1) 社會學概論及原理。　　　　(2) 社會學史及社會學說。

　　　　(3) 社會學方法論及社會研究法。

　　2. 特殊社會學可分為：

　　　　(1) 社會問題與社會病理學。

　　　　(2) 鄉村社會學、都市社會學及工業社會學。

　　　　(3) 家庭社會學。

　　　　(4) 民族社會學。

　　　　(5) 老年社會學、醫療社會學、軍隊社會學等。

(四) **依處理的範圍為依據**：分為微視社會學（micro-sociology）和鉅視社會學（macro-sociology）。微視社會學是指以社會關係、社會互動和社會心理為主體的社會學研究，研究的興趣例如社會化、語言或行為溝通、社會網絡的形成與轉變、小團體內部的決策模式等；而鉅視社會學則是以社會結構、社會整體變遷和社會制度等面向為主的研究，這類社會學家有興趣的題材包括整體政治經濟變遷模式、經濟和階級結構，甚至歷史或跨社會比較研究等。這二者的領域很難精確的劃分。美國社會學家克林斯（Collins）（1988）曾經指出社會學研究有三個根本的要素：時間（time）、空間（space）與人數（number）。以這三個要素來說，微視社會學所研究的是時間較短、空間較小、人數較少的社會情境；而鉅視社會學則是研究時間拉長、空間較大、人數眾多的社會現象。

(五) 依社會學研究的主題為依據：依社會學研究主題劃分，可分為四種：

　　1. **社會學的分析**：包括人類文化與社會、社會學的觀點、社會學中的方法論等。

　　2. **社會生活的基本單位**：包括社會行為與社會關係、個人的人格、團體、社區、結合組織、人口、社會等。

3. **基本的社會制度**：包括家庭與親屬制度、經濟制度、政治與法律制度、宗教制度、教育和科學制度、娛樂和福利制度、美育和表現制度等。

4. **基本的社會過程**：包括分化和階層化、合作順應和同化、社會衝突、溝通、社會化、社會評價、社會控制、社會偏差、社會整合、社會變遷等。

五、社會學的三大傳統

一般社會學依其研究重點及內涵可區分為三大傳統，分別是：

(一) 實證社會學的傳統：實證社會學（Positive Sociology）的理論假設和研究方法，基本上是承襲自孔德（August Comte）。爾後才是英國的斯賓塞（Herbert Spencer）和法國的涂爾幹（Emile Durkheim）。同時也影響美國的帕森思（Talcott Parsons），並加以發揚光大。實證社會學的理論假設係建構於人類社會可以應用科學實證方法來研究，將人類社會結構視為如同生物的有機體一般。因此，研究自然科學和生物科學的實證研究法，自然可應用以解析人類社會的各種現象。

實證社會學對人類社會的理論假設，除採實證觀點試圖採科學研究方法剖析社會，同時假設人類社會組織結構的本質，猶如生物組織一樣，彼此是相互依賴的。此外，對於人類社會變遷的看法，抱著社會演化的觀念，認為人類社會的變化，有如生物演化一般，由簡單的社會結構和組織，慢慢演變為複雜的社會結構和組織。

(二) 批判社會學的傳統：批判社會學（Critical Sociology）傳統異於實證社會學傳統，係採黑格爾唯物辨證（Material Dialectics）法則，以否定思考（negative thinking）方式，剖析人類社會結構本質。

批判社會學傳統的理論基礎為社會學的衝突理論，衝突理論以馬克思的階級鬥爭論，以及德國社會學家齊穆爾（George Simmel）的形式社會學為主。法蘭克福學派（The Frankfurt School）社會學者，如霍克海默（Horkheimer）、阿多諾（Adonor）、馬庫色（Marcuse）、佛洛姆（Erik Fromm）及哈伯馬斯（Jurgen Habermas）等人進一步融合馬克思階級鬥爭和黑格爾的否定思考的辨證法則，建構批判社會學的理論基礎。法蘭克福學派興起於1930年代，早期的代表人物為霍克海默（M. Horkheimer）與阿多諾（TH.Adorno），到了1970年代，馬庫色（H. Marcuse）、佛洛姆（E.Fromm）的著作在美國成為學生運動的思想指

導，哈伯馬斯（J.Habermas）也以後起之秀的姿態崛起。法蘭克福學派的核心是「批判理論」（Critical Theory），全力批判西方資本主義社會的「工具理性」過份膨脹，壓縮了人類自我解放的機會。哈伯馬斯更另起爐灶，推出「溝通行動理論」（Theory of Communicative Action），認為應該重建人與人真誠互動的「溝通理性」以濟時弊，其理論體系構造雄偉，亦處理現代科技和公共領域之角色變遷等問題，成為當代最受矚目的理論家之一。

(三) **詮釋社會學的傳統**：詮釋（或稱解釋）社會學（Interpretative Sociology）的傳統理論認為社會科學所研究的對象，是有思想、有意識的個人，而個人在言語或行動中所表達的觀念和行為，都有一定的社會規則可循。因之，個人能對自己的語言和行動及他人的語言和行動，不但加以解釋，且可加以反應。換言之，個人透過對他人言詞和行為所蘊含的社會意義加以解釋，個人再根據這些解釋，做出相對社會意義的反應。詮釋社會學認為透過個別行動者的經驗和解釋，社會世界就能維持秩序。

顯然，詮釋社會學不同於實證社會學和批判社會學，詮釋社會學係從個人觀點分析外在社會結構和組織的意義，而實證社會學和批判社會學則從社會全面的角度來剖析社會中個人行為和言詞所蘊含的社會意義。

六、社會學的貢獻

研究社會學對個人及社會皆有實質的利益，分別是：

(一) **對個人而言**：可獲得三項功能：

　　1. **獲得概念**：社會學是專門研究社會現象或社會關係的，對於社會的各種現象都有特殊和獨到之見，且有一套描述社會現象的術語或概念。例如：社會、團體、社區、社會關係、社會體系、社會組織、社會過程、社會流動等等，均是用以代表某一種社會現象，且具有其特殊意義。擁有這些概念，可讓我們對社會的各種現象容易識別，有更清楚的了解。

　　2. **建立觀點**：社會學的觀點，是廣泛且深入的，是分析和綜合的。有了這樣的觀點，對於社會現象或問題的探究有一個比較健全的看法，容易獲得真象，不致有所偏頗。

　　3. **掌握方法**：社會學研究不僅具備概念和觀點，甚而具備一套方法，有些方法是和別的科學共有的，有的則是獨特的，具備這些方法，讓我們如何研究社會現象或問題，獲取更好的結果、更正確的社會知識。

(二) **對社會而言**：社會學的知識可幫助一個社會或國家更合理釐訂社會或國家政策，解決相關問題，進行各項建設，並促進進步。例如研擬都市建設計畫，必須先了解都市居民的需要以及人口發展趨勢。在這種計畫內，不宜完全強調物質建設，亦須著重社會建設，換言之，應注意都市的均衡發展，惟有賴於豐富的社會學知識，才能克盡其功。

七、社會學的目標

研習社會學的基本目標包括：解釋、預測與控制等三項，分別顯示消極與積極程度，解釋是屬最消極的目標，控制是最為積極的。

(一) **解釋（explaination）**：經由蒐集的社會事實及對事實所作的系統分析，達成某些概念關係的一般解釋或說明。

(二) **預測（predict）**：經謹慎觀察特殊事件，建立一般通則，再以此通則解釋個別發生的事件，並經由這些事件證實此一通則。

(三) **控制（control）**：即針對預測之結果、針對即將發生災害的社會事件或社會事實採取控制的方法或措施。

八、社會學觀點

社會學觀點（sociological perspective）是指以客觀與科學態度觀察或探究社會事物與問題，藉以追求真相的方法。試圖超越個人經驗，並抱持質疑態度、批判眼光與客觀方式來檢視社會問題。

在研究方式上，社會學觀點可分為兩種：

(一) **分析的方式**：站在客觀立場，詳細分析各種社會現象與問題，期能找出影響因素，以及因素間的相互關係。

(二) **綜合的方式**：是指研究時須多方面考察並綜合探討，以建立因果關係的圖像。

由此觀之，社會學觀點可以幫助我們進一步瞭解自我，以及環繞自我的社會世界（social world）。不僅協助個人以新觀點洞察問題本質，也可發展世界觀。總之，社會學觀點具有以下三個特徵：

(一) 強調環境因素的重要性，特別是決定個人心理狀況與後續行為的作用。

(二) 從社會背景與架構出發，轉向對個人的影響，再檢視對自我與他人的結果。

(三) 關心整體社會生活、社會行動的內容與集體行為下的個人。

九、社會學與社會科學

社會學屬於社會科學的學科之一，人類行為（human behavior）是其共同主題。雖然有共同主題，但也有許多不同的社會科學；一般包括經濟學、政治學、社會學、心理學與人類學，或歷史學、教育學、犯罪學、法律學、社會工作、人口學與地理學等。其研究領域與探討重點有所不同。

社會學者不同於心理學者，因為他並不限於關心個人，而是對人與人之間的互動關係更感興趣。社會學者不同於經濟學者，因為他的興趣較少限於商業交換，而是對愛情與感情之類的無形交換同樣有興趣。社會學者不同於人類學者，因為人類學者擅長有文字以前的或原始的人類團體之研究，而社會學者的主要興趣在現代工業社會。犯罪學者多對於偏差行為有興趣，但社會學者則對整體人類行為有興趣。同樣的，政治學者關注政治組織與活動，社會學者則調查所有社會組織。雖然社會學者與歷史學者對過去有共同興趣，但同樣的，也對現在與未來感到興趣。

亦即，社會科學是研究人類行為、人際關係，以及人類和其生活環境之間的關係的科學。何門史（Homans）稱社會科學為一切以「人類行為」為研究對象的學問。諸如心理學家研究人類感覺器官的功能；認知的過程、學習、記憶、行為和動機。人類學家研究人體的結構和發展；人類身體的特徵和業績的科學。人類學家馬林羅士奇（Bronislaw Malinowski）說：「人類學是研究人類及其在各種發展程度中的文化的科學」。泰勒（E. B. Taylor）又將文化下一定義：「文化是一團複合物（complex whole），包括知識、信仰、藝術、法律，及人類因為社會的成員而獲得的所有能力及習慣」，而文化人類學家從人類的生活方式去研究；社會學家研究人類對群體生活的適應，如人格、角色和社會化的過程；經濟學者研究人類的交換行為；政治學家從人類的權力關係中去研究；法律學家從人類社會中的強制規範上去研究人。因此我們可以說各種社會科學家從各種不同的途徑，不同的角度去研究有關人類的一切問題。

由此可看出，人類學從文化現象中研究人類生活的過程，其範圍相當廣泛，
這些範圍又正是社會工作全力設法改善的標的。人類學的研究與發現，增加
社會工作者對社會生活及人類文化因素的瞭解，因此對社工有著重要的影
響，不僅提供社會工作在強調個人及家庭的差異性之外，也重視一般的社會
文化背景，注意不同文化背景對人的行為之影響。

總之，社會學最大之貢獻是使個案工作者能運用及瞭解社會因素及現象。社會
科學可幫助我們瞭解，我族中心思想及某些社會遞增因素，因為個案工作必須
借此力量以思考某些心理上的問題。如：角色理論→衝突、適應。

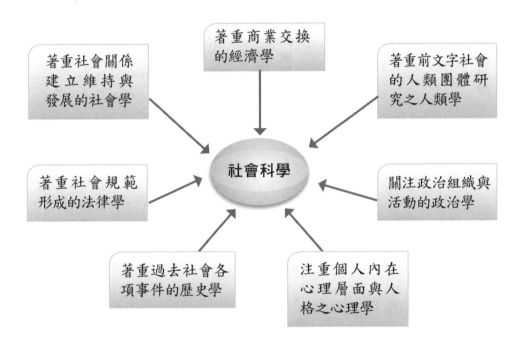

圖1-1　社會學與社會科學關係圖

表1-2　社會學與其他社會科學之關係

		共同興趣	所有社會科學都運用科學方法搜集並分析資料。
社會學	研究社會互動之結構、功能及變遷過程。分析單位包括個人、團體及社會。		
人類學	研究重點：文化。特別是初民文化與文化之間的比較。	當代文化。社會學運用文化變數，以分析社會結構。	
經濟學	研究人類經濟活動，包括物品與服務之生產與分配過程。	資源的分配與生產為階層之成因。社會學運用經濟因素來分析階層與社會衝突。	
政治學	研究人類社會裡權力之結構與分配。	權力之取得與使用。社會學家以政治變數來分析階層與社會控制。	
心理學	分析個人思想、人格及行為之發展。社會心理學：研究社會化過程與人際之影響。	個人與社會之間的互動。社會學從社會化過程了解社會規範之遵從與差異行為之形成。	
歷史學	研究人類過去的社會結構，歷史事件之分析。	社會結構之分析，社會學從歷史個案的分析裡尋求理論之通則性。	

十、社會學的應用與限制

早期社會學者主張建立一門純粹科學，因而忽視社會學的實際應用。目前，社會學知識已被廣泛使用，社會學知識已由純粹的科學走向實務性或實用性漸增的學科。

一般在研究理論的應用上，社會學者有六項主要工作：
(一) **科學研究**：進行科學研究、修正通俗的誤解與迷信，以及預測社會行為。
(二) **政策顧問**：幫助處理某些政策所針對的問題，對既定目的之政策選擇有貢獻。

(三) **專家**：成為企業組織中的一員，扮演應用科學家的角色，或使用科學知識從事計劃與推廣社區行為方案。

(四) **教學活動**：教學是多數社會學者從事的工作，但也需面對價值中立與價值履行的問題。

(五) **社會學家與社會行動**：目前，有許多社會科學家在公共政策的決定上扮演重要角色，並投入社會的重要事件裡。

(六) **非專業目的**：社會學的訓練可擴展個人視野，對社會問題有更深入的瞭解，並採取更有效的行動。

若從社會學者的角色扮演來區分，則可歸納出以下九種應用：

(一) **教學**：學校教學工作。

(二) **研究**：使用研究資料預測或解決問題。

(三) **寫作與編輯**：如雜誌、新聞與編輯等。

(四) **行政**：如行政人員的工作。

(五) **諮詢**：如公司顧問與政策顧問等。

(六) **精算**：如保險精算員與犯罪率統計等。

(七) **社會行動**：如爭取弱勢族群福利與兩性工作平等。

(八) **社會工作**：如志工與生命線服務工作。

(九) **社會評論**：以客觀研究結果從事專業知識的批判。

由於社會學研究的對象是有思想與反應等行為的「人」，因此，社會學研究自然有其挑戰與限制。一般而言，社會學研究的限制主要包括：

(一) **倫理問題的限制**：社會學研究者也是社會成員的一份子，基本上受同樣價值與規範的制約，對其他社會成員進行研究會涉及隱私與基本人權等倫理問題。最常遭遇的倫理問題是「欺騙」，由於被研究者若知道自己成為研究對象，可能會改變行為模式。因此，研究者必須隱瞞自己的意圖。

(二) **價值判斷的問題**：一般人認為社會學研究在選擇題目時，對題目的興趣與取捨即涉及價值問題，而社會學研究成果在進行評論時，也難免會提出個人看法。然而，這樣的說法是不正確的，因為任何科學研究都涉及題目選擇，並沒有人懷疑其客觀性。科學研究的真正開始是在選擇題目之後，許多自然科學的結果，例如試管嬰兒與原子彈等，也同樣掀起激烈的倫理論戰。

十一 社會學家的倫理

社會學家如同其他領域的研究或職業，也應遵守職業道德，以及敬業的精神，在研究上遵守一些研究道德與倫理，分別為：

(一) 對受研究者之身分資料必須絕對保密，不可用來傷害受研究者，例如先前的柯林頓、希拉蕊裸照風波。又如在問卷調查的封面通常都會加上顯著的四個字：絕對保密，用來保證資料絕不向外洩露。

(二) 不可因研究贊助機構的壓力，而歪曲事實。如果一項客觀的研究結果，即使研究結果不利於贊助機構的政策，也不應竄改，以符合贊助機構的要求，是不道德的。

(三) 研究成果應不吝於發表，與其他研究者或社會大眾分享。如此，才能達到研究累積的效果，有助社會研究之突破。

(四) 不可剽竊他人的研究成果據為己有，這是學術研究的大忌。

(五) 不可閉門造車或杜撰統計數值，甚至誇大其詞，或是以偏概全，欺騙大眾。

(六) 在研究過程中對於資料的取得，必須合法或符合社會道德規範。例如，為蒐集娼妓、同性戀或販毒集團等之一手資料，親自以身試法的作為，不宜鼓勵。

課前導讀

本章屬於社會學最艱澀的部分，包括理論與方法兩大部分，其中方法比較容易出現名詞解釋，僅瞭解各方法之使用特色以及限制即可。至於理論方面，古典的四大理論（兩個大型的衝突與功能論以及兩個小型的互動論與交換論），在爾後各章的應用上處處可見，尤其說明時事題時，是很理想的論點基礎，理論部分以命題內容為重點，稍加發揮即可。

系統綱要

一、理論的定義與要素

(一) **定義**：是由相互關聯的定義、概念、構念與命題所組成，目的在於解釋或預測所欲研究的社會現象。

(二) **組成要素**

  1. **定義**：是一種陳述，用以表示某事件的存在及特性。

  2. **概念**：是由個別事件概推或抽象化過程所獲得的共同屬性。

  3. **構念**：是一個或兩個以上概念的組成，是依研究目的刻意建立的。

  4. **命題**：由概念或構念組成，用於說明相互間的關係。

二、理論的必要條件

(一) 必須合乎邏輯。　　　　　　(二) 定義必須明確清晰。

(三) 概念間須互相關聯。　　　　(四) 概念間的相關性質必須明確指出。

(五) 以可靠資料做為建立的基礎。　(六) 是可以驗證的。

三、理論的類型

(一) **正式與非正式的理論**：區分在於完整與嚴謹。

(二) **描述與解釋的理論**：區分在於說明的深度不同。

(三) **理念與科學的理論**：區分在於主觀性與客觀性。

(四) **直覺與客觀的理論**：區分在於主觀性與客觀性。

(五) **歸納與演繹的理論**：區分在於僅作個別案件或欲依此推論。

(六) **小型與大型的理論**：區分在於理論應用的範圍。

(七) **結構與功能的理論**：區分在於靜態結構與動態的功能。

(八) **自然與社會的理論**：區分在於研究對象內容不同。

四、理論的功用

(一) 將經驗與現象組織化便於分析。　(二) 引導觀察特定社會事件。

(三) 提高理論解釋力　　　　　　　　(四) 是一種方法論。

五、理論建構步驟

(一) 選擇適當的典範。　　　　　　　(二) 為基本概念下定義。

(三) 確定概念間的邏輯關係。　　　　(四) 確定變數與指數。

(五) 運用適當正確的方法。　　　　　(六) 分析資料。

(七) 解釋資料內容。　　　　　　　　(八) 評判理論。

六、理論派別

(一) 古典理論

1. **結構功能論**：強調社會各部門是互相關聯的，且相互關聯的特質組成功能體系，最後得以維持整合與均衡穩定。
   具代表性的一般行動論（簡稱AGIL）：
   (1) 代表人物：帕森思。
   (2) 四個要素：行動主體、情境、意義與規則。
   (3) 四個功能：調適、追求目標、整合、模式維持。
   (4) 四個次體系：生物、人格、社會、文化。

2. **衝突論**：
   (1) 馬克思的階級衝突論：經濟是社會的重心、持續出現階級衝突。
   (2) 齊穆爾的形式社會學：探討社會過程的基本互動形式，形式互動重點在於利益與目的，衝突有時具備建設性。
   (3) 達倫道夫的辯證衝突論：社會團體存在著不均衡權力的分配，出現支配與受支配的角色，因而促成社會的變遷。
   (4) 寇舍的衝突功能論：強調衝突所帶來的正向功能。

3. **形象（符號）互動論**：屬主觀解釋的理論，認為社會互動的個人組成整個社會，至於個人的互動乃經由解釋、分析與反應過程進行。

4. **交換論**：認為社會行為是一種互動的交換過程，交換的是酬賞與成本。社會結構亦影響互動的進行。

(二) **現代理論**
　　1. **戲劇論**：
　　　　(1) 代表人物：高夫曼（Goffman）。
　　　　(2) 核心概念：前台與後台、自我呈現、角色設定、框架。
　　2. **俗民方法論**：
　　　　(1) 代表人物：高分柯（Garfinkle）。
　　　　(2) 基本論點：並未有一個預先存在、彼此同意的社會實體，所有意
　　　　　　義都是被創造出來的，不能將社會世界視為理所當然。
　　3. **現象學**：
　　　　(1) 代表人物：徐志（Schutz）。
　　　　(2) 基本論點：日常生活就是一個由多重實在所構成的主體性的世
　　　　　　界，人們的日常知識亦具有自主性的特徵，是最為實在的。
　　4. **社會學的想像**：
　　　　(1) 代表人物：米爾斯（Mills）。
　　　　(2) 社會結構對人的影響。

七、**研究方法**
(一) **方法論與方法**
　　1. **方法論**：以邏輯推理方式反省方法。
　　2. **方法**：協助研究者製造更多知識的工具。
(二) **研究過程**：研究問題→界定概念→操作定義→假設→研究設計→樣本設
　　計→資料收集→資料分析→結論→報告著作。
(三) **研究方法**
　　1. **個案研究法**：屬質化研究方法，無一定程序，僅以研究對象為個案進
　　　　行深入的探究。
　　2. **觀察法**：以五官（特別是視覺）記載社會事實的方法，最簡便，但少
　　　　單獨使用。
　　3. **歷史法**：針對已發生的社會事實採文獻資料分析，以獲致研究目的的
　　　　方法。
　　4. **社會調查法**：是屬於針對社會事實進行實地考察、搜集大量資料的
　　　　方法。
　　5. **統計法**：屬量化研究方法，以統計學理或公式分析大量資料，以掌握
　　　　事實的方法。

6. **區位學方法**：以探究人類行為和環境關聯的特殊研究方法。
7. **社會測量法**：測度人與人或人與團體的社會關係的方法。
8. **實驗法**：用以發現或建立事實間因果關係的方法，在社會學研究上有其實施的困難性。
9. **世代分析**：將具備相同特徵的一群人視為同一世代所進行的長期趨勢分析。
10. **內容分析**：以大眾傳播資料為主所進行的特殊研究方法
11. **田野調查**：針對某一文化或社會成員所進行的直接觀察，與實驗法有別。
12. **焦點團體法**：係針對某一議題，邀請同質性成員進行座談，再就言辭加以分析的一種質化研究法。紮根研究法：主張不由理論或假設開始的一種研究法，而是經由資料的歸納、演譯及驗證等程序加以設計的方法，強調以想像及互動性思考為主。
13. **紮根研究法（grounded theory）**：或譯為立基研究法，是建構新理論的方法。
14. **比較法與跨文化研究**：針對不同社會、團體、人群間之比較。

重點整理

一、理論的定義與要素

理論（theory）是由彼此相互關聯的定義概念、構念和命題所構成，目的在於解釋和預測所欲研究的社會現象，以合乎邏輯，有足夠論證，且具有說服力的方式，對所研究的對象，提出系統看法。

簡言之，理論由抽象層次較高的概念、構念和命題所形成，又理論必須經過抽象層次較低的實證過程。

其組成要素為：

(一) **定義（definition）**：是一種陳述（statement），以表示某事件的存在及特性。

(二) **概念（concept）**：指由個別綜合概推中所獲得的抽象形式，或是經由抽象化過程，所獲得之共同屬性，再由研究者賦予名稱。所謂抽象化過程，是指由類似的個別事件中，抽離出共同屬性。

(三) **構念（construct）**：是指由一個或一個以上的概念組合而成。與概念不同之處在於構念是由研究者依照目的或研究需要，刻意建構的。而構念並非隨意的，是依一定的進行基礎和用以說服的理由所構成的，例如「事業發展」這個構念，包含昇遷、訓練、考核、工作特質和工作滿足等五個層面，其中，工作滿足是一個概念，需要進一步的討論，而其他三個概念，則比較簡單，由字面即可瞭解其意義。

(四) **命題（proposition）**：則是由概念或構念組合而成。命題是指對概念或構念之間關係的陳述。例如性別差別待遇、社會結構特徵、態度與價值和組織特徵將影響兩性事業發展的模式，即屬命題。

而模型（model）是指尚未成熟的理論，亦是所謂的準理論（quasi-theory）。是邁向成熟理論之前的緊接腳步。模型既是準理論，亦具有理論的特性；即解釋與預測，也是用以檢證—即藉由經驗事實的檢證，逐漸建構出科學理論。

二、理論的必要條件

高特門（Louis Guttman）認為理論牽涉二個基本問題，分別為：

(一) 內在的確實性（效度）（internal validity）是指理論結構裏的邏輯關係是否正確。

(二) 外在的確實性（效度）（external validity）是指經驗資料與理論架構間的關係，也就是對工作假設的驗證。如果資料不可靠，則理論就可能站不住腳。因此如何去搜集可靠的資料是一個很重要的問題。

總之，一個健全的社會學理論必須具備以下六個要素：

1. 理論概念的定義必須明確清晰。
2. 理論的建立必須合乎邏輯原則。
3. 理論概念之間應該是互相關聯的。
4. 理論概念之間的相關性質必須明確指出。
5. 理論必須建立在可靠的資料上。
6. 理論必須是可以驗證的。

三、理論的類型

金拉克（G.Kinlock）將一般理論分成八大類，社會學理論亦是如此：

(一) **非正式（informal）與正式（formal）的理論**：非正式的理論是指結構既不完整且鬆散的臆測。正式的理論則具有健全而完整的科學原則架構。

(二) **描述（descriptive）與解釋（explanation）性的理論**：描述性理論重點在於詳細描述一個事物或現象的形狀特質；解釋性的理論則注重各因素間的相互關係，並說明一個事物或現象存在或變遷的原因。

(三) **理念（ideal）與科學（scientific）性的理論**：理念性的理論是以理念意識為指導原則，含有主觀與偏見；科學性的理論則是以客觀的科學原則為指導基礎，少有主觀偏見。

(四) **直覺（subjective）與客觀（objective）性的理論**：理論是出自研究者的直覺主觀看法，現象學派即屬直覺主觀的；但理論也可能出自客觀的看法，經驗實證研究法所建立的理論就屬於這一類。

(五) **歸納（inductive）與演繹（deductive）性的理論**：歸納法是由特殊案件的研究歸納出普通原理原則；演繹法則由普通原理原則應用到特殊案件上，社會學原理多屬演繹法的運用。

(六) **小型（micro）與巨型（macro）理論**：前者重視個別特殊案件，例如小團體的研究；後者重視整個社會體系的研究，例如研究或比較社會的現代化程度，另有介於小型與大型理論間的中型理論（middle range theory），係社會學者墨頓（Robert. K. Merton）提出，提出的理由：

　　1. 個人能力及時間有限，想建立完整的一般理論，值得懷疑。

　　2. 脫離社會事實的概括性觀念，僅靠純理智的邏輯運作而成的抽象理論，未免具「形而上學」的色彩。

　　3. 抨擊大型理論，過於空泛，難有實際驗證的經驗資料支持。
　　　在當代社會學理論，參考團體理論（theory of reference groups）、社會流動理論（theory of social mobility）、角色衝突理論（role conflict theory）等，都具中型理論的特色。

(七) **結構（structure）與功能（function）的理論**：結構理論著重靜態研究某一事物或現象的組織結構，結構功能學派偏於此類型的理論；功能理論則注重某一事物或現象在整個大體系裡所擔負的功能與其動態關係，衝突學派即是一例。

(八) **自然（natural）與社會（social）的理論**：自然理論偏重於自然現象的解釋，例如以氣溫、季節、生理因素說明人的行為；社會理論則將重點置於社會因素上，涂爾幹的自殺論即是此理論的代表。

四、理論的功用

(一) 理論提供一種簡便方法將經驗與現象組織化，進而容許我們以一些命題方式處理大宗經驗資料（empirical data），也能讓我們超越經驗層次，對那些缺乏資料佐證的現象，預測其關係與意涵。

(二) 理論對於進一步的實證調查，提供一種刺激（stimulus）或指引，引導我們去預測那些尚未被觀察的事件，並鼓勵研究者檢視這些預測的結果。

(三) 理論能引導我們進一步利用實證資料來支持或增強理論本身，當然也能用來推翻或修改理論本身，使理論解釋力提高。

(四) 理論本身就是一種方法論（theory as methodology），理論提供一套研究方式與架構，因此，學習理論也就習得一套研究方式，甚至是一種工具、一種分析的角度，一種思考的方式。

五、理論建構步驟

另金拉克（G. Kinlock）將社會學理論的建構過程分成下列八大步驟：（見圖2-1）

(一) **典範的選擇**：任何理論建造的第一步驟是將受觀察研究的現象加以概念化，用以描述假想的因果關係，並加以濃縮成幾個有用的典範（paradigm）或模式（model）。典範是理論的指導原則。

(二) **為基本概念下定義**：每一個典範或模式包含數個有關的基本概念用以描述受觀察的社會現象，因此必須根據典範或模式的特質將每一個概念仔細地給予定義，以確定研究範圍，例如想研究自殺現象，就必須確定那些行為才算是自殺行為，那些不算。只有這樣，研究的結果才有意義。

(三) **確定各概念間的邏輯關係（logical relationships）**：各概念的層次（level）和形態（form）都可能不同，因此，必須確定各概念間的邏輯關係用以決定因果關係或前後秩序。只有如此，才能設立實用的研究假設。

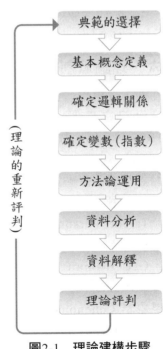

圖2-1　理論建構步驟

典範的選擇

基本概念定義

確定邏輯關係

確定變數（指數）

方法論運用

資料分析

資料解釋

理論評判

（理論的重新評判）

(四) **變數與指數的確定**：為了使理論可以驗證，必須以變數和指數來說明理論的架構及其間之因果關係。概念和典範是抽象的，但變數與指數則是可以測量計算和驗證的。

(五) **方法論的實際運用**：當概念和典範確定後，變數和指數也選好後，必須選擇一種或數種較合適的研究方法以收集資料來證明支持原先假設裏所定的因果關係。資料搜集方法包括訪問法（interview）、問卷法（questionnaire）、實地觀察法（field observation）、實驗法（experiment）、內容分析法（content analysis）等。

(六) **資料的分析**：資料蒐集完後，下一步驟就是將資料加以分析。統計法是社會學最常用的方法以測驗資料的準確性和變數間的因果關係程度。

(七) **資料的解釋**：資料的可信度確定後，必須將分析的變數間的因果關係加以解釋，說明其分配的特質。這些解釋必須以原有的理論為基礎根據。

(八) **理論的評判**：最後將理論與研究所得結論重新加以對照，重新檢討理論的邏輯結構及其準確度。很可能，原有的理論必須放棄，重造新理論，或只需稍加修正。

六、理論派別

從西方社會學發展史的角度，回顧社會學形成的過程，可發現影響社會學建立至鉅的五大社會學家，分別是孔德（1798-1857）、斯賓塞（1820-1903）、馬克思（1818-1883）、涂爾幹（1858-1917）和韋伯（1864-1920）。這五位古典社會學家，不僅奠定社會學發展的基礎，他們的思想更涵蓋當前社會學各大支派的取向。

再由理論派別發展觀之，社會學仍然是以**功能學派**〔如帕森思及墨頓（Talcott Parsons & Robert K.Merton）〕、**衝突學派**〔如達倫道夫及寇舍（R.Dahrendorf & L.A.Coser）〕、**交換學派**〔如何門斯、布勞及愛默森（G.C.Homans, P.M.Blau, R.M.Emerson）〕及**互動學派**〔如布魯默（H.Blumer）〕等四大古典學派為主流。此外，出現且相當突出的學派，如現象學（phenomenology）、俗民方法學（ethnomethodology）、依賴理論（dependency theory）、世界體系理論（world system theory）、批判理論（critical theory）、辯證理論（dialectical theory）、行動理論（action theory）、結構主義（structuralism）、系統理論（system theory）、社會學

的想像（Sociological imagination）等等，所謂的新興或現代社會學理論，近年來有百家爭鳴的現象，無法一一涵蓋其中。

(一) 古典理論

1. **結構功能論**：結構功能理論的中心概念是功能（functions）。「功能」係指「有用」的活動。在日常生活裏，功能常是指參加典禮、儀式、演講等大眾活動。社會學裏所指的有用的活動則包括需求之滿足與願望之實現。從功能理論觀點而言，將社會生活裏一切活動都看做是由一群社會裏的需求來決定的一種理論觀點。換句話說：功能學理論認為因為社會有某種需求，社會團體和組織才產生某種特質或活動。社會團體或組織之存在與活動之目的乃是為了滿足社會某種需求。

   另「功能」亦可指「適當的活動」（appropriate activities）。「有用」的活動並非一定是適當的活動。社會階層的存在可能對社會整合是有用的，但其安排並非一定適當合理的。墨頓（Robert K. Merton）的「明顯」功能（manifest function）與「潛在」功能（latent function）的分類主要也是以功能的適當性為主。明顯功能係指適當、顯著與表面的功能；潛在功能則指內在和潛在的功能。

   又「功能」也是指有關維持體系均衡的活動。在此種用法裏，社會制度是由社會體系而定的。因此，社會制度之功能係指其對於維持社會體系均衡之貢獻。

   總之，功能分析的基本觀點在於試圖解釋社會各部門與整體社會之關係以及各部門本身彼此之間的關係。

   而功能學家進一步追問：什麼東西具有功能？什麼東西在製造效果？答案是結構（structure）。結構製造效果，結構具有功能。在功能理論裏，功能與結構二者常連在一起使用。因此有時亦稱之為結構功能理論（structural functionalism）。功能理論的研究單位不在於個人，而在於結構。

   功能理論再三強調社會各部門是相互關聯的。此種相互關聯的特質乃組成功能體系（functional systems）。因此功能體系的概念通常包括以下四個基本命題：

   (1) 體系（system）可被視為是由整個有機體的次體系（sub-systems）所組成。

(2) 每一體系內的次體系有助於體系的持續操作運行。

(3) 每一體系內的各部門在功能上是相互關聯的。某一部門的操作運行需要其他部門的合作相配,當某一部門發生不正常時,其他部門可以填補修正。

(4) 體系是穩定(stable)、和諧(harmonious)、均衡(equilibrium)的,不易有所變遷。

綜上,功能理論最主要論點乃在認定社會基本上是整合的,而且永遠是朝向均衡的狀態運行操作。整合(integration)係指各部門之間相互影響的結果促成某種程度和諧性,用以維持體系之生存。帕森思指出整合牽涉到體系內各部門之間的關係。整合含有兩種意義:

(1) 指體系內各部門的和諧關係,使體系達到均衡狀態,避免變遷。

(2) 指體系內成份的維持以對抗外來的壓力。

均衡(equilibrium)則是社會體系運行的最終目標。在此種狀態裏,社會體系是和諧而無衝突的。體系內的變遷是緩慢且有秩序的。功能理論認定不論社會如何變遷,其最終目標總是朝向尋求均衡狀態。因此變遷可以說是一種對社會體系的調整,局部而緩慢,無損於整個社會體系之整合與均衡。

若以乞丐行為為例,考驗功能論的論據。為什麼備受責難的乞丐行為代表著依賴與無助的象徵,但無論在現代化的大都市或落後的城鎮,都可以看到乞丐的蹤影!功能學者指出:雖然乞丐行為不被一般大眾所接受,但它卻提供某些正向的社會功能。例如,它能彌補社會福利措施的不足及疏失,更能滿足某些人為善最樂的心態。由此可知,乞丐行為事實上有其社會功能價值,提供社會某些需求。但並非鼓勵乞丐行為應該變成可被廣泛接受的社會行為。事實上,功能論學者並不會作出類似的價值判斷,只希望能對某些常受抨擊,卻仍然持續存在的社會現象進行解釋。

功能論的代表理論為一般行動論,其內涵分別為:

(1) **組成要素**:帕森思(T. Parsons)提出一般行動論(general action theory),首先預設體系的存在,然後強調「社會行動」(social action)作為社會學分析的對象與起點。一般行動論包括下列四個要素:

A. **行動主體**（action-subject）：行動主體，可以是個人，也可以是團體，亦可為一組織。因此，行動主體不僅包括具有人格的個體，亦可能是非人格的組織。

B. **情境**（situation）：泛指行動主體在行為發生時，與其產生任何關係的所有對象，也就是一般所謂的「環境」（environment）。因此，情境不但包括物理現象（如氣候、地理、物質條件、個人的生物因素等），且包括與行動主體有關的任何其它行動主體。帕森思指出，所有社會行動必然是在情境中進行，行動主體從其環境中獲得行為的訊號或象徵，然後才開始做回答式的反應行為。換言之，行動主體乃是依據來自環境的訊號或象徵，才跟情境中其他因素發生互動的關係。

C. **意義**（signification）：透過來自情境的訊號（signs）或形象（symbols），行動主體開始與其它的行動者或情境中的其它因素發生互動關係，並且賦予行動一個行動主體對此一行動的主觀意義。

D. **規則**（rules）、**規範**（norms）**與價值**（values）：社會行動的目標與行為模式，基本上都受制於社會既存的行為規則、規範與價值。事實上，任何社會必然存在著大家共同接受的行為規則、規範與價值。它們不但是引導社會行動者的方向，並且提供行動的最終目標。

易言之，行動必須產生於一個環境裏，這環境亦即是帕深思所謂的情境（situations）。在該情境裏，某些因素可能有助於行動者獲取目的之工具（means）；但也有某些因素可能阻礙行動者獲取目的，就是帕森思所稱之條件（conditions）。不僅如此，工具之選擇使用，困難之克服都不能超出社會所允許的範疇之外，而必須在模式準則（normative regulation）之下操作。如圖2-2所示：

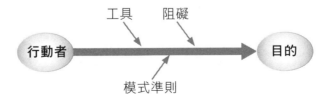

圖2-2　帕森思一般行動論要素圖

因此，帕森思的行動概念具有下列特質：A.它是一個為獲取目的之行為；B.它必須發生在環境或情境裏；C.它是受社會模式約束的；D.它牽涉到行動者之動機、能力與精力。帕森思更進一步指出，行動並非是單獨產生操作運用的，而是整個社會行動的一環。

(2) **基本功能**：帕森思所謂的「功能」（function），是指一個體系為求生存與維持成長，所組織和動員的一切活動。因此，體系的功能是指一個體系為滿足其存在而從事的一切活動之總和。

為滿足體系的基本需求，所有的行動體系必須具備下列四種功能（即AGIL功能）：

A. **調適**（adaptation）：行動體系之調適功能是建立外在環境與行動體系間的適應關係。透過調適的功能，行動體系從其外在環境，吸取必要的資源，並處理與轉換，藉以滿足體系內部的需求。

B. **目標追求**（goal-attainment）：所有行動體系都擁有界定其目標的功能，並動員所有量與資源，藉以展現其所追求的目標。

C. **整合**（integration）：透過整合功能，可以維持體系內各部分間的協調，凝聚與連帶，藉以保護體系對抗外來重大的變故，如此行動體系可以維持其穩定性。

D. **模式維持的功能**（latence maintanence）：所謂模式維持的功能是指所有行動體系都能給予其行動者必須的動機，藉以提供必要的能量。更具體地說，社會行動者，是藉著模式維持的功能，得以在社會規範與價值的支配下活動。

這四種功能，若依對外關係、內在要素、手段、與目的等四種不同判準區分，可形成下圖：

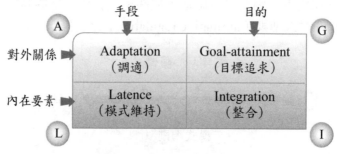

圖2-3　帕森思的AGIL模式

(3) **四個次體系**：至於一般行動體系可細分為四個次體系，分別是：生物次體系、人格次體系、社會次體系，以及文化次體系等。這四種次體系，分別相對扮演上述行動體系之四種功能（即AGIL功能）。

  A. **生物次體系**：負責扮演調適的功能。行動體系靠著其生物組織體系，與外在物理環境接觸，並從外在吸取所需能量與資源，使體系能夠持續成長。

  B. **人格次體系**：功能是目標追求。靠著它，行動體系才能標定或選定其所要追求的目標，同時，運用所有可能動員的能量與資源，藉以實現其所追求的目標。

  C. **社會次體系**：在社會結構中扮演整合的角色，不但有創造社會連帶與社會凝聚的功能，且是社會控制者。

  D. **文化次體系**：相當於模式維持的功能，透過這個功能，創造出社會價值、社會規範、社會理想等，而成為社會行動的動機。

將此四種次體系結合前述四項，成為圖2-4所示：

圖2-4　一般行動體系之四大次體系與四大功能

歸納以上，功能論的中心觀點計有：

(1) 以有機體論和生物學觀點探究社會結構如何結合與運作。

(2) 強調社會制度是相互依賴的複雜體，每一個社會制度對整體社會的維持都有貢獻。

(3) 社會本身就是一個體系，且由不同的制度所組成。社會是制度間的均衡，劇烈的變遷將導致系統的崩解。

(4) 制度的形成、存在與崩解須由其型態的結果來了解。制度的結果分為顯性功能與隱性功能，有功能的制度會繼續存在，無功能的則會被取代。

至於，功能論對社會現象解釋的缺點包括：

(1) 缺乏對社會變遷的合理解釋。

(2) 過分強調文化、價值及規範對個人行為的決定性，而構成社會結構決定論，以致個人發展完全成為被動。

(3) 只對既存的社會制度作合理化與合法化的解釋。

(4) 忽略社會運作中團體與團體、人與人之間衝突的正向及負向的影響力。

2. **衝突論**：衝突學派（conflict theory）的主要代表者為德國社會學家達倫道夫（Ralf Dahrendorf），批評功能派理論是一種烏托邦式的理論，華而不實，因為只有在烏托邦的社會裏才能有帕森思所描述的均衡與整合。

衝突學派的社會學理論大致可分為二類：達倫道夫所代表的辯證衝突論（dialectical conflict theory）是此派的主流。寇舍（Lewis A. Coser）的衝突功能論（functional conflict theory）則代表衝突論的另一支。衝突學派總計可分為四大來源，分別是：

(1) **階級衝突**：衝突論的淵源可追溯到早期馬克思（Karl Marx）的階級鬥爭論的階級衝突，簡單地說，馬克思的理論包括三個基本假設：

　　A. 經濟組織決定社會所有的組織。

　　B. 每一個經濟組織都含有階級衝突的成份。

　　C. 無產階級會逐漸因受壓迫而產生共同階級意識，用以抵抗資產階級的剝削。

　　易言之，主要觀點有六：

　　A. 社會關係間涉及利益的衝突。

　　B. 社會體系內亦因此含有衝突成份。

　　C. 衝突是無法避免的。

　　D. 衝突常常顯現在針鋒相對的利益上。

　　E. 衝突常常產生於稀少資源的分配問題上，尤其是對權力的分配。

　　F. 社會體系內變遷的最主要因素就是衝突。

(2) **互動衝突**：除馬克思外，德國社會學家齊穆爾的形式社會學（formal sociology）理論也對當代衝突論影響頗深。齊穆爾的形式社會學的主要目標在於尋求探討社會過程的基本形式。他認為社會學不應該企圖研究每一種社會制度或人類行為，也不應該把社會學看成

一種所有其他科學的總和。社會學的目標在於研究人與人互動的形式，因為社會只不過是一群互動中的個人的代名詞而已。換言之，社會是由一群社會互動的模式所組成的。因此社會學的研究對象自應是這些互動的模式或形式。齊穆爾的形式社會學的重點就在於分析互動產生的利益與目的等問題。

齊穆爾相信一個完全融洽和睦的社會是不可能存在的，因為社會永遠是包含著衝突與恨的因素。愛與恨、和睦與衝突等的相對矛盾關係是使一個社會繼續存在與發展的因素。因此衝突並不完全是破壞性的，也具有建設性的社會功能。一個衝突性的社會關係雖然可能帶給當事人痛苦與不愉快，但卻也因衝突而把二個當事人連接一起。衝突雖然在當時帶給當事人麻煩痛苦，但也可能給未來的新關係鋪路，增強團體的功能。愛與恨是分不開的。因此衝突關係並非是單方面的，而是雙方面的。

總之，齊穆爾的形式社會學強調現實社會的衝突是無法避免的。一個好的社會是由一群相互衝突的單位組織而成的，而非是一個完全沒有衝突的社會。和平與敵對、秩序與衝突是相關聯且無法明確分開的。

馬克思和齊穆爾皆重視社會衝突的重要性。但兩者仍有差異性存在。馬克思認為，衝突是不可避免的，是破壞性的，也必定帶來革命性的變遷。但齊穆爾指出，雖然衝突是不可避免的，衝突並非只是破壞性的，而是具有建設性功能的。社會體系的運行就是衝突的單位間的不斷地相剋與適應。

馬克思的衝突論是建立在經濟因素的社會階級差異上，而齊穆爾的衝突論則偏重於人與人間的互動關係，馬克思的衝突論的目標在於對全世界人類行為的解釋。而齊穆爾則強調社會學家應只注重社會現象的一部分，不應一概而論。

(3) **權力衝突**：辯證衝突論（dialectical conflict theory）的代表人物是德國社會學家達倫道夫。達倫道夫指出社會在基本上是一種不均衡權力分配的組合團體。社會內的基本單位是一種依賴權力關係分配的「勉強湊合的團體」（imperatively coordinated associations or groups）。在此團體內的社會角色可分成兩個基本類型：具有支配他人權勢的「正支配角色」（positive dominance

roles）與無支配他人權勢的「受支配角色」（negative dominance roles）。因此勉強湊合的團體具有下列四種特質：

A. 正支配角色者與受支配角色者必形成二種針鋒相對的非正式的陣營。正支配角色者必竭力設法維持現狀以保有支配的權勢，而受支配角色者則必設法改變現狀以奪取權勢。二方面的陣營在衝突初期皆非組織完整，陣容亦非堅固，因此衝突常是不明顯的。

B. 正支配角色者與受支配角色者必起而組織利害關係分明的利益團體（interest groups）。二個陣營各有各的方針、計畫與意識。

C. 針鋒相對的利益團體會不斷處於紛爭中，因為一方欲維持現狀的權力分配，而另一方則欲奪取權力。但是紛爭衝突的形式和嚴重性則常因實際狀況與條件的不同而有所差異。

D. 利益團體間的衝突乃因此導致權力支配關係的重新分配與改變，進而改變社會關係的基本結構。換言之，衝突的結果可能導致正支配角色者權勢的流失與受支配角色者的奪權。

達倫道夫的衝突理論雖是以馬克思的衝突觀點為出發點，但其理論並不局限於階級鬥爭，而擴及其他團體或社區等。

(4) **衝突功能**：寇舍（Coser）也是衝突論的代表者，強調衝突在社會系統中的正面功能，亦即建設性的功能、有益的功能。衝突的正面功能，寇舍歸納為以下五個：

A. **衝突對社會與群體具有內部整合功能**：寇舍認為，我們群體，或內群體與其他人，或其他群體，外群體之間的區別，只有在衝突中或通過衝突才能形成，例如：

a. 衝突有助於建立和維護社會或群體的身分和邊界線，並維護社會或群體與周圍社會環境的界限。也就是說，一旦衝突發生，「我群」（our group）與他群明顯區分。

b. 群體間發生衝突時，可促進群體內部的團結。

c. 虛構的「衝突」對群體也具有「聚合」的功能，即通過反對外部或內部「威脅」使社會或群體「聚合」起來。

d. 不斷與外部發生衝突的群體往往不容忍內部衝突，不能容忍超出對群體統一的有限背離。

B. **衝突對社會與群體具有穩定的功能**：衝突增加社會結構的靈活性，有利於提高社會系統的適應能力。社會如果沒有衝突就會僵化與停滯。衝突對社會關係具有重新統一的功能。寇舍指

出：「衝突有助於消除某種關係中的分離因素並重建統一。在
衝突能夠消除敵對者之間緊張關係的範圍內，衝突具有安定的
功能，並成為關係的整合因素。」

C. **衝突對新群體與社會的形成具有促進功能**：亦即衝突可創造新
的聯合與聯盟，當不同群體對付共同敵人時，群體間的對抗可
獲得舒緩，稱為「衝突喚起聯盟」，即通過暫時的聯合保護共
同的利益。

D. **衝突對新規範和制度的建立具有激發功能**：寇舍指出，衝突可
能導致法律的修改和新條款的制定；新規則的應用會導致圍繞
這種新規則和法的實施而產生的新的制度結構的增長；衝突也
可能導致競爭對手們和整個社區對本已潛伏著的規範和規則的
自覺意識。

衝突創造新的規範和價值觀念，矯正權力和權威中具有破壞性
的因素，引起一定的變革。

E. **衝突是一個社會中重要的平衡機制**：寇舍認為，最有效的抑制
衝突力量，是展示相對力量，即衝突較量。例如罷工參與雙方
都在比較彼此的資源，估計得與失。一旦雙方在衝突中表明了
相對實力，就可能達成和解，建立新的關係。

就像功能論學者一般，衝突論學者也傾向於採用宏觀層次的觀
點。於衝突論與功能論是兩個截然不同的理論。衝突論者主要
關心衝突過程能引起那些種類的社會變遷，而功能論者只專注
於社會穩定性及持續性。衝突理論者常被認為是激進及行動主
義者，因其強調需藉由社會變遷及資源重新分配以消除既有的
社會不公平現象。相反的，功能學者被認為是保守的，因為其
注重的是社會的穩定性。

綜合以上，衝突理論的論述歸納出四個基本觀點：

(1) 人類關係由宰制與剝削所構成，且來自不同團體間的利益衝突。

(2) 既得利益者會利用各種方法（例如：法律、制度及武力）來壓迫
其他團體，並由此引發衝突。

(3) 衝突不僅發生在階級間（就經濟層面而言），各種團體及各個面
向（例如：宗教、文化、種族）間的衝突亦普遍存在於社會中。

(4) 衝突理論學者反對功能論所支持的整合及均衡的靜態社會觀論點，
主張社會衝突乃是不可避免的，而且它是社會急遽變遷的動力。

然而，在社會現象解釋上，衝突理論的主要限制是：

(1) 忽略社會和諧與整合的可能性。

(2) 某些衝突理論觀點過於激進，甚至充滿著階級仇視。

(3) 當論及人們的社會關係時，過份強調「權力」的作用，狹隘了人類互動的範疇。

(4) 欲解決社會資源分配不公的現象，衝突與鬥爭並非唯一的途徑。

雖然衝突理論因反對功能學理論而興起，許多學者指出，兩者之間有不少類似觀點，彼此應是相輔相成的。霍頓（John Horton）將二者做了一個比較，見表2-1。

表2-1　功能論與衝突論比較表

	功能觀點	衝突觀點
對社會與價值的立場	1.人與社會 (1)社會乃是一個自然維持均衡的體系。 (2)社會的基本性質不僅大於，更有異於其各部門組成之總和。 (3)理論要點傾向於社會制度之維護。 2.人類之本質 (1)是半自利、半公利的，故需團體之節制。 (2)人是社會化的產品。 (3)人有道德高低之分。 3.價值：社會是好的、均衡的、安穩的、權威的、有秩序的、重數量的成長。	1.人與社會 (1)社會是不同目的和觀點的團體與團體間的鬥爭。 (2)人是社會；社會乃是人的伸展。但人與社會之間仍有隔閡。 (3)理論要點傾向於社會制度之變遷。 2.人類之本質：經由實際的，和自主的社會行動，人創造自己，也創造社會。 3.價值：社會是自主、自動的、變遷的、有行動的、重質地的成長。
科學分析之類型	1.自然科學的類型；尋求普遍與合乎宇宙的法則。 2.結構功能分析法。 3.多類的因果關係；理論具有高度的抽象性，但其實地經驗部分之抽象性則較低。（理論及應用分開） 4.客觀性的條件：概念與事實一致；研究者與被研究者應分開。 5.研究的起點常強調文化是秩序與結構的主要決定因素；而後推及人格與社會組織之研究。 6.主要的概念；高度的抽象理論；不重歷史；強調體系需求之普遍性與相對性。	1.歷史類型；經由歷史特殊事件變遷之分析以了解人類社會。 2.歷史分析法。 3.單類的因果關係；高低度之抽象性均有；其理論與應用則不可分。 4.客觀性僅是主觀性的一部分；研究者與被研究者混在一起。 5.研究的起點是社會組織，或人類成長並維持之需求，進而再推及文化的研究。 6.歷史的、動態的；強調人類需求的普遍性、相對性；常提及或預測未來。

	功能觀點	衝突觀點
社會問題與偏差行為	1.將疾病看成是對現有價值的反動，一種病態問題。意識性的定義。 2.偏差行為是社會體系功能運行之病態。 3.社會問題是社會失調不均衡的象徵。削而引起的。 4.強調社會控制之擴大應用。應由個人適應社會。	1.將健康比作一種受壓迫團體往上掙扎的現象。烏托邦式的定義。 2.偏差行為是一種趨向改變現有權力關係的象徵。 3.社會問題乃因過份的社會控制與剝削而引起的。 4.革命性的改變現有社會體系。
所用辭彙	1.支配團體，指現有的制度本身及其操縱者。 2.代表人物：帕深思學派、墨頓學派；保守性的研究。	1.強調受壓抑團體之奪取更大權利。 2.代表人物：達倫道夫、密爾斯、左傾人物等。

3. **形象互動論**：布魯默（Herbert Blumer）是形象互動論（symbolic interaction theory）之代表人物。主張建立一個與傳統社會學理論不同的主觀解釋性理論。強調社會互動是不斷地變遷和修正的過程，是自覺和主觀的。因此，社會學的新理論應該把重點放在體會的經驗上，而非科學客觀的驗證上。布魯默所欲瞭解的是社會互動的本質。

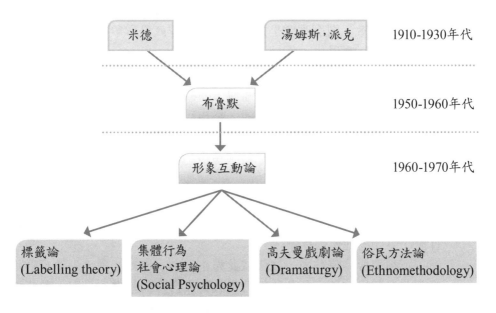

圖2-5　形象互動論的起源和發展

形象（symbol）或稱為符號，是形象互動論的中心概念。形象包括語言、手勢、文字，以及符號等。形象互動論者認為形象無所不在，到處皆是。語言文字是形象，因為它們代表某些東西，代表某種意義。是行動者用來代表物體、感覺、觀念、思想、價值和情緒。語言文字所代表之客體是社會所賦予的，是用來溝通的。例如：「電燈」兩個字本身是毫無意義的，一位不懂中文的外國人，看到「電燈」這兩個字根本不知道它們是什麼。可是懂中文的人就知道「電燈」這兩個字是指一種經由電而發亮的東西。這兩個字所代表的意義是社會所賦予的。再舉一例來說：在十字路口，我們看到紅燈亮時必聯想到要停下來等。為什麼？因為紅燈代表著停的意義。這兩種關聯也是社會所賦予的。

形象互動論的基本研究單位是互動中的個人，而非個人的人格，亦非社會結構。重點在於研究互動的性質和過程。社會是由一群互動中的個人所組成。個人的互動行為不斷地在修改和調整，因此社會不斷地變遷。在人與人的互動過程中，個人總是先將對方的想法和看法加以吸收和解釋，然後再反應。舉例來說：當某一個人突然拍你肩膀，通常你會想到這人拍你是好意還是壞意，是友還是敵，爾後你才加以反應。如果你的解釋是好意、是友，則你的反應會是友善的；如果解釋是壞意、是敵，則反應會是抗拒。這種過程就是形象互動論所謂的解釋、分析、反應現象。

形象互動理論的另一個基本中心概念是扮演他人角色（或稱角色採借）（role taking）。我們想像他人的觀念如何？而後將此想像來的化為自己行為的準則。也就是說，把自己看做他人，依照我們的想像力扮演那人的角色。這種情形最常見於小孩遊戲裏，小孩扮演新郎新娘，事實上他們並不懂得新郎新娘角色的實在意義，僅憑著想像力扮演這二個角色，佯裝是新郎新娘。扮演他人角色這概念和我們中國人平常說的「把自己放在他人立場上」來看，是很類似的：如果我是那個人的話，我將怎麼辦。因為只有這樣，我們才能瞭解他人的立場是什麼，為什麼他會那樣做。

有了這種想像的瞭解力，我們依此修正行為，協調互動。形象互動論者認為這種扮演他人角色的能力是人與人合作的基礎，是與人和平相處的基礎，也使我們順利週旋於複雜的社會互動關係之中。

從形象互動論的立場來看，社會只不過是一群以形象來互動的人群。這些人相互溝通，一同合作，尊重對方，並共同發展出一套大家遵守的觀點和法則。簡單的說：個人影響社會，社會也影響個人；個人創造社會，社會更創造個人，二者是不可分的。

形象互動理論之應用目前已逐漸推廣。其中以高夫曼的戲劇論（dramaturgy）和研究偏差行為的標籤理論（labelling theory）最著名。

總之，互動論的主要觀點包括：

(1) 以微觀的層次探討人與人的互動情形，藉以瞭解社會運作情形。

(2) 人們的自我建立主要是在互動過程中，轉化他人的行為特質及價值態度而成。

(3) 在不同的情境中，個人會表現出人格特質的不同向度。

(4) 在互動過程中，唯有透過符號，人們才能互動、表達與認識。

然互動論經常被批評之處包括：

(1) 過份強調以直接的觀察方法瞭解社會互動，忽略其他的傳統社會研究方法。

(2) 對於「自我」、「主我」與「客我」等重要觀念的描述過於抽象。

(3) 在討論社會互動過程中，忽略個人的情緒因素。

(4) 在解釋整個社會運作過程中，忽略社會制度及社會結構對個人的影響。

4. **交換論**：布勞（Blau）指出社會交換（social exchange）是指個人為了獲取回報而又真正得到回報的自願性回報行動。

布勞認為雖然每一個人在交換過程中總是儘可能付出最小的代價（cost）以換取最高的酬賞（reward）。事實上，人們對得失、代價和利潤的計算並非全是合理的。因為如果每一個人的計算全是合理的話，就不可能有輸家。但在雙方交換過程中總有一方要吃虧的。也就是說，交換過程自然會產生一種不均衡（imbalance）的狀態。布勞相信此種不均衡狀態乃是瞭解社會團體結構與社會權力產生的主要因素。我們也必須緊記沒有兩樣東西的交換價值是完全相等的。因此，如果任何一方無法付出同等值之物來交換時，只有放棄某些自身的權力用以補償不足之價值。

在布勞的社會交換論裏，酬賞有兩種：內在性酬賞（internal reward）與外在性酬賞（external reward）。內在性酬賞對交換雙方

可能是沒有實用價值，亦沒有所謂得與失的問題。換言之，交換雙方是為交換而交換，任何一方都沒有實際上得到什麼或失去什麼。所換來的，可能只是一種兩情相悅的關係而已。雖然如此，許多交換行為具有內在性酬賞的特質。團體之穩定、行為之準則，以及個人之滿足程度常是依賴此種內在性酬賞而定。外在性酬賞則是指交換一方是得，另一方是失的關係。價值觀念在此種關係裏是相當重要的，因為交換雙方都是為了獲取某種酬賞而交換。大部分的日常交換行為都是外在性酬賞關係之行為。

雙方行為之交換既然常是為外在性酬賞而發，則當其中一方付予對方某種東西時，他自然期望對方回報給他等值的酬賞。如果對方無能力回報，則給的一方常能以權力來支配未回報的一方，但是如果沒有回報的原因是不願意做而非無能力做，則給的一方就很可能撤出交換的過程，從此不與來往交換。

總而言之，布勞的社會交換論認定社會行為基本上是一種互動的交換過程，是一種為外在性酬賞而發的行為。但是用以交換之物的價值常是不相等的，因此產生不均衡交換，進而促成權力的產生。布勞相信社會交換過程不僅在人與人面對面的互動，在複雜的社會結構裏亦可見到。

布勞的社會交換論重視心理因素和社會結構兩者在交換過程中的重要性，接近解釋社會學的傳統。

交換論的四個基本原則，分別為：

(1) 交換的個人必須是自我為中心的（self-centrality），一切交換行為只是為了滿足自己的需要。

(2) 個人的行為動機必須建立在理性（rationality）的基礎上，也就是降低懲罰、提高報酬的原則。

(3) 交換必須在開放的社會進行，不可有任何限制，也就是自由交換（free exchange）的原則。

(4) 社會交換的互動結果必然會達到公平均衡狀態，在互動雙方中找到一個可接受的平衡點。若無法達到均衡公平，交換行為便會停止，或是以懲罰對方的方式來平衡。例如，一個人之所以冒著生命危險去救人，或捐贈巨款給慈善機關，並非只是一種只「給」不「取」的行為，他的「取」是在精神上的安慰，獲取社會的讚美與支持，以及聲望的提高。

交換的六個基本命題，分別是：

(1) **成功原則**：個人的某種行為若能得到相當的報酬，便會鼓勵他繼續做類似的行為。

(2) **刺激原則**：相同的刺激，會引起相同，或類似的行為反應。

(3) **價值原則**：如果一件行為的後果對一個人而言越有價值，他便越會繼續這麼做。

(4) **缺乏―滿足原則**：重複獲得同樣的報酬時，對個人的價值便越來越低。

(5) **攻擊―贊同原則**：當個人未得到預期的報酬，反而受意外的懲罰時，便會出現攻擊行為，並且對這行為的後果更為重視。惟當個人的行為得到預期的報酬，或甚至超過他的期待時，心裡便會更贊同這種行為，且對價值也隨之提高。

(6) **理性的原則**：交換理論所指出的前三個原則：重複受報酬的行為，對同樣的刺激有相同的反應，以價值決定行動與否；均強調不論對或錯，人類的行動是根據理性而行。

以上四大古典社會學理論的比較如表2-2所示：

表2-2　社會學古典四大理論比較表

(二) 現代理論

1. **戲劇論（dramaturgy）**：戲劇論是由社會學家高夫曼（E. Goffman）所提出，主要源於米德（G. H. Mead）的符號互動論點。高氏指出，如果生活意義是一種社會建構（並非自然形成，而是需要不斷的創造與詮釋），則劇場是一個適於說明社會互動的模式，又個體經常在不同情境扮演不同的角色。角色概念是戲劇的核心。不同情境猶如演員出現在不同場景，演員也經常在不同觀眾前扮演不同的角色。因此，所有事物都是被「演出」的。

高夫曼戲劇論的核心概念分別為：

(1) **前臺與後臺**：劇場有前臺與後臺之分，前臺是公開的活動，後臺的活動則不對外公開。社會活動也有前後臺之分，後臺是人們私密的部分。

(2) **自我呈現**（self-presentation）：高夫曼認為，所有的社會互動都包含印象處（管）理（impression management），藉此人們扮演某些身分，或因他人而表演某些身分，試圖符合社會的期望或影響互動的結果。高夫曼稱此為「自我呈現」。

(3) **角色設定**（altercasting）：是一種限制他人行為較直接的方式。亦即透過將他人設定為某種身分，進而限制行為。例如：將他人設定為好友，則「朋友有難，義不容辭」，對方就難以拒絕你借錢的請求。

(4) **格式**（frame）：戲劇論假定社會是在互動中建立的，但不表示人可以恣意而為。在社會邂逅、互動中隱藏著規則，這些規則聚集成「規則叢」，就像一個「格式」或「框框」，指導且限制人的活動。換言之，「框框」提供了活動和意義的秩序安排，使得日常的例行性中存有理論的安全。用高夫曼的說法，「框框」是在複雜的社會情境下，使活動有意義，對他自己如此，對共同參與者亦然；同時，也使自己站定應有的界線，具有「不踰矩」的能力。

2. **俗民方法論**：像高夫曼一樣，高分柯（Harold Garfinkle）注意到，日常生活中視為當然的例行活動，和這些活動背後的了解。並將這種探究法稱為「俗民方法論」（ethnomethodology）。Ethnos是希臘字，意義是「群」或「人群」；methodology是指做某件事的程序。因此，俗民方法論是一種觀點，可以檢查人們使日常生活經驗合理化所用的程序。

高分柯指出，人們通常以定型而連續的方式，經歷社會生活；把時間分為日和週；週末通常不工作；而且定期發薪等。不論主修電腦科學、物理學、或文學，在大學的課程表中，都大同小異。交通工具通常在早晨湧進城市，傍晚時回到市郊。這些事例與其他數不盡的生活方式，似乎都含有規律和秩序。

俗民方法論者建議，人們經歷的生活之所以有秩序，係因他們共同具有某些視為當然的假定。在每天的生活中，個人的行為都是根據普通常識的想法，認為社會是獨立而客觀存在的。與這個假定有關的信念

是，社會具有在不同情況應該遵守的規則。雖然人們被迫去辨認這些「規則」，但是，常常只是了解這些規則的背景而已。為了揭開這些隱藏的規則，高分柯提出一種技術：中斷人們以例行方式處理事情，並且觀察他們如何處理這種中斷的場面。

高分柯企圖從社會情境的內部，去了解那些讓人們產生直覺反應的東西。他用破壞的方式，迫使那些人背叛自己原有的立場，以揭發一些人所不知的常事。從那些人對這實驗所反應出的憤怒和痛苦，證實其看法。即確有不言而喻的規則存在，同時也有被人們默認的經驗結構，控制著社會互動。

總而言之，俗民方法論者研究默契（沒說出口的約定），即人們藉以產生和維持彼此間的社會秩序感。他們認為，關於這些「現實」的了解，乃是人們在解釋過程中的主觀產物。從俗民方法論的觀點看，社會不是約束和反映人類行為的獨立實體；秩序也不是由「社會」設計出來的，它是從每天的生活過程中產生的。人們彼此互相說服，社會就在那裏。

亦即，高分柯認為並沒有一個預先存在的、彼此同意的社會實在，所有意義都是當下被創造出來的。

簡言之，基本論點為：

(1) 並沒有預先存在的社會秩序，除非是成員所認可、為人們共同建構社會的實在（social reality）。俗民方法論探討人們如何看待世界秩序、如何和他人溝通自己的看法及如何了解與說明社會規則。因此，俗民方法論所研究的都是一般人日常生活中的例行活動，例如：電話交談、家庭或教室中的對話。

(2) 主張不能將有秩序的社會世界視為理所當然，必須理解社會秩序如何被建構，以及人們如何看待這些社會秩序。因此，俗民方法論強調必須採取現象學的觀點，以被研究者的眼光來觀看世界。這種觀點使它悖離主流社會學的主張——由社會學家採取客觀態度觀察社會現象。

(3) 俗民方法論試圖找出構成社會基礎的假定，其研究方式之一是探討當規則被破壞時會發生甚麼事。高分柯的一個典型的實驗，是要求學生回家後不表現子女的行為，而表現得像客人或寄宿生，結果使得家庭的互動大亂，家人要求解釋為何如此。

3. **現象社會學**：現象社會學（phenomenological sociology）是1950年在美國興起的一種反自然主義的社會學理論。代表人物是奧地利社會學家徐志（Schutz）和倡導俗民方法論的美國社會學家高分柯（Garfinkle）等人。現象社會學的學術思想來源是德國哲學家胡塞爾（Husserl）的先驗現象學及韋伯（Weber）的理解社會學。

(1) **基本問題**：現象社會學在理論上提出的基本問題是，怎樣使按照自然科學方式建立的「社會學」在整體上不致成為一樁錯誤的事業，以及怎樣選擇一種研究社會現象的方式使之更富成效。力求選擇一種使自己根植於社會現象獨特性的基礎，強調這一獨特性要求使用有別於自然科學的方法。這種方法論使它關注社會現象的意義特徵，但不流於無法檢驗的直覺。

(2) **生活世界和主體性**：在理論上，徐志通過對生活世界、主體性、行動、設計與角色、多重實在等概念的論述。描述日常生活世界的結構及其基本形式。主要研究每天運轉不息的日常世界的意義構成。在他看來，每個人都是這個日常生活事件構成的、不斷發展的世界的組成部分，人們認為世界的實質性存在是不言而喻的。人們的常識使他們預先設定的共同參與和分享的世界是存在的，進而設定人的所有行動在其中發生的日常世界是外在於人們的「彼在」。徐志在對自我─他人自我、此在─彼在以及它們在空間視野─時間坐標的描述性分析後指出，所謂的日常世界或生活世界從一開始就是由多重實在構成的主體性的世界；人們關於生活世界的日常知識，從根本上而言，具有主體性的特徵。意味著，這種知識在對他人具有什麼意義的同時，也對我同樣具有什麼意義；既與他人的世界有關，也與我的世界有關；歸根究底都植根於人為了生活而創造的解釋圖式之中。在這個意義上，日常知識是使主體性成為可能的人們觀念中的類型化，而日常的生活世界中的一切，從本質上看都是主體性的。從現象社會學的觀點看來，由常識和日常生活構成的人類世界是最高的實在，這個世界的本質特徵在於它的一切都是主體性的。

4. **社會學的想像**：社會學的觀點是了解個人與社會間的相互關聯性，在社會學觀點的分析下，社會學家研究個人與個人行為時，往往將焦點放在個人是如何受到其他人或社會的影響上。個人生活在社會上受到

社會力（social force）所支配，這種看法就是米爾斯（C. Wright Mills）在1959年所提出的社會學想像觀點。所謂「社會學的想像」（sociological imagination）係指檢視出社會力量如何對個人發生影響的分析能力，特別是對個人生活與行為的影響，而此社會學的想像其實就是社會學觀點的本質與重心。他將社會學的想像區別成個人困擾（或個人煩惱）（personal troubles）與公共議題（public issues）兩種。個人的困擾就是私人的事務（private matters），限於個人在日常生活裡直接意識到的事務；而公共議題係關係到大社會體系的危機問題，也就是當無法控制到大多數的個人行為，例如，經濟循環、政策抉擇、宗教傳統，這些將影響到每日的生活。

易言之，社會學的想像是連結社會結構與個人行為的努力，此想像要求我們在分析個人行為時，必須常常注意到社會力的影響；也就是說欲了解一個人的行為，必須在社會的脈絡（social context）中尋求解釋與說明。由於我們在日常生活中的許多理所當然的行為，其實都是社會加諸在社會成員身上的「模塑行為」（patterned behavior），透過社會化與控制的作用，將成員行為模塑成符合社會的需要，即將成員「規格化」（format），所以個人行為反應出社會結構的特徵。

社會學的想像不僅是一種觀念，也是一種分析的方法，企圖透過歷史、社會結構、個人行為與文化等層面，來解釋個人與社會關係。其實，將社會學想像之觀點加以發展，可以衍生出一種整合性的研究方法，也就是結合宏觀與微觀的分析，從社會結構來看個人模塑的行為，且從個人角度來解釋社會的意義，在方法論上整合了結構論（structuralism）與意志論（voluntarism）。總而言之，社會學家利用社會學的想像，研究社會架構與個人行動的相互關係，有助於社會學在思考問題有更寬廣的空間。

以失業為例，一個人失業可歸咎於個人問題（personal trouble），反之，如果一個國家近100萬人失業，那就是社會議題（social issue）。在許多情況下，個人問題都可能是社會結構（social structure），例如：政府、教育、經濟等結構因素導致。簡言之，社會學的想像是讓我們有能力理解及連結個人事務（private matters）與社會歷史情況（historical condition）。社會學家理解這些社會歷史情況如何影響個人的私人事務。

七、研究方法

(一) **方法論與方法**：「方法論」（methodology）與「方法」（或「研究法」）（method）有所不同，方法論檢討的是知識本身的獲取及檢證過程，涉及社會科學如何保證其知識的「客觀性」及「有效性」；而方法則是不斷地發展更可靠的工具，以幫助研究者製造出更多知識。簡言之，「方法論」是以邏輯推理的方式來反省科學家使用的「方法」，評估這些手段與科學設定之目的間的關係為何。

方法論議題和「科學哲學」的研究範圍較有交集，可以說是偏重在「知識論」的面向。

(二) **研究過程**：社會學的研究過程如同其它社會科學一般，必須遵循既定的步驟來進行：

　1. **研究問題**：研究過程的第一步就是陳述問題。這雖然是一般性的陳述，但也需要清楚明確，才能釐清研究變項。如果提出這樣的陳述：「社會學家的研究比心理學家更有趣」，可能是個有趣的說法，但很難成為一個研究的問題，因為：所謂的「更有趣」，不夠清晰，且難以衡量。倒不如以「刑事司法體系對毒品犯罪的判刑，究竟是基於吸毒者所使用的毒品種類，或是吸毒者的種族」來進行較為具體且容易測量。

　2. **界定概念**：研究問題所提出的主要概念必需明確。延續前項問題的主要概念有：種族、毒品種類、犯罪程度（如：持有、持有並販賣、或販賣）、起訴與否，刑罰嚴峻度和刑期長短。

　3. **操作定義**：研究中的要素必須給予精準的定義。操作定義（或稱研究定義）能讓其他人正確的知道我們如何測量該事物。以前項主題而言，「吸食毒品」的定義是因使用單一毒品，包括塊狀古柯鹼、粉狀古柯鹼、海洛因、安非他命，或大麻而被起訴、審理和判決為毒品犯罪者。

　4. **假設**：假設是可驗證的明確陳述，用以引導研究的命題。假設可以預測變項之間的關聯，譬如：「教育程度較低的人會有較高的種族偏見」。另一類型的陳述，稱為虛無假設，預測兩者毫無關聯，例如：「教育程度和種族偏見之間並無關聯」。同上題的假設為：因毒品案件而被處不同刑罰的判決，是因種族歧視造成，或因法令管理不同毒品的差異所造成？

5. **研究設計**：研究者可使用的研究技巧很多。研究設計或方法通常根據研究問題和假設的陳述而來。可能的設計包含個案研究（在一個時間點上只研究一個群體）、比較研究（在一個時間點上比較兩個或更多個群體）、長期研究（在二個或更多個時間點上研究一個群體），或實驗研究（研究一個群體在被引進刺激之前和之後的反應）。資料來源可包括研究調查、參與觀察或使用現成可資利用的資料。研究可以知會研究對象，或不知會研究對象。

6. **樣本設計**：樣本設計是指如何挑選研究對象。許多研究的母體非常龐大，例如：所有金髮的人、所有籃球員、所有素食者等，因此研究者都會從母體中選擇一組樣本來研究。如果希望樣本能「代表」母體，那麼樣本的選擇就非常重要。所謂的隨機樣本（random sample）是指母體中每個人都有相同機會被選取。假設我們想研究金髮素食者，但具備這條件的人很多，因此，我們需要一個有代表性的樣本。首先，我們為每個金髮素食者編號，將所有號碼混在一起或放進桶子裡，然後從中選出一百位樣本。假使小心地做，就可以得到一組隨機樣本。或者，也可以採用我們從現在開始首先找到的一百個金髮素食者（因為他們剛好住在我們家附近，或正好和我們一起修社會學的課），但後者就沒那麼好，因為我們無法將研究結果概推到住家附近或社會學修課班級以外的人。由於得到的是非隨機樣本，也稱為偶遇樣本。

7. **資料收集**：指以設計的研究方法實際進行各項原始資料的收集工作，是一艱辛且冗長的過程。

8. **資料分析**：是指分析收集到的資料，假如結論是正確的，就能回答在研究課題和假設中提出的問題。上題經資料分析發現：
   (1) 吸食之毒品種類因種族不同而有變化：白種人大多因吸食大麻和安非他命被逮捕，黑人多因吸食古柯鹼被捕，西裔美人則多因吸食海洛因和安非他命而被捕。
   (2) 黑人比白人、西裔美人更可能獲得不起訴處分。
   (3) 白人最有可能以微罪獲得減刑，黑人最有可能獲判徒刑。
   (4) 當處以徒刑時，黑人及西裔美人實際上比白人刑期更長。

9. **結論**：在此步驟中，研究者從收集和分析的資料定下結論，並且將結論和原先的研究課題及假設串連起來。在前題研究中，種族差異非常

明顯。城市內毒品市場的特性，以及官方如何管制此毒品藥物政策所產生的差異。毒品的選擇有明顯的種族差異——白人喜好選擇大麻和安非他命，黑人喜歡吸食古柯鹼，西裔美人喜歡使用安非他命及海洛因。古柯鹼的毒品市場（通常是黑人犯罪人）較公開可見，因為它分散在街角、公園和社區裡眾所周知的毒販聚集區。法令的執行能夠、且也確實投注許多精力去逮捕這些容易捕獲的罪犯。因為大量執法，使得逮捕人數超出預期，也使得檢察官常因證據不足而無法起訴。

10. **報告著作**：研究過程的最後步驟是讓其他人瞭解你所做的。其他的社會科學家可能不相信這些發現或結論。他們會想研究其他範圍和其他樣本來證明結論是否屬實。因此，研究成果必須在公開的場所發表。

(三) **研究方法**：下列各方法主要用於研究社會關係，故也可稱為社會關係探究方法。

1. **個案研究法（case study method）**：是指將任何一種現象，做為研究的基本單位或中心對象，都可稱為個案，可能是一個人、一個家庭或一個社會團體或社會制度。亦即選擇某一社會現象為研究單位，收集有關的一切資料，並詳細分析與描寫其發展過程與內在、外在的各種因素間的互相關係。
　　主要特徵為：(1)詳盡；(2)質化研究（qualitative research）；(3)非正式手續；(4)正確描寫。

2. **觀察法（observative method）**：指運用五官（特別是視覺）探察所研究的社會現象，並將結果詳確記載的方法。
　　觀察法的種類為：
　　(1) **依有無觀察工具分為：**
　　　　A. 無控制觀察（non-control observation）：即不使用工具，僅靠視覺探察社會現象，然後憑記錄資料的方法。
　　　　B. 控制觀察法（control observation）：即運用工具如攝影機、照相機等加以觀察社會現象的方法。
　　(2) **按照觀察者有無預定方向分為：**
　　　　A. 無結構觀察（non-construct observation）：指觀察者未預定項目。
　　　　B. 結構觀察（construct observation）：集中於指定觀察的內容。

(3) **由觀察者立場分為：**

    A. 非參與觀察（non-participate observation）：指觀察者在觀察時，僅置於局外，並不參與其中。

    B. 參與觀察（participate observation）：指觀察者親身加入觀察團體，成為一份子，直接參與活動，但仍保持客觀態度的方法。

3. **歷史法**（historical method）：指應用科學態度和方法就過去所發生的事件紀錄加以分析，以決定事實真相並發現其因果關係的方法。

  特徵是：

(1) 研究的資料是前人遺留下來的文獻資料（document data）。

(2) 是一種間接觀察法，因為過去所發生的事情無法由研究者直接觀察，僅從現存的文獻中探究。

(3) 史料的利用必須採取批評的態度，以辨別真偽及正確性。

4. **社會調查法**（social survey method）：應用科學態度及方法，對某種社會情況或問題，在確定範圍內進行實地考察，並獲取大量事實資料，可分為：

(1) **全體調查**（census survey）：即將所規定的地域或問題範圍之內所有的單位皆予調查。

(2) **選樣調查**（sampling method）：即從母群體（population）當中選出樣本（sample）做代表加以調查。

5. **統計法**（statistic method）：統計學是一門研究如何收集、分類及利用可以計算的事實之科學。是故，統計法主要應用相等概念、原理和公式進行測量，或用數字與圖表簡化說明人類社會中屬於數量方面的現象。其特徵是：

(1) 屬量化研究（quantitative research）。

(2) 以簡單數字、公式和圖表代表複雜社會現象，有簡化功能。

(3) 可用以表明社會現象的變遷及其相關性。

6. **區位學方法**（ecological method）：區位學原是生物學的一支。是研究有機體與其環境關係的一門學科。其觀點被應用於人類社會的研究，故稱為人文區位學（human ecology），亦即研究人類與其環境間的互相關係之學科。在社會學裡，人文區位學家的研究技術，即稱為區位學方法。這種方法的具體表現是社會基圖（social base map），也就是人文區位學家研究社會現象在空間分布與動向的基本工具。

基本上，社會基圖是一張社區地圖，標明二種現象：

(1) **地理（或自然）現象**：如山、川、河、湖及主要地形等。

(2) **人為現象**：如土地的利用，鐵路、街道、橋樑、工業區、商業區、住宅區、學校、公園、墳地、運動場、主要建築物及空地等。以這張地圖為基礎，將某社會現象，如人口、地價、犯罪、自殺、離婚、或其他可以測量的問題，以符號為代表加上去，便可看出此現象與其他現象的關係。故主要是明瞭社會問題在空間的分布、範圍、相關性及發展趨勢。

7. **社會測量法（sociometric method）**：是社會測量學（sociometry）用以研究團體份子關係的方法（社會測量學係研究團體成員的社會互動）。社會測量法是經由測量團體中人與人間的趨避程度以發現、描述及評價其團體地位、結構及發展的方法。社會測量法最常用的是問卷，可問團體份子，請其表示在某種活動中他願意或不願意那些份子作為他的伴侶。然後將個人選擇結果以符號為代表繪成一社會圖（sociogram），即表示團體份子互相關係的圖式，目的在於發現團體結構及個人對整個團體的關係。另也可用社會矩陣（sociomatrix）來表示結果。

主要功用為：

(1) 了解團體結構，例如：團體是合作、衝突的；是團結的或分派系的。

(2) 有助於發現份子關係密切或不密切，俾調整及安排其職務。

(3) 有助於發現個人在團體中的地位，何人是眾望所歸，何人屬孤立無援。

8. **實驗法（experiment method）**：指用多次觀察和表證，來證實或推翻某種暫定的結論，其要點為：

(1) 因果關係的假定。　(2) 用對比情境進行。　(3) 控制對比情境。

(4) 並以實驗組及對照組（控制組）方式來進行觀測。

9. **世代分析（cohort analysis）**：又稱為口合分析或科夥分析，是指經過一段長時間，對具有某些共同特徵的一群人進行趨勢研究。例如：某一社區在某年內企圖自殺的所有人便形成一個口合，然後分析經過幾年後有多少人一再企圖自殺，以及有多少人成功地結束生命。在人口分析中，婦女的分組是根據出生日期或結婚日期而形成各種口合；

每一口合的婦女所生的嬰兒數在其生育期間將被記錄下來，並且進行不同口合比較。在人口學中口合分析，可指出人口變遷的長期趨勢；進而，其所顯示的繁殖模式變遷（如出生數和間隔的變遷）比淨繁殖率所顯示的更快。

10. **內容分析法（content analysis）**：社會學家使用內容分析挖掘歷史材料和當代文獻中的相關資訊。內容分析可應用於各種有紀錄可查的訊息——信件、日記、自傳、傳記、法律、小說、歌詞、憲法、報紙、甚至繪畫，所可表露人的行為。此研究方法對歷史研究特別有用，因其提供一種途徑，可以有系統組織及摘錄明顯的和潛在的訊息內容。

    內容分析如何運作的一個例子：假定一組研究人員決定研究男女兩性在寶石音樂錄影帶中的形象。由於他們不能研究所有音樂錄影帶，因此研究人員開始蒐集有代表性的樣本。接著，他們表列所有可能的內容項目，如歌詞、衣服樣式、姿態等等。其後，檢視樣本錄影帶；僅可能紀錄各種特別的內容。至此，研究人員仰賴質化研究——即依賴詮釋的研究。一旦收集足夠的資料，研究人員即可轉到以統計為基礎的量化研究方法；例如，可以計算女性以從屬於男性的角色出現之頻率，並且可以檢視這些例子是否與其他變項有關。研究人員實際執行這項特定的內容分析，而且發現音樂錄影帶往往突顯女性的從屬角色或成為暴力的目標。

11. **田野調查（fieldwork）**：針對一種文化或某些社會成員進行直接觀察，有別於在實驗室裏或在其他人為的條件下所作的研究。在人類學和社會學的研究中，田野調查的重要性不斷增加。一般須採用一些方法，包括盡可能了解當地語言，仔細翻譯並考察當地文件原本，訓練當地學者作通訊員和觀察員，研究該社會中各種不同的見解，以及利用自傳性的回憶材料。從實地考察中收集資料遠比理論概括更重要。研究者必須一心一意埋頭於所要研究的文化，生活於其居民之中，盡力像他們那樣去感受、思考和行動，但又不失為一個眼光敏銳的和訓練有素的觀察者。

12. **焦點團體法（focus group method）**：特色是能夠在短時間內針對研究議題，觀察大量語言互動和對話（dialogue），研究者可以從對話和互動中，取得資料和洞識（insight），對於探索性研究而言，是一項有利的方法。

此方法常以3-6小組為架構,每一小組以同質性(homogenous)的成員6-10人為主。主持者以預設的訪談大綱及問題,進行小組討論。至於訪談後所獲資料的分析,則以內容分析(content analysis)及探討語言互動結構的言辭分析(narrative analysis)為主。言辭分析旨在呈現受訪者主體的語言,表達其對議題瞭解和解釋。此外,言辭分析並可針對其語言的互動動態特質、情境脈絡和所屬團體特質之結構加以切入探討。

焦點團體訪問使用預先選擇的主題和假設,而實際的問項則未事先指定。焦點團體訪問的重要因素是其結構由進行訪問中的人們所提供的經歷,訪問員事先研究事件本身,再決定要探索事件的層面,以及構建假設。

13. **絮根研究法(grounded theory)**:絮根研究法(或譯為立基研究法)在1967年由格拉斯和史垂斯(Glaser & Strauss)兩人提出,簡單的說,絮根研究法是一套理論建構的方法,主張研究不必一定要從清楚的理論或假說開始,再想辦法去求驗證。主張由資料下手,歷經歸納、演繹、驗證等循環程序的研究設計,構成絮根研究法的特色,基本上,它鼓勵「想像的比較」以及「互動地思考」,亦即就概念上可比較的對象做自由聯想,並將社會結構上屬微視和鉅視層次的互動狀況、環境與分析單位間的互動和時間產生的變化可能性,都列入思考範圍。

絮根研究法適合應用在新興的研究領域,它本身蘊含某些創新的因子,可以讓研究者不受過去權威的支配,而能直接從資料中擷取有助於解釋現象的種種靈感。

又質化研究皆以訪談紀錄及文獻作為基本素材,研究者的「加工」集中在分解、檢視、比較訪談的內容,將日常語言「概念化」、「抽象化」,發掘或提煉理論的要素,建構起理論,最後再透過對更多個案的驗證過程,將理論「絮根」到事實之中。質化研究的取向,和田野工作一般,通常無法大規模地進行,解釋的範圍較有限,但其長處是能充分反映當事人的經驗,也接近日常生活的實際狀況,因此被認為具有「草根性」與「本土性」的風味。

14. **比較法與跨文化研究**:社會學的研究欲從事不同社會、不同團體、或不同人群之間的比較。這樣研究可能是質化的或量化的。也可能以調查法、實驗法、歷史法、或內容分析等收集資料、其間最重要的是比

較的元素。涂爾幹即使用比較法對照基督新教徒、天主教徒、及猶太教徒之間自殺率的差異。部分學者比較男女兩性的教育差異、各族群的投票偏好、及不同年齡層的所得差異等。美國人研究巴西必然要澄清兩個社會之間的同異，這是國際研究或跨文化研究（cross-cultural research）的一個例子。即使從事自己的社會或團體的研究，日後可作為其他研究者比較分析之用。

比較研究的目的之一是避免過度概化一個社會或團體的特徵。例如，研究者比較美國、歐洲、及日本的大學生，隱約預設一個團體的特徵不必然為其他團體所共有。比較的研究者也要評估其無法掌握的變項之影響。例如，何以許多日本的雇員比美國的雇員對公司似乎有較高的忠誠度也更勤快。一種可能性是日本文化潛移默化員工的工作習慣，而美國文化則否。另一種可能性是日本公司組織的方針是傾向鼓舞工人的高生產力和對公司的承諾。這也說明促使文化變遷是一緩慢而不可預測的過程。然而，如果原因在於企業組織，那麼美國經理人可予以變革，以提高員工的忠誠和產能。日本和美國數個公司員工的比較研究有助於提供解答。根據發現，企業組織的許多研究獲得員工的忠誠和產能之效果，這些與一國的文化沒有關聯，這種發現唯有透過比較研究才可能得到。

有些比較研究主要從事大量國家的統計比較。例如，社會學家有志於減緩世界人口成長，想找出最能解釋某些國家每月小孩減少的因素。仔細統計比較用來了解那些自變項對生育的依變項有最大的效果。研究顯示，最重要的自變項包括婦女的教育和就業機會、健康照護的品質、國家的經濟水準、及避孕的情況。

舉例來說：關注兩個或兩個以上國家或文化領域的人們在態度、價值觀、信仰、激勵源和滿意指標等方面的差異，進行系統比較和描述研究，用以揭示不同背景下人們行為的差異來源。研究成果可為跨國公司的國際化發展、組織人員多樣化的管理、外交等領域的運作提供參考。

第三章　社會與社會組織

本章依據出題頻率區分，屬：**B** 頻率中

課前導讀

第三章的社會與第四章的個人及第五章的文化通稱為社會學的三大主體（或稱金三角），意指研究社會學的必讀三部分，也是最基礎的部分，爾後的第六章至第十五章，均是從這三部分延伸出去的，因此請在基本概念的建立上多花功夫，當影響後續各章重點的理解。本章計分成兩部分，一是社會，一是社會組織，無論是社會的分類或是社會組織最常見的類型之科層制，均是命題重點，請務必詳讀。

系統綱要

一、社會的定義：指人類具體、特殊的結合。

二、社會的功能

(一) **一般功能**：結合、溝通、傳承與整合。

(二) **特殊功能**：新陳代謝、社會化、維生、保障安全、精神滿足與身心舒暢。

三、社會的分類

(一) Tonnies分成禮俗社會與法理社會。

(二) Redfield分成鄉民社會與都市社會。

(三) Durkheim分成機械連帶社會與有機連帶社會。

(四) 歷史變遷觀點：

      1.採集狩獵型社會。　　2.園藝型社會。　　3.農業社會。

      4.工業社會。　　　　　5.後工業社會。

四、網絡與社會網絡

(一) **指認網絡**。　　　　　　　　(二) **分析網絡**。

(三) **功能**

      1.提供豐富資訊。　　　　2.提供情緒支持。

      3.提供真實幫助。　　　　4.提供社會控制。

五、社會團體

(一) **定義**：兩個以上的人有歸屬感、具共同目標、相同期望的社會單位。

(二) **特徵**

　　1. 相當小的社會單位。　　2. 具備規範。

　　3. 職位與規範具互惠性。　　4. 以社會控制為手段。

　　5. 具彈性與變遷潛力。

(三) **重要分類**

　　1. **初級團體與次級團體之分（顧里Cooley所提）：**

　　　(1) 初級團體：人數少、互動頻繁、關係密切、感情取向、持久。

　　　　功能：

對個人而言	可重視個人獨特性、建立自我意像及緩和外在壓力。
對社會而言	形成個人社會導向、社會控制工具、滿足情緒反應及預防造成反功能。

　　　(2) 次級團體：人數多、不常互動、關係不密切、工作取向、不持久。

　　2. **內外團體之分（孫末楠Sumner所提）：**

　　　(1) 內團體：團體份子認同團體，一家人的感覺。

　　　(2) 外團體：團體份子不認同團體，對團體產生疏離。

　　　(3) 內外團體的區分在於：界限、同類意識與團體衝突。

　　3. **二人團體與三人團體之（齊穆爾Simmel所提）差異性：**

　　　(1) 互動對象不同。　　　(2) 參與感不同。

　　　(3) 關係建立不同。　　　(4) 群內互動不同。

　　　(5) 溝通比例不同。

(四) **功能**

　　1. 團體驅動功能。　　2. 團體維持功能。

　　3. 社會真實功能。　　4. 定義與其它團體功能。

(五) **個人與社會**

　　1. 人的行為和思想受到社會的影響。

　　2. 社會和制度是人所創造也可被人所改變。

六、社會組織

(一) **定義**：指一個社會內部關係的體系。

(二) **重要性**：1.維持社會秩序；2.進行社會控制。

(三) **層次**：1.人際關係；2.團體關係；3.社會關係。

(四) **常見型態**：科層制

　　1.**提出者**：韋伯（Weber）。

　　2.**定義**：一個組織是由功能互異但又相互關聯的各部分所組成。

　　3.**特徵**：

　　　　(1) 專門化。　　　　(2) 技術能力。

　　　　(3) 規則規定。　　　　(4) 公平無私（非人格化）。

　　　　(5) 職位階層體系。

　　4.**優點**：

　　　　(1) 高度效率。　　　　　　　(2) 發揮人員才智。

　　　　(3) 挑選優秀人才。　　　　　(4) 掌握不確定性。

　　5.**缺點與改進**：

　　　　(1) 缺乏彈性（僵化）——適時檢討並修正。

　　　　(2) 彼得原理——鼓勵提早或優惠退休。

　　　　(3) 帕金森定律（互靈組織）——推行工作簡化。

　　　　(4) 疏離感——加強非正式團體的互動。

　　　　(5) 集權（寡頭鐵律）——推行分層負責、充分授權。

　　　　(6) 上下關係緊張——推行走動式管理、加強溝通。

　　　　(7) 重私利，不關心公益——建立參與公益活動或事業。

七、正式組織

(一) **定義**：為達目標而設計的人類集團。

(二) **特性**

　　1.地位與權威差異明顯。

　　2.明確規則、政策與程序指導組織成員行為。

　　3.高度的正式化且明確地列述角色。

　　4.有明確目標。

(三) **常見類型**

　　1.志願性結合：依份子的自由意願所組成。

2.強制性組織（總體組織或全控機構）：成員被強迫加入組織。

3.功利性組織：為特定利益或目的所組成。

(四) **個人在組織的調適方式**：1.儀式主義；2.疏離；3.順從。

八、組織與環境

(一) **人口生態論**：組織人口特性影響組織產業發展。

(二) **資源依存論**：強調組織依賴外在資源的重要性。

(三) **新制度論**：制度與技術環境是影響組織發展的重點。

九、環境社會學

(一) **定義**：

研究自然環境與社會之間相互作用的學科。

(二) **理論觀點**：依據發展的時間順序可分為以下五種。

1.新環境典範

2.主流社會典範

3.新生態典範

4.生態馬克思主義

5.環境中的社會結構（又稱環境哲學）

重點整理

一、社會的定義

社會（society）是指一種特殊、具體的人類結合。是指一群人具有共同的觀念、態度和行為習慣的，且一起共同生活的單位，都可稱為社會。

一般而言，社會必須具備三個基本條件：1.擁有特定的空間與地域，也就是物理環境；2.擁有兩個或兩個以上的一群人聚集在一起，亦即生物有機體；3.擁有共同文化，超越環境與個人，亦即社會互動關係。再者，「社會」的定義也有狹義與廣義；狹義是指一種特殊的與較具體的人類結合，亦即具有共同觀念、態度與行為的一群人共同生活在一起，而廣義的社會則指人類關係的體系，包括所有直接與間接的關係，範圍可大到整個「人類社會」，也可小到幾個人所組成的社會團體結合。

二、社會的功能

社會有其一般與特殊的功能，茲分別詳述如下：

(一) **一般的功能**：計有下列四種：

    1. **結合**：在時間和空間上，社會將人們集合為一體，使彼此發生社會關係。

    2. **溝通**：社會提供人們有系統和適當的傳訊工具，經由語言及其他共同符號，能彼此了解。

    3. **傳承**：社會發展和保存社會份子共有的及制定的共同行為模式，使個人在行為上節省時間與精力。

    4. **整合**：社會規定有地位的和階級的階層化體系，使個人在社會結構中有比較安定和充分認識自己的地位。

(二) **特殊的功能**：是指社會某些主要組織對人們的基本需要有其專門的功用，計有六項特殊組織與功能：

    1. 社會有婚姻制度、家庭、及親屬團體，使社會份子得以有秩序和有效發生新陳代謝作用。

    2. 社會有教育組織，使份子得到社會化、發展和教導。

    3. 社會有經濟團體負責生產和分配，使份子得到物質和勞務，以維持個人生活的需要。

    4. 社會有政治團體，得以滿足人類對外在的安全和秩序的基本需要。

    5. 社會有宗教團體，得以滿足精神上的需要。

    6. 社會有娛樂團體，使份子得以滿足舒暢身心的需要。

三、社會的分類（成員關係）

依據組成社會的份子之意志來分類，是最有效且常見的分類法，計有三種不同的分類方式：

(一) 德國社會學家杜尼斯（F. Tonnies）將其分為社區（community）或社團（group）與社會（society）或結合（association）二種；或稱禮俗社會（gemeinschaft）與法理社會（gesellschaft）。

    杜尼斯強調傳統社區和現代社會的對照，在孤立的小村莊裏，人際關係比較親密而持久，而且生活也高度地整合在一起，這一類社區稱為「禮俗社會」（gemeinschaft）；相形之下，大的都市中心，人際關係不重感情而短暫，生活亦是劃分成片斷，這一類社會稱為「法理社會」（gesellschaft）。

禮俗社會的特徵可歸納為：

1. 共同的價值和規範。　　　　　2. 共同的祖先。

3. 共同且固定的角色、地位和職務。　4. 密切的親友關係。

5. 地理和社會上的穩定；及長期而面對的關係。

法理社會與禮俗社會對照之下，法理社會具有下列特徵：

1. 多樣的價值和規範。

2. 不同的祖先。

3. 互補的角色、地位和功能。

4. 與朋友之間的關係網絡是鬆散的，且透過很多團體。

5. 具有高度的地理和社會流動；以及短暫的關係。

表3-1　禮俗社會與法理社會之差異比較

禮俗社會	法理社會
鄉村生活為其最大特色	都市生活為其最大特色
人們分享著一種源於相似背景與生活經驗的社區情感	人們無法體認出共有的感覺。在背景上，差異性比相似性更明顯。
社會互動極為親密與熟悉	社會互動好似身負特殊任務般嚴肅
具合作精神與統一意志	人人師心自用
工作與私人關係混淆不清	工作至上，關係其次
不重個人隱私	尊重個人隱私
強調非正式社會控制	重視正式社會控制
對偏差行為較為嚴厲	對偏差行為較為寬容
重視認定之身份	重視獲得之身份
較少社會變遷	社會變遷極為明顯

(二) **鄉民與都市社會**：美國芝加哥學派學者雷德菲爾（Robert Redfield）曾提出兩極的社會型態，即鄉民社會（folk society）與都市社會（urban society）。他以墨西哥某印第安族村落研究結果作為描述鄉民社會的準據；鄉民社會是小的、無文的、孤立的、同質的，有高度團結力，溝通方式是面對的，社會控制寓於神聖的制度，儀式高度發展，文化模式是

根據情感與傳統而非理性，地位由身世決定等等。反之，都市社會的特質，正好與鄉民社會相反。傳播媒介促使兩類社會居民的接觸，結果使原始團體懷疑自己的傳統而採行他種的文化模式。因此，都市文化具有滲透力與摧毀力，使鄉民文化崩潰。

(三) **機械與有機連帶社會**：涂爾幹（Durkheim）將社會分為機械連帶社會（mechanical solidarity society）與有機連帶社會（organic solidarity society）。涂爾幹認為原始社會不同於文明社會，在於前者是一種機械連帶社會，後者則是一種有機連帶社會。機械連帶是建立在社會各份子間的同質性上，社會的價值和行為融洽一致，人們重視傳統及親戚關係，因此社會的束縛力強，個人之間的差異較小，社會大於個人。有機連帶乃基於個人的不同，是社會份子的產品。由於社會高度分工結果，個人變得特殊化，缺少同質性。同時互相依賴性增強，更必須相互合作。就如同有機體生物的各部門間相互依賴合作生存一般，涂爾幹強調此種社會的異質性及個人之特殊性並不代表社會的瓦解，而代表著一種新形式的社會整合。

四、社會的分類（歷史變遷觀點）

社會學者通常依據社會經濟生活型態及生產方式，劃分不同的社會類型。依人類社會發展的悠久歷史觀之，可分為下列五種社會類型：

(一) **狩獵採集型社會**（Hunting and Gathering Societies）：人類歷史中所記載的第一種社會類型為狩獵採集型社會，屬於此類型社會的人們僅在意如何攝取食物及有用之物質來維持生命，其科技化開發程度極低。人們聚集而生活，並不斷逐水草而居。沒有明顯的分工制度，個別成員並無專業發展及責任。狩獵與採集型社會是由分佈廣闊的許多小型團體所組成，每個團體幾乎都是由血緣關係的人所組成。因此，親屬倫理關係即為權威與影響力的來源，而且家庭是此一類型社會的最重要單位，社會地位的差異是基於性別、年齡與家族背景等因素，作為認定之標準。

(二) **園藝型社會**（Horticultural Societies）：園藝型社會大約出現在一千至一萬二千年前，人們主要維生方式是靠撒種及種植農作物，並非只依賴獵殺野生動物與採集野生植物。著重種植工具及家庭用品的製造，科技發展仍受限制，主要從事手工藝生產，藉由簡單的生產工具，例如泥耙及鋤頭來種植作物。由於園藝型社會的成員主要以種植維生，其流動性

的居住形式便相對降低，因此，其社會結構比狩獵與採集型社會更具複雜性。

(三) **農業社會（Agrarian Societies）**：農業社會大約出現於五千年前。如同在園藝型社會一般，社會成員主要從事食物生產，而新科技（諸如犁）的問世使農作物的產量大增。由於可以數代耕作相同的土地，因此，已出現大量的移民。雖然農業社會的社會結構須繼續依賴人力與獸力，但是，農業社會的社會結構比園藝社會的社會結構對角色的定義更謹慎。個人均負有特殊任務，諸如捕魚網與鐵匠業。農業社會成員的居住情形主要以固定方式及非流動性居住形式為主，當人們選擇固定土地居住方式的生活型態後，社會結構即變得更嚴密複雜，而財產權也益形重要。農業社會裡開始能大量生產人類所需的食物及民生必需品，所以，開始有大量產物剩餘，使人們有多餘的時間從事休閒的勞動，如製造塑像、設立公共紀念建築，以及創作藝術品等。

(四) **工業社會（Industrial Societies）**：工業革命的發生促進了工業社會的發展與形成。工業革命主要發端於1760至1830年間的英國，是一項生產技術的科學革命。勞動工作方面主要以機械力代替獸力，引發工作場所中社會組織的改變，因為人們離開家園開始在某些主要的地點工作，如工廠、辦公室。

人們的生活方式及社會結構因而改變，因此，新的社會型態應運而生。工業社會是一種依賴機械化生產貨物及服務的社會，並且依賴能促進農業與工業生產的新發明與新能源之開發。許多社會由農業導向的經濟過渡到以工業為基礎的經濟型態，是當時世界潮流，難以抵擋。個人或家庭不再像傳統一樣獨立完成一項產品，取而代之的是工作的專業化與分工化，以及愈來愈普及的貨物製造，主要的工作場所是工廠而非家庭。在工業社會裡，家庭與個人無法完全獨立與自給自足地生產所需的食物及用品，所以，個人、村莊以及地方彼此交換貨物及服務，變得更加相互依賴。當人們逐漸依賴社會中其它成員的勞力時，家庭即失去其獨一無二的權力與權威地位。工業社會的生產過程，對知識的需求更為專業化，因而導致正式教育的出現，且教育也以不同於家庭的社會機構方式開始嶄露頭角。

(五) **後工業社會（Postindustrial Societies）**：社會文化的進步並未隨著工業社會的出現而停止，反而隨著更先進科技形式的出現而有所改變。當社

會的經濟生產系統由製造型轉換成服務型時,以科技先進為主。後工業社會是指其生產系統主要是從事資訊的處理與控制之社會。後工業社會主要的經濟型態為服務,而非製造貨物,正如今天臺灣社會中多數人從事之電腦資訊或大眾傳播等職業。

後工業社會重視科技知識(technological knowledge)的生產,即以資訊與服務工作為主。但並不代表農業及工業生產消失於後工業社會中,而是生產方式的改變,更趨於自動化及機械化。換言之,後工業社會的生產過程是以最少的勞動力獲得最多的產量。加以國際間的密切互動,因此,在原料分配、資金投資及科技研發上能更是互賴互助。在後工業社會裡,一個國家的科技發展可能影響其它國家的發展;一個國家的天然資源,可能維繫另一國家的發展命脈。從功能論的觀點看來,這代表著分工化的功能,各自貢獻、各取所需,但從衝突論的觀點而言,國際互動過程中充滿著剝削與壓榨,大國總是欺負弱國。

後工業社會也帶來負面影響,如環境污染、能源耗盡、人際關係冷漠及國際紛爭等問題。因此,在後工業社會中,有許多的關懷團體及非營利團體出現,並且針對人們的健康、教育與居住環境等相關議題作出貢獻及改善。在政府方面,則注意到能源開發與環境保護間之平衡發展,並在推動健康、教育,以及環境科技發展時,也兼顧到人文情懷之重要性。個人除從事生產工作外,也著重休閒活動的安排,並在不同的人生階段擬定個人的目標及計畫。

五、網絡與社會網絡

社會關係是指兩人或兩人以上相對持久的互動模式。多數人有許多社會關係,從泛泛之交到親密的友誼及緊密的家庭紐帶。這些泛泛之交、朋友、及親戚等與其他人互動,因而建立交叉的聯繫,使更多人連結在一起。這些連結在一起的一組人透過各種溝通和交往而形成的關係網,即所謂的網絡(network)。網絡的研究已從個體層次的互動分析,朝向總體層次考察社會結構。

網絡資料的蒐集和分析,可由以下方式進行之:

(一) **指認網絡**:個人的節點(node)可代表許多不同的行動者(如個人、團體、或組織),因此,連接節點的聯繫也隨網絡而有不同,其特性為:

　　1.**網絡聯繫可在內容(content)上有變異**:例如:友誼、互動頻率、工作中交談、住宅可及性等等。亦即「多重聯繫」(multiplex ties)。

2. **網絡聯繫可在強度（strength）上有變異**：較強的聯繫通常需要經常接觸、情感交流、及較大的需求（如時間需求）。較弱的聯繫，如朋友的朋友之類，也是重要的。

3. **網絡聯繫隨著互惠（reciprocity）而有變異**：如果你（妳）列某人是你（妳）第一個與之討論重要議題的人，而他也是列你（妳）為第一個人時，這個聯繫是互惠的。互惠（或缺乏互惠）對了解友誼網絡特別重要。一般而言，某人愈被列名在其他人的網絡中，則此人愈是服眾望和有目共睹的。

4. **網絡聯繫可在對稱（symmetry）的程度上有變異**：對稱聯繫連結特徵（如年齡、教育程度、性別、及所得）上同等的節點，而不對稱聯繫則連結特徵上各異的節點。

至於網絡規模（size）通常是以網絡中節點數目加以測量。因此，在人際討論的網絡中，有些人可能只列一個好友或沒有，這表示他是孤立的，而其他人可能列十個以上好友，這顯示其是高度整合於家庭、工作場所、鄰里、或其他社會環境。

而網絡的密度（density）是以實際聯繫與所有可能聯繫的比加以測量。若列在你（妳）的人際討論網絡中的所有人彼此都認識（如家庭成員），則密度將是100%。高密度指出網絡是緊密連結的。至於分布範圍（range）和中心性（centrality）是指網絡中不同節點的相對位置。對某特定節點而言，分布範圍指此人與網絡中其他人的聯繫數目，而中心性指實際連結對所有可能連結的比例。這兩個量標用於辨認誰是行動的中心，誰是處於邊緣。

(二) **分析網絡**：網絡中的單位是個人。社會學家稱網絡的這些單位為節點（nodes），有別於連接節點的聯繫（ties）。在許多網絡研究中，節點是個人，但節點也可以是集體的行動者，如團體、組織、或國家。例如，社會學家有志於研究美國經濟的變遷，他們可以建構每個時期五十個最大公司的網絡。然後從事全時期這些網絡的比較，可以顯示節點（五十個最大公司）的變遷，以及它們之間的相互聯繫強弱。

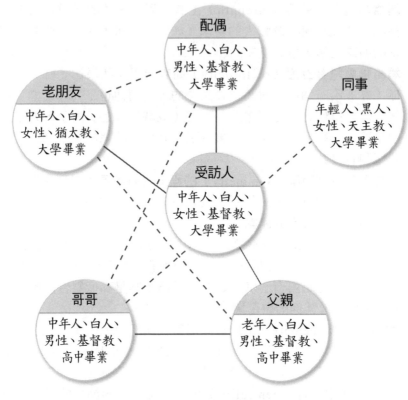

圖3-1　人際網絡的範例

社會網絡（social networks）是一種社會連繫（social ties）連接（connect）
起來的社會結構式，也可以解釋為人與人在各種不同類型的社會關係中，直
接或間接地所連結成蜘蛛網狀的關係結構模式。自從1970年代以來，西方的
社會學家開始使用網絡的概念來處理團體和組織的現象。這種網絡的概念用
在找工作的強弱連繫、經濟組織結構的模式、社區權力結構及政策制訂的結
構模式，和個人社區支持網絡。

人們經常使用人際關係來找工作，格蘭諾威特（Granovetter, 1973）提出弱
連繫假設（the weak tie hypothesis），認為人們若能使用間接或弱的關係去
找工作，可以觸及的社會層面較廣，獲取有關工作的訊息也較多，故可以選
擇工作機會的範圍也較廣，找到的工作也較好。

無論社會怎麼進步，人們一定會維持保留個人的親密支持網絡，這個支持網絡可以提供人們日常生活所需要的支持資源，使得人們能維持生活品質與幸福健康。在臺灣，人們仍然維持了很強的親屬支持資源，人們在找工作借錢上更是大量地使用親屬資源，西方主要的親屬資源是父母子女，臺灣是除了父母子女外，兄弟姊妹和其他親屬的支持資源都很強。

社會網絡可提供人們許多社會資源，以面對生活的難題。其主要功能包括：

(一) **提供豐富的資訊**：在網絡中人們不斷交換所知訊息，如青少年同儕交換最新流行的手機功能資訊；家庭主婦交換市場折扣的消息。

(二) **提供情緒的支持**：當個人面對生活困擾或緊張時，網絡中的成員往往能提供最好的情緒支持及感情避風港。

(三) **提供實質的幫助**：社會網絡除提供資訊消息與情緒支持外，更能實際幫助網絡中的成員，例如引薦工作與金錢借貸等。

(四) **提供社會控制的功能**：社會網絡常對個人造成某種程度的行為約束，而人們為了維繫網絡中的緊密關係，也必需遵守某些規範。

六、社會團體與聚合

(一) **定義**：社會團體（social group）是指由兩個或兩個以上的人所組成，他們具有共同的歸屬感，而他們之間的互動也是基於共同的目標，且對彼此間的行為具有某種期望。社會團體所以能將個人團結起來，就是基於共同的認同，與相互關聯的地位和角色。因此，社會團體並非只是一個人群。

簡言之，社會團體是人群的結合，彼此認同並共享價值、規範、及目標，而以非正式的結構方式互動。例如經銷商組成家庭式的團體，其間朋友的合作重於競爭。新經銷商的招募是透過親友網絡，很少對其潛在行銷能力作正式評估。所有的經銷商定期參加大會，會中頒發頂尖經銷商獎金，並在歡樂、非正式的氛圍中作成規劃。

但同一時地人群的聚合（aggregate），等同於購物商場的行人或同一輛巴士的乘客。沒有彼此溝通及只知道彼此存在，這一群人構成社會聚合（social aggregate），而非社會團體。

(二) **特徵**：社會團體具有下列特徵：

1. **團體是一個相當小的社會單位**：大部分團體所擁有的人數都很少，少有超過數百人的單位。例如，人數約數十人的學校班級，是較大的團體，而職位卻只有教師及學生。家庭通常是小的團體，成員大多數在六人左右，而組成的職位也很少，只有父母及子女，若是大家庭，可能還有其他職位，如祖父母與孫兒女等。

2. **任一團體的職位都有規範**：例如，學生與教師要按照期望實施某些行為模式；家庭中不同的職位也有不同的規範，以指導不同份子的行為；甚至最親密的同儕團體也存在對份子行為的期望。有時，因為團體的性質或成員的特性，這些行為期望可能是模糊不清的，但大多數情況下，規範是相當明確的。

3. **團體的職位與規範具有互惠性**：而且從彼此的關係中取得共同的意義。例如，父親的職位是由孩子的存在來界定；教師的職位由上課的學生來界定。職位所屬的規範也是互相連接的；對父親的要求等於是孩子的期望；學生希望教師講解，而教師也希望學生聽講與作筆記。

4. **團體以社會控制作為手段**：以確保每個份子對於規範的順從。就此而言，社會控制主要是經由非正式的制裁來實行，這種制裁方式可能是言辭與其他姿態，或其他為了誘導份子順從規範而設計的符號。例如父母管教子女是一種社會控制的方式；父母的管教，是為了讓子女瞭解他們所期望的行為模式。

5. **團體常顯示出某種彈性與變遷潛力**：團體份子常在面對面的互動中協商相互期望。當然，團體要實施控制，以確保角色行為符合規範的要求；但這並不表示團體是靜態的，因為團體有其變遷的能力；它們具有彈性，這對革新與改變是有益的。

(三) **分類**

1. **初級與次級團體**：顧里（Cooley）依團體份子關係的程度將團體分為：

   (1) **直接（或初級、基本）團體**（direct、primary or basic group）：如家庭、遊戲或鄰居團體，名之為「直接」，因為它們是最初有的，和最重要的。亦稱之為「面對面團體」（face-to-face group），因為在這種團體裡，人們常易碰頭，彼此關係密切，有「自家人」感覺。初級團體對份子人格發展有很大影響力，且這種影響是永久的。

A. 初級團體的特性：

(A) 人數少。　　(B) 經常不斷的面對面互動。

(C) 持久。　　　(D) 關係密切，共享互相關懷，以情感結合。

(E) 重複的關係。

(F) 情感取向的（affective-oriented）關係。

B. 初級團體在社會生活中之所以重要，是因對社會具有重大功能：

(A) 形成個人的社會導向與理想：亦即初級團體對於團體成員的社會化扮演一重要角色。

(B) 滿足與他人情緒反應，與他人密切結合的需要。

(C) 作為社會控制的工具。

(D) 初級團體成員若不接受社會規範，則將對社會發生反功能（dysfunction）。

C. 初級團體對於個人，亦具備重要功能：

(A) 個人獨特（uniqueness）性受到重視。

(B) 個人從初級團體成員身分，獲得自我意像（self image）；此一意像因成員身分的繼續而得以維繫不墜。

(C) 考慮全人（whole person），瞭解成員缺點與優點，且顧及特殊性，故能緩和外在規章法令給成員帶來的壓力。

(2) **間接（或次級）團體**（indirect or secondary group）：是指比較大的、人類眾多的、和缺少私人接觸的人類結合，如國家、都市、政黨、教會、工會，以及其他各種專門職業或學術團體的組織。團體份子聯繫並非面對面接觸，而是藉傳達工具為媒介，彼此之間也許永無一面之緣。

次級團體的特性：

A. 人數多，規模大。

B. 有限的、非私人性的面對面互動。

C. 非持久的。

D. 關係疏淡，非情緒、正式、特殊化的，即成員相互利用以達到特定目的結合。

E. 有限的關係。

F. 工作取向（task-oriented）的關係。

表3-2　初級和次級團體的比較

初級團體	次級團體
較小	較大
較長期的互動	較短期的接觸
親密、面對面的結合	較少社會親密和彼此瞭解
關係有情緒深度	只是表面關係
合作友善的關係	形式或正式的關係

2. **內外團體**：「內團體」與「外團體」的區別也是很有用的。這兩個名詞是美國社會學家孫末楠（W. G. Sumner）首先提出的。當時，他想要描述團體成員所產生的「我們」（we）與「他們」（they）的感覺。「內團體」（in-group）是一個社會單位，置身其內的個人會認同這個團體，並有如同一家人的感覺。「外團體」（out-group）也是一個社會單位，但個人並不屬於這個單位，也不認定這個團體。

內團體與外團體的區分，相當普遍。對吸毒者而言，外團體是不吸毒者；對不吸毒者而言，外團體是吸毒者。對富人而言，外團體是中、下階層的人；對中產階級的人來說，則富人和窮人都是外團體。換句話說，與我們有顯著不同的人所組成的團體，都是外團體。內外團體的主要區別在於下列三項：

(1) **界限**（boundaries）：即社會互動發生的範圍與限制。若沒有界限，則團體之間無法區分；成員與非成員也無法分辨。界限具有雙重功能：A.能防止圈外人進入圈內人的社會互動範圍；及B.能限制圈內人的行動，使之不超越團體的範圍。換句話說，團體界限將個人限定在某一範圍內，並使他們的生活集中在一個特定的社會舞台之內。既然團體的界限純屬抽象的社會定義的問題；所以，人們常用象徵性的標誌，來表示一個更明確的界限。例如，大學社團的T恤，或貼在車窗的貼紙，都表示一個人的圈內身分，這是以符號來告訴別人，他屬於某個團體。此外，行話和專門術語，也具有相同功能。

(2) **同類意識**：成員之間共同具有的認同感。承認自己和別人一樣，並與他們具有共同一體的感覺，這種傾向稱為「同類意識」（consciousness of kind）。這種同類意識，能造成團體內部的團結。因此，團體常藉儀式、典禮，及其相關方法，來培養與加強成員間的同類意識。例如，家庭與黨派，常為成員舉行生日宴會，藉機提昇團體意識。

內團體與外團體的區分，會助長原先對外團體的刻板印象。人們對內團體的人，常個別看待；但對外團體的人，則一視同仁。換句話說，我們有一種傾向，常將外團體某一個人的態度和行為，視作整個團體的典型。

(3) **團體的衝突**：團體的特徵是藉著界限和同類意識顯現的。產生及維持團體界限與同類意識的方法很多，而最有效的方法則是與外人衝突。有了共同的敵人，會使人們更加團結；與外團體對峙時，圈內人會發展出「我們」（we-ness）的意識。例如，校際的運動競賽，尤其是「傳統對手」（traditional rivals）間的比賽，最能達到這個目的。

3. **二人團體與三人團體**：社會學家齊穆爾（George Simmel）對兩人所組成的群體（dyad，以下簡稱二人群）及三人所組成的群體（triad，以下簡稱三人群）之分析如下：

(1) **互動對象不同**：在二人群裏，彼此只面對對方。除了對方以外，再沒有第三者，更沒有一個凌駕於個別成員之上的客觀單位。三人群則不同，每個成員所面對的，可以是個別的人，也可以是群體。

(2) **參與感不同**：在二人群裏，彼此一方都可以使群體解組，因此覺得自己是重要的。這個事實，逼使個人不斷參與，有一種保持群體活動繼續下法的責任感。至於三人群，即使一人退出，群體還可以存在，因此不斷參與的責任感，沒有那麼強烈。

(3) **關係建立不同**：二人群較易產生親密的關係。如果加入第三者，這種親密性就會大為降低，最佳的例子莫如三角戀愛，或者是新婚夫婦生下第一個孩子。

二人群的另一特色，就是齊穆爾所說的「全有或全無」的處境。既然是兩個人，中間缺乏調停者，親密時可以達到水乳交融的境

界，可是一鬧翻，往往又各走極端。雙方彼此排斥的時候，自然不願接觸，也就難以復合。這時如果有第三者居間調停，消除彼此的誤解和恩怨，可以化干戈為玉帛。因此第三者的存在，並不純然是破壞性的。有時二人群的雙方即使不是處於敵對狀態，第三者的加入，也可以發揮凝聚作用。

(4) **群內互動不同**：在群體中，不僅有個人之間的交往，也有個人與群內群（subgroup，或稱次團體）的交往，即群內群與群內群的交往。二人群沒有群內群，只有兩個個人的交往。三人群有群內群，除了個人彼此的交往外，還有個人與群內群的交往。但是三人群只有一個群內群，起碼要由四個人或以上所組成的群體，才有群內群之間的交往。

(5) **溝通比例不同**：群體愈大，個別成員彼此之間的溝通所占比例減少，而轉向與整個群體溝通。群體溝通和與個人溝通是不同的，前者抽象而後者具體。

(四) **功能**：團體具有以下四種主要功能：

1. **團體驅動的功能**：團體能擬訂規範，驅使成員達成團體設定之目標。
2. **團體維持的功能**：團體能建立規章守則，規範成員遵守及支持團體的運作與維持。
3. **社會真實的功能**：團體互動有社會真實生活情境的縮影，提供成員一種練習與模擬的環境，讓成員提早適應社會的真實情境。
4. **定義與其它團體的功能**：團體規範可協助成員了解與其它社會團體、組織及機構之關係。

(五) **參考團體**：參考（照）團體（reference group）是一種策略性概念，係指個人有意或無意的將未參與互動的團體或自己未必隸屬的團體拿來評價其行動、外表、價值與生活方式等之參考架構。參考團體是社會化過程中相當重要的一環，它是模仿與學習的主要來源，也是預期社會化（anticipatory socialization）的主要場所。譬如說，一位醫學院學生參考的可能是醫生而非同學的標準。此外，隨著職業、年齡、興趣、生活環境或社會地位之改變，參考團體也會轉變，例如：上大學的約會戀愛、畢業後找到新工作、結婚生子後為人父母，乃至開創事業的高峰期等，均會改變自己的參考團體。

參考團體有以下兩種主要功能：

1. **預期社會化的功能**：許多人會模仿非成員團體的價值與規範，先學習某些行為以便日後真正成為該團體的成員，例如法律系學生會從媒體報導或法院接觸中瞭解律師或法官的生活方式而加以仿傚，也可能學著穿西裝、打領帶，讓自己看起來像律師或法官的樣子。

2. **提供比較的功能**：當團體成員為瞭解自己團體的處境，常會選擇非成員團體加以比較，藉以突顯自己團體的待遇。譬如說，社會福利推動者從社會福利支出結構分析不同團體的預算分配，結果發現：公務員團體得到大部分的利益，因此，其他弱勢團體就以公務員團體為參考團體積極要求國家適當分配福利支出。

(六) **團體動態**：高定（William Golding）的小說《蒼蠅王》（Lord of the Flies）（1954），係敘述一架搭乘三十名英國學童，年齡從六歲到十二歲的飛機墜落在一個無人居住的小島上。所有成人都死亡，剩下這些男孩，他們嘗試脫困，但事與願違。一個理性的、民主的團體由羅夫組成，但卻被傑克所領導的非理性的、暴力的團體所征服。男孩們陷入高度恐懼中，加深競爭和仇恨，並趨向及時行樂和表現原始的侵略行為。高定經由整個故事顯示團體經驗如何影響人們，社會團體將人們的私人生活連結到大社會，其提供安全和支持；形塑價值、態度及行為；且組織人群以完成任務、作出決策及控制偏差。然而，人們在團體中如何作為，難以說明人們在完全孤單時會如何作為，《蒼蠅王》提供團體動態的極佳例證。團體動態（group dynamics）是團體成員中社會互動的反覆模式。這些模式受到團體人數的主要影響，其它影響因素是順從和控制、領導及團體決策等多項。

(七) **電子初級團體**：1990年代出現一種新社會團體類型：電子社區（the electronic community），或稱資訊高速公路（the information superhighway）或網際空間（cyberspace）。網際網路是由數以萬計的電腦連結全球各地網路所構成，網路上數以千計的通信新團體所討論的話題，從驢子比賽到社會學都有。大多數新團體只提供一種有趣的、新的通信，但有些也符合我們的團體定義：它是由一群彼此互動，而且認為自己有共同歸屬感的人所組成。
在某些情況下，對於這些彼此規則互動、享有個人資訊、彼此認同與發展出親密感的人而言，「電子初級團體」（electronic primary group）是最貼切的描繪。有些人甚至每天在一定時間裡上「聊天室」（chat

room）彼此「交談」（talk），因此，可能的情形是：一種社會親密關係的新形式正在形成，這是一種人們具有親密感而無永久性、具有深度而無許諾，以及根據親密與個人層次彼此確認，但卻未曾見面的互動關係。隨著社區意識的改變，電子初級團體的新形式不僅表現在我們的社會互動上，也呈現在我們的文化與自我意識上。

(八) **個人與社會**：一般而言，社會學有兩個基本假設：一個是人的行為和思想受到社會的影響，另一個則是社會與制度是人所創造，因此也可被人為的改變。

1. **人的行為和思想受到社會的影響**：人是社會的產物，從出生受到父母的照顧，就出現了社會關係；在家庭裡，個人的行為和思考方式，都受到來自父母和社會的影響。在家庭裡，父母或長輩對子女的行為有所要求，規定和訓練什麼樣的行為是適當的、什麼是不適當的，並且透過賞罰，強化子女對各項行為適當與否的認知。同樣的，這些對行為的要求也出現在學校、團體，和大社會之中。對行為適當與否的要求，稱之為規範（norm），在社會中不同場合有不同的規範，從小到大不斷地被教化在什麼場合應該有什麼樣的行為、穿著什麼樣的衣服等。在日常生活中，有許多的規範存在，而社會也透過不同的方式訓練每個人遵循規範。

   規範是對行為適當與否的要求，而價值觀（value）則是社會成員對什麼是好的、什麼是不好的、什麼是可以追求或不可以追求的共同道德觀念。我們的行為受到價值觀影響很大，而從小到大的教化過程中，父母或長輩也透過各種方式來強化社會既有的價值觀，追求目標要用正當而不是不正當的手段。例如，傳統的五倫觀念模塑了中國人的家庭主義，孝順成為中國人價值中的一個重要部份，這與歐美的個人主義強調個人主義有相當的不同。

   社會就像一個外在於個人但又箝制個人行為和思想的客觀存在物體，把人限制住但個人卻又未感覺到它的存在。

2. **社會與制度是人所創造，也可被人所改變**：從原始人類以來，為了克服大自然的限制，就有意識地創造工具，組織社會，使大自然資源成為維繫生存的物質來源。在歷史的進程中，個人雖然是社會的產物，在受到社會的模塑，但是個人並不會被社會完全操弄。每個人仍有自主的思想、意識，和創造力，個人或集體經常有意識地製造事件，對

事務發言、詮釋，或改變某些限制。在每天的生活中，都有很多人在既有的社會限制之下，創造很多新生事務，例如新的事業經營方式、新的制度設計、新的撫育子女方法、新的教育方式等。這些人透過對既有社會制度和環境的理解，有意識地與既有社會制度、社會關係周旋，創造性地改變社會既定的運行方式。

(九) **個人、團體與社會的關係**：如果我們要對自己的行為、認知、志願及其他層面的行為和思想，有更正確的瞭解，就必須廣泛地從各種團體中吸取經驗，許多團體已經為我們設定行為的規則，能讓我們有所依循。人們大多數能從團體份子的身分中獲得慰藉與安全，因而也就甘願接受規則，而其他人可能以一種輕視，甚至以憎恨的態度來對待團體，但是社會由於有團體來作為其忠實追隨者，故能強制個人忠於職守而遵從社會規範。

由此可知，團體是個人與社會的溝通橋樑。社會只是一個概念，不是實體；而團體則是實體。事實上，個人直接參與的，並不是社會，而是社會裏的團體。個人與社會的關係是間接的，而與團體的關係才是直接的；社會經由團體將個人納入其體系，圖3-2正顯示出這個關係。

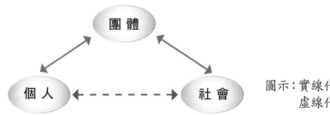

圖示：實線代表直接關係
　　　虛線代表間接關係

圖3-2　個人、團體與社會的關係

因此，社會團體在促進個人與社會的結合以及維持社會的存在方面，扮演重要角色。如果團體能發揮功能，引導個人遵守社會規則，社會就會穩定。反之，如果社會團體力量過強，影響個人的思想與行動，則社會對人們的影響，勢必減弱，將妨礙團體間的調適或整個社會的凝聚。另一方面，社會團體的眾多與異質性，容易造成彼此利益的對立與衝突，減少社會對個人的影響，而威脅社會的存在。因此，社會的生存必須依賴團體間的合作，並且忠實地追隨著社會。

七、組織的類型

研究組織的人通常強調組織可以分類,韋伯(Weber)將組織分為四類,其中天縱神才(charisma),是韋伯的偉人隨屬組織類型的基本特質,是指一個具有超人特質的人,他與其他人是分開的,此人被視為一個超級的偉人,有超人能力,這個人是一種能讓很多人跟隨他,如果他要求的話,人們甚至於願意為他赴湯蹈火,在所不惜。

表3-3　韋伯的組織類型

	特性	例子
天縱英才型	由偉人的信徒、門徒,以及追隨者組成。	人權領袖金恩的跟隨者,統一教牧師Moon的跟隨者;偉大科學家或藝術家的崇拜者。
封建政治	在自己的利益下有些微的地方自治;對上司有義務;但並沒有固定的命令或者監督體系存在。	汽車經銷商、連鎖店、機構或戲院。
現代科層官僚體制	接近Weber的科層組織特性;特殊化、權威的等級、規範體系、正式性等。	政治機構、大型公共設施、軍隊組織。
現代專業化的組織	科層組織,但給與個人較多的自由;當個人能力被保證後,責任歸屬走向分權化。	大學、大醫院。

八、社會組織

(一) **定義**:社會組織(social organization)或稱社會結構(social structure)是指一個社會內部互相關係的體系,一般指一個或社會(鄉村、都市、部落、或國家等)內的各種制度(institution)和次團體(sub-group)之互相關係的整個系統,由此可見,包括次團體與制度兩個要素,且可視為一種結構(靜態的),也可以當做一種過程(動態的)。

(二) **重要性**:社會組織之產生是由於生存的需要、心理的互動和文化的聯繫作用,人類所組成的社會或團體並不像一盤散沙,而是像一個蜘蛛的

網，各部分間是彼此有關聯的，並且有的關係非常密切而堅固，成為一個有系統的實體，可見社會組織的重要性為：

1. **維持社會秩序**：社會是一種複雜的組織體系，組織是一種權力的表示，也是社會秩序的基礎；亦即社會組織具有穩定秩序的傾向。

2. **進行社會控制**：社會組織是社會控制的來源之一。個人許多利益，得自社會組織的參與，但其必須付出代價，一般都透過制度來達到目標。

(三) **層次**：社會組織可從三個層次加以分析：人際關係、團體關係與社會秩序，分別為：

1. **人際關係**：人際關係（interpersonal relation）是人與人之間所發生的最基本的社會結合，如朋友、鄰居，或領袖與隨從。人際關係是社會結構組成的基礎。從社會學的觀點來看，一個團體不僅是由多人所組成，且是一種角色組織與互動的形式。在任何團體中，有些人有權威而有些人只是隨從，有些人是朋友，甚至有些人彼此是敵對的。社會學家希望經由發現維持人群關係與促進緊張的條件，以獲取有關的知識，並將其應用在某一範圍內的所有團體。

2. **團體關係**：社會組織的中間層次是社會的團體結構，或是團體關係（group relation），亦即各種團體相互之間的關係。這種團體關係，有領導團體與附屬團體，也有聯盟、敵對以及中立的團體；有些團體占有策略性的位置，而能與社會中的其他部分溝通，或對它們產生影響；有些團體卻位於邊陲地帶，與其他團體來往非常有限。

3. **社會秩序**：社會組織模式的特徵，即社會秩序（social order），也就是一種範圍廣大的社會體系。在這種環境中，社會普遍具有許多特別的人際關係（如親族、奴隸或封建關係）。

(四) **科層制**

1. **定義**：科層制（bureaucracy）最早由韋伯（Max Weber）提出，是指一個組織是互相關聯而功能互異的部分所組成。

2. **特性**：具備下列五項特性：

   (1) **專門化（specialization）**：科層制組織的基本構想是：將整個生產過程劃分為若干項小工作，而讓某些人專門從事某項小工作，是處理複雜的工作的有效方式。專門化具備效率，所以科層制有賴於複雜的分工，從業者僅需精通和負責該組織的基本工作之某

一項生產或管理步驟即可；如此的安排，鼓勵了某一有限範圍內技術專精的競爭，但也造成無人通曉整體步驟之缺失。

(2) **技術能力（technical competence）**：人員的聘僱基於技術性資格（經由測驗或標準化程序錄用人員），並依其工作質量計酬。韋伯認為光靠薪津不足以鼓勵人們工作更努力、更迅速、更有效率，尚須保證他們有足夠的工作表現時，可以晉升。

(3) **規則和規定（rules and regulations）**：科層制內成員的活動和關係由一套公開明白的規則和規定管理之，在此方式下，每位職員皆瞭解應具備的資格及決定應如何執行。各種規則使得複雜的科層制組織的工作井然有序並可預測，可說是科層化引擎的傳動桿裝置。

(4) **非人格化（impersonality）**：又稱公平無私，韋伯認為私人感情有害於效率，故在科層制中予以排除，對所有工作人員都一視同仁，給予公平待遇，各種考慮均應置於組織目標的節制之下。如果某位成員提升一位屬員，僅由於私人友誼關係；或與其他公司簽訂合約，由於對方是他的親友經營的公司的話，整個組織將受其害。

(5) **人員的職階體系（a hierarchy of offices）**：一旦整個生產過程被化整為零，每一群人各操作一組不同的活動，則整個操作必須予以彙整。在小規模的組織裡，全體工作人員可以集會討論所遭遇之問題及交換意見，而在大規模組織裡就無法如此，高階主管不可能親自督導每個工作人員的工作，甚至不可能知道每個員工所負責的工作。為解決此一問題，工作人員必須組織一個職階體系（hierarchy），劃清那些人對某人負責，某些人管理那些人等。組織的職階體系依據職位與職務而訂，每一職務均有其特定的職責、義務、權利及薪津；權利依隨職務而來，擁有任一職務的人，雖然可能昇遷或離職，而該一職務卻永遠存在；在職階體系中，擔任某項職務者管理其屬員的權力源自其職位，而非個人的素質。

韋伯相信職階體系，可降低人際摩擦；如果成員們皆能接受職階體系的權利義務分配，及承認上司管理的權力，則服從主管的命令，絕不會比服從警察的指揮更令人不服氣。

3. **優點**：科層制的優點有四：
   (1) 促進合理的決策、提高工作效率。由於前述規則規定及職位階層體系所帶來的效果。
   (2) 充分發揮人員才智，是指技術能力的組織成員所產生的優點。
   (3) 依工作人員表現決定昇遷，可挑選俊才。
   (4) 可充分掌握不確定性，一切均在規則規定中。
4. **缺失與改進**：科層制具有下列七項缺失：
   (1) **缺乏彈性**：由於組織內一切規章、任務均以文字清楚明訂，是故，成員明知其他方法可達到更高效率，卻礙於規章而無法彈性應用，是為僵化（fixation）。可適時修正規章改善此缺失。
   (2) **彼得原理（Peter principle）又稱保護不適任者**：彼得原理指出科層制組織內的人，總因以往的工作成績而獲得昇遷，而非按照該新職位的需要而找人填補。因此，人會一直昇遷到他終於不能做而停頓下來。按照科層制來看，是不合理的。因為一個出納員可能在換算銀錢的工作上表現良好，而獲調昇至營業部主任時，他的好出納員的素質並不代表他一定會是好營業部主任。因而把營業部搞亂，不僅自己的前程受阻，公司的營業亦受損。提早或優惠退休是改善之道。
   (3) **帕金森定律（Parkinson's law）**：指出所有的科層組織都會繼續擴大、一個主管會請兩三個助理來幫他處理業務，而每個助理又會僱用職員來替他們做事，這麼惡性的膨脹是浪費和無效率的。因此，官僚組織的人就忙著寫手諭、傳命令、填表格，造成無謂的浪費，更形成組織龐大，形成一巨靈組織。推動工作簡化或組織精簡是方法。
   (4) **疏離（alienation）**：因為科層組織追求高效率，強調非人情的理性關係。再加上專業化和特殊化的分工制度，使成員產生無力的疏離感。對自己執行的任務毫無決定權，且又被纏其中無法脫身。疏離容易造成工作效率的降低。強調非正式團體之互動，可有效提升情感。
   (5) **集權（centralization）**：多數的科層組織在擴張其業務以後，多將走向中央集權的制度以利領導。這種中央集權可能由一個人來領導，也可能由少數的一群高級幹部來領導，中央集權一方面製

造了低層幹部的疏離感，另一方面則把高層領導階級從實際工作
裡隔離出來，以致密歇爾（Michels）所指的寡頭鐵律（iron law
of oligarchy）因應而生。充分授權及分層負責可改善此現象。

(6) **上下幹部敵對緊張關係**：因為分工原則與權力階層的成立，在科
層組織內，有權力者與無權力者會針鋒相對。掌權者為了保護自
己本身利益，而不允許下層幹部參與，而無權者則希望能掌握到
部分權力。兩者自然形成敵對關係。主管採門戶開放或走動式管
理，可改善。

(7) **對社會大眾不關心**：只求組織的利益，而漠視社會大眾的福利。
組織重視公益事業，推動慈善工作，不失為一改善的方法。

九、正式組織

(一) **定義**：正式組織（formal organization），係指為達到特定目標而故意設
計其活動的人類集團。

正式組織已發展成為一種能使人們達到各種目標的社會機構。可根據分
工細密，將工作分為「任務」（task）與「例行事務」（routines）。若
以法規約束每一項職務，則可預測擔任該項職務人員之行為。在一個組
織中，不同的職務與人員，都可依照權威與責任的層級，加以安排；所
以，每個人都知道，他負責什麼？及對誰負責？權力，通常掌握在領袖
或執行者的手中，可用以控制組織的活動。

正式組織具有「自存」（self-perpetuating）的能力。組織的程序與目
標，並不隨舊成員的離開或新成員的加入而改變；大家都期望成員各自
配合結構；因此，組織的生存與發展，獨立於成員之外。

(二) **特性**

1. 地位與權威差異明顯。
2. 明確規則、政策與程序指導組織成員行為。
3. 高度正式化且明確列述角色。
4. 有明確目標。

(三) **類型**：正式組織一般分成三類：第一類是志願性結合，即決定是否加
入、或退出組織，個人享有自由性。例如，政黨、宗教團體、嗜好俱樂
部、兄弟會和姊妹會等，都屬於志願性結合。第二類是強迫性組織，即
人們被迫加入的組織。例如：監牢、集中營、監禁的精神醫院，和徵兵

制的軍事基地等，都是強迫性組織。第三類是功利性組織，即人們為現實某理由而加入的組織，如商業與工作組織等。

1. **志願性結合**：「志願性結合」（voluntary association）指人們加入組織的主要理由是，這些組織的目標與規範符合個人的利益。

   志願性結合具有許多正面的結果。第一對成員產生有利的結果。參加志願性結合者比不參加者，一方面具有較高的士氣、自尊、政治效力與團體取向；另一方面，則具有較低的疏離、冷淡與社會退縮。第二有助於社會整合，能供給人們社會凝聚的額外來源，及社會變遷的不同方式。

2. **強迫性組織**：「強迫性組織」（coercive organization）之中，以「全控機構」（total institution）或稱總體組織最常見。特徵是：(1)與外邊世界隔離，及(2)內部環境變異小。雖然所有的組織都具有某種程度的強制性，但是，以全控機構所具的強制性最高。在全控機構中，一個人既不能安排自己的生活，也不需要負起任何生活上的責任。

   社會學家高夫曼（Erving Goffman）將全控機構稱為「收容所」（asylum），並界定為：一種封閉的生活場所，生活其中的一群人，具有相同的情境，與外邊世界隔離一段相當長的時期，並接受嚴格的生活管理。在收容所內，內部環境的控制最嚴密。

   全控機構總是盡可能完全地將被收容者與其他環境隔離，包括情緒上、心理上，甚至於身體上的隔離。如此，機構才能成為其成員唯一的現實，或至少是具有支配力的現實。人們一旦被全控機構收容，就開始要經歷高夫曼所謂的「苦行」（mortification）的過程。

   高夫曼指出，全控機構具有下列特色：(1)被收容者的地位低；(2)以少數的管理人員管理眾多的被收容者；(3)手段成為目的，完成當天的工作，比符合機構的目標還重要，而機構的目標通常是定義不清的。最常見的是精神病院、監獄與軍隊。

3. **功利性組織**：「功利性組織」（utilitarian organization）是現代社會的重要組織，包括公司、工會、大學、大多數的醫院與政府機構。功利性組織既非純志願，亦非完全被迫。例如，人們雖然都不是被迫去工作，但是為維持生活，必須要工作。

   當一個組織，特別是功利性組織，變得規模更大且關係更複雜時，它就需要成立一個特別機構，專門引導、協調與控制許多人的活動，以便從

事各式各樣的任務。這種結構，即屬「科層制」（bureaucracy），是一種根據功能與權威來劃分的金字塔形結構，該組織的各部分，都安排成層級式。

(四) **個人的調適**：社會成員在組織內將產生三種不同的調適方式，分別為：

1. **儀式主義**：儀式主義（ritualism）是調適組織情境的方式，刻意奉行是一種為了職位與工作不相稱之複雜性而發展的反抗態度。組織的份子在所有的事件與情境中必須嚴格遵守規則，因而有時忽視組織目標。儀式主義雖是改善角色衝突與緊張的方式之一，但這種解決的方式，可能為組織帶來其他問題：如僵化、無彈性及無效率。正式組織的許多情境常驅使成員成為固守儀式者，因而無法彈性地應付複雜情境，是正式組織的一種悲劇。

2. **疏離**：疏離（alienation）是一種使組織成員成為不關心職位上許多功能的情境。疏離在藍領工作者最為顯著，因其所做的工作多是例行性的，而且對所做的事不感興趣。這種不關心的一般狀況，會造成定期的消極抗拒行為，例如採取較長的休息時間或懈忽於處理重要的工作。

3. **建設性的順從**：對個人與組織而言，這種適應方式是最理想的。採取建設性的順從（conformity），組織成員會顯示出以下特徵：
   (1) 對於所占職位的期望與要求有最底限度的順從。
   (2) 不忽視組織的目標。
   (3) 表示出個人的創新才能。
   (4) 維持個人人格的完整。
   在此情況下，個人會有效地使用非正式結構，而使正式規則能符合科層組織的廣泛目標，並滿足其自我的人格需要。

大部分的人顯示有這三種基本調適模式的聯合型態。調適方式常隨著情境而改變，在某種情況下，可能是儀式主義者，而不破壞任何規範，雖然有時違背規則，倒是完成組織目標的最好方式；有時，會疏離組織，而不是對抗組織，因其侵犯我們的個性與自由；在其他的情況中，我們在規則的順從與需要的滿足之間，會維持一種平衡。

在這三種適應方式中，那一種會產生較大的力量是隨著個人所占的職位而不同的。疏離與儀式主義多發生在長期與低層的僱員中，因其工作多是例行而缺少權威的，並且晉升的機會少；相反的，建設性的順從，多發生在較高層的僱員，因為他們多從事較具創造性的工作，且晉升機會多。

十、組織與環境

一般最普遍用來解釋組織與環境的理論計有人口生態論、資源依存論及新制度論三種，茲分述其論點如下：

(一) **人口生態論**：人口生態論（population-ecology approach）是解釋組織變遷和轉型的主要理論。此理論的重要概念是組織形式（forms）與組織人口（populations），在產業生態環境下，那些組織形式的組織人口較能配合環境的需要。組織人口（organizational populations）是指相似的組織所集合成的人口，例如高等教育機構組織加總的人口特質，或某些產業內組織人口的密度和成長率等組織人口特質。一般而言，在組織產業競爭環境中較大或成立較久的組織，面臨環境競爭增強時，有較高的生存機率。人口生態論適合用在產業快速變遷、產業內結構快速轉型的分析上。

總之，人口生態論強調組織產業環境決定或選擇配合環境發展的組織形式的人口，此論點明顯暗示組織行動者遭受環境的支配性，亦即組織行動者缺乏改變環境的自主性。

(二) **資源依存論**：資源依存論（resource dependence approach）認為組織行動者對環境壓力有主動的因應行動與採取策略的能力。資源依存論分析重點在個別組織，強調個別組織如何採取有效的策略以汲取外在環境資源，進而使得組織在環境競爭中相對地居於有利的地位。此理論強調將組織行動者的決策與行動放入組織與環境的互動架構中考量。

在資源依存模型中，組織應付環境的策略選擇（strategic choice）成為重要的概念之一，組織策略選擇涉及組織內部的權力衝突與鬥爭。一般而言，環境提供了限制、不確定性和各種狀況，在組織的內部各單位權力的大小，依照資源依存論的觀點，凡是能處理環境限制不確定的單位，在組織內部相對權力較大。這種組織內部各單位權力的變化，主要取決於組織針對環境條件的變遷，那個部門能掌握環境資源，提出生存的結構策略，則該部門便擁有較多的組織內部影響力。

事實上，人口生態論和資源依存論關注的焦點都在組織的變遷與環境是息息相關的，人口生態論強調環境對組織的選擇力量，但資源依存論則強調組織行動者能使用策略結合環境資源，適應環境的變遷。

(三) **新制度論**：人口生態論和資源依存論理論都將焦點放在組織與技術環境的關係上。技術環境是指與組織生產有關的產入與產出市場和其競

爭者。換言之，組織若要生存，就必須和相同生態環境的組織競爭，適應環境避免被淘汰；或組織本身能夠動員有利的環境資源，創造優勢的競爭條件。此兩個理論意謂著，有競爭力的組織和能動員有利的資源，才得以持續生存。事實上，社會許多組織未必有效率，也未必有競爭力，但組織依然能生存；因此，理性與效率是組織生存的必然機制受到質疑。

新制度論（neoinstitutionalism）認為形塑組織穩定結構的慣性機制是制度趨同主義。西方資本主義理性化科層制結構的制度趨同機制為政府法規的強制趨同力、專業規範的趨同力，和市場的模仿力。

形塑組織趨同的第二個力量是模仿的力量，當組織面臨產業環境變遷快速或不確定性增高時，組織往往採用的策略是模仿其他相同競爭的組織，如何因應環境不確定性的策略行動模式。一般企業組織在競爭的過程中，也經常採用模仿同行業成功的組織模式，來面對競爭的環境。

第三個影響組織趨同的力量是規範的壓力，此規範力量主要是專業力量。西方資本主義企業組織的管理者的組織設計和組織原理思維受到專業管理、專業訓練的影響，因此各大公司的管理組織與制度類似。同理，醫療組織的分工與服務作業內容類似也是受制於醫生專業訓練與專業規範的制約，使得醫療組織與醫療服務有趨同的現象。

表3-4　人口生態論、資源依存論和新制度論的特性

	人口生態論	資源依存論	新制度論
組織生存的條件	有功效	有功效	有正當性
環境的重點	技術環境	技術環境	制度環境／技術環境
組織與環境的	環境主控	組織主控	組織與環境相互
主控性	淘汰機制	策略	支配，場域行動者共同建構
分析單位	組織人口	組織集合	組織場域

十一、環境社會學

(一) **定義**：環境社會學（Environmental sociology）是因應1960年代出現的環境運動，自1970年代後期成為社會學的一門子學科，是研究自然環境與社會之間相互作用的學科。研究重點是從社會因素造成的環境資源管理及其導致的環境問題，分別從社會結構、社會問題和社會反應（societal responses）面向探討造成的各項因素。易言之，環境社會學者特別重視社會因素導致的環境問題、社會影響的環境問題並嘗試解決問題。此外，也關注某些因為環境條件而在社會上被定義為問題的社會過程（social processes）。

(二) **理論觀點**

依據發展的時間順序可分為以下五種：

1. **新環境典範**

1970年代，新環境典範（New Environmental Paradigm，簡稱NEP）概念被提出來，批評古典社會學家以及追隨者認為的社會學優先事項是缺乏環境觀點的。新生態典範遭人類特殊主義典範（Human Exceptionalism Paradigm，簡稱HEP）批評，HEP觀點認為，所有的社會問題都可以透過人類的聰明才智與技術解決，因此人與環境的關係在社會學上並不重要，因為人類透過文化變革絕對可以「免於」環境力量的影響。此觀點在當時西方主流的世界觀及社會學反對當時流行的種族主義與生物環境決定論形成的。採取HEP觀點者認為：文化的獨特性證明人類的主導地位，又文化獨特性比生物學特徵更具適應性；此外，文化能不斷積累與持續創新，足夠解決所有的自然問題；由於人們不會被自然條件所支配，便能完全掌握自己的命運。簡言之，社會學學者Riley Dunlap與William R. Catton認知了HEP的局限性，提出一種新觀點，假設與HEP正反相反，希望能對環境因素有充分考量。此新的社會學理論觀點被稱為新環境典範。

2. **主流社會典範**

Dunlap與K. D. Van Liere's發展新環境典範量表時，將對立的典範稱為「主流社會典範（Dominant Social Paradigm，簡稱DSP）」。

3. 新生態典範

1980年Dunlap與Catton又提出新生態典範（New Ecological Paradigm），並發表新生態典範量表。新生態典範相信人類的創造力，認為人類與其他物種一樣，在生態環境中必須相互依存。該典範注意到社會和文化的力量，不承認社會決定論（Social determinism）。認為人類受生態系統影響和並在其回饋循環中生存，地球有限自然資源與有限廢棄物處置空間。因此，生物物理環境可以對人類活動加以限制。新生態典範也討論新經濟政策的預兆，對那些既「不是社會環境」也不是「自然環境」的主題進行理論化，被稱為雜交理論，也是對1960、70年代馬爾薩斯主義觀點的批評。

4. 生態馬克思主義

少數社會學者試圖從馬克思主義的社會衝突思想延伸分析唯物主義框架下的環境社會運動，不僅將環境運動視為比物質關注更分散的新社會運動文化。生態馬克思主義（Eco-Marxism）利用新馬克思主義中衝突社會學的概念為基礎，將相對自治（relative autonomy）應用於環境衝突中。

5. 環境中的社會結構（又稱環境哲學）

1980年代，隨著西方後現代主義的興起，將話語視作一種權力，社會學者轉而將環境主張視作為一種「社會結構」形式，而非「物質」環境。近年來，生態學及其背後對自然概念面臨巨大挑戰，除了自我矛盾、超脫理想的人為建構外，將人與自然界區分開來，完全是忽視環境是塑造人類、人類生活並與之相互作用的真實世界。此觀點被稱為後現代的、建構主義的及「後自然主義轉向」。

環境美學、設計和修復已成為環境哲學的重要學科，不斷改變環境思想的界限，氣候變遷和生物多樣性等科學領域也不斷提出倫理、政治和認識論等環境哲學相關問題，都使得環境哲學持續蓬勃發展。

第四章　個人與社會化

課前導讀

本章是從組成社會的最基本單位之個人加以分析，亦分成兩部分，一是人格，一是社會化，請將重點放在社會化，有一記憶的口訣：一定義，二方法，三理論，四目的，五分類，七機構（單位），以此方式作全段準備，當有意想不到的效果。

系統綱要

一、人格

(一) **定義**：個人身、心、社會三方面表現的總稱。

(二) **構成要素**

　　1. **生理特質**：生理的特徵。

　　2. **心理特質**：心理上的特性。

　　3. **行為模式**：行為上的表現。

　　4. **外表行為、地位與角色**：最終的綜合表現。

(三) **差異原因**

　　1. 先天遺傳因子不同。

　　2. 後天環境不同。

　　3. 個人與環境的關係不同。

(四) **和諧與不和諧人格**

　　1. **不和諧人格的分類**：依程度分為人格緊張、人格失調與人格解組。

　　2. **不和諧人格的改善方法**：人格改組。

二、地位與角色

(一) **地位**

　　1. **定義**：指個人在社會結構中的位置。

　　2. **來源**：

　　　　(1) 規定（歸附）的地位：在生命週期中與生俱來的。

　　　　(2) 成就（贏得）的地位：個人後天努力掙來的。

3. **類別**：
(1) 首要地位：某一地位決定個人的社會認同時稱之。
(2) 地位不一致：指個人在社會地位的矛盾現象，如具博士學位者擺地攤。

(二) **角色**
1. **定義**：依地位所負的責任與表現的行為。
2. **特徵**：
(1) 行為模式。　　　　　　　(2) 具體表現規範。
(3) 是社會互動的重要部分。　(4) 具合法性。
(5) 含義務性。
3. **與地位的關係**：
(1) 動靜態關係：地位是靜態，角色是動態。
(2) 體用關係：地位是體，角色是用。
(3) 前後關係：地位在前，角色在後。
4. **類別**：
(1) 角色集合：一種地位具兩種以上角色。
(2) 角色緊張：個人表現不易符合角色要求的狀態。
(3) 角色衝突：無法適當表現多種角色謂之，有角色內與角色間衝突之分。
(4) 角色距離：指個人企圖表現的角色行為與真正的行為表現有異。
(5) 角色模式：指一個能提供他人作為適當價值、態度與行為的原型。
(6) 角色表現：指應如何扮演角色，應如何按期望來表現之意。
(7) 角色出色：指社會成員如何離開一個對自我認同很重要的角色之過程。

三、社會化
(一) **定義**：指教導生物人社會規範，以期成為社會人的過程。
(二) **分類**：
1. **主要社會化**：指成人之前的社會化，是基礎過程。
2. **繼續社會化**：指成人之後的社會化，是依著需要而進行的，屬部分的。
3. **預期社會化**：指為利繼續或再社會化的進行，預先針對社會化內容做的準備。

4. **再（去）社會化**：指重新進行一社會化過程，否定過去社會化的成果。負責執行機構是全控機構（高夫曼所提出，又稱為總體組織）。

階段：與眾不同、羞辱、衝突、失望、再社會化、自我肯定。

5. **反向社會化**：指兒童對成人進行社會規範的教導過程。

(三) **功能論與衝突論觀點**

1. **功能論**：是自然過程，目的在於傳遞規範，使社會成員發揮既定功能，人是社會所設計出來的，是被動的。

2. **衝突論**：是資產階級所創造，俾保有其優勢地位，且影響不同階級在未來的生活機會，同時，建立個人毫無知覺的認定自己的階級所屬。

3. **互動論**：強調人與人之間互動所運用的符號所建立的效果。

(四) **方法**

1. **有意社會化**：指耳提面命式的清楚教導。

2. **無意社會化**：指透過模仿與暗示的方式進行教導。

(五) **目的**

1. 教導社會規範。　　2. 引發個人抱負。
3. 訓練社會角色。　　4. 教導社會技能。

(六) **機構（單位）**

1. **家庭**：最早、最久、最重要的單位。

2. **同輩（儕）團體。**

3. **學校**：最正式的單位。

4. **職場**：個人的工作場所。

職業社會化四個階段：

(1) 職業的選擇。　　　　(2) 預期社會化。
(3) 制約及承諾。　　　　(4) 繼續的承諾。

5. **大眾傳播媒體**：個人出生至死亡皆受其影響。

6. **志願團體或非志願團體**：個人所參加的各種公益組織或團體。

7. **政府。**

(七) **理論**

1. **顧里的鏡我理論**：個人經由表現、辨認和主觀解釋等三個過程產生反應行為。

2. **米德的社會互動我理論**：是經由模仿、假扮與遊戲階段產生概括化他人，進而建立自我意象。

3. **艾利克遜的自我發展八階段論：**
　(1) 嬰兒期：信任與不信任。　　(2) 幼兒期：自主、羞恥與懷疑。
　(3) 遊玩期：自發與罪惡。　　　(4) 學齡期：勤勉與自卑。
　(5) 青春期：認同與角色混淆。　(6) 成年早期：親密與孤立。
　(7) 成年期與中年期：新生與停滯。
　(8) 老年期：整合與失望。
4. **佛洛伊德的理論。**
5. **皮亞傑的認知發展四階段論。**

重點整理

一、人格

(一) **定義**：人格（personality）為個人身、心、社會三方面表現的綜合體，是個人在對人、己、事及整個環境適應時，所顯示的獨特個性，而此獨特個性係由遺傳、環境、成熟及學習等因素相互作用的結果，具有統整性與持久性。

(二) **構成要素**：人格是由遺傳與社會文化環境所造成的，而構成人格的因素可分為四項：

1. **生理特質（屬於遺傳方面）**：如：性別、年齡、身材、膚色、相貌、健康及內分泌腺等等。
2. **心理特質（部分來自遺傳，部分受環境影響）**：如：本能、衝動、情緒、性情、意志、智力、思想、信仰、願望及態度等等。
3. **行為模式或習慣系統與適應能力**：是以前二者為基礎，在環境中發生作用的結果。
4. **外表行為、角色及地位**：係以前三者為基礎，屬人格的動態表現，受社會關係影響。

(三) **差異原因**：世界上恐怕沒有兩個人的人格完全是一樣的。同卵雙胞的尚有不同，其他可想而知。主要來自三個來源：

1. **遺傳因子的結合不同**：這種因子是影響生理和心理特質的基本要素。數目很多，且彼此結合的可能機會也很大，是造成特質差異，並使每個人成一獨特全形的主要原因。

2. **環境的特殊模型不同**：由於每個人所處環境並非完全相同，僅以影響最深的家庭而言，實際上沒有兩個家庭是完全一樣的；甚至同一家庭之內，分子彼此之關係，互動方式，也是有區別的；例如：父親對待子女的態度和方法和母親的並非一樣，同時兄弟姊妹間互動方式以及對父母的反應也不盡相同。

3. **個人對環境的特殊關係不同**：每個人應付環境的刺激與反應，由於經驗和習慣不同，自己一套，所謂習慣成自然，結果便影響人格模型，而與別人有異。

(四) **和諧與不和諧人格**：無問題的、表現良好人格可稱為和諧人格（personality harmonus）即心理學上所謂的整合人格。特徵是：

1. 五育均衡發展。
2. 感情衝動受理智控制。
3. 內心無衝突，即使產生衝突，亦能適時調整。
4. 言行一致、可靠、容易獲得別人信任。
5. 社會關係良好，合作性高。
6. 有義務感，工作負責。

反之，有問題、表現不佳的人格稱為緊張、失調或解組人格（依程度不同而有差異），輕微不協調的人格是人格緊張（personality strain）；中等程度的是人格失調（personality disadjustment）；很嚴重的是人格解組（personality disorganization），常見的有下列四種：

(一) **雙重人格（double personality）**：指一個人具有兩個或兩個以上相互矛盾的價值觀念或行為模式，且個人毫不知覺。雙重人格的產生，一方面是由於個人人格發展的不健全，無法在社會化過程中，將社會的價值統一化；另一個原因是團體的規範標準變遷太快，以致個人無法迅速地對略有差異或極端差異的兩套團體價值和行為模式進行內省。在一個變遷快速的社會中，由於價值的變動，使每一個人或多或少產生不同程度的雙重人格。

(二) **衝突人格（conflict personality）**：當個人面臨兩個或兩個以上不同角色而不知如何選擇時，內心產生衝突，人格亦出現衝突情形。衝突人格多發生於快速變遷的社會，尤在失序下更加明顯。

(三) **偏差人格**（deviant personality）：若人格不健全，或由於不良環境影響，致使個人採取違反社會規範行為，例如酗酒、流氓、賭徒、盜竊等，均屬偏差人格。

(四) **精神病患**（schizophrenia）：人格解組相當嚴重，特徵是心理功能失常、意志喪失、思想混亂。原因來自於遺傳或社會關係失調。

無論緊張、失調或解組的人格，均可透過專業方法予以重組，亦即將緊張、失調或解組的人格改變為原本和諧、健全人格，使其適應社會團體生活，這個過程稱為「人格改組」（personality reorganization）。人格改組可透過個人治療，或團體影響，也可透過改變個人環境，將原因解除，使恢復常態。（見圖4-1）

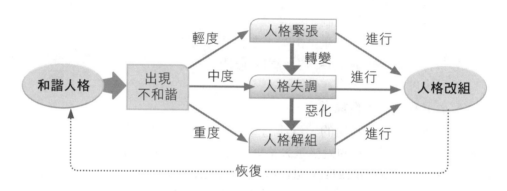

圖4-1　人格不和諧之轉變

人格改組方法，主要有下列四種：

(一) **個人治療法**：屬精神病理學家及心理學家常用的，對有精神病患的個人採各種方法，協助解決心理衝突，使恢復常態。如自由聯想、藥品、電療、催眠等。

(二) **團體治療法**：基於個人態度與行為特徵係由團體造成和影響，人格解組包含團體因素在內，因此可用團體治療或改變之。

(三) **個人直接環境的改變法**：指改變個人所處環境中影響人格解組的因素，如母親對子女的不良態度，使其彼此互相了解、和諧相處；或將有問題的個人遷至適宜的環境，以滿足其需要，能有自我的表現。

(四) **集體探究法**：指從整個社會或其基本結構面向改造。

二、地位與角色

(一) 地位

1. **定義**：地位（status）是指在社會結構中的「位置」（position），決定一個人在社會中所適合的位置，沒有高低之分。

2. **來源**：地位可分為規定（歸附）地位（ascribed status）與贏得（成就）地位（achieved status）兩種。

   (1) **規定（歸附）地位**：個人與生俱來的，是指出生時或在「生命週期」（life cycle）的不同階段中被指定的地位。例如，男人或女人、墨西哥裔美國人、洛克斐勒家族的一員、青少年及老人等，都屬於規定地位。不論這些地位是好、是壞，都莫可奈何。

   (2) **贏得（成就）地位**：指個人經過努力爭取得來的，例如：醫生、藝術家、教師等等，完全依靠個人能力奮鬥獲得的。

3. **類別**：

   (1) **首要地位**：當一個人的某一地位，大致上能決定其社會認同時，此地位稱為「首要地位」（master status）。首要地位可能是一個人在時間和精力上耗費最多的職業（例如總統或總經理）；也可能是一個具有特別象徵意義的地位。在美國社會中，年齡和性別是兒童最重要的地位；然而，首要地位也可能是規定地位，如身心障礙、醜陋或美麗。

   (2) **地位的不一致**：地位的不一致（status inconsistency）是顯示個人在階層裡的矛盾現象。就是說，個人在社會所佔的地位，可能因使用不同的衡量標準，而造成地位的不一致。換言之，從一種標準來看，個人在社會裡的階層應該屬於中上層，但從另一標準衡量，個人又可能屬於中下層而已，這種個人社會地位的矛盾現象，稱之為地位的不一致。這種情況常常發生，例如，某人在教育程度上獲有美國著名大學的博士學位，但回國後面臨高學歷高失業率時期，找不到適當工作，淪為擺地攤者。社會地位不一致將導致個人在心理上適應不良，產生緊張的狀態，容易在人與人之間的社會互動上發生衝突。

(二) 角色

1. **定義**：角色（roles）指個人在團體中依所居地位必須擔負的責任或表現的行為，是依著地位而來的動態表現。如個人可同時扮演許多角色，一個扮演父親角色的人，同時扮演丈夫、總經理、委員等角色。每一個角色，都附帶有一套價值、意識和行為模式。

2. **特徵**：角色具有以下五項特徵：

   (1) **是行為模式**：行為模式是規定的，代代相傳，個人經由社會化習得。

   (2) **具體表現規範**：個人應如何表現行為，都由規範界定，行為得當與否，亦以規範準則衡量。

   (3) **是社會互動的部分**：一個角色若不與其他角色發生互補或互換關係，便無法存在。例如，丈夫與妻子、教師與學生、醫生與病患等角色，一種角色均依賴相對的角色才能存在，也因為互賴、互補關係，角色方能產生意義，表現功能。

   (4) **具合法性**：例如：侵犯私人秘密是非法的，但是，這種侵犯來自一位具合法權力的人則可接受。例如，裸體是不合法的，當事人可能會有恥辱或不舒服的感覺，但是醫生要檢查病患身體，使其寬衣解帶，則是合法的，且可以接受的。

   (5) **含義務性質**：義務是社會團體中權威的一種展現。任何權威依賴角色產生作用。任何角色的履行，均涉及扮演角色所感受的義務程度。個人所感受的義務，就是他對於有關角色規範所要求的意識；這使得許多社會關係得以維持與繼續。

3. **與地位的關係**：角色是依著地位而來的行為模式，所以，角色與地位是人類社會活動的兩面。地位是靜態或結構層面，決定個人於團體中的位置，可視為體；角色是動態或行為層面，界定位置佔有者在各種社會情境中如何行為，可視為用。因此，地位與角色的關係，可說是體用關係。

4. **類別**：

   (1) **角色集合**：一種地位，通常配合著一連串複雜的角色，稱為角色集合或角色組（role set）。例如，醫學院的學生，除具師生關係外，尚有同學、同事（如實習的話）、患者的關係。再如，一個

演員要面對導演、其他演員、觀眾甚至記者，扮演各種角色行為。所以，任何一種地位可能同時扮演多種角色。

(2) **角色緊張**：角色緊張（role strain）表示個人不易符合角色要求的問題。例如早婚者也很想做一個好丈夫和好父親；但是大部分的人都失敗了，起初是財務拮据，然後是感情破裂。若父親和子女住在一起，偶爾的觸摸或其他表示溫柔的手勢，總因他不能盡責而畏縮。不論他做多少，總是不夠的。

(3) **角色衝突**：角色衝突（role conflict）是指個人在表現角色行為時，由於角色內需要不一致，以致無法適當地扮演所擔任的角色，可能形成角色緊張（role strain），甚至演變為角色衝突。
角色衝突可分為兩種類型：角色間衝突（conflict between roles）與角色內衝突（conflict within a single role）。前者係指個人同時具有兩個以上相互衝突的角色，無法協調。例如：婦女身兼家庭主婦與職業婦女兩個角色，即有可能。後者乃因兩個以上團體對同一角色有不同期待，以致造成無所適從。例如：教師面對教育行政人員與家長之不同期望與要求。

(4) **角色距離**：高夫曼（Erving Goffman）用角色距離（role distance）來描述個人企圖表現出其獨特性的行為，但當此行為表現出來時，其獨特性卻未能為其表面的作為所包含。
高夫曼對於角色距離之解釋主要來自觀察旋轉木馬的行為。對每一個騎木馬的人而言，騎馬是可觀察的表面行為，但每個人都附加上其他的行為以表現出他（或她）與此主要的作為（騎木馬）的特殊關係。

(5) **角色模式**：角色模式（role model）則是指一個能提供他人作為適當價值、態度和行為之原型，這些價值、態度和行為都可從特殊社會角色的扮演中顯現出來。個人認同於此模式，並試著以自己相同之角色行為表現模仿並超越此模式，例如一個醫科的學生，可能選擇一個主治醫生做為他的角色模式，認為好醫生應當如此，並在他自己扮演醫生角色時試著去模仿該模式之行為。

(6) **角色表現（role performance）**：就某一個角色來說，應該如何扮演它的期望，常與實際的表現有所出入。角色是一種社會劇本，而每一個人都以自己不同的方式，來詮釋這個劇本。就像劇中的

演員，也需要角色和有關的劇本，才能參與社會生活。若沒有這些劇本，人類互動將是雜亂無章。然而，角色期望通常相當寬鬆，允許個人自行加以詮釋。雖然如此，但詮釋也有一定的限度，而每一個人也經常不斷地試探這些限度。刑警在逮捕犯人時，對待犯人的動作，要超過什麼限度，才算是不道德或不合法？作父親的要求孩子聽話時，要怎麼做，才不算虐待孩子？對朋友如何講重話，而仍能維持友誼等，均是角色表現的難題。

(7) **角色出走（role exit）**：是指社會成員如何離開一個對自我認同很重要的角色之過程（自願離開一個重要角色的過程），一般依循以下四個階段行之：

A. 懷疑（不滿意現有慣有的社會地位，以及社會位置所需要的社會角色）。

B. 尋找出路（工作不滿意換工作、婚姻不滿意換婚姻）。

C. 行動（要離開，有八成的人都有一個巨大轉捩點，二成的人是慢慢來）。

D. 建立新認同（同時與舊角色保持聯絡，對於舊角色的種種，有人可與之對談）。

三、社會化

(一) **定義**：社會化（socialization）是指將一個生物個人，訓練成為社會個人的過程，亦即教導個人有關社會角色和團體價值的過程，目的在於將一個新生嬰兒模塑成為一個社會成員。

(二) **分類**：社會化是一個終生歷程，概可區分為五大類型：主要社會化（primary socialization）、預期社會化（anticipatory socialization）、繼續社會化（continuing socialization）、再社會化（resocialization）及反向社會化（reverse socialization）。

1. **主要社會化**：主要社會化（primary socialization）是指成人之前的社會化。也可稱為個人人格和自我概念最主要的發展過程。成人以前的發展決定未來的人格與行為。特別是在個人兒童時期的不良經驗將嚴重影響日後的發展。

2. **預期社會化**：所謂預期社會化（anticipatory socialization）是指對個人即將加入的團體之行為、信仰和價值的學習。使個人改變態度和價

值以適應新的團體。預期社會化的主要功能在使個人容易轉移到另一個新的團體。

3. **繼續社會化**：繼續社會化（continuing socialization）指成年後的個人，為適應角色的變遷，必須學習新角色或新價值、規範與行為模式。繼續社會化在新角色的扮演是部分的，例如個人更換工作或初為人父人母時，都必須再部分學習新地位與新團體的價值與態度。

4. **再社會化**：再社會化（resocialization）是指完全否定過去社會化過程所習得的價值與規範或已具有的地位，重新進行一個社會化的過程，是故，學習的角色與規範是一全新的，與原本的迥異。也由於訓練課程是用以消除先前社會化所產生的自我形象和觀點——這種過程也稱為「除社會化」（desocialization）。然後，再以新的自我形象和觀點取代原有的。再社會化需要一段漫長的時間，經歷過程因職業、因人而不同。再社會化並非只發生在工作場所，其他場合也會發生。大多數人常要經歷再社會化的六個階段：

(1) **第一階段－與眾不同感覺**：例如，自認有才能的年輕精神科實習醫生，常聽人說他將會「有點神經兮兮」；又如，老練的警官把新進警察當作外人，要求他們自我表現。

(2) **第二階段－羞辱過程**：軍隊的入伍生要理頭髮、穿制服、編號（掛識別牌），及取消其平民身分。老練的警官告訴新進警察，要忘記在警察學校所學的一切，因其所學在街頭上沒有什麼用處。這種羞辱具有雙重的目的：一是瓦解新進人員不成熟的想法，這些新進人員都認為自己是既敏捷又有能力的專家；二是消除新進人員對該項工作的成見，以便再社會化的進行。

(3) **第三階段－衝突困惑時期**：護校學生抱怨學校不是她們所期望的樣子。精神科實習醫生懷疑，到底資深醫生告訴他們的話是否屬實？資深醫生告訴實習醫生，精神科醫師的主要工作並非醫好患者，而是了解患者和減輕症狀。

(4) **第四階段－失望階段**：在與眾不同、遭到羞辱、感到困惑等一連串的綜合影響下，導致第四階段——失望。在對立的規範與價值的猛烈衝擊下，有些人想要退出，且有少許人真的退出了。其他的人則是敷衍應付一番。他們不再想了解將要發生什麼事，或者

為它們辯護；相反地，只是聽命行事。簡單地說，新進人員已經停止反抗了。

(5) **第五階段－再社會化**：一個人越想達到他人所希望的行為（不管是護士、精神科醫師或警察），則新的態度和價值對他越有意義。再社會化發生在這一階段。護校學生開始與老師（老師是以廣泛及學理上的角度去理解護理）合作，排斥病房工作人員（他們把護理當作是特殊的工作）。新進警察一方面開始疏遠一般大眾，另一方面則不理會警政當局。

(6) **第六階段－自我肯定（self-affirmation）**：個人把工作上的世界觀加以內化，並接受其規範和價值。「過來人」（exrecruits）以新的立場重新評價過去的經驗，並驚訝自己當初的天真。此時，新進警察已經變成一個幹練的警察；實習醫師已經是精神科醫師；而新兵也成為一個士兵。

5. **反向社會化**：指在成年社會化的過程，可能遭遇反向社會化（reverse socialization）的經驗。一般社會化是由成人教導兒童，反向社會化則是成人由兒童處學習新經驗或規範，例如：流行的電動玩具，成人最初並不玩，看到兒童玩，也跟著玩，有些更是著迷。另有些年輕人的用語表達方式，起先成人不懂，但後來也學會了，這種過程即稱為反向社會化。

(三) **理論**：社會化的理論，用以解釋社會我的形成過程，主要有：

1. **功能論**：功能理論觀點認為，社會我的形成有助於社會價值與社會規範之普及，使社會的每一個分子遵守價值規範，社會才能整合，才能穩定。功能論者認為文化的特質，價值觀念、道德理念、社會規範、行為模式等經由社會化代代相傳。例如，中國人遵守五倫，雖然抽象，但經由代代相傳教習，五倫成為維持中國社會互動與人際關係的主要基石。

2. **衝突論**：衝突論學者則認為社會化的過程，將社會價值、行為模式等深植人心，實際是在上的統治者的一種控制工具。因為社會文化的價值觀念是由在上者擬定，社會化是強迫在下者接受在上者文化的一種手段。社會化掩蓋了在下者本身的文化價值而成為在上者的工具。

3. **互動論**：符號互動論者強調社會化的重要性，因為人與人之間的互動必須運用共有的形象符號，如果社會成員未能發展出一套普遍性的形

象符號，則社會互動必然產生緊張和衝突。社會化不僅將重要他人的價值吸收，也將代表整個社會大環境的普遍他人價值內涵引入個人人格中，以約束個人。

(四) **方法**：社會化的方法可分為有意的社會化和無意的社會化二種：

1. **有意的社會化**：指成人明白揭示兒童某些價值，耳提面命輔以獎懲的努力，這種有意的社會化通常在家庭、學校和教堂為之。

2. **無意的社會化**：指人類互動的偶然產物，並非出自有意，例如暗示與模倣，是透過無形的影響力以達到社會化的目的，父母與師長的風範亦可能經由認同作用而對兒童產生潛移默化的效果，故無意的社會化對於兒童與青年人格發展具重要性。

(五) **目的**：社會化的進行主要在於獲致四個目的：

1. **灌輸社會規範**：希望個人將規範內心化後，成為自我的行為和價值觀念，而表現在個人人格上。

2. **引發個人抱負**：鼓勵個人在社會允許範圍內，依個人潛能，實現個人理想。

3. **訓練社會角色**：訓練每一社會分子，依其能力和各種因素，扮演社會角色及學習每一角色的行為模式。

4. **教導個人技能**：個人經由社會化，可學習社會角色的行為以便有效參與團體。

(六) **機構**：負責擔任社會化工作的機構（或單位）分別有：

1. **家庭（family）**：家庭為個人社會化最重要也是最早、最久的單位，因個人自出生至老年，一直和家庭脫離不了關係，家庭為一良好的學習環境，且個人的人格培養及行為願望皆受家庭因素所左右。

2. **同輩（儕、僚）團體（peer group）**：除家庭以外，影響個人社會化的第二個機構，指兒時的玩伴，在同輩團體中，為一種初級關係，為面對面，親密的互動且人數少，關係也持久，故個人的價值觀念和行為模式受其影響很大。

3. **學校（school）**：學校是個人開始接觸的第一個正式組織。兒童入學接受教育並非出於自願，是強迫義務的性質。隨著強迫義務教育年限的延長，兒童受學校的影響漸增。在學校中，個人開始瞭解社會的各種規則和標準，開始學習成人社會的角色。

4. **工作場所（或職場）**（work place）：學校只是以普通方法，訓練個人了解工作場所的職位。因此，當成員接受一項新工作時，必須參加正式社會化的訓練課程，即參加非正式的「在職」訓練。關於組織的價值及展望等的社會化，都是以非正式方式進行。例如，與同事和雇主互動時，會發現有些事遭忽視，有些事卻引起熱烈反應。屬入門期，在這期間將學會：
(1) 新職位應有的技巧與表達。
(2) 該組織正式與非正式的「優先順序」。
(3) 該組織成文與不成文的規定。
社會成員在工作場所的社會化，又稱為職業社會化，默爾（Wilbert Moore）將「職業社會化」（occupational socialization）分成以下四個階段：
(1) **職業的選擇**（career choice）：包括學術上或職業上的適當訓練。例如：要成為一名外科醫生就必須選修大學醫學院所規定的必修課程。
(2) **預期社會化**（anticipatory socialization）：這階段可能只是幾個月，也可能需要許多年時間。有些人接替上一代的事業，如接掌父母的農事、小雜貨店，或家傳大企業，從小就經歷「預期社會化」過程。有些人，年幼就已下定決心要做個音樂家，十歲出頭就開始做這方面的預備工作。
(3) **制約及承諾**（conditioning and commitment）：當人們接受一項工作的角色時，是接受該角色的整體：對工作上的不愉快，不合意的一面也要節制，約束自己，並做適當的調適以應付之；對工作上滿意，順心的一面，更應表示承諾，有責任感的接受之，以求令人滿意的表現。
(4) **繼續的承諾**（continuous commitment）：如果所選擇的工作證明是合適的，滿意的，那麼就會進入職業社會化的第四階段，到此階段，當事人在該職業上所扮演的角色就跟其本人的「自我認同」（self-identity）合而為一，會遵守一切工作上所要求的規則，再次的承諾，盡心盡力，更具責任感的接受這職業上的角色。
由學校畢業踏入社會，覓得全職工作時，人們跟「職業社會化」的關係最為深入；只要人們一直參與、扮演職業上的角色，其職業社會化過程將繼續，直到退休為止。

5. **大眾傳播媒體（media）**：大眾傳播媒體是一種不必面對面、直接接觸的溝通方式，科技的發展使得大眾傳播工具愈來愈進步，尤其是電視及廣播的普及；其他如報紙、雜誌亦與個人生活產生密切關聯。研究指出，大眾傳播媒體，尤其是電視，對兒童影響至為深遠。因此，品質好壞，與良好觀賞習慣的培養或時間的安排，對兒童的行為有舉足輕重的影響。

6. **志願團體或非志願團體**：除上述各種社會化的機構之外，我們一生當中還會參加許多社會團體。有些是非志願性參與的團體，例如，服兵役的軍中團體、監獄和感化輔育機構等。大部分，我們參與的是志願性社團，例如：政黨、環保團體、婦女團體和宗教團體等。剛開始參加這些團體時，也會經歷社會化的過程。如同組織社會化一般，每個團體都有它自己的一套設計和特殊的訓練課程，來幫助新進人員成為團體的一份子。個人接受團體所強調的價值，若無法認同，可能會退出該團體。有時，所參與的小團體對個人社會化的影響程度很深，但若是該團體所強調的價值，和整個主流社會的價值格格不入，則個人的行為在某種程度會被視為反社會的。

7. **政府**：社會科學家們日漸承認政府，各個層次的政府在社會化過程中所扮演的角色。傳統的社會裡，家庭提供了最重要的保育健康功能；然而當今社會裡，家庭的保健功能已為外在機構所代替，例如：學校、托兒所、醫院、保險等機構、政府常負擔著這些機構。

以往家庭負責其成員的一生大事，如今則轉為外界因素所影響：例如，政府規定了入學年齡，合法的開車、飲酒、投票年齡，甚或退休時刻。間接的，政府就模塑了人們在什麼年齡做什麼事才是適當的價值觀念。

(七) **理論**：解釋社會化進行的相關論點計有心理學的佛洛伊德（S. Freud）、艾利克遜（Erikson）、柯柏格（Kolhberg）、皮亞傑（Piaget）等人有關人格的發展理論，僅列舉從社會學面向加以說明的顧里（Cooley）鏡我理論（looking-glass self）及米德（Mead）社會互動我（social interaction self）理論，並補充艾利克遜的八階段論如下：

1. **顧里（Cooley）鏡我理論（looking-glass self）**：成人會將自我意識視為理所當然，但自我意識並非與生俱來。顧里（Cooley）由觀察自己的孩子，發展出「鏡中之我」（looking-glass self）的觀念——在

想像中，先假定從別人的立場來看自己；因為我們相信，別人就是這樣看我們。獲得自我意像的方式有二：(1)從別人對我們的行為和態度中，所反映出來的我們；及(2)想像別人對我們的看法。

根據顧里的說法，鏡中之我包含三種過程：(1)「表現」（presentation），(2)「辨認」（identification），和(3)「主觀解釋」（subjective interpretation）。首先，想像自己是如何出現在別人面前；接著，辨認別人如何評判我們的出現；最後，為自我形象解釋這些評判。例如，首先想像別人如何評估我們的吸引力和智力；然後得到結論：別人必定察覺到我們既美麗又聰明（或者既醜陋又愚笨）。我們也以類似的說法，想像自己。隨後，我們對這種想像會有所反應——如感到欣喜、興奮和滿足（或者沮喪、悲傷和不滿）。顯然，這種過程中的自我，並不純粹是由父母或他人在白紙上所描繪的一幅肖像（一幅呆板的複製品）。正在接受社會化的人，他的行動、解釋和想像，都是針對與他人互動所做的反應。總之，意義都是因自己而產生的。

2. **米德（Mead）的社會互動我（social interaction self）理論**：米德相信自我是社會的產物，是與他人互動得來的。與顧里不同之處為：米德強調社會中語言的溝通，與他人互動的角色學習及「概括他人」（the generalized others）等概念。

   米德認為社會互動發生在語言和自我發展之前。嬰幼兒時期的兒童尚不懂憤怒的意義，但已有憤怒的表現。爾後因為語言的學習，「憤怒」對兒童具有意義，也因為意義的共識，才能與他人溝通，可經由表達自己與別人的行為反應中，認知到「自我」。米德認為自我的發展可分為三個階段：

   (1) **模仿階段（imitation stage）**：在此階段中，兒童並非真正瞭解成人行為的意義，但已開始模仿成人的動作，如當媽媽洗衣服，兒童會清洗自己的玩具，爸爸挖土時，兒童也會模仿挖土的動作。

   (2) **假扮階段（play stage）**：此時兒童瞭解各種社會角色的行為——如郵差寄信、醫生打針，並把各種社會角色的扮演當做是一種遊戲。特別是扮演其生活中，意義（或重要）他人（significant others）——指一些對他有重大意義的人物，如父母、兄弟等。此時，雖然兒童開始發展自我，但對他們而言，角色扮演僅是一種遊戲。也就是說兒童會認同在其社會世界中非常重要的人物。

精神病學家蘇利文（Sullivan）將這些人稱為「重要他人」。兒童似乎特別喜歡扮成媽媽，模仿替嬰兒換尿布，和喋喋不休地向小孩子說教。從扮演重要他人的行為中，兒童逐漸將雙親和老師的標準、態度和信仰，融入自己的人格，這種過程稱為「內化」（internalization）。

(3) **遊戲階段（game stage）**：此階段中，兒童逐漸學習和真實世界的人合作，如玩足球、打棒球。為了能夠在各種的社會情境中扮演一種角色，並成為團體的一份子，此時兒童必須採用「概括化他人」（generalized others）的角色——即採納或接受整個團體或組織的態度，規則和判斷，而不再扮演特殊的自己。如打足球時，不能只扮演一個特殊化的角色，必須遵守遊戲規則，不斷調整自己的行為，以符合整個球隊的需要。此時兒童能夠在社會情境中採取和社會相同的觀點，扮演適合的角色，是自我發展完成的階段。

此外，米德並將自我（self）分為二個部分：「主我」（I）和「客我」（me）。「主我」是自我中未被社會化，自然自發、主動、具有創造性的部分；而「客我」則是經社會化後的自我；即將社會期望與需求內化而成的一部分自我，是被動的自我，採用社會共有的價值。當兒童開始以社會整體的觀點來表現行為時，「客我」即出現了。而我們的行為即是「主我」與「客我」不斷互動的結果，一般的行為就如米德所言：「主我」給予個人推動力，而「客我」給予個人行動的方向。在社會規範制約嚴格的環境下，「客我」會支配「主我」，個人的行為和觀念多半合乎社會的要求和期望；在社會規範較弱或較具彈性的環境下，「主我」容易超越「客我」，個人表現出極端主觀和獨斷的自我。

3. **艾利克遜的自我發展八階段論**：艾利克遜（Erikson）在《兒童期與社會》（Childhood and Society）一書中，提出「人的八個年代」理論，描述自我發展的八個階段。在每一個階段，個人必定會遭受由年齡所引起之社會前途改變的問題。變遷常帶給個人許多的不安，造成憂慮與壓力；這都是來自個人突然失去一個明確的既有的自我——我們是誰，或我們是什麼的概念，艾利克遜稱為「認同的危機」（identity crisis）。如果一個人能克服每次的危機，便可再重建自我。

(1) **嬰兒期**：信任與不信任

在兒童的第一年，嬰兒的生存完全依靠成年人，而最重要的是其母親。這個階段的危機在於發展信任成年人環境的意識。每件事對於嬰兒都是不熟習的與不可預測的，甚至於自己的舒適與不舒適感，也不能完全理會。如果母親能不斷、且溫和的滿足嬰兒的需要，可使嬰兒產生一種基本的信任感。母親給予嬰兒的照料與注意愈是一致，嬰兒的環境會變的愈可靠、愈安全，因此創造舒適與安定的感覺。相反地，如果母親不穩定、不留心與行為不夠敏感，嬰兒可能會發展不信任，覺得沒有任何人能減輕他的不舒適或給予他安全。這個問題的重要關鍵就是母親的照顧品質。

(2) **幼兒期**：自主、羞恥及懷疑

幼兒到了三歲時，肌肉與神經已發展到漸能自我控制，可做若干事情，例如行走、抓物及開始控制排泄過程等。這些成就使幼兒獲得許多報酬。幼兒在生長的環境中有了相當的自主，但在做某種程度的移動或運動時，所受的失敗經驗，會引起羞恥或懷疑。經由自己的探索，幼兒可能會因跌倒、碰撞頭部而傷害自己，痛苦的經驗使其對於新發現的自主感到恐懼，對於應付環境的能力，有自我的懷疑。於是，幼兒知道他們開始視為當然的自我控制，並不像所想像的可靠。

如果在此階段中，幼兒的父母允許幼兒按照自己的速度來發展，幼兒對於管理自己及其行動的能力，會更有信心。

(3) **遊玩期**：自發與罪惡

在四、五歲時，兒童發展自我的意識，有限地操縱物質環境，而對於自我角色的表演，感到更有興趣。兒童學到他人的行為，不論是成年人或同輩，並模仿他人做遊戲。總之，發展角色表演的技術。這些技術使兒童能夠把自己具體化，並獲得有關「他們是誰」及如何適應周圍情況的新觀念。大部分時間用於嘗試著信賴他人。藉此過程，兒童開始發展自我的意識。

在此階段中，兒童自我價值的意識是建立在其受成年人重視的程度。如果兒童被嘲笑或甚至不被理睬，則開始懷疑所努力追求的目標有無價值。甚至於一點點小事如繪畫之類，如沒有鼓勵或讚美，亦會使兒童認為所做的是不值得努力的，結果會對自己的決定喪失

信心。此外，也會發展罪惡感，因而停止從事自發的活動。在此年
齡階段，父母應對兒童所關心的正確的活動，表示讚美與鼓勵。

(4) **學齡期**：勤勉與自卑

在這個階段，兒童進入一個新環境。在學校，兒童開始接受正式
的規則與命令，並獲取未來生活所需知識。理想上，兒童會對這
些需要作積極的反應，並由參加新遊戲與學習新事物獲得自我的
滿足。從學校發布的成績紀錄，兒童可以測知與其他兒童的差
異，並學到競爭方式的性質；如果兒童尚未具備能力以適應較大
的新環境，可能產生嚴重的後果。兒童可能會因不善表演自己的
角色，而產生自卑感；也可能會因穿著較差而引起譏諷。這些因
素所造成的自卑，可能會損害其未來生活的自尊。因此，教師必
須體認兒童在新環境中常有調適的困難，而給予特別的照顧與鼓
勵，以防止產生嚴重的自卑感。

(5) **青春期**：認同與角色混淆

這個階段是從兒童到成年的轉移期。青年突然非常關心其身分或
是別人對他們的認同；同時，要求對他們的信任，在價值及文化
所形成的其他道德標準上也有較明確的觀念。有些青年可能已屈
從於前一階段生活上的不利影響，因為在前一階段未取得適應社
會的技術，再加上其他的不利經驗，他們不知道進入此階段應該
扮演什麼角色，因而變得迷惘；也不明瞭社會有何期望，更不知
生活的方向究竟在那裏。因此，此時迫切需要開始計畫與發展其
事業。如果青年人沒有明確的事業觀念，進入成年人的生活階段
將是可悲的。

(6) **成年的早期**：親密與孤立

人們有伴侶的需要。在成年的早期，個人學到交友的能力。一對
年輕男女可能具有一種關係而結婚。這對男女會相信他們的關係
能夠持久，但經過一段時間，也可能發現彼此的抑制與嫉妒，干
擾其情緒，可能變成彼此憎恨而成怨偶。個人可能會發現自己是
孤獨與寂寞的，面對異性的感情充滿緊張與憂慮，或許只能持續
一個短時間。在尋求與他人的親密關係時，一個人常會冒著暴露
弱點、受拒絕、受傷害及情況變壞等危險，大多數人常會使用拒
絕的方法或體諒被拒絕的情況，藉以獲得一種平衡的觀點。由此

觀點，人們學到了同情，因而導致正常的情緒生活。相反地，如繼續遭受拒絕，可能會發展嚴重的問題。

(7) 成年期與中年期：新生與停滯

在此年齡期，大多數的人在社會上已有受尊敬的地位，因而有安全感。從事事業的重要決定已經完成，且已成家，並度過年輕人的社會冒險。但在中年期則有停滯感的出現。人們會感到很難再有更多的成長，且很難能在生活上作有效的變動。例如，一個人可能固定地從事於一項無趣味性的工作，一位婦女可能負擔著沉悶的家事，勞碌終生。

個人打破舊習慣而形成新習慣，常由於新生力而形成。例如，一個嬰兒在家庭的出現，可能帶給成年人一種新的生活方向的推動力。

(8) 老年期：整合與失望

這個階段涉及一個人是否有克服有關老年屬性的能力，這種屬性包括無用感、身體衰老及面臨死亡等問題。老年人常生活在回憶中，是過去的勝利意識及失敗意識的復甦。在此階段，為達成整合，人們要能夠評價過去的遭遇，適當及不適當的感覺，且須達到一種自我的接受。在經過前一階段有活力與衝力的生活後，個人會被虛弱與疾病所征服。但老人在經驗與智慧上仍有許多貢獻，如果僅感受到是家庭與社會的累贅，就會喪失整合的力量。

4. **佛洛伊德的理論觀點**：佛洛伊德認為「自我」（self）是社會化的產物，即一個人的人格特質發展受到其他社會成員之影響，尤其是父母。因此，人格由三部分構成：本我（Id）、自我（ego）及超我（super ego）。「本我」是人格結構中最原始的部分，主要包含人類的本能，如哭泣，飢餓及性慾。本我的特質是「唯樂主義」，表現以滿足個人慾望為主，並不在意是否對別人造成負面影響。「超我」是個人對社會規範及小我的具體表現，行為的出發點完全以社會福祉及國家安全為先，甚至是犧牲生命也要維護社會的發展，所以超我又被稱之為「道德我及社會我」。「自我」即個人從本我的本能慾望與超我的道德要求間找出平衡點，換言之，自我是個人在滿足本身慾望與需求的同時，也會考量是否對其他社會成員造成影響，以及是否觸犯社會規範及道德之要求。依據佛洛伊德的理論，本我與超我是個人社會化過程中的兩端，前者為起點生物原始性的本能行為，而後者則為

社會化的終極目標，故社會大眾的利益高於個人生命之上，而自我應該是過程中的中段。

惟佛洛伊德並非認為個人人格發展先從本我出發，再經過自我，最後到達超我境界。而是個人在社會化過程中，無論那一個階段都包含上述三個人格因素，只是比例上的差異，例如，嬰兒的行為特徵大都是本我的表現，而青年及成年人則以自我表現為主，至於以超我作為行為表現的人則是可遇不可求。每人經過一段時間的社會化洗禮後，其人格內涵仍然包括本我、自我及超我三部分，只是大部分的人都屬於自我表現，較少數的人是屬於本我或超我的表現。

5. **皮亞傑的認知理論**：瑞士兒童心理學家皮亞傑（Piaget）對嬰兒的研究中，發現社會互動在新生兒發展「自我意識」（self consciousness）上的重要性。雖然新生兒相當的自我中心，並要求所有的注意力集中在他們身上，但皮亞傑發現新生兒在自我形象的知覺中並沒有自我，換言之，嬰兒還未能夠分別外在世界與自我形象的知覺中並沒有自我，換言之，嬰兒還未能夠分別外在世界與自我之分離性及差異性。對於這些嬰兒，「你和我」這個詞不具任何意義；他們只了解「我」的存在。然而，當他們續漸成熟時，兒童會在社會化過程中的社會關係，將自我與周遭環境分化出來。

皮亞傑（1954）的認知發展理論中，認為兒童的認知發展有以下四個階段：

(1) 「**感覺動作期**」（0～2歲）：幼童運用動作及感官功能來了解周遭世界。例如，孩童總是用手觸碰所看到的物件，並從事吮吸動作來認識環境。

(2) 「**準備運思期**」（2～7歲）：兒童開始藉由語文符號辨別物體或表達想法。兒童能夠心算就是這個階段最好的例子。

(3) 「**具體運思期**」（7～11歲）：他們能夠從事合乎邏輯的思考活動，但仍需藉具體事物來幫助。在這時期，兒童已具備分類及排序的能力，例如，他們能區分出不同的動物，如貓、狗、雞等等。也能將不同大小的物件按其體積排列。

(4) 「**形式運思期**」（11～15歲）：青少年能夠發展出複雜且合乎邏輯的思維模式，並且能夠以抽象思考方式及概念化觀念來解決問題。例如，對「關懷是否能增進同儕友誼」進行思考與分析。因

此，在此階段的個體若遇到難題時，會先提出假設，再探究其可行性等方式，以解決問題。

皮亞傑認為當兒童具備抽象思考的能力時，養成遵守社會規範行為便成了社會化的重要部份之一。在兒童學習遊戲規則時，例如參與足球比賽，他們正學習如何去遵守比賽的規則，以及角色的扮演。對形式運思期之前的兒童而言，規定就是規定，沒有所謂的例外，黑白分明，這就是構成道德觀念最基本的層次。然而，當他們日漸成熟，能夠享有更大的自主權時，他們便開始對道德的是非判斷產生了疑惑，並對什麼才是對，什麼才是不對，有了辨別上的困難。皮亞傑認為社會互動分化出個人自我的觀念，並且造就出個人獨特的人格。因為當兒童不斷與他人接觸後，便會逐漸注意到別人的想法及態度，進而從發現人我的差異，發展出一個獨特的自我人格，所以我們每一個人都需要有適當的社會互動機會。

綜合以上，顧里視自我是經由社會的鏡子——幻想他人的反應而發展的。米德視人格取得的基本動力為採用他人的角色，甚至是概括化他人的角色，於是自我與他人發生合作。艾利克遜的分析，強調社會認同或自我界定的危機為各個生命階段的問題，像米德一樣，個人可經由自我概念或認同的調解來完成對社會的調適。

本章依據出題頻率區分
屬：**A** 頻率高

課前導讀

文化一章的重點分成兩個部分，一是文化的基本概念，一是宗教。前段的文化之重點在於相關名詞的解釋，以及文化失調的概念，至於宗教部分，在功能及理論說明方面是命題率高的部分，另政治與宗教以及經濟與宗教的關係，亦請多加留意。

系統綱要

一、文化

(一) **定義**：人類生活方法的總稱。

(二) **功能**

　　1. 建立標誌與範圍。　　　　2. 強化社會團結與整合。

　　3. 建立社會系統化的價值。　4. 提供個人互動模式。

　　5. 提供思考與學習方式。　　6. 建構社會制裁與控制力。

　　7. 塑造人格特質。　　　　　8. 提供解決問題之工具。

(三) **組成要素**

　　1. **規範**：指行為的準則。

　　2. **價值**：指是非、善惡、當與不當的觀念或標準。

　　3. **符號**：表示某些具有意義的事項。

　　4. **語言**：是口語系統，具標準化意義。

　　5. **意識型態**：是指引人或團體採取特定行動的基本信條。

　　6. **知識**：智慧創造之事物。

(四) **基本面向**

　　1. **認知面向**：指使成員瞭解賴以運用的共同語言、文字和符號。

　　2. **規範面向**：指揭示社會或團體所讚賞的行為方式與價值觀念。

　　3. **物質面向**：以滿足社會成員生存的所有具體物品器具。

(五) **內涵**

　　1. **文化特質**：組成文化的最小單位。

　　2. **文化結叢**：以一個文化特質為中心，將功能相關的文化特質納入的方式。

3. **文化模式**：指文化內部各部門所構成的全貌。

4. **文化區**：指文化區域內的小地區，其部分文化與大文化區域有別。

5. **文化區域**：指文化模式所佔有的整個區域。

6. **文化邊際**：指兩種不同文化模式交集之處。

7. **次文化**：某一團體或地區的文化與主流文化有所差異之處。

8. **理想與實際文化**：社會大眾公開支持的文化是屬理想文化與實際表現的文化常出現差異。

9. **主流文化與反叛文化**：社會上大多數人所遵行的生活方式屬主流文化，反抗主流文化的即屬反叛文化。

10. **文化震撼**：指處在不同社會所感受的文化不適應、焦慮的狀態。

11. **文化普遍性與文化整合**：指所有社會均具有的行為模式和制度是為文化普遍性，使文化各部門都能完全一致且成為相互關聯的整體，是為文化整合。

(六) **文化基礎的來源**

1. **社會（文化）遺業**：前人所遺留下來。

2. **發明（創造）**：自行依需要創造的。

3. **採借（傳播）**：借自其他地區或社會的。

4. **遺業、發明與採借的變更**：自行加以變更的。

5. **涵化**：將新文化特質納入生活方式。

(七) **理論觀點**

1. **功能論點**：文化對社會具備認同、行為遵循、維持社會秩序與滿足基本需求的正面功能。

2. **衝突論點**：文化是優勢團體維持或鞏固既得利益的工具，必將造成文化變遷。

(八) **對待文化的態度**

1. **自族優越感**：指認為自己的文化是最優秀的。

2. **媚外主義**：認為其它社會的文化是最優秀的。

3. **文化相對論**：文化並無優劣與否之分，端視其能否在該社會中正常運作，針對不同社會的文化應抱持尊重的態度。

4. **文化建構論**：認為文化是社會代代有意建立創造的累積。

(九) **文化失調觀點**：Ogburn提出，指相關文化特質變遷速度不一致，由於快慢之分所造成的現象謂之。

(十) **社會制度**

1. **定義**：社會或團體為滿足成員需要所建立的一套系統性且眾所公認的行為模式。

2. **產生方法**：

(1) 自生的：占少數。

(2) 後天訂定的：社會自覺有需要自訂的，占多數。

3. **功能**：

(1) 對個人：滿足需要、行為嚮導。

(2) 對團體：維持社會秩序、增進社會關係。

(3) 對文化：保存遺業、鼓勵創造。

4. **制度化**：

(1) 定義：為制度發展的過程。

(2) 過程有四：

    A. 正式化過程。　　　　B. 適應過程。

    C. 吸收價值過程。　　　D. 社會結構與基礎過程。

(十一) **社會規範**：

1. **定義**：社會或團體所訂定的行為準則。

2. **遵守理由**：

(1) 避免處罰、獲得酬賞。　　(2) 社會化結果。

(3) 已成習慣。　　　　　　　(4) 具實用性。

(5) 獲得團體認同。

3. **內容**：

(1) 民俗：流傳久的標準化行為。

(2) 風俗：流傳更久且具約束力的標準化行為。

(3) 民德：流傳時間最久遠且視為禁忌的標準化行為。

(4) 法律。

4. **區別**：

(1) 依流傳時間久暫排列：依序為民德、風俗與民俗。

(2) 依約束力大小排列：依序為民德、風俗與民俗。

二、宗教

(一) **定義**：是共同體驗的信仰、儀式行為所構成的體系，屬文化的內涵，亦屬制度的一種。

(二) **組成要素**

　　1.**聖物**：與凡俗相對，指超越日常事務經驗的，令人敬畏的、有絕大影響力的。

　　2.**信仰**：是內在信條，提供價值觀念。

　　3.**儀式**：一定程序的外顯行為表現。

　　4.**社區**：部分宗教自成一特定社區。

(三) **基本條件**

　　1.**文化面**：一套信仰。　　　　2.**社會行動面**：儀式。

　　3.**社會結構面**：道德社群。

(四) **特性**

　　1.**文化的成分**：包含信仰和儀式，屬文化內涵。

　　2.**社會組織的成分**：屬社會組織的類型。

　　3.**神聖的成分**：是稀有、畏懼、具影響力的。

(五) **類型**

　　1.**物靈崇拜**：等於巫術崇拜。

　　2.**圖騰崇拜**：為物靈的推展，崇拜圖騰物所象徵的社群。

　　3.**精靈崇拜**：崇拜的是具備真實人格的對象。

　　4.**英雄崇拜**：指曾為人類的特定對象，在其死後的靈魂崇拜。

　　5.**神為中心的宗教**：含物靈崇拜、精靈崇拜、英雄崇拜，亦稱為神學的宗教。

　　6.**人為中心的宗教**：將人視為信仰體系的中心。

(六) **原始社會的宗教行為**

　　1.**巫術**：是一種經驗但不可證實的信仰。

　　2.**禁忌**：指在儀式上的限制或禁止。

　　3.**占卜**：屬巫術的分支，根據象徵的原理以期發現人力智力不能通曉的神秘事件。

(七) **功能與反功能**

　　1.主要與次要功能。　　　　2.個人與整體功能。

(八) **宗教的社會功能**

　　1.提供個人意義。　　　　2.提供個人所屬與認同感。

　　3.結構功能。　　　　4.文化功能。

(九) **理論觀點**

1. **涂爾幹**：宗教具多項正面功能。
2. **馬克思**：宗教是資產階級所創造，俾控制、剝削無產階級的工具或手段。
3. **韋伯**：是資本主義盛行的產物，與社會變遷息息相關。

(十) **發展趨勢**

1. 漸趨世俗化。　　　　　　　　2. 基督教會的再團結。
3. 政治與宗教的糾結。　　　　　4. 新宗教意識的崛起。

重點整理

一、文化

(一) **定義**：文化（culture）指人類生活方法的總體，包括人所創造的一切物質和非物質的東西，是存在於人類社會的一切，包括人工製品、知識、信仰、價值以及規範，是人類經由社會學習到的且代代承續的社會遺業，是一個社會的特殊生活方式。

(二) **功能**：文化是人類重要的社會資產及生活經驗，不僅是人們維持基本生活的主要依靠，更提升人類適應的能力，以面對不斷變遷的生活環境。事實上，文化對人類社會發展提供許多功能，分別是：

1. **建立標誌與範圍**：文化塑造社會成員的行為特色與生活模式，但也限制了人們活動的範圍與空間。換言之，文化提供不同社會生活型態的區別標準，社會中的成員背負自身文化的特色及標記，而形成一族群或地域特色。這就如同我們一提及德國人，便想到嚴謹的態度和科學的精神；一談到義大利人，便聯想到時尚與流行的追求一般。因此，不同的文化內涵建立不同特色的生活習慣。

2. **強化社會團結與整合**：社會成員透過共同的語言、符號與行為模式進行溝通，了解彼此的想法及期望，拉近成員間的距離，逐漸形成族群或團體的歸屬感。而且社會成員分享彼此的價值觀念與信仰態度，也會醞釀出文化的認同感，進而產生團結的凝聚力，達到提高社會整合的目標。在日常生活互動過程中，人們對使用相同語言的人較有親切感，而且具有相同信仰的人容易成為好友。

3. **建立社會系統化的價值**：文化是一套複雜的社會生活體系，是由不同的元素及成分組合而成，如語言、規範及價值觀念等，各單位有其獨立的功能外，彼此間亦相互關聯與影響，並構成一個縝密的組織系統，作為建構社會成員生活的框架，以指引人們在特定的環境下應有的行為表現。就中國人喝茶的生活習慣而言，從茶葉栽種烘焙、茶具的選擇，泡茶水質的講究，以及喝茶之禮儀精神，正代表著一套複雜的社會價值系統。

4. **提供個人互動模式**：文化基本上規範著人們行為的型態及方向，當然也指引著社會成員間的互動模式。文化內涵規定人類在社會中成員間接觸的倫理守則，這使得社會互動過程十分暢順及和諧。例如，中國社會中重視長幼有序，所以在成員互動接觸過程中，都按照自己的身分地位作為應對的依據，當晚輩見到長輩時，需先問安、讓坐及慎言。

5. **提供思考與學習方式**：文化涵蓋語言、符號及價值觀念的傳遞，所以能增強人們的思考及學習能力。當然不同文化養成人們不同的思維方式，以及學習習慣。因此，文化不僅影響個別社會成員的思想模式，指導我們對周遭環境的認知與詮釋方向，同時也提供一種學習知識的方法與途徑。例如，受傳統文化的影響，中國人認為人生發展應該順其自然，順應天地宇宙的運作，所以在學習新知方面，表現得較為保守及謹慎。相對於中國傳統思維模式而言，美國人認為生涯發展應該主動爭取，不斷地自我表現及挑戰，所以美國學生在學習過程中處處表現積極與開放的態度。

6. **建構社會制裁與控制力**：文化可維持社會秩序的正常運作，人們依據文化中的價值體系與規範模式塑造自身的行為方向，從其中，社會成員瞭解到什麼樣的行為將被其他成員所稱許，而什麼樣的行為將被唾棄，因而謹慎約束個人行為的表現。換言之，文化不僅提供社會成員行為的方向，而且建立一套社會制裁與社會控制的約束力量體系。正如中東許多國家的宗教文化禁止女生在公眾場合拋頭露面，所以這些國家大部分的女性都以圍巾包裹全身才外出，若不如此，則容易遭受責難或攻擊。

7. **塑造人格特質**：人格是指個人所持有的行為模式特質，而人格特質的形成是受到遺傳、環境及經驗的影響。而對生活環境的反應，以及個

人經驗的累積，都會受到身處所屬文化的影響，所以文化不僅能塑造一個地區民眾的共同性格，也會形成該地區的獨有特徵。文化是人類的「社會個性」，對個人行為發展影響甚鉅，其形塑出個人的人格特質。正如中國人的人格特質受文化影響，包括：順從、自我約束、謙遜及整體性。

8. **提供解決問題之工具**：文化是人類在生活中解決問題的利器及有效工具，我們每天都依賴文化的產物而生活，如汽車、微波爐、電燈、電腦等等，甚至是一根小小的牙籤，都是與人們生活息息相關的文化產物。而且當我們碰到任何困難及問題時，都會藉由文化授予的思維模式尋找解決之道。事實上，文化就是人類生活累積經驗的總體，主要將前人解決生活問題的模式加以系統化及組織化，代代相傳，並不斷修訂以配合環境的變遷，所以提供如何解決人類生活所面對之難題，就是文化存在及發展之主要任務。

(三) **組成要素**：由組成文化的基本要素觀之，計有規範、價值、符號、語言、意識型態及知識等六項，分別是：

1. **規範**：規範（norms）是規定在某種情況下我們應當如何行動才是適當的準則。規範不但隨社會和團體而不同，且隨情境而有差異。

2. **價值**：價值（values）是規範的來源，指的是有關善惡、是非、和要不要的一般觀念。因此，價值是作為判斷行為和選擇目標的準則，也是團體所分享的文化理想。

中國人較重視家族觀念，尊敬長者；而美國人崇尚個人主義，重視民主自由；法國人則喜歡浪漫的。其實，不一樣的文化隱含著不同的價值觀念。所謂價值是指對某事物的喜好或嫌惡，贊同或不贊同。價值觀念對社會發展扮演重要功能，因其影響著社會規範及倫理的內涵，正如大部分社會成員認為賭博是不好的，而這觀念便對賭博行為產生約束力。事實上，價值體系是社會的中心信念及目標，並左右人們的行為方向，例如，臺灣社會的整體價值是傾向崇尚教育成就，因此成員比較重視教育學位的獲得，所以臺灣社會容易產生高學歷現象。另外，紐西蘭人民重視大自然環境，愛惜一草一木及野生動物，所以紐西蘭國家就像一個大森林，現代化的工業蹤跡甚少，從紐西蘭人民的生活型態便可以明瞭其重要價值觀。

3. **符號**：文化的各種觀念都存在於符號的領域中，符號（symbols）代表某些事項，並具有意義。符號包含物體、姿勢、聲音、顏色、或設計等。

4. **語言**：語言（language）是最重要的符號體系，包括口頭和書寫的兩部分。語言可保留不同時空和不同時代人類生活的經驗與知識，可傳遞文化，可溝通訊息，可設計重大計畫和發展抽象觀念。

   語言是一種具有組織性與系統性的符號，也是人類最為重要的溝通工具。人類社會擁有縝密和精練的語言系統，用作傳遞思想、學習新知、累積經驗及法規運作。人類社會所使用的語言，可分為三種形式：

   (1) **口述語言**（spoken language）：是指人們發出不同聲音及聲調代表著不同的意義，作為溝通傳遞訊息之用。口述語言人們日常生活最常用的溝通媒介，例如，早上上課看到同學打招呼，說聲「早安」，或是被別人阻擋去路時，會說聲「借過」。當然，不同國家會以不同的聲音及聲調表達相同意義，例如華語對英文；然而，即使是相同國家不同地區，也會存在著差異的口述語言系統，如廣東話對閩南話。

   (2) **成文語言**（written language）：是指以書寫字形表達人們的傳遞訊息，現代化的社會所使用之成文語言較為複雜，如法文、中文及英文；而原始部落所使用的成文語言較為簡化。而且不同社會的成效語言結構差異也甚大，英文文字是由二十六個字母組合而成，而中文字形是由六種不同的方式結構形成，如象形、轉注及形聲等方式。成文語言的主要功能在於可以詳細地記錄人們的訊息、思想、經驗及主張，並作為溝通或傳承之用。有時候成文語言也被用為記錄社會成員相互承諾或協議，甚至是作為政府或統治者管理老百姓的條文規定，在於判定行為對錯的準則。成文語言之使用，可以彌補口頭語言在人們溝通過程中的不足。

   (3) **身體語言**（body language）：是指人們藉著身體的移動，表情及手勢動作傳遞溝通訊息。有時候我們移動身體靠近別人，代表希望更親近些；又或者在生氣時皺眉頭，表示請不要打擾；稱讚別人時，我們會豎起大姆指；當人們交談時身體稍向對方傾斜，代表專心聆聽。事實上，人們在溝通時常以身體語言配合口述語言，主要在於增加表達的說服力及加深印象。

5. **意識型態**：意識型態（ideology）是一種信條，可使個人或團體追求利益的各項行動名正言順。例如十九世紀社會達爾文主義（Social Darwinism）堅信「最適者生存」的原則，主張在經濟競爭中保護弱者足以削弱全體人類。實際上，這種意識型態提供富人不公平行動的合理化。資本家必定比工人更喜歡社會達爾文主義，因為它可以使資本家在利用工人獲取利潤時消除罪惡感。

　意識型態很抽象，也很複雜。不過，簡單的往往可用一句話或幾句話說出，例如「勝者為王，敗者為寇」、「一分耕耘」或「求人不如求己」。

6. **知識**：知識（knowledge）是人們累積一段期間的事實、信仰、及實用技術的本體。包含部分的程序資訊，譬如如何開車或操作電腦。它亦包含人、事、地的資訊。所有知識是文化的一部分，也是大家所共享的遺產。

　現代社會正迅速累積知識，書籍、微膠卷、磁帶、電腦等等，能儲存長時期的大量資訊。因此，散居各處的人很容易接近這些資料，特別是網際網絡應用的增加，控制累積知識是現代「資訊社會」的重心。不是所有知識都以文字或公式的說明或以文本儲存的資訊形式出現，許多實用知識大都是非文字的。例如，游泳、射箭、及投籃等技巧。個人毋須知道這些活動涉及到身體和肌肉的那些部分。即使最佳的游泳健將和籃球選手都難以對他人解釋如何表現傑出；他們就是這麼做。實用知識在許多社會生活的領域中都是重要的，包括從品味的判斷，買賣的成交等。

(四) **基本面向**：文化計可分為認知面向、規範面向與物質面向三種，其內容分為：

1. **認知面向**（cognitive dimension）：文化的認知面向是讓社會成員了解社會互動的基本規則以及使社會成員能夠使用共同的語言、文字與符號。由於文化的認知功能使得社會成員彼此的溝通與互動得以進行，所以文化提供社會存在的基礎。

2. **規範面向**（normative dimension）：文化的規範面向則是揭示一個社會或團體所讚賞的行為方式與價值觀念。透過社會化過程，延續一個社會主要的行為標準與道德觀念，告知社會成員那些行為是正確的，那些是會受到社會制裁或控制的；進而樹立一套社會所認同的行為模式，排除某些對社會存在與和諧不利的行為或想法。

3. **物質面向**（material dimension）：文化的物質面向則是以滿足社會成員生存所發展出來的器具、工藝與科學技術為主，這些技藝知識為保持障社會成員生存的基本條件，透過生產技術的改善與創新適應社會成員食、衣、住、行的需求。

(五) **內涵**：是指文化的各個不同觀點與相關名詞概念，藉以更深入瞭解文化。

1. **文化特質**：文化特質（culture trait）是文化的最小單位，好比物質的原子，或生物的細胞。可以是物質的或非物質的；是具體的或抽象的。前者如長袍、筷子、瓦屋、汽車之類；後者如握手、一個概念、或其他任何一種最簡單的風俗或禮節。每一文化特質都有它的特殊意義、歷史背景、以及在整個文化中的功能。

2. **文化結叢**：文化結叢（culture complex）是指許多文化特質的一種聚合。通常是以某一文化特質為中心，在其功能上與別的文化特質發生連帶關係或構成一連串活動。一種文化結叢的稱謂是冠以中心文化特質的名稱，例如：馬結叢（a horse complex），是以馬為中心，而涉及功用有關的各項活動，包括騎乘、拖運、打仗、耕地、飼養、馬車及馬具的製造等等而言。

　　文化結叢的研究之所以重要和有意義，是因為它與人的行為密切相關。各種文化結叢可視為各種社會行為的模式。透過文化結叢的研究可幫助我們了解社會行為的意義；是故，文化結叢與社會行為模式可說是一體的兩面，從人的立場來看，它是行為模式；從文化的立場來看，它是文化結叢。換言之，文化結叢是人類活動的一種體系，同時也是社會行為的客觀表現。

3. **文化模式**：文化各部門相互關係所構成的全貌，稱之為文化模式（culture pattern）。不同社會的文化有不同的模式，如同個人有不同的人格一樣。若以中國的文化模式和美國的相比較，兩者有很大的差異。例如，中國文化模式特徵是家族主義、祖宗崇拜及人倫的注重。美國文化模式的主要特徵則是資本、工商業及都市佔優勢、個人主義、小家庭制、基督教、民主政治等……。

4. **文化區**：「文化區」（culture district）是指一個較大的社區內的一部分，其居民的生活方式有些地方與其他部分的相同，有些地方則與其他地區有顯著差異。最明顯的例子如：都市中的貧民區、富人區、工業區、商業區、娛樂區等，這些都可稱為文化區。簡言之，文化區是

指一個較大文化區域內的一部分，其居民的生活方式多少有異於其他部分的，其社會關係是比較密切的。

5. **文化區域（culture area）**：是指一個文化模式占有的整個地區，與別的地區明顯有別。最足以表明文化區域這概念的是原始部落的團體生活形態。他們由於地理環境和歷史背景的影響，各據一方，與別的部落少有往還，自己有自己的特殊傳統和生活方式，與任何其他部落的對照，有許多明顯的區別。這樣一個部落所占據的地區就稱為文化區城。

6. **文化邊際（cultural margin）**：一種文化特質從中心傳播到外圍或邊區而與外來的文化特質相混合，這樣的特殊地方即稱為文化邊際（cultural margin）。中國的新疆及東北可視為文化邊際的好例子：臺灣原住民與平地居民接近之區，如台中的和平區、南投的仁愛鄉，也可視為本省的文化邊際，而這些地方的文化，可稱為邊際文化（marginal culture）。

7. **次文化**：次文化或副文化（subculture）指的是某文化內涵顯著不同於主流文化；有其共同分享的規範、價值和態度，並以之作為認同的基礎。次文化的種類和形式繁多，簡單列舉如下：

(1) **民族次文化**：如美國的黑人文化，中國的苗疆文化或臺灣原住民文化。

(2) **職業次文化**：如美國的雅皮（yuppies，具專業知識的青壯年人）、我國的公務員或勞工。

(3) **宗教次文化**：如美國的統一教會、我國的天主教會、基督教會、伊斯蘭教會、或一貫道教會。

(4) **政治次文化**：如一般所謂左派和右派的政治取向。

(5) **地理次文化**：一個大社會中，不同區域的特殊文化，如山區或離島的文化特徵。

(6) **社會階級次文化**：如貧窮文化，貧民較畏縮、聽天由命、自尊心低、不良的教養方式和成就動機等。

(7) **偏差次文化**：如少年幫派、黑社會、吸毒、酗酒和同性戀等。

(8) **犯罪次文化**：由社會學家孔恩（Cohen）提出，指社會灌輸個人有關中產階級的一套規範和理想，而工人階層雖接受了此理想，惟缺乏達到此目標的方法；因此在挫折和焦慮中，發展出一套與

　　　　中產階級要求完全相反的次文化；即以非法手段達到理想目標，
　　　　此非法方法謂之。

　(9) **匱乏文化**：匱乏文化（culture poverty）指在社會中的個人表現出
　　　無歸屬感、見外、無根，甚至玩世不恭、嫉恨、仇世，自慚形
　　　穢，感到失望，進而覺得自己是被遺棄、不被愛、不被接受，甚
　　　至否定自己的能力，缺乏自尊心，自暴自棄，也可稱為迷亂的副
　　　（次）文化（anomie subculture）。

8. **理想與實際文化**：文化有理想文化（ideal culture）與實際文化（real
　culture）之分。理想文化指社會大眾公開支持的文化，但在理想文化
　背後，存有一種人們實際表現的文化。也就是說，表面要求是一回
　事，做起來又是一回事。譬如：社會對政治領袖的角色規範是誠實，
　但許多政治家為贏取選票卻公開說謊。另外，社會要求大家遵守公共
　道德，但人們又亂倒垃圾、霸佔公地等。

9. **主流文化與次文化**：主流文化（mainstream culture）是指社會上大多
　數人所實行或遵守的行為規範或信仰，次文化（subculture）則是指
　與主流文化有差別，由社會上少數人所實行或遵守的文化。以臺灣地
　區為例，閩南人的行為規範是主流文化，客家人的某些行為方式有異
　於閩南人。因此，客家文化可說是一種次文化。次文化非指違規或背
　叛的文化，僅指與主流文化有所差異而已。如果次文化背叛主流文
　化，就是所謂的反叛文化（或對立文化）（counterculture）。

10. **文化震撼**：在自由遷徙及與異文化接觸頻繁的社會，文化震撼
　（cultural shock）是極普遍的現象。例如，剛由鄉村搬到大都市的
　人，看到公園中到處成雙成對，摟摟抱抱，不經意間傳統觀念即刻湧
　上心頭，認為那些人真是不合體統。因此，文化震撼被用來描述人們
　身處異文化時，所感受進退維谷或焦慮的狀態。

11. **文化普遍性與文化整合**：文化普遍性（cultural universals）是指在所
　有已知的文化中，都能發現的行為模式和制度。人類學家莫達克
　（Peter Murdock）辨認出超過六十種文化普遍性的情況，如社會地位
　的體系、婚姻、服飾、舞蹈、神秘和傳奇、烹飪、亂倫禁忌、繼承規
　則、青春期的風俗和宗教儀式等。

雖然有許多社會科學家認為，這些普遍性太模糊，沒有任何分析價
值。但部分學者表示，大多數的文化是生物性的遺傳而非學習的。一

個人從出生就在一個不受文化影響的環境中長大，才會自然地表現出文化普遍性。

又文化多於其個別要素的總和，因為各部分相互交織成一個複雜的整體。文化的各部分形成一致和相互關連的整體之程度，稱為文化整合（cultural integration）。在整合良好的文化中，人的想法和做法之間很少矛盾；建立起來的傳統，不僅能使人們有效地利用環境，並且能在內部衝突微小的情況下，從事日常生活。

(六) **文化基礎的來源**：一個地區內所有文化特質的總和稱為文化基礎（culture base），依友班克（Eubank）的分析，計有五個來源：

1. **社會遺業（social heritage）**：亦稱文化遺業（culture heritage），是指繼承歷代累積傳遞下來的一切文化。

2. **發明（invention）**：即新文化特質的創造。

3. **採借（borrowing）**：即借用別團體的文化；從其來源觀之，亦可稱為文化傳播（culture communication）。

4. **前三個來源的變更（modification）**：是指團體份子對前人所遺留下的、自己所發明的、以及採借別人的文化加以改變而成。

5. **涵化（acculturation）**：是指個人接受新的文化特質，且將其併入自己的生活方式的過程；是文化基礎建立的主觀因素。

(七) **理論觀點**：古典的兩大社會學理論—功能論與衝突論，對於文化有不同的見解：

1. **功能論**：功能論強調文化對社會秩序維繫的重要性，文化所扮演的功能就是讓社會成員有遵循的行為準則，不致於產生社會衝突與社會問題；文化的物質面向提供社會生存和安全所需的知識與科技。此外，文化的傳承是社會重要的資產，因為新生的世代可以立基於前人豐富的文化遺產，創造更尖端的科技文明與精緻的精神文化。當然文化也是促進社會成員認同的主要媒介，這些文化的正面功能，足以解釋文化為什麼成為社會最重要的體系之一。

　　功能論者視文化為一個和諧的整體，強調文化對社會的貢獻與文化體系的和諧性，惟忽略文化體系的要素間存在著許多的間隙與矛盾。

2. **衝突論**：衝突論與功能論的差別在於將文化體系視為一個衝突與矛盾的集合，文化體系內部的和諧只是暫時的，當不同構成要素的矛盾無法掩飾或壓抑時，社會的變遷與失序隨之產生。再者，衝突論者認為

文化是優勢階級與既得利益社群為鞏固其地位並控制大多數劣勢團體的工具，透過文化傳遞和內化的過程將統治者的價值觀念、規範與行為模式根植於少數團體成員想法中。文化絕對不是中立的，也不是為了造福所有社會成員，所以西方馬克思主義者阿圖色等（Althusser）就提出政治、經濟與意識型態（Ideology）是環環相扣的理論。資產階級與統治者要維持其經濟利益和政治權力，必須主導、塑造對他們有利的意識型態，而意識型態的傳播與教化要靠強有力的政權及深厚的經濟力量。意識型態的控制勝過於其他暴力且直接的社會控制，因為它操弄社會成員的行為於無形，並且合理化許多存在於社會不公平、不正義的現象。文化乃維持社會秩序的，但是這種秩序是以優勢團體的利益為主要著眼點。

衝突論者認為文化變遷是必然而跳躍的，宰制團體與被統制團體在經濟、政治或文化層面的衝突都會促成文化的變遷。文化變遷的過程不像功能論者所描述的是一種和諧而漸進的方式，隨著優勢與少數團體的更替權位，文化也會進行全面的調整，常常是由人為的力量刻意的修改或創造新的文化內容以便迎合新的優勢階級的利益。衝突論的觀點適用於說明同一社會的文化變遷，也可以用於解釋不同社會文化融合或者被侵略的過程。

(八) **對待文化的態度**：一般在看待社會文化時，常會出現兩種極端的態度—自族優越感及媚外主義，是不當的做法，必須改採文化相對論的正面且中立的態度。

1. **種族中心主義即民族優越感（ethnocentrism）**：對於文化的看法，以自己文化為一切的中心，以自己團體為準則，將他國文化劃入不同等級的一種觀念。即認為自己的文化是最好的，民族優越感有好處也有缺點，好處為可增進我群的概念和團結，提高成員的忠誠和士氣，減少衝突，促進文化穩定，維持社會秩序，壞的一面是容易產生偏見，易使文化僵化，且易引起衝突及造成社會孤立。

2. **媚外主義（xenocentrism）**：與種族中心主義恰成對照，與國人所說的「崇洋心理」是相當的。媚外主義是一種信念，覺得外國的生活方式、產品、或觀念都最好，自己的低人一等。凡是新奇的、不常接觸的、或外來的都被看成特別有價值。例如，美國的汽車、瑞士的手錶、德國的啤酒、法國的服裝、泰國的蠶絲、意大利的皮鞋、日本的

電器等，不一而足。有時，因媚外主義感特別強烈而排斥自己的團體，所以，我們或可發現有反美國的美國人，反臺灣的臺灣人，反教會的傳教士，以及反親族的族人。媚外主義的焦點集中於產品、觀念、或生活方式，認定本土的技術和觀念不如人。

3. **文化相對論（cultural relativism）**：是指對於不同文化所秉持的尊重態度，因為一個文化特質的意義和功能，端視其在該文化系統中的運作狀況；好壞、對錯係依其在該文化能否有效發揮作用而定。文化是社會與自然和社會環境調適而得的產物，無高低、進步或落後之別。如想瞭解他國文化，唯有以他人生活中的價值、規範和模式為標準，否則易陷入主觀判斷的窠臼。此概念在提醒我們，隨時摒棄有色眼鏡，避免價值判斷，持平論斷的談論其他文化。

4. **文化建構論（cultural constructralism）**：強調文化現今特殊現象，乃長期推演，經大眾集體參與建構形成，可變（未來）、可建構的。不同文化有不同的創造，每個文化都可創新的。

(九) **文化失調觀點**：文化失調（cultural lag）由美國學者烏格朋（Ogburn）提出，認為物質文化的變遷速度比非物質文化快。現代社會的生活已被收音機、電視、汽車、飛機、火箭、電腦等發明改變。這些變遷都發生在物質文化的領域裡，而在政府、經濟系統、家庭生活、教育及宗教等方面的變遷似乎緩慢。由於物質發明所導致的變遷，要求相關的非物質文化，能作適當的調整。

一般亦將文化失調稱為文化脫節或文化失序，用以說明社會問題的產生或是促進社會變遷的重要來源。更明白的說，當社會上的車輛（物質文化）增加速度大於停車位（物質文化）的增加速度，或大於駕駛員遵守交通規則（非物質文化）的速度，這時所產生的不一致現象，即導致並排停車、搶停車位的糾紛、車禍事故比率提高等現象，諸如此類，均可視為社會問題。當此問題出現，社會將研擬社會政策或頒訂立法加以因應，又促進社會變遷的進行。

簡言之，烏格朋文化失調的論點為：

1. 文化是由若干部分組成的，可分為物質文化（material culture）和非物質文化（non-material culture），前者包括房舍、工廠、機械、原料、工業製成品、器皿等；後者包括使用物質文化的方法技術，乃至習俗、哲學、宗教等。

2. 文化各部分互相關聯，當某部分發生變化時，其他部分亦相應起變化。

3. 文化各部分的變化速度並不一致。一般來說，物質文化的變化速度較快，往往是這部分先起變化，而引起非物質文化也發生相對應的變化，故後者又稱為適應性文化（adaptive culture）。

4. 在物質文化與非物質文化變化之間，有一段或長或短的時間差距，通常二者在時間上有一段距離。

5. 往往會發生這樣的情況：待非物質文化趕上時，物質文化又已經發生變化。於是物質文化與非物質文化之間，就永遠是一先一後，一領一趕。換句話說，文化失調永遠存在，而文化整體總是不均衡地發展。

為什麼在大多數情況下，總是物質文化先變，非物質文化隨後呢？烏格朋舉列了好幾個原因，以下兩個是最重要的：

1. 物質文化比較容易有新發明。因為發明不是無中生有，而是現存事物的重新組合。現存事物愈多，則新組合的可能性愈大。烏格朋指出：物質文化是累積性的，而且是以幾何級數遞增，因此時間愈久，累積愈多，基礎也愈大，新發明的機會亦愈高。

2. 物質文化的發明較易被接納，亦即物質文化較容易被社會大眾所接受。

(十) **文化相對自主性**（Cultural relative autonomy）：主要強調文化除了和外在的經濟、政治、軍事和社會等因素有互相牽連的關係外，還有一份內在的自主性存在，最明顯的例證就是語言，它在文法、記號和意義的生產上，擁有一份內在的結構自主性。這個事實說明，文化並不是像馬克思所聲言的，全然受到經濟生產體系的制約和決定。

(十一) **多元文化論**：多元文化論（multiculturalism）是指，不同的種族和族群保持其獨特的文化，在相當的和諧、容忍、及尊重之下生活在一起。

多元文化論的鼓吹者視文化多樣性為好的、值得的，也是力量的來源。呼籲理解和互動的新模式寓於尊重差異而非同質。例如，提倡教育改革，以鼓勵每個族群的成員學習了解別人，並全然承認不同文化的人對一個國家歷史和社會的貢獻。在多元文化論的社會中，主張每個團體的成員必須承認別人的合法性和價值，而不單是抑制對他人施暴而已。相信人們對文化認同應能自由選擇，而非被迫採取別人標籤的認同。多元文化論承認日益國際化、全球整合的世界之社會關係的多文化性質。

(十二) **社會制度**

1. **定義**：社會制度（social institution）是指維繫團體生活與人類關係的法則，是人類在團體生活中為了滿足或適應某種基本需要所建立的有系統有組織的且眾所公認的社會行為模式。換言之，是一個社會團體遵循的行為標準。

2. **產生方法**：制度是以人的需要為基礎，產生的方法有兩種：

   (1) **自生的**：指團體生活過程中自然發展出來的，或是從民德中慢慢演變來的。例如婚姻、財產、宗教等制度是可能始於民俗，再轉變成風俗，加上福利的觀念而發展為民德，然後成為比較確定的行為規則，並附以運用的工具，於是產生制度。

   (2) **制定的**：是指有意識，有計畫創造出來的。這一類制度是屬於高等文明的，理智的產物；例如現代的銀行、美國的憲法、聯合國等制度。

3. **功能**：一般而言，社會制度可依功能需要區分為：

   (1) **主要功能與次要功能**：每一種制度都有其主要功能與次要功能，例如：家庭的主要功能是養育子女，次要功能則是經濟、教育、娛樂與宗教等功能。

   (2) **個人功能與整體功能**：就個人功能而言，社會制度不僅滿足個人生存的需要，也作為個人行為的指導。就整體功能來說，社會制度可消極的維持社會秩序與積極的加強社會關係；也可消極的將過去的文化保留並傳遞給下一代，或積極的鼓勵創新事物，以促進文化進步。

4. **特徵**：社會制度具有五項主要特徵：

   (1) **滿足社會需求**：制度是為滿足社會需求而存在。

   (2) **具有特定目標**：除滿足社會需要外，也達成社會成員的目標。

   (3) **內容相對穩定**：制度雖有變遷，但速度相對緩慢。

   (4) **制度是結構的**：每個部門相互結合，彼此增強，形成一體的運作單位。

   (5) **是一種社會價值**：制度本身是規範、角色與地位的結合體，因此，往往包含許多民俗、民德與習慣的行為準則。

5. **制度化**：「制度化」（institutionalization）是制度發展的過程，也是一個複雜的社會過程，一種從不穩定、無規定性行為，發展到有秩序、穩定與整合的社會生活方式與社會結構。

基本上，制度化是一種人為設計的社會性安排，是人們所創造的種種行為規則形式，用以規範、制約和定義人際關係與行為。大體而言，制度化乃指不論就其持續使用的時間、幅度、強度、施用對象、運作方式，乃至施用場所，均呈相當穩定且可預期的一種社會過程。因此，個人在制度化下扮演社會所期待的角色，如兒子、父母、老師、男人等；或是不將角色扮演好，這些壞角色便是非制度化所期待的角色。

基本上，制度化可包括四個過程：

(1) **正式化過程**：是一種從非正式嘗試錯誤過程變為正式的制度，經正式化後轉變成一種遵守之規則或限制，為社會大眾所遵守。

(2) **適應過程**：也是一種持久穩定正式化的過程，社會必須調整內部關係與利益，以及適應外部壓力，實現制度目標。

(3) **吸收價值過程**：當個人融入組織或社會制度時，制度滿足個人的需要，且個人從制度獲取價值，以使個人與制度合而為一。

(4) **社會結構與基礎過程**：當社會制度滿足個人基本需要時，將轉變成維持社會秩序的法則，同時成為社會行為與結構的基礎。

(十三) 社會規範

1. **定義**：社會規範（social norms）是指社會所訂定的行為標準，俾使成員有所依循，同時可達社會控制與維持社會秩序的效果。

2. **遵守理由**：社會成員遵守社會規範的理由：

(1) **避免處罰與獲得報酬**：畏懼被團體排除，也不喜歡因監禁而喪失自由；相反地，喜歡受到別人的讚美與嘉許，甚至於希望獲取最大的報酬，為此理由遵守社會規範。

(2) **教化（社會化）**：之所以遵守社會規範，是因為社會教導的結果。兒童從與外界互動開始，就被教導要遵守規範。規範在我們出生前就已存在，故我們必須接受。例如，被訓練如何用餐、如何與長輩談話、如何讀書等等。在兒童成長過程中，這些學習會成為未來生活中正確的行為方式。

(3) **習慣**：遵守規範的另一個理由就是使其成為習慣。當我們接受教導如何使用碗筷後，使用久了，便成為一種習慣。例如，兒童在學習使用碗筷的初期，多感困難，但既經習慣以後，則不易再有改變。

(4) **實用**：凡是理智之士，會瞭解遵守規範是有用的，因為它能使我們與他人之間產生一種互惠的互動，並能使我們的社會順利運作。例如在擁擠的交叉路口，為保持暢通及避免交通事故，大家都應遵照交通指示燈的指示。我們的遵守不僅是因為我們受過教育且習慣於交通規則，也因為我們瞭解這種規則有利於每個人。

(5) **團體認同**：遵守規範常是團體認同的手段，例如，我們遵守自己團體的規範而不遵守其他團體的規範，這不是因為我們認為自己的規範優越，也不是因為我們習慣於自己團體的規範，而是經由規範的遵守，我們能表明與團體的一致。並可獲得團體的接受與許可。

3. **內容**：分為民俗、風俗、民德及法律四種，分別是：

(1) **民俗**（folkways）是一個團體中流行標準化的行為或活動方法。簡單地說，是一個地方的習慣與傳統，例如，見人握手為禮，入屋脫帽，耕田或建築房屋的方法等等。

(2) 若民俗得到團體的贊成和保留，一代傳一代，成員不知不覺依此而行，即稱為**風俗**（customs）。風俗是指一個國家或社會團體份子共有的行為方法，流行廣泛，且經過長久時間被視為當然的，平常施行時不須任何考慮。

易言之，風俗是民俗的一種，是民俗中流傳較久遠且約束力大的；例如國人過年互相拜年，西洋人過聖誕節彼此互送禮物；各社會中的食、衣、住、行以及婚喪喜慶的傳統方法等。

(3) **民德**（mores）是民俗或風俗中與團體福利有關的。換言之，凡是含有社會福利觀念的民俗都是民德。例如：國人講究風水；美國人不許黑人與白人通婚；英國的慣例凡是與英皇談話的都不宣布其內容；日本人對天皇的敬畏，諸如此類都是各該國的民德。民德所包括的大部分都是禁忌（taboo），指明那些行為不該有。換言之，凡是違反民德的行為都是不許可的。因此，民德與民俗或風俗之區別，一方面是它含

表5-1　民俗、風俗與民德之比較

項目	民俗	風俗	民德
種類	最多	居中	最少
流傳時間	較短	居中	最長
約束力	最低	居中	最高

　　有社會福利的觀念，另一方面具有更大的強制力。

　　民俗、風俗與民德同屬文化的內涵，相較之下，尚存有差異性，見表5-1所列。

(4) **法律**：指社會訂定的成文規定，以為成員遵守對象。

二、宗教

(一) **定義**：宗教（religion）是共同體驗的信仰與儀式行為的體系，或是指信徒團體認為神聖的一套信仰和實務。宗教在人類社會是普遍的現象，同時對於社會行動影響很大。

在各種宗教分類系統中，將宗教分為制度性宗教（institutional religion）和擴散性宗教（diffused religion），而制度性宗教有三個要件：(1)有一套獨立的神學或解釋宇宙和人類事務的宇宙觀；(2)一種包括象徵符號（神、靈及祂們的形象）和儀式的獨立崇拜形式；(3)一個獨立的人事組織來促進對神學觀點和崇拜的解釋。

亦即，制度性宗教是指一個民族的宗教在教義上自成一體系，在經典上則有具體發行出版典冊，同時在教會組織上也自成一嚴格系統，與一般世俗生活完全分開。西方的基督教與天主教以及東方的伊斯蘭教、佛教等都屬之。

至於擴散性宗教是指一個民族的宗教信仰並無系統的教義，也無成冊經典，更沒有嚴格的教會組織，信仰內容常與一般日常生活混合，表現在祖先崇拜、神靈崇拜、歲時祭儀、生命禮俗、符咒法術、時間觀念、空間觀念等行為上，無明顯的區分。例如：民間信仰就是一種功利性很強的擴散性宗教，缺乏明確的教派意識，以善男信女的身份對社會的各種宗教團體大多持平等對待與廣結善緣的心態。六〇年代以後臺灣佛教的發展樣態是各種新興佛教團體因應而生，以滿足變遷社會中人們的宗教、社會需求，也可稱為擴散性的新興佛教團體。

(二) **宗教的組成要素**：法國社會學家涂爾幹（Emile Durkheim）指出，宗教包含四個要素：即聖物、信仰、儀式和團體。根據這四個要素，將世間的所有事物區分為兩類，即：神聖和凡（世）俗。而這兩個相反的類別，包含人類所有經驗。凡俗（profane）指人類經驗中屬於俗世之一般事物。宗教則與神聖有關，神聖（sacred）係指超越日常事物的經驗，是非凡的、有勢力的、具有潛在危險性的，並令人敬畏的。人們可以把任何事物視為神聖的，如一個十字架、一隻蜥蜴，或一顆形狀怪異的石

頭。其實，物品本身並不具有神聖性；而物品神聖性是團體授與的，用
以表示這些物品應該受到敬畏。

1. **聖物**：因為宗教是象徵的體系，所以神聖的事物有很大的歧異性。它
   們可以是神、人或超自然力量的鬼魂或幽靈；也可以是道德原則或象
   徵深情的特別事物。

   原始民族可能賦予森林象徵意義，認為森林是神。同理，在一神教
   中，基督教的神稱為「上帝」，猶太教稱為「耶和華」，伊斯蘭教稱為
   「阿拉」。在多神教中，印度教有五神的多神廟。有時超自然的要素
   只是單純的一種「力量」，存在於武士的矛、或神木、或十字架、或汽
   車後視鏡上的平安符之中。神聖的鬼魂或祖先的靈魂也是尊敬的對
   象。

   總之，神力、上帝、蒼天、鬼魂、靈魂、道德、及圖騰等全是神聖的
   事物，都可使其信徒共享超自然存在的感覺。

2. **信仰**：神聖事物的意義是來自信仰（belief）。例如，十字架當作神
   聖事物是預設耶穌復活的基督信仰；平安符之所以神聖是相信冥冥之
   中有神靈相助。宗教信仰可使信徒團結一心，致力於實現宗教所提供
   的是非、善惡或正邪的價值。

3. **儀式**：儀式（ritual）是看得見的及象徵的表現。例如禱告、燒香拜
   佛等。雖然每一宗教的儀式不同，但儀式活動都不能免除。儀式可喚
   醒宗教的信仰、尊崇神聖、並建立信徒與神聖的關係。涂爾幹指出儀
   式強調例行性和重複性。

4. **宗教社區（群）**：宗教是一個「道德社區（群）」（moral
   community），在西方社會特別明顯。凡屬於同一宗教社區的成員，
   因分享共同的信仰與實踐，所以關係相當親密，並且具有一體感。因
   此，涂爾幹看到「社會的觀念是宗教的靈魂。」他認為社區與宗教密
   不可分，宗教發揚並創造社區（群）。

(三) **基本條件**：亦可將上述四個要素濃縮成三個界定宗教的基本條件：分別
是文化面、社會行動面與社會結構面：

1. **文化面**：有一套信仰（包括教義、生活規範與事務神聖性的界定）。
   宗教的信仰是屬於文化分類中的信念（belief），信念是不需要經驗
   資料證實的，是依個人主觀的選擇決定接受信念內容與否。宗教信仰
   內容可分為動物神論（animism）、有神論（又分為單一神論與多神
   論）。西方的信仰多為單一神論，而東方宗教多屬多神論。

2. **社會行動面**：儀式是重要的宗教活動。

   宗教最具體的體現在宗教儀式和活動上，宗教活動的分類：集體的／個別的、選擇性的／強制性的、規律性的／非規律性的。

3. **社會結構面**：特定信仰與操作特定儀式的人必須結合成一道德社群（moral community）。

   宗教所形成道德社群有些將成為正式化宗教組織，對於西方社會宗教社群的分類大多以托爾齊（Troeltsch）的架構為準，其將現代（西方）的宗教組織分為教會（Church）、教派（Sect）兩種，另亦有門派或異教（Cult）的類型。教會與教派屬於兩種不同的類型，教會是既有的宗教勢力，組織性與普及性高，有專職的教會工作人員，通常是國家的宗教（所有國民都信仰宗教）。而教派是由教會發展出來，教派是對教會解釋教義產生不同意見進而分裂出來，與教會的關係是屬於衝突與矛盾的，教派與整個大社會也是處於一種衝突緊張的關係。至於門派則是一種全新發展出來或是由其他文化引進的宗教信仰形成的宗教組織，門派其實是一種教派，只是它不是和原有教會決裂後分出來的，而是全新的，但在特徵上接近教派。

表5-2　教會與宗派差異比較

特徵	教會（church）	宗派（sect）
人數	多	少
與其他宗教團體之關係	容忍	拒絕；認為它才是唯一真理
財富	多	有限
宗教服務	有限會眾參與；正式的；強調知識	大量會眾參與；自發的；強調情感
神職人員	專門化；專業化	非專門化；少許訓練；兼職
教義	經文開放詮釋；強調這個世界	忠於經文的忠實詮釋；強調另一個世界
會員資格	藉出生或儀式的參與；接受所有相容的社會制度	藉改變信仰；排除無價值的道德社區
成員之社會階級	主要為中產階級	主要為低下階級
與世俗世界之關係	認可現行文化和社會組織	放棄或反對現行的文化標準；要求嚴格遵守聖經標準

(四) **特性**：社會學家涂爾幹（Durkheim）最早對宗教進行有系統的研究，涂爾幹深入探討宗教與社會的密切關係，涂爾幹的觀點也影響日後社會學家對宗教研究的觀點與方向。

涂爾幹指出宗教包含三個成分，分別為：

1. **文化的成分**：宗教包含一套信仰與儀式（或動作），信仰是意見和態度的表現，而儀式則是外在的行為或動作。信仰與儀式必須與社會文化的價值和規範相一致。

2. **社會組織的成分**：宗教要有一個道德社區或教會的組織，教會並非指建築出來的教堂或社會裡的一小群一齊崇拜的人，而是指一群具有共同信仰與儀式的人所組成。由於共同的宗教信仰與儀式，人們可以把自己與別人不分成你我。

3. **神聖的成分**：神聖（sacred）是指不平常、稀有、人們畏懼的信仰或事物。神聖之事物並不是因為該事物的客體（object）有什麼不平凡的能力，而是人們心中相信其不平凡之存在。因此，神聖與否是依人心而定。

   易言之，宗教的必要成分是：

   (1) 神聖之物，如神祇、神靈、聖人或神器等代表宗教的神聖層次。

   (2) 一群信徒，相信宗教是個人的經驗，也是宗教的經驗，因為信徒們能共享目標、規範及信仰。

   (3) 一套典禮儀式，這一套典禮儀式將人與神串聯起來，互相溝通。

   (4) 一套信仰，例如神典、聖經、可蘭經、佛經，用以詮釋神的旨意。

   (5) 一種組織，用來團結信徒，執行宗教儀式、傳授經典及吸收新的教徒。

(五) **類型**

1. **物靈崇拜**：物靈崇拜（fetishism）就是巫術的崇拜。主要來自於初民社會的宗教。物靈（fetishes）因有超自然的神秘力量，可以為善和為惡。一個人只要擁有物靈，便可逢凶化吉。物靈崇拜可說是個人形式的宗教。此外，大多數物靈崇拜的感應力，係源於生物，而有些宗教則源於非生物。

2. **圖騰崇拜**：圖騰崇拜（totemism）是物靈崇拜的擴展。圖騰物大多以真實的或想像的動物為代表，只有少數源自於植物世界。圖騰代表一個集體性的宗教象徵，具有超自然的神秘力量，可對成員形成約束。崇拜圖騰也就是崇拜圖騰物所象徵的社群。

3. **精靈崇拜**：是比物靈崇拜和圖騰崇拜更複雜的形式。涉及對圖騰或物靈的一個真實人格之贊頌。圖騰崇拜和精靈崇拜（spiritism）的區別，在於精緻和清晰程度的不同。圖騰崇拜不需具有真實的人格，但精靈崇拜則以此為特質。

4. **英雄崇拜**：英雄崇拜（hero worship）類似精靈崇拜。認為某些人在死後，靈魂仍然存在於信仰之中。偉人和英雄死後的精靈，雖居於另一世界，但仍能應用其力量影響人類世界。有時英雄可能是現世尚活著的人，有些則為受人尊重的人，兩者皆可藉由某些程序而昇入神界。

5. **神為中心的宗教**：神為中心的宗教（god-centered religions），含有物靈崇拜、圖騰崇拜和英雄崇拜。重要特質在於相信有神的本質，和我們與神之間的關係。因此，被稱為神學的宗教。神學的宗教可分為三類：一為多神教（polytheism），指信仰或崇拜多種神，許多的神可能依階梯而排列，如古希臘和埃及的宗教；二為一神教（monotheism），只信仰一個神。這唯一的神創造宇宙，也創造宇宙間的一切，如天主教、伊斯蘭教等；單一主神教（henotheism），它是介於上述兩者間的宗教。雖信仰一神，但也不排除對眾神的崇拜。如有些種族、部落或社會，有其自己的主神，但也崇拜他神。

6. **人為中心的宗教**：人為中心的宗教（people-centered religions）是把人當做信仰體系的中心。最基本的論點是對人類潛能的充分認知，教人如何去愛，如何隨時隨地了解自身的充分潛能。人權運動者可以做為此宗教的代表，如美國的市民宗教（civil religion）。

(六) **原始社會的宗教行為**：巫術、禁忌及占卜，同屬原始社會的宗教行為，茲分述如下：

1. **巫術**：原始的人常視宇宙間各種物體，均具有神秘之力，而利用之，以作神奇怪異之事，是名巫術、或魔術、或法術（magic）。因此，巫術是原始社會的特徵。是建立在經驗上不可證實的信仰，而從事一種控制事物的企圖。因此，它有別於科學，也有別於宗教，但與宗教有關。

巫術的存在是要滿足人類的一種共同需要：焦慮、恐懼和沮喪。這便是巫術的社會功能。原始人在航海、戰爭、天災、疾病的狀況下，往往會求之於巫術。因此，巫術應用最廣的地方，也許就在人們憂樂所繫的健康上。在初民社會中，幾乎一切有關於疾病的事，都是靠巫術

的。又巫術跟宗教有何不同，易言之，宗教在創造一套價值，它可直接達到目標。而巫術是一套動作，具有實用的價值，它是達到目標的工具。事實上，巫術與宗教有時難以區分。只能說，宗教是一種「信仰」，而巫術是一種「迷信」。

2. **禁忌**：禁忌又稱「答布」、tabu、taboo、或稱反巫術 negative magic，答布可以說是廣義的巫術的一種，但與巫術不同，如以巫術專指為狹義的積極方法，則禁忌即指與它相對的消極方法；巫術是教人應當怎麼做，以達到所要的結果，禁忌則教人不應當怎樣做，以避免不幸的結果。此詞最通用的意義，是指儀式上的限制或禁止，我國本有「禁忌」或「忌諱」等語，與答布的意義相同。

而許多社會普遍存在的禁忌是血親或近親之間發生性交關係的亂倫禁忌（incest taboo）。對於亂倫禁忌的產生，人類學家提出種種不同的解釋。從生物遺傳的觀點來說，近親交配所生產的子女其智障發生的比例高；從佛洛伊德心理分析的角度觀之，亂倫禁忌是對戀父或戀母情結的壓制；而從家庭功能的立場來說，亂倫禁忌根絕家庭成員在性慾方面的競爭或衝突，使母親、兒子、父親與女兒的關係能夠和諧的發展，進而使家庭發揮教養、繁殖與保護的功能。

3. **占卜**：占卜（divination）也是巫術的分支，大多根據象徵的原理，以期發現人類智力所不能曉得的神秘事件。它在原始民族中極盛行，凡是重要事件難以決定，都要經過占卜方敢動手。占卜在中國起源很早，古代的人凡事都要預先請巫師占卜一下，或問天候、或問戰事的凶吉、或問出門、或問狩獵等等，尤以殷商時代盛行的甲骨占卜最為著名。

各民族中占卜的主要方法，大致有三：(1)猜詳偶發的事件；(2)猜詳夢中所見；(3)觀察星象，用人為的方法占卜。

(七) **功能**：宗教的功能大致有五項，每一項功能都具有正反兩面，正功能代表對人類的貢獻，反功能（dysfunction）則指反效果。

1. **加強道德秩序的功能**：宗教與道德密不可分。宗教不僅統一道德守則，而且加強道德的嚇阻力量。道德代表社會的要求，個人有時基於一己私慾而違背，社會雖有形或無形的制裁力量，但不免力有未逮之處，此時宗教即扮演一輔助的角色。人們一般認為鬼神是無處不在的，所謂「舉頭三尺有神靈」，而使行為不敢越軌。此外，我國民間

流行著佛家的報應觀念，「惡有惡報，善有善報，若還不報，時辰未到。」後兩句使前兩句避免事實檢證，因此，永遠有效，而彌補社會制裁力的不足。

宗教雖然加強道德對行為的約束力，但另一方面卻使道德流於僵化。宗教是神聖的，不能更改的，但人們生存在凡俗的社會，需要富有彈性的倫理規約，否則難以適應變動的環境。宗教限制道德的變更可以說是宗教的反功能。宗教也可能神聖化錯誤的觀念和退卻的態度。這對社會環境了解與控制自然的努力有不利的影響。

2. **支持的功能**：宗教提供支持、慰藉及調解的功能。因此，宗教可提升團體士氣。當人們在迷茫與失望時需要情緒的支時；在疏離社會目標時需要與社會大眾協調一致。不過，宗教也可能抑制異議和阻礙社會改革，以致招致不滿怨氣，最後可能演變成流血革命。

3. **社會控制的功能**：宗教神聖化社會的規範與價值，堅持團體目標的重要性超過個人的願望，是宗教的社會控制功能。宗教也提供寬恕偏差者，並使之改過後加入社會團體，享有正常社會生活。

   而反功能是指宗教使社會無法適應變動的狀況。例如，基督教會長久以來一直反對會員放款生息，儘管放款生息在經濟發展中是相當需要的，又如，天主教會對節育與墮胎有異議，允許節育與合法墮胎，與社會政策的走向產生不一致。

   惟宗教的社會控制功能在馬克思的觀點中變成壓制（depression），認為宗教統治階級社會控制的一種制度，使勞工傾向選擇某種信仰體系或意識型態，以使其經濟利益正當化，由於資產階級有閒暇和機會與他人交往，因而發展信條俾支持其優勢地位，而工人沒有閒暇，也沒有機會討論各種情況，因而無法察覺被剝削的狀態。

4. **預言的功能**：宗教提供對已建立的秩序作批判，是宗教的預言功能。一般而言，社會呈顯某種程度的鬆散，既不贊同某些事項，又放任其存在。例如，墮胎現象雖明文禁止，但墮胎者大有人在。

   反功能是指預言家的改革是烏托邦（utopia）的想法，反而成為實際解決問題的障礙。

5. **認同的功能**：宗教聯繫個人的過去與未來，給予個人精神寄託，並賦予生命意義，宗教可幫助人們適應危機。生老病死是人生必然經歷，何以有人早夭而有人長命百歲？有人命運多舛而有人則萬事順遂？人

死之後是否再生？此類疑問，宗教似乎能提供一些解答，並使生活富有意義。

惟宗教神聖化個人對團體的認同，反而增加團體與團體間的衝突。例如，不同宗教團體有時不免互相傾軋。

(八) **宗教的功能**：就功能論而言，宗教的存在以及作為一種重要的社會制度，必然有其功能。宗教信仰本身可以滿足人們個人的心理需要，例如在面對親人死亡時，宗教儀式和信念可以撫慰生者的心靈；宗教也可對社會本身發生整合性的作用，例如集體的宗教儀式在於強化社會內部的凝聚力。其具備的社會功能可分別從個人及社會兩部分觀之：

1. 個人方面：

   (1) **提供個人意義的功能**：人們常會對生命乃至人活著的意義產生懷疑。人活著到底有什麼意義，尤其是當個人面對自己最親近的人死亡時，幾乎所有宗教在人們對生命產生懷疑時，能提供一些解釋。宗教提供了一整套的世界觀或宇宙觀，解釋人們所面臨的種種不平、苦難乃至死亡的終極意義。人在心理上就獲得了安慰。

   (2) **提供個人所屬與認同感**：宗教常常也成為個人身份認同之一，例如許多人會自稱是虔誠的佛教徒或基督徒，這種認同對個人的心理與行為產生重大的影響。當很多信徒都做了類似的認同，不但宗教團體因而存在或得以發展，同時也對個人和社會發生相當實質性的效果。

   在快速變遷的現代社會裡，人際關係因頻繁的流動而顯得疏離，人們因而喪失歸屬感和認同感。宗教可提供歸屬感。許多新興宗教之所以吸引人，尤其是都市裡的知識青年，就在於接觸個人時是以關懷關係的建立為優先，而不是先要個人接受教義。顯示在現代日漸疏離的社會裡，歸屬感成為人們十分迫切的需求。

2. 社會方面：

   (1) **結構功能**：宗教在社會裡有強化集體認同進而整合社會的結構功能。涂爾幹強調宗教是整合社會的主要力量，幫助人們形成一個具有價值的道德社區。涂爾幹在《宗教生活的基本形式》一書中，根據對澳洲土著的研究分析，指出每個氏族（clan）都有自己神聖的圖騰，圖騰乃是氏族代表，是氏族團結的重要象徵。圖騰崇拜反映社會信仰。在宗教儀式進行中，強化社會的凝聚力，強化團體的價值與信仰。

宗教也會將社會的規範和價值加以神聖化而促成社會穩定。宗教也有增強社會階層結構的效果。在一些社會裡，對於不同階層的民眾會有著不同的宗教。例如，將經期中的女性視為不潔，禁止參與宗教儀式，甚至不可擔任某些職位。在老人受尊重、享有權力的社會裡，往往就有祖先崇拜的儀式和信仰。對於社會上的貧富差距，不少宗教也提供了解釋，例如佛教強調因果論。透過這些宗教解釋過程乃使得社會維持了一定的穩定性。

(2) **文化功能**：宗教可使文化價值更加神聖，進而強化這類價值。易言之，宗教常常給予世俗的道德秩序和價值體系形上學式的重要基礎。由於宗教經常提供人們對生命意義的解釋，甚至可以說宗教常常在賦予生命的意義，對生老病死，乃至人生的痛苦與煩惱都有一套解釋體系，就此而言，宗教具明顯的文化功能。

(九) **理論觀點**：涂爾幹、馬克思及韋伯的宗教觀點最為社會學家所樂道，分別提出功能觀點、衝突觀點以及宗教與社會變遷的不同論點，分別為：

1. **涂爾幹的功能觀點**：涂爾幹（Durkheim）對宗教的研究曾獲一結論，指出人們崇拜神或聖物，實則崇拜他自己的社會。簡言之，人們所崇拜的對象是社會。以涂爾幹所言：「神即是社會」（God is society）。亦即：社會對人們有重大影響。社會給予人們許多事物，諸如語言、工具、規範、價值、地位及親屬等，否則人們無法生存。不過，社會並沒有一個確實看得見的實體，以致導致人們設定世上有看不見的力量存在。一旦需要時，這股力量就能供養我們；但在某些情下，它也在阻礙我們。涂爾幹論道，社會本身即是這股「看不見的力量」（invisible force）。

   又涂爾幹強調宗教對社會執行許多功能，諸如，促進社會團結、提供價值與社會實踐的神聖合法性、提供生活的意義與存在的目的以及支持與瞭解重要的生命事項。

2. **馬克思的衝突論**：馬克思（Marx）認為宗教是優勢團體（majority group）用來壓迫少數團體（minority group）以維持其既有地位的一種機制（mechanism）。馬克思相信人們可能對宗教產生疏離，如同對工作產生疏離。人們一旦對宗教有了疏離，即會相信上帝制定政治、經濟及家庭等各種制度，而人們毫無能力改變這些安排。因此，現狀得以維持。

此外馬克思強調，改變人們信以為是神所規定的事物會被認為是傲慢無禮的。此種神聖不可侵犯的觀念，保護優勢團體的既得利益。使人們不再計較塵世的政治權力與經濟利益，以致導引人們忽視社會的不平等，鼓勵默認現狀。

因此馬克思宣稱宗教是「人類的鴉片」（the opium of the people），在他看來，宗教麻木人們的不滿及誤導人們的精力。此外，宗教還創造假意識與假福利感，使工人看不見自己正受到資本家的剝削。不過，一旦假象被識破，工人就起而反抗之。

3. **韋伯的宗教與社會變遷觀點**：涂爾幹與馬克思都主張宗教是一種保守力量，是既有的社會安排。而韋伯則提示宗教信仰可促進社會變遷。韋伯觀察發現資本主義最先崛起於西方而非東方，並且出現在基督新教的歐洲國家，而不是天主教國家。韋伯考察基督教改革時的宗教信條發展發現。基督教改革是十六世紀的宗教運動，主要對象是羅馬天主教會。有一信條是喀爾文教義（calvinism）。喀爾文教是一種極端基督教義的苦修形式，強調以自制、禁慾、及簡樸作為救贖的方法。喀爾文教派相信人活著的唯一理由是透過努力工作與簡樸生活以崇拜上帝。另喀爾文教義的一個要素是「命中註定」，人的得救與否早由上帝預定。不管身為商人、政客、勞工，只要盡力扮演自己的角色，即是對上帝效勞。這個新概念提供人們對塵世追逐的正當性。喀爾文教派相信經濟成功是上帝的垂青，象徵獲得拯救，而努力工作、簡樸而嚴格訓練的生活，以及先憂後樂等，都可增加一個人經濟成功的機運。

在韋伯所著《基督新教倫理與資本主義精神》（protestant ethic and the spirit of capitalism）一書中，指出他觀察到基督新教的倫理鼓勵努力工作、節儉、儲蓄及再投資，這些活動實際代表資本主義的核心，與資本家追求利潤的經濟行為相一致。總之，基督新教的理論包含資本主義的精神在內。是故，韋伯的實證觀點，觀察歐洲社會變遷，進而提出宗教的演化觀點。

綜上，涂爾幹與馬克思二人的宗教觀點恰成鮮明對比。涂氏著重宗教對社會的正面功能；而馬氏則強調宗教給予統治階級權力正當化的口實，並提供受壓制者的慰藉。由此可見，一個重視宗教的正面價值—功能，一個重視宗教的負面價值—衝突。實際上，宗教固然有它正面

功能，但也難免存有衝突。反觀韋伯，則以實際的觀察所得來看待宗教，是屬中性的觀點。

(十) **發展趨勢**：宗教的發展趨勢可從以下四方面觀察得知：世俗化、基督教會的團結、政教的再度糾結及新宗教意識的崛起。

1. **世俗化**：世俗化（secularization）是指社會和文化的各部門脫離宗教制度和符號支配的過程。相對於神聖化（sacredization），乃是宗教信仰失去權威性和宗教制度喪失社會影響力的過程。也有把它界定為信徒將宗教與世俗日常生活結合的強度。例如，臺灣的主要宗教以民間信仰的世俗化最深，而佛教的世俗化最淺。

2. **基督教會的再團結**：有組織的西方宗教在回應世俗化上所採途徑之一是強調基督教會的團結，或不同教派加強彼此合作及互相瞭解。達成之道在於組成超教會機構，如全國教會或世界教會協會。如同基督教與天主教正邁向聚合之路一般。

3. **政治宗教再度糾結**：各國雖是政教分離，但有組織的宗教團體與其他團體同樣介入許多政治事務。在美國或其他國家中，有的宗教團體試圖迫使政府通過部分法案。例如波蘭過去的危機時期，團結工聯曾要求組織自由貿易工會及實施政治民主，但受到戒嚴法的壓制，此時羅馬天主教會在避免流血和恢復國家統一上扮演相當重要的角色。在伊朗，宗教是政治力的一個最尖銳例子。宗教勢力造成革命，迫使巴勒維遠走海外，而建立伊斯蘭教神權政治的政府。政府政策和宗教法令合而為一。巴勒維王朝時代的許多社會變遷，如婦女免於戴黑面紗，卻被宗教領袖兼國家首腦何梅尼恢復過來。總之，在許多現代社會中，宗教與政治糾纏不清。

4. **新宗教意識崛起**：近幾年來，新的宗教信仰急速增加，匯成一股所謂「新宗教意識」（the new religion consciouseness）。它們反對組織性宗教的龐大科層型態。這些新的宗教信仰著重個人的和主觀的經驗，以及神秘地追求人神合一的目標。新宗教強調經驗與信心，而非教條與信念。

(十一) **宗教與政治**：現代民主國家，多採取政教分離的原則。但也有一些有國教的國家，宗教和政治關係十分密切，有時宗教凌駕政治之上，例如伊斯蘭教國家。為何民主國家遵循政教分離原則，在實際上，可行否？大體而論，政教分離主要在政治制度的設計上維護宗教信仰的自

由，以避免不同宗教和政治結合後會對其他宗教採取迫害。在多宗教的國家，是消除宗教衝突的重要機制，而世界上絕大部分的國家有多個宗教，即使像法國或西班牙的天主教國家，也都有其他的宗教。英國雖以基督教為主，但基督教就有很多不同的教派，另外又有天主教，甚至在近數十年來更有外來的非洲的和東方的宗教隨移民而傳入。在美國也有基督教、猶太教和許多其他東西方的宗教，更不時又有新的宗教。美國憲法保障人民宗教信仰，並規定政府不得涉入宗教。

政教分離是一種制度上的設計，主要是禁止宗教勢力控制政權而迫害其他的宗教，也禁止政府以公權力影響、控制，甚至壓迫宗教。但在實際政治運作上，宗教人士乃至宗教團體並沒有被剝奪任何公民或團體應享有的政治權利，如選舉權和被選舉權。在民主國家，有些宗教團體會透過對政黨或政治候選人的支持與否顯現宗教對政治的影響力，例如美國的基督教聯盟在近二十年來就以集體力量在政治選舉中發揮重要的影響力，在1992年，基督教聯盟就成功地讓若干民主黨的國會議員候選人競選失敗。基督教團體在近年來更積極地運用遊說乃至法律訴訟而要求在公立學校內做宗教性祈禱，或結合力量進行反墮胎的立法工作。在日本則甚至有宗教團體成立政黨，如公明黨就是由創價學會和日蓮正宗成員所組成的政黨，長期以來還擁有不少國會議員的席次，有時還成為組成內閣時的關鍵少數。在國內，黨禁開放以來，也有宗教團體成立政黨，推出候選人參與選舉，如萬佛會成立真理黨而在第二屆立法委員選舉時推出若干候選人。不過，即使有宗教團體參與政治，也並未能破壞政教分離的大原則。宗教團體及其信徒本身是有權參與政治的，個人不因是宗教徒而喪失參與政治的公民權力。

(十二) **宗教與世俗化**：中國宗教制度由古迄今，世俗化程度比西方社會的宗教派別更加徹底，中國宗教走入民間的主要原因是受到儒家思想的影響，因為上至天子、下至庶民都無法離開儒家思想中的五倫之常、人倫之理，恪遵敬天地尊祖先的價值體系，無論是佛教或道教都深受儒家倫理的影響，且必須世俗化以貼近價值觀，因此，講究現實生活、鼓勵在世做善事的傳統宗教制度對整個社會整合含有強烈的正向功能。再者，宗教組織在中國歷史上並不壯大，受儒家君

臣之倫影響，宗教大多為政治服務，因此，未見如西方社會激烈的政教衝突。中國宗教兼容各教派，教徒之間的鬥爭也相對稀少。臺灣最流行的民間宗教承襲了中國傳統的宗教精神，融合於現實生活中，對臺灣的經驗發展並無阻撓，對整個臺灣社會有正面貢獻。

就全人類而言，現代化結果改變宗教信仰和崇拜儀式，同時，也改變宗教組織走向全球化發展，宗教並未在現代化浪潮中消失，反而在現代社會中持續扮演穩定社會結構的重要角色。人們對今世的生老病死經驗及未知的恐懼而深深感受到宗教慰藉的重要性。無神論者雖不少，卻不能忽視世上絕大多數的人仍相信神祇的存在，及對宗教信仰需要的事實。

(十三) **韓國統一教與新冠疫情**：統一教全名為「世界和平統一家庭聯合會」，由文鮮明創立，根源於基督教的新興宗教。統一教除《聖經》外，採納文鮮明個人著作，教義神學與主流基督教神學部分相左。統一教的基本教義建基於文鮮明對聖經的詮釋，文鮮明聲稱這些詮釋來自神的啟示，啟示數目繁多，被整理成八部文本，統一教稱這八部文本為「八大教材教本」，並視之為聖言，地位等同聖經，鼓勵教徒每天研讀，並成立家庭小組式「訓讀會」，除祈禱外，亦以此建立與神的關係。

八大教材教本包括：文鮮明聖言選集1200卷、原理講論、天聖經、和平神經、家庭誓盟、打開天國的門是真家庭、和平的主人、血統的主人及世界經典。

統一教主張神按照祂的形象造男造女，將人定位為神的子女，神給予人三大祝福，分別是「個性完成」、「建立理想家庭」及「主管被造世界」。全世界存在統一教會國家共192個，每個國家均指派來自韓、日、美、英、法、德、義等國不同國籍宣教士家庭，負責該國的宣教工作，台灣也有許多宗教領袖，統一教僅承認一夫一妻（即一男一女，是自然性別，不是變性人）的婚姻是符合教義的。

2020年韓國新冠疫情（Covid-19）迅速在韓國傳散開來，部分原因來自統一教的大型集會後的人際傳染所致，再次讓大家對韓國統一教產生了解的動機和探討的興趣。

第六章　家庭與社區

本章依據出題頻率區分
屬：**B** 頻率中

課前導讀

本章由家庭及社區兩個部分構成，近年來由於家庭變遷的結果，不僅在結構上大幅轉變，尤在功能上更是明顯不同，尤在少子化及高齡化之雙重影響，家庭制度與結構倍受重視，至於社區著重在都市社區的形成，以及現代都市社區所面臨的困境，以及發展中國家常見的都市社區問題。

系統綱要

一、家庭

(一) **定義**：兩個以上的人具備婚姻、血緣或收養的關係所構成的一個團體。

(二) **功能**

    1. **生物功能**：滿足性慾、生育傳宗、照顧老幼的傳統功能，已漸被開放性行為、老幼收托照顧機構所替代。

    2. **心理功能**：心理聯繫、情感交流的功能已漸疏離、冷漠。

    3. **經濟功能**：食、衣的經濟功能已由餐廳、工廠所替代。

    4. **政治功能**：部分由國家執行，取代以往的家長威權式，同時政治抱負的開放與政黨活動的多元化，與家庭原本功能漸行漸遠。

    5. **教育功能**：已由正式的學校機構及一般非正式的補習機構所替代。

    6. **娛樂功能**：家庭外在的娛樂中心與團體取代原有的功能。

    7. **宗教功能**：教堂、寺廟與團體活動已逐漸成為家庭的宗教活動場所。

    8. **福利功能**：是指家庭對於幼兒、老人及身障者的照顧及支持等福利功能。

(三) **基本分類**

    1. **核心（小）家庭**：父母及未婚子女所組成。

    2. **折衷家庭**：祖父母、父母及未婚子女所組成，俗稱三代同堂。

    3. **擴大家庭**：包括兩對以上的核心家庭共同組成。

    4. **主幹家庭**：為核心、折衷與擴大家庭的變化，平時以折衷或核心家庭的方式存在，重要活動或特定情況時，則以擴大家庭的型態呈顯。

(四) **結構層面**

    1. **家庭型式**：分成核心、折衷與擴大家庭。

2. **婚姻型式**：一夫一妻、一夫多妻、一妻多夫、群婚制。

3. **權威型態**：父權家庭、母權家庭、平權家庭。

4. **伴侶選擇**：內婚制、外婚制。

5. **居住型態**：從父居、從母居、新居制。

6. **繼嗣**：父系、母系、雙系繼嗣。

(五) **理論觀點**

1. **功能論**：家庭具有多項正面功能，如社會化、強化規範、進行社會控制、生育、經濟、宗教、政治、娛樂等多項功能，惟社會變遷結果，家庭功能已明顯銳減。

2. **衝突論**：衝突論家庭是資本主義支配關係的形式，性與情緒財產權、婚姻市場與主動儀式等。

(六) **雙生涯家庭**

1. **定義**：夫妻雙方均具有職業生涯。

2. **分類**：

(1) 共生事業家庭：夫為主、妻為輔共有一項事業。

(2) 雙工作者家庭：夫妻各有一份賴以維持生計的工作。

(3) 雙事業家庭：夫妻各有一份高度投入、良好發展的事業。

(七) **家庭關係不和諧**

1. **不和諧的家庭**：依程度劃分為家庭關係緊張、家庭失調、家庭解組、家庭解體。

2. **改善方法**：家庭改組。

(八) **性別角色**

1. **定義**：社會因著成員的生理性別不同而產生不同的行為期望。

2. **理論觀點**：

(1) 功能學派：男性扮演工具性角色，女性扮演情感性角色，各有功能表現，是非常適當的。

(2) 衝突學派：是男性剝削女性的一種不平等的權力分配。

(3) 女性主義觀點：

A. 自由主義女性主義：是生理差異加上社會化的制約結果。

B. 基進女性主義：是社會立基於生理性別不同特意建構的。

C. 社會主義女性主義：是父權和資本主義合夥關係下，性別化分工的結果。

D. 馬克思主義女性主義：是性意識建構的女性從屬階級。

(九) **性別關係**

　　1. **定義**：基於個人的生理性別差異，由社會所建構或形成的不同性別間的相互關係。

　　2. **結構內容**

　　　　(1) 文化上的權力關係。

　　　　(2) 生產上的勞動分工關係。

　　　　(3) 人與人間情感（愛慾）關係。

　　　　(4) 象徵（符號）關係。

　　3. **形成原因**

　　　　(1) 家務分工的雙重剝削現象。

　　　　(2) 女性參與政治受限。

　　　　(3) 就業與職場性別歧視。

　　　　(4) 美貌迷思、曲線神話。

二、社區

(一) **定義**：指一個有特定地理境界、有共同活動或服務中心且居民具有社區意識的一個地域團體。

(二) **區位過程**：

　　1. **聚集**：指人口基礎的形成。

　　2. **集中**：指人數的增加。

　　3. **集中化**：指居民所帶來的服務或功能的增加。

　　4. **隔離**：指相同功能的聚集而與其它功能形成隔離現象。

　　5. **侵入**：指某一功能的人們入侵其他功能區域。

　　6. **承繼**：入侵成功且順利取代原有功能。

　　7. **遷移**：原有功能被迫遷移，又侵入另一功能區域。

(三) **區位模式**

　　1. **古典模式（單一論點）**：

　　　　(1) 同心圓說：社區係由中心往外圍，一圈一圈的向外擴散而形成。

　　　　(2) 扇形說：由交通路線的貫穿或引導而影響社區在空間上的發展。

　　　　(3) 複核心說：表社區具有兩個以上的中心商業區，同時往外發展的結果。

　　2. **現代模式（多元論點）**：

　　　　(1) 社會地區分析：社區的區位分布呈多元分布方式向外擴展。

　　(2) 區位因素分析：採統計學的因素分析法，發現社區形成的多樣簡化因素。

(四) **都市化、郊區化與士紳化**：人口往都市集中的向心過程是都市化；反之，由都市遷往郊區的離心方式是郊區化；人口由郊區再次向都市向心的過程是士紳化。

(五) **都會區**：指一個核心都市與其周遭鄉鎮市區在生活機能上產生共同性的一個區域。

(六) **理論**

　　1. **都市決定論（渥斯Wirth）**：都市由異質人口組成，造成都市居民的隔離、壓力與危機。

　　2. **組合論（甘斯Gans）**：是由親屬、朋友、民族、鄰居、職業或其它基礎所形成的社會圈。

　　3. **次文化論（費雪Fisher）**：是由眾多的次文化團體所組成。

(七) **都市居民的特徵**：1.疏離性；2.無安全感；3.容他性大；4.道德衰微。

(八) **開發中國家都市的特性**：1.都市首要性；2.過度都市化；3.都市偏向。

重點整理

一、家庭

(一) **定義**：家庭（family）是兩個或兩個以上的人，由於婚姻、血緣或收養的關係（其中一種即可）所構成的一個團體，是社會的基本單位。

(二) **功能與變化**：家庭的功能隨著社會的變遷產生相當大的轉變，部分功能喪失或退化，部分功能的內容與以前有異，茲分別敘明如下：

　　1. **生物功能**：如性慾的滿足、生育傳宗、小孩養育及老人的照顧。惟在現代社會中已略起變化，因為節制生育，子女減少，老人亦多由國家或機構照顧。

　　2. **心理功能**：如個人情感的宣洩，愛情的培植與表現、精神的慰藉等等，皆見於家庭分子的關係。但現代的小家庭，因為浪漫愛情之影響，家庭的心理聯繫功能已起了變化，多呈不穩定狀態。

3. **經濟功能**：家庭原本是一個最小的經濟組織單位，是生產、分配及消費的場所，個人食、衣、住莫不依賴之。惟現代社會，經濟功能大致喪失，而由工廠、飯館及公寓等取而代之。

4. **政治功能**：家庭可視為一小型政府，家長為統治者，權威的觀念及服從的習性，在父母子女關係中養成的。家庭的賞罰已由國家代其執行，並負起保護個人及家庭之責任，政治活動的參與業由政黨活動取代之。

5. **教育功能**：家庭可稱為人類最初和最小的學校。負起傳授知識、灌輸價值觀念、指導行為及個人社會化的責任。但此種功能多由學校執行。

6. **娛樂功能**：家庭可視為人類最初的娛樂場所，是家庭份子共同從事娛樂活動的地方，例如講故事、遊戲、娛樂方法的傳授等等都是以家庭為中心。惟現代商業化娛樂設施的發展，家庭原先的功能部分由其代替了。

7. **宗教功能**：家庭可說是人類最初的教堂，有關宗教信仰、祖先崇拜、宗教儀式的學習等等，多半以家庭為中心。由於都市化、科學及自由思想之影響，這方面的功能已減少，部分由教堂、寺廟取代。

8. **福利功能**：家庭對於幼年及老年人，無論在經濟生活的照顧，或是一般健康上的照料，均有其實質功能存在，尤在早期的社會愈加明顯，對於身心障礙家人的照顧工作，更是義不容辭，惟隨著社會變遷的結果顯現，機構照顧已取代家庭部分的福利功能。

由於經濟結構與社會制度的重大改變，家庭結構與功能均明顯的變遷，而引起家庭功能變遷的社會原因包括：

1. **家庭勞動改變**：傳統家庭的社會勞動是由男性組成，但現代社會的婦女就業普遍，形成雙薪或雙生涯家庭型態。

2. **家庭成員減少**：表面現象是生育控制使出生率開始下降，但根本原因是：知識普及、價值觀改變、工業化、職業專業化與娛樂普遍化等因素造成。

3. **離婚觀念改變**：傳統社會的離婚常被視為道德淪落與社會不穩的象徵，而現在的離婚則漸被接受與寬容，且有逐年升高的趨勢。

4. **家庭權威改變**：傳統家庭的高度父權制逐漸沒落，大家庭制度式微，現代家庭權威由夫妻兩人平均支配，家庭權威角色與經濟角色有著密切關係。

(三) **基本分類**：可依家庭成員間的關係分成四大類：

1. **核心家庭（或夫妻家庭）**：核心家庭（nuclear family）是最小型的家庭，包括父母及其未婚子女。

2. **折衷家庭**：是以血緣關係為根基，由相連兩代的兩個家庭所組成。換言之，是一個包含三代直系親屬的家庭。成員包括：祖父母、父母及未婚子女。典型的例子就是年老的父母與其已婚的一個子女，其配偶以及小孩同住的家庭。在這種體系中，家庭的資產、權威及責任等，都是由一個子嗣（大多是長子）承繼的。

3. **擴大家庭**：擴大家庭（extended family）是指在一個家庭內包括兩個或兩個以上的核心家庭所組成。亦即除了父母及其未婚子女外，尚包括已婚子女和其子嗣、祖父母或是其他親屬。這種家庭的形成，是因血緣延伸而來。另外，「聯合家庭」（joint family）及「血親家庭」（consanguine family）也是這種家庭類型，只是血親家庭特別著重血緣聯結，並強調其中所包括的數個核心家庭。所以血緣關係是主要基礎，乃是源自同一祖先的數代所共同組成的一個家庭單元。至於聯合家庭，尤其像印度的大家庭，是在一個家戶中，包含數對已婚的男女及其子女，而這些男性彼此有血緣關係。這種家庭之所以稱為「聯合」，是因其全體有一共同的資產，一個共同的廚房及飯廳以及共同監護神或禮拜儀式。

以上三種不同的家庭型態之優劣見表6-1所示。

表6-1　家庭組織優缺點比較分析表

種　類	優　點	缺　點
核心家庭	成員少、關係密切 獨立性高、自主性強	缺少支援網絡，易孤立 資源少，問題發生不易迅速解決
折衷家庭	成員適中、互動性可仍保有獨立性與資源性支援網絡適中	

種　類	優　點	缺　點
擴大家庭	資源豐富，支援網絡強 若互助性高，可有效整合力量，進行較大事業	成員眾多，易衍生衝突 獨立性及自主性低

4. **主幹家庭**：主幹家庭（stem family）為父權家庭的修正，指家中僅留繼承人中的一個，其餘的接受贈與至他處發展，老家仍保留為共同儀式中心，是遭遇暴風雨時的安全港。因此，主幹家庭處於父權家庭與未定型家庭之間，兼具兩者優點，既能適應資本主義之要求，讓年輕弟子自謀發展，又能維繫父權家庭於不墜，保持家產之完整，發揮安全的功能。

(四) **結構層面**：比較家庭結構的六個層面。

　　社會學者與人類學者發展一組向度，據以比較不同的家庭結構，此六個層面分別為：

1. **家庭形式**：親屬（kinship）一詞指是建立在許多因素上的一群社會關係，這些因素包括生理聯繫，婚姻與領養，監護權等的法律判決，一般親屬架構之下，有下列主要的家庭結構。
   (1) 核心家庭：（小家庭）。
   (2) 折衷家庭。
   (3) 擴大家庭：（大家庭）（內容見前段所述）。

2. **婚姻形式**：可分為下列6種：
   (1) **一夫一妻制（monogamy）**：一夫一妻制即單一配偶婚配制度。一夫一妻制是最普遍的婚姻形式，主要是因為經濟上的原因，而非道德上的原因造成的。具體而言，假使一個男子要負擔一夫多妻（即娶一個以上的妻子）的費用，他就必須擁有相當多的財富，而一夫一妻制保證在財產和資源有限的情況下給予大多數社會成員擁有妻室。
   (2) **一夫多妻（polygamy）**：一夫多妻制即一個男子娶一個以上女子的婚配制度。這種制度在許多民族中廣泛存在，常與一夫一妻制並存。例如，傳統中國社會的一夫多妻制度屬於合法的婚俗；不過，只有財富較多的家庭才有可能實現這種婚配，一般農家實行的仍是一夫一妻制。

(3) **一妻多夫（polyandry）**：一妻多夫制即一個妻子擁有數個丈夫。並不普遍，因為男人的壽命較短，而且男嬰的死亡率較高，因而在一個社會中男人過剩是不可能的。另一個原因是，這種婚姻比任何其他形式的婚姻更加限制一個男人的後代數量。

(4) **群婚（group marriage）**：群婚制即幾個男人與幾個女人互相有性接近權的婚姻形式。這種婚姻形式十分少見。

(5) **續嫁夫兄弟婚（levirate）**：續嫁夫兄弟婚即規定死去的丈夫留下的妻子必須與其兄弟結成的婚姻。一般認為，「續嫁夫兄弟婚」不僅為寡婦和她的兒女提供安全保障，而且也是該丈夫家族維護其性權利以及未來孩子的所有權的辦法，主要作用是保持已確立的契約關係。

(6) **續娶妻姐妹婚（sororate）**：續娶妻姐妹婚即一個男人娶死去的妻子的姐妹為妻的婚俗。與續嫁夫兄弟婚一樣，續娶妻姐妹婚也扮演著在配偶一方死後維持兩者家庭之間關係的角色。

3. **權威型態**：
   (1) **父權家庭（patriarchal family）**：家中以最年長的男性居於主宰地位，並以男方之血緣為主，計算家庭傳遞之次序，重視男方的親屬，而不重視母系之親屬。
   (2) **母權家庭（matriarchal family）**：家中以最年長的女性居於主宰地位，並以女方之血緣為主，計算家庭傳遞之次序，重視女方的親屬，而不重視父系之親屬。
   (3) **平權家庭（equalitarian family）**：夫婦雙方共有家庭權威。

4. **伴侶的選擇**：
   (1) **內婚制（endogamy）**：規定一個人的結婚對象必須是自己團體的成員，如同一部落、同一宗教或同一種族等。
   (2) **外婚制（exogamy）**：規定一個人需與團體以外的人結婚。

5. **居住型態**：
   (1) 年輕夫婦於婚後從父居（patrilocal residence）。
   (2) 年輕夫婦於婚後從母居（matrilocal residence）。
   (3) **新居制（neolocal residence）**：新婚夫婦自設住所，而與父母分開居住。

6. **繼嗣與承襲**：
   (1) **父系繼嗣**（patrilineal decent）：親屬關係是經由男方追溯。
   (2) **母系繼嗣**（matrilineal decent）：親屬關係是經由女方追溯。
   (3) **雙系繼嗣**（bilineal decent）：親屬關係是經由父親與母親的生物性親屬平等地追溯。

(五) **理論觀點**：

1. **功能論**：家庭具有多項正面功能，如社會化、強化規範、進行社會控制、生育、經濟、宗教、政治、娛樂等多項功能，惟社會變遷結果，家庭功能已明顯銳減。

2. **衝突論**：衝突論對家庭的解釋可分成三類：

   (1) **基進經濟理論**：基進經濟理論（radical economic theories）源自馬克思，將社會基本的原動力視為是擁有財產者與無財產者之間的經濟關係，彼此的關係是一種對立、剝削與衝突關係，應用到家庭現象，認為家庭是經濟制度最基本的單位，有助於資本主義支配關係的形成。而家庭問題的產生也被認為與經濟因素有關，特別是勞工階級的經濟困境與疏離感的產生，也會被帶至家庭。同時，也可透過相同分析方式，解釋男女間的不平等，女人在家被視為是一種資本主義體系的剝削，因為女人料理著無酬家務，因而容許丈夫到外面工作，為資本家所僱用。而且，在資本主義體制下，也對男女形成不平等的歧視現象，例如，同工不同酬現象，以及男人位置高且高薪，女人的位置低且低薪，這種歧視區分了勞動力，有助於雇主對於勞工的控制。

   (2) **女性主義理論**：女性主義理論（feminist theories）者也同意社會存在著對女性的經濟歧視，但不把男女不平等的原因只單獨地放在經濟體系裡。重視制度的性歧視（institutional sexism）與父權主義的體制，男人形成利益團體，區分了經濟階級，男人所獲取的經濟利益遠高於女人。在家庭裡，男人與女人的關係形成家庭結構，也形成丈夫與妻子之間的權力關係。在大多數的社會裡，由於男人擁有比較多的權力資源，家庭體制往往是由男人支配。女性主義相信現在女人能獲取更多的權力資源來改變其家庭關係，進而形成較平等的關係。

(3) **綜合衝突理論**：綜合衝突理論（synthetic conflict theories）係從許多不同的衝突理論之觀點與變數，加以整合，也結合部分傳統理論，形成一種解釋力加強與理解性較高的理論。綜合衝突理論整合女性主義所關心的男女支配和衝突問題，加上傳統人類學的與社會學的家庭理論，形成一種「性財產」（sexual property）的體系。人類學家利用聯合理論（alliance theory）來解釋部落社會是如何透過家庭網絡與性財產交換的關係建立起來，而社會學分析約會時，將之視為婚姻市場的運作，也是性財產所形成的關係，如嫉妒、愛與其他現象。綜合言之，家庭是由許多類型的財產關係所組成，如家庭的經濟物品、性權力的擁有、孩子的繼承與擁有權；除此之外，也處理情緒與愛的問題，這與財產和衝突是沒有矛盾的。總之，綜合衝突理論的焦點是放在性與情緒財產權、婚姻市場與互動的儀式上。

(六) **婚姻市場**：「選擇伴侶」（martial choice）或「擇偶」（mate selection）過程有如個人在市場的買賣商品一般，這種運作方式稱為「婚姻市場」（marriage market）。婚姻市場的存在需符合三個要件：

1. **自由戀愛**：若無自由戀愛，就像商品市場缺乏自由競爭一樣，無法選擇到自己認為最佳的對象。

2. **理性行為**：每個投入市場的適婚男女，必須理性進行交易，且以最少成本獲得最大報酬。

3. **公平交易**：必須彼此尊重，不可以欺騙或非法手段騙取對方。表面看來，擇偶行為似乎是個人自由，只要情投意合即可結婚。但事實不然，任何社會都有一套民俗、民德或法律規範擇偶的範圍、行為與方式。

在公平交易上，最常見的是婚姻資源交換。婚姻資源交換論（resource exchange theory of the family）於1960年由Blood和Wolfe提出，主要用於分析婚姻結構中的權力分配，理論假設家庭成員間會運用個人經濟資源來交換在家中權力與勞力的投入，強調現代社會中，家庭成員間的權力關係結構已不如以往，應跳脫傳統父權文化，視彼此間擁有資源相對多寡來評斷、衡量。在此假設下，社會經濟資源較多的家庭成員（擁有較高收入、教育程度較高、社會地位較高者）往往能避免付出勞力，對於家庭共同決策具相對較大的影響力、決定權。

此理論假定家庭中所需的物資基礎會造成家庭中成員之間彼此關係的不對等，因而經由勞力與權力交換做出家庭相關決策。就家庭分工上來說，資源交換論將家事勞動視為不愉快者，因此家庭成員會盡其可能避免做家務，所以有酬工作且薪酬相對較高的家庭成員之間在日常生活中彼此交互無形角力時，因其對家庭的物質投入較高，自然使其所擁有的權力較大。例如：以往丈夫在經濟上擁有較多資源，因而在經濟上依賴的妻子只好用投入家事的勞力換取經濟資源。但隨著社會變遷，當雙薪家庭中夫妻的薪資相近時，彼此間的家務分工便趨於平等，結構權力上的分配也是相同。也就是說，當夫妻彼此之間經濟能力相近，雙方對家庭中重大決策也會有相近程度的影響力、決定權。

(七) 雙生涯家庭

1. **定義**：雙生涯家庭（dual career family）：指夫妻雙方各有職業。

2. **分類**：可分為三種類型

   (1) **共生事業家庭**（two-person career family）：是指一個家庭只有一項生涯事業，以丈夫為從業者，妻子是一個輔助性角色，對夫事業發展的成敗有重要影響。在共生事業中，妻子的角色是深廣而多面的。即丈夫的地位為家庭身份的重要來源，而妻子的角色只是次要的。

   (2) **雙工作者家庭**（dual-worker family）：指夫妻兩人並非都從事需要高度投入，且具有終身專業性的生涯事業。僅為了經濟性的理由從事某項職業，當夫妻二人外出就業時，兩人都要擔任工作角色，以致家庭內的分工也隨之改變。

   (3) **雙事業家庭**：生涯事業（career）與一般以增加收入為目的的工作或職業有何不同，從業者需要高程度的投入，並且具有持續發展的階段。一般常用五個標準來判斷生涯事業，包括：A.獲得博士學位；B.高學術等級成就；C.晉升頻繁；D.就業程度高；E.半生成終生的事業生涯。當夫妻二人都投入於符合上述條件的事業時，其所共組的家庭便是「雙事業家庭」（dual career family）。在有子女的家庭中，當夫妻兩人都投入於自己的事業，而家中缺乏傳統的輔助角色運作時，家庭所面臨的問題就如同一個單身男性加上子女照顧及過量的家務負荷的窘境一般，容易出現角色衝突。

(八) **多元成家**：多元成家源於1990年代起台灣社會對性別平等相關議題的重視，關注性別平等的社會團體推動修改民法，是「性別主流化」的重要一環。內容包含婚姻平權、伴侶制度、家屬制度等三個重要法案，其中又以同性婚姻關係合法化、領養子女的權利最受輿論關注與評論。其中，婚姻平權（含同性婚姻）草案首先獲得足夠提案立委人數連署，在2013年10月25日通過一讀，交付司法及法制委員會審查，伴侶制度草案、家屬制度草案仍處於民間倡議階段。2018年11月24日辦理選舉附帶進行公投的十大議題中，亦包含同性婚議題。

伴侶團體認為中華民國憲法第7條規定：人民無分男女、宗教、種族、階級、黨派在法律上一律平等，但是在民法上卻規定婚姻應由男女當事人自行訂定，缺少保障不同性傾向、性別認同的婚姻權利，應該修法。

婚姻平權（含同性婚姻）草案修改民法中，現有關於婚姻與家的描述，從男、女兩性修改成兩人，例如將夫妻改成配偶，將父母改成雙親，使得法律除了可以承認和保障男性與女性之間的婚姻關係，也擴及同性戀、跨性別、變性等性別之間的婚姻關係，並將訂定婚約的年齡限制，從男女有分，改成17歲，結婚的年齡的限制，也從男女有分，改成18歲，除此之外，婚姻雙方在民法的其他權利與義務，在此法案中並未做任何變更。

伴侶團體認為婚姻並非組成家庭與建立親密關係唯一的理想形式，為了讓不想結婚的人在法律上也有成家選擇，創設一個符合台灣國情的伴侶制度，只要是兩個年滿20歲且未受監護或輔助宣告的人，不限性別都可簽訂伴侶契約，建立家庭。

此法案以法國1999年修法通過之民事結合（2013年法國同性婚姻合法化前，法國政府給予保障同性伴侶的權利）為基礎，為雙方成年人為共同生活簽訂之民事契約，且排除直系親屬，且同一當事人僅能從婚姻制度與伴侶制度擇一締結，基本精神為平等協商、照顧互助，締結成伴侶的雙方，法律地位大致與婚姻的配偶相當，與婚姻制度不同在於，不以性關係為必要條件的成家方式。伴侶制的雙方，如無約定，採分別財產制，並可協商繼承權，無性忠貞義務、無通姦罪，可申請民事賠償，可共同收養子女，契約可單方解除，解除後的雙方仍需協商監護、探視等權利與義務。

而家屬是2人或2人以上，以永久共同生活為目的的關係。現行中華民國民法中對家屬的定義，是永久共同生活為目的而同居之非親屬，實務上只運用於日治時期的妾和非婚生子女。家屬制度草案修改為登記制，讓實質家屬可以登記，有配偶者需要與配偶共同登記，無繼承權，但可依遺囑安排，無姻親、無共同收養或收養對方子女的權利，可單方面解除約定。此草案破除過去對家庭的傳統觀念，不以血親關係或姻親為限，以現行的生活照顧、情感聯繫、分享生活為主要，例如無血緣關係之友伴家庭、病友團體、靈修團體等，均可成家，在戶政機關登記後，即可獲得法律上的承認。

儘管現行民法已有家屬定義，且有配偶者必須與配偶共同登記，但反對此法案者，仍對此制度持有爭議。

解釋字號	釋字第748號【同性二人婚姻自由案】
解釋公布院令	中華民國106年5月24日院台大二字第1060014008號
解釋爭點	民法親屬編婚姻章，未使相同性別二人，得為經營共同生活之目的，成立具有親密性及排他性之永久結合關係，是否違反憲法第22條保障婚姻自由及第7條保障平等權之意旨？
解釋文	民法第4編親屬第2章婚姻規定，未使相同性別二人，得為經營共同生活之目的，成立具有親密性及排他性之永久結合關係，於此範圍內，與憲法第22條保障人民婚姻自由及第7條保障人民平等權之意旨有違。有關機關應於本解釋公布之日起2年內，依本解釋意旨完成相關法律之修正或制定。至於以何種形式達成婚姻自由之平等保護，屬立法形成之範圍。逾期未完成相關法律之修正或制定者，相同性別二人為成立上開永久結合關係，得依上開婚姻章規定，持二人以上證人簽名之書面，向戶政機關辦理結婚登記。

臺灣同性婚姻釋憲案，正式名稱為「大法官會議釋字第748號釋憲案」【同性二人婚姻自由案】，是司法院大法官對於民法未使相同性別二人，得為經營共同生活之目的，成立具有親密性及排他性之永久結合關係，是否違反中華民國憲法做出解釋。該釋憲案由祁家威與台北市政府分別提出。

祁家威是台灣社會第一位公開出櫃的男同志，早在1986年就要求政府應該保障同性婚姻。在1998年申請與同性伴侶公證結婚，2000年向司法院大法官會議聲請解釋戶政機關不准同志結婚是否違憲，但被以不合程序為由駁回。2013年，祁家威再次到萬華戶政事務所登記結婚仍遭拒絕，方委任台灣伴侶權益推動聯盟的專業律師擔任訴訟代理人，上訴至最高行政法院。同年9月，最高行政法院駁回上訴定讞，2015年8月正式向大法官遞交釋憲聲請，2017年2月10日，大法官會議正式受理釋憲聲請案，並於3月24日進行言詞辯論，後於法定期限內之5月24日16時，由司法院秘書長公布司法院釋字第748號解釋。

大法官釋憲結果宣告，民法未讓同性有親密性及排他性之永久結合關係，與憲法第22條保障人民婚姻自由與第7條平等權規範之意旨有違，於此範圍內違憲，行政與立法機關必需在2年內修正或制定相關法律，逾期未完成法律之修正或制定者，同性2人得依現行民法規定登記結婚。此次釋憲結果，讓中華民國成為亞洲第一個全域性以法律保障同性婚姻的國家。

2018年11月24日，中華民國全國性公民投票，其第10、12案通過，同性婚姻會以修改民法以外的其他立法形式讓釋字第748號釋憲案得以實現。2019年2月20日，行政院根據釋憲案及公投結果，提出確保同性婚姻之法律草案，以中性方式命名為《司法院釋字第748號解釋施行法》。2月21日行政院會議審議通過，規定年滿18歲的同性伴侶可成立同性婚姻關係，準用民法規定可繼承財產與收養有血緣的子女，訂於5月24日施行。2019年5月17日《司法院釋字第748號解釋施行法》立法院三讀通過，同年5月22日經總統蔡英文公布，同年5月24日生效。全法計27條，第2條明指：相同性別之二人，得為經營共同生活之目的，成立具有親密性及排他性之永久結合關係。

2019年5月24日同婚立法正式生效當天，共526對同性伴侶完成同婚登記，其中，男性185對、女性341對；地區分布上，以新北市的117對最多，台北市95對次之，高雄市72對排名第三。施行滿一周年，根據內政部統計，截至2020年5月22日止，全國共4,021對同性新人完成結婚登記，其中，女性2,773對，男性1,248對；按縣市別統計，以新北市815對最多（20%），其次台北市633對（16%），第三名是高雄市534對（13%）。

(九) **家庭關係不和諧**：一般家庭份子關係容易出現不和諧，輕微的是家庭關係緊張（strain），中等程度的是家庭失調（disadjustment），再嚴重的是家庭解組（family disorganization）是指夫婦的關係及父母子女的關係違反社會規範。所謂社會規範，每個時代顯然不一致，惟大體上有若干共同點，例如：1.家庭應有共同目標；2.家庭份子之間彼此充分合作；3.互相服務；4.職務是互相協調；5.有共同的社會活動；6.彼此相愛、忠實及尊重。如果一個家庭的關係是違反這些條件的，就可稱為家庭解組。若夫婦或父母子女之間不大和睦，可稱為失調，夫婦或父母子女之間彼此懷恨或某一方對另一方虐待；還有極端不健康或家庭關係嚴重失調，可稱為解組。父母子女關係破裂，稱為家庭解體（family disintegration）；如果僅應用於夫婦關係，則稱為婚姻解體（marital disintegration）。

家庭改組（family reorganization）是指將緊張、失調、解組或解體的家庭改善，使之恢復為家庭關係和諧，目標一致狀態，以安定家庭生活，維持社會秩序。此過程即稱為家庭改組。

(十) **性別角色**

1. **定義**：性（sex）是指自然的生物分類，而性別（gender）是1970年代才被普遍使用，不同於生物差異，是指性心理發展、學習社會角色、養成性別喜好，社會所培養或社會化的結果。人類學家米德（Mead）所著《性別與性情》（sex and temperament）一書，顯示性別特質差異並非生物性的，而是社會性的。是以社會關係為基礎，依據生理性別差異，建立的一個結構性因素，也是顯現權力關係的一個基本型式，是獨立於生理事實的，是社會賦與個人的期許、屬性、行為等集合。

性別角色（gender roles）是指社會對兩性的行為期望，也是兩性的行為規範的準則，或理想化與一般化的男女行為標準。男性的性別角色包括賺錢養家、勇敢、獨立、體壯、有決心、嚴謹、果斷、有事業心；女性的性別角色則有柔順、體貼、犧牲、慈母賢妻、管家、依賴、重感情等。這些都是社會對兩性的不同期望，因此，兒童在社會化過程中就被引導在不同的角色中發展，父母給男孩的玩具有汽車、槍砲、機器工具、需要思考的遊戲等，給女孩的玩具常是洋娃娃、小廚房用具、音樂箱等等。在教育上，父母對男孩較嚴格，要有向上心，也多體罰，對女孩則比較寬鬆，讓幫忙家務等

等。這種社會化經驗差異，造成男人支配女人的社會規範，也造成女人社會地位的低落。

2. **理論觀點**：分析有三：

   (1) **功能學派**：認為男女的分工或兩性性別角色的不同是必然的，對社會的運作有貢獻，因為有這種角色期望的不同，男人扮演一種工具性角色（instrumental role），做有意的、有目的的實質工作，如發展事業。而女人則扮演一種情感性（或表達性）角色（expressive role）來彌補男人的空虛，來管家和教育下一代。

   (2) **衝突學派**：衝突論學者則認為，女人之所以居於低劣的社會地位，主要是男人剝削女人、支配女人。男人把女人關在家裡照顧小孩，俾限制女人活動的空間，使之成為男人的財產或附庸品。因此，性別關係實質上是一種不平等權力分配關係。

   (3) **女性主義**：「女性主義」（Feminist）一詞源於十九世紀法國，產生的立基是針對女性不平等社會地位，引發一連串反省與檢討之後，所匯集的思想信仰與力量的結合。所以說，女性主義的理論，實質上是敘述男女不平等的現象，進而解釋其發生原因，最終目的在於尋求有效的改善之道。女性主義理論按其歷史發展及性質可劃分為九大類，依序為自由主義女性主義、社會主義／馬克思主義女性主義、基進女性主義、女同志理論、精神分析女性主義、存在主義女性主義、後殖民女性主義及生態女性主義。

   茲舉最常用於解釋性別角色所造成的性別不平等之四種女性主義觀點如後：

   A. **自由主義女性主義**（Liberal Feminist）：自由主義女性主義是所有女性主義中，最早出現的，被稱為溫和的女性主義，主張兩性的差異並非在於先天上的生理差異，而是社會化（socialization）與性別角色制約（gender role condition）的結果。

   B. **基進女性主義**（Radical Feminist）：基進女性主義強調兩性間的根本差異（difference），是所有不平等的原型（prototype）。1977年米勒特（Kate Millett）出版《性政治學》（Sexual Politics）首先以「父權」（patriarchy）的概念來解釋女性是被壓迫的，成為基進女性主義的先趨。主張理性

的個人完全是根據男性的態度、能力和日常活動建立起來的，全然忽視女性的特質，將個人與其身體（body）抽離，具備非常明顯的生理性別區隔。由於女性具備生育能力，成為獨立的性別階級（sex class），亦即，女性的被壓迫，並非來自生物學上的因素，而是社會立基於生物上的性（sex）所建構的社會性別（gender）。

C. **社會主義女性主義**（Socialist Feminist）：認為在資本主義經濟體系中，女性是資本家的廉價勞工，在「父權」（patriarchy）與「資本主義」（capitalism）的合夥關係（partnership）下，女性多集中於低薪、低升遷的職業中。性別化分工（gender division）是資本主義和父權制度長期互動的結果。在資本主義制度中，資本家是宰制主體，男性在父權制度中位居宰制地位，女性是被宰制者。男性為維持工作上既得利益和優勢，建構職業的性別區隔，以致女性無法取得薪資高且升遷好的工作，最後，只有被迫走回家庭。同時，資本家居於職業性別分化的結果，可支付女性較低薪資報酬，更堅持性別的工作分化。

D. **馬克思主義女性主義**（Marxist Feminist）：將男性與女性的關係類比為資本家與勞工的關係，性別分工（sexual division of labor）建立家庭制度和女性的家務勞動，基於性意識（sexuality）建構性別分工，使女性成為從屬階級（subordinated class）的主要原因。由於女性處於邊緣化（marginalization）的角色，無法獲得高工資的就業機會，使女性成為隨時可被分配的勞動供給者，加以協商力差，多從事低技術之女性的職業。

3. **影響單位**：性別角色主要來自家庭、學校和媒體的塑造和維持，茲分述如下：

(1) **家庭**：從出生開始，臺灣社會的父母對於男孩、女孩期望就有所不同。生女孩被稱之為「弄瓦」，而生男孩則是「弄璋（玉器）」。所謂「不孝有三，無後為大」，「後」指的是男孩，而女孩則是「賠錢貨」。現代醫學進步，孕婦可在懷孕初期得知嬰兒性別，重男輕女的結果和臺灣婦女的高墮胎率，以及性比例大

於100（男多於女）有關。男女有別不僅是差異，且是男尊女卑的觀念。

「重男輕女」的觀念也表現在父母對子女的教育和託付期望上。希望男孩將來成大器，對女兒則是盼望嫁到好丈夫。女孩應學習做家事，男孩則鼓勵自由發展。近年來，由於平均所得的提高、教育機會的普及以及家中平均子女數的減少，社會上重男輕女的觀念雖已有些淡薄，父母對於子女教育投資的差別待遇雖已有些改善，但並非完全消除。

(2) **學校**：學校是另一個性別認同社會化的重要媒介，主要的機制是透過學校課程安排和教材內容。女孩和男孩在學校中認識兩性的差異，而且不知不覺中，在思想和行為上順從既定的區分。在書本中，學生發現偉大人物幾乎都是男性，而女人的重要性往往都是在培育出男性的偉人（如：孟母）或是神話中的人物（如：嫦娥）。書本中所強調的女人本性——愛心和照護能力，男性則是具有雄心和成就大事業的志氣。

從學校中人事分配的性別差異，學生也看到未來的發展。在中小學裡，大多數的老師是女性，校長和教務主任（學校中最有權威的人）卻都是男性。到了大學或是專科學校，女老師、女教授愈來愈少。大學教授中女性的比例只有9%。即使是以女學生為主的科系，如：外文系或社會系，也是以男教授佔多數。

(3) **媒體**：社會成員對於兩性差異的認知，除來自個人接觸、經驗及書本之外，媒體也扮演極重要的角色。不論是中外的大眾傳播均有意無意的傳達關於兩性能力的刻板印象、在家庭及工作場所中應該扮演的角色，和女人被物化的形象。以報紙上的汽車廣告而言，站在新車旁邊的誘人美女，其實是在散播性感的訊息，訴求的對象明顯鎖定在男性，廣告中的意涵不言而喻。關於婦女的新聞通常放在社會版或家庭版中，前三版都是用來登載重要「國家大事」。

媒體一方面走在時代前端，對社會變遷與最新趨勢十分敏感，但是在以文字、圖片、影像、音樂的表達與再現過程中，仍然複製舊有的刻板印象。以新聞報導而言，社會新聞常將性侵害中女性受凌虐的過程與步驟仔細地描述，不僅侵犯受害人隱私權，更使

性犯罪新聞與色情小說二者間的界線混淆不清。此外，性犯罪新聞報導也常著重於對受害人衣著打扮或私生活情形的描述，強化人們的強暴迷思（rape myth）。在電視劇、電影、流行音樂等娛樂文化中，男性強大威猛的形象被誇大，而女性形象則擺盪於犧牲奉獻的好女人與享樂放縱的壞女人兩種極端之間。

和報紙或雜誌相比，電視的影響更為深刻。在卡通節目中，美少女的特質是長髮、大眼睛、修長的雙腿，而英雄的形象則是高大、寡言、決心。這些形象幾乎都是固定的。連續劇中的女性角色多半是被刻畫成柔弱、楚楚可憐；或者是介入別人家庭的女人。以上充分顯示，即使已有愈來愈多的人認可女性的能力，但媒體及大眾對於女性的角色卻仍然維持著刻板印象（stereotype）。

(十一) 性別關係

1. **定義**：性別關係（gender relations）

是指基於個人的生理性別差異，由社會所建構或形成的不同性別間的相互關係。

2. **結構內容**

一般談性別關係主要是從四個結構：文化上的權力關係、生產上的勞動分工關係、人與人間情感（愛慾）關係及象徵（符號）關係加以探討，分別是：

(1) **文化上的權力關係**：主要定義男女地位差異的權力且賦予男女地位的象徵系統的權力，例如權威、科技等同於陽剛特質，凡是具有權威或新科學技術的工作與地位大都由男性擁有，另擁有合法化武力的機構（例如：軍隊、警察）也都由男性主宰，即使在人際間的權力分配上，男性也常以暴力方式加以表達。

(2) **生產上的勞動分工關係**：藉由分工及對於工作評價使得男女付出的勞力與所得不成正比，以致呈現勞動上相同工作卻有不同薪資報酬的不均等現象。例如男主外、女主內的有給制與無給制的工作區別，家事、育幼或照護老人的低薪或無薪工作都由女性擔任，職場工作上呈現的性別職業隔離、訓練與升遷上的性別歧視等問題都是勞動市場上的生產分工所顯現的性別不平等關係。

(3) **人與人間情感的關係**：舉凡慾望的對象，誰是可慾的，男性呈現比較強的態勢，同性戀與異性戀的位階以及婚姻關係的型態上，

甚至與養育子女相關的情感關係上，都可明顯看出，兩性在情感上的表現是大不相同的。

(4) **象徵（符號）關係**：當我們說「一個女人」或「一個男人」，事實上是啟動一個龐大的意義系統，包含各種可能的意涵、暗示、弦外之音、隱喻，這些都是在文化上不斷累積而成的意義，例如罵一個男人像娘兒一樣，甚或虎背熊腰、虎背猿軀、龍喉虎頷、天生尤物、嬌嬌滴滴、體態輕盈、凌波微步，都可從符號背後瞭解其隱含不同的意義。

3. **形成原因**：許多社會成員視為理所當然的「真理」和不加以思索就能行禮如儀的動作，其實都是一種經由「內化」（internalization）社會建構結果而來的思考模式和行為反應，既使社會規範（social norms）也都是經由社會建構的結果。一般人認為女性氣質為陰柔和細膩，男性氣質則是陽剛和果斷；以前從未想過的「同性戀」問題，以為一夫一妻制的男大當婚女大當嫁，是天經地義的不變真理。

惟社會事實違背社會成員的認知，或人的行為和思考模式不符社會的期待，常片面宣稱此事「不尋常」或此人是「異類」，排除異己和確立何謂正規行為本身，是透過不斷宣稱、懲罰或獎勵方式，一方面「建構」社會準則和道德規範；一方面則在修正「離經叛道」對正規思想的打擊造成的損害而已。

前述建構的管道主要透過「社會化」（socialization）過程和機構進行。個人內化社會建構的價值判準後，形成「性別刻版印象」、「性別階層化」甚至「性別歧視」現象。社會對男性和女性有不同期待，不僅在性別氣質表現，甚且職業類別及顏色都會產生某些顏色是專屬於某一性別，將軍、醫生、法官或建築師被視為是「適合」男性的職業，因此，社會逐漸形成職業性別隔離現象，某些職業類別長期被某一性別占據，由於職業聲望、收入和社經地位息息相關，因此，性別階層化現象應運而生，也因為性別階層化而造成「貧窮女性化」的現象。

性別差異是一種相對性的存在，性別成不平等是一種普世的。不平等是人類社會「刻意」營造的，職場中針對女性有「單身禁孕條款」和「玻璃天花板」現象等差別待遇，是明顯的性別歧視。因為兩性不同的特質而產生的差別待遇，表現在女性公／私領域的不同面向，常見

的是：家務分工的雙重剝削、參與政治、就業與職場性別歧視和美貌迷思、曲線神話等結構性障礙。

(1) **家務分工的雙重剝削現象**：主要來自母職（mothering）仍是女性的性別刻板印象，導致女性兼顧工作與家庭的兩難處境；加上，社會對無酬家務勞動的輕視以及將女性視為勞動市場中「產業後備軍」心態所致。

(2) **女性參與政治受限**：我國憲法雖有「婦女保障名額」規定，但執行成效有限。另，對於女性候選人的不同標準要求，也是阻礙女性參政的因素之一。

(3) **就業與職場性別歧視**：1960~1980年代臺灣女性勞動力參與率平均不及40%，自1983年後，超過40%，2012年後突破50%，2019年為57.6%。但就業與職場的性別歧視現象，無法由女性勞動力參與率的提高有所減緩。在「性別工作平等法」實施之前，職場中的「單身條款」、「禁孕條款」及「同工不同酬」情形，即便是性別工作平等法已嚴格限制，企業中同工同酬的理想，仍因為對男女性的社會責任期待不同，以及性別特質的成見，而未能完全實現。

(4) **美貌迷思、曲線神話**：是資本主義全球化發展和媒體影響力所致。由文化工業（culture industry）的殖民經驗觀看，無論是美學標準或醫療健康保健的黃金比例與體態標準，都處於現代化文明歷程悖反的情境－物質文明愈豐足、資源可近性愈便捷，人們對於體態愈要求纖瘦精實。

二、社區

(一) **定義**：社區（community）（或稱社群）是指地域團體或社會組織的單位，須具備下列三要素：

1. 有境界的人口集團。
2. 一個或多個共同活動或服務中心。
3. 居民有地緣的感覺或集體意識和行為，即具有社區意識（community consciousness）。

(二) **區位過程**：區位過程（ecological process）是指一個社區形成的基本過程，區位過程主要依照下列七個步驟進行：

1. **聚集**（aggregation）：指一個確定地域，在某一特定時間內的人口基礎（population base）。

2. **集中**（concentration）：指透過較高的聚集率，得到較多的人口。

3. **集中化**（concentralization）：在某種功能或服務的累積增加，一般都與集中同步進行。

4. **隔離**（segregation）：指人口類屬（categories）有意或無意的集中於某一特殊地區的過程。又稱為區位分化（ecological differentiation）。

5. **侵入**（invasion）：指原為某群體或功能佔有的地區，被外來的另一群體或功能滲透的變遷。

6. **承繼**（succession）：指原有地區之人口或功能，完全為其他人口或功能所取代。

7. **遷移**（moving）：指人口和功能，從一個地區向另一地區傳散的過程。

(三) **區位模式**：區位模式（ecological model）是指用以說明社區形成的論點，依其發展時間先後順序，概可分為古典模式（classical model）與現代模式（modern model）兩大類：

1. 古典模式又可分為三種，均屬單一論點，亦即僅從一個因素來說明：

    (1) **同心圓說**（concentric zone theory）：浦其斯（Ernest Burgess）於1923年提出。構想係來自芝加哥城，認為都市的成長係呈同心圓模式，每一區各有不同的特徵。同心圓計分為五區：A.中心商業區（central business district，簡稱CBD），是摩天大樓、百貨公司、廉價商場、大飯店、電影院的集中地；B.過渡區（zone of transition），是圍繞商業區的一個衰落區，居民包括低收入、移民、及遊蕩者，但也有少數的富豪人家；C.工人住宅區（zone of worker home），是工人和第二代移民的居住地；D.中產階級住宅區（zone of middle class dwellers），是自由業者、小商人、經理人員及事務員的住宅區；E.通勤區（commuter zone），是都市的外圍，包括郊區和衛星都市，居民白天到中心商業區工作，晚上回家休息，故又稱為「臥房市鎮」（bedroom towns）。

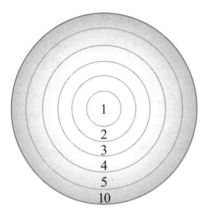

註：
1. 中心商業區 2. 輕工業區
3. 下層階級住宅區 4. 中產階級住宅區
5. 上層階級住宅區 6. 重工業區
7. 外圍商業區 8. 住宅郊區
9. 工業郊區 10. 通勤區

圖6-1　同心圓說

(2) **扇形說（sector theory）**：係郝德（Homer Hoyt）於1939年提出。此說假定都市的空間結構係由主要交通路線貫穿而成。都市中的許多區，如工業區、商業區和住宅區隨著交通路線由中心向外呈扇狀擴展，社區因而形成。

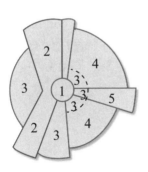

註：（同圖6-1）

圖6-2　扇形說

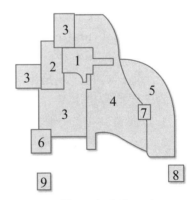

註：（同圖6-1）

圖6-3　複核心說

(3) **複核心說**（mutiple-nuclear theory）：由哈里斯（Chauncy Harris）和烏爾曼（Edward Ullman）於1945年提出。此說假定都市的不同區段在早期即已形成，每一區段可向任何方向擴展。都市的區位結構既非同心圓，亦非扇形，而是同時有好幾個中心。

2. **現代模式**（Modern Model）：可分為社會地區分析與因素區位分析，都是後來發展出來的。二者都採用因素分析（factor analysis）的技術，試圖將複雜的都市結構抽離出簡單的因素加以說明，以顯示都市內部分化的過程。

(1) **社會地區分析**（social district analysis）：是由謝夫基、威廉斯及貝爾（Shevky-Williams-Bell）三人所提出的，假設都市的區位分布是多層次的（multidimensional），非如古典模式所假定的單層次的（unidimensional）。一般具有相似社會特徵的地區常具有不同的地位、不同的生活方式及不同的態度與行為。

(2) **區位因素分析**（district factor analysis）：區位因素分析是社會地區分析的進一步發展，是使用因素分析的技術處理大量的變項資料，俾簡化解釋變項的數目，以瞭解都市區位的特徵或分化程度。社會學家章英華曾使用不同的變項分析結果，發現台北市的社經地位、省籍及家庭狀況三個層次有清晰的區位分化，高雄市和台中市較不明顯。

(四) **農業社區**（rural community）**與都市社區**（urban community）**不同**：農業社區或稱鄉村社區，是指某地區居民及其制度所保有的結合形式，或為散居農村，或是集居村鎮，並以村鄉作為共同活動中心。農業社區的主要特徵是：

1. 以農業為主的一群人。
2. 生活在某特定地區且有密切互動關係。
3. 享有相同規範與價值。
4. 帶有強烈的我群觀念與濃厚的共同意識。

都市社區則是一個以非農業人口為主的地區，人口密度高、人口組合複雜且異質、社會接觸機會多而間接、社會流動大、個人匿名性高、技能高度專業與分工、居民思想自由且多變，而且社會控制大多訴諸形式化的法律。

(五) **都市化、郊區化與士紳化**

1. **都市化（urbanization）**：是指人口向都市集中的過程，同時都市也向外擴張，而將都市的某些特徵傳播於其周圍，使其變成都市的樣態，歸併於都市範圍之內的過程。

2. **郊區化（suburbanization）**：是現代化社會極明顯的區位過程，是繼人口向心化後的一種離心化現象。因此，郊區化是指人口由中心都市向郊區遷移的過程。

郊區化的原因很多，大致可歸納為以下六個原因：

(1) **擺脫擁擠、污染與噪音問題**：都市中心的交通擁擠、空氣污染、噪音擾人與人口壓力等均造成都市生活品質的惡化，使人有擺脫困境的想法。

(2) **追求高品質的生活方式**：基於郊區生活的利益，例如適於養育子女、空氣新鮮、地方空曠與少有犯罪事件等，使人口持續轉向郊區。

(3) **厭惡冷漠的都市生活**：濃厚的人情味與社區意識，親切的人際互動與鄰里關係，是較令人滿意與喜歡的生活氛圍。

(4) **交通系統與公共設施的改進**：交通系統的進步、公共設施的改進，以及越來越多人擁有私人轎車，使人從郊區至市區上班不是問題。

(5) **市郊土地與工商業開發**：郊區因人口持續湧入，土地開發與住宅興建日益繁榮，繼之，工商業紛紛設立，又吸引更多移動人口。

(6) **郊區可建築美好新家園**：都市中心建築老舊，而且不易修復，郊區的新建築則顯得舒適與寬廣，可以建築自己的美好新家園。

然而，郊區化也造成某些不利現象或社會問題，例如：

(1) **造成「人職錯置」（job-people mismatch）現象**：美國郊區化的結果之一是形成「內黑外白」問題，亦即住在市中心者以中下階層的非白人居多，其工作地點大抵在郊區，而住在郊區者多為中上階層的白人，其工作地點卻在市中心，造成人職錯置與種族隔離，也形成社會不平等問題。

(2) **產生嚴重的社會隔離感**：由於許多郊區缺乏工作、休閒與娛樂的多樣化生活，致使居民產生嚴重的社會隔離感與剝奪感，甚至生活單調與枯燥乏味的孤寂感。對於整天待在家裡的家庭主婦來說，更是嚴重的問題。

(3) **降低人際互動的頻率**：由於郊區家戶的居住空間增大，人與人的互動距離拉遠，不僅降低人際互動的頻率，也失去良好的親密關係。尤在晚上，郊區猶如死城一般，令人有股窒息的孤獨感，不利於郊區的團結與整合。

3. **士紳化（gentrification）**：少數人開始由市郊遷回市區居住，似乎都市有復甦的跡象，這種回歸都市市區的過程，稱為「士紳化」，而這些回歸者又以富裕者居多，並有心重建都市，彷彿是當都市趨衰退時，又燃起都市發展的曙光。起因有二：

(1) 由於新的人口結構與家庭組織之產生。在年輕的一代中，許多是單身的、結婚生子及退休的年老夫婦，因無學齡兒童問題，居住都市比較適合。

(2) 由於郊區化發展已達到極限，通勤變得相當困難。

士紳化最初是格拉斯（Glass）描述中產階級人士移往倫敦低收入住宅區所創造的概念。中產階級人士住進經過整修的老建築，在現代的室內設施中，可以展現對老式建築物的品味；居住地與工作地的接近，反映著對空間與時間的重視，不再能忍受日漸增加的通勤時間；再者，也意味著與以家庭為中心的郊區生活的割裂，移入分歧而又五花八門的都市生活。這樣的士紳化，代表著中心都市一種新的生活型態的興起，也相應著都市產業的重組。大型辦公大樓在低利用和地價下跌的市中心地帶紛紛設立，新的中產階級的居住區，便是在這種更新的過程所衍生的土地利用模式。產業與居住上的變化，導致部分的藍領工人居住地區的轉型，甚至有些為藍領階級而更新的地區，最後的居民並非原來的居民，反而是吸引了一些白領工作階級。相應著新的人口群，興起了新的消費型態。在北美、英國和澳洲都出現士紳化現象，臺灣地區也有相同的情形。

(六) **都會區**：都會區（metropolitans）係指由一個或一個以上的中心都市稱為核心都市（core urban），加上與此中心在社會上、經濟上相互結合為一體的市、鎮、鄉（稱為衛星市鎮，satellite）共同組成的大區域。

而臺灣都會擴張反映的生活型態，有異於歐美大都會。住宅的型式，不論在中心都市或在都會外圍，都是高樓建築取代低樓層建築的趨勢。獨門獨院住宅的數量在都會外圍增加，但所佔比率甚小。在都會外圍有著高社會階層住宅的興建，但主要的高階層居住地區，仍然出現在中心都

市。整體而言，中心都市居民在教育程度和收入等方面平均高於都會外圍。中產階級向都會外圍尋找居住地的離心傾向正形成中，只是仍未能改變都會外圍是製造業從業人員主要居住地帶的特色。由於中心都市在第三級產業（服務業）的優勢，其消費與工作上的優勢地位，屹立不搖，雖然較高社會經濟地帶有離心的趨向，但仍位在中心都市。由於工商服務業人員居住地與工作地同一處所的型態仍保留下來，舊的商業地帶雖然人口減少，但仍然是高密度地區，也無法以破敗的過渡區來描述。整個都會擴張所依賴的主要交通工具，不完全是個人汽車，公共汽車和機車扮演更重要的角色。都會的高密度發展，以及人口特質與產業特質的呼應，我們似乎將臺灣的都會擴張看作都市的蔓延（urban sprawl），而非如歐美都市般的郊區化。由於中心都市從未到達歐美都市的衰退的地步，雖見都市更新的過程，但還很難找到低社會階層地區經過整建而成為中產階級居住地的士紳化現象。

(七) **理論**：有關都市發展的理論可概分為以下三項，分別是：

1. **都市決定論**：渥斯（Wirth）提出〈都市狀態是一種生活方式〉 "Urbanism as a Way of Life" 被稱作「都市決定論」（urban determinist theory）。

   渥斯首先界定都市是異質的人口、大型且人口密度高的永久聚落。這樣的聚落以眾多的刺激加諸都市居民的同時，人與事的複雜性，也給予他們相當的壓力。首先，在心理層面，都市居民必須調適於這樣的環境以求取心理的平衡，設法從加壓在他們身心上的種種事物中解放出來。減壓的方法之一，便是將自己與這些壓力的來源隔離開來。都市居民會將自己與他人孤立起來，這種人際的疏遠導致人們彼此繫結的鬆弛。人與人之間的關連越來越缺乏，個人就覺得沒有社會支持、沒有節制，在最壞的情況下，都市居民會陷入物質和情感的危機中。

   渥斯受到最大批評之處是過分強調都市社會的病態，批評有二：

   (1) 區分中心都市與郊區的典型生活方式有以偏概全之勢。

   (2) 對中心都市的描述，僅部分正確。使用人口大小、密度與異質性解釋生活方式，不如使用社會階級、文化背景、生命週期，與住宅穩定性等因素。都市人口組成有多種，多屬「剝削人口」（deprived population），如窮人、情緒受挫者、身心障礙者、家庭失調等，以及「陷入泥淖無能力搬遷者」（trapped population），如低階外來移民是渥斯論點未敘明之處。

2. **組合論**：甘斯（Herbert Gans）提出組合論（compositional perspective），甘斯認為都市是社會世界的馬賽克，是以親屬、朋友、民族、鄰居、職業、生活型態或其他的社會特性為基礎而形成的社會圈。大都市中仍然存在著小而基本的親密團體，都市居民在其社會世界中受到包容和保障。組合論不否認都市狀態有其社會心理影響，但認為這些影響來自都市所形塑的個人經濟情境。譬如說，都市因產業特性，吸引了大量的男性，造成了性別的不平衡，男性多半不能結婚，當然影響及男性的社會生活。這是產業特性，而非都市脫序的結果。

3. **次文化論**：費雪（Claude S. Fischer）主張次文化論（subcultural theory），認為小而緊密的社會世界仍在大都市中持續著，只是不同社會世界構成了不同的次文化。大都市對都市居民的影響，主要是透過關鍵大眾的運作。當都市的人口數量夠大，原來只是一小群有著共同興趣、利益或特徵的人們，達到了可以集結運作的關鍵數量，形成蓬勃而積極的次文化團體。

(八) **都市居民的特徵**：渥斯提出的都市三個要素：人口大小、密度和異質性，將影響都市住民的人格特性，都市居民具有以下特徵：

1. **疏離性**：眾多的人口分化程度大，個人的特質、職業、文化生活、價值觀念等分歧，競爭性大，缺乏鄰里的密切關係。人與人的接觸，僅限於次級性和表面性，彼此關心的程度低，個人與社會容易發生疏離。由於人口眾多導致職業專門化，造成高度相互依賴及不穩定性。都市人口眾多的現象也導致許多公眾事務的參與呈間接性。

2. **無安全感**：都市社會組織多半建立於次級關係，職業婦女普遍晚婚，單身人口所占比率高，個人主義強。彼此間的職業與興趣差異性大，衝突性也大，個人較無安全感。

3. **容他性**：高密度是產生社會分化與專業化的主因，社會結構的複雜度高，在高密度的都市社區內空間距離縮短，但社會距離（social distance，指人與人之間的心理距離）卻拉遠了。不同地段的人口密度不同，地價、租金、聲望、可及性、衛生程度均不同，故居住的人口及其生活方式差異性大，形成都市文化中有較大的容他性。

4. **道德衰微**：都市人參與眾多的組織，又各種組織的功能頗為分化。故在人格表現上難以一貫與整合，常有人格解組、偏差、犯罪等情形。都市人透過組織獲得需要滿足，故其行為深受社會組織所控制。

(九) **開發中國家的都市特性**：開發中國家的都市具有下列三個特色，分別是：

1. **都市首要性**：開發中國家的都市快速成長，是1950年以後的現象，且發生都市首要性（urban primacy）現象，即最大都市的規模比其他都市大得很多。

   大多數的首要都市，其發展都與歐洲殖民地的擴張有關。在殖民地的首府或最大都市，如胡志明市、河內、新加坡和香港等，都是殖民者為了行使行政和商業控制，在亞洲建立的，大都建立在沿海地區，以便這些都市與殖民母國的交流和往來。這些都市建立之初，便是以已開發國家的都市為依歸，反而與本國腹地的關係較淡。人口與經濟活動大量集中在首要都市，成為許多開發中國家都市體系的重要特徵。

2. **過度都市化**：另一描述開發中國家都市特徵的概念是過度都市化（over-urbanization）。開發中國家若有首要都市，通常也伴隨著過度都市化。但沒有首要都市的國家，也可能出現過度都市化的情形。過度都市化是指就一個社會的經濟發展程度而言，都市化的程度超過了一社會工業化程度所能正常預期的。現有經濟發展下，對都市居民而言，工作機會、住宅、教育設施以及其他的服務設施等的供應不足。一般都認為，國家的機會被都市或最大的都市所壟斷，在都市與鄉村之間，甚至最大都市與其他地區之間的發展相當不均衡。同時，人口過度的集中都市地帶，又導致都市居民不能獲得適當的生活資源。對這樣的發展有著樂觀和悲觀的看法。

3. **都市偏向**：都市偏向（urban bias）是指開發中國家在許多政策上，都受到都市中的工業家、小資本家以及工人的壓力，明顯偏向都市地區，包括投資、稅收、價格等。就算來自鄉村地帶的政治人物，實際上的生活場域大部分都在都市，於是在整個政策思考上，未能顧及鄉村，同樣也偏向都市。如此政策執行下，國內對非農業的投資多過對農業的投資，結果是，在消費、薪資以及生產力等方面，有著極大的城鄉差距。這種觀點主張，應該加重農業的投資，使農民留在鄉村，否則農民移入都市，也只是投身非正式勞動部門，對於人力的運用，沒有生產力可言，反而造成經濟停滯。由於農民移居都市，不但破壞腹地的經濟力，也無助於經濟發展。因而過度都市化並非經濟發展，而是經濟困境的徵兆。

第七章 人口與健康

課前導讀

人口是近年來臺灣面臨的嚴重問題，生育觀念的改變，養育子女費用的節節升高，造成生育率屢創新低，加以外籍配偶所生子女的新臺灣之子的數量不斷提高，另一種現象是平均餘命的延長，老年人的比例亦呈現增加的趨勢，讓臺灣的人口問題亦趨複雜，這兩年請多留意人口的議題與最新的政府政策之公布，至於健康部分的重點在於，社會學對於生病的觀點與醫學上的差異性，特別著重在社會學的觀點所造成的影響。

系統綱要

一、人口組合：指人口集團在某些特徵的分配情形。

二、性（別）比例：指每百名女子數相對的男子數，以了解當地人口在性別的分布情形。

三、人口金字塔：以簡單圖式了解當地的人口在性別與年齡的分布狀況，同時可發現其變遷與消長原因。

四、人口分布：指人口與土地面積的分配情形，依其分配情形可分為三類：

(一) 人口多土地少　(二) 人口少土地多　(三) 人口與土地相當一致。

五、依賴率（比）：指生產人口與依賴人口之比，用以表示該地區的經濟發展現況。

六、人口遷徙

(一) **定義：**指人口由甲地遷至乙地且在乙地久居（短暫停留是屬人口流動）。

(二) **類型**

　　1. **原始遷徙：**由於自然地理環境不適合居住而遷徙。

　　2. **被迫遷徙：**由於政治或經濟因素使然，不得不遷徙。

3. **自由遷徙**：完全依著社會成員的意願而遷徙。

4. **大眾遷徙**：指一大群人同時出現遷徙行為，屬團體式非個別化的遷徙行為。

(三) **理論**：推拉理論—由於不利與有利因素的作用產生人口在空間上的變動。

七、人口變遷的評估：(一)生育；(二)死亡；(三)遷移（徙）。

八、臺灣人口指標。

九、人口轉移（型）論：表一地或社會的人口隨著社會發展而產生不同的變化，為：

(一) **低度發展時期**：低出生率、低死亡率。

(二) **發展中時期**：低死亡率、高出生率（人口爆炸壓力）。

(三) **已發展時期**：低出生率、低死亡率的人口負成長現象。

十、人口學理論

(一) **馬爾薩斯**：人口以幾何級數成長遠大於食物的算術級術成長，以致產生人口快速成長及貧窮問題，惟有採饑餓、瘟疫、戰爭方式解決。

(二) **馬克思**：來自生產工具所有權和社會財富分配不公所致，是資產階級特意製造人口過剩，以保有既得利益。

(三) **零度人口成長論**：人口不增也不減。

十一、綠色革命：採高科技所致的農產品出現高產量與高品質，導致付出費用增加及基因的同質性，破壞自然界原有的生長秩序，應採取革新方式加以改善。

十二、臺灣的人口問題

(一) 生育率下降。　　　　　(二) 年齡結構老化。

(三) 人口總量增加與人口趨緩。　(四) 外來人口影響。

(五) 境內人口遷移與人口更加集中化。

十三、生病與社會醫療化。

重點整理

一、人口組合

人口組合（或人口結構）（population composition or structure）是指人口數量在靜態方面所表露之現象。換言之，係指一個人口集團在某些屬性或特徵方面的分配情形，可依屬性與特徵分為五大類：

(一) **生物的**：如性別與年齡。

(二) **人種的**：如種族、民族、語言及國籍。

(三) **地理的**：如區域、省、縣、鄉村、都市、都會。

(四) **社會經濟的**：如職業、收入、社會階級。

(五) **文化的**：如教育、宗教、婚姻狀態。

二、性(別)比例

性別比例（sex proportion）是測量人口集團性別組成最簡單的量數。所指的是每百名女子相對的男子數。計算公式：$\dfrac{男子數}{女子數} \times 100$。

歐美的性比例小於100（即女多於男），而發展中國家多大於100。臺灣的性別比例一直維持在100～104左右（即男多於女）。

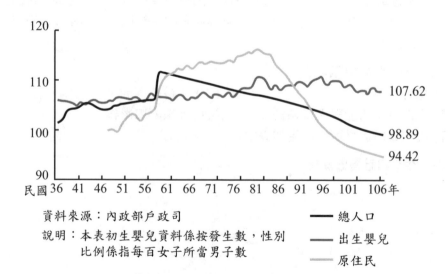

資料來源：內政部戶政司

說明：本表初生嬰兒資料係按發生數，性別比例係指每百女子所當男子數

總人口
出生嬰兒
原住民

圖7-1　台灣人口金字塔變遷

三、人口金字塔

人口的性別與年齡組成一般是以人口金字塔（population pyramid）的呈現，是一組水平長條圖的組合，各個長條都代表5年的年齡世代（所謂世代〔cohort〕係指一群分享同樣特徵與生活事件的團體；此處代表特定某五年內的所有人口）。每一個世代由兩條分別代表兩性的長條圖所組成，長條圖頭尾相連，中間由一條代表零值的縱軸將之分隔兩半，金字塔的左半通常代表不同男性世代的數目和百分比，右半代表不同女性世代的數目和百分比。金字塔圖形依據世代堆砌，0～4歲的世代構成金字塔底部，而80歲以上的世代則居頂層（見圖7-2）。人口金字塔可清楚檢視各年齡世代的相對人數，並比較每個年輪男女兩性的相對數目。

人口金字塔清楚說明某特定時期內各年輪的兩性數量。一般來說，人口金字塔可分為三種形狀：擴張型、壓縮型和停滯型。三角形狀的擴張型金字塔（expansive pyramids）是勞力密集第三世界的特徵，其底部最寬，而依次往上的長條會愈來愈短（見圖7-2(a)）。在擴張型人口金字塔當中，各年齡世代的相對數量顯示人口仍在持續增加，且其組成大部分是年輕人。

壓縮型金字塔（constrictive pyramids）是某些歐洲社會的特徵，以瑞士和德國最為顯著，其底部比中間部分來得窄（見圖7-2(b)），顯示人口大多由中老年人組成。至於停滯型金字塔（stationary pyramids）則是多數已開發國家的特徵，停滯型與壓縮型金字塔類似，不同之處在於此型各年齡世代的人口數量大致都差不多，而生育率正處於替代水準（replacement level）（見圖7-2(c)）。

人口學家之所以研究性別與年齡組成，是為了將出生率與死亡率放到一個更廣的脈絡中。

下列三圖顯示(a)擴張型金字塔是勞力密集第三世界的特徵，(b)壓縮型金字塔是某些歐洲國家（如瑞士）的特徵，以及(c)停滯型金字塔是大多數發展中國家的特徵。至於臺灣在1960年代及人口推估2020年的人口金字塔詳見圖7-3及7-4。

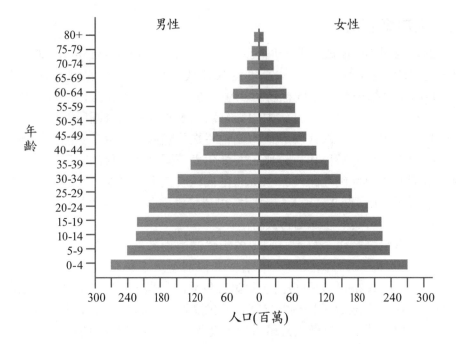

(a)擴張型金字塔

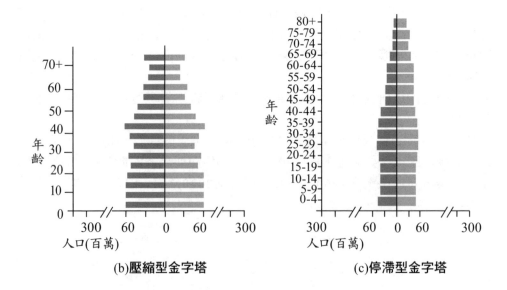

(b)壓縮型金字塔　　　　　　(c)停滯型金字塔

圖7-2　常見的人口金字塔圖形

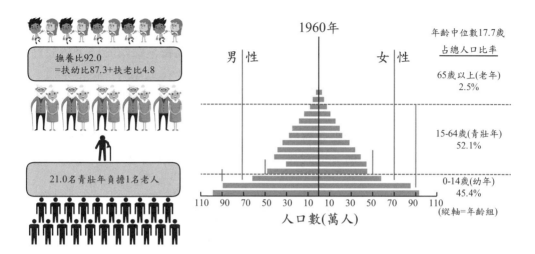

圖7-3 臺灣人口金字塔（1960年）

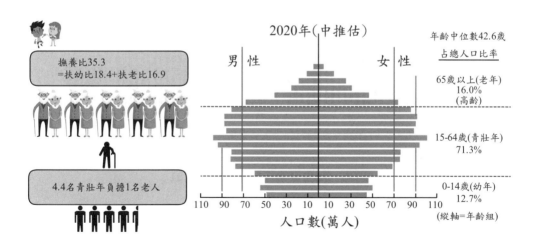

圖7-4 臺灣人口金字塔（2020年中推估）

四、台灣的總生育率變遷

我國婦女總生育率（Total Fertility Rate, TFR係指平均每位婦女於15至49歲育齡期間所生育之子女數）自民國40年後，即呈現一路下降的趨勢。從73年起，總生育率下滑至2.1人的替代水準以下。75年到86年之間，總生育率平均維持在1.75人左右。但從89年起，總生育率又繼續明顯下降，到92年總生育率僅為1.23人，我國跨入所謂「超低生育率」的國家行列。99年總生育率更進一步下跌到0.895人的新低點，101年則回升為1.265人，106年又降到1.13人，108年為1.05人（圖7-5）。

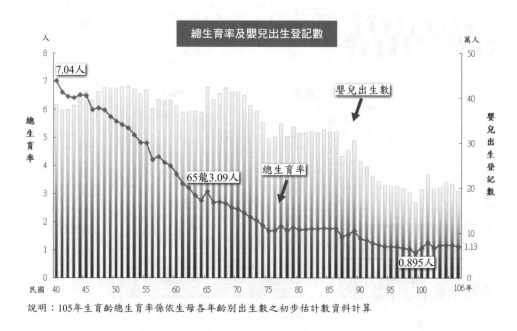

說明：105年生育齡總生育率係依生每各年齡別出生數之初步估計數資料計算

圖7-5　總生育率及嬰兒出生登記數

五、依賴率

依賴率（或稱扶養率）（dependent ratio）是用以了解人口集團中生產人口（productive population）與依賴人口（dependent population）的比率。先將人口按年齡分為三組（即所謂三階段年齡）：(一)0～14歲，為幼年人口；(二)15～64歲，為生產人口或經濟活動人口；(三)65歲以上，為老年人口。幼年人口和老年人口合計對生產人口的比率，乘以100，即每百生產人口相

對的依賴人口數。計算公式：$\dfrac{\text{幼年人口}＋\text{老年人口}}{\text{生產人口(15\~64歲)}}\times100$。一般說來，一地

或一國的依賴率愈高，經濟負擔愈重，生活水準愈低；反之，依賴率愈低，經濟負擔愈輕，生活水準愈高。低度發展國家多為高依賴率，高度工業化和都市化國家呈低依賴率。臺灣地區當前的三階段人口分布詳見圖7-6。

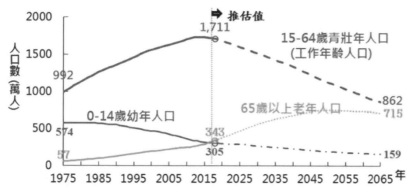

- 15－24歲青壯年人口已於2015年達最高峰後逐年減少。
- 老人人口於2017年起超越幼年人口，預估於2027年突破500萬人。
- 與2018年相比，2065年幼年人口及青壯年人口約減少一半，老年人口則增加約1.1倍。
- 本圖為中推估結果。
- 資料來源：國家發展委員會「中華民國人口推估（2018年至2065年）」，2018年8月。

圖7-6　台灣三階段人口分布百分比

六、人口遷徙

(一) **定義**：人口遷徙（population migration）係指人口由一地遷至另一地，且在目的地久居。依遷出入地區可分為國際遷徙（international migration）和國內遷徙（internal migration）。

(二) **分類**：人口學家彼德森（Peterson）提出遷徙的四種型態：

1. **原始遷徙（primitive migration）**：原始遷徙是在人們不能應付自然或生態的勢力時，為了求生存所採取的行動。造成原始遷徙的主要原因是自然的、地理的、或生態因素。

2. **被迫遷徙（forced or impelled migration）**：被迫遷徙是由於政治或經濟勢力所迫而造成的遷徙，如逃避政治迫害或奴役買賣。

3. **自由遷徙**（free migration）：自由遷徙則取決於個人的意願，主要是個人的或心理的。

4. **大眾遷徙**（mass migration）：大眾遷徙是由於社會勢力所造成的。這種遷徙運動傾向團體的模式，與個人抉擇的自由遷徙有別。在國內的遷徙過程中，有時同一村落的一批人遷至某地。

(三) **理論**：至於解釋人口遷徙的理論主要是推拉理論（push-pull theory），指人口由甲地遷至乙地係由於甲地有推力（不利因素），將部分人口推出，而此部分人口之所以遷入乙地，表示乙地對這些人口而言具有拉力（有利因素），故由人口長久移動之推拉因素考量，找出原因，對於地區的社會計畫及政策有很大助益。

七、人口變遷的評估

為評估人口總數的變遷，人口學家著重三個變項：生育（fertility）、死亡（mortality）、及遷移（migration）。

(一) **生育**：粗出生率（crude birth rate）是一年內每千人口的出生數。粗出生率並非長期分析的基礎，而是以總生育率（total fertility rate）為主，是指每個婦女一生平均所生的子女數。

(二) **死亡**：粗死亡率（crude death rate）是一年內每千人自的死亡數。然而，死亡數並未考慮年齡。因此，更重要的是年齡調整的死亡率。

嬰兒死亡率（infant mortality rate）是一年內每千活產嬰兒（未滿一歲）的死嬰數。至於壽限（life span）是人類活存的最大歲數，變化不大，變化大的是實際活存到某一個年紀的人數。此種增加也影響平均餘命（life expectancy）的增加。平均餘命是指某特定年齡的人殘餘的活存歲數。

在所有人口學的變項中，死亡的變遷對人口史產生強烈的衝擊。生育率在第三世界已保持不變，甚至下降，但死亡率在多數國家中卻直線下降。但在已發展國家則不然，主要來自生育率的持續下降。今日，全球的人口爆炸主要來自成功的死亡控制，而非缺乏生育控制。

(三) **遷移（徙）**：是指人們由一地移到另一地，且在新地方久居。淨遷移率（net migration rate）是一年內每千人口中遷入人數和遷出人數的差價。人口外移（emigration）是人口由出生地或現住地遷往國外；人口內移（immigration）是人口由國外移入，這兩個名詞涉及國際遷移（international migration）。但境內或國內遷移（internal migration）也非常重要。

人們遷移係基於各種理由，例如：自然災害、政府或宗教的迫害、渴望冒險或生活機會的改善、以及團體的動力促成。所有這些理由導致人民紛紛遷往已發展國家。

八、世界的人口結構與問題

依據統計資料顯示，截至2019年底，世界人口計79億人。甚至有幾個階段的人口數量達到人口突然快速成長的人口爆炸現象，就像炸彈爆炸的瞬間般。人口爆炸常發生在戰爭後的一至兩年，例如第二次世界大戰之後，世界各國都出現了人口爆炸。綜觀，全球人口數量爆炸性的成長：自1804的10億、1927年20億、1959年30億、1974年40億、1987年50億、1999年60億、2011年已達70億，2018年達75億人。據預測2050年世界人口將大約在85至105億之間，取決於出生率下降的速度。長遠看來，估計2050年至2150年，世界人口將停止成長並緩慢下降。

另，全世界200多個國家，以中國大陸人口數14億最多，其次為印度的13.7億，居第三位至第十位的分別是：美國3.2億，印尼2.6億，巴西2.1億，巴基斯坦2億，奈及利亞2億，孟加拉1.7億，俄羅斯1.4億及墨西哥1.3億（見下表7-1）。

表7-1　全世界人口最多的前十個國家

排名	國家/地區	人口	佔世界比
	世界	7,659,900,000	100%
1	中華人民共和國	1,400,050,000	18.01%
2	印度	1,373,300,000	17.66%
3	美國	329,890,000	4.24%
4	印尼	269,600,000	3.47%
5	巴西	211,730,000	2.72%
6	巴基斯坦	209,690,000	2.70%
7	奈及利亞	207,890,000	2.67%
8	孟加拉	170,900,000	2.20%
9	俄羅斯	146,650,000	1.89%
10	墨西哥	137,510,000	1.77%

資料來源：維基百科-各國人口列表（2020年7月1日）

九、台灣的人口現況與結構問題

依據行政院統計處資料顯示，台灣最新的人口統計如下：

(一) 108年底我國戶籍登記人口為2,360.3萬人，較上（107）年底增加1.4萬人（+0.6‰），人口增加數及增幅皆為歷年新低。

(二) 6直轄市占全國總人口近7成，其人口總增加率以桃園市增幅12.6‰最大，新北市增5.7‰次之；另以臺北市減少8.9‰較多。

(三) 我國戶籍人口變動因素首度以社會增加為主，人口成長持續呈趨緩現象，除民國58年職業軍人納入戶籍人口統計，造成戶籍人口遽增外，其餘各年人口總增加率呈逐漸下滑趨勢；從民國40年的41.68‰，下降至73年的14.83‰，33年間人口增幅遽減26.85個千分點，之後人口增幅持續下滑，至108年為0.60‰，近35年來減少14.23‰，108年底人口結構簡要分析如下：

1. 人口數：民國58年底戶籍人口數1,433.49萬人，61年底突破1,500萬人，達1,536.78萬人，78年底突破2,000萬人，達2,015.66萬人，97年底達2,303.70萬人，108年底我國戶籍登記人口計2,360萬3,121人，總人口較上年底增加1萬4,189人，總增加率為0.60‰，惟增幅較上年底減少0.15個千分點，人口成長持續趨緩。另依據國家發展委員會中華民國人口推估（107至154年）數據（中推估），我國人口將於110年底達2,361.4萬人高峰後反轉向下。

2. 性別：108年底男性1,170萬5,186人占49.59％，女性1,189萬7,935人占50.41％，性比例（每百女子所當男子數）降至98.38，主要係女性平均壽命相對較長所致。

3. 縣市別

    (1) 6直轄市：108年底我國戶籍登記人口數，以新北市401萬8,696人占17.03％最多、臺中市281萬5,261人占11.93％次之、高雄市277萬3,198人占11.75％居第3，臺北市及桃園市亦超過2百萬人，分別為264萬5,041人及224萬9,037人，若再加上臺南市188萬906人，以上合占全國總人口達69.41％，將近7成。

    (2) 人口總增加率：

        A. 6直轄市：截至108年底，6直轄市人口總增加率以桃園市增幅12.60‰最大，新北市增5.73‰次之，而臺北市則減少8.86‰較多。

B. 地區別：以金馬地區人口總增加率為6.18‰最大，其金門縣及連江縣增幅分別為6.53‰及2.52‰；北部地區人口總增加率3.30‰次之，主要為桃園市、新竹縣、新竹市及新北市增幅分別為12.60‰、12.35‰、7.08‰及5.73‰所帶動；中部地區僅臺中市增加4.05‰，南部地區亦僅澎湖縣增加7.32‰，其餘縣市人口則均負成長。

C. 增加特性：另按我國108年底自然、社會增加率觀察，包括桃園市、新竹縣、澎湖縣、新竹市、金門縣、新北市等6個縣市人口增加率明顯之原因，除其自然增加率驅動外，主要為社會增加率高於其他各縣市所致，尤以新竹縣、桃園市分列前2位，分別為11.15‰及8.29‰。

D. 原住民族人口總數：573,980人（2.43%）（2020年6月統計）

E. 歸化取得國籍的外裔（籍）配偶新住民人口總數：536,452人（2.27%）（2018年5月統計）

F. 年齡結構（2020年3月統計）：
　　a. 0-14歲：12.71%（合計：2,999,434人）
　　b. 15-64歲：71.78%（合計：16,936,781人）
　　c. 65歲以上：15.51%（合計：3,660,278人）

G. 人口密度：651.71人/km²（2019年2月統計）

H. 人口成長率：0.6‰（2019年統計）

I. 出生率/總出生人數：7.53/1,000人、177,767人（2019年統計）

J. 死亡率/總死亡人數：7.47/1,000人、176,296人（2019年統計）

K. 淨遷移率：0.89/1000人（2015年統計）

L. 性別比：平均：0.98　男/女（2018年統計）
　　a. 出生：1.069　男/女
　　b. 15歲以下：1.09　男/女
　　c. 15-64歲：1.00　男/女
　　d. 65歲以上：0.84　男/女

M. 結婚率/離婚率：6.61/1,000人、2.26/1,000人（2017年10月統計）

　　N. 平均壽命：總計80.69歲；男性77.55歲；女性：84.05歲
　　（2018年統計）

　　O. 總生育率：1.18/婦女（2016年統計）

表7-2　百年人口重要指標

年別	人口數(萬人)	出生數(萬人)	死亡數(萬人)	總生育率(平均每位婦女一生生育子女數)	零歲平均餘命(歲)	6-21歲學齡人口(萬人)	15-64歲工作年齡人口占比(%)	65歲以上老年人口占比(%)	年齡中位數(歲)
1965	1,270	41	7	4.83[2]	67.1[2,3]	471[2]	52.5[2]	2.6[2]	17.3[2]
1975	1,622	37	8	2.77	70.6[2,3]	620	61.1	3.5	21.2
1985	1,931	35	9	1.88	73.0[2]	614	65.3	5.1	25.1
1995	2,136	33	12	1.78	74.5	588	68.6	7.6	29.8
2005	2,277	21	14	1.12	77.4	512	71.6	9.7	34.7
2015	2,349	21	16	1.18	80.2	415	73.9	12.5	39.9
2016	2,354	21	17	1.17	80.0	401	73.5	13.2	40.4
2017	2,357	19	17	1.13	80.2	387	73.0	13.9	41.0
2018	2,359	18	18	1.09	80.6	378	72.5	14.5	41.6
2019	2,360	18	18	1.09	80.8	366	72.0	15.3	42.1
2020	2,361	18	18	1.09	80.9	359	71.3	16.0	42.7
2025	2,359	17	20	1.13	81.7	326	67.8	19.9	45.4
2035	2,306	14	25	1.19	82.9	298	61.9	27.3	50.5
2045	2,165	12	30	1.20	83.8	254	56.8	33.7	54.2
2055	1,963	11	34	1.20	84.5	212	52.8	38.0	57.1
2065	1,735	9	34	1.20	85.0	187	49.7	41.2	57.8

註：1. 6－21歲學齡人口為學年別之數據。
　　2. 不含福建省金門、連江兩縣之資料。
　　3. 由於1965年及1975年未公布兩性平均之零歲平均餘命數據，故上表係依
　　　 據男、女性零歲平均餘命估算得之。
　　4. 表中除零歲平均餘命係2017年（含）以後數據為推估值以外，餘均為
　　　 2018年（含）以後數據為推估值（中推估假設）。

表7-3　人口重要指標大事紀

1984年	總生育率降至2.055人，低於人口替代水準2.1人
1989年	總人口突破2千萬人，年齡中位數為27.0歲
1990年	15-64歲工作年齡人口占總人口比率超過三分之二
1993年	65歲以上老年人口占比超過7%，我國正式成為高齡化社會
2010年	逢農曆虎年及前一年孤鸞年效應影響，總生育率陡降至0.895人
2015年	15-64歲工作年齡人口數達最高峰1,737萬人
2016年	18歲（大學入學年齡）人口開始低於30萬人
2017年	老化指數大於100，我國老年人口數超越幼年人口數，成為青壯年人口主要的扶養對象
2018年*	65歲以上老年人口占比超過14%，我國正式邁入高齡社會
2020年	死亡人數超過出生人數，自然增加率由正轉負
2021年	總人口數達到最高峰2,361萬人
2026年	65歲以上老年人口占比超過20%，我國進入超高齡社會
2027年	15-64歲工作年齡人口占總人口比率開始低於三分之二；65歲以上人口超過5百萬人
2034年	年齡中位數達50.1歲，代表全國每2人中即有1人超過50歲
2036年	18歲（大學入學年齡）人口開始低於20萬人
2040年	65歲以上老年人口占比突破3成；15-64歲青壯年人口占比跌破6成；每2位青壯年人口扶養1位老年人口
2043年	65歲以上老年人口超過7百萬人
2045年	死亡人數突破30萬人，為2018年之1.7倍
2054年	總人口開始低於2千萬人，年齡中位數為56.8歲

註：*本表數據以年底資料為主，雖2018年年底仍屬推估期間，惟該年3月我國已邁入高齡社會，故本表資料為2018年（不含）以後數據為推估值。

至於，人口推估後的具體政策與因應，臺灣天然資源相對匱乏，量多質精的人力資源，是創造過去引以為傲的臺灣經濟奇蹟的幕後推手，107年我國已邁入高齡社會，且於未來5至9年間（110~114年間）人口亦將轉呈負成長趨勢。面對高齡化速度加快之趨勢，政府針對提供完善生養環境、教育資源有效配置、強化人力資源運用、營造友善高齡社會及其他相關因應對策，應有更積極的思維與行動方案，以維持國家整體競爭力。

(一) **提供完善生養環境**：未來人口高齡化速度主要仍繫於生育率是否能扭轉回升。如現在不積極提升國人養育下一代之意願，生育率仍可能持續下降，將更難以維持穩定的人口結構，對於未來之影響層面及衝擊力道將更大，故應持續加強完善生養環境及提升生育率等相關措施。

(二) **教育資源有效配置**：未來20年，各級學齡人口仍將持續減少，尤其18-21歲人口將較105年減少三成以上，除了調整現有教育資源，及加強推動教育產業輸出外，亦應配合高齡產業發展，調整教育資源配置，以培育優質人才，厚植我國人力資本。

(三) **強化人力資源運用**：工作年齡人口自105年起即開始減少，未來亦將隨總人口高齡化趨勢，使勞動力漸趨高齡化，進而影響勞動力供給規模。面對勞動人口持續減少之威脅，一方面應擴大勞動供給來源，強化高齡人力資源運用，並規劃合宜移民政策；另一方面亦應提升勞動者專業技術能力，善用機器人自動化生產模式，以提升勞動生產力，促進人力資源有效運用。

(四) **營造友善高齡社會**：面對107年後的高齡社會，長期照護等醫療照護需求勢必快速增加，另老年經濟安全保障及銀髮產業發展等相關政策，亦應及早規劃，以營造健康老化、活躍老化之高齡社會。

(五) **其他相關政策配合**：除上述人力資源發展相關因應對策外，由於人口議題牽涉範圍極廣，各項產業、財政、國土、社會、醫療、退休、住宅、多元社會發展等相關政策，均應因不同世代人口數量及結構的轉變，進行階段性調整，以提升國民生活福祉。

十、人口轉移論

人口轉移論（或稱人口過渡論）（demographic transition theory），係指社會在經歷工業化期間，人口變遷所經過的三個階段（圖7-7）：

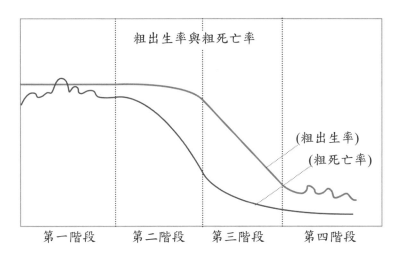

圖7-7　人口轉移圖

1. **前工業階段（1750年之前）**：由於瘟疫與飢荒影響，出生率高而穩定，死亡率高但呈波動狀態，人口成長有限，屬穩定成長階段。然而，由於高出生率被高死亡率所抵消，故稱「人口浪費」階段。
2. **過渡階段（約1750-1930年）**：由於社會經濟改善、公共衛生實施與生活水準提高，死亡率急遽下降，但生育率依然維持高水準，只有少許下降趨勢，因此，人口快速發展，又稱「人口爆炸」階段。
3. **工業階段（約1930年以後）**：由於都市化與工業化發展，引起其他社會變遷，有利小家庭發展。人口完成轉型，生育率顯著降低，死亡率達到相當低水準，人口再度趨於均衡。其後，即呈現緩慢成長或靜止狀態，也稱「人口現代化」階段。

根據人口轉移模型，大多數非洲國家屬第一階段，有高的出生率和死亡率；印度和大多數拉丁美洲國家處於第二階段，有過渡性的高成長率；而工業化國家則處於最後的第三階段，具有低變動的出生率和低而穩定的死亡率，其中有些國家的出生率甚至低於死亡率，如德國就是一例，因而導致該國人口的減少（除非以移入來彌補減少的人口）。

人口轉移不應視為所有國家必然經歷的固定程序。在某些情形下，文化因素對出生率的影響，比經濟發展和社會經濟地位的影響更大。人口轉移論不僅可用來敘述工業化國家的特徵，也可用來預測其他地區最後將發生的事件。

十一、臺灣的人口轉型

臺灣的人口轉型起自日治時代的中期，在1920年以前臺灣的出生率與死亡率大致維持在千分之三、四十，出生率略高於死亡率，人口成長緩慢，死亡因疫病流行而有暴起暴落的現象。1920年以後，死亡率呈長期大幅下降趨勢，在出生率尚未下降前，兩者的差距逐漸擴大，人口成長快速。至1950年代以後，出生率也隨之下降，人口成長減速。1984年以後，人口淨繁殖率均低於替換水準，長期埋下人口衰退的因子。以1995年為例，死亡率為千分之五，出生率約千分之十五，人口自然增加率（兩者之差）約千分之十，每年以百分之一的速度成長。

臺灣自1920年以來的死亡率下降，主要是傳染病與寄生蟲病的有效控制，以及呼吸器官結核病的有效隔離。加上稻米生產技術改良及灌溉水道的興建，糧食生產增加，人們健康及抵抗力提高。

死亡率是年齡的U型分配，也就是年齡別死亡率在嬰幼兒時與老年時有偏高的型態，自1920年以來，死亡率的下降有一半以上係因嬰幼兒（五歲以下）死亡率的下降，老年人口死亡率的下降是晚近的事。在死亡率下降的過程中，嬰幼兒死亡率先行下降的理由為早期的嬰幼兒死亡主要是疾病感染與抵抗力不足，傳染病控制與營養改善即能迅速使其死亡率下降；而老年人的死亡則常因器官退化，其死亡率的下降除有賴醫學技術的長期發展與累積，老年人其一生中有較佳的生活條件與醫療照顧，而少受到疾病感染也是重要因素，因此在死亡率下降的初期無法迅速下降。

臺灣的人口出生率在日治時代並未有明顯的下降趨勢。1920年至1930年出生率略有上升，而1930至1940年則略有下降。其原因乃為1920年開始的死亡率下降係以嬰幼兒死亡率的下降為主，由於嬰幼兒死亡率下降後使得未達生育年齡的年輕人口大增，在生育水準不變下，會有較低的出生率，會有較低的出生率，因此1930至1940年的出生率略有下降。臺灣的出生率自1951年以後即長期大幅度的下降，尤在1984年以後，人口淨繁殖率均低於替換水準，長

期而言，平均一位女性一生中生育不到一位女性，人口已顯示衰退的趨勢。自1986年以後，臺灣的人口淨繁殖率均在0.8上下，意謂著如果維持此一生育水準，未來每經過一代，人口將損失兩成。

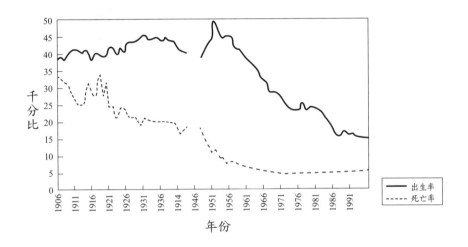

圖7-8　臺灣的人口轉型，1905-1995

由於人口轉型，臺灣在1955到1982年間形成生育的高峰期，類似歐美國家的戰後嬰兒潮（baby boom），在其成長的過程中的不同階段均對社會經濟產生衝擊。當這群人口進入學齡時，由於學齡人口突然大增，原有的學校師資與設備即顯得嚴重不足，必須擴充學校設備、增聘師資。當生育高峰人口陸續離開學校而進入勞力市場時，若社會經濟條件無法立即調整以吸納這群人口，則失業率必然提高。當這群人口均進入勞力市場後，由於後繼的人員減少，需要年輕勞動力的產業（例如營造業）首先面臨勞動力不足的現象，近年來臺灣自國外引用大量勞工，部分反映年輕的勞動力不足。由於職位結構呈金字塔形狀，基層者多而高階者少，且升遷與資歷有關，由於後繼的勞動力減少，代表基層的勞動力減少，使得高舉生育期出生的人口在勞力市場面臨升遷不易的困境。當這群人口年齡逐漸增長，勞動力人口的平均年齡也逐漸上升，而形成勞動力的老化。因為較高年齡的人吸收新知的意願與能力下降，在此技術不斷創新的時代，勞動力老化可能有不利的影響。

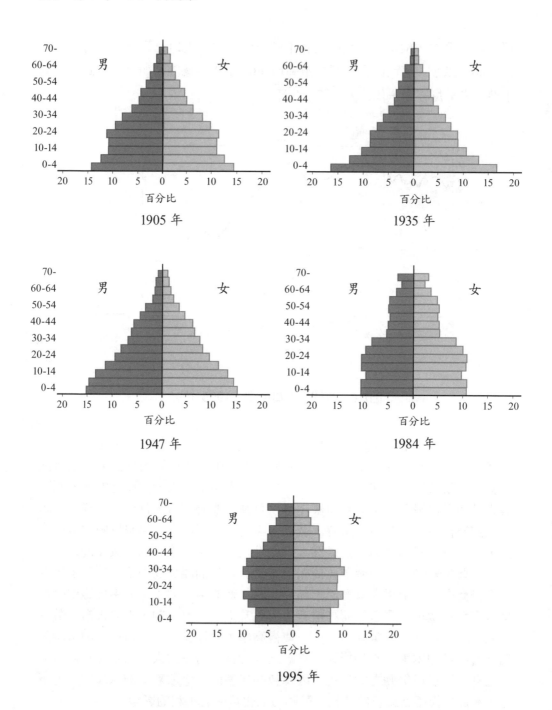

圖7-9　臺灣的人口年齡、性別組成

根據國際研究機構預測，2015年全球六大趨勢高齡少子化排名第一，種種跡象顯示，人口老化及少子化是21世紀人類最重大的挑戰，臺灣尤其明顯，變化之迅速出乎意料。

根據內政部統計顯示，臺灣自1993年9月正式進入「高齡化社會」國家，2009年更達10.63%，每年約以12萬人的速度增加，2018年2月，臺灣高齡人口的比率超過14%，正式邁入聯合國世界衛生組織所定義的「高齡社會」國家；至2027年，高齡人口約有491萬人，佔總人口20.69%，亦即每5個人中就有1個是高齡者。加上生育率逐年下滑，民國87年至98年，出生嬰兒數由27萬人，降至98年的19.1萬人；每位婦女平均生產 1.03人，遠低於人口替換水準2.1人，比日本的1.4人低很多，臺灣已經成為全世界生育率最低的國家之一，更加速臺灣社會的人口老化現象。臺灣高齡化及少子化的速度，冠於全球。據行政院國發會估計，臺灣老年人口比重由10%增至20%，僅需20年，其它先進國家如西歐及北歐，大多在50-100年以上。因此，臺灣高齡化問題，可說是「後發先至」。照目前我國婦女生育趨勢，臺灣在10年內人口也會開始減少。

高齡少子化不僅產生勞動力供給不足問題，更因子女不斷減少，老人持續增加，年輕人的負擔越來越重，經濟成長率日益下降。有人以「從美麗新世界，到世界不美麗」形容人口變遷的難題，彼得杜拉克也預言，21世紀的大多數人可能要工作到75歲才能退休。

Coale曾列舉三個有偶生育率下降的先決條件的有效性，分別是：
(一) 生育必須是在有意識選擇下的規劃行為。
(二) 降低生育必須被察覺到是有利的。
(三) 降低生育的有效技術必須是可資利用。

Coale的這三個必要條件可以轉譯為，當存在可使用的節育技術下，生育率的下降是因為個人節育被認知為是一項有利的行為，因此個人有意識地採取的節育行動造成生育率下降的集體後果。因此死亡率先行下降，而生育率隨之下降的經驗規律中，就牽涉到一個社會對生育率下降的「好處」，有一種集體的主觀評價轉變。陳寬政、王德睦、陳文玲等人曾提到人口學文獻中屢經討論的兩種主觀認識轉變所造成的顯著作用：補償效果（Replacement Effect）與保險效果（Insurance Effect）。前者是父母藉延長生育來彌補已經損失的子女數量，後者則是緣於父母可能對子女死亡有相當的恐懼，而盡可能多生以備未來的損失。

十二、台灣低生育率的影響

由於受到低生育率的影響，全球許多國家均面臨人口結構變遷、人力運用與社會、經濟永續發展之課題。少子女化不僅攸關維持國家及社會的基礎人口，也關係著經濟及社會保障問題，依國發會「中華民國2018年至2065年人口推計」報告之中推計，2022年新生兒的出生數趨近於死亡數。如果生育率繼續下降，則人口開始負成長的時間會更早，亦將造成高齡社會的提前到來。人口結構快速變遷，將為我國帶來以下挑戰：

(一) **勞動力數量與組成的變化影響國家競爭力**：出生率持續下降將導致就業市場的人力漸趨萎縮與勞動力結構高齡化。一旦發生勞動力供應失調，對國家發展相當不利，影響層面也相當廣泛，包括消費市場，教育與養育規模，稅收，國防所需人力…等，都會影響國家競爭力之提升。

(二) **人口結構失衡對扶養負擔與老幼照護的關係**：我國已進入低生育低死亡階段，兒少人口不論數量與比例都將萎縮，而高齡人口將日漸增加，當家庭成員數逐年減少，家庭養老功能減弱，國家須負擔較高成本投注於老人福利、安養措施及醫療照顧等，以建立完善的社會安全體系。同時，因為家庭規模與子女數都趨於減少，家庭型態也趨於多元，結婚與生育時間後延與新生嬰兒性別比失衡，子女的托育、養育、教育以及親子關係等相關課題與需求的改變，配合整體社會的變遷，都需要有不同的思維與措施來因應。

(三) **勞動人口減少與財政收入的關係**：生育率持續下降，將導致未來工作年齡人口萎縮，使新進勞動市場的人力供給來源數量逐漸減少，勞動人口結構亦會呈現中高齡化。尤其在十年之後，我國逐漸脫離人口紅利期，勞動力占總人口比例即開始下降，扶養比例上升。若未能及早妥善規劃，恐難以因應人口高齡化帶來的衝擊，也會影響產業及經社發展的人力運用，進而會影響企業的投資意願，衝擊國家競爭力。

(四) **學齡人口數日益減少與教育發展的關係**：生育率降低使得幼年人口減少，近年來學齡人口數逐年遞減，已對各級教育體制造成衝擊。6歲至21歲學齡人口總數已從65年達625萬3千人的高峰開始下降，106年時只有383萬人；尤其在85至101學年度高教的擴張，升學率快速提升，以學士班為例，在學學生總人數從33萬8千人增加至103萬8千人，同期間，高等教育（18-21歲）學齡人口數已經從155萬人降至128萬人，招生不足的現象已難以避免。至於國中小教育階段的學齡人口，更直接受到少子女化

影響。目前我國師資培育為多元、儲備、甄選制，惟師資之供應與需求仍宜相互調整，並關注教師超額與教室閒置等問題。雖然我國的生師比（計算方式：當學年度學生數總額/當學年度教師數總額）仍有下降的空間，少子女化趨勢有助於繼續下降生師比，甚至未來會更低於先進國家。在未來學齡人口持續下降的情形下，各級教育如何提升教育品質，培養國家發展所需人才，結合學、訓、用，將人才作最適當的配置，乃為要務。在另一方面，國人教育不僅普及且不斷提升，從不同教育程度之結婚率與生育率來觀察，教育程度高者在兩項比率上都偏低，且傾向於晚婚與晚生，如何將教育與婚姻家庭生涯，以及家庭照顧與職業生涯，增加其相容性，各種友善措施與性別平權也都是值得重視的議題。

(五) **人口變遷對生態環境與永續發展方面的關係**：強調生態環境與永續發展已成為各國政府、國際社會及全體國民高度關切的課題，而人口成長、結構及分布，以及人們對土地利用的方式、能源開發、生產及交通科技的廢棄物排放、生活及消費型態等，會直接或間接影響到我們的生態系統及永續發展。雖然人口和生態環境的關係相當多元，如果我們僅由人口數量的變遷來觀察環境的負荷問題，那麼，人口的增長對水污染、空氣污染、水資源的質與量、廢棄物處理、噪音、交通、城市環境，乃至對森林環境的維護等，都會增加其負荷。特別是我國人口密度於民國106年達每平方公里646人，在千萬人口以上國家當中，僅次於孟加拉高居第二，不少人認為或可藉人口負成長來降低人口密度，減少自然資源負荷，並改善人口生活品質。

我國總人口數於108年底為2,360萬3,000人，未來5年會微幅增加，但依國發會推計報告所指，單純考量出生與死亡人數，至111年人口出生數等於死亡數，此後人口逐年減少，負成長會愈來愈明顯。值得注意的，目前至114年之間，在人口總數量幾無變化的情形下，老年人口百分比卻將由11％增至20％；因此，目前人口政策強調生育率的提升，並無法扭轉人口負成長的趨勢，其目的在於減緩負成長的速度，以降低人口結構改變所帶來各方面的衝擊。

(六) **家庭規模與型態改變所產生的影響**：生育率持續下降不僅顯現於家庭中子女數的減少，家庭型態與組成也呈現規模小而多元的現象。以最近兩次（89年與99年）戶口普查為例，平均每戶人數從3.3人降至3人，其中又以兩人戶由111萬6千戶增至163萬3千戶，十年間增加46.4％的幅度最

為明顯，而5人與6人以上戶則明顯減少。以家庭型態來說，「夫婦戶」從50萬4千戶增至81萬8千戶，「夫（或婦）與其未婚子女戶」從37萬4千戶增至55萬5千戶，增幅分別為62.3％與48.3％，是增加最為明顯的兩類。此外，也因為家中子女少，成為獨生子女機會增加，加上資訊科技的發達與家庭、就業型態的改變等，子女幼年期由父母親自教養機會下降，教養方式也會受到影響。

1950年代裡，許多的國家開始進入人口轉型，死亡率首先下降，而且，快速巨幅地下降，於是，造成高度人口成長而醞釀了「人口爆炸」（population explosion）危機。在此階段，如何降低生育率成為人口研究關注焦點。到了1970年代，工業化國家的生育率盤旋在替換水準上下，甚至出現「低於替換水準」的生育率（below the replacement level fertility），於是，生育連結人口老化的關係，成為另一被人口研究的主題。1980年代以後，低生育率的國家，在社會經濟環境變遷下，生育率進一步下滑，呈現「超低生育率」（lowest-low fertility）的現象，又引發了「人口衰退」（de-population）的危機。

回顧臺灣在二十世紀中期以後的生育率變遷，的確極其快速地完成生育轉型歷程。現在，臺灣的育齡婦女總生育率為0.895人，已經是名符其實的超低生育率國家，正在面臨超低生育率即將衍生的人口危機及社會經濟後果。在此同時，超低生育率何去何從，亦即，臺灣生育率的未來發展趨勢，成為眾所關注焦點。

臺灣的生育率下降，是發生在育齡的每一階段。整體而言，生育數量變遷效果（quantum effect），促使年齡別生育率曲線（ASFR curve）巨幅下滑，尤其近幾年的模式完全迥異於前。1950-1970年間，生育率下降的主要成分，就是高齡（35-49歲）的生育水準大量縮減；1970-1980年間的變化，重心則是25-35歲生育數量降低；1980-2000年間，則以20-25歲的生育率進一步壓縮為主；而最近幾年裡，25-30歲組生育率每下愈況，成為加速推進超低生育率的主因。

當然，臺灣地區育齡婦女生育率變化，不僅發生在數量方面，在生育步調的模式上，亦是展現劇烈變遷。比較育齡婦女的年齡別生育率與相對年齡別生育率（relative age-specific fertility rate），呈現臺灣在二十世紀下半葉以來的生育步調變化。整體而言，生育步調的變化，是從育齡全程分散而朝向高峰集中，而且，高齡（35歲以後）及年輕（20歲以前）的生育角色比重，已

經微不足道。至於近年來的趨勢，則是重心後移，亦即，延緩生育的態勢漸次出現，例如，30歲以後的生育比重，在1985年以後又開始擴張了。

至於，年齡別生育率方面，年輪生育率變遷基本上類似於時期生育率發展趨勢，呈現明顯的生育數量變遷效果。至於生育步調變遷效果方面，年齡別相對生育變遷顯示，從1950年之後的出生世代開始，生育步調效果明顯，的確出現生育率復原（fertility recuperation）趨勢。不過，由於生育數量與步調的互動，生育率復原的影響力恐怕有限——事實上，從世代累積生育率可以知道，在1930年以後的出生世代裡，35歲以上年齡的生育貢獻微乎其微，甚至，晚近世代（例如，1975年以後出生者），以目前的累積生育率來看，勢必無法擺脫超低生育率的夢魘。總之，臺灣的生育率水準下降，展現在每一年齡階段——1970年代之前，生育率下降的主要貢獻來自高齡階段的年齡別生育率巨幅降低，在1970年之後，則是因為主要育齡（20-29歲）階段的生育率下降所造成。近年來（1995年以後），20-29歲階段的生育率進一步下滑則是加速臺灣進入過低生育率水準的原因。

十三、人口學理論及零度人口成長

英國學者馬爾薩斯（Thomas Malthus）於1789年出版的《人口論》（An Essay on the Principle of Population）中強調，人類不可避免地會發生介於「食物需求」和「兩性情慾」之間的衝突。馬氏指出人口以幾何級數增加（2,4,8,16,…），而食物供應只以算術級數增加（2,3,4,5,…）。因此，人口無法繼續不斷、且毫無限制地增加，因為人口增加會達到生存的極限。一旦人口增加達到生存的極限，則生活水準必然普遍低落。
根據馬爾薩斯的說法，人口問題的唯一解決方式是，晚婚和生育較少的子女（他不贊成節育或墮胎）；否則，阻止人口成長的方式，必然是一些激烈的方式，如饑餓、瘟疫或戰爭。

部分學者批評馬爾薩斯的學說。認為從理論上說，人口增加不可能比食物供應的增加更快速。若人口不斷成長，則維持人口的方法必然也會成長；否則，死亡率將會上升，而人口也就不再成長。因此，世界人口不可能超越食物供應，這種情形正如馬的後蹄無法超越前蹄一般。再者，馬爾薩斯不但無法預期工業革命的全部可能性，而且也不能預知農業的科技革命。例如，美國的農業機械設備、化學肥料、殺蟲劑、灌溉設施、混種植物和選種繁殖動物等科技，已使美國的糧食增加遠超過人口成長的速度。

馬克思也反對馬爾薩斯的學說。馬爾薩斯將「人口過剩」（over-population）和「貧窮」（poverty）都歸罪到社會成員屈服於性衝動；但馬克思卻有不同的看法。馬克思認為，主要的問題不是因人口而起，而是因生產工具的所有權和社會財富分配的不公。馬克思將資本主義描寫為，故意製造人口過剩，以便壓低工資，並使利潤增至最大。他主張，要解決人口問題必須建立社會主義秩序。總之，馬爾薩斯著眼於個人，以道德約束作為人口問題的解決之道；而馬克思則強調社會的經濟結構，並在新的社會秩序上尋求解決的途徑。

艾力克（Paul Ehrlich, 1968）在其著作《人口爆炸》（the Population Bomb）一書中指出：馬爾薩斯早期的許多可怕預測顯然沒有錯。艾力克指出，世界人口成長比食物生產更快速，大規模的饑餓必然隨之而來。然而，不同於馬爾薩斯學派之看法，艾力克認為，問題超出食物生產的範疇，其實是環境問題。環境品質（尤其是乾淨水源與空氣的使用）是人口成長與健康的一個重要因素。

其後在《人口爆炸》（the Population Explosion）書中指出，許多災害證實1968年的著作，甚至馬爾薩斯的預測：非洲部分地區的大規模饑荒、都市中無家可歸者的增加、酸雨、稀有動植物的瀕臨絕種，以及環境不能復原的破壞等。艾力克認為：只有限制人口才能避免災害。其方法是透過政府施行預防限制，達到一種人口替換水準的狀態，亦即人口的出生與死亡只維持穩定水準的人口。為達到零人口成長的目標，配偶必須自我限制，每個家庭只能有兩個子女。前述三種人口理論的比較，摘要如表7-4。

表7-4　人口理論之比較

	馬爾薩斯理論	人口轉型理論	零人口成長理論
主要論點	人口成長比維持生活所需(食物供給)更快速。	人口從高出生與死亡率到低出生與死亡率的穩定人口之可預測階段。	零人口成長的達成解決了馬爾薩斯理論者未受限制的人口成長問題。
「積極」限制人口的方法	饑餓、疾病與戰爭是可能的方法。	饑餓、疾病與戰爭是可能的方法。	饑餓、疾病與戰爭是不可能的方法。
「預防」限制人口的方法	禁慾。	禁慾、節育與避孕方法。	禁慾、節育與避孕方法。

	馬爾薩斯理論	人口轉型理論	零人口成長理論
未來預測	悲觀：儘管積極與預防的限制方法，但人口最終還是會超過其食物供給。	樂觀：由於科技與醫療進步有助於人口。	非常樂觀：零人口成長在美國與其他國家已完成。

十四、台灣的人口問題

由於人口在數量、結構、分布等方面快速變化，造成人口與經濟、社會以及資源、環境之間的矛盾或衝突，就是人口問題（population problem）。人口問題是全球性最主要的社會問題之一，是當代許多社會問題的核心。雖然在不同國家的具體表現大不相同，但實質表現多為人口再生產與物質材料再生產的失調，人口成長超過經濟成長所出現的人口過剩問題。一般來說，常見的人口問題為：

(一) **人口數量問題**：由於不均衡生育（多子化和少子化）以及人口遷移所造成，只有透過均衡生育和調整適當遷移才能有效解決。

(二) **人口結構問題**：包括年齡、性別、收入、種族、民族、宗教、教育程度、職業、家庭人數等結構問題；其中最顯著的是年齡結構（多子化、少子高齡化）、性別（男女比例失衡）和收入（基尼係數高、中產階級消失）等結構問題。人口年齡結構問題，只有透過均衡生育解決；人口性別結構問題，只有透過限制非法人工流產及改變男女價值觀念解決。收入結構原因較為複雜，最終只有透過壯大中產階級，使中產階級成為社會的主體才能真正解決。

(三) **人口分布問題**：主要是大都市人口過度集中所帶來的環境污染、公共設施不足、生態破壞、人口過渡擁擠的不利生活品質提升的諸多問題；反觀，人口密度較低，土地廣但相對的人口少之偏遠或鄉村地區，所呈現的生活基本設施不足等問題，惟有透過開發偏鄉地區，帶動人口遷移，建立良好的城鄉合理人口分布，才能有效解決，並非立即可見成效的。

(四) **人口品質問題**：任何社會的發展，有賴於人口品質（population quality）提高。人口品質是指每單位人口的身心社會等方面的表現之水準，亦即俗稱的文明程度、法律觀念、勞動力品質、基本禮儀表現等等。可以從整體勞動人口科學文化素質、勞動生產力等面向觀察。惟有針對人民進行人力資本投資，也就是說，惟有透過教育提高國民的人力資本。人口品質決定國家發展強大與否，生活富裕的資本。

十五、臺灣人口政策意涵及方向

依據行政院103年12月27日修正人口政策綱領指出，人口為國家基本要素之一，其組成、素質、分布、發展及遷徙等面向，關係國家之發展與社會福祉。我國育齡婦女總生育率長期持續下降，已成為世界生育率最低國家之一，少子化現象嚴峻。在高齡化方面，我國65歲以上人口占總人口比率於82年即超過7％，開始邁入「高齡化社會」，隨著少子化現象與平均壽命不斷延長，未來高齡化速度將更為明顯。由於少子化及高齡化，工作年齡人口將逐年減少，未來勞動力的運用亦將是重要的議題。在移民方面，因跨國婚姻而移入人口增加，及因工作跨國移動人口亦日增，對我國人口產生多面向的影響。考量我國少子化、工作年齡人口減少、高齡化及移民現象變遷速度，均較西方國家為急促，對未來發展的挑戰也會更為嚴峻，亟須及早籌謀因應對策。

(一) 基本理念

1. 倡導適齡婚育，尊重生命價值，維繫家庭功能，維持合理人口結構。
2. 強化國民生育保健與營養均衡、國民體能與身心健康、文化建設與教育，以提升人口素質。
3. 提升就業能力，打造合宜勞動環境與條件，有效提高勞動參與，並保障勞動者就業安全與權益。
4. 建立完整社會安全網，提供兒童、少年、婦女、高齡者、身心障礙者、原住民族及其他弱勢者之完善社會福利。
5. 落實性別平等意識，建構具性別觀點的人口政策。
6. 保障各族群基本人權，建構多元文化社會。
7. 推動環境保護及永續發展，落實生活、生態、生產之平衡，並實施國土規劃，促進人口合理分布。
8. 精進移民政策，保障移入人口基本權，營造友善外來人口之環境，並加強與海外國人及僑民鏈結，開創多元開放的新社會。

(二) 政策內涵

1. **合理人口結構：**
   (1) 倡導適齡婚育，改善擇偶環境，增加結婚機會。
   (2) 強化婚姻教育，協助打造幸福婚姻，促進家庭與社區功能，降低離婚率與家庭危機。

(3) 提升生育率，緩和人口高齡化速度，調整人口結構，有助於社會永續發展。

(4) 推動兒童及少年照顧與保護責任，營造健全生養環境。

2. **提升人口素質：**

(1) 提升生育保健服務，預防遺傳性與傳染性疾病，並加強身心障礙者之服務，以促進國民健康及家庭幸福。

(2) 倡導全民健康之生活型態，鼓勵運動，改善營養，健全體質；加強心理衛生輔導機制，促進國民身心健康。

(3) 建立健康導向之衛生及醫療體系，善用醫療保健資源，落實健康平等，提升醫療保健服務品質，完善全民健康保險，延長國民健康餘命。

(4) 加強文化建設及品德教育，提升國民文化水準。

(5) 因應少子化與全球化挑戰，適時推動教育革新，以提升國民素質。

3. **保障勞動權益及擴大勞動參與：**

(1) 尊重及肯定多元勞動型態，強化勞資協商平臺，使不同類型勞動者有充分發展機會。

(2) 保障勞動者平等機會，打造人性化工作環境，建構職場與就業安全，增進勞動權益與尊嚴。

(3) 發展友善職場與家庭關係，兼顧家庭與工作之平衡發展。

(4) 加強教育與就業多元接軌，縮短學用落差，引導青年適時就業，提高青年勞動參與。

(5) 開發及運用中高齡及高齡者勞動力，並鼓勵「青銀共創」，促進世代融合與經驗傳承，以充分運用人力資源。

(6) 營造友善職場，研議漸進式及適齡退休制度，使中高齡在職延長。

4. **健全社會安全網：**

(1) 提供平價、質優、多元、近便之托育、托老環境。

(2) 健全收養、出養制度及非婚生育支援體系。

(3) 建構完整之兒童教育與照顧服務體系。

(4) 強化高齡者預防保健知能與服務，提升高齡者生活調適能力，保障高齡者尊嚴自主與身心健康。

(5) 健全年金制度，確保年金制度財務穩健，並建構多元經濟安全支持體系，保障高齡者經濟安全與維持國家永續發展動能。

    (6) 建構多元連續社會支持體系，健全長期照顧服務制度，強化家庭照顧能量，維護照顧者與受顧者生活品質。

    (7) 促進高齡者社會參與，鼓勵高齡者投入志願服務，增加高齡者終身學習，強化世代融合，活躍老年生活。

    (8) 打造友善高齡者生活環境，增加高齡者數位機會，關注高齡者與高齡女性獨特需求，全面提升高齡者福祉。

    (9) 積極推動銀髮產業，充分運用先進科技，開發多元、優質、適齡之商品及服務，以滿足高齡化社會之需求。

    (10) 促進身心障礙者福利，創造無障礙就學就業及就養環境，使其享有尊嚴生活及發展機會。

    (11) 強化原住民族及其他弱勢者就業能力，創造就業機會，改善生活環境。

5. **落實性別平權：**

    (1) 建構性別平等環境，防止嬰兒性別比例失衡。

    (2) 強化家庭支持體系，降低婦女照顧負擔，增進女性就業能力。

    (3) 形塑尊重及保障婦女人身安全環境。

    (4) 尊重多元教育之內容與環境，推廣性別平等意識，建立性別相互尊重之社會。

    (5) 推動性別主流化工作，提升婦女地位與權益，建立性別平等共治、共享、共贏的永續社會。

6. **促進族群平等：**

    (1) 尊重各族群之語言、文化，營造合理教育及工作環境。

    (2) 保障各族群平等發展機會，促進族群和諧。

7. **促進人口合理分布：**

    (1) 連結人口分布與國土規劃，促進區域均衡發展。

    (2) 建立區域合作機制，以提高各生活圈居民之機會與生活品質。

    (3) 保護自然環境，維護生態平衡，強調自然資源世代永續利用之原則，並建立健康、安全、舒適之生活環境。

8. **精進移民政策並保障權益：**

    (1) 因應人口結構變遷，配合國內經濟、教育、科技及文化等之發展，積極規劃延攬多元專業人才。

    (2) 協助移入人口社會參與，倡導多元文化，開發新優質人力資源。

(3) 營造友善移入人口及其家庭之環境，平等對待並保障其權益。

(4) 強化海外國人及僑民之支持體系，加強與國內鏈結，鼓勵其返國發展，充實人力資源，並可擴展我國海外人才網絡。

表7-5　人口政策白皮書重點精華

序號	人口變遷問題	因應對策
1	少子女化	1.提升婚姻機會與重建家庭價值。 2.健全生育保健體系。 3.建構平價優質多元且近便幼兒教保體系。 4.提供育兒家庭之經濟支持措施。 5.營造友善家庭之職場環境。 6.落實產假及育嬰留職停薪措施。 7.強化兒童保護體系。
2	高齡化	1.強化家庭與社區照顧及健康體系。 2.保障老年經濟安全與促進人力資源再運用。 3.提供高齡者友善之交通運輸與住宅環境。 4.推動高齡者社會參與及休閒活動。 5.完善高齡教育體系。
3	移民	1.掌握移入人口發展動態。 2.深化移民輔導。 3.吸引所需專業人才及投資移民。 4.建構多元文化社會。 5.完備國境管理。 6.深化防制非法移民。

行政院108年6月修正我國少子女化對策計畫（107-111年）指出，家庭政策從早期的母性政策、人口政策到晚近納入性別平權政策的意涵，而其中都脫離不了促進就業的必要性。於是，家庭與就業就成為晚近家庭政策不分割的兩個要素，而有工作與家庭政策（work-family policy）的說法。精確的說法是工作與家庭平衡政策（work-family balance policy）；或工作與家庭共好政策（work-family reconciliation policy）。其中最重要的三個內涵是：1.確保嬰幼兒的照顧品質與健全成長；2.性別公平；3.提升生育率（林萬億，2019）。依此，本計畫設定政策目標如下，並據以提出與國際接軌的因應少子女化對策。

(一) **提升生育率**：為因應少子女化現象，行政院賴院長於106年12月27日年終記者會宣示行政部門施政目標「生生不息」-育人政策，以0歲至2歲、2歲至5歲幼兒為對象，推動公共化（如社區公共托育家園、公立幼兒園及非營利幼兒園）、準公共（政府與私立幼兒園合作）政策，及擴大發放育兒津貼等措施，運用多元方式，減輕家長育兒負擔，以達提升生育率之目標。至於，提升生育率的目標與期程，期望到119年，我國總生育率可以回升到1.4。

(二) **實現性別平等（平衡就業與家庭）**：為支持不同性別者兼顧工作與生活，建構性別平權的社會，使國人樂婚、願生、能養，實現性別平等。依《性別平等政策綱領》，透過完善家庭支持及友善就業環境，促進工作與家庭平衡。在減輕照顧負擔上，制定普及化、可負擔的照顧服務政策，提供平價、優質、可近性的托育照顧服務，協助任何照顧者均能持續就業。在職場推動公私部門支持友善家庭政策，積極支持員工就業，避免因家庭照顧中斷就業或退出勞動市場。

除了強化家庭照顧支持之外，政府與民間企業亦需共同營造性別平等的職場環境，平衡不同性別者於家庭及工作責任的分擔，營造性別友善的生養環境，減輕家庭照顧壓力，並促使不同家庭有能力及有意願生養多名子女，提高國人生育意願，達到提升勞動力及國力的目標。

(三) **減輕家庭育兒負擔**

以「0-5歲全面照顧」的精神，秉持尊重家長選擇權、保障每個孩子都獲得尊重與照顧及無縫銜接等原則，以「擴展平價教保服務」及「減輕家長負擔」為政策重點，研定下列三大策略：

1. 加速擴大公共化教保服務量
   (1) 至111年布建440處公共托育家園，增加5,280個公共托育名額；另尊重地方政府選擇，推動0歲至2歲公設民營托嬰中心。
   (2) 持續擴大2歲至5歲公共化教保服務量，至111年累計增設公立或非營利等公共化幼兒園達2,500班，並延續至113年累計增設班級數達3,000班，合計增加8.6萬個就學名額。

2. 以準公共機制補充平價教保：與符合一定條件的居家式托育（保母）、私立托嬰中心及私立幼兒園合作，由政府與家長共同分攤費用，加速提供平價教保服務。

3. 輔以育兒津貼達到全面照顧：照顧對象由原來的0歲至未滿2歲，延伸

為0歲至4歲，對於未接受公共化或準公共教保服務，且符合申領資格者，提供育兒津貼作為減輕家長育兒負擔的輔助措施。

透過擴大托育公共化及建置準公共機制，與符合條件的私立托育服務提供者簽約，補充平價托育服務的不足，減少家長每月托育費用；同時，擴大發放育兒津貼，惠及在家照顧的嬰幼兒，具體減輕家庭育兒的經濟負擔。

(四) 提升嬰幼兒照顧品質：

1. 托育服務是整體兒童照顧政策重要的一環，目前托育服務供給大多仰賴私部門以市場取向方式營運，可分為「居家式托育服務」及「機構式照顧服務」二類，至107年12月底居家托育服務中心達71處，合格登記居家托育人員達2萬6,240人；立案托嬰中心達1,034家；主管人員及托育人員計7,436人。居家托育登記制度雖已法制化，而托嬰中心亦有相關評鑑及輔導機制，然時有照顧疏失或不周的情事發生，影響兒童健康與安全及家長送托意願。而地方政府依法自行或委託相關專業機構、團體辦理居家托育服務業務，惟因資源不足或委辦團體專業能力參差不齊，影響居家托育服務中心的督導及服務品質。

2. 國內外研究均指出托育人員是托育服務品質的關鍵；依據衛生福利部103年委託「我國托育服務供給模式與收費機制之研究」發現，私立托嬰中心人員薪資中位數每月2萬4,000元、平均數2萬4,719元，遠低於托育人員主觀認定理想薪資每月2萬8,000元（王舒芸、鄭清霞，2014）。又國內人力相關研究顯示，「工作環境條件不佳」為投入私立幼兒園者流動率偏高之主要因素，特別是待遇福利、工時、工作量及壓力等方面，顯示現行私立勞動條件恐未具吸引教保服務人員投入職場意願，此現象易導致私立幼兒園人事異動頻繁，影響親師互動、幼兒教育及照顧品質等。

3. 全國公私立幼兒園依幼照法規定，除定期接受基礎評鑑外，地方政府亦訂有定期查察機制，以利幼兒園日常管理能符合法令規定。惟各界對於幼兒園的品質及管理仍多有建言，私立幼兒園亦期待政府提供相關協助，共同維護幼兒安全等權益。

4. 因此，為解決上開問題，研定下列目標以精進嬰幼兒照顧品質：

　(1)提升整體托嬰中心服務品質：督導地方政府落實托嬰中心輔導及管理機制，維持服務品質的穩定。

(2)完善居家托育照顧服務體系：深化居家托育服務中心輔導功能，提升訪視輔導人員職能及強化托育服務專業性。

(3)改善人員薪資保障勞動條件：托嬰中心托育人員每月固定薪資至少2萬8,000元、準公共幼兒園教師及教保員每月固定薪資至少2萬9,000元，並訂定調薪機制，增加教保人員投入職場意願，穩定教保服務品質。

(4)建立提升品質及管理機制：除定期評鑑及地方政府稽核等日常管理外，應依法揭露相關資訊，並增加常態性補助，協助準公共幼兒園提升品質，達到永續經營的目標。

十六、綠色革命與綠色主義

綠色革命（green revolution）係指因採用高產量的品種而使農產品的產量倍增。但這種新式農業也要付出許多代價。第一，它需要使用大量的化學肥料，那是由石油提煉得到的，因此費用很高。第二，當氣候條件破壞收成時，種植更多的農作物便意味著更大的作物損失。第三，新種的高產量穀物在基因上更為同質，所以當疾病侵襲時，可能會全部死亡。

綠色主義源自1970年代，由於資本工業國家運用資本累積、企業結盟或更新技術的各種策略，讓企業競爭力突破國家地域界限，形成國家間強大操控能力。資本經濟與環境生態是對立的，全球化更加深此剝削關係。因此，綠色主義在後工業時期關心主要富裕地區的國家是否擔心地球未來或是女性在社會的地位，以及第三世界有更多壓迫問題，包括：如何讓數以百萬人民可以克服飢荒，因此，綠色主義大量生產許多政治和哲學的傳單和小冊子，警告企業及大眾對於環境的摧殘、人類的盲目開採自然資源、高度人口成長的比例，和生活悲慘的人民，都是綠色主義關注的議題。

主要倡導學者有阿爾內·內斯（Arne Naess）提出的「深生態學」（deep ecology）、默里·布克琴（Murray Bookchina）的社會生態學、愛德華·高德史密斯（Edward Goldsmith）的保守主義觀點。

理論內涵為：

(一) **生態中心論（ecocentricism）為中心論點**：綠色主義的中心理論是生態中心論，以地球、生態，以及所有生命體為關心主體，不再侷限於人類的範圍。

(二) **接受生物地球主義（biospherism）論點**：綠色主義接受生物中心論和生物地球主義為倫理原則，但只是基於心中被支持的理念，而非政府或個人活動的特定指導方針，提出兩項原則：

1. 人類要尊重和關心環境以及所有生命的形式。
2. 對非人類世界的阻礙絕不能視為理所當然，除非有正當理由。

(三) **提倡生物地區主義（bioregionalism）觀點**：Sale（1985）提出生物地區主義，其基礎原則是，我們大部分的生活都接近自然：接觸特殊土地、水、風；必須了解其方式、能量、限制；人類生活模式必須跟著節奏、其規領導人類、食物慷慨給予人類。因此，自然界土地的構成將形成社區邊界，並非目前行政劃分方式。鼓勵保護和減少浪費與污染，幫助人類親近自然。

(四) **綠色資本主義**：綠色資本主義要建構新的工業體系，必須與傳統資本主義有截然不同的思維價值觀，其核心論點為：

1. 環境是包容、供應、支持經濟體系的外殼。
2. 綠色資本的可利用性和功能性，是未來經濟市場的決定性因素。
3. 構思不健全或設計不良的商業體系，或無節制的消費模式，是造成綠色資本快速消耗的主因。
4. 經濟進步必須建立在民主、以市場為基礎和分配體系中，且所有的資本都要得到充分的評價。
5. 最有效率的方式就是提高生產力。
6. 透過品質與流量，改善人們所需要的服務。
7. 永續的經濟與環境，要建立在全球財富上與物質上的均衡。

綠色資本主義出四種策略，可以讓所有形式的資本都得到公平的評價，並企圖使國家、企業和社區都要在這原則下運作：

1. **基本資源生產力**：提升資源的生產力可以減緩資源消耗與減少污染，降低經濟與社會成本，抑制生物圈退化的現象。資源生產力的提升意味著較少的材料與能源，企業不僅得到節約資源回報，也可減少原始資本投入，更能改善生活品質。建議從根本上提高資源生產力，擴展開發中國家的發展，以縮小全球貧富差距。
2. **生物模擬**：主張減少廢棄物產量。
3. **服務與流動經濟**：採用德國科學家Braungart的概念，將商品與購買者間的關係，變成服務與對流的經濟關係，消費者透過租賃或借用方式

取得商品服務而不需購買，製造商成為服務者或運送者，目標是生產
成果、產品功能與顧客滿意，不再重視產品銷售，相對強調產品耐久
性、材料使用量、及維修的重要，是一種物質循環概念。

4. **對綠色資本的投資**：強調恢復及擴大綠色資本存量的再投資。光1998
年因氣候所造成的災害比整個80年代還多，肇因於森林的砍伐，所以
人類必須投資綠色資本，以維持與供應自然界的生命。

十七、生病與社會醫療化

在研究健康照護和醫療的社會層面中，社會學家區分下列三種概念：疾病、
生病、及患病。疾病（disease）是醫療診斷的病狀（諸如，鉛中毒、細菌或
病毒感染、或癌症）；而生病（illness）是個人主觀的不適感。患病
（sickness）則是社會接受一個人生病，如公司允許員工請假在家「養
病」。這三種概念密切相關。例如，張三有鉛中毒疾病，時常覺得生病，並
且經常以病患身分到醫院治療。又這三種概念受下列社會力的影響：年齡、
性別、族群、社會階級、及次文化等等。例如，老人容易罹患某種疾病（如
癌症），經驗到生病的症狀，及其他人接受為患病的角色。

西方社會在五〇年代以後，臺灣則在近二十年來，酒癮、藥癮、同性戀，一度
被視為違反社會規範，是偏差行為，不被社會所接受；近年來，這些行為都被
冠以「生病」的解釋標籤。這樣的說法，已慢慢為大眾所接納，認為是醫療問
題，可以被「治療」的。甚至養兒育女、性、死亡、老年記憶衰退、焦慮緊
張、肥胖、兒童發展等問題，也常請教醫師專家，尋求治療偏方。以上現象，
儒拉（Irving K.Zola）稱之為「社會的醫療化」（medicalization of society）
或「偏差行為的醫療化」（medicalization of deviance）。

「醫療化」這個概念極具批判性，因此概念點明醫學不僅止於科學，醫學同
時也是由社會建構而成。生物基礎不是「生病」的充分條件，也不是必要條
件。「生病」之所以被認定為「生病了」，不是完全根源於人的行為或狀
態，而是需要透過醫療診斷的過程詮釋和界定才能成立。

「醫療化」（medicalization）蘊含兩層意義：(一)從健康和疾病的角度，界
定人類的某些行為和狀態，而以醫療意義詮釋行為主體，即身體狀態的過
程；(二)為達到維持社會規範的目的，為了減輕因為違反社會規範而衍生的
困擾，醫療取向成為適當地監控處理這些困擾，使之不致惡化或蔓延的一種
重要工具和手段。

過去社會對罪犯或精神病患者，或行為違常者施以不人道的對待以及歧視，但自從貼上醫療標籤之後，這些人被認為是「生病了」，是不可自我控制的，不是故意的，因而人們可採取比較容忍和人道的方式對待他們，並關切他們的人權和福利。醫療化的現象使得許多社會邊緣人的命運為之改觀，其人權問題受到適度的關切。不可諱言的，這些態度的轉變都是拜「醫療標籤」之賜。

然而，醫療化現象也帶來一些負面的影響：例如，在醫療問題保護傘籠罩之下，由於醫療語言和大眾語言的隔閡，許多社會問題因而無法攤開在大眾面前，以獲得充分且適當的討論。尤其在專家主控的情況下，大眾逐漸接受這類問題的處理應屬於專家的專業領域，是專家學者的事，一般人（非專家）不應該也沒有能力去討論。這樣的思考方式，使得大眾不自覺地失去討論人類經驗的能力。以社會問題的醫療化為例，社會問題醫療化的結果之一是毫無選擇地完全仰賴醫療方式加以處理。一旦問題採取醫療的處理方式，不可避免地，這類問題的意義和詮釋就開始轉型。

以殺人為例，一旦被冠以「社會病態人格」，殺人犯就可以不再面對道德層面的詰難。更重要的是，因為「醫療問題」吸引大眾注意力，當一個社會問題的本質被歸責於生物或人格缺陷時，往往移轉社會大眾對於殺人犯所帶來的社會影響，以及殺人行為的社會成因等議題的注意力。

其次，「醫療化」概念突顯醫師界定疾病的權力和對醫療照顧的壟斷力。界定疾病的權力和壟斷能力在少數依賴人口的身上特別突出。例如對小孩違規行為、老人心智功能衰退的處理等。差異性的界定和處理標準，清楚地說明疾病的相對性和醫療處理的非科學性。

帕深思在1951年提出「生病角色」的概念，用以說明任何社會，為避免因生病，對團體或社會帶來破壞性的後果，總會建構一套共享的文化規範，並將此規範生病行為的文化稱之為「生病角色」。此概念的提出，對當時醫療社會學的發展有著開創性的轉機。雖然今日已經很少再刊出相關的研究，然仍沒有一本醫療社會學教科書，能略過帕深思的「生病角色」的概念。

帕深思視「生病」（sickness）為諸多異常行為的一種形式，對個人和個人所處的團體和社會都造成相當的困擾。從社會體系的觀點，發展出「生病角色」概念，對照生病者未病之前的「正常」角色、生病的責任歸屬、生病者的義務、以及現代醫學的功能。環繞著「生病角色」概念的是一連串的「期望」以及這些「期望」所定義的「規範」和「價值」，例如：

1. 不需為成為病人這件事負任何責任。對病人而言，最需要的是治療，且努力使自己的身體復原。
2. 免除病人日常事務、工作的義務，至於免除的範圍大小和時間長短，則視病情的嚴重程度而定。
3. 生病是令人不愉快的，因此病人必須必須配合別人，採取合作態度，儘快痊癒。
4. 尋求適當的協助：病人有義務向被認可、具有特殊專長的醫療專業人員，尋求適當的協助，以恢復健康。

總而言之，在帕深思的觀念裡，進入「病人」的「生病角色」是有好處的，可以暫時脫離日常的責任和義務的權利；相對地，這樣的權利，也給病人帶來兩個義務，即要儘快的痊癒和尋求專業的幫助。

十八、幸福感與衡量

(一) **主觀幸福感與幸福關係**：幸福被視為美好生活的觀念由來已久，對個人而言，身處的客觀環境與遭遇固然攸關生活幸福與否，經歷的過程及特定境遇對民眾感受所造成的影響更值得關注。基於民眾自身最能判斷自己生活過得如何，主觀幸福感因此扮演了評估美好生活之關鍵角色。

福祉的主觀衡量係建立在個人的偏好上，不能藉助他人認定，或個人福祉決定因素之先驗判斷；惟增進民眾主觀幸福感的因素可能具道德爭議（例如把快樂建築在別人的痛苦上），或客觀環境雖不甚良好，但個人主觀上已產生適應性，因此主觀幸福感資訊亦須輔以客觀指標，方能呈現幸福生活的全貌，除供釐析客觀生活條件與主觀評價間的落差外，另也可以作為制定政策之參考。

許多研究顯示，擁有美滿的婚姻與家庭生活、良好的社會聯繫、健康的身心狀態、充裕的收入、穩定的工作、優良的教育品質、舒適安全的居住及自然環境、可信任的政府、積極正面的價值觀及虔敬的宗教信仰，通常能直接或間接地提升主觀幸福感；另一方面，主觀幸福感測量結果亦可預測自殺風險、社交與外向性，以及近親的幸福等。此外，進一步整合鄰里、社區或國家的主觀幸福感測量結果，更可獲得關於個人與該地區幸福生活的重要資訊。

(二) **衡量主觀幸福感**：主觀幸福感係衡量個人感受與認知的福祉，涉及面向廣泛，並已發展出許多由心理、社會及經濟學角度探討的概念、測量及成因等理論。衡量自述主觀幸福感的方式大體可區分為：

　　1. **經歷或回憶**：民眾經歷過的感受衡量，須仰賴逐一時刻的陳述，回憶中的感受則以最終下的記憶為基礎。

　　2. **時間跨度**：「經歷」的測量時間跨度短暫，「回憶」則可能關聯到任意特定事件或時期。

　　3. **評價、情緒陳述與幸福生活（Eudaimonia）**：評價的測量係指對某事物的判斷，其次為情緒狀態的描述，幸福生活則認為理性的積極生活是通往幸福之路，與正向心理功能及生活的意義與目的感有關。

　　主觀幸福感的測量具比較性，與他人比較的相對優劣、視他人成就為追尋的理想目標，或與自己過去經歷、未來預期、實際的或期望的狀態比較，均影響幸福感的自評結果。

　　主觀幸福感的3個主要構成要素為生活滿意度、正向情感及負向情感，理想的主觀幸福感衡量方式除應予全面考量外，亦須務求高信度，並能與已知的主觀幸福感影響因子連結，因此須仰賴以多題組問項為基礎的大規模高品質調查，惟目前各國均尚缺乏大範圍跨國比較的官方統計。

(三) **選取指標**：由於主觀幸福感領域尚缺乏普遍蒐集且跨國可比較的官方統計資料，OECD美好生活指數目前僅選用1項主要指標「生活滿意度」，資料係來自蓋洛普世界調查（Gallup World Poll），惟因每個國家樣本數僅千餘人，未來可能以資料來源更完備的指標取代。

　　「生活滿意度」衡量民眾對自己整體生活的評價，屬認知的評估，而非個人當前情緒狀態的描述。本項指標係依據坎特里爾階梯量表（Cantril Ladder），請受訪者相對於自己可能最差（0分）和最佳（10分）的生活，給予目前生活評分；民眾如何回答量表可能受個性、情緒、文化規範及相對判斷等影響，惟大規模樣本及時間數列資料有助於降低其影響並釐清差異。

OECD指標定義	
指標	定義
生活滿意度	依據坎特里爾階梯量表（Cantril Ladder），相對自己可能最差（0分）和最佳（10分）的生活，評估自己目前生活之得分。

主觀幸福感指標品質						
主要及輔助指標	觀念	衡量及監測福祉之關聯性			
		表面效度	可明確說明（好／壞）	政策敏感性	可細分
生活滿意度　主	生活評價	✓	✓	～	✓

資料來源：OECD。
說明：「✓」表符合準則，「～」表大致符合準則。

生活滿意度的決定因素常見的為伊斯特林悖論（Easterlin Paradox），所得與生活滿意度間亦存在非線性關係；健康狀態對生活滿意度有重大影響，失能更造成廣泛的永久性負面影響；失業亦造成持久強烈的負面影響，其作用大於由失業所造成的所得損失；社會網絡支持、民主參與程度、對政府高度信任，以及政府清廉，皆與生活滿意度呈正相關，通勤則負向影響生活滿意度；就人口特徵觀察，年齡與生活滿意度間存在「U型」關係，而女性平均生活滿意度則略高於男性。

 補充　伊斯特林悖論（The Easterlin Paradox）

伊斯特林在1974年發表論文指出，個人所得增加通常可使主觀幸福感提升，但一國平均所得增加未必促使該國平均主觀幸福感相應提升。其後被提出來說明此現象的觀點包括：
1. 比較效果：相較於絕對所得，相對所得與個人生活評價相關性更高；若個人覺得自己的經濟狀況比他人寬裕，會感到更快樂或更滿足。
2. 適應效果：所得增加最初會提升主觀幸福感，但隨著民眾適應自己的新處境，效果會逐漸減弱。
3. 資料侷限：可取得主觀幸福感時間數列資料的國家多為相對富裕的國家，使得既有資料中，所得成長效果可能不顯著。
4. 衡量概念：伊斯特林1974年論文聚焦於快樂，概念上更接近「情感」的衡量而非「生活滿意度」，實證上跨國平均每人GDP水準與生活滿意度有穩健的關聯，但與情感的關聯則較為微弱。
5. 其他因素：所得之外的因素可能導致主觀幸福感的差異。

十九、工作與生活平衡與衡量

(一) **工作與生活平衡與幸福的關係**：每人每天擁有的時間不因身分地位、性別、年齡而不同，由於一天24小時必須切割為許多不同的活動，如何分配時間直接影響民眾切身的幸福感。

圓滿結合工作、家庭承諾及個人生活品質不僅是個人的福祉，也是整個家庭的福祉。父母的培育是孩童發展的關鍵，因此，父母是否有足夠的收入及充裕的時間陪伴對兒童福祉有強烈的影響；此外，在高齡的人口趨勢下，照顧年邁家人的負荷亦日益增加，均會影響家庭成員之時間運用。

對就業者而言，工作約束了大部分的時間，若工作量過多或工時過長可能因此沒有足夠時間進行社交、參與家庭活動及發展個人興趣，對個人的健康亦有負面影響。惟若工作量太少可能無法獲取足夠的所得支應生活所需，甚或消磨個人意志，如何在工作與生活的時間上獲取平衡，攸關每個人的幸福感受。

為避免民眾陷入工作與生活的抉擇困境，形成遲婚、晚育等社會現象，進而造成少子化或低就業，影響生活質量及國家永續發展，政府應擬訂友善家庭政策，幫助民眾在工作與生活間取得更好的平衡，進而達成促進就業、增加家庭收入、推展性別權益、提升兒童發展等效益。

(二) **衡量工作與生活之平衡**：工作與生活的平衡須同時從主、客觀面向衡量，除客觀之日常活動時間分配外，主觀感受的衡量尤具挑戰性。每個人的喜好、優先事項及家庭情況不同，對於各活動時間「太多」或「太少」自難以有一致的分界點，兩人即使工時相同，感受亦可能取決於是否享受工作或陪伴小孩，而個人時間運用是出於自由選擇或被約束強迫，也會造成截然不同的感受。

此外，民眾是否有感受到「時間壓迫」（Time crunch）的經驗亦為重要資訊，亦即沒有足夠時間完成所有工作或應辦事項而感到壓力的主觀看法，時間排程鬆緊有別的人也可能有相同程度的時間壓迫感。因此，衡量工作與生活平衡的理想指標包括日常活動的時間衝突、是否享受這些活動、以及時間壓迫感。

工作與生活是否達到平衡，端視時間分配得宜與否，因此衡量的指標多來自時間運用調查。此項調查詳細記錄不同活動的時間分配，惟對於衡量從事這些活動的主觀心理層面則有其限制，例如是否樂在其中、是否為自主安排、是否感到不堪負荷等，目前國際上僅少數國家有此類不定期或一次

性調查。因此，時間運用調查仍有發展及改善空間，亦可考慮由工作條件、提供托兒設施及其他家庭政策等面向發展出更好的衡量方法。

(三) **選取指標**：OECD美好生活指數選取「受僱者工時過長比率」及「每日休閒及個人照護時間」2項指標，另以「通勤時間」及「時間分配滿意度」2項輔助指標觀察勞動者工作與生活間之平衡。

工時長短是影響工作與生活平衡的重要因素，工時過長可能損害人體健康，造成精神不濟及加重壓力，甚至危及工作安全。本項「受僱者工時過長比率」係指受僱員工每週經常工作時數達50小時以上。

由於休閒及個人照護等活動往往比工作帶來更多的樂趣，對於個人健康、減壓及生產力都有正面效益，因此OECD將全時工作者在平常日，分配於休閒及個人照護時間做為衡量工作與生活平衡的指標之一。休閒活動是民眾選擇做自己想做的事情，如拜訪親友、看電影、運動或任何與嗜好有關的活動等；個人照護活動則通常具有必要性，如睡覺、吃飯、盥洗、其他個人或醫療服務等，但有時並非基於必要而係出於樂趣（如享受美食）。由於休閒及個人照護活動不易明確區分，且兩者與個人福祉均有正向關係，故均採計。

OECD指標定義	
指標	定義
受僱者工時過長比率	受僱員工主要工作平均每週經常工時達50小時以上之百分比。（排除自營作業者）。
每日休閒及個人照護時間	全時工作者（含自營作業者）在平常日中分配在休閒及個人照護的時間。
通勤時間	全時工作者每日通勤分鐘數。
時間分配滿意度	工作者覺得自己分配在家人、社會聯繫、工作及嗜好4方面的時間剛好的比率。

工作與生活平衡指標的品質					
主要及輔助指標	觀念	衡量及監測福祉之關聯性			
		表面效度	可明確說明（好／壞）	政策敏感性	可細分
受僱者工時過長比率	主	工作與生活時間平衡的滿意度	✓	✓	✓	✓
每日休閒及個人照護時間	主		✓	✓	～	～
通勤時間	輔		✓	✓	～	～
時間分配滿意度	輔		✓	✓	～	✓

資料來源：OECD。

說明：「✓」表符合準則，「～」表大致符合準則。

二十、社會聯繫與幸福關聯及衡量

(一) **社會聯繫與幸福的關係**：人類是社會的動物，與他人接觸的頻率及個人人際關係的品質攸關個人福祉。一般而言，與家人、朋友或同事相處可使心理產生愉悅，彼此分享能帶來滿足感。此外，遇到困難時，社會聯繫能提供物質或感情上的支援，亦有助尋找工作或提供其他機會。

除最親近的人際圈外，發展良好的社會聯繫不僅能分享價值觀，亦有助於增進他人的信賴、對差異性的容忍、公共服務的熱誠及對等互惠的準則，同時亦可增進資訊交流與集體行動的便利性，進而形成有利於團體內及團體間合作的網絡，是構成社會資本（Social capital）的基礎。

補充　社會資本（Social capital）

OECD定義社會資本為利於團體內或團體間的合作而具有共同分享各種規範、價值與認知的網絡。一個常被引述的例子是紐約的A鑽石商帶著鑽石，到公會中與B鑽石商洽談售前商品鑑定，因群組中的高度信賴，無需簽訂正式合約或保險，因此節省了時間、金錢，並增進商務進行的效率。

(二) **衡量社會聯繫**：衡量人際關係的複雜性及其對福祉的貢獻並不容易，人類生活包含無數的社會關係，互動的內容與強度亦差異甚大，與陌生人萍水相逢式的交談也是一種社會接觸。社會互動除了各種面對面聚會，尚包含透過電郵（e-mail）、電話或部落格（Blog）、臉書（Facebook）、推特（Twitter）等社群媒體（Social media）。近年來因人口老化、家庭型態改變及全球人口往都市遷移，獨居人口增加，使其面臨困難時無法隨時由最親近的家人獲得支援。

最常用來衡量社會聯繫的指標如各類社團會員人數（如體育俱樂部、宗教或職業團體等），或特定區域志工組織密度等，僅能衡量正式網絡內的參與狀況，忽略了與朋友或親戚往來的非正式聯繫情形，加以社團正式會員資格因時因地而異，妨礙跨國可比較性。此外，有些成果面的衡量，例如對他人的信賴及公民參與統計等亦呈現較差的預測效度（Predictive validity）。

社會聯繫的理想指標應能解讀不同的人際關係、關係的品質，以及對個人（如感情與金錢的援助、工作機會、社會隔離）與社會（對他人的信任、容忍、民主的參與、公民參與）所產生的結果。

(三) **選取指標**：由於社會聯繫領域缺乏健全、可比較性的資料，OECD目前暫用主要指標「社會網絡支持」與「社會接觸頻率」、「志工服務時間」及「對他人的信任」等3項輔助指標來衡量，非最佳確定性指標，以凸顯進一步發展官方統計的必要性。

社會網絡支援（Social network support）是衡量個人人際關係的成果指標，親密的人際關係除帶給人愉悅外，亦提供必要的感情與金錢上援助，增進遭遇困難時的因應能力，研究顯示支持性的人際關係能保護意氣消沉的人，對病後恢復者也有所幫助。

社會接觸頻率（Frequency of social contact）是人類福祉的重要因素，時間運用調查資料顯示，與朋友交往是使人們最快樂的活動之一；惟根據普藍姆教授（Robert Putnam）報告指出，1950年以來美國的社會資本，包含正式與非正式的社會聯繫，都呈現下降趨勢，而其歸因於：1.世代的改變（年輕世代因結婚率低、離婚率高、子女少、實質工資低等，致社會參與較少）；2.觀看電視與電子娛樂的增加；3.工時及女性勞參率的增加；4.都市的延伸與通勤時間的增加，均造成居民的分隔與疏離，亦降低社會聯繫的程度。其他影響社會聯繫的可能因素還包括搬

家（Re-potting hypothesis）、種族差異、所得不均及教育等。

參與志工服務的人較未參與者生活得更快樂也更滿足，說明了志工服務對個人福祉扮演著直接貢獻的重要角色，進而對整體社會提供了更廣泛的利益，除了勞務的直接價值外，亦有助於建構一個健康的公民社會。對他人的信任是社會資本的關鍵要素，許多社會資本的利益就是從對他人信任開始，從而引導出更便利的互動與交易。

OECD 指標定義	
指標	定義
社會網絡支持	遇到困難時，有親戚或朋友可在任何需要時給予幫助的比率。
社會接觸頻率	過去一年中與朋友及未同住的親戚平均每週至少聚會一次的比率。
志工服務時間	過去一年平均每天花在志工服務的時間。
對他人的信任	認為大多數人可被信任的比率。

社會聯繫指標品質						
主要及輔助指標		觀念	衡量及監測福祉之關聯性			
			表面效度	可明確說明（好／壞）	政策敏感性	可細分
社會網絡支援	主	個人關係	✓	✓	～	✓
社會接觸頻率	輔	社區關係	～	✓	～	✓
志願服務時間	輔		✓	✓	～	～
對他人的信任	輔	規範與價值	✓	✓	～	✓

資料來源：OECD。
說明：「✓」表符合準則，「～」表大致符合準則。

二一、公民參與及政府治理幸福感衡量

(一) **公民參與及政府治理與幸福的關係**：公民參與（Civic engagement）係指人民藉由各種活動表達其政治聲音（Political voice）及促進社會的政治運作，可提高個人對自己生活控制能力的認同，從而產生社會歸屬感、信任感及社會包容力，為個人福祉所不可或缺。

公民參與也提高了公共政策的有效性，政治聲音是人類的基本自由及權利之一，人民的喜好及需求若在制定公共政策及法規的過程中即能反映，因而影響決策，有助於減少潛在的衝突及提高共識的預期，使政策執行更具成效。同時人民的聲音提高了對決策者的課責，從而引導出更好的政府治理。

政府治理（Governance）涉及國家權力行使的制度，政府藉由制定法規、實施公共政策及建立法治，來管理及分配國家公共資源，這些制度的品質強烈決定人民生活品質的良窳。良好、有效率的公共治理可加深民眾對政府及管理制度的信賴，從而提高福祉。因此公民參與及政府治理為國民幸福不可或缺領域。

(二) **衡量公民參與及政府治理**：公民參與的理想指標應能衡量人民是否參與重要政治或公民活動，藉以有效形塑社會制度，例如：選舉投票、參與志願服務或政黨與社團、簽署請願書、參加示威遊行或抵制活動、利用社會網絡分享政治意見及價值觀等；惟人民是否有選擇及行動的自由與是否實際利用這些機會是衡量的另一個挑戰。

政府治理品質的理想指標應能衡量公共政策是否有效率且透明地達成既定目標，以及人民對政府及國家制度的信任程度。實務上，尚包含各種機構制度的效率與透明度、職權範圍、對所有人民（不論其教育程度或社會背景）的公開性與可及性等諸多層面。

(三) **選取指標**：公民參與及政府治理為人民福祉所不可或缺的領域，但涉及的面向難以概念化及衡量，而現有指標由於缺乏公認的統計標準、品質不佳、範圍狹小、國際比較不具一致性及資訊過度依賴機構及專家等因素，只在有限的範圍內滿足上述理想準則。在這些限制下，OECD 選取「投票率」、「參與政治活動（選舉以外）比率」、「法規制訂諮商指數」及「對政府、司法系統及法院、媒體等機構的信賴」等4項做為衡量指標，本文將另針對投票率深入分析我國公民參與狀況。

公民參與指標以「投票率」為主，「參與政治活動（選舉以外）比率」為輔，前者是衡量個人參與選舉活動的最佳指標，後者是呈現民眾除投票選舉外，透過其他途徑（如在政黨或行動小組工作、在其他組織或協會工作、佩帶或展示競選徽章或海報、簽署請願書、參加合法示威遊行等）表達其政治意見的概況，藉由傳達人民的需求，以監督及矯正公共政策，維持公民政治警覺，進而提升民主品質。

政府治理指標以「法規制訂諮商指數（Consultation on rule-making）」為主，「對政府、司法系統及法院、媒體等機構的信賴」為輔，前者係衡量政策提案在規劃階段是否有正式公開的諮詢程序，以及諮詢結果影響法律及附屬法規制訂的機制。

人民信賴政府、司法系統及法院、媒體等機構是社會穩定、民主運作及經濟成長所不可或缺的，因政府受全民所託，制定國家法律及執行職務；公平及可近的司法體制才能確保法律之前人人平等；媒體則在提供資訊及形成民主作為上扮演重要角色。跨國研究指出，對機構之信賴對經濟及社會產生廣泛的影響，同時是有效公共政策的先決條件也是結果，對治理效能的影響已具統計上的顯著性。

然而人民信賴常因嚴重的貪汙而減損，諸多研究顯示兩者互為因果且具高度負相關，惟貪汙具隱藏性及多樣性而難以衡量，因此衡量貪汙程度不能僅採主觀指標，必須輔以客觀指標，目前OECD亦致力發展對抗貪汙的政策及實用工具，以建立公部門的廉正。

OECD指標定義	
指標	定義
投票率	國家主要選舉中，有投票權的選民參與投票的比率。
法規制訂諮商指數	反映政策規劃諮詢過程中公開性及透明度之綜合指數，依據OECD Regulatory management system（RMS）調查之選項加權計算。
參與政治活動（選舉以外）比率	在過去12個月內，曾經接觸政治人物、政府或地方政府官員／在政黨或行動小組工作／在其他組織或協會工作／佩帶或展示競選徽章或海報／簽署請願書/參加合法的示威遊行／抵制某些產品的比率。
對政府、司法系統及法院、媒體等機構的信賴	信任政府／司法系統及法院／媒體者所占比率。

資料來源：OECD。

若就指標統計品質觀察，除投票率及法規制訂諮商指數不符合可細分的準則外，餘均大致符合效度、可明確說明、政策敏感性及可細分等各類統計準則。

公民參與及政府治理指標的品質					
主要及輔助指標	觀念	衡量及監測福祉之關聯性			
		表面效度	可明確說明（好／壞）	政策敏感性	可細分
投票率　　主	公民參與	～	✓	✓	✗
參與政治活動（選舉以外）比率　　輔		✓	～	✓	✓
法規制訂諮商指數　　主	政府治理品質	～	✓	✓	✗
對政府、司法系統及法院、媒體等機構的信賴　　輔	人民對公共部門的信賴	✓	✓	✓	✓

資料來源：OECD。

說明：「✓」表符合準則，「～」表大致符合準則，「✗」表不符合或在有限的範圍內符合。

第八章 社會不平等

課前導讀

本章所指的社會不平等，是近年來強調重視人權的臺灣，無論在相關法令或政策上改變的明顯之處，由於篇幅太多，恐造成閱讀上的困擾，因此，將社會不平等常見的社會階層與社會階級內容放在下一章，但在概念上必需建立其完整性。不平等的少數面對占有較大社會資源的優勢、兩個團體之間的互動以及理論觀點，請多留意，另有關性別不平等議題，也是近年來的重要議題，亦請多加注意。

系統綱要

一、社會不平等
(一) **定義**：社會資源分配不均和社會分工的結果。

(二) **導因**
1. **種族階層化**：不同遺傳特質出現種族階層。
2. **性別階層化**：父權社會影響兩性的不平等。
3. **年齡階層化**：生命週期的階段不同，導致年老者屬低階層。
4. **階級體制**：不同階級導致資源差異。
5. **職業階層化**：高低職業聲望。
6. **教育**：資源分配不均。

二、社會的資源：(一)權力；(二)聲望；(三)財富。

三、少數團體
(一) **定義**：由於社會團體權力與資源分配的差異，造成某一團體屬低權力與少資源的。

(二) **理論觀點**
1. **功能論**：少數團體的劃分是社會階層的延伸，是社會生存與運作的必要過程。
2. **衝突論**：是優勢團體保持既得利益，壓制或支配某一團體的結果。
3. **互動論**：是優勢團體與少數團體缺乏互動所致。
4. **標籤論**：是優勢團體依某團體的特性加以貼上少數團體標籤的結果。

(三) **對優勢團體的反應**

　　1. 加入優勢團體。　　2. 安於原有地位。　　3. 秘密攻擊。
　　4. 採取抗議。　　　　5. 進行暴力抗議。

四、種族與民族

(一) **種族**：是指一群具有相同遺傳特徵的人口集團。

(二) **民族**：是一群自覺在文化特質上相同的人口集團。

(三) **種族主義**：指有權力的群體係由遺傳所決定。

(四) **族群意識**：是指具備群體認同、主觀認定自己屬於某一族群且採取相同
行動的理念與做法。

(五) **族群認同**：指來自遺傳、文化傳承或外在環境的刺激，所形成的心理主
觀認定歸屬。

(六) **臺灣族群認同的形式與變化。**

五、族群關係的主要模式

(一) 滅種或撲殺。　(二) 驅逐。　　(三) 排拒。　　(四) 隔離。

(五) 壓抑。　　　　(六) 同化。　　(七) 多元型。　(八) 混併。

六、性別不平等的原因

(一) **性歧視價值觀的影響**：男尊女卑的刻板印象。

(二) **教育的剝削**：女性教育機會的被剝奪或限制。

(三) **職業與金錢的因素**：職業隔離與工資低廉。

(四) **政治的因素**：女性擁有較少的政治權力資源。

七、貧窮現象

(一) **定義**

　　1. **生計的貧窮（絕對貧窮）**：所得不足以維持生理功能的最低必需品。

　　2. **結構性觀點（相對貧窮）**：並非物質條件的缺乏，而是政治權力分
配、教育資源、社會福利以及社會地位的缺乏。

　　3. **外在性貧窮**：指因為貧窮所帶來的次文化，並產生惡性循環。

(二) **理論觀點**

　　1. **貧窮文化**：貧窮次文化代代相傳結果。

　　2. **個人特徵**：個人具備導致貧窮的特性所致。

3. **宿命論**：上天的安排、命運所致。

4. **結構性**：來自社會結構的限制——經濟、教育與歧視的結果。

八、M型社會與新貧

(一) M型社會

1. **定義**：全球化的趨勢下，富者財富快速攀升；但隨著資源重新分配，原本富裕與安定的中產階級快速消失，並向下沈淪為中、下階級，導致各國人口的生活方式，從倒U型轉變為M型社會。

2. **因應對策**

(1)重新思考寬鬆貨幣政策的退場機制。

(2)儘速解決失業升高及薪資負成長的困境。

(3)解決薪資不公平現象。

(二) 新貧

1. **定義**：在時空脈絡下，典型或傳統貧窮型態的轉變，常見的工作貧窮。

2. **特徵**

(1)經濟全球化下的產物。

(2)貧窮人口組成的轉變。

(3)貧民性格或習慣的改變。

(4)物質及社會與政治參與等面向均被剝奪。

(5)是被社會排除者。

九、年齡歧視

(一) 定義：將某一年齡層給予差別待遇，並認為理所當然。

(二) 理論觀點

1. **隔離論**：老年人自動從社會退出，社會也認為老年人應該退出，屬雙方的撤退的一種隔離現象。

2. **衝突論**：指老年人是屬於受支配的一群與支配的青壯年相互衝突所產生。

3. **互動論**：指老年人與青壯年缺少互動所致。

4. **老年次文化論**：指由於老年人的生活方式與青壯年不同形成次文化所造成。

5. **交換論**：青壯年與老年人相互間的利益交換關係。

重點整理

一、社會不平等

(一) **定義**：社會不平等（social inequality）意指任何一個社會在資源分配與社會分工之情形下，存在著不平等現象。換言之，社會不平等永遠存在。

每個社會都會根據一些不同的特質將個人加以分群或分層。這些特質包括性別、年齡、種族或族群、宗教和教育等。分群或分層後的社會團體常具有不同的社會和政治態度，也有不同的機會接觸到社會資源並獲得不同的社會報酬（如收入、影響力或尊重），此現象就是社會不平等。

社會不平等是每個社會都存在的普遍現象。任何社會中都存在一些團體控制或剝削其他團體。

(二) **導因**：就一般情況而言，社會不平等現象導因於：

1. **種族階層化（race stratification）**：不同種族生活在相同空間，常形成種族間的階層。例如美國社會的黑白族群對立或不平等的問題，甚至黑白間不通婚，以及過去南非施行種族隔離政策（apartheid），將黑白種族予以區隔，當做維持卡斯特社會體系的手段。

2. **性別階層化（gender stratification）**：在父權主義社會下的兩性關係，是一個男尊女卑的結構，男女社會地位、職業、收入都有明顯的差異，女人往往與貧窮相結合，在「貧窮女性化」（the feminization of poverty）的發展下，女人成為社會不平等的弱勢。

3. **年齡階層化（age stratification）**：年齡是一種先賦特徵，也被視為是社會地位的標準，在中國家族社會，老人代表權威，但在大部分的社會裡，老人地位低微，甚至有殺老現象。

4. **階級體制（class system）**：由於階級體制的存在，必須將社會成員分配在不同的階級，自然形成利益資源分配不均、權力擁有不均。

5. **職業階層化（occupational stratification）**：由於職業的多元化，形成許多不同的職業類型，而不同的職業有其不同的聲望與收入，職業階層也是社會不平等的現象之一。

6. **教育（education）**：教育資源的分配不均，例如，城鄉教育區別、上下階層享有教育資源之不均等，將影響個人未來的職業、收入與聲望，進而決定個人在社會的階層。

二、社會的資源

社會具有三種普遍存在的資源——權力、聲望及財富。

(一) **權力**：權力（power）為具有相當強制性，縱然在面臨反對的情況下，仍可獲取個人或團體目標的能力。權力可以兩種形式存在：

  1. **個人權力（personal power）**：主要為個人所擁有，能使個人取得所欲擁有的事物。

  2. **社會權力（social power）**：可決定他人之社會生活方向的能力。社會權力通常建立在某一社會單位內的位置（position）。

(二) **聲望**：聲望（prestige）可界定為人們受他人尊敬與順從的程度。沒有權力與財產，聲望也可以存在，所有的社會都很重視聲望。例如，人們因達成英雄式的個人目標或熱心公益的事業，而普受讚揚，就會獲得聲望，這與他們握有多少的權力或財富並無絕對關聯。

(三) **財富**：凡社會份子所公認的任何有價值的物資，都可視為財富，如汽車、房產、股票、武器等等。當然，財富像權力與聲望一樣可獨立存在，但也可能與權力、聲望結合，而發生作用。雖然財富並不能保證擁有權力或聲望，但可創造獲得其他價值的機會。正如西洋俗語所說：「金錢並非萬能，但可買到每件東西。」中國俗語所謂：「有錢能使鬼推磨。」。

有價值資源的分配，最先產生於財富或財產方面，其次才產生其他稀少資源，如聲望與尊敬等的不均等分配。人們常發現這些資源是可轉變成為更大的權力，所以常使用權力將其他資源據為己有。因此，在權力的使用方式上，將產生自我增強的過程。

三、少數團體

(一) **定義**：少數團體（minority groups）是社會中的次團體，它們在可鑑別的特徵（如身體和文化上的特徵）上異於優勢團體，且被系統性地排除在外，不論此排除是有意或無意，總在被拒於參與之列，且無法得到平等權力以取得權力、聲望和財富。因此，少數團體的成員傾向集中於政、經地位較差的人，以及在社會和空間上被優勢團體隔離的一群人。少數團體並非指其團體人數少，有時少數團體的實際人數可能比優勢團體（majority group）更多。例如在南非，非白人占總人口的80%，但卻

被白人當成少數團體,而白人則擁有優勢團體的權力。因此,少數團體係指由於社會間的權力差異,而被挑選出來予以不平等對待的團體。屬於少數團體的人,是集體歧視下的犧牲者,有時受到隔離、壓迫與迫害。兒童、老人和婦女多具有少數團體的特徵,多數社會也有種族與民族上的少數團體。

(二) 理論:一般解釋少數團體的論點有功能論、衝突論、互動論與標籤論,分別敘明如後:

1. **功能論**:基本上,功能論者認為社會為了求生存,必須將成員劃分責任和職務,有些人獲得較高的酬賞和社會地位,因為他們對社會有貢獻,而且具有特別的專業知識與技能。而有些人社會地位低和酬賞少是因為貢獻少且無專業知識與技能。因此,每一個社會都有社會階層的制度存在。少數團體的劃分事實上是社會階層的延伸。功能論者認為少數團體具備以下功能:

   (1) 對少數團體的偏見與歧視可用來支持社會既存的不平等。優勢團體可理直氣壯的聲稱,因為少數團體有缺點,應被安插在較低的社會地位。

   (2) 高低不平等地位之安排是社會的基本結構,可減少或避免少數團體對優勢團體的挑戰,避免影響社會穩定。

   不可否認,少數團體亦具有反功能,具破壞性;因為:

   (1) 由於社會無法充分利用每個人的才能,少數團體成員的優秀分子常被排拒在外,不被僱用。這種人才的浪費是社會上嚴重的經濟損失。

   (2) 少數團體常有貧窮與犯罪問題,在遭歧視的情況下更加嚴重。

   (3) 為維護既得地位,優勢團體必須以大量資源與時間保護自己並壓抑對方,形成社會的負擔。

   (4) 仇恨與排拒減少彼此間的溝通和互動,優勢團體往往掩飾真相,以達到醜化少數團體的目的。

   (5) 優勢團體與少數團體間的偏見和仇恨可能延伸到其他非相關的社會發展上。由於偏見和仇恨,有意義的社會改革運動因而被排拒。

   (6) 少數團體的低社會地位易導致其對社會法律制度的不信任。而且一旦有衝突也不願以和平方式來協調或解決。

綜上，功能論明顯的從優勢團體的立場來談少數團體。

2. **衝突論**：衝突論者將社會視為建立在不同團體的鬥爭上。優勢團體代表高高在上擁有政治與經濟資源的支配團體（dominant group），少數團體則是處於卑賤地位受壓迫的受支配團體。套用馬克思的階級鬥爭論。優勢團體即代表資產階級，而少數團體則代表無產階級，兩者之間的鬥爭幾乎是不可避免的。

衝突論者指出每一個社會的資源總是有限，優勢團體擁有資源的控制權，因此極力剝削少數團體。而少數團體為改變既定狀態，必然反抗。而社會總是將社會問題歸罪於少數團體，這是不公平的。因為造成這些問題的真正禍首是優勢團體。

3. **互動論**：互動論者對少數團體的解釋主要來自兩方面：「接觸假設」（contact hypothesis）和「標籤理論」（labeling theory）。接觸假設認為優勢團體和少數團體之間偏見與仇恨的發生是因為彼此間缺少互動接觸，如果團體之間能有接觸互動，那麼偏見與仇恨就會減少。

4. **標籤論**：標籤理論認為行為本身並不一定決定該行為的對錯，而是人們對該行為所加貼的標籤才真正具有決定對錯影響力。由於少數團體的體型、語言或次文化等不同於主流文化，社會給予塑造的形象加以標籤，視為劣等或不適合。例如，白人在僱用華人之前，常下意識的認定華人的英語溝通能力不夠，不願意僱用。這種「語言困擾」的標籤傷害華人的形象及受僱的機會。

標籤論者指出，優勢團體經由政治經濟控制社會，並決定社會價值與規範，因而擁有標籤他人的權力；少數團體在其標籤下而定型。更不幸的是，這種標籤往往影響到少數團體自我認知，而表達出跟標籤一致的行為，這種現象即為「自證預言」（self-fulfill prophecy）。

此種過程的詳細經過見圖8-1。

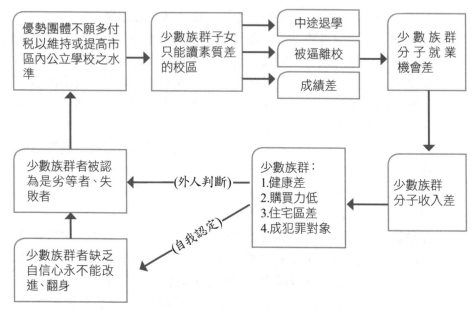

圖8-1　自證預言之過程

(三) **少數團體對優勢團體的反應**：少數團體成員面對優勢團體的歧視將如何反應？用什麼方法和在什麼環境之下予以反擊呢？分別有五種不同的反應：

　　1. **加入（pass）**：盡量使自己為優勢團體所接受，有些少數團體的成員為了「加入」優勢團體，而改變姓名、容貌和生活方式，如此才能去除其少數團體的認同。「加入」也意味著，拒絕自己的家庭和根源。這可能使一個人介於兩個世界之間，兩邊都不能完全接受他。

　　2. **安於現狀**：安於原有地位，對於無法加入優勢團體的人，只好安於自己的少數團體地位。這些人通常有明顯的身體特徵或強烈的心理認同。

　　3. **秘密攻擊（covert aggression）**：受壓迫的少數團體成員很少完全放棄反抗，通常會以某種方式予以反擊。當他們感到完全無力改變處境時（如因人數太少、缺乏政治管道，沒有武器從事武裝叛亂等），就可能採取秘密攻擊的報復手段。表面上，他們偽裝接受優勢團體指派的角色，遵守種族歧視的規則，並在不同種族混合的場合中服從優勢團體的成員。

4. **採取抗議（protest）**：若少數團體成員相信，在既有體系內有機會改善自己的地位，則將採取各種政治與經濟的抗議活動。

5. **暴力抗議（violent protest）**：有時少數團體成員相信，在體系內沒有希望改善自己的命運，感覺優勢團體並不同情，甚至敵視。這些情況通常導致暴力抗議或公開叛亂（outright rebellion）。少數團體成員相信，他們在數量上有足夠的力量帶給優勢團體實質的傷害；且覺得這樣的傷害是應該的，因為過去曾遭剝削與壓迫。

四、種族與民族

(一) **種族的定義**：在生物學上，種族（race）是指一個人口經過數代的繁衍而發展出遺傳上特殊的身體特徵。最為人所知的三個種族是：1.白人（或高加索人）；2.黃種人（或蒙古人），和3.黑人（或尼古羅人）。

易言之，「種族」是一群人自認為、且別人也認為他們具有某些遺傳上不同的身體特質；而這些身體特質又被認為與許多道德上、智力上，及其他非身體的屬性有關。因此，一個種族的成員認為他們自己不同於其他人，而其他團體的人也認為他們是不同的，這就好像他們自己也與別人不同一樣。換言之，種族是社會建構（social construct）的，是存在於人們的知覺與信仰之中。

(二) **民族的定義**：民族（ethnicity）的概念也像種族的概念一樣，也是由社會所定義的「標記」（label）。惟兩者之間有所差別：

種族是以察覺得出的身體差異為基礎；而民族則是以察覺得出的文化差異為基礎。換言之，民族團體（ethnic group）是指一群人，他們自己感覺到，而別人也感覺他們具有不同的文化特質，如語言、宗教、家庭習俗，與食物偏好等。

至於同族（peoplehood）的感覺是一種社會結果，意即世界人口中的一部分人，由於具有共同的祖先或文化遺產，而被認定是「與我們同類的人」（our own kind）。雖然我們可能與其他種族或民族背景的人一起生活或互動，但仍感覺得到，他們與我們多少有點不同。

(三) **種族主義**：種族主義（racism）是指某一有權力的群體以生物學或遺傳學決定論論證：不同種族或族群處於現有位置，或現實不均等的社會結構中，都是正當而理所當然的。換言之，當某些團體被指為屬於不同種族，並遭受歧視、剝削或暴力壓迫時，即為種族主義的現象。十九世紀

以來，達爾文的「進化論」成為種族主義發展的藉口。「優生學」的說法更為歐美種族主義者推波助瀾，並於一九二四年通過存有種族歧視的「移民限制法案」。在此期間，人類學者鮑亞士（Boas）以體質人類學的發現為依據，倡導反種族主義。他以為：種族的差異只是生物與形體的不同，並非文化的區別。體質的特徵也會隨著環境而改變，並非一成不變。

近代種族主義的基礎建立在「道德」與「科學」的理論上，最明顯例子就是二次大戰時的納粹德國史實。因為納粹的宣傳家們強調：體質解剖上的科學證據，顯示亞利安人種是世界上最優秀的，猶太人則是低劣、貪婪的，有如畜生一般，因此，由最優秀的種族統治全世界在道德上也是正當的。如此一來，納粹的種種剝削與暴行都找到了自我合理化的藉口。後來，納粹更以「種族淨化」之名，毒害六百多萬猶太人，這是現代種族主義結合科學與宗教後所帶來的驚人毀滅力量。

種族主義（racism）是指一個民族或種族團體的生物組成足以解釋並合理化其優等或劣等的地位。種族主義者的意識型態由三個觀念組合之：1.人們可依身體特質的基礎劃分為數個類別；2.身體特質和語言、服飾、個性、智力與運動長才特徵是一致的；以及3.像膚色的身體特質足以解釋和決定社會、經濟與政治的不平等。任何種族或民族團體都可能使用種族主義的意識型態，解釋自身或其他團體的行為。

(四) **族群意識**：族群意識（又稱群體意識）（ethnic consciousness）包括三個不同的內涵：1.群體的認同、2.群體利益的認識、和3.行動的可能性。這三個因子（或現象）是群體意識發展的三個不同階段。即群體意識要能發展，且成為集體行動的基礎，其成員先必須具有群體認同感。即必須在心理上主觀地認為是某一個特定群體的一分子。缺乏群體認同的人，不可能以群體分子的身分發展出任何的行動和態度傾向。群體認同是群體意識的基礎。

(五) **民族性**：民族性（ethnicity）則指承受共同國籍、祖先、獨特且明顯的文化特質（宗教習俗、飲食習慣、衣著風格、身體裝飾或語言等）的一群人。一個人的種族立基於生物特質，民族性則立基於幾無止盡的特質，包括歷史、姓氏、出生地、祖先、語言、食物偏好、社會化、居住地、自我意象、獨特品味、身體特徵、共享的傳統與文化習俗等。

(六) **族群認同**：族群認同（ethnic identifiction）的形成，一般來自世代間的遺傳，以及因遺傳而帶來的文化傳承。可是另一方面，族群的認同也是可以「取得的」（acquired）。又認同形成的重要因素，除了該族群的歷史發展之外，就是外界環境的刺激。亦即外界環境的刺激，讓族群的歷史經驗可以更清楚地顯現，成為族群認同的重要基礎。

英格（Yinger）認為以下14項變數是影響或提高族群認同的變項：1.大群體（相對於人口）、2.集中聚居於地區和社區、3.短期移民（高比例的新來者）、4.返回故土容易且頻繁、5.說不同的語言、6.與多數民族宗教不同、7.不同種族、8.因強制移民或征服而被納入該社會、9.來自文化上不同的社會、10.受出生地政經發展的吸引、11.階級與職業的同質性高、12.低教育程度、13.常受到歧視的經驗、14.住在一個少有流動的社會。與此相對的14項變數則傾向於降低認同，小群體、居住分散、長期住民、不易且不常返故土、說支配者的語言、相同宗教、同種族、自願遷入、文化相似、排斥出生地的政經發展、階級和職業的多樣、高教育程度、少受歧視、住在階級開放的社會等。

(七) **臺灣族群認同的形式與變化**：許多研究指出：臺灣族群認同的形成主要在戰後國民黨來台以後，從熱烈迎接國民政府到後來的「二二八事件」，直接刺激臺灣族群意識的產生。從二二八事件後至臺灣政治民主化前，政治結構對臺灣族群意識的形成具有決定性的影響。此外，族群認同政治化對臺灣族群意識的影響也占有重要地位。可從兩方面來分析：

1. **文化同化政治化**：居於政治壟斷地位的優勢族群利用政治宰制力量，藉由官方意識形態、語言與教育等，試圖達到文化同化與宰制其他弱勢族群的目的。

2. **國家認同政治化**：優勢族群利用政治壟斷地位宣揚其特定的國家認同，合理化外省籍統治團體的威權體制。

至於族群認同的變化是指政治資源分配的轉變，主要表現在三方面：

1. **民主化過程的影響**：隨著國會的全面改選，甚至政黨輪替的出現，本省政治菁英不斷透過選舉進入決策核心，外省籍政治菁英的相對優勢逐漸減少。對於外省籍的非政治菁英而言，由於族群意識的日趨明顯，危機感與相對剝奪感不斷的增加。

2. **世代轉變的趨勢**：透過族群間的通婚與新世代的成長，日常生活中的族群界線已逐漸模糊，新世代也試圖消解族群對立，形成新的族群認同。

3. **城鄉族群認同的差異**：隨著政治資源分配的轉變，族群認同已產生變化，但城鄉族群認同的差異卻依然存在；都會地區的族群認同不如鄉村地區強烈，較不侷限在族群上，而鄉村居民的意識仍屬於傳統的侍從主義，缺乏自主意見，很容易被政治人物以族群議題煽動而動員。

數年前，臺灣社會出現「新臺灣人」的族群關係聲浪。當時，「新臺灣人」的概念可說高於本省、外省，涵括各類族群概念。雖然其正當性尚未建立，但卻是個權宜性，且是大家不滿意但可接受的架構。其次，「新臺灣人」是可統可獨，正好讓國民黨可繼續在模糊狀態下兩面討好。這對民進黨是明顯不利的，因為它對「統」的方面是完全拒絕，也等於無法吸納外省選民。

五、族群關係的主要模式

不同族群的接觸有時候是和平的，例如通婚與交易買賣；有時候卻是暴力野蠻的，例如戰爭與侵略。族群團體間的互動關係有不同的模式。茲就其關係程度，由最極端的到最和平的依序簡述如下：

(一) **滅種（genocide）或撲殺（extermination）**：是族群關係中最極端和激烈的一種模式。是有系統的，有計畫的採取暴力將另外一種族群或少數團加以撲殺毀滅，或者以強制性的節育方式來中斷其分子的延續。

(二) **驅逐（expulsion）**：以強迫方式將一個族群或少數團體驅趕出其原本的地域，印地安人的被送往保護區是一例。通常一般滅種或驅逐手段的使用，多來自強勢團體為了奪取少數團體所擁有的資源或財富。印地安人之所以遭驅趕，因為土地是白種移民所需要的，另外一種原因是強勢團體認為少數族群團體「可能」帶來的威脅所引起。因此，先下手為強，以防其發生。

(三) **排拒（exclusion）**：係指政府立法排拒某種特定對象為其社會分子。由於就業機會下降，美國國會曾在1882年設立排華法案（Chinese Exclusion Act）以防止中國人的移入。

(四) **隔離（segregation）**：係指社會的優勢團體將小數團體在地域上或社會上加以區隔。地域上的隔離是指在居住地的分隔，使少數團體與優勢團體分地而居。社會上的隔離是禁止少數團體分子對特定社會活動的參

與。然而，有部分隔離是自願的，例如第一代的移民，由於語言、習俗的不同而情願跟同族群的一同居住，或來往，以致形成美國大都市地區中的中國城，或韓國城，以前臺灣的軍眷村，也是一種隔離。

(五) **壓抑（oppression）**：指壓制少數族群或團體在社會上應享有的平等機會與待遇，對少數團體有不平等的待遇，但容許其存在。優勢團體控制社會中的所有資源及權勢，並對少數團體加以剝削或壓迫。美國早年的奴隸制度就是一種很明顯的壓抑模式。

(六) **同化（assimilation）**：係指社會裏的少數族群或團體放棄其本身的文化而接受優勢族群的文化，並成為主流社會的一部分的過程。移民到達目的地後逐漸棄除原有的文化習俗，而接納當地的語言文化，就是同化的過程。用方程式來表示如下：

$$A+B+C＝A$$

A代表優勢團體或族群，B和C代表二個少數團體。在同化的過程裏，B和C原有的次文化消失而採納A的文化，變成A的一部分。

(七) **多元型（pluralism）**：係指社會中各種不同的族群和團體彼此之間和平共存，相互容忍敬重。歐洲瑞士是一個比較標準的多元型社會，瑞士的族群包括德、義、法語及猶太人，以德法義三種語文為其法定語言，也無一統一的宗教，各族群間彼此尊重相處而無衝突。以方程式表達如下：

$$A+B+C＝A+B+C$$

A,B,C各族群，各保有其文化，宗教，習俗，及其特有的社會結構，彼此共同生存，互助互補。

(八) **混併（amalgamation）**：係指將社會內各種不同的族群混合組併成一個新團體的模式。混併的過程並不單純，通常要經過數代的族群間的通婚，才會將原有特質慢慢消退。在混併的過程中，優勢團體與少數團體的界限不再存在，新併成的團體跟原有的任何一個團體都不完全相同。以方程式表示如下：

$$A+B+C＝D$$

A、B、C團體各自的特質在混併的過程中消失，共同組合成一個新的D團體。

戈登（M. Gordon）依平等——不平等的觀念及社會結構將族群關係的發展
劃分為下列四種類型：

(一) **種族社會主義**：主體上是不平等的或是種族主義意識型態下的社會。

(二) **同化主義社會**：在此結構中，社會沿著明確的同化過程中的多個階段，
向同化的最終目標邁進。

(三) **自由主義的多元主義社會**：其特權是不進行、甚至禁止進行任何法律上
的或官方的認定，以便將不同種族宗教語言或一不同民族起源的群體看
作侍在法律上的或政府程序上占有一席之地的統一實體，同時它也禁止
應用任何形式的民族標準，不管應用這種標準是為了任何類型的民族歧
視的目的，還是為了對少數民族特殊照顧的目的。在這樣一個社會平等
主義的規範，強調的是機會的平等，對個人的評價也是基於評價其表現
的普通標準。

(四) **群體多元主義社會（corporate pluralism）**：種族和民族群體通常都被看
作具有法律地位的實體，在社會具有官方的身分。經濟和政治的酬賞，
無論是公共領域還是私人領域，都按數量定額分配，定額的標準是人口
的相對數量或由政治程序規定的其他方式所決定。這類平等主義強調的
更多是結果的平等，而不是機會的平等，酬賞分配的普遍標準，另在他
們以一種較為特殊的方式確定的有限範圍內才實施。

六、台灣原住民人口概況

我國法定原住民族至目前計16族，108年底原住民人口數571,427人，以阿美
族最多，排灣族次之，泰雅族第三，三者合計占逾原住民總人數七成。

(一) 原住民人口之扶養比為37.2，較總人口之37.0為高，主要係其扶幼比
27.0高於總人口之18.0所致。

(二) 各縣市原住民人口以花蓮縣9萬人占16.6%最多，臺東縣8萬人占14.1%
次之，桃園市7萬人占12.9%居第三。

原住民族群是臺灣歷史與文化的重要根源，截至目前，經政府認定的原住民
族群有16族，各族群擁有自己的風俗習慣及部落結構，僅就108年底原住民
人口結構特性簡述如下：

(一) **人口數**：108年底我國戶籍登記註記為原住民身分之人口數計57萬1,427
人，平地原住民占46.89%，山地原住民占53.11%，

(二) **性別**：截至108年底，女性占51.44％，高於男性占48.56％；性比例逐年下降，自94年起女性人數多於男性，108年底性比例為95.02。

(三) **年齡別**

  1. **年齡**：原住民有一半人口年齡在33.13歲以下，而其平均年齡為34.51歲，其中男性平均33.20歲，女性平均35.75歲，均較總人口之41.04歲為低；各縣市以臺東縣平均年齡39.37歲最高，花蓮縣37.82歲次之，屏東縣37.60歲居第三，而雲林縣29.12歲、新竹市29.35歲及彰化縣29.37歲均低於30歲。

  2. **扶養比**：原住民人口之扶養比為37.21，較總人口之36.95為高，主要是原住民出生率較總人口高，人口扶幼比27.05高於總人口之17.96所致（另原住民扶老比10.16小於總人口之18.99）。

(四) **人口分布**：以花蓮縣原住民占原住民總人口之16.58％最多，臺東縣占14.09％次之，桃園市占12.90％居第三，三縣市合占原住民總人口之四成四，而連江縣、澎湖縣、金門縣及嘉義市占率均不及0.2％；各縣市之原住民人口比率，以臺東縣最高，花蓮縣次之，屏東縣居第三。

(五) **族別**

  1. **人口數**：截至108年底，以阿美族最多，排灣族次之，泰雅族居第三，三族群合占原住民人口數七成一；且各族人口數均較上年增加，以阿美族增加最多，泰雅族次之，排灣族居第三。

  2. **性比例**：除拉阿魯哇族之性比例110.22、卡那卡那富族103.70及撒奇萊雅族101.10超過100，為男性人口多於女性，其餘各族均為女性人口較多。

  3. **原住民身分與族別及設籍縣市**：原住民16族中，有8族包括拉阿魯哇族、卡那卡那富族、賽德克族、鄒族、雅美（達悟）族、太魯閣族、布農族及泰雅族均超過九成七為山地原住民，另魯凱族、排灣族山地原住民約占8成，其餘族別則以平地原住民較多。茲就原住民人口前3大族及其設籍縣市說明如下：

  (1) **阿美族**：以設籍花蓮縣最多，臺東縣次之，桃園市居第三。

  (2) **排灣族**：設籍屏東縣最多，臺東縣次之，高雄市居第三。

  (3) **泰雅族**：設籍桃園市最多，新竹縣次之，宜蘭縣居第三。

七、性別不平等的原因

基本上，影響性別不平等的原因有四：

(一) **性別主義價值觀的影響**：性別主義（sexism）──基於生物的性別或社會的性別對男女有不平等的對待──及男性反對女性進入原本保留給他們的部門。社會認為男性優於女性的，這種價值存在於世界各個國家。由於社會上重男輕女的價值觀，使女人處於劣勢，特別是在父權主義的社會下，女人的社會地位低微。在性別主義下，女性在家庭之外的事業有成功的表現，將被視為是一種偏差行為，而且許多女性也深信，成功對他們來說必須付出比男性更大的代價。另外，性別角色刻板印象結果，女人的角色是被動的、消極的、畏縮的、依賴的、害羞的等負面的價值，將女性特質標上性膽怯（sexual timidity）和社會焦慮（social anxiety）的標籤。而且男人與女人隨著年齡的不同，其社會的身價也有所不同。例如，男人過了四十歲，可以說是正值壯年，事業也有成就，其身價百倍。而女人過了四十歲，花容漸失，年老色衰的折舊率非常高，相對於男人來說，不可同日而語。

(二) **教育的剝削**（education deprivation）：女人長久以來在接受高等教育的機會受到相當的限制，即使在美國，1960年代以前，有許多大學和學院排除女性的申請就讀，尤其是研究所與專業學校。以哈佛大學為例，直到1963年才衝破性別歧視（sex discrimination）的藩籬，接受女人進入企管研究所就讀。在臺灣仍然可見男女在教育機會上的不平等。例如，大學生的男女比例上大約各占一半，惟到研究所階段，比例變成1：3（75%：25%），到了博士班，男女比例更達87%：13%。

(三) **職業與金錢**（jobs and money）**因素**：除教育不平等造成男女就業市場上的不平等外，職業上的性別區分（sex differences at work）也是限制女性就業的重要原因。職業上的性別區分有兩層意義：一是在職業上男女有別，比如薪資、能力、經驗等，男性在職業上優於女性，形成「男尊女卑」的現象。由於職業（occupation）上的性別區分與歧視，造成男女經濟上的不平等，形成「貧窮女性化」（feminization of poverty）的現象，即女性比男性更容易遭遇貧窮，以及面臨貧窮的高風險。二是男女職業上的二分法，在社會上，對於女人職業的刻板印象是秘書、護士、接待員、幼稚園老師、幼兒照顧人員、金融銀行員、圖書管理員、健康保健人員、空服員、保母、店員等，這些職業傳統上專屬於女性，

而且低薪，又次於男性的職業，這種現象在社會學上稱之為「女人的社團」（women's ghettos），又可稱之為「粉領階級」（pink-collar classes），有別於白領與藍領階級。甚至，還有「單身條款」的限制，規定女性職員若是結婚或懷孕必須離職。

(四) **政治因素（politics）**：男女在政治的官僚組織，所享有的權力資源不同，導致法令規章對女性不利。通常男性在政治舞臺上擁有絕大部分的權力資源，主導社會發展，充分反應父權主義社會的現象，而女性往往是政治上的配角，或是以保障名額充當花瓶，因而女性影響公共政策的程度低。

八、性別階層化與性別主流化

(一) **性別階層化**：性別階層化是社會階層化的一種現象，社會學家柯林斯（Collins,1971）基於三個假設提出性別階層化理論（theory of the gender stratification）：(1)人們利用其經濟、政治、生理和其他資源以支配他人；(2)社會中任何資源分配方式的改變都會改變支配結構；以及(3)意識型態是用來為某一團體對另一團體的支配所辯護。在男性和女性的例子中，通常男性在生理上比女性更強壯。柯林斯主張，由於男女力氣的差異，在每一次兩性遭遇時都存在男性強制的可能，又為性財產（sexual property）是「獨占對某個人之性權力的永久宣稱」－－的意識型態是性別階層化的核心，歷史上，女性大多被視為男性的性財產。

柯林斯深信，女性被視為性財產和附屬於男性的程度，由下列兩個重要因素決定：(1)女性接近暴力控制代理人（例如警察）的程度；(2)女性在勞動市場中相對於男性的地位。基於這些因素，柯氏提出四種歷史上的經濟安排，例如低技術的部落社會、強化家族、私人家族和進步的市場經濟，可見一斑。

(二) **性別主流化**：1995年聯合國第4屆世界婦女會議通過「北京行動宣言」，正式以「性別主流化」（gender streaming）作為各國達成性別平等之全球性策略。「性別主流化」是一種策略，也是一種價值，希望所有政府的計畫與法律要具有性別觀點，並在作成決策之前，對男性和女性的可能影響進行分析，以促使政府資源配置確保不同性別平等獲取享有參與社會、公共事務及資源取得之機會，最終達到實質性別平等。

我國於94年開始積極推動性別主流化工作，以性別統計、性別預算、性

別影響評估、性別分析、性別意識培力、性別平等專案小組運作為主要推動工具。行政院性別平等處於101年成立後，負責性別主流化政策研議及業務督導。婦女人權與性別權力指數是先進國家的重要指標，為增加國人的性別覺醒及公務人員的性別敏感度，近年來世界各國莫不以推動「性別主流化」、建立性別友善的空間等，作為濟弱扶傾之策略，以實踐社會公平正義。

1979年通過「消除對婦女一切形式歧視公約」（Convention on the Elimination of All Forms of Discrimination Against Women, CEDAW），作為婦女人權憲章，積極要求各會員國消除對婦女一切形式的歧視，包括「直接歧視」與「間接歧視」。直接歧視係形於外的，間接歧視則較無法輕易觀之，有時眼見非歧視，但卻有歧視的效果。1995年在北京所舉行的第四屆婦女大會正式提出「性別主流化」一詞。「性別主流化」是一個在各領域與各層次中，做為評估政策、方案、計畫、法規等對女性與男性有何種潛在含意的過程，是一項策略，讓女性關注的事項和經驗如同男性一樣的受重視，並據以納入政治、經濟、社會等所有領域的政策與方案的設計、落實、監測和評估，以使女性與男性均能平等受益、終止不平等的現象，最終達成性別平等。總括來說，就是要破除過去對於兩性的平等常以男性為標準的思維架構，特別是來自於傳統上父權文化及男尊女卑的思維者。

就國內發展而言，行政院自2009年1月1日起，為落實性別意識於所有的政策及施政作為中，提出「性別主流化六大工具」，要求所屬各部會凡報院審查之中長個案計畫，應確實依規定辦理性別影響評估，且各中長程個案計畫書及法律修正案，均應按照性別主流化的六大工具填列「性別影響評估檢視表」，以下就性別主流化六大工具分述：

1. **性別培力**：增能／賦權（empowerment）是性別意識培力的重要基礎。從關注的問題、行動、建立並發展知識、持續努力、再發展解決之道，這個過程即是將「能」形成一股源於自我、追求個體成長的增能力量，亦可看成關懷弱勢性別的動機萌發之後，進而產生人權知識的省思與矯正歧視作為的行動，旨在落實人性的關懷、婦女權益保護與性別人權。

   吾人多透過性別主流化策略及性別意識相關研習訓練等課程，將「性別意識培力」導入受訓學員之認知及思維中，協助其更瞭解不同性別

者觀點與處境，並提昇個人追求並落實性別平等之能力。意識的覺醒要靠「培力（教育訓練）」做為策略與手段，是打破固有傳統文化中性別刻板印象利器，也是根本的方法。目的在破除社會文化中對女性不利與造成女性成為弱勢性別者的因素，進而更積極地將知識化為行動力量，以啟發受訓學員的性別意識，成為推動政府政策中性別主流化的內在動能與執行政策的力量。

而自1997年所成立的行政院婦女權益促進委員會至現在的行政院性別平等會也針對性別主流化提出多項提案，諸如政府各部門應訂定性別主流化實施計畫，其中包括「公務人員性別主流化訓練」課程的規劃，從政府組織中的再教育是讓公務人員明瞭性別主流化的意涵，清楚其執行方式，進而能在決策者與施政層面上，消除族群、階級、性別、年齡與性取向的歧視，並落實CEDAW。

2. **性別機制**：我國目前政府之性別機制指執行性平業務之專責組織，及深化性別意識之審查程序或參與機會所形成之制度，都稱之為性別機制。分述如下：

   (1) 在執行性平業務之專責組織方面，1997年成立的行政院婦女權益促進委員會，2012年1月1日成立行政院性別平等處作為中央組織再造的火車頭，至此，中央為五院所成立之院級性別平等會（其幕僚單位在行政院為行政院性別平等處、在其他四院則因無專責幕僚單位，多指定某一單位或人員兼任之）；中央各部會之性別平等專案小組（其幕僚單位多為該部會之人事單位或綜合規劃處）；在地方則為各地方政府之性別平等會或因襲舊稱之婦權會，及各縣市政府中各局處所成立之性平會。以上之性別平等專責單位作為性別平等政策規劃、強化婦女參與及不同性別者之平等參與的管道。

   (2) 建立各項計畫審查之性別平等機制，如在各項計畫或獎項之審查中，性平委員專家及不同性別者以適當之人員比例，組成審查小組共同參與之。

3. **性別統計**：性別統計是由「婦女統計」演變而來，性別統計為依生理性別區隔的統計數據，適切的反應女性與男性在個別政策面向上的處境，以呈現不同性別之處境、待遇及進步等實況，藉由詳實數字，提供各界作為理性分析與討論的事實基礎。

性別統計的基本要件：

(1) 各種以個人為統計單位的資料皆應以生理性別（即男、女）作為分類。

(2) 必須確認相關資料的統計收集，與所欲分析和探討的性別議題有相關。

而性別統計的功能與影響包括：

(1) 善用統計調查技巧，看見性別角色差異。

(2) 融入性別敏感觀點，提升大眾性別意識。

(3) 矯正政策上的性別盲點，促進性別平等受益。

性別統計的資料範圍以各部會現有391項指標為主要範圍，並以性別平等政策綱領之七大類指標架構為分類，例如：

(1) **權力、決策與影響力**（約27項指標）：包括志願服務參與人數、社會／職業團體理事或監事、公務人員考試報考人數、公務人員官等人數等。

(2) **就業、經濟與福利**（約113項指標）：包括失業人數、勞參率、失業率、平均薪資、不幸婦女中途之家收容人數、領有身障手冊人數、安養／養護／長期照護機構收容人數、獨居老人數、領取中低收入之老人生活津貼人數等。

(3) **人口、婚姻與家庭**（約35項指標）：包括未婚人數、大陸／港澳／東南亞地區配偶人數、嬰兒出生數、育齡婦女生育率、離婚之子女監護權歸屬、單親戶長、因結婚而離職／變更職務人數、料理家務時間、家中子女照顧時數等。

(4) **教育、文化與媒體**（約46項指標）：包括學生／教師／校長人數、升學率、各學年度公私立院校開設與性別議題相關之課程數、校園性騷擾／性侵害被害人數、從事音樂戲劇舞蹈創作人數、每千人平均上網人口比率、生活美學／文化義工參與人數、性侵害新聞處分案件等。

(5) **人身安全與司法**（約70項指標）：家庭暴力／性侵害案件通報次數、被害／加害人數、庇護安置／心理輔導／職業訓練人次、加害人接受處遇人數、保護令聲請／核發件數、職場性騷擾申訴受理／成立案件、校園性騷擾申訴受理／成立案件等。

(6) **健康、醫療與照顧**（約70項指標）：醫事人員在職教育課程中具性別意識課程之時數、婦女墮胎發生率及發生次數、施行人工協助生殖者之施術人數、陪產率、母嬰親善醫院家數、婦女親善門診設置率、門診疾病就診率、健保門診／急診件數與申報費用、健保平均住院日數、健保住院／門診人數、子宮切除率、嬰兒與孕產婦死亡數及死亡率等。

(7) **環境、能源與科技**（約30項指標）：環保署／局人員人數、環保財團法人基金會董事／監察人人數、大專院校環境相關科系畢業學生人數、環境保護相關職類訓練結訓人數、公廁座數、對環保署推動環保工作的滿意程度、機車使用者男女比率、自用小客車／計程車駕駛人男女比率、來台旅客人數、國人出國人數、捷運／鐵路／航空旅客男女比率、搭乘計程車男女比率等。

4. **性別分析**：性別分析以性別為基礎的分析作為基本概念，思考社會價值中的「性別盲」的存在，根據財團法人婦女權益促進發展基金會的定義，性別分析是整合婦女的主要活動和過程的重要方法，其方法為：

(1) 了解並認知男性與女性生活上的差異，以及存在於女性之間的多樣化，亦即存在於各經濟體或社區內經濟、社會、文化、環境、組織和政治結構之下，她們的不同環境、責任、社會關係和地位。

(2) 評估政策、計畫、專案可能對女性與男性所產生的不同衝擊。

(3) 透過按性別區隔之統計資料的蒐集與運用，包括質化與量化的方式，對女性和男性產生不同影響的情形及原因，進行比較。

(4) 將性別之考量納入政策的規劃、設計、執行和評估過程。

故「性別分析」係為實施「性別主流化」的重要工具之一，可應用於政策或計畫階段，使所欲執行之業務、政策或計畫的結果增加兩性在未來經濟成長與繁榮中平等之經濟機會及參與，並且改變性別關係。故擬定性別目標必須根據性別統計及性別分析，而進行性別影響評估必要有性別分析作為基礎，方能盡其功。

性別分析的進行方式如下：

(1) 確認問題與議題。

(2) 定義預期成果。

(3) 發展選擇方案。

(4) 評估及選擇方案。

(5) 溝通政策。

(6) 評估分析品質。

故而，性別分析在使性別觀點融合到業務或政策發展的每一個步驟之中，融入性別觀點的思考架構與分析步驟，制定改善性別不平等的策略，以實踐性別正義的終極目標。

5. **性別預算**：性別預算關注的焦點是政府預算執行結果與其對落實性別主流化觀點所產生的效益及影響，而非專為男性或女性所編列預算之多寡或是否增列女性或特定性別方案之預算。目前世界上推行性別預算的國家超過60個，推動方式不盡相同。大多數國家係隨同預算書發表性別平等相關之政策聲明或成果報告，或辦理研究分析及教育宣導等工作，並未於法定預算文件中作單獨分類表達。

行政院主計總處參考國際定義，認為性別預算是一個動態過程，強調將性別觀點融入、整合到收支預算程序中，其關注的焦點是政府預算執行結果與其對落實性別主流化觀點所產生的效益及影響，最終目的在於改善資源配置以滿足不同性別者的需求與喜好，並關注到最弱勢族群的需求。根據不同策略發展的性別預算倡議行動，常運用不同的名詞加以說明，例如「婦女預算」、「性別敏感預算」、「性別預算」、「性別預算分析」及「性別回應預算」等，但大部分文獻使用「性別回應預算」或「性別敏感預算」以指陳性別預算的概念。所謂的「性別預算」的核心內容包含兩個部分：一為「性別預算分析」，另一為「性別回應預算」。前者為評估政府政策與計畫的支出與收入對於男、女（不同收入、年齡、種族）的影響；後者為執行策略與行動，以達成促進女性賦權與性別平等的預算，或按照性別意識分配的預算。

有關修正性別預算制度之初步規劃，性別預算之實施範圍宜從辦理性別影響評估且經核定之中長程個案計畫有限範圍，擴大涵蓋行政院各項重要性別平等政策，以擴大性別觀點進入政府資源配置。由於現行性別預算之編列額度係將各機關所有已辦理性別影響評估經核定之中長程個案計畫之整筆年度經費納入性別預算編列額度，可能存在與性別關聯度不高，或未具促進性別平等措施之計畫經費，亦被納入性別預算編列額度，致有高估性別預算額度之虞，為使性別預算之額度能合理反應出中央政府於推動性別平等工作所投入之經費，避免浮報，修正性別預算操作定義之額度估算，建議以計畫、措施或業務項目「具促進性別平等目的」或「符合性別平等原則」為標準，由各機關、組織覈實計列性別預算額度。

6. **性別影響評估**：性別影響評估（Gender Impact Assessment，GIA），目的在於促使政策制定者更清楚掌握男女不同處境，並設定預期的結果，使性別落差獲得改善，確保政策、計畫與法案，從研擬規劃、決策、執行、監督評估與事後檢討建議等各階段過程，都能納入性別觀點。預期政策效益包括檢視與回應政府現有體制的不足、有效運用國家資源、促進政府決策與運作機制透明化、落實憲法基本人權保障以促進性別平等之社會效益等。我國自2009年1月1日起，凡報行政院之中長程計畫及送立法院之法律修正案，皆需附帶性別影響評估審查表，即以性別影響評估表作為性別主流化六大工具之總其成者。性別分析評估是一種將性別平等觀念融入每項政策計畫的過程，運用在許多不同層次及階段中且相互連結與回應，包括政策形成、預算分析、計畫或方案規畫設計、執行及評估等，形成政策發展善循環。在運用分析評估架構時也要注意，愈是表面的分析，所要冒的扭曲事實或性別盲的風險就愈大；另一個需注意的是，避免過度概念化可能產生的問題，並注意彼此間的差異性。

我國於2008年完成「性別影響評估操作指南」，制度化台灣性別影響評估作業程序，其中「性別影響評估檢視表」成為重要分析評估架構。進行性別影響評估的步驟如下：

(1) 運用性別統計與分析：針對社會問題現況與未來環境預測的性別差異性需求評估。

(2) 確認議題與目標：根據需求評估結果定義議題與問題，以發展政策或計畫目標及其優先性。

(3) 進行溝通與協調：確保政府對於政策、計畫及立法目的與影響層面，能被充分了解。

(4) 發展方案與行動：發展政策計畫建議或可選擇方案須同時考量與檢驗執行的可行性與所需要的資源。

(5) 落實推動與執行：過程中同時不斷就所投入的資源（人力與物質）與原規劃內容進行檢視，並就差異部分進行瞭解及修正；另針對政策或計畫執行時所可能產生預期或不預期發生的事件進行危機處理。

(6) 滾動評估與檢討：檢驗政策與計畫成效，協助判斷政策的規劃符合目標的程度，並提供改進的機會。

九、性別勞動力狀況

(一) 人力資源概況

1. 勞動力：108 年男性勞動力為 663.1 萬人，女性 531.5 萬人，兩性勞動力教育程度均以大專及以上占多數，分別占 45.21%與 60.08%。

2. 勞動力參與率（以下簡稱勞參率）：108 年男性勞參率為 67.34%，女性為51.39%，與 98 年相較，分別上升 0.94 個百分點及 1.77 個百分點。25~44歲之勞參率，女性為 83.19%，較 98 年大幅上升 7.61 個百分點，男性勞參率為 95.97%，10 年來上升 2.99 個百分點。

3. 就業人數：108年男性就業人數 637.6 萬人，女性 512.4 萬人。男性就業者職業較集中於技藝工作、機械設備操作及勞力工占 42.57%，女性則以服務及銷售工作人員較多占 24.08%。10 年來女性擔任民意代表、主管及經理人員比率由 98 年之1.92%增至 2.21%，專業人員則由 12.43%增至 15.20%。

4. 就業率：108 年男性就業率為 64.75%，女性 49.55%，與 98 年相較，分別上升 2.69 個百分點及 2.39 個百分點。108 年女性就業率以25~44 歲 80.24%最高，10 年來上升 8.21 個百分點亦最多。

5. 失業率：108 年男女性失業率分別為 3.85%、3.58%，兩性各年齡層之失業率均以 15~24 歲最高，分別為 11.43%、12.39%。

6. 非勞動力未參與勞動原因：108 年未參與勞動原因，男性以高齡、身心障礙占 41.63%最高，而女性以料理家務占 50.42%最高。

表8-1　人力資源概況

項目別	總計		男性		女性	
	98年	108年	98年	108年	98年	108年
勞動力(萬人)	1,091.7	1,194.6	618.0	663.1	473.7	531.5
按教育程度分(%)	100.00	100.00	100.00	100.00	100.00	100.00
國中及以下	23.27	15.96	26.23	20.43	19.40	10.38
高中(職)	34.67	32.21	34.51	34.36	34.89	29.53
大專及以上	42.06	51.83	39.26	45.21	45.71	60.08
勞動力參與率(%)	57.90	59.17	66.40	67.34	49.62	51.39
按年齡分						
15～24歲	28.62	36.09	25.72	37.25	31.48	34.87
25～44歲	84.19	89.50	92.98	95.97	75.58	83.19
45～64歲	60.25	63.49	75.65	76.46	45.17	51.13
65歲以上	8.05	8.32	11.95	12.85	4.40	4.50

項目別	總計		男性		女性	
	98年	108年	98年	108年	98年	108年
就業率(%)	54.51	56.96	62.06	64.75	47.16	49.55
按年齡分						
15～24歲	24.48	31.80	21.69	32.99	27.22	30.55
25～44歲	79.20	86.04	86.52	91.99	72.03	80.24
45～64歲	57.90	62.25	72.12	74.77	43.98	50.34
65歲以上	8.04	8.29	11.93	12.79	4.40	4.49
就業人數(萬人)	1,027.9	1,150.0	577.6	637.6	450.2	512.4
按職業分(%)	100.00	100.00	100.00	100.00	100.00	100.00
民意代表、主管及經理人員	4.32	3.33	6.19	4.24	1.92	2.21
專業人員	10.70	12.56	9.35	10.44	12.43	15.20
技術員及助理專業人員	19.23	17.86	18.66	15.81	19.97	20.40
事務支援人員	10.59	11.31	4.18	4.40	18.81	19.92
服務及銷售工作人員	19.60	19.85	15.34	16.44	24.06	24.08
農林漁牧業生產人員	4.93	4.40	6.27	6.10	3.20	2.29
技藝工作、機械設備操作及勞力工	30.64	30.69	40.00	42.57	18.62	15.90
失業率(%)	5.85	3.73	6.53	3.85	4.96	3.85
按年齡分						
15～24歲	14.49	11.88	15.66	11.43	13.56	12.39
25～44歲	5.93	3.87	6.95	4.15	4.70	3.55
45～64歲	3.90	1.94	4.67	2.21	2.64	1.55
65歲以上	0.13	0.34	0.18	0.48	-	0.15
非勞動力未參與勞動原因(%)	100.00	100.00	100.00	100.00	100.00	100.00
想工作而未找工作且隨時可以開始工作	2.23	1.82	3.78	2.17	1.23	1.24
求學及準備升學	27.68	23.87	36.66	30.01	21.84	19.94
料理家務	29.81	31.46	0.65	1.83	48.77	50.42
高齡、身心障礙	29.03	30.62	36.78	41.63	24.00	23.58
其他	11.25	12.23	22.14	23.82	4.16	4.81

資料來源：行政院主計總處「人力資源調查」。

說明：1.勞參率＝勞動力/15歲以上民間人口（勞動力＋非勞動力）×100%。
　　　2.就業率＝就業人數/15歲以上民間人口（勞動力＋非勞動力）×100%。
　　　3.失業率＝失業人數/勞動力（就業人數＋失業人數）×100%。
　　　4.職業分類依中華民國第6次修訂之職業標準分類統計。

(二) 勞動力及勞參率

1. 10年來男性勞動力增加7.30%、女性增加12.20%；兩性勞參率差距呈
縮減之勢。108年男性勞動力為663.1萬人，較107年增加2.9萬人或增
0.44%，女性為 531.5萬人，較107年增加 4.3 萬人或增0.82%。108年
男性勞參率為67.34%，較98年上升0.94個百分點，女性為51.39%，
較98年上升1.77個百分點；兩性勞參率差距由98年之16.78個百分點
縮小至 15.95 個百分點。

表8-2　勞動力概況

年別	勞動力(千人)				勞動力參與率			
	總計	男性	女性	兩性差距(男-女)	總計(%)	男性(%)	女性(%)	兩性差距(男-女)百分點
98年	10,917	6,180	4,737	1,443	557.90	66.40	49.62	16.78
99年	11,070	6,242	4,828	1,414	58.07	66.51	49.89	16.62
100年	11,200	6,304	4,896	1,408	58.17	66.67	49.97	16.70
101年	11,341	6,369	4,972	1,397	58.35	66.83	50.19	16.64
102年	11,445	6,402	5,043	1,359	58.43	66.74	50.46	16.28
103年	11,535	6,441	5,094	1,347	58.54	66.78	50.64	16.14
104年	11,638	6,497	5,141	1,356	58.65	66.91	50.74	16.17
105年	11,727	6,541	5,186	1,355	58.75	67.05	50.80	16.25
106年	11,795	6.568	5.227	1,341	58.83	67.13	50.92	16.21
107年	11,874	6,602	5,272	1,330	58.99	67.24	51.14	16.10
108年	11,946	6,631	5,315	1,316	59.17	67.34	51.39	15.95
108年較107年增減%(百分點)	0.61	0.44	0.82	—	(0.18)	(0.10)	(0.25)	—
108年較98年增減%(百分點)	9.43	7.30	12.20	—	(1.27)	(0.94)	(1.77)	—

資料來源：行政院主計總處「人力資源調查」。
說　明：括弧內數字係增減百分點，以下各表同。

2. 10年來25~44歲女性勞參率上升7.61個百分點最多。108年15~24歲勞
參率男性為37.25%、女性34.87%，係各年齡層中兩性差距最小；
25~44歲勞參率男性為95.97%，女性83.19%，男性較女性高12.78個
百分點；45~64 歲勞參率男性為76.46%、女性51.13%，兩性相差
25.33個百分點，係各年齡層中兩性差距最大；65歲以上勞參率男性
為12.85%、女性4.50%，兩性相差8.35個百分點。與98年相較，男性
以15~24歲上升11.53個百分點最多，女性則以25~44 歲上升7.61個百
分點最多。依教育程度觀察，108年男性勞參率以高中（職）73.28%
最高，女性勞參率以大專及以上61.70%最高；兩性勞參率差距以大專
及以上相差9.19個百分點最小，國中及以下差距28.39個百分點最大，
高中（職）差距為21.14個百分點。

表8-3　勞動力參與率

單位：%

項目別	98年			108年			108年較98年增減百分點	
	男性	女性	兩性差距（男-女）百分點	男性	女性	兩性差距（男-女）百分點	男性	女性
總計	66.40	49.62	16.78	67.34	51.39	15.95	0.94	1.77
按年齡分								
青少年（15~24歲）	25.72	31.48	-5.76	37.25	34.87	2.38	11.53	3.39
壯年（25~44歲）	92.98	75.58	17.40	95.97	83.19	12.78	2.99	3.39
中高年（45~64歲）	75.65	45.17	30.48	76.46	51.13	25.33	0.81	5.96
老年（65歲以上）	11.95	4.40	7.55	12.85	4.50	8.35	0.90	0.10
按教育程度分								
國中及以下	56.22	28.61	27.61	53.99	25.60	28.39	-2.23	-3.01
高中(職)	71.13	54.22	16.91	73.28	52.14	21.14	2.15	-2.08
大專及以上	70.82	65.89	4.93	70.89	61.70	9.19	0.07	-4.19

資料來源：行政院主計總處「人力資源調查」。

圖8-2　108年兩性勞參率較98年增減情形

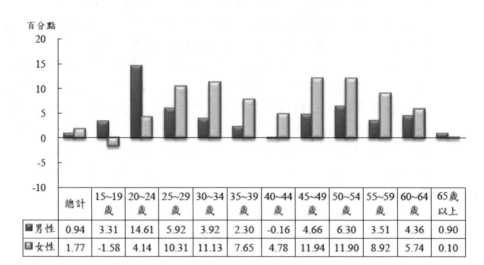

	總計	15~19 歲	20~24 歲	25~29 歲	30~34 歲	35~39 歲	40~44 歲	45~49 歲	50~54 歲	55~59 歲	60~64 歲	65歲 以上
■男性	0.94	3.31	14.61	5.92	3.92	2.30	-0.16	4.66	6.30	3.51	4.36	0.90
▨女性	1.77	-1.58	4.14	10.31	11.13	7.65	4.78	11.94	11.90	8.92	5.74	0.10

資料來源：行政院主計總處「人力資源調查」。

3. 2019 年我國女性 35~49 歲勞參率皆達 74%以上，與美國、日本同水準。2019年我國女性勞參率為51.4%，低於美國57.4%、韓國53.5%及日本53.3%。我國兩性勞參率差距為16.0個百分點，高於美國之11.8個百分點，低於日本及韓國之18.1、20.0個百分點。按年齡層觀察，2019年我國男性勞參率15~24歲高於韓國，但明顯低於美、日，25~49歲（皆在 90%以上）與美、日、韓相近，50~54 歲為87.9%，與美國86.0%相當，惟低於韓國之90.5%、日本95.1%，55歲以上則明顯低於美、日、韓，顯示我國男性較其他國家延緩進入勞動市場，又較早離開勞動市場。2019年我國女性勞參率於25~39歲均逾80%，且高於美、日、韓同年齡層女性勞參率，40~49歲已達74%以上，與美、日同等水準，略高於韓國，50歲以上則低於美、日、韓，至於日、韓女性有隨子女成長後而重返勞動市場情形，致勞參率再度回升，而我國女性則因料理家務及負擔照顧家人，勞參率呈明顯下降，65歲以上為4.5%，遠低於韓國之26.7%、日本18.0%及美國16.4%，因此我國女性中高齡勞動力具有開發潛力。

表8-4 2019 年主要國家勞參率

單位：%，百分點

項目別	中華民國			韓國			日本			美國		
	男性	女性	兩性差距(男-女)百分點	男性	女性	兩性差距(男-女)百分點	男性	女性	兩性差距(男-女)百分點	男性	女性	兩性差距(男-女)百分點
總計	67.3	51.4	16.0	73.5	53.5	20.0	71.4	53.3	18.1	(1)69.2	(1)57.4	11.8
15~19歲	11.8	7.6	4.2	7.6	9.0	-1.4	19.7	22.1	-2.4	(2)34.9	(2)35.7	-0.8
20~24歲	60.0	57.7	2.2	44.6	52.1	-7.5	74.8	76.3	-1.5	74.0	70.4	3.6
25~29歲	95.3	92.7	2.6	76.7	76.3	0.4	94.1	85.1	9.0	87.8	77.8	10.0
30~34歲	98.0	87.6	10.4	90.6	67.2	23.4	95.7	77.5	18.2	90.5	75.5	15.0
35~39歲	97.7	81.0	16.7	93.4	61.7	31.7	96.1	76.7	19.4	91.1	75.3	15.8
40~44歲	93.0	74.8	18.5	93.6	64.2	29.4	96.2	80.2	16.0	90.5	76.1	14.4
45~49歲	95.1	74.8	20.2	93.0	68.8	24.2	95.5	81.4	14.1	88.9	77.3	11.6
50~54歲	87.9	61.5	26.4	90.5	69.7	20.8	95.1	80.0	15.1	86.0	74.1	11.9
55~59歲	70.7	42.4	28.0	86.6	62.9	23.7	93.2	74.7	18.5	79.0	67.1	11.9
60~64歲	50.2	24.1	26.0	74.3	50.2	24.1	84.4	59.9	24.5	63.6	51.8	11.8
65歲以上	12.9	4.5	8.4	43.7	26.7	17.0	34.8	18.0	16.8	24.7	16.4	8.3

資料來源：勞動部「國際勞動統計」。
說明：(1)指16歲以上之勞參率。
　　　(2)指16～19歲勞參率。

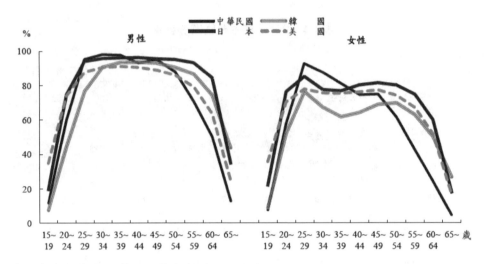

資料來源：勞動部「國際勞動統計」。

圖8-3　2019年主要國家勞參率

(三) 就業者

1. 近10年女性就業率雖低於男性，但女性就業者增加13.82%高於男性之10.39%。108年男性就業者637.6萬人，較98年增加10.39%，女性就業者512.4萬人，較98年增加13.82%。108年男性就業率為64.75%，較女性之49.55%高出15.20個百分點，女性就業率較98年上升2.39個百分點，低於男性之上升2.69個百分點。

表8-5　15歲以上民間人口、就業者人數及就業率

單位：千人，%，百分點

年別	總計			男性			女性		
	15歲以上民間人口	就業者	就業率	15歲以上民間人口	就業者	就業率	15歲以上民間人口	就業者	就業率
98年	18,522	10,279	54.51	9,307	5,776	62.06	9,547	4,502	47.16
99年	19,062	10,493	55.05	9,385	5,880	62.65	9,678	4,613	47.67
100年	19,253	10,709	55.62	9,455	6,006	63.52	9,798	4,702	47.99
101年	19,436	10,860	55.88	9,530	6,083	63.83	9.906	4.777	48.22
102年	19,587	10,967	55.99	9,592	6,116	63.76	9,995	4,851	48.54
103年	19,705	11,079	56.22	9,645	6,166	63.93	10,060	4,913	48.84
104年	19,842	11,198	56.43	9,710	6,234	64.20	10,132	4,964	48.99
105年	19.962	11,267	56.44	9,755	6,267	64.24	10.207	5,000	48.99
106年	20,049	11,352	56.62	9,784	6,305	64.44	10,265	5,047	49.17

年別	總計			男性			女性		
	15歲以上民間人口	就業者	就業率	15歲以上民間人口	就業者	就業率	15歲以上民間人口	就業者	就業率
107年	20,129	11,434	56.81	9,819	6,346	64.62	10,309	5,089	49.36
108年	20,189	11,500	56.96	9,848	6,376	64.75	10,341	5,124	49.55
108年較98年增減%(百分點)	7.08	11.88	(2.45)	5.81	10.39	(2.69)	8.32	13.82	(2.39)

資料來源：行政院主計總處「人力資源調查」。

說明：就業率（％）＝就業人數/15歲以上民間人口（勞動力＋非勞動力）×100。

2. 108年男性大專及以上就業者占男性全體就業者之4成5、女性占6成。由於高等教育普及，大專及以上就業者占全體就業者之比率呈增加趨勢，108年男性就業者為大專及以上者占45.03%，女性占 59.80%，分別較98年上升5.45個、14.28個百分點；男性就業者為高中（職）者占34.37%、女性占29.69%；國中及以下者則呈減少之勢，男女性分別為20.60%、10.51%，較98年下降5.48個、9.16個百分點。

表8-6　就業者教育程度結構

單位：%，百分點

年別	男性				女性			
	總計	國中及以下	高中(職)	大專及以上	總計	國中及以下	高中(職)	大專及以上
98年	100.00	26.08	34.35	39.58	100.00	19.67	34.80	45.52
99年	100.00	25.29	34.14	40.57	100.00	18.94	34.16	46.91
100年	100.00	24.80	34.00	41.20	100.00	17.49	34.08	48.43
101年	100.00	24.38	34.16	41.46	100.00	16.44	33.41	50.15
102年	100.00	24.09	34.06	41.85	100.00	15.51	32.53	51.96
103年	100.00	23.38	34.37	42.25	100.00	13.88	31.67	54.45
104年	100.00	23.00	34.56	42.44	100.00	12.63	30.97	56.40
105年	100.00	22.24	34.51	53.25	100.00	12.30	30.50	57.20
106年	100.00	20.64	34.44	44.92	100.00	13.04	30.18	56.78
107年	100.00	20.32	34.32	45.36	100.00	12.27	30.04	57.70
108年	100.00	20.60	34.37	45.03	100.00	10.51	29.69	59.80
108年較98年增減百分點	—	-5.48	0.02	5.45	—	-9.16	-5.11	14.28

資料來源：行政院主計總處「人力資源調查」。

3. 兩性就業者均以25~44歲所占比率最高，近10年均維持在5至6成左右；隨人口高齡化，兩性45~64歲就業者所占比率逐漸上升。10年來男性15~24歲就業者所占比率均在5%~7%，女性15~24歲就業者由98年之9.32%，減少至108年之7.97%；兩性就業者均以25~44歲所占比率最高，近10年皆維持在5至6左右；兩性45~64歲就業者所占比率則呈上升之勢，10年來男性由36.59%增加至39.98%，上升3.39個百分點，女性由29.24%增加至35.18%，上升5.94個百分點。

表8-7　就業者年齡結構

單位：%，百分點

年別	男性					女性				
	總計	15~24歲	25~44歲	45~64歲	65歲以上	總計	15~24歲	25~44歲	45~64歲	65歲以上
98年	100.00	5.70	55.30	36.59	2.41	100.00	9.32	60.22	29.24	1.22
99年	100.00	5.86	54.51	37.22	2.42	100.00	8.97	59.78	30.02	1.23
100年	100.00	5.87	53.64	38.14	2.36	100.00	8.73	59.43	30.66	1.17
101年	100.00	5.95	52.88	38.71	2.46	100.00	8.76	58.68	31.39	1.18
102年	100.00	6.12	52.28	39.02	2.59	100.00	8.41	58.01	32.32	1.26
103年	100.00	6.22	51.61	39.42	2.75	100.00	7.94	57.05	33.64	1.38
104年	100.00	6.45	50.93	39.74	2.88	100.00	7.93	56.71	33.94	1.43
105年	100.00	6.86	50.33	39.79	3.02	100.00	7.68	56.27	34.67	1.38
106年	100.00	6.81	50.17	39.81	3.21	100.00	7.96	56.61	35.05	1.38
107年	100.00	7.01	49.83	40.00	3.16	100.00	8.17	55.25	35.02	1.57
108年	100.00	7.27	49.54	39.98	3.21	100.00	7.97	55.18	35.18	1.66
108年較98年增減百分點	－	1.57	-5.76	4.75	0.80	－	-1.35	-5.04	7.79	0.44

資料來源：行政院主計總處「人力資源調查」。

4. 108年男性雇主及自營作業者占男性全體就業者之比率為21.03%高於
女性之8.43%，女性受僱者比率為83.93%高於男性之76.00%。108 年
女性就業者之從業身分，雇主占1.84%，低於男性之5.54%；自營作
業者占6.59%，低於男性之15.49%；無酬家屬工作者占7.64%，高於
男性之2.96%；108年受僱者比率不論男女均較10年前上升，其中男
性由73.67%升至 76.00%，女性由80.72%升至 83.93%。

表8-8　就業者從業身分結構

單位：%，百分點

項目別	男性			女性		
	98年	108年	108年較98年增減百分點	98年	108年	108年較98年增減百分點
總計	100.00	100.00	—	100.00	100.00	—
雇主	6.62	5.54	-1.08	1.94	1.84	-0.10
自營作業者	17.17	15.49	-1.68	7.55	6.59	-0.96
無酬家屬工作者	2.54	0.42		9.79	7.64	-2.15
受僱者	73.67	2.33	3.70	80.72	83.93	3.21
受私人僱用者	64.39	4.66	4.75	69.53	72.71	3.18
受政府僱用者	9.27	-2.32	-1.05	11.19	11.22	0.03

資料來源：行政院主計總處「人力資源調查」。

5. 108年男性就業者從事服務業及工業分別占4成9與4成4，女性就業者
主要集中於服務業占7成2。108年男性就業者從事工業部門與服務業
部門分別占44.07%、49.33%，而女性就業者則主要集中在服務業部
門占72.27%，較98年之70.33%上升1.94個百分點，工業部門則占
25.02%。按行業別觀察，108年兩性就業者均以製造業所占比率最
高，男性為29.90%、女性為22.62%，其次為批發及零售業，男性占
14.41%、女性占19.43%，第三高者男性為營建工程業占12.70%，女
性則為教育業占9.72%。

表8-9　就業者行業結構

單位：%，百分點

行業別	男性			女性		
	98年	108年	108年較98年增減百分點	98年	108年	108年較98年增減百分點
總計	100.00	100.00	—	100.00	100.00	—
農、林、漁、牧業	6.58	6.60	0.02	3.62	2.71	-0.91
工業	43.48	44.07	0.59	26.06	25.02	-1.04
礦業及土石採取業	0.07	0.05	-0.02	0.02	0.02	0.00
製造業	30.01	29.90	-0.11	23.47	22.62	-0.85
電力及燃氣供應業	0.43	0.41	-0.02	0.08	0.10	0.02
用水供應污染整治業	0.93	1.01	0.08	0.42	0.38	-0.04
營建工程業	12.03	12.70	0.67	2.06	1.90	-0.16
服務業	49.95	49.33	-0.62	70.33	72.27	1.94
批發及零售業	14.71	14.41	-0.30	19.66	19.43	-0.23
運輸及倉儲業	5.50	5.43	-0.07	1.87	2.02	0.15
住宿及餐飲業	5.00	6.28	1.28	8.99	8.74	-0.25
出版、影音製作、傳播及資通訊服務業	2.11	2.33	0.22	1.90	2.23	0.33
金融及保險業	2.79	2.43	-0.36	5.59	5.45	-0.14
不動產業	0.69	0.93	0.24	0.63	0.96	0.33
專業、科學及技術服務業	2.67	2.56	-0.11	3.58	4.16	0.58
支援服務業	2.27	2.74	0.47	2.24	2.39	0.15
公共行政及國防強制性社會安全	3.86	2.90	-0.96	3.53	3.58	0.05
教育業	3.47	2.49	-0.98	9.17	9.72	0.55
醫療保健社會工作服務業	1.56	1.52	-0.04	6.17	7.11	0.94
藝術娛樂及休閒服務業	0.82	0.90	0.08	1.08	1.12	0.04
其他服務業	4.51	4.42	-0.09	5.91	5.37	-0.54

資料來源：行政院主計總處「人力資源調查」。
說明：108年按行業標準分類第10次修訂統計，98年按第8次修訂統計。

6. 108年男性就業者以技藝工作、機械設備操作及勞力工占42.57%最多，女性以服務及銷售工作人員居多占24.08%。108年男性就業者以技藝工作、機械設備操作及勞力工占42.57%最多，其次為服務及銷售工作人員占16.44%，技術員及助理專業人員占 15.81%居第三。女性就業者則以服務及銷售工作人員占24.08%最多，其次為技術員及助理專業人員占20.40%，事務支援人員占 19.92%居第三。兩性就業者結構與10年前相較，男性增加較多者為技藝工作、機械設備操作及勞力工，上升2.57個百分點，減少較多的是技術員及助理專業人員，下降2.85個百分點，女性增加較多者為專業人員，上升2.77個百分點，減少較多者為技藝工作、機械設備操作及勞力工，下降2.72個百分點。

表8-10 就業者職業結構

單位：%，百分點

職業別	男性			女性		
	98年	108年	108年較98年增減百分點	98年	108年	108年較98年增減百分點
總計	100.00	100.00	—	100.00	100.00	—
民意代表、主管及經理人員	6.19	4.24	-1.95	1.92	2.21	0.29
專業人員	9.35	10.44	1.09	12.43	15.20	2.77
技術員及助理專業人員	18.66	15.81	2.85	19.97	20.40	0.43
事務支援人員	4.18	4.40	0.22	18.81	19.92	1.11
服務及銷售工作人員	15.34	16.44	1.10	25.06	24.08	-0.98
農、林、漁、牧業生產人員	6.27	6.10	-0.17	3.20	2.29	-0.91
技藝工作、機械設備操作及勞力工	40.00	42.57	2.57	18.62	15.90	-2.72

資料來源：行政院主計總處「人力資源調查」。
說明：依中華民國第6次修訂之職業標準分類統計。

7. 108年5月女性就業者現職工作期間為8.9年，較男性之10.3年短。108年5月就業者現職工作期間平均為9.7年（116個月），其中女性為8.9年（107個月），較男性之10.3年（124個月）短。兩性就業者現職工作期間均以10年以上為最多，其中男性占42.99%，較女性之35.66%高7.33個百分點，工作期間未滿10年之比率則女性高於男性。

表8-11　就業者現職工作期間

單位：千人，%，月

項目別	總計(千人)	合計	未滿1年	1~未滿3年	3~未滿5年	5~未滿10年	10年以上	平均工作期間(月)
總計	11,484	100.00	8.00	16.85	15.55	19.88	39.72	116
男性	6,365	100.00	7.53	15.90	14.58	19.01	42.99	124
女性	5,119	100.00	8.59	18.03	16.75	20.97	35.66	107

資料來源：行政院主計總處「人力運用調查」。

8. 我國女性就業者占總就業者之比率持續成長。2019年我國女性就業者占總就業者之比率為44.6%，高於日本之44.5%、韓國43.0%及義大利42.3%，主要國家中以法國48.5%最高，其次為加拿大47.6%、瑞典47.5%，英國47.3%居第三。與10年前相較，以日本上升2.5個百分點最多，其次為義大利上升2.0個百分點，澳洲上升1.5個百分點居第三，我國則上升0.8個百分點。

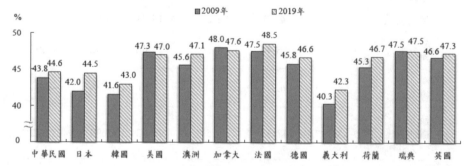

資料來源：我國為行政院主計總處「人力資源調查」，其餘為OECD.Stat Extracts。

圖8-4　主要國家女性就業者占總就業者之比率

(四) 失業者

1.10年來我國男性失業率高於女性，兩性失業率差距以高中（職）者最大。108年失業人數44.6萬人，較107年增加6千人，男性失業人數為25.5萬人（占57.25%）、女性 19.1 萬人（占42.75%）。108 年失業率3.73%，較107 年上升0.02個百分點，其中男性失業率3.85%、女性3.58%。按年齡層觀察，兩性均以15~24歲失業率最高，男性 11.43%、女性12.39%，主要係青少年甫自學校踏入社會，對就業環境尚處學習摸索階段，轉換工作頻率較高所致；男女性25~44歲失業率分別為4.15%及3.55%，45~64歲分別為2.21%及1.55%，65歲以上分別為0.42%及0.15%。各教育程度別兩性失業率均以大專及以上者最高，男性為4.24%、女性為4.04%；性別間失業率差距以高中（職）者為0.74個百分點最大，大專及以上者差距0.20個百分點最小。

表8-12　失業人數及失業率

單位：千人，%，百分點

年別	總計		男性		女性		兩性差距 （男性-女性）	
	失業者 (千人)	失業率 (%)	失業者 (千人)	失業率 (%)	失業者 (千人)	失業率 (%)	失業者 (千人)	百分點
98年	639	5.85	404	6.53	235	4.96	169	1.57
99年	577	5.21	362	5.80	215	4.45	147	1.35
100年	491	4.39	297	4.71	194	3.96	103	0.75
101年	481	4.24	286	4.49	195	3.92	91	0.57
102年	478	4.18	286	4.47	192	3.80	94	0.67
103年	457	3.96	275	4.27	182	3.56	93	0.71
104年	440	3.78	263	4.05	177	3.44	86	0.61
105年	460	3.92	274	4.19	185	3.57	89	0.62
106年	443	3.76	263	4.00	180	3.45	83	0.55
107年	440	3.71	257	3.89	184	3.48	73	0.41
108年	446	3.73	255	3.85	191	3.58	64	0.27
108年較107年增減%（百分點）	1.22	(0.02)	-0.55	(-0.04)	3.70	(0.10)	－	－

資料來源：行政院主計總處「人力資源調查」。

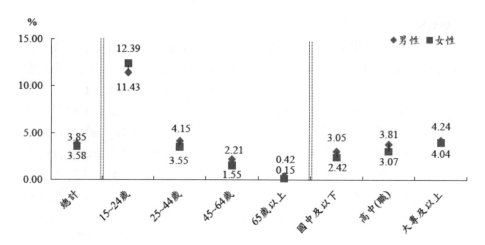

資料來源：行政院主計總處「人力資源調查」。

圖8-5　108年失業率－按年齡別及教育程度別分

2. 108年女性失業週數較男性多1.47週。108年失業者失業週數平均為
22.88週，較107年增加0.06週，男性失業週數為22.25週，較女性之
23.72 週少1.47週。各年齡別之失業週數，男女性均以45~54歲最長，
分別為26.31週、25.66週，男女性最短者均為15~24 歲，分別為
17.57週、20.56週。兩性失業週數差距以15~24 歲、55~64歲男性較
女性分別少2.99週、2.85週較為明顯。

表8-13　失業者失業週數

單位：週

項目別	總計	男性	女性	兩性差距(男-女)
104年	24.95	25.74	23.77	1.97
105年	25.07	24.85	25.40	-0.55
106年	24.22	24.87	23.26	1.61
107年	22.82	23.37	22.06	1.31
108年	22.88	22.25	23.72	-1.47
15~24歲	19.04	17.57	20.56	-2.99
25~34歲	23.86	23.04	24.86	-1.82

35~44歲	24.54	23.89	25.46	-1.57
45~54歲	26.09	26.31	25.66	0.65
55~64歲	27.98	21.10	23.95	-2.85
65歲以上*	15.90	15.69	17.27	-1.58

資料來源：行政院主計總處「人力資源調查」。

說明：「*」表示分類變數調查樣本數較少，其抽樣誤差較大未予分析。

3. 108年兩性非初次尋職失業者之失業原因皆以對原有工作不滿意最多，女性占56.02%高於男性之47.94%。108年非初次尋職失業者計33.9萬人，較107年增加3千人，其中男性19.9萬人、女性14萬人。失業原因以對原有工作不滿意占51.29%最多，其次為工作場所業務緊縮或歇業占30.95%，季節性或臨時性工作結束占12.73%居第三。按年齡別觀察失業原因，15~44歲男女性均以對原有工作不滿意分別占58.47%及63.22%最高，45~64歲男女性則以工作場所業務緊縮或歇業居多，分別占 51.09%及 42.78%。

表8-14　非初次尋職失業者之失業原因

單位：人，%

項目別	總計	工作場所業務緊縮或歇業	對原有工作不滿意	傷病或健康不良	季節性或臨時性工作結束	女性結婚或生育
107年	335,960	103,030	167,847	5,779	48,672	2,488
	(100.00)	(30.67)	(49.96)	(1.72)	(14.49)	(0.74)
108年	338,959	104,903	173,850	4,998	43,161	2,745
	(100.00)	(30.95)	(51.29)	(1.74)	(12.73)	(0.81)
男性	198,526	69,012	95,177	2,957	26,916	—
	(100.00)	(30.76)	(47.94)	(1.49)	(13.56)	—
15~24歲	23,066	3,418	16,633	217	2,239	—
25~44歲	117,235	35,856	65,406	1,302	12,378	—
45~64歲	57,362	29,308	13,042	1,394	12,159	—
65歲以上*	863	429	96	44	139	—

女性	140,433	35,891	78,673	2,041	16,245	2,745
	(100.00)	(25.56)	(56.02)	(1.54)	(11.57)	(1.95)
15~24歲	19,598	2,341	15,519	242	1,149	—
25~44歲	92,812	21,553	55,543	1,308	9,145	2,453
45~64歲	27,891	11,931	7,589	492	5,909	292
65歲以上*	132	66	23	—	43	—

項目別	退休	照顧未滿12歲子女	照顧滿65歲年長家屬	做家事（含照顧其他家人）	其他
107年	712	3,036			4,396
	(0.21)	(0.90)			(1.31)
108年	635	735	1,561	1,166	5,207
	(0.19)	(0.22)	(0.46)	(0.34)	(1.54)
男性	452	359	590	107	2,958
	-(0.23)	(0.18)	(0.30)	(0.05)	(1.49)
15~24歲	—	—	—	—	559
25~44歲	28	359	122	50	1,735
45~64歲	282	—	468	57	651
65歲以上*	142	—	—	—	13
女性	183	376	970	1,060	2,249
	(0.13)	(0.27)	(0.69)	(0.75)	(1.60)
15~24歲	—	—	—	126	222
25~44歲	91	376	786	391	1,168
45~64歲	93	—	184	543	859
65歲以上*	—	—	—	—	—

資料來源：行政院主計總處「人力資源調查」。
說明：1.括弧內數字係指失業原因之結構比。
　　　2.「*」表示分類變數調查樣本數較少，其抽樣誤差較大未予分析。
　　　3.陰影部分107年為「家務太忙」項。

(五) 非勞動力

1. 108年女性未參與勞動原因以料理家務為主,男性則以高齡、身心障礙與求學及準備升學占多數。108年男性非勞動力為321.6萬人,較98年增加8.9萬人,未參與勞動之原因以高齡、身心障礙所占比率41.63%最高,較98年上升4.85個百分點,其次為求學及準備升學占30.01%,較98年下降6.65個百分點。108年女性非勞動力計502.6萬人,較98年增加21.6萬人,未參與勞動之原因以料理家務所占比率50.42%最高,較98年之48.77%上升1.65個百分點,其次為高齡、身心障礙占 23.58%,較98年下降0.42個百分點,求學及準備升學占19.94%居第三,10 年來下降1.90個百分點。

表8-15 男性非勞動力未參與勞動之原因

單位:千人,%

年別	總計(千人)	合計	想工作而未找工作且隨時可以開始工作	求學及準備升學	料理家務	高齡、身心障礙	其他
98年	3,127	100.00	3.78	36.66	0.65	36.78	22.14
99年	3,143	100.00	3.35	35.65	0.63	36.96	23.41
100年	3,152	100.00	3.01	35.62	0.80	36.87	23.70
101年	3,161	100.00	2.94	35.33	0.94	37.05	23.74
102年	3,190	100.00	2.92	33.55	1.04	38.64	23.85
103年	3,204	100.00	2.59	32.42	1.24	39.85	23.91
104年	3,213	100.00	2.76	31.82	1.41	40.23	23.78
105年	3,214	100.00	2.81	31.52	1.45	40.53	23.69
106年	3,216	100.00	2.83	31.60	1.46	40.44	23.67
107年	3,217	100.00	2.88	31.22	1.54	40.63	23.73
108年	3,216	100.00	2.71	30.01	1.83	41.63	23.82
108年較98年增減 %(百分點)	2.85	—	(-1.07)	(-6.65)	(1.18)	(4.85)	(1.68)

資料來源:行政院主計總處「人力資源調查」。

表8-16 女性非勞動力未參與勞動之原因

單位：千人，%

年別	總計(千人)	合計	想工作而未找工作且隨時可以開始工作	求學及準備升學	料理家務	高齡、身心障礙	其他
98年	4,810	100.00	1.23	21.84	48.77	24.00	4.16
99年	4,849	100.00	1.16	21.58	48.35	24.51	4.41
100年	4,901	100.00	1.17	21.33	48.35	24.63	4.53
101年	4,934	100.00	1.16	21.12	48.16	25.01	4.55
102年	4,951	100.00	1.19	21.31	48.36	24.42	4.73
103年	4,966	100.00	1.23	21.15	49.34	23.31	4.97
104年	4,991	100.00	1.17	20.85	49.50	23.43	5.04
105年	5,022	100.00	1.17	20.53	49.81	23.45	5.05
106年	5,038	100.00	1.18	20.07	50.17	23.57	5.00
107年	5,037	100.00	1.16	19.98	50.40	23.60	4.85
108年	5,026	100.00	1.24	19.94	50.42	23.58	4.81
108年較98年增減%(百分點)	4.49	—	(0.01)	(-1.90)	(1.65)	(-0.42)	(0.65)

資料來源：行政院主計總處「人力資源調查」。

十、貧窮現象

(一) **界定**：造成社會不平等最重要的一個現象就是貧窮（poverty）。而貧窮問題在任何社會裡，往往是所得分配不平均造成的。所得分配愈不平均，則貧窮問題愈嚴重。從理論上來看，貧窮的界定可以從三方面來分析：

1. **生計的貧窮**：生計（subsistence）的貧窮與個人維持健康和生活最低水準有關。以生計的標準訂出貧窮線，也就是全家所得不夠獲取維持生理功能的最低必需品。貧窮在此又可分成兩類：一是「初級貧窮」（primary poverty），係指凡是個人或家庭所得入不敷出，連基本生活所需之食物、衣服和居住都負擔不起之意。另一是「次級貧窮」

（secondary poverty），指所得收入雖然足夠，但是由於道德缺乏（lack of morality）與先天智能不足，未適度花費，以致無法維持家庭生計。生計的貧窮基本上是「絕對貧窮」（absolute poverty）。

2. **結構性觀點**：將貧窮視為社會的不平等現象。由於社會階層化結果造成貧窮現象。貧窮不單是物質條件的缺乏，更涉及政治權力分配，教育資源、社會福利、社會地位因素影響。簡言之，貧窮是五項資源的缺乏所致，即所得、財產、職業福利、公共福利措施、私人福利服務。這種結構性的貧窮表現出一種相對性貧窮（relative poverty）現象，也傾向於次級貧窮問題。

3. **外在性貧窮**：外在性貧窮（external poverty）是指貧窮的存在，不僅使貧窮的個人與家庭無法得到基本生活的滿足，同時也導致其他問題的根源，貧窮文化便是一個代表現象。也就是說，貧窮人口會產生生活次文化，使其陷入貧窮惡性循環中。

(二) **理論觀點**：相關解釋論點可歸納為四種：貧窮文化（the culture of poverty）、個人特徵（individualistic traits）、宿命論（fatalism）及結構性說明（structural explaination）。

1. **貧窮文化**：美國學者路易士（Oscar Lewis）指出貧窮人口具有共同的生活方式和文化特質，而且有代代相傳的趨勢。因此，處在貧窮環境下的個人和下一代更難逃離貧窮困境，彷彿是貧窮的惡性循環與傳襲，這種現象稱為「貧窮文化」（the culture of poverty）。例如：

   (1) **在經濟方面**：包括失業（unemployment）與低度就業（underemployment）造成家庭所得短絀、非技術性和非專門性職業、經常更換工作、購買力弱、依賴童工、家庭缺乏食物的儲存、營養不良、儲蓄觀念薄弱等。

   (2) **在社會方面**：包括住宅擁擠、群居而無隱私、高比例的酗酒、暴力滋事、體罰孩童、毆打妻子、過早接觸性問題、不重視教育、婚姻穩定性低、高比例的遺棄妻兒事件。

   (3) **在心理方面**：包括無固定歸屬的邊際感、自信心低、自我認同低、成就動機低、焦慮恐懼、疑神疑鬼。

2. **個人特徵**：貧窮主要是個人人格與行為問題，簡單地說，貧窮是個人「咎由自取」的問題。例如，缺乏勤奮、不知勤奮努力或努力不夠、失去信心、酗酒與吸毒、缺乏能力、低薪、生病、生理障礙、教育程

度低、受到歧視與社會偏見、被剝削、運氣不佳、賭博等，其中以不知節儉、極度消費、缺乏努力奮鬥、懶惰、酗酒是最主要的因素。

(1) **在生理方面**：個人罹患疾病、身心障礙、年老或年幼、生理機能問題等。

(2) **在心理方面**：太懶惰散漫、低能、愚昧、無知、心理缺陷、凶暴等。

(3) **在習慣方面**：出現犯罪、酗酒、吸毒、賭博、貪玩享樂、無節制消費等。

(4) **在才能方面**：不善規劃和理財、不能控制預算、不能量入為出等。這些都是導致個人貧窮的原因。

3. **宿命論**：事實上，以上所指的個人特徵與貧窮文化解釋充滿著命運觀點，就是因為運氣差、命不好，生在低賤的家庭裡，無法繼承父母的優秀資質，因此，對於貧窮看法很自然地陷入運氣不佳、能力不好，或是機會不多所致的看法。宿命論的看法與宗教神力的信念有關，認為上帝在冥冥中決定個人的命運，是否富裕或貧窮、順利或困頓、聰明或愚笨、美麗或醜陋等，不是自己可以改變的。

4. **結構性說明**：將焦點放在社會結構上，解釋個人的貧窮不是自己所造成，而是社會結構限制的。主要來自三個主要的結構：經濟因素、教育體系與歧視。就經濟因素而言，認為貧窮是經濟體系的結果，失業就是一個問題，非自願性失業現象存在；或是無技術工人因為產業升級而失業；或是勞工沒有工作安全與福利，無法償付醫療費用；或是經濟不景氣，工廠倒閉，造成就業不易。就教育體制上來看，由於學校系統無法提供學生必備的技術，使其無法靠己力維生；許多少數族群無法享有教育福利，也因為教育程度低，在就業市場上，無法與別人競爭，造成失業或是低薪。在社會歧視因素上，族群、兩性、年齡、區域上歧視，往往造成弱勢者被排斥，導致失業、低薪，或是同工不同酬問題，歧視的目的就是為了經濟剝削。

十一、M型社會與新貧、工作貧窮

(一) **M型社會(M stapes Society)**：M型社會是由大前研一在2006年提出的，是指在全球化的趨勢下，富者在數位世界中，大賺全世界的錢，財富快速攀升；另一方面，隨著資源重新分配，原本富裕與安定的中產階

級，正快速消失中，其中大部分向下沉淪為中、下階級，導致各國人口的生活方式，從倒U型轉變為M型社會，整個社會的財富分配，在中間這塊，忽然有了很大的缺口，跟「M」的字型一樣，整個世界分成三區塊，左邊的窮人變多，右邊的富人也變多，但是中間一塊忽然陷下去，然後不見了。也就是說，中產階級正在快速消失、中下階層大量增加，就是M型社會－－大部分中下階層、加上少數富人的社會。

事實上，大前研一並非原創，早在200多年前，馬克思（Karl Marx）在其《資本論》一書中就提到，資本市場將會造成「富者愈富、貧者愈貧」的情況，大前研一只是將此理論印證在日本社會並提出相關見解，並針對日本人的觀念提出建言而已。

最具體的表現是貧富差距倍數，貧富差距是行政院主計處是採用家庭可支配所得「五等分位差距倍數」，也就是臺灣最富有的前20%的家庭與最貧窮的20%的家庭所得相差倍數，97年貧富差距6.05倍，是近五年的新高。近十年來家庭平均可支配所得成長5.49%，但最低所得組的所得僅增加0.41%，幾乎無成長；而最高所得組成長8.18%。顯示臺灣貧富差距愈來愈大，有錢的越來越有錢，窮人還是一樣窮，這種M型社會的趨勢將越來越明顯，沒有存款或存款不足的比例也越來越高。

政府面對此情形，可採取以下三項有效改善對策，以免擴大社會的不平等現象：

1. **重新思考寬鬆貨幣政策的退場機制**：2009年的金融海嘯，各國相繼將利率降到空前低點，造成股市大漲，帶動相關資產及原物料價格大漲。因此，政府造就寬鬆的貨幣環境，雖讓經濟短時間回穩，但低利率結果，導致富人手上握有資產價格翻升，窮人更沒有能力購買房地產，無形中助長貧富階級間的落差。

2. **儘速解決失業升高及薪資負成長的困境**：臺灣失業率自84年以來不斷攀升，突破6%大關。受薪階級「實質平均月薪」降至85年水準。景氣衰退，對於所得較高族群影響小，但領取微薄薪水的上班族，卻可能遭受裁員、減薪，進而影響的生計。要解決臺灣實質薪資不升反降的問題，政府要從經濟結構著手，加速臺灣產業轉型至高附加價值、高科技、注重研發創新及全球運籌的目標，才能帶動臺灣整體薪資水準的提升，擺脫薪水緩慢成長的困境。

3. **解決薪資不公平現象**：高階管理者薪資成長幅度比勞工快很多，甚有不公平薪資報酬現象，也是造成貧富不均的主因。臺灣應該思考採取相關做法改善此問題。

(二) 新貧：

1. **意義**：新貧（New Poverty, New Poor），是指在特定時空脈絡下，典型或傳統貧窮型態的轉變，包括對傳統貧窮概念的認知轉變、結構變遷對貧窮的影響、貧窮人口的組成改變。一般是指因為重大事件而落入貧窮的人為「新貧」，重大事件包括：經濟危機、恐怖攻擊與自然災難等，這些事件常導致社會、經濟、政治與文化體制與結構的改變，影響整體社會，並將人民推入貧窮境遇中。

2. **成因**：造成新貧原因多指結構性變遷所導致的貧窮，新貧來自經濟、政治與社會等三大體制的結構性變遷所致。在經濟面向上，是指勞動市場改變，或工作機會結構的轉變。以1980年代歐陸為例，勞動市場轉變，造成長期失業者增加，及失業者和其家人占貧民的比例日益提升。而1990年代歐美國家失業仍是造成貧窮率上揚的主因，更嚴重的是，許多工作者發現僅能取得低薪、部分工時、缺乏良好勞動條件與工作福利給付、有高失業風險、缺乏工會保護等特性的次級勞動市場工作；工作不再是脫貧的最好憑藉，社會中有業的窮人，亦即工作貧窮（working poor）因而日益增加。

新貧不僅發生歐州，在美國也有相同的問題，1980年代美國的貧窮問題深受全球化的影響，新科技造成產業由勞力密集轉向技術與資本密集，使得產品的可分割性增加；商人為取得更便宜的生產成本，紛紛將可分割性的商品及勞力密集的工作，轉向第三世界國家代工或生產，此種國際勞動分工或生產分工的現象，直接減少了美國國內的傳統工作機會（特別是製造業）及工作薪資。換言之，全球化不僅抑制了薪資率提昇，更重要的是讓技術勞工的經濟安全受威脅，造成大量配誤性（mismatch）失業或者說結構性失業，而這又以居住在傳統製造業為主的都市內城中居民受害最深。

由上可知，新貧問題成為全球化風潮，可看出新貧的特徵：

1. 經濟全球化下的產物，因結構性失業或長期失業者而落入貧窮者，可說是新貧；也是新貧最普遍的說法。

2. 新貧是指貧窮人口組成改變，特別是少數民族、新移民、單親家庭

（女性）、工作年齡人口及其依賴人口等人口特徵的窮人數量增長。

3. 新貧是指貧民性格或習慣的改變，只依賴政府福利和不想工作的貧民之數量增加。

4. 新貧者不僅在物質上有被剝奪的狀況，在社會參與、政治參與，及未來人生的機會上皆顯得較孤立無援，似被社會所遺棄。

5. 新貧係貧窮概念新判準下的產物，不僅是生活資源不足，更是無充分權利參與社會的被排除者。社會排除的後果，不僅影響當下生活處境，更會長期累積，影響個人生命歷程中的生活機會。

(三) **工作貧窮**：「工作貧窮」（working poor）是指：從事有報酬工作，工作時間達到基本時數以上（通常以平均年度總工時的50%衡量），但是其家戶的總收入低於法定貧窮線的工作者，因此，工作貧窮者是個人工作收入不足以負擔其家庭生計的工作者。

臺灣智庫（2011）指出，臺灣社會「工作貧窮化」的結構性因素主要有三：全球化下產業外移、服務業為主的勞動市場新結構及勞動市場日趨彈性化。其中，在勞動市場日趨彈性化的情形下，非典型工作者普遍面臨「就業不穩定」、「薪資所得不足」、「勞動保障有限」等各種勞動市場的高風險。綜合各項相關調查發現，2000年後，臺灣勞動市場內各種非典型工作者人數呈現明顯增加趨勢。無論是部分工時工作者、臨時性工作者、派遣工作者，均呈大幅增加趨勢，尤其派遣工作者人數更是明顯上升。

勞動市場彈性化的趨勢下，多數從事非典型工作的工作貧窮者，其薪資收入受到「彈性剝削」傷害越深。相關調查結果顯示，派遣勞工比同職業正職勞工在薪資所得上受到的彈性剝削明顯。

因應新貧時代的工作貧窮危機，首先在認知上必須先確立的重點是：臺灣社會出現大量「工作貧窮」勞工的主因，絕不能以常見輿論的「個人化」論述輕易帶過。事實上，大量「工作貧窮」勞工出現的主因在於「社會排除」（Social Exclusion），因為工作貧窮勞工所面臨的高失業風險、彈性剝削導致的低所得風險、社會安全制度保障不足導致的低保障風險，都促使工作貧窮勞工成為被「社會排除」的一群人，導致工作貧窮勞工容易跌落社會最底層。

要有效解決工作貧窮危機，因應的對策就必須雙軌並行，從「家庭」與「工作」兩個層面思考，亦即同時就「安貧」、「脫貧」、「抗貧」及「勞動保護」等四項對策進行。

十二、年齡歧視

(一) **定義**：年齡歧視（ageism）是相信某一年齡層的人天生優於其他年齡層，並將差別待遇予以合理化。和性別歧視（sexism）相同，也是基於生理特徵。

(二) **理論觀點**

1. **隔離論**：功能學認為老年人對社會的貢獻減少，因此，社會給予老年人較低的社會地位。功能學者的老年理論以「隔離論」（disengagement theory）為代表。是1961年崑銘（Elaine Cumming）和亨利（William Henry）研究堪薩斯城（Kansas City）的老年人後提出的。發現老年人都有一種自動退出社會的傾向，而且社會大眾也認為老年人應該退出。換句話說，隔離之形成並非老年人被逼出來的單方面行動，而是老年人本身和社會大眾雙方面的撤退。隔離論認為老年人的退出對社會是有功能的，老年人的隔離包括子女成年離家，職業上的退休、寡居等；人年歲大了，自然從以往所扮演的社會角色中隱退，讓年輕人接手。崑銘及亨利深信老年人的隔離能促進社會均衡。所謂隔離就是退隱。

   隔離論受到其他老年學者的批評。認為並非所有的老人都願意自動退出，有隱退傾向的人也不僅只是老年人，其他年齡組的人也可能有此傾向，隔離論將老年人的社會生活圈描繪得太灰色了。

2. **衝突論**：衝突論認為社會要完全無衝突是不可能的。社會由於權力和資源分配不均而將人們劃分為支配者與受支配者兩種。支配者因為擁有權力和資源而壓迫受支配者，社會的不平等現象就是這樣造成的。老年人的社會地位低，主要來自其在權力與資源的鬥爭是受支配的一群，是社會不平等的受害者。衝突論的代表理論為羅斯（Amold Rose）的「年齡階層論」（age stratification theory）。

   根據階層論的看法，每一個社會不僅按階級高低將成員分類，且按年齡將人分等。不同年齡的人，在社會上有不同的社會角色、權勢以及義務。年齡階層是社會階層的一種；試圖以社會階層概念分析老年人的社會地位。

3. **互動論**：符號互動論的理論重點在人與人之間的互動型態和過程。強調互動不僅是互動者的主觀概念，也是社會環境的產物。「社會環境

論」（social-environment theory）和「活躍論」（activity theory）
是符號互動論在老年學中的代表理論。

社會環境論強調社會及環境因素對老年人活動型態的直接影響，著重
團體成員的年齡是否相近，社會環境是否和諧。學者發現老年人如住
在專為老人設立的養老院、安養中心，或老人住宅等比較容易交朋
友，比較不寂寞，生活有情趣，一切都和諧安祥，主要來自生活環境
是專為老人設立的，安排的活動也都以老人為主。

活躍論與隔離論是相對立的，認為一個人對生活的滿意程度與他的活
動有關：一個人愈活躍，對生活更滿意。認為老年人雖面臨生理、健
康狀況的改變；但其身心上的社會需求，並無太大改變。當一個人從
中年轉變到老年，並不完全要從社會中撤退或被隔離。在其生活轉變
中，僅是將以往的舊角色拋棄而換上新角色。老年人乍看之下，雖然
是退隱，但事實上仍是活躍的，只是活躍的方式不同而已。

4. **老年次文化論**：老年次文化論（aged subcultural theory）是指次文化
係指社會中由一部分人所遵行的一種與主流文化不盡相同的文化。次
文化與宗教、族群、地域、性別、社會地位，或年齡有關。

老年次文化論者指出老年人在人口特質上，在團體組織上，地理分布
上有共同特徵及相似特質，因此，較易形成老人族群的意識：其特有
的行為模式或規範與社會中的其他族群不同，而形成一種老人次文
化。這種次文化有其正功能：使其產生一種團體意識，例如美國的老
人組織AARP（The American Association of Retired Persons），就是
為老人爭取福利的組織。而負功能是對老年人產生異樣感覺，將老年
人歸類為沒有貢獻的，是社會的一大負擔；隨之減少與老年人的互
動，使老年人的互動侷限於老年次文化團體。

5. **交換論**：交換論者認為人與人的互動有如商業交易一般，有支出有酬
賞。在社會上，一個人如果要得到別人的尊敬就必須以資源交換。年
輕者有財力有聲望、也有精力，因此可用來交換較高的社會評價。老
年人因為身體的衰退，財力的減少，職業上的退休等等因素，再加上
工業或後工業社會，現代科技、專業、知識發展迅速，使老年人缺乏
足夠的社會資源，減少交換能力，於是受到社會歧視，交換關係的不
平衡自然產生。

第九章　社會階層、階級與流動

課前導讀

階層與階級是任何社會無法避免的社會事實，也是近幾年來，臺灣所強調的階級或階層複製的不平等議題，請在理論觀點及影響方面多下功夫，另外一個重要的內容是社會流動，是階級與階層變換的重要機制，有關社會流動的分類、途徑等，均是命題機率高的重點，請留意。

系統綱要

一、**社會階級意義**：指具備相同社會地位的群體。

二、**社會階層**

(一) **定義**：將社會成員依既定標準劃分等級，屬同一等級的群體稱為社會階層。

(二) **特性**

    1. 是社會製造的。　　　　　　　　2. 存在每一個社會。

    3. 每一個社會的階層內容不盡相同。　4. 對個人具重大影響力。

(三) **探究法**

    1. **分類**：

        (1) 主觀探究法：由被劃分者自行劃分自己的社會階層歸屬。

        (2) 聲望探究法：請具備高度聲望者為代表，將其他人劃分階層的方法。

        (3) 客觀探究法：由研究者依據既定標準將社會成員劃分階層的方法。

    2. **比較**：

        (1) 依實施難易度劃分：由易至難依序為主觀探究法、聲望探究法、客觀探究法。

        (2) 依結果準確性劃分：由高至低依序為客觀探究法、聲望探究法、主觀探究法。

(四) **類型**

1. **奴隸制**：奴隸屬財產，不具自由，任主人買賣。

2. **卡斯特制**：階層是與生俱來的，且無法變動，是相當封閉的社會，無社會流動可言。

3. **身分制**：屬封建主義的農村社會型態，階層概由法律規定，是繼承的。

4. **階級制**：屬資本主義的自由經濟與民主制度，是開放個人依意願與努力自由流動與取得，社會毫不加以限制的。

(五) **理論觀點**

1. **古典理論**：

   (1) 馬克思的衝突論：由於經濟剝削的結果所致，無法避免。

   (2) 韋伯的三元論：是金錢、社會與政黨的權力分配不同所致。

2. **當代理論**：

   (1) 功能論：為必要的且可讓社會達均衡狀態。

   (2) 衝突論：由於優勢團體設置階層障礙所致。

   (3) 進化論：社會演化過程產業結構不同其階層化亦有所不同。

   (4) 文化資本論：是來自社會成員對於上階層文化所掌握的程度。

(六) **影響**

1. 生活機會的不同。　　　　　2. 行為制度的差異。

3. 生活型態的不同。　　　　　4. 價值、態度與意識型態的差異。

(七) **階級社會**：1.馬克思主義與階層社會；2.韋伯與階層社會。

三、社會流動

(一) **定義**：指社會成員在社會階級與社會階層上的變動。

(二) **分類**

1. **依流動方向分為**：

   (1) 垂直流動：指在不同階層間的上升流動或下降流動。

   (2) 水平流動：指在同一階級或階層間的變動。

2. **依社會模式分為**：

   (1) 封閉的卡斯特社會流動模式：指僅具有部分的水平流動，無垂直流動。

    (2) 開放的社會流動模式：指同時具有水平流動與垂直流動。

    (3) 混合的社會流動模式：指同時存在著開放與封閉的流動模式。

(三) 衍生問題

    1. 使個人缺乏安全感。　　　　2. 使個人初級關係瓦解。

    3. 易產生適應新地位角色的緊張。　4. 生活方式的改變。

(四) 影響因素

    1. **社會結構**：社會結構本身屬封閉或開放的社會流動模式。

    2. **教育程度**：提高或普及，流動速度將加快。

    3. **種族因素**：存在不同種族，將影響其流動方式。

    4. **社會期望與期待**：期望高，流動快。

    5. **家庭背景**：經濟條件佳、子女數少，流動機會大。

    6. **人口變遷**：人口成長快速與人口品質高低，亦是影響因素。

    7. **職業結構改變**：新職業類別產生，增加流動機會。

    8. **晚婚**：易產生流動。

(五) 途徑

    1. 改變職業。　　　　　　　6. 提高經濟成就。

    3. 提高教育程度。　　　　　4. 控制權力。

    5. 改變家庭結構。　　　　　6. 透過婚姻。

    7. 良好營養。　　　　　　　8. 擁有特殊的才能。

重點整理

一、社會階級

社會階級（social class）是指在社會中具有相同社會地位（social status）的一個集團。這樣的集團不一定在形式上有具體的組織，也不一定聚集或住在一起，但在心理上有一種「我們感覺」（we group）或「內團體」（in group）的觀念；行為上的表現常趨於一致。換言之，每一社會階級具有共同的習慣、態度、情操、觀念、價值及行為標準。同時各階級常利用標誌或象徵物，如服裝徽章及權利與義務等，以別同異。因此，社會階級的研究有助於了解社會結構、社會關係、權力與財產分配、分工與合作、個人與團體的地位和職務、個人的思想與行為以及生存機會等問題。

高索普（Goldthorpe, 1980）指出，韋伯階級概念所涵蓋之要素：工作情境、市場情境，以及生活機會界定階級，將類似工作情境（如同是有工作權威與自主性者）、市場情境（如同是出賣勞力者），以及生活機會（如具有相同生活水準）的職業劃歸於同一階級，劃分為七個階級：

(一) **階級一**：包括大老闆（即僱用很多員工的資本階級）、大企業的經理、公私營機構高層主管，以及高層專業人員。

(二) **階級二**：包括小企業的經理、公私營機構低層主管、低層專業人員與高層技術員，以及低層白領的監督人員。

(三) **階級三**：指的是擔任例行事務性工作的低層白領職員。

(四) **階級四**：指的是各行各業的非專業工作的小老闆，這可僱用少數員工（即小雇主），或不僱人（即小資本階級）。

(五) **階級五**：包括低層技術員與藍領勞工之監督。

(六) **階級六**：即藍領技術工人。

(七) **階級七**：包含藍領半技術、非技術工人與農業工人。

以上七個階級可併成三大階級：

(一) **服務階級**（service class）：包含階級一、二。

(二) **中間階級**（intermediate class）：包含階級三、四、五。

(三) **工人階級**（working class）：包含階級六、七。

二、階層化與社會階層

(一) **定義**：階層化（stratification）是指社會將擁有不等量稀少資源、不等生活機會、以及不等社會影響力的人分為不同的階層。在每一層級中，人們占有社會地位，這些地位使其接近階層化的三個主要層面——財富（wealth，含所得）、權力（power）、及聲望（prestige）。而社會階層化（social stratification）是指將社會中的人，按照某幾個標準，如財富、權力、職業或聲望區別為不同等級的過程，主要以既定標準，將社會中的人分成不同等級（rank），以便進一步研究。是故，社會階層化是一種將社會成員劃分等級的方法，而被劃分為相同等級的一群人，稱為一個社會階層（social stratum）。由於將社會分成階層，使位於各層的人擁有不同量的稀有且可欲的資源或酬賞。階層化不但指個人間的不平等，而且也指一群人之間的不平等，如相同的教育或職業水平的一群人。這些不平等存於社會結構之內，並且可能會一代接一代地傳下去。

(二) 特性

社會階層具有下列四項基本特性：

1. **階層制度是社會製造的**：不同的性別、膚色、年齡、或家世血統等生理因素有高低之分，是社會導引的。因此，同一個特質在不同的社會，就可能有高低不同的等級。例如傳統中國社會，年齡愈大，社會地位愈高；而在工業社會，正好相反。可見，年齡並非是社會地位的決定因素，而是社會對年齡的評價或解釋，才決定社會地位的高低。

2. **階層制度存在每一個社會**：從未開發的初民社會到已開發工業社會；從社會主義社會到資本主義社會，階層制度都存在。男與女之間地位的差別、老年與青年之間年齡差異所顯示的不同聲望、統治者與非統治者在權勢上之差別等等都證明階層制度的存在。

3. **每一個社會的階層制度與其他社會不同**：印度的傳統階層制度是最嚴謹的，而以色列的公社制度則比較接近平等的觀念。西方民主國象雖然強調平等，但具階層制度仍然存在，而國與國之間的階層制度亦不完全相同。

4. **階層制度的存在對個人具重大影響力**：不同社會地位會造成不同生活方式，食衣住行等都可能因社會地位之不同而不同。又個人的生命機會也常因社會地位不同有異。例如高地位者容易取得好職業、娶漂亮妻子、進貴族學校。婚姻糾紛、嬰兒死亡率、生理或心理疾病等方面亦常因社會地位之不同而有差異。

(三) 探究方法：一般用於社會階層的探究方法，大致可分成三種：

1. **主觀探究方法（subject method）**：由被劃分階層的對象主觀評估自己的階層所屬，社會學家常在問卷上問這樣的問題：「請問你自認為是屬於那一社會階層？」

2. **聲望探究方法（reputational method）**：是要求具聲望的人士對另外一個人或一群人的階層地位做評估、劃分。因此，在問卷上會使用這樣的問題：「請問你鎮上那些人應屬於上（或中層、下層）階層？」或者「如果你把階層分為上中下，那麼你想某某人應該屬於那一層？」，這種方法在小社區裡較容易舉行，因為在這種社區中，人們彼此相識的可能性較大，較可以評估別人，但在大都會區則較難實施。

3. **客觀探究方法**（objective method）：是以客觀指標（indicators）衡量個人社會地位。常用的指標有教育程度、職業、收入、居住地區等，有時也可用家庭設備、家庭費用支出等項目為指標。然社會學家較常使用的仍以教育程度、收入及職業為主的社會經濟地位量表（socio-economic status score，簡稱SES），由量表得分評估個人的社會經濟地位。這種方法的好處是客觀，少個人偏見。（比較分析見表9-1）

表9-1　社會階層探究法比較分析表

項目	主觀探究法	聲望探究法	客觀探究法
進行劃分者	被劃分者	具聲望之代表者	研究者
準確度	準確性低	準確性中等	準確性高
難易度	最容易進行	難度中等	難度最高
耗費時間	最短	中等	最長

(四) **類型**：社會階層型態可歸納成四類：奴隸制、卡斯特制、身分制與階級制。分別為：

1. **奴隸制**：在奴隸制（slavery）中，自由只屬於社會中的一個階層，表現出統治與隸屬關係，奴隸被視為是一種財產，是某些人的財產，可以進行買賣。在奴隸制下，需要嚴厲且壓迫性的社會控制。一般說來，奴隸制最適合於生產條件比較原始，且需要大量勞動力的經濟。在十五、六世紀開始，歐洲國家從非洲運送黑人到美洲，建立大農場的奴隸制。奴隸被看成是低劣的，不具有白人所享有的權利，如美國南北戰爭之前的黑奴制社會便是一例。

2. **卡斯特制**：卡斯特制（castes）強調一個人的社會地位是基於遺傳或歸屬的特徵而取得，且是終身固定或世襲制。換言之，是一種極為封閉且嚴密的階層社會。例如，古印度的卡斯特社會把人分為五種階層，即婆羅門（Brahmin，僧侶）、剎帝利（Kshatriya，武士或貴族）、吠舍（Vaishya，平民）、首陀羅（Shudra，工人或奴隸）及賤民（Riffraff）。階層與階層之間嚴禁通婚或各種往來；個人生於何

層，長於何層及賤民（Rifraff），婚於何層，子女長留於何層。其社會流動幾乎等於零。其實傳統印度卡斯特主要是靠印度教來維持，基於因果報應（karma）和輪迴（transmigration）的信仰，使人們相信生前盡義務，死後才能超生，躋身於較高的社會階層。

3. **身分制**：身分制（estates）是屬於一種政治與社會的階級，也是一種封建主義的農村社會型態，相互聯繫的社會階層體制。基本上，身分制未像卡斯特那般的嚴密與封閉，對於身分階層的權利、義務由法律規定，成員的地位是繼承父母而來。身分階層可分三級，最上者為王室、貴族與仕紳組成；其次是僧侶；最低為平民，主要是農民。統治權落在王室與貴族手上，而農民則與農莊園主出現附屬聯繫關係，農民也向貴族提供勞力與軍役，換取貴族的保護。身分制的瓦解主要是隨著封建制度的式微，同時加上工業革命與民主政治之發展，社會出現一批商人、經理人員與企業家，也就是資本主義社會的出現，個人財富不再依賴土地的所有權人，商人或中產階級成為新興社會階層的重要階段。

4. **階級制**：隨著工業經濟的發展，階級體制（class system）成為主要社會階層形式；也可以說是由資本主義發展而來的一種經濟體制，更是自由經濟與民主制度的特徵。它與前面三種體制不同，所有的社會階級都不是建立在法律和宗教歸屬上，階級的高低是依據經濟地位而定，主要是建立在財富與職業基礎上。這是一個相當開放的體系，階級系統有著頻繁的社會流動，而且取得社會與經濟報酬的機會相等。

(五) **理論**：可分古典及現代理論兩大類別：

1. **古典理論**：古典理論的主要代表人物是馬克思（Marx）與韋伯（Weber）。

馬克思認為人類歷史演化過程的一個最主要的原動力是對「生產工具」的擁有及控制。人們對生產工具的控制是人類社會鬥爭的基本原因；也造成社會成員的兩個對立的階級：資產階級和無產階級。而人類社會進化的過程實際上就是這兩個階級的鬥爭。在封建農業社會中，貴族及地主是統治階級，一般農民則是被剝削的階級；在資本主義工業社會中，資本家是統治階級，工人則為無產階級，兩者總是對立的；在社會主義社會中，資本階級被消除，由人民組成政府統治，無階級存在，一切生產工具由人民共同擁有；在共產主義社會中，則已無政府，由無產階級專政。馬克思以進化論談社會階層詳見圖9-1。

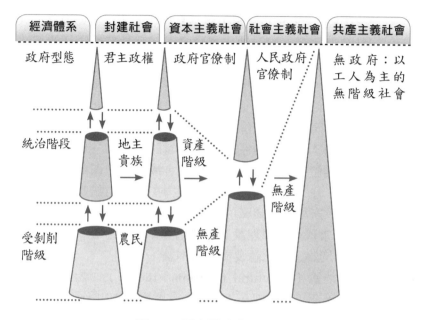

圖9-1　馬克思社會進化論

註：馬克思社會進化論：↑記號代表「造成」，↓記號代表「剝削」，↓記號代表「保護……利益」，↑記號代表「提供勞工」，→代表時間上的改變。當社會由資本主義轉到社會主義時，資產階級不再是統治階級；當社會由社會主義進化到共產主義時，政府被完全取消。

韋伯認為階層由三種相關層面所組成：「階級」（class）是金錢權力；「地位」（status）是社會權力；「政黨」（party）是政治權力。個人所享有的任何一個變項，都會對他的生活機會及生活型態產生巨大的影響。

(1) **金錢權力**：金錢權力決定於勞力或商品市場的競爭技能，這種種權力是合理的、非私人的及客觀的；可按照固定的財富及所得標準來測量。按照韋伯的說法，階級是指具備相同經濟的所有人，也就是說，他們具有取得財貨、取得生活地位及滿足需要的相同或然率。這種或然率有賴於對財貨及服務的控制，與經濟系統內接近資源機會的途徑。由於財產的不同、職業的不同及垂直流動的機會不平等，因而產生各種不同的階層。

(2) **社會權力**：韋伯界定地位為聲望的高低，是主觀的，是私人判斷的結果。僅當人們彼此認識，而社會中的份子同意賦予或否認聲望的標準時，地位才有可能存在。

地位團體（status groups）包括具有相同生活型態及從他人接受相同社會尊敬者。同一地位團體的人，容易接受同樣的正式教育、抱持相同的態度、過著相同的家庭生活及教育子女也以相同的價值觀念。一個地位團體常會獨占某種位置、擁有政治權力，且強調優越遺傳。依照韋伯的看法，這種團體可能發展出一種內在價值系統，而賦予個別份子一種尊嚴感。

(3) **政治權力**：政黨是韋伯的社會階層論中的第三個層面，包含控制組織或團體中他人之行動的權力，或控制社區或社會中集體決定的權力。在工業社會中，這種權力主要來自於正式組織，如企業公司及政府科層組織職位而取得的。

2. **當代理論**：當代社會學理論對社會階層的解釋主要有四個學派：結構功能論、衝突論、進化論及文化資本論：

(1) **結構功能論**（structural functional theory）：對社會階層的解釋來自戴維斯（Kingsley Davis）及默爾（Wilbert Moore）。認為社會為了維持均衡，繼續生存，就必將社會中的各個職務分配給成員，以分工合作方式滿足成員需要。社會不僅要使每個職務有人員負責，而且還要安排有資格，有才能的成員擔當。社會中各種不同的工作，有些工作較難，有些工作並非每個人都喜歡做，因此，社會必須以獎賞或報酬的方式鼓勵人們做那些工作。社會地位高低決定在兩個重要因素上：第一、該工作對社會之生存是否重要，愈重要的工作就給予愈高的報酬，等於是愈高的社會地位；第二、該工作是否難做，是否需要特別的技巧及許多年的訓練，愈難做或愈需要技巧的工作，報酬就愈高，社會地位也就愈高。結構功能論者強調這兩個條件缺一不可。換言之，某一個工作可能對社會生存很重要，但不難做，也不需要特別技巧，則該工作之社會地位不會太高。傳宗接代是社會延續下去的必要條件，相當重要，但是生兒育女是每一個婦女在正常情況下都可做到的，因此婦女在社會的地位並不因能生兒育女而提高。結構功能論者指出醫師享有高地位，乃是賦有上述兩個條件所致。

綜合言之，社會階層化功能論之論點強調社會位置的特性作為社會賦予報酬高低的決定。所考慮的社會位置特性包括(1)社會位置功能的重要性和(2)社會位置所需的才能和訓練。一個社會位置具

有獨特性，比較不容易被其他的社會位置所取代，或其他的社會位置對它有較多的依賴，則這個社會位置的功能重要性就愈高。

但是，社會階層化功能論也受到不少批評。功能論被批評為理論主張與社會事實有所出入，社會階層化現象並非如功能論所主張的那麼簡單。譬如，有些人他們的社會角色並沒有很重要，也沒有很明顯的價值，可是他們卻擁有很高的社會報酬。但是，有些社會位置上的人需要有特定的才能和很長時期的專業訓練，但是所得到的報酬並不高。這些現象的觀察都使得功能論面對很多的批評。

涂明（Melvin Tumin,1970）批評社會階層化功能論時指出：A.社會位置的功能之重要性是不容易判斷的，且含有強烈的價值判斷。譬如，醫生重要，還是農民重要？B.社會位置的不可替代性並不是功能的不可替代，反而是一種彼此協議的結果。涂明認為具有某些特定才能的人，並非如功能論所主張的真的人才稀少，而是社會存在結構性的限制因素，導致稀少性。結構性的限制因素可能導致某些社會位置人才缺乏的惡性循環，也可能使某些社會位置設下進入障礙，用以保護自己或自己的團體；C.功能論強調有才能的人在受訓練的期間，付出較長且較多的犧牲，因此應從社會位置上得到較好的報酬；可是，涂明認為有才能的人在受訓期間，的確會有某些犧牲；不過，相對也得到許多其他社會資源的補償，況且其犧牲並非完全由個人付出，往往還有家庭和社會共同付出。同時，在投資報酬高的比較情況下，個人在訓練期間的犧牲也變得微不足道了。涂明也批評功能論過份強調社會位置上的物質報酬，忽略了社會位置所提供或所吸引人的並非物質報酬，而是位置所賦予的權力，或社會位置所能提供給工作者的一種內在價值（如自我實現）滿足的非物質報酬。

(2) **衝突論**（conflict theory）：社會階層的看法與結構功能的必然存在的觀點不同，衝突論者認為階層不平等之存在是因為在上位有權勢的個人或團體為了維護自身益而設立的障礙，以減少或防止別人的入侵權益。因此，武力或強制性的安排是社會階層存在的要素。衝突論者認為科學家、醫師、律師、教育家在社會上享有高的社會地位，並非因其工作困難和重要，而是因為這些人的技能為某特殊優勢團體所需要。社會階層的結構並不代表社會真正

的需求或生存條件，而是反映優勢團體的觀點。律師在美國政治界或社區裏，常有極崇高的地位，乃是因為律師們服務的對象多為權勢之人，且律師也將自己的行業裝得很高深專門的樣子，提高自己身價。對衝突論者來說，社會階層既然是有權勢者在操縱，就應該加以糾正，也應該是可以糾正的；既然武力是維持社會階層的手段，也只有用武力才可以改變現有狀況。

結構功能論及衝突論對社會階層抱持不同看法，其主要論點的比較詳見表9-2。

表9-2　功能論與衝突論之社會階層觀比較

功能論	衝突論
1.階層是普遍的存在，是必需且無可避免的。 2.社會體系影響了社會階層型態。 3.社會因有整合、協調、團結的需要而產生階層。 4.階層提高了社會與個人的功能。 5.階層反映社會內共享的社會價值。 6.權力在社會裡分配得合法。 7.工作與酬賞合理的分配。 8.經濟結構次於其他社會結構。 9.經由進化過程來改變階層。	1.階層雖普遍的存在，但非必需，亦非無可避免的。 2.社會階層影響社會體系。 3.社會階層因競爭、衝突、征服而產生。 4.階層阻礙了社會與個人之功能。 5.階層反映社會上權力團體之價值。 6.權力在社會被一小群人所控制。 7.工作與酬賞分配欠缺合理。 8.經濟結構為社會之骨幹。 9.階層須由由革命來改變。

(3) **藍斯基的進化論**：藍斯基（Gerhard Lenski, 1966）綜合功能論和衝突論對社會階層化現象的解釋，提出進化論觀點。

　　藍斯基分析社會階層化的演進現象，並指出社會階層化是如何地與社會的經濟生產工具相連結，且其型式又是如何。

　A. **採集和狩獵社會**：是沒有社會階層化現象的。因為人口數量不多，且彼此關係親密，所有社會成員都是平等的。這種社會也沒有剩餘財富，所以沒有機會使得一些人較富有，另一些人較貧窮。

　B. **園藝和畜牧社會**：生產剩餘是可能的，且這種社會的酋長變成有權力的家庭，對生產剩餘有絕對的控制權。因此，園藝和畜

牧社會尚未階層化，因為不平等僅存在少數的特殊個人，尚未形成社會階層。換言之，園藝和畜牧社會裡，有少許的社會不平等，但沒有社會階層化的現象。

C. **農業社會**：允許人民生產相當多的剩餘財富，統治菁英控制剩餘財富。此時的社會已經根據財富和其他報酬分配不平等的團體劃分為各種不同性質的階層或階級。此種社會，其權力則集中於君王的手中。

D. **工業化社會**：工業生產需要有技術和流動性的勞動力，如果無法讓勞工發揮才能，則生產效率會受限制。一般在工業化社會的初期，當鄉村貧農遷移入都市成為勞工時，貧富差異會擴大。這種現象在今日世界各地的低度工業化社會仍然如此。

E. **後工業社會**：低階層人數減少，中產階級人數擴增迅速。雖然社會資源分配有不平等現象，但是社會全部的成員皆能分享工業化產生的巨大財富。政府機構走向民主，並且透過福利制度和累進稅制以限制財富不平等現象的惡化。同時，許多新的工作被創造出來，因而社會流動的機會也增多。

(4) **文化資本論**：文化資本論對社會階層化的看法，看到許多不公平面，與前述功能論形成強烈對比。布爾岱（Bourdieu）為當代文化資本理論的代表性人物。Bourdieu的文化資本概念是指「人們對於上階層文化所能掌握的程度」。此上階層文化可以是非物質的，如上階層民眾的舉止、藝術品味；也涉及物質面，如上階層民眾所擁有的傢俱、藝術品、交通工具所顯現的品味；人們的生活風格越接近上階層，所顯現文化資本就越高。其文化資本論之基本觀點是：在當代的社會裡，階層區辨的最主要判準是「人們如何從事文化消費」，在消費中所顯現的文化品味，文化資本又是如何；消費品味、文化資本越高，所能得到的榮譽、聲望也就高，並有助於得到優越的教育，以及進一步的職位與權力。

依Bourdieu的論點，當今社會，依教育文憑分配職位、權力，僅在表面上符合功能論所謂的功績原則，實際上，是以功績表面，掩飾不公平的傳承過程；在當今學校，上層階層的文化居於主導地位，出身於上層家庭之學生，由於在家庭社會化中具有較高的文化資本，較能熟悉學校的主導文化，容易為教師認可，得到較

多的注意與照顧，而有助於成績提高與順利升學，以及職位
（業）之取得，最後達成代間不平等之傳承。

接受的教育層級越高，所得到的文憑越優越，代表所受到的上層
文化，如上層階層成員所特有的語言、服飾、舉止之風格，休
閒、藝術之偏好，以至於意見與價值觀之薰陶越深厚，所以越能
為上層菁英所接納，而取得上層職位。依文化資本論點，教育所
代表的是文化資本，高教育者能取得上層職位，絕非其專業技能
較佳、工作效率較高；教育對職業的強烈影響不能代表功績原
則，僅表示其上階層之優勢。

(六) **影響**：社會階層由於財產、權力、聲望分配之不均，其發展結果可分成
四種，即生活機會（life chances）、行為之制度模式（institutional
patterns of conduct）、生活型態（life style）和價值、態度與意識型態
（values, attitudes, and ideologies），分別是：

1. **生活機會**：生活機會關係到個人在生命過程中所能擁有之「機會」
（opportunities）、成就（achievements）、滿意經驗
（experiences）的機率。包括嬰兒存活率、生理與心理健康、入學機
會、受教育年限、獲取社會受尊重的職業或高薪技能、較大範圍職業
之選擇、對社區或國家政治事務有較高影響力、對自己的生命掌控程
度高、享有社會尊榮、享有物質上的富裕等等，所以社會階層影響個
人在生命中的成就、機會、經驗，顯示出不同階層生活機會不同。

2. **行為之制度模式**：行為的制度模式關係著所有社會基本制度中之每天
生活的行為模式，這些制度包括經濟制度、政治制度、教育制度、家
庭與宗教制度等等，社會學家對於財富、權力與聲望分配不均如何影
響行為模式感到興趣。即在不同收入的團體是否有不同教養子女的方
式？是否有不同的方式解決家庭失調？或是期待子女教育的態度不
同？因此，制度模式影響個人每天生活的基本事務。

3. **生活型態**：生活型態關係到人們如何分配其精力、時間與資源，並獲
得不同層次的榮譽。比如說，如何穿著、做何種髮型、購買何種汽
車、選購住宅與裝飾、休閒活動方式、閱讀何種雜誌、欣賞何種音樂
與影片、參加那些俱樂部或組織團體、重視言談與姿勢等等，這些活
動的組合可以構成某種的生活型態，且依據生活型態與方式有助於區
別成員在那一個社會階層。

4. **價值、態度與意識型態**：價值、態度與意識型態關係到一套信仰與起源，例如，什麼是好的社會？什麼是個人美好生活的要素？什麼是個人與社會間的適當關係？自由尺度如何？人們需擁有那些？如何信任其他人？又如何獲得其他人的救助？如何中規中矩？因此，在不同的社會階層裡，也將有明顯不同的價值、態度與意識型態。

(七) 階級社會

1. **馬克思主義與階層社會**：階層概念深植馬克思主義及社會主義的核心，在一開始的共產主義宣言就認為，歷史應該被視為是壓迫者及被壓迫者間階級鬥爭的歷史。在封建社會是地主（貴族）及農夫（農奴）的衝突，而資本主義社會則是擁有資本者（中產階級／布爾喬亞階級／bourgeoisie）與無資本者（無產階級／proletariat）的衝突。馬克思深刻的認知社會上存在各種不同的階層、次階層及其他重要的社會團體，且預期在中產階級及無產階級間的產業衝突將是造成社會衝突的動力來源。

   馬克思主義認為社會中始終存在著各種不同的階級，階級的區分並非天經地義的，而是歷史發展的必然產物。不同的歷史發展階段，將存在著不同的階級結構。馬克思認為一個人在生產關係中所佔的位置，將對他帶來重要的生活經驗。據此，人們為了生活而得到的經驗，尤其是經濟衝突的經驗，終將促成同一階級的成員們發展出共同的思想、信仰與行動。是故馬克思對於階級的形成與演變強調以下幾點：

   (1) 階級利益（class interest）：馬克思認為個人形成一個集合體與另一個集合體產生競爭時即產生階級。資本主義社會裡，資產階級的利益是利潤（profit），無產階級的利益是工資（wage）。階級由於有共同的利益（common interest），所以才有階級的客觀存在（自在階級）（class in itself）。

   (2) 異化（或疏離感）（alienation）促使階級的產生。

   (3) 工人們聚集在一起而促使階級的產生；資產階級被迫與無產階級妥協，如提高工資、受教育的機會等。

   (4) 當階級最後發展出階級連帶（class solidarity）、階級意識（class consciousness）以及階級組織（class organization）時，則階級由客觀存在而演變成為為其利益而爭的主觀存在（自為階級）（class for itself）。擁有生產工具的人由於處於競爭的優勢，很

自然地成為社會的主導或統治階級，不管是在政治和社會面向均然，而這些統治階級有機會不生產但坐享其成。

馬克思指出，統治者與被統治者的不同利益導致階級關係必然是剝削的關係。因此，階級的區隔是潛在的衝突因子，經常化為激烈的鬥爭；而階級鬥爭經常是歷史向下一個階段發展的契機。而個體不一定清楚他所存在的階層，例如：工人常會相信資本家為他們帶來最佳利益。

2. **韋伯與階層社會**：韋伯（Weber）運用秩序（order）表示社會階層，認為秩序是高低不平的權力（power）之表現。Weber認為權力有三種秩序，分別是經濟秩序、政治秩序與社會秩序。三者又有其具體代表的團體，即階級（classes）、政黨（parties）和地位團體（status groups），三者是相互關聯的，同時各自具有相當程度之自主性，例如有了社會地位或許可帶來政治權力或經濟利益；有了經濟力量，也可能獲得政治權力或是提高社會地位。

   Weber對於階級所下的定義是：

   (1) 一群人有著共同的生活命運。

   (2) 這些共同命運經由擁有財物收入機會的經濟利益而表現出來。

   (3) 是透過物品或勞力市場情況表現出來。

   Weber也強調階級劃分的標準是生產關係即財富的獲得，並歸納出階級有以下特徵：

   (1) 階級狀況是以財產關係來界定。Weber認為有無財產是階級狀況的主要界定條件，財產可以劃分為各類的財產，而無財產者的階級狀況是由其所提供的服務而表現出來。

   (2) 這些各類的財產與種種的服務是透過市場而展現出來。Weber認為市場狀況是決定個人生活機會的基本條件，因此階級狀況最終是市場狀況。

   至於階級的形成與演變，Weber認為階級行動（class action）的產生，是勞動市場（labor market）、商品市場（commodities market）以及資本主義企業（the capitalist enterprise）三者交織而成的結果。在階級鬥爭之時，階級間彼此的敵意最濃者，是直接處於階級鬥爭的雙方，即一方面是工人，另一方面即為資方代表的第一線人物，例如經理與生產者等，而非幕後操縱工廠的人，例如股東或銀行家等。

Weber以經濟界定階級，以生活型態（styles of life）界定地位。
Weber說：「地位狀況代表人們的一種共同的、典型的生活之命運。
而此生活之命運乃是由特別的、正面或負面的榮譽評定所決定。」
Weber說明地位團體的特色：

(1) 相同地位團體的人，有其獨特的生活方式。主要是透過相近的正
　　式教育、家庭出身和某些高尚的職業所發展出來的結果。
(2) 限制性與排他性（exclusiveness）。地位團體分子對非其地位團
　　體的人們保持距離與排斥之。
(3) 地位或榮譽常是建立在霸佔。但強佔征服後必須透過經濟秩序的
　　穩定才能使社會地位穩固。

另外，Weber認為地位團體常擁有一些地位特權（status privileges）和
地位象徵（status symbol）以顯示其獨特性。地位特權有兩大類，一
是規範性的（normative），例如英王室的穿著與時尚代表著社會核心
價值；其次是物質性的（material），例如地位團體擁有一些經濟上的
壟斷權（壟斷權具有正反兩種意義，正面例如擁有採礦權；反面則是
不擁有某些事務，例如不汲汲營利，否則有失身分地位）。準此，
Weber認為階級的重心是由生產（production）界定的，而地位是由消
費（consumption）界定。消費型態不同即代表生活方式的不同。最
後，Weber認為從歷史觀點與經濟情況而言，當社會變遷、技術變遷
等社會不穩定時，經濟的階級區分較為人所注重；反之社會經濟情況
較穩定時，社會地位便日益為人所注重，成為社會階層區分的重心。

在「階級結構」此問題的研究上，多半以新馬克思學派（以E. O.
Wright為代表），或新韋伯學派（以John Goldthorpe為代表）為主，
以區分不同的階級及探討階級流動。

階層的金字塔結構—上層，中產及勞工階級逐漸往下佔據金字塔的下
層—而這樣的演進與勞動市場的自然改變具密切的關聯性，主要關鍵
在於原由「傳統的手工密集受僱勞工為底層，中產階層為小雇主、管
理者及非手工勞動力，及上層階層為股東、雇主」所組成的傳統勞動
結構，因為許多製造業的衰退及服務業的發展，產生傳統金字塔架構
的轉變。

三　社會流動

(一) **定義**：社會流動（social mobility）係指社會階級或社會階層間的變化，換言之，社會份子在一階層內或由某一階層或階級轉移到另一階層或階級的現象。

(二) **分類**

　　1. **依流動方向劃分**：分為垂直流動（vertical mobility），即流動的方向是由低而高，稱之為上升流動（upward mobility）；若由高而低，稱之為下降流動（downward mobility），而個人從某一社會階級（或階層）轉移至同樣高低的另一個社會階級（或階層）稱為水平流動（horizontal mobility）。

　　2. **依流動類型劃分**：分為交換流動（exchange mobility）與結構流動 structure mobility）：「交換式」社會流動，即當人們與階層中不同層級的他人交換地位時，其個人的社會地位便會發生改變。舉例而言，居於企業高層級的能力平庸者可能丟掉工作，被迫退休，或降至較低職位；然而低層的賢能工作者可能被拔擢到較高的管理階層。此類社會流動的數量端視社會及團體封閉或開放的程度而定：在一個封閉的系統中，很難發生交換式的社會流動，但在一個開放的系統中極可能會發生此種社會流動。

　　　　「結構式」的社會流動，即人們社會地位的改變乃是經濟結構改變的結果，例如在經濟蕭條時期，收入減少、員工遭資遣，使得社會有普遍向下流動的趨勢。因而，一個熱烈渴望獲得好工作的大學畢業生，可能發覺自己在依賴開計程車或領失業津貼維生。相反地，在經濟成長時期，收入增加、有新的工作機會，社會便有普遍向上流動的趨勢。在這種狀況之下，即使是一個能力不被看好的大學畢業生，也可能有許多條件優渥的工作等著。此類社會流動的數量仰賴於經濟情況的發展：在一個靜態的經濟環境下，極少機會發生結構式的社會流動，但在經濟變動時期，就可能導致許多的結構式流動。

　　3. **依社會流動模式分為**：

　　　　(1) **卡斯特社會的社會流動模式**：古印度的卡斯特（caste）社會，將人劃分為婆羅門、剎帝利、吠舍、首陀羅（即奴隸）與賤民等五種階層，階層與階層之間，嚴禁通婚，禁止任何往來。在這社會內，既無世代流動，「各人生於何層，長於何層，婚於何層，子

女長留於何層」。職業之間的流動，即
或有之，亦屬很少。是故，此社會流動
模式，毫無垂直流動，只有部分的水平
流動。如右圖9-2所示。

(2) **完全開放的社會流動模式**：在一個完全
開放的社會結構中，階層與階層之間的
流動毫無限制，即使有限制，其影響力
也減至最低；同時在階級之間的流動極
為頻繁。換言之，在完全開放的社會，
不僅有水平的社會流動，更有垂直的社
會流動。一般以美國社會為這種模式的代
表。其流動模式如右圖9-3所示。

(3) **混合的社會流動模式**：混合型的社會流
動，是指在一個開放模式內存在著封閉的
卡斯特流動模式，而這種卡斯特流動模
式，可出現在社會階層的不同階層間，或
出現在不同階級間；前者以中國傳統帝制
社會的社會流動為代表，後者以美國社會
內黑白種族之間的社會流動為代表。在中
國傳統帝制社會，皇帝之下有公、侯、
伯、子、男、爵，屬皇帝之血親、姻親或
有特殊勳勞者，其位置為世襲；因此，一
般平民無法流動至此個階層；其下為士大
夫階層，則由考試仕進，平民可經由考試
進入此階層。士大夫之下，則為老百姓與
奴隸。所以其社會流動的模式是在士大夫
階層之下各層形成開放式流動模式；諸侯
和士大夫之間無垂直社會流動，形成卡斯
特流動模式。其右圖9-4所示。

至於另一種混合模式的社會流動，指在相同階級之
間不能水平的流動，如美國社會中，黑人與白人之
間關係猶如卡斯特社會，彼此之間難以產生水平社
會流動；但是在白人社會與黑人社會之間，卻各自
形成開放社會的社會流動模式（參見圖9-5）。

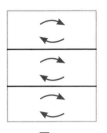

圖9-2
封閉的卡斯特社會
流動模式

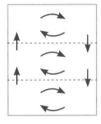

圖9-3
完全開放的社會
流動模式

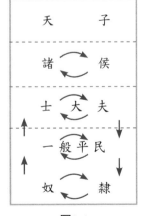

圖9-4
混合的社會流動模式(1)

4. **依結構影響力分為：**

   (1) 絕對流動率（absolute mobility）多是因為結構性原因，如：教育擴張、產業升級等所造成。

   (2) 相對流動率（social fluidity）：控制絕對流動率的結構性變遷影響後，才能看出不同階級背景對於流動機會所造成的「淨」影響稱之。

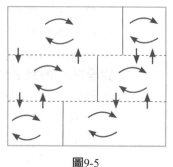

圖9-5

混合的社會流動模式(2)

(三) **衍生問題**：因社會流動帶來的問題可歸納出下列四項：

  1. **使個人缺乏安全感**：開放社會給予人們向上流動的機會，也帶給人們失敗或向下流動的恐懼與不安全感，容易造成個人心理上的壓力。

  2. **個人初級關係的瓦解**：由於個人欲向上流動，必然犧牲其與初級團體間的關係，造成初級關係的緊張；而且從一個地位轉到另一個地位，通常會從一地區轉到另一地區，與初級團體的關係必然淡化。

  3. **適應新地位角色的緊張**：從一個地位流動到另一地位，必然面對新的地位角色，不僅需要一段時間適應，而且高處不勝寒，其壓力相對提高，個人心理緊張也會提高。

  4. **生活方式的改變**：由於地位的改變，個人的社交與生活環境必然改變，對於個人人際關係的重建與適應，也是一項挑戰。

(四) **影響因素**：影響社會流動的因素，簡述如次：

  1. **社會結構（social structure）**：個人所處的社會是卡斯特或開放的社會結構，影響個人社會流動的機會；因此，社會結構因素是社會流動的先決條件。

  2. **教育（education）**：在現代社會中，教育是影響社會流動的最重要因素之一，因為所得的高低，職業的分配，甚至生活方式，莫不受到教育因素的影響。

  3. **種族因素（race）**：例如在美國社會，黑人與白人之間存在著卡斯特社會流動的模式，或是在其他社會有種族歧視的情形，因而影響不同種族社會流動的機會。

　　4. **社會期望與期待**（social aspiration and expectation）：社會期望個人向上社會流動，並提供各種流動的機會，則影響個人的社會流動；反之，若社會不鼓勵個人流動，可能因此限制個人在階層或階級間的移動。

　　5. **家庭背景**（family background）：家庭背景因素與父母親期望，經濟能力等因素相關，同時家庭子女數的多寡，也影響個人流動的機會。

　　6. **人口變遷**（population change）：出生率或死亡率的提高或降低，都足以影響個人的社會流動。出生率提高或死亡率降低，使個人向上流動的機會減少；反之，若出生率降低或死亡率提高，則個人向上流動機會因而增加。

　　7. **職業結構的改變**（change in occupational structure）：隨著經濟發展，出現新的職業，因而增加個人流動機會。

　　8. **晚婚**（late marriage）：根據人口學家的研究，個人結婚年齡晚些，其向上社會流動機會提高，因為不必承擔早婚所帶來的家庭和子女負荷。

(五) **途徑**：一般社會成員可藉由以下途徑來達成流動目的：

　　1. **改變職業**：上升流動的最普遍方式，就是取得一項聲望高的職業，於是個人可經由職業階梯改變其社會階級或階層。

　　2. **提高經濟成就**：要將職業、收入與教育分開是困難的。個人提高收入，將會增加上升流動，因為財富普遍受到人們尊敬。當然有些例外，例如，有些教育程度高的人，聲望較高，但所得較低；某些職業所得雖高，而聲望卻低。

　　3. **提高教育程度**：教育逐漸成為社會流動的重要因素。教育成為社會進步的因素，有其複雜的形式與重要程度。從聲望較高的學校畢業，個人會有更好的機會提高社會階層。

　　4. **控制權力**：社會權力的來源有許多方式，如職業、財富及教育；但參與政治也是權力取得的方式。權力的取得與增加，會擴大個人操縱其環境的能力，因而提高其社會階層。

　　5. **家庭結構的改變**：上升流動者有較少子女數，晚婚者是明顯例子，因為上升流動者容易延遲結婚。通常夫婦結婚愈早，年齡愈小，生育期間愈長，養育的子女愈多。子女多，不僅影響個人的職業成就，也減少其成功的機會；只有一個或兩個子女的父母，其成功的機會可能最

大。係與家庭資源的分配有關,特別是子女的教育成就;子女愈少,父母給予更多的注意及更好的教養;父母投資於子女的教育及訓練較大。大家庭減少了子女的教育機會,因而影響其職業成就。

6. **婚姻**:婚姻本身可能是上升或下降流動的一個重要來源,惟端視配偶的地位而定。為金錢或社會地位結婚的觀念是一種文化支配,通常盛行於婦女。男性通常與社會地位或教育成就較低的女性結婚,但婦女較少如此。因此。大多數的女性經由結婚改變其階級或階層,而男性則要依賴自己的努力來建立地位。

7. **營養**:營養不良會影響兒童身心的發展。許多研究顯示,貧困兒童的學習能力較差。營養不足的結果使貧窮兒童無法發展健全身心,俾與營養良好的兒童在平等的立足點上競爭。

8. **其他因素**:在開放社會中,仍有許多途徑可促進流動,例如具備特殊的藝術才能(如音樂家、舞蹈家、歌唱家與演員)、運動技能。

第十章 政治、教育與經濟

本章依據出題頻率區，分屬：**B** 頻率中

課前導讀

本章整理了常見的三種社會制度，內容非常簡要，不如政治學、經濟學以及教育學的單科內容來得詳細，請從社會學的理論觀點出發，解釋三種不同的社會制度，當有不同的解讀及收穫，這也是社會學與其他科學相輔相成之功效所在。

系統綱要

一、政治

(一) 定義

1. 是對有價值的資源進行權威性的分配：以三種方式分配有價值物品：習俗、交換、命令。
2. 政治在區分我群與他群。
3. 政治產生於以下的情境。

(二) 重要概念

1. **行動**：即人類行動領域。
2. **公共**：局限在公共行動。
3. **必要性**：政治行動介入因果關係事件。
4. **合理的公共選擇**：選擇何種行動路徑有合理說明。
5. **獨立的基礎**。

二、國家

(一) 定義：是合法、獨佔的使用武力支配其所控制的領土內的人民的一個政治組織。

(二) 特性：

1. 國家是組織。　　2. 國家與社會的分化。　　3. 強制性的控制。
4. 主權。　　　　　5. 領土。　　　　　　　6. 人民。

(三) 理論觀點

1. **自由主義**：個人是社會的構成要素、社會是自我規制的、國家的功能只限於維護安全和司法正義並提供基礎建設。

2. **多元主義**：社會的自我規約，透過個人組成的社會團體彼此的競爭、利益的相互平衡與權力的分散、國家的被動與中立性角色、以社會結構中非政治的力量說明政治行為。

3. **馬克思主義**：人處於交織的社會關係中，生產關係是根本、國家屬依變項、階級區分的社會並無集體的公共利益可言、階級的經濟鬥爭是零合遊戲。

4. **古典馬克思主義經濟化約論的國家觀**：國家是（經濟）支配階級進行壓迫的工具、無產階級專政與共產社會中國家的凋亡。

5. **古典馬克思主義的另種國家觀**：國家的相對自主性、非霸權情境。

6. **新馬克思主義的辯解——工具論**：資本階級透過對政府部門、立法機構、大眾傳播媒體的控制直接統治國家 、預知集體、長期利益的資本階級。

7. **結構論**：國家的相對自主性、預設具有階級意識的資本家，知其集體利益且能透過集體行動有效制止、國家經理人與資本的分工、附屬性的結構機制。

8. **有機論**：人唯有參與政治社群才圓滿、權力的必要性與合法性、整體先於部分、國家是道德性的目的、共善與統治正當性。

9. **國家中心論**：國家自主性、國家具備能力、國家作為行動者、國家是表現權力、國家具有執行政策資源與工具。
國家能力在不同政策領域有所不同。

三、權力

(一) **定義**：影響社會活動的能力。

(二) **分配**

1. **權力精英論**：權力是由一群志趣相同，且決定能影響他人生活的人所掌握、控制。

2. **多元權力論**：權力來自一般民眾與中介團體。

3. **精英循環論**：指大眾精英、民間精英與政府精英三者間的循環。

(三) **測量指標**：1.參與；2.社會活動；3.聲望和社會計量；4.職位；5.決策。

四、權威

(一) **定義**：是合法化的權力。

(二) **特徵**：1.是社會組織的特性；2.附屬於職位。

(三) **分類（韋伯的分類）**
　　1. **傳統權威**：基於習俗或習慣。
　　2. **法理權威**：基於法令或既定程序。
　　3. **神才權威**：基於個人魅力或獨特聲望。
(四) **遵守理由**
　　1. 屬職位關係的運作。　　　　　2. 鼓勵遵守法律。
　　3. 受團體或組織的支持、控制與維持。

五、寡頭鐵律
(一) **定義**：由少數人獨斷、控制、壓制異議者或不服從者，並採殘暴手段加以制裁的類型。
(二) **產生原因**
　　1. 組織結構的安排。　　　　　2. 居上位者的優勢。
　　3. 組織成員的特性。　　　　　4. 外在環境的影響。

六、公（市）民社會與國家
(一) 公民社會制衡國家。　　　　(二) 公民社會對抗國家。
(三) 公民社會與國家共生共強。　(四) 公民社會參與國家。
(五) 公民社會與國家合作互補。

七、教育
(一) **功能論觀點**：可發揮以下功能：
　　1. 政治與社會的整合。　2. 選拔人才。　　3. 文化傳遞。
　　4. 傳授技術。　　　　　5. 行社會化。
(二) **衝突論觀點**
　　1. 否定少數團體文化。　　　　2. 少數團體仍無法獲致再進修。
　　3. 藉由文化控制，教導階級意識。4. 造成學校與家長的衝突。
　　5. 階級與分班的結果，複製無產與資產階級。
(三) **外顯與潛在功能**
　　1. **外顯功能**：
　　　　(1) 促進政治與社會整合。　(2) 造就人才。
　　　　(3) 傳授技術。　　　　　　(4) 發揮文化傳遞功能。
　　　　(5) 塑造社會人格。

2.潛在功能：
(1) 照顧小孩或未成年人。　(2) 降低失業率。
(3) 建立未來的人際關係。　(4) 改變個人人生觀與價值觀。
(5) 社會地位的附加價值。

八、經濟
(一) **意義**：指生計。
(二) **要素**：土地、勞力、資本、企業、技術。
(三) **顯性功能**：1.生產；2.分配；3.消費；4.交換。
(四) **隱性功能**
　　1.創造新社會階層。　　　2.政治權力再分配。
　　3.加強社會分化。　　　　4.發揮社會控制力量。
　　5.增加炫耀性財富。
(五) **組織型態**
　　1.狩獵與採集經濟。　2.耕作經濟。　3.農業經濟。
　　4.工業經濟。　　　　5.後工業經濟。

重點整理

一、政治
(一) **定義**
　　1.**伊士頓（David Easton）指出，政治是對有價值的資源進行權威性的分配（politics as allocation）**：一般常以三種方式分配有價值的物品：習俗（custom）、交換（exchange）、命令（command）。當有價值的資源分配，透過命令進行時，政治即存在於其間。同時此命令是必須被遵守的（binding），且以強制力做後盾。
　　2.**政治在區分我群與他群（politics as us against others）**：政治在劃定集體之間的邊界，並保護每個集體的文化認同，免於遭受外部威脅。
　　3.**政治產生於以下的情境**：當我們必要對具有公共後果的行動作合理選擇時，卻缺乏共同評量標準或是獨立基礎（independent ground），以解決公共選擇所面對的衝突。（屬參與式民主對政治的界定）。

(二) **重要概念**

1. **行動**：即人類行動領域；政治關切的是採取某種行動（或不行動）以限制人的行為，改變環境，或影響世界。
2. **公共**：局限在公共行動（public action）。亦即，由公眾（a public）採取行動。政治即用以區分什麼是「公共的」。
3. **必要性**：政治行動是介入具因果關係的事件。
4. **合理的公共選擇**：行動涉及選擇，選擇何種行動路徑應有合理說明。
5. **獨立的基礎**：政治行動在缺乏共識性規範的行動基礎上從事合理選擇；達成共識，就無政治。

二、國家（the state）

(一) **定義**

1. **韋伯（Max Weber）**：「一個支配組織，若在既定地域範圍，它的存在與秩序是持續地藉由管理幹部應用及威脅使用暴力而獲得保證，則稱為政治組織。又此機構的管理幹部成功地宣稱：對於施行秩序而使用暴力的「正當性」有獨佔的權利，則稱為國家。」簡言之，國家是合法、獨佔的使用武力支配其所控制的領土內的人民的一個政治組織。
2. **丁利（Charles Tilly）**：國家是控制居住在特定領土中人民的組織，具有以下特質：(1)與該領域的其它組織有所區隔；(2)是自主的；(3)是集中化的；(4)組成透過正式化方式協調運作。
3. **史可波（Theda Skocpol）**：國家是與社會單位相對地分化的組織，對特定的領土及其人民宣稱主權和強制性的控制，同時在與其它國家的競爭中得到護衛甚至擴張。由此可知，國家的核心組織包括行政的、司法的和維持治安的組織，這些組織徵收並分配稅金，執行國家與社會的構成規則，並維護秩序。

由以上列舉的社會學定義，部分國家的特質需進一步澄清：

1. **國家是組織**：現代國家具有科層組織的特質；而現代科層國家的成熟發展，依賴法制─理性（legal-rational）的秩序和原則。
2. **國家與社會的分化**：國家與同一領土上的其它組織（如人民團體或企業組織），各有所司。國家唯一從事的是政治活動。由歷史觀之，國家與社會「非政治領域」的分化，主要在兩個領域：(1)世俗化的國家，不控制或限制人民心靈層次的信仰；(2)國家不直接參與經濟生產。

3. **強制性的控制**：國家的支配以使用武力為後盾，且宣稱唯有國家才能合法使用武力。

4. **主權**：對內最高且唯一，對外自主。

5. **領土**：有效控制的、固定的、有特定地理疆界、能以軍事手段防衛的領域、也可能包括想像的祖國。

6. **人民**：國家與個別人民有統治關係的直接聯繫，不經由其它政治或社會實體的中介。

(二) **理論觀點**

1. **自由主義**（liberalism）：
   (1) 個人是社會的構成要素；個人在追求私利的同時，也成就了社會的集體利益。
   (2) 社會是自我規制的（透過個體自由選擇而進行相互調整）；國家的功能應屬極小化。
   (3) 國家的功能只限於維護安全和司法正義並提供基礎建設。

2. **多元主義**（pluralism）：
   (1) 主要論題：社會的自我規約（self-regulating），透過個人組成的社會團體彼此的競爭。
   (2) 利益的相互平衡與權力的分散。
   (3) 國家的被動與中立性角色；政策是競爭性的團體互動產物。
   (4) 以社會結構中非政治的力量說明政治行為。

   對多元主義的批評：
   (1) 不適於結構分歧顯著的社會。
   (2) 忽略國家在創造和限制團體組成和活動之角色。
   (3) 不同利益和社會人群組織的能力，以及接近決策管道的機會並不相同。

3. **馬克思主義**（Marxist）：
   (1) 古典馬克思主義（Classical Marxist）：
      A. 人是處於交織的社會關係中，生產關係是根本。
      B. 將國家視為依變項（dependent variable）。
      C. 階級區分的社會並無集體的公共利益可言、階級的經濟鬥爭是零和遊戲。

(2) 古典馬克思主義經濟化約論的國家觀：

　　A. 國家是（經濟）支配階級進行壓迫的工具。

　　B. 無產階級專政與共產社會中國家的凋亡。

(3) 古典馬克思主義的另種國家觀：國家的相對自主性（relative autonomy）、「非霸權情境」（non-hegemonic situations）：由於階級鬥爭，使得沒有一個霸權階級或單一階級的某個部門能在政治上進行統治，使得國家權力作為階級衝突的調停者，取得自主性。

(4) 1970年代新馬克思主義（New Marxist）的辯解—工具論（instrumentalism）：

　　A. 資本階級透過對政府部門、立法機構、大眾傳播媒體的控制而「直接統治」國家。

　　B. 預知集體、長期利益的資本階級，忽略資本的集體利益和個別利益，或長期利益與短期利潤的衝突。

　　C. 忽略國家「代表全民利益」的意識形態角色與正當性問題。

4. **結構論**（structuralism）：

(1) 國家的相對自主性：為維持資本的一般利益，國家必須相對獨立於資本家的直接統治。

(2) 預設具有「階級意識」的資本家，知其集體利益且能透過集體行動（當國家自主行動違反其集體利益時）有效制止。

(3) 理論的出路：國家經理人與資本的分工：國家組織的經理人的利益在維持政治權力；資本家的利益在維持私人的利潤。不具階級意識的資本家不必直接統治國家，但國家卻仍然追求資本家的利益。

(4) 附屬性的結構機制：追求短期利益的資本家透過各種影響管道（政治獻金、遊說、利益輸送、參與政策協商，接受政府部門的諮詢），使國家必須回應特定資本家的特殊利益。

(5) 主要結構機制：

　　A. 掌握國家組織的政治菁英（political elite），不管政治意識型態為何，其權力基礎，必須依賴經濟活動的持續發展。

　　B. 稅收為財源。

　　C. 經濟不景氣將造成公眾支持度下降。

　　D. 資本主義社會的經濟活動決定於資本家私人投資決定。

E. 因此，控制國家機構者，希望透過各種政策方案促進私人投資，使得國家經理人較個別資本家有較寬闊的視野，也使政策比較符合資本的一般利益。

又為何國家不會做出違反資本家利益的政策，理由是：

A. 企業信心（business confidence）：對政治與經濟氣候的一般性評價，影響私人投資決定。

B. 政府政策或國內政治環境造成企業信心下滑，投資減少，整體經濟衰退，危及國家經理人的權力基礎。因此，國家菁英為避免成企業信心下降，而不願做出違反資本家利益的政策。

5. **有機論（Organism）：**

(1) 思想來源：亞里士多德、羅馬法、中古世紀自然法。

(2) 對人作為社群成員，其政治生活形式的規範性看法。

(3) 人唯有參與政治社群才能獲得圓滿。

(4) 權力的必要性與合法性：法律關切朝向共同幸福秩序，此秩序需要權力來維護。

(5) 整體先於部分，部分因與整體的關連而獲致意義。

(6) 國家是道德性的目的。

(7) 對共善（common good）的強調；拒絕私人利益的正當性。

(8) 共善與統治正當性。

(9) 非自由主義、非程序性原則：共善是正確的理性所認識，非意見表達的過程所形成（與參與性民主對照而言）。

(10) 共善的追求是評價國家權力正當性的原則。

(11) 反對馬克思主義的階級衝突觀：衝突破壞有機整體的和諧社群。

(12) 反對自由多元主義的團體理論和古典資本主義：不受限制的競爭將導致階級的仇恨、秩序的破壞，使國家無法追求共同利益。

(13) 干預型、自主的和強大的國家（interventionist、autonomous and strong state）為追求正義和穩定社會，以及實現共同利益的道德義務，國家可自主地發動社會變遷，進行由上而下的改革，以破壞既得利益，改造社會秩序，建立更符公益原則的社會。

6. **國家中心論（National Centralism）：**

(1) **反對社會中心論的觀點：**

A. 多元主義：國家是社會與經濟利益團體競逐利益分配的領域。

B. （新）馬克思主義的國家觀：國家是階級支配的工具；生產關係和資本積累的保護者，或階級的政治鬥爭領域。

(2) **核心概念：**

A. 國家自主性 （state autonomy）：國家追求的目標與政策，不同於社會團體與階級的需求與利益。

B. 國家能力（state capacities）：國家即使在面對社會優勢階級的反對或頑固的社會經濟條件，仍能執行其政策目標。

C. 國家作為行動者 （states as actors） ：國家是表現權力，且透過政治組織限制或促成其運作。經由選舉或行政官員的理念和組織生涯的發展得以使政治目標實現。

D. 國家自主性的形成條件：國際競爭壓力、國內秩序的維護、科層組織體系。

E. 組織的一致協調與統合。

F. 集體性（國家主義）的意識型態。

G. 與優勢階級的關係：國家官員非來自經濟優勢階級、國家官員與優勢階級未建立人際或經濟的連帶關係。

H. 國家能力：國家所具有的執行政策資源與工具。

(A)基本支柱：主權的完整，組織的資源與財政的資源。

(B)國家能力與自主性的關係。

(C)國家能力在不同政策領域有所不同。

(D)對國家能力的評估，應觀察政策如何被實際執行。

I. 批評：

(A)過於強調國家（尤其是行政部門）對政策的自主作用，忽略國家組織以外的因素。

(B)忽略國家與社會的互動關係。

綜上馬克思主義傳統對國家機器和權力結構的看法，對社會學的發展有深遠的影響。對於資本主義國家機器的看法，馬克思主義基本上有階級邏輯與資本邏輯兩種主要理論觀點：可用「工具主義」（instrumentalism）與「結構主義」（structuralism）分別代表。工具主義的國家理論，認為國家機器是階級鬥爭的產物，得勝的階級掌握國家機器，擴大其利益。因此，從這個國家理論的角度，國家機器是資本家的工具，是資本家用來強化其剝削和利益的壓制性工具。如馬克思和

恩格斯說的：「國家機器是資產階級的管理委員會」。在資本主義的國家機器成員來自資產階級，因此其政策將有意地壓制工人的利益以強化資產階級的利益。

而結構主義的國家機器理論，則認為國家機器的任何作為，即使是制定有利於工人的政策，其結果都是為資本主義服務。某些政策雖然在短期內對資本家不利，但是卻有利於資本家全體的長期利益；國家機器是為整個資本主義社會服務，而不是為個別的資本家。

馬克思主義認為，在資本主義社會裡，受剝削的勞工階級終究會意識到被剝削而團結起來，透過革命改變資本主義體制，而進入無階級和公平的社會主義。而福利國家的興起，是資本主義的改良，是資本主義拉攏勞工的一種變形的資本主義而已，與社會主義的理想差距甚遠。

(三) **現代國家與政治權力**：國家（state）是指社會中有組織的政治權威，也是最高層次的權力來源。然而，在許多社會裡，國家是相當晚近的歷史發展產物。十七世紀以前，現代意義的國家並不存在；世界上的大多數人民經常在地方統治者的非正式權威下生活。此後，國家才成為社會權威的主要來源。目前，政治社會學上所探討的國家通常是指現代國家，也就是民族國家（nation-state）。一般而言，國家有四個主要特徵：領土、武力使用、法律制定，以及政治機構或政府。政治制度可運用權力為社會設定目標，也可匯集資源以達成這些目標。當權力運作形成一種科層組織，現代國家機器就正式出現。

社會學理論對於國家權力的解釋，主要有兩種不同觀點。功能論強調：國家的功能在維持社會秩序，例如執行法律與規範、仲裁社會衝突、政策規劃與指導方針，以及與其他社會建立關係。衝突論的國家權力觀源自馬克思主義者的看法，以為國家保護的是統治階級或優勢階級的利益，但現代衝突論則認為：國家是不同競爭團體，例如各族群間、消費者與生產者，以及保守主義者與自由主義者等為取得社會資源而相互衝突的主要舞台。一般而言，任何衝突的結果通常都有利於較富有的團體，但持續的衝突可能導致權力分配的轉變，甚至帶來社會變遷。

自二十世紀以來，隨著資本主義的高度發展，自由市場因寡占與各種經濟困境而面臨重大問題。然而，這些問題並非個別廠商能解決，人們乃轉而要求國家積極介入個人生活中，「福利國家」（the welfare state）也成為現代國家的重要標誌。1970年代之後，「福利國家」出現經濟發

展遲緩、政府無效率與財政問題嚴重等危險，迫使歐美各國陸續採取福利改革的措施，例如減少國家的市場干預、降低公共支出、縮減財政赤字與提供市場運作的優良條件等。但是，福利改革的作法，也使社會公平與正義的「福利國家」理想越來越難實現。

(四) **福利國家及其危機**：從二十世紀三〇年代開始，西方民主國家的國家機器角色大量的擴張，滲入經濟和社會生活領域，包括對大型托拉斯經濟壟斷的限制，提供人民教育、健康醫療服務、住宅、社會安全，以及工作安全和保障等。這樣的國家機器類型稱之為福利國家（welfare states），它已經成為西方先進民主國家的特色，包括歐洲各國、北美洲，和澳洲、紐西蘭等國，而這樣的福利國家類型，現今也逐漸擴展到國民所得相對較高的一些原來的發展中國家。

福利國家是指政府保障每一個國民的最低所得、營養、住宅、健康和教育水平而言。它涉及兩組國家機器的活動：

1. 國家機器提供社會服務給特定環境或緊急事件下的個人或家庭，包括社會安全、健康、教育、職業訓練和住宅等。

2. 對私人活動（包括個人或公司團體）的干預，藉此從事社會重分配，直接改變人口中某些個人的生活條件。因此，福利國家的主要功能是透過國家機器的力量，維持公民最基本的生活需求，使其能夠安身立命，以維繫社會的穩定和發展。這樣的福利國家也稱為凱因斯式的福利國家（the Keynesian Welfare State），主要來自英國經濟學家凱因斯主張，透過公共預算和政策干預，用以解決失業和貧窮問題，進而解除資本主義危機。

西方的福利國家在1970年代之後，已經面臨重大的危機。在經濟面向上，歐美各國普遍有發展停滯或緩慢成長、失業問題嚴重、通貨膨脹居高不下的現象。一般認為由於社會重分配和工資上揚的結果，使得資本家紛紛至海外投資，經濟呈低度成長，造成失業嚴重，反而加重國家福利的支出，造成通貨膨脹等，形成惡性循環。在政府部門，由於福利國家導致了「大政府」，一方面要解決社會的各項問題，另方面又要維持經濟發展解決經濟危機，使得國家機器極度干預市場運作，但又無法解決經濟發展的問題，於是福利國家所擔負的工作過多超過負荷，形成負荷過重的低效率國家機器。在財政問題上，由於經濟成長的停滯和公共支出的大量增加，導致稅收嚴重不足無法支付大量的支出；而國家機器

為了使資本家願意投資，更經常施行大量的減稅優惠，使財政收支不足的問題更加惡化。

福利國家的危機是現今西方國家要解決的問題。在1970年代末期美國總統雷根政府和英國的首相佘契爾夫人，先後採取改革福利國家的措施，削減公共支出、壓制工會勢力、尊重市場運作原則、強化職業訓練等作法，以提昇經濟發展和強化國家競爭力。這樣的福利國家改革已經成為趨勢，也使得福利國家的內容逐漸改變。一般而言，福利國家改革的方向是朝向國家機器減少市場干預、提供市場運作優良條件、減少公共支出，削減財政赤字的方向，這樣的作法將使得社會中的弱勢者愈來愈無法得到財政支持，而形成富者愈富，貧者愈貧的社會，使得福利國家的理想——社會公平愈難完成。

(五) **國家體制的功能**：Fukuyama（2005）指出，建構國家體制或提升政府治理能力，從制度的供應面來看，對經濟和社會發展來說，哪些制度最具關鍵？該如何設計？主要涉及到國家本質的四個深層構面：

1. 組織的設計與管理，其所涉及的知識領域包括管理學、公共行政學、經濟學，知識的可移轉性高。

2. 政治體系設計，其所涉及的知識領域包括政治學、經濟學、法學，知識的可移轉性中。

3. 合法化的基礎，其所涉及的知識領域為政治學，知識的可移轉性中到低。

4. 文化與結構因素，其所涉及的知識領域包括社會學、人類學，知識的可移轉性低。（詳見表10-1）

表10-1　國家體制的功能

	處理市場失序	增進社會平等
最低功能	提供純粹公共財、國防、法律與秩序、財產權、總體經濟管理、公共衛生	保護貧民、濟貧計畫、災難救助
中等功能	處理外部事務、教育、環境保護、管制企業壟斷、公用事業管制、反托拉斯、克服資訊不完全問題、保險、金融管制、消費者保護	提供社會保險、社會年金重分配、家庭津貼
積極功能	協調民間活動、發展市場、集群計畫	重分配、資產重分配

資料來源：引自Fukuyama，(2005：34)

三、權力

(一) **定義**：所謂權力（power）是指能夠影響社會活動的能力，可分為正式的權力（formal power）與非正式的權力（informal power）。正式的權力即權威（authority），指合法的權力，如總統的權力。非正式的權力稱為影響力（influence），如超級巨星拍廣告片，往往有巨大的影響力。

(二) **分配**：一般而言，權力的分配是否平等，大致有三種不同看法：

1. **權力精英論**（elitist theory）：精英（elites）指具有相似背景、利益和目標，且目標幾乎反映在重要的公共政策上。而在各自工作領域裏較成功的人，稱為「精英分子」（the elites），即團體中有少數的成員，由於比別人更有天份，而居於領導地位。例如：統治精英（governing elites）——即才能和組織能力出眾的人憑其社會優越性（social superiority）而統治社會大眾。

   密爾斯（C. Wright Mills）在1958年出版的《權力精英》（The Power Elite）一書中，將美國社會視為一個多元化社會，而此多元化社會卻被少數權力精英份子所控制。

   密爾斯所謂的權力精英即一群志趣相同的人，其決定能影響其他人的生活。

   以美國為例，全國權力主要是集中在政治、經濟、軍事三方面，這三方面的領導人物就是所謂的權力精英。

   密爾斯認為權力精英通常具有共同的社會背景，例如他們都來自上階層，為土生美國人，在都市長大，主要來自美國東部，又大多出自長春藤盟校，為清教徒等。因此，心理特質很類似，社會階級意識也強烈。

2. **多元權力論**（pluralistic power theory）：多元權力論是由法國政治學者托克維爾（Alexis de Tocqueville）所著《美國的民主》（Democracy in America）一書中發展出來的。托克維爾強調美國社會因未經過封建社會，所以沒有貴族的產生，容易由此演變成大眾平等（mass equality），甚至造成大眾的暴政。為了避免大眾暴政的產生，托克維爾強調應加強「中介團體」（intermediate groups）的功能，以做為社會整合的基礎。所謂中介團體，是指在人民與政府間的一種私人性質的團體，它是相當具有自願性、獨立性及特殊利益的一種團體。例如消費者團體、同業公會等。

3. **精英循環論**：由帕雷托（V. Pareto）提出社會精英循環論（Elite Circulation Theory），認為先天上個人的體質、聰明、才智與道德，皆屬不平等。不管在群體或社會內，總有某些人比其他的人，來得「得天獨厚」。只要個體擁有此得天獨厚的條件之一，就成為社會精英（social elite）。因此，社會精英沒有任何道德、價值或聲望的含義。所謂的社會精英，僅指擁有優越條件之一或以上，而更具成就性或成功性社交活動的一群人而已。

在此定義下的社會精英，帕雷托將社會上的人，區分為三大類：一般大眾、民間精英與政府精英。其中的民間精英是社會的中流砥柱，更是社會變遷的代理人。

而政府精英（governmental elite），是指直接或間接參與執政工作的精英份子，如同密爾斯（Wright Mills）所謂的權力精英，或莫士卡（Mosca）所指的政治領導階級。其餘的社會精英，則稱之為民間精英（non-governmental elite）。詳見圖10-1。

圖例說明：

(1) 四方形代表社會結構本身，是所謂的一般民眾與民間精英，構成兩大社會階層；民間精英與政府精英之間，造成永不停止的循環現象，進而帶動整個社會變遷。

(2) 三角形代表政治體系本身（也是政府）形成金字塔形，越往上爬，職位越高，尤其是尖端黑色三角形，構成一般所謂的權力結構中心，正是所有社會精英，想盡各種辦法，企圖佔有的職位。

(3) 甲箭頭代表民間精英，企圖擠入政府精英的上昇方向。所運用的方法或手段，包括合法或非法的在內，諸如狡詐、欺騙、暴力等等。如果

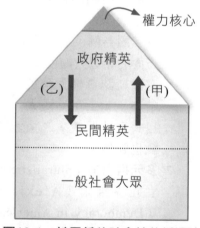

圖10-1　帕雷托的社會精英循環論

民間精英所使用的非法手段過多，就會產生社會的不安與不穩定。相反地，如果運用合法的手段多於非法，尤其是來自民間精英的創意力則有助於社會的變遷與發展。

(三) **測量**：權力的測量，一般可以採用下列五個指標：

1. **參與**（participation）：對政治和經濟活動而言，參與即是權力的表現，透過參與的過程，一個人能持續發揮其影響力；反過來說，某些較敏感的政治活動或較高經濟活動，沒有相當的權力還無法參與。

2. **社會活動**（social activity）：透過社會活動的型態，可以了解權力分配，如個人在社會活動中是扮演發言人、主席、助手或聽講的人，其權力顯然有別。

3. **聲望和社會計量**（reputation and sociomertric）：在人群關係中，聲望高、較受到注目，或從未被注意等，均代表不同的權力意義。

4. **職位**（position）：從個人的職位可判斷其權力大小，如經理和職員之間，很明顯判斷權力大小。

5. **決策**（decision-making）：決策權力大、能說服大眾，亦可用以判斷權力大小。

四、權威

(一) **定義**：權威（authority）是一種合法化的權力，人們經由制訂規則創設職位，並賦予權力。一個團體之形成、穩定與存續，涉及制度化的權力——權威。

(二) **特徵**：權威具有下列兩種特徵：

1. 權威是一種社會組織的特性。權威存在於所有有組織的團體中。人群如果缺乏組織，則暗示缺乏權威。權威的運作需在團體或組織之中進行，例如，百貨公司的經理要求其職員簽到，但這項命令與顧客無關。因此，有組織就有權威的存在。

2. 權威附屬於職位。權威常透過附屬職位之規範而行使。一個人佔有某一職位，就有該職位的權威，而當他離開此職位時，權威的運作就停止了。因此，權威的行使乃是來自於組織的職位。

(三) **分類**：韋伯（Weber）區分三種權威：

1. **傳統權威**（traditional authority）：即權威的建立，是基於習俗或慣性，是全國共同默認的道德規範，並不一定有明文規定。例如英國王位的繼承或中國古時皇位傳承等，均屬之。

2. **合法理性權威**（legal-rational authority）：權威的來源立基於法定程序或科層組織所賦予的角色，如透過合法選舉的過程推舉總統，任命

某人為單位主管等，其特徵是權威有一定的期限，同時也是依附在職
位上。

3. **神聖（才）權威（charismatic authority）**：是基於個人品德、聲望、
魅力、能力所產生的權威，不論這個人擔任何種職務，權威永遠跟隨
著他。正因為此種個人魅力而使得政治權力容易產生偏差，例如德國
納粹的希特勒，憑恃個人魅力將德國復興，但也帶動軍國主義和侵略
的路線。

(四) **遵守理由**：有三項分別為：

1. 上級與下屬依一種職位關係運作，在此情境中，行使權威並不涉及情
感。其實，權威運作的結果，對待朋友或敵人、熟人或陌生者均是相
同的。在一種理想的情境中，權威的行使完全是客觀的、公正的、非
私人的與不偏的。正如王子犯法與庶民同罪。

2. 人民服從權威是為了鼓勵遵守法律，實行社會習慣，與遵守團體的
規範。

3. 權威受團體或組織的支持、控制與維持。凡是行使權威的人被認為是
團體的代理人，但他的行為代表團體。不服從權威會造成對團體存在
的威脅，因為這種行為等於是對團體的攻擊，否認團體規範的效力，
與個人對多數人的攻擊。

五、寡頭鐵律

寡頭鐵律（The Iron Law of Oligarchy）是由德國社會學家密歇爾
（Michels）提出的，認為組織成立後的一段時間，原來均享權力組織成員變
成被統治者，而原來佔據領導地位的成員完全壟斷權力，不再讓大多數成員
參與決策討論，獨斷指揮別人、獨自享有組織的資源，甚至採殘暴的手段，
控制群體、壓制異議或不服從者。這種組織權力分配發展稱為寡頭鐵律，即
少數人對權力的壟斷。
產生原因為：

(一) **組織結構的安排**：組織結構的安排致使權力集中，民主的組織，由於成
員人數眾多，組織目標多元化，因此組織的結構必須採取高度分工、權
威階層分化與職能專精化的安排。

(二) **居上位者的優勢**：倘領導者是較自私與戀棧權勢的人，常利用職位上的
優勢壟斷權力，同時培養效忠的幕僚鞏固其權力，可控制或操弄溝通及

參與管道，也可憑藉優越的知識與政治技巧來維繫自身的地位，在上位者的優勢與其個人特徵是造成權力集中的原因。

(三) **組織成員的特性**：寡頭鐵律產生的第三個主要原因就是民主式組織成員的特性。政治學家奧森（Olson）曾提出「搭便車」（free-rider）的問題。認為一般社會成員都是自私的，不管自己是否投入爭取設立新的道路、公園或其他公共設施，只要別人努力爭取到，同樣可以享受成果，因此坐享其成，等著別人奮鬥而不願參與公共事務。長久下來，由於缺乏大眾的參與及監督，而讓少數熟悉公共事務的人掌握整個組織的權力。

(四) **外在環境的影響**：組織面臨外在環境龐大壓力時，為維持組織的生存必須表現組織是團結而強大的，所以內部意見的差異與分裂將不被接受，而冗長低效率的全面式參與亦將有損組織的發展，因此，由少數人控制與管理組織是必要的。

六、公（市）民社會與國家

"Civil Society" 一詞有三種不同的譯名，即「公民社會」、「市民社會」和「民間社會」。其中「市民社會」是最為流行也是最經典的譯名，來自馬克思主義著作的中文譯名。傳統上將其等同於資產階級社會。「民間社會」是臺灣學者的譯法，是一個中性的稱謂，但有人認為過於邊緣化。「公民社會」強調公民對社會政治生活的參與和對國家權力的監督與制約，因而有越來越多的學者喜歡此譯名。

公民社會與國家的關係是公民社會理論研究的一項重要內容。公民社會和國家關係的模式概括有五種：公民社會制衡國家、公民社會對抗國家、公民社會與國家共生共強、公民社會參與國家及公民社會與國家合作互補。

(一) **公民社會制衡國家**：現代自由主義認為國家是「必要的邪惡」，國家之所以必要，是因為公民社會需要國家調停其內部利益衝突，保護其安全及完成公民社會所無力承擔的公益事業。國家是邪惡的，若無外力制止，國家權力和國家活動範圍將無限制地擴張下去，從而危及個人自由和權利。因此，自由主義者主張以公民社會來制衡國家，劃定國家行動的邊限（不得侵犯個人自由和權利），限制國家權力的擴張。當代公民社會論者繼承了自由主義的思想並已形成一種共識，即一個活躍的和強有力的公民社會乃是民主的必不可少的條件。他們認為，只有通過獨立

的公民社會的民主實踐（政治參與和輿論監督等）才能有效地控制國家權力的濫用，並使國家易於對民眾的要求作出反應。

(二) **公民社會對抗國家**：托馬斯·潘恩認為，公民社會和國家是一種此長彼消的關係。公民社會愈完善，對國家需求就愈小。理想的國家乃是最低限度的國家。潘恩還認為，反抗那些隨意剝奪公民自由和權利的非憲政國家是正當的、合法的行為。當代少數激進的公民社會論者繼承了這一觀點。東歐公民社會研究者把前社會主義政權下國家和公民社會的關係描述為一種支配和被支配、控制和被控制的關係，二者相互對立，因此他們主張反對國家對公民社會的壓制，擴大公民社會自主活動空間。美國學者阿拉托也將波蘭的社會運動描述為「公民社會反抗國家」（civil society against state）的興起。

(三) **公民社會與國家共生共強**：有些公民社會論者認為，在民主體制下，公民社會和國家關係的理想格局是強國家和強公民社會和諧共存。研究東歐問題見長的美國學者邁克爾·伯恩哈德即持此種觀點。他認為，民主體制下唯一良好的權力配置就是強國家和強公民社會的共存。在這種實力格局下，國家有能力有效工作，公民社會也足夠強大以防止國家過分自主而不對社會的要求作出反應。雙方中任何一方力量過弱或者都很弱小，都會產生嚴重的問題。只有雙方各自相對於對方的自主性得到了充分的保證，並彼此處於勢均力敵的狀態，雙方各自的功能才能得到最好的發揮。

(四) **公民社會參與國家**：參與國家事務是公民社會理論的題中應有之義。但對於公民社會參與國家的模式，公民社會論者並沒有一個統一的看法。西方公民社會參與國家的模式有兩類：一類是多元主義模式，美國是其代表，公民社會中的各種利益集團享有平等地參與政治事務的權利；另一類模式是社團主義的模式，以瑞典為代表，國家認可某些大的社團組織的行業或職業利益的代表權並為他們提供了制度化的參與渠道，其他利益集團則被排除在政治過程之外。對這兩種模式的優劣，公民社會論者內部意見很不一致。

(五) **公民社會與國家合作互補**：持此論者反對那種把國家和公民社會對立起來並認為它們之間存在內在衝突的觀點。他們認為，在提供公共為品和對集體需要作出反應方面，公民社會和國家可以相互補充，這二者之間可以建立起很好的合作關係。薩拉蒙等人進而認為，只有在公民社會、

國家以及商業領域之間建立起相互支援、高度合作的關係，它們才能得到共同的發展，民主和經濟增長才有望實現。

公民社會和國家關係的這五種模式之間，並非互相排斥的關係，只是個別對於複雜的現實的一種高度抽象的理論概括，且帶有強烈的理想化色彩。

七、教育

(一) **功能論觀點**：教育包括：1.政治與社會的整合；2.選拔人才；3.文化傳遞；4.技術訓練；5.社會化功能，分述如後：

1. **政治與社會的整合**：將社會成員整合於主流文化中，以達到成員的政治與社會目的。

2. **選拔人才**：學校的任務是辨認社會所需的特殊人才，並訓練其擔任重要職位。在理想上，可以選出適當的人擔任適當的工作，不論是誰或出身背景。

3. **文化傳遞**：在蘇俄或古巴等社會中，政治領袖的肖像懸掛教室牆壁上，學生被迫學習馬列主義，這種過程稱為灌輸（indoctrination），由其中學習到社會規範。

4. **傳授技術**：是教導個人基本社交能力，並使人有效地參與現代社會。這種功能包括：教導基本技術（如讀、寫與算術）、發展思考能力（如將思考技巧應用到新的問題上）；提供一般性的知識與工作所須的特殊技術。

5. **社會化**：使學生走出世界與家庭，並將其教導成為公眾世界中的一員，在學校中，學生學習如何適應階層，適應權力與特權的分配不均。

(二) **衝突論觀點**：主要的論點是：

1. **否定少數團體文化**：雖然功能論者主張，學校可將不同背景的學生整合入美國社會，但衝突論者卻指出，對少數團體學生而言，美國主義是一種強制的觀念。美國的學校一向認定，少數民族必須放棄那些不同的生活方式並被同化，否則他們將不會「美國化」。這種觀點就是認定他們的文化方式是劣等的，且不值得加以保留。

2. **少數團體仍無法獲致再進修**：儘管一般人受教育的機會增加，但特權階級仍佔優勢，比少數團體更能接受長期的教育。例如，低收入學生常被指定到「非升學班」，且常是永久性的安排。更嚴重的是，即使

窮人子弟後來在學業性向測驗中得到高分，他們仍比富人子弟更不可能繼續上大學。

3. **藉由文化控制，教導階級意識**：持衝突論者說，學校是資本主義社會的一種機構，藉以在年輕一代中複製現存生產的社會與階級關係。他們提出「一致原理」（correspondence principle），意指在工作場所支配人際互動的社會關係，將反映到學校所培養的社會關係上。因此，學校的權威結構反映出公司的科層秩序。學校獎勵服從與勤勉，都是資本家所期望的特質。資產階級藉著文化控制，使社會成員填滿資本主義社會秩序中的語言、符號、價值與觀念。

4. **造成學校與家長的衝突**：教導學生讀、寫與算術，似乎是學校最明顯與最重要的功能。然而，也因為部分學校無法勝任角色，因此造成學校與家長之間的衝突。

5. **差別社會化**：階級與分班：學校一般會為學生做就業準備，其做法只是在每一代的孩子身上複製傳統階級安排。

(三) **外顯與潛在功能**：社會之所以需要教育制度，是因為教育制度具有外顯功能與潛在功能：

1. **外顯功能**：基本上，教育的外顯（或顯性）功能（manifest function）具有下列幾項：

   (1) **可促進政治與社會的整合**：教育將個人整合到主流文化中，教育是社會化的重點，可透過正式與非正式的教育來薰陶個人，學校教育是在培養健全的好國民，並養成健全的人格，促使國民參與民主政治活動。

   (2) **教育可造就人才**：學校體系的另一個任務，就是訓練專業人才，並訓練擔任重要職位。

   (3) **教育可發揮傳授技術**：教育教導個人擁有必須的社會能力，學習社會基本技術，如讀、寫、算等，並發展思考能力，提供一般性知識與工作所需的基本技術。

   (4) **可發揮文化傳遞功能**：透過教育的傳授與灌輸，可以將文化價值、風俗習慣與傳統，一代一代傳遞下來。

   (5) **塑造社會人格**：教育之功能，在塑造社會化人格，以使個人適應社會結構。

2. **潛在功能**：教育也有潛在（或隱性）功能（latent function）。所謂潛在功能係指不是明定的、明顯的，或未先設定的功能與目的，例如，

手錶的外顯功能是提供時間的工具，但在潛在功能上可以代表社會地位。基本上，教育具有下列幾個潛在功能：

(1) **教育可提供照顧小孩或未成年人的功能**：學校提供照顧小孩的場所，特別是義務教育的強制，提供照顧小孩至少十二年的時間。一方面讓小孩學習知識，一方面讓學校照料小孩，父母可以暫時解除管教之責任與義務。

(2) **可減少職業上的競爭，降低失業率**：當教育時間愈長，從高中延伸到大學、研究所、博士班等，需要相當的修業年限，可以緩衝一大批人不須立即投入就業市場，造成競爭，也可以緩和失業問題。

(3) **可建立未來的人際關係**：學生在學校參與社團活動或是讀書會，可以結交朋友，也可以在校園先進行社會化，培養兩性互動的良性關係，有助於未來尋找結婚對象或是職業。

(4) **教育可改變個人人生觀與價值觀**：教育有助於個人人格的養成，也可以改變個人的態度，教育程度愈高者，其能容忍的偏差行為程度愈高。此外，學校的課程內容，如兩性間的角色與價值，也會影響孩童對兩性的認知。

(5) **教育是一種社會地位的附加價值**：文憑主義反應出一種社會價值，也代表著工作職位的需求標準。文憑無疑地變成專業與聲望的憑藉，教育程度愈高，愈是被人尊重與重視。

八、經濟

(一) **意義與要素**：經濟（the economy），簡單的說就是生計。所有生物，包括人類，都必須有糧食與住處等生命形式的基本需求才能存活。除此之外，人們也需要其他財貨與勞務。然而，無論是生物或社會的需要，人類需求通常只能透過生產與分配的活動來滿足。這種活動就是經濟生活的本質，而經濟體系（economic system）則是生產與分配財貨與勞務的制度化方式。就社會學觀點來說，經濟制度是指：為滿足或適應人類社會生活而收集資源、生產與分配財貨與勞務等基本需要所建立的相關職位、規範與角色之社會行為模式。

經濟活動所以重要，不僅因為它維持生命，也因為經濟生產是人類文化與社會結構的關鍵。一個社會的主要生產方式影響其規模與複雜性，及其文化與社會生活特色。因此，經濟生產方式的改變必然伴隨社會其他

層面的廣泛變遷。再者，經濟活動也是我們日常生活的重要環節，因為工作或職業通常也成為收入與社會地位的重要指標。顯示其社會階級、收入、教育程度、居住地區，以及其他社會特徵等。

經濟制度是一種結合技術、資本與勞力的企業組織，目的是收集資源，生產各種貨物與勞務，並將其分配到各社會角落與社會成員。經濟學者認為，西方資本主義經濟生活包含五個基本要素：

1. **土地**：是資源的基礎，也包括森林與礦產等。
2. **勞力**：是經濟活動的動力，包括勞動力的知識與技術等。
3. **資本**：係指從事經濟活動的工具與手段。
4. **企業**：是一種經濟組織，例如工廠與財團等。
5. **技術**：是控制生產的知識與作法，例如科技創新。

此外，經濟制度也牽涉到五個基本結構要素：

1. **財產權**：包括公有財產制與私有財產制兩種理想類型。
2. **契約**：是一種同意或盟約的承諾，使彼此因共同目的而有合作的可能性。
3. **交換**：常以社會規範為依歸，且有彼此交易的標準，以及不盡相同的交換媒介。
4. **分工**：從原始社會到工業社會都有不同程度的分工，也影響到社會的貨物與勞務的供給與需求。
5. **市場**：係指經濟運作的場所，包括市集與市場原則兩個層面。前者是一個雙方買賣的地理位置或地點，後者則是一個組織與溝通的系統，雙方可以藉此進行交易。

(二) **顯性與隱性功能**：經濟制度透過生產、分配與消費等過程，滿足社會生活需要的功能。基本上，經濟制度具有四種顯性或外顯功能：

1. **生產**：透過社會分工，使社會成員參與經濟活動，生產社會所需的貨物與勞務。
2. **分配**：透過明確規範適當分配貨物與勞務才能生產更多產品，並補充社會所需。
3. **消費**：唯有透過消費與行銷的市場運作，才能刺激生產意願與促進經濟成長。
4. **交換**：經濟活動就是一種交換關係，交換制度與規範使市場可以正常的運作。

此外，經濟制度也存在著不易察覺的五項隱性（或潛在）功能：

1. **創造新社會階層**：西方工業革命促成資本主義興起，創造商人與企業家兩種階層。近代先進國家的工業化發展，則形成藍領、白領與工人等三種新階層。
2. **政治權力再分配**：不管在地方或全國層次，上述新興階層為了鞏固其社會地位，勢必企圖參與政治，從而造成政治權力的再調整。
3. **加強社會分化**：隨著經濟結構的分殊化與社會階層的多樣化發展，社會價值必然趨於多元化，也進一步增強社會的分化與分工。
4. **發揮社會控制力量**：經濟制度中的信用、契約與敬業等規範促使個人遵守經濟行為，可以發揮社會控制的力量。
5. **增加炫耀性消費**：中上階層者為了炫耀其財富，往往購買華而不實的財貨，甚至參與非功利性或非生產性的活動。

(三) **組織型態**：根據生產要素所扮演的角色不同，可將人類歷史發展的經濟制度分為五種組織型態：

1. **狩獵與採集經濟**：人類誕生四萬多年來，多數時間都在一定的土地上遷徙，採集當地的食物，尋找獵物。其經濟特徵是：性別分工，男狩獵、女採集；社會幾乎沒有不平等問題，財貨分配也大致平均。
2. **耕作（園藝）經濟**：約在一萬兩千年到一萬八千年前之間，其特徵是：有些人開始結合種子、植物與耕種的技術；耕種與收割多靠女人的勞動力；親族的企業組織；耕作完全用人力，尚未利用犁具、風力、水力或動物。
3. **農業經濟**：代表技術的一大突破，因為人類學會利用動物力與自然動力來進行基本的經濟活動。經濟關係是男女做相同的工作，扮演相同的經濟角色；親族仍是重要的經濟單位；由於技術發展與勞力分工，也出現財貨與勞務等交易的市場。
4. **工業經濟**：擁有非常多控制與操縱環境的技術，而且日新月異。資本形成包括股票與債券等許多累積金錢的方式，以便增加生產設備；工具與設備的種類很多；勞動力工極為複雜且越來越技術性；和其他商品一樣的，勞動力也可在市場上販賣。
5. **後工業經濟**：代表工作性質的轉變，分配與服務成為重要的經濟角色。其特殊是：隨著技術與機器設備的累進、更新與自動化，體力勞動式微，轉而以技術開發、服務與市場活動為主；白領階級的職業類

型超越藍領階級；國家與政府在經濟活動上扮演更多管制的功能；不僅提高個人生活水準，也促使人們重視休閒與大量消費。

(四) **工作與勞動市場**：社會學者從個別企業的工作環境與條件所構成的勞力市場，觀察工作活動的分割，而將不同的工作劃分為「初級勞動市場」（primary labor market）與「次級勞動市場」（secondary labor market）。前者是指工作較穩定、工資和福利較佳、有在職訓練和較好的升遷機會、在工作規則的管理上較有公平適當的程序。相對地，次級勞力市場的工作通常不很吸引人，工資低、工作環境（條件）差、沒有一定的工作程序，更談不上升遷。不同的勞力市場對個人的職業生涯與生活機會有很大的影響。

然而能否進入初級勞動市場，並不完全依靠個人的能力或技術，雇主通常不僱用某些已被標籤為低等工人、或不是名校出身的畢業生，他們先入為主地認為某些人不適合某項工作，例如女性擔任管理位置。次級勞動市場的工作者，失業率有增加趨勢。

第十一章
社會過程、社會變遷與社會互動

本章依據出題頻率區分屬：**A** 頻率高

課前導讀

本章重點在於探討社會的改變，此改變通稱為社會過程，又從其改變之方向分析，計可分成垂直的縱切面之社會變遷與水平的橫斷面之社會互動，其中社會變遷的三大原因以及相關理論是重要內容，至於社會互動請將重點放在同化及衝突與順應兩大部分，尤其是外籍配偶所面臨的社會互動，無非是以前述方式為主要。

系統綱要

一、社會過程
(一) **定義**：指人類社會連續性的變動關係。
(二) **種類**：1.縱的方面：指社會的連續變動；2.橫的方面：指社會互動。

二、社會變遷
(一) **定義**：是社會生活方式連續的變動。
(二) **促成因素**
　　1. **地理因素**：自然或地理環境的改變。
　　2. **生物或人口因素**：人口的增減或品質的改變。
　　3. **社會文化因素**：
　　　　(1) 發明：新文化的創造。
　　　　(2) 文化傳播：採借其他地區的文化特質。
　　　　(3) 文化累積：前一社會遺留的文化遺業愈多，變遷愈快。
　　　　(4) 社會心理：社會份子在態度或心理上的期望，愈強則變遷愈快。
　　　　(5) 社會制度與組織：社會本身的制度與內部組織將對社會變遷產生促進或阻力作用。
　　　　(6) 文化失調：可促進社會變遷。
　　　　(7) 集體行為與社會運動：愈熱絡，社會變遷愈快。
(三) **理論**
　　1. **演化論**：由社會長時間的變動論述之。
　　　　(1) 種類：
　　　　　　A. 單直線進化論：社會的發展是直線式向上進步的。

　　　　　　B. 階段式進化論：社會的發展是經階段式的突破向前邁進的。
　　　　　　C. 不等速的進化論：社會的進步是緩慢且不規律的不等速進化。
　　　　　　D. 枝節型的進化論：社會發展如同樹枝分散生長一般，有快有慢。
　　　　　　E. 循環式的進化論：社會的發展有時向上進步，有時倒退，是呈循環式的。
　　　　(2) 帕森思的進化論：
　　　　　　A. 分化：一單位分解成二個單位以上。
　　　　　　B. 價值通則化：社會對新單位的承認。
　　　　　　C. 適應力提升：新單位的資源增加或束縛減少。
　　　　　　D. 容納：可接受新單位的意見，以維持穩定。
　　2. **循環論**：社會變遷是一種挑戰、反應與失敗的循環過程。
　　3. **功能論**：分化、整合與再適應的關係。
　　　　(1) 分化：一單位分解成二個單位以上。
　　　　(2) 整合：原分解的單位再度合併。
　　　　(3) 適應：指可克服環境的困難與限制，以達到目標。
　　4. **衝突論**：上下層建築的矛盾與對立以及有產與無產階級的衝突，導致社會變遷的進行。
(四) **階段**：1.初民社會；2.中古社會；3.中產社會；4.現代社會。
(五) **反應**：1.分裂；2.拒絕；3.分離並存；4.同化；5.支持。

三、社會互動

(一) **定義**：指社會份子或團體在行為或心理的相互影響。
(二) **種類**
　　1. **合作**：指兩個以上的人或團體為達目的而將活動相互配合。
　　2. **同化**：
　　　　(1) 定義：指兩個以上的人或團體所持的不同文化，經長期、不知不覺的接觸後，成為同質的過程。
　　　　(2) 階段：文化同化、結構同化及婚姻同化……。
　　3. **反對**：
　　　　(1) 競爭：指兩個以上的人或團體共同爭取相同目標的互動方式。
　　　　(2) 衝突：指兩個以上的人或團體共同爭取相同目標的互動方式，但採直接接觸且態度上是敵對的。
　　4. **順應**：指面對競爭或衝突，特別是衝突的兩個人或團體，有一方或雙方改變其想法或態度，以避免、減少或化解競爭或衝突所帶來的不利影響，謂之。

(三) **相互關係**
　　1. **競爭、衝突與順應：**
　　　(1) 競爭可轉變為衝突，亦可能產生順應。
　　　(2) 衝突必然產生順應，且是下次衝突的準備。
　　2. **同化與順應：**
　　　(1) 順應是突然、部分、有知覺的改變。
　　　(2) 同化是緩慢、全部、不知覺的改變。

重點整理

一、社會過程

社會過程（social process）是人類社會生活連續性的動態關係。此動態關係可分為縱橫兩方面觀之：

(一) **縱切觀察**：是歷史演變或社會文化連續的變動，即為社會變遷（social change）。

(二) **橫斷觀察**：是人與人或團體與團體間關係的變動，稱為社會互動（social interaction）。

雖然將其分開看待，事實上兩者是有密切關係，即社會變遷係由各種社會互動所構成的。

二、社會變遷

(一) **定義**：社會變遷（social change）是指社會生活方式或社會關係體系的變異。

(二) **原因**：促成社會變遷的因素非常多，主要有三項，分別是：

　　1. **地理因素**：地理環境影響社會變遷的因素是氣候、雨量、地形、土壤、自然資源及自然災害等。氣候影響職業變遷，雨量及土壤影響農業生產。

　　2. **生物因素**：人口增減是人類社會生物現象，人口變遷也牽連到其他社會現象之變更。例如一個社會的人口成長快速，容易造成貧窮及犯罪，或引起移民及戰爭。如果人口大量減少，又易阻礙產業發展。

3. **社會文化因素**：社會變遷受文化本身因素之影響比其他因素大得多，且更直接。主要為：

(1) **發明**：新的文化創造愈多，社會變遷愈快。

(2) **文化傳播**：指借用其他地區的文化，借用愈多，變遷愈快。

(3) **文化累積**：指文化累積愈多，新的發明也愈多和愈容易，社會變遷愈快。

(4) **社會心理**：社會份子的思想、信仰、態度、及知識水準、足以影響社會變遷。有些是有利的，有些是不利的。例如保守的態度，愚昧的狀態都是社會變遷的阻力，反之，自由思想，開明態度，則是社會變遷的助力。

(5) **社會制度與組織**：社會制度與組織對於社會變遷可分有利和不利的影響。例如戰爭制度，一方面可促進發明、文化傳播，另一方面，又有摧毀社會文化的作用。

(6) **文化失調**：文化失調愈多，更有利於社會變遷。

(7) **集體行為與社會運動**：恐慌、暴動、大眾歇斯底里、及其他集體行為都是變遷的有力來源。

(三) **理論**

1. **演化論**：演化論（evolution theory）是由長時間的觀點來看社會文化的連續變動。其基本假設為：

(1) 社會的變遷是可預測的（predictable）。

(2) 變遷是一種累積的過程（cumulative process），將從一個發展階段過渡到另一階段。

(3) 變遷的趨勢與方向是單線式的發展（unilineary）。

(4) 社會變遷的結果是趨向於現代化文明的樂觀「未來論」，也就是傳統發展到現代的必然性進步（progressive）。

(5) 社會變遷的速度是和緩漸進的（graduailsm），非一蹴可幾。

(6) 從單一發展到複雜的社會分工。

(7) 針對整體全貌（holism）變遷之宏觀分析。

(8) 變遷是自然的、普遍的、持久的以及四處皆然的現象。

(9) 變遷是本質的或內在的（endogenous）的現象，並非是外生所造成。

(10) 變遷是不可避免、不可逆轉、也不可阻止的過程。

又社會學家默爾（Wibert E. Moore）指出五種進化論，分別為：

(1) **單直線進化論**（simple rectilinear evolution）：主張人類歷史文

明的發展是沿著一條直線向上進步的。是最早的進化論，又稱古
典進化論，盛行於十八和十九世紀歐洲，目前已無人持此論。

(2) **階段式的進化論**（evolution by stages）：主張人類歷史文明的發
展並非是沿著一條直線不斷向上進步的，而是經過幾個階段的突
破（breakthrough）才邁向前的。此理論認定工藝技術是階段突
破的關鍵。帕森思的新進化論屬此類。

(3) **不等速的進化論**（evolution at unequal rates）：是由階段式的進
化論修改發展來的。認為人類歷史文明之進步並不一定要經過重
大突破才能從前一階段躍進至後一階段。進步是緩慢而不規則的
不等速進化。

(4) **枝節型的進化論**（branching evolution）：認為所有的人類社會之
變遷發展方向並非是單一方向的，其發展之速度亦非一致。因
此，必須注意社會與社會間的差異。從整個人類歷史文明進化的
立場來看，不同社會的不同發展就如同一棵大樹上的樹枝分散生
長一樣，有些長得快些，有些則長得慢。

(5) **循環式的進化論**（evolution by cycles）：是不等速進化論的另一
變型。相信人類歷史的進化雖然是向上的進步，但其進步過程可
能遭遇暫時的停滯或甚至產生倒退的現象。經濟循環現象就是一
個最好的證明。

上述(2)至(5)合稱為現代進化論，見圖11-1：

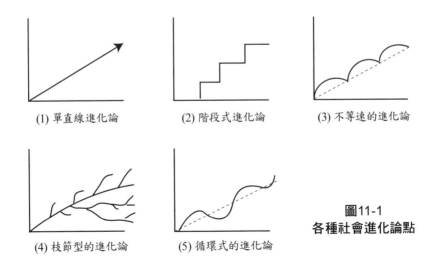

(1) 單直線進化論　　　(2) 階段式進化論　　　(3) 不等速的進化論

(4) 枝節型的進化論　　(5) 循環式的進化論

圖11-1
各種社會進化論點

2. **循環論**：部分學者聲稱社會變遷呈現循環的方式，即歷史一再地重演，採取此種循環觀點（cyclical perspective）的學者相信社會變遷既非累積，也非進步的。每個社會有自然的生命周期：誕生、茁壯、成熟、衰退、最終滅亡，緊接著是新社會秩序的誕生。

史賓格勒（Oswald Spengler）是此觀念（西方社會的興衰）的最有名之提倡者。在其名著《西方的沒落》（The Decline of the West, 1926-1928）一書中，指出所有社會命定地依循成長─沒落的進程。青年期的社會是最富創造力的和最理想的。成熟期的社會較缺乏彈性、更傾向物質主義、及更趨於沒落─戰爭和社會崩解更為普遍。

英國歷史學家湯恩比（Arnold Toynbee, 1946）提出較樂觀的循環論，著重「挑戰與回應」（challenge and response）的概念─文明的成功措施存在於對物理環境和社會環境所提出的特別挑戰之回應中。在湯氏的觀點中，所有文明根據其迎接挑戰的能力而有興衰。

又歷史學家甘奈迪（Paul Kennedy, 1987）在其著作《巨大強權的興衰》一書中提到，自1500年以來，巨大強權─西班牙、荷蘭、法國、大英帝國、及美國─彼此互有興衰。甘氏確認三種推動此種循環興衰的相關因素：(1)生產經濟資源；(2)提高稅收的能力；(3)軍事力量。巨大強權的興起往往採行科技創新的特別利益（船隻、蒸氣引擎、電腦晶片）以提升經濟生產，稅收可充實國庫；接著將稅收轉移到軍事武器的發展和生產。新興的強權「征服」衰落的國家是經濟成就和軍事成就。雖然甘奈迪的理論受到極大批判，但二次世界大戰之後的「亞洲奇蹟」─日本的政治經濟崛起成就了曾經強權的地位。

3. **功能論**：功能論對社會變遷的解說主要是分化（differentiation）、再整合（re-integration）及適應（adaption）等三個基本概念。

分化是指一個社會單位被分解為二個或二個以上的新單位。此等新分解而出的單位各具其特殊的功能，同時各單位間亦能相輔相佐，更加有效的發揮其應有的功能。

功能學者認為分化具有下列六項特質：

(1) 分化是歷史變遷過程中的主要原動力。

(2) 分化可能出現於社會結構與文化體系內。

(3) 分化可提供研究及分類各種社會結構型式和結構階段的基本概念。

(4) 分化是不可避免的。

(5) 分化是一種有益的過程。因為經由人們對自然控制的增強，人們的自主性與社會的成熟性必然增加。

(6) 分化是一種內部的過程。只能在社會體系內部產生。

雖然功能理論認定新分化的單位比原有單位更有效能，但是功能學者也注意到功能分化過程中可能遭遇的衝突，分化結果可能帶來更多的問題，導致社會結構的失調。功能學者對分化所帶來的問題有兩種不同的解釋方式：A.將其視為社會結構體系間的緊張狀態和紛擾衝突，是一種不協調整合的產品，卻可經由某方式加以調整；B.將其視為一種不可避免的中間過程，是暫時性的，是達到社會新整合的必經過程。因為結構的變遷必然是不均衡的，某些部門變得快，某些變得慢，自然有不協調的現象。

功能學者相信：社會分化與再整合的原因在於增進人們對自然的控制力與適應；因此，晚期的人類遠較早期人類具備自然的適應力。已發展國家則比低度發展國家的適應力強。功能論點與新演化論相近。

帕森思（T. Parsons）的理論興趣在於巨型社會結構，因此其社會變遷理論所著眼的是社會進化過程。主張人類歷史的過程是一種進化的過程，人類社會的進化朝向增強「適應能力」（adaptivity）。所謂「適應能力」乃指一個社會克服環境的種種困難而達到各種目標的能力。簡單來說：適應能力係指人類改變自然環境而為人類所利用的能力。

帕森思進一步提出四個進化的過程：分化（differentiation）、適應力之提升（adaptive upgrading）、容納（inclusion）及價值的通則化（value generalization），分別是：

(1) **分化（differentiation）**：是當一個體系或單位分解成二個或二個以上的單位或體系的過程。新的單位或體系的結構、功能與原有的單位或體系有所不同，其適應力較高。若一個社會能容納新的單位與結構，則其基礎會更穩定，效率也會提高。

(2) **適應力之提升（adaptive upgrading）**：是分化過程的結果。帕森思指出分化過程的結果使得社會單位的資源增加、束縛減少，而增高其適應能力。

(3) **容納的過程（inclusion）**：係將傳統以個人地位背景為標準的社會組織加以擴大以容納各種各樣的人群，以穩定社會之基礎。帕森思指出，分化與適應力升等的過程會在社會體系內產生整合的問題。

(4) **價值通則化**（value generalization）：係指社會對新分化單位的承認，或帕森思所稱的合法化（legitimacy）。社會價值必須跟隨其他單位的進化而改變，如此衝突矛盾才可避免。社會進化之結果是否穩定均衡乃依賴於社會是否發展出一套新的價值體系，承認與容納所有新的單位。

帕森思社會進化的四個過程實際上也就是社會進化的四個階段。人類克服環境之適應能力的增強是社會進化的最顯著特徵，由分化而適應力之升等，而容納新成份，而終至價值通則化以達社會之整合穩定。

4. **馬克思的衝突論**：馬克思對社會的觀點強調權力和衝突的關係，擁有權力者（資本主義社會中生產工具的所有人）與工人處於衝突中。前者的利益寓於權威的維持和經濟決策的控制，而工人的利益在於推翻資產階級以獲取勞力的利潤。馬克思的社會變遷觀點著重鬥爭的過程。分為下列兩類：

(1) **與自然的鬥爭**：第一類鬥爭是普遍的：採用科技克服自然限制。例如，採集狩獵社會，周遭動物和水果對人口和生活水準設定了自然的限制。然而，當社會成員「發明」農業，則其人數增加，生活也獲得改善。馬克思相信在工業革命的每個階段中，生產力的進步急遽地改變自然的限制，並且建立後續社會變遷的基礎。

依馬克思所指，生產的進展改變社會組織。例如，工廠是人際關係的社會組織，也是機械關係的技術組織。

(2) **階級之間的鬥爭**：馬克思看到事物組合有不可避免的問題，即使工人和資本家在日益增加的複雜組織關係中結合在一起，但生產工具的所有權和控制權仍集中於少數菁英階級的手中。此種發展為馬克思所描述的第二類鬥爭，為掌控生產過程，進而控制社會生活，而引發階級之間的鬥爭。對馬克思而言，階級鬥爭（class struggle）不只是經濟的對抗，也是政治的鬥爭，以形塑整個社會組織。

第一、經濟鬥爭提供社會變遷的機會；第二、政治鬥爭形塑社會變遷的特別進程。生產的進步使社會組織出現新形式，權力關係決定此種進步如何加以應用及社會組織是否可以根本改變。

馬克思深信資本主義社會的勞動階級將起而反叛資本家，以創造工人主宰的社會主義社會，並且將為無階級社會（即共產國家）的新形式舖路。

5. **韋伯的理論**：文化的影響

韋伯認為沒有單一因素可解釋歷史上的所有主要社會變遷。文化的不同觀念和信仰在導致社會變遷上扮演重要的角色。

韋伯反駁單一「動力」驅使社會變遷的觀念，特別強調理性化（rationalization）觀念，即行動立基於預期效果的邏輯評估之趨勢。例如，一位年輕女性選擇一所大學培養能力作為未來就業的準備，她正在做理性的決策；相形之下，倘若她選擇的大學僅來自父母的決定，則她只不過是遵循傳統而已。韋伯相信歷來的多數社會受傳統的管制。而傳統權威的徹底推翻源自文藝復興後的理性化潮流。

韋伯辯稱西方的新教改革開啟持久而廣泛的理性化過程，並延續到今日。理性的、非幻想的世界觀，已從宗教散布到其他制度。破除政治權威的傳統形式（君主統治），並創造基於平等和自由的理性原則。

最顯著的是，由新教改革引發的動盪並未回到新傳統主義，理性化的新模式為許多社會變遷設定了進程：日益官僚組織的國家，日益專門化的工作任務，及成規定則帶給日益複雜的社會。資本主義的經濟已成為更理性化，有大型的公司、「科學」管理的技術、電腦系統等等。例如，今日很少公司以直覺決定是否引進新產品。相反的，公司以精細的科學工具從事市場研究。同樣，政治已日益理性化，政府由官僚組織的公職人員和形式規則來掌理。

甚至私人生活也更加理性化，我們以時鐘而非日夜或季節的自然時序安排活動（Young, 1988）。生活抉擇不再由自然或傳統預先註定，而是經過成本效益斟酌之後才做成。

(四) **過程**：帕森思（Parsons）指出社會變遷必須經歷四個重要階段：第一階段是初民社會（primitive societies）：此階段的特徵是分工程度不高，親屬和宗教扮演維持社會體系的主要功能，而酋長則執行政治目標達成的功能。第二階段是中古社會（archaic intermediate societies）：特徵是識字率提升，政治統治權由一群類似教士階級所操縱。第三階段是中度進步社會（advanced intermediate societies）：成年人幾乎都識字，除宗教外，法律成為執行政治統治的主要工具。第四階段是現代社會（modern societies）：展現高度工業技術、高度分工、制度化的財產制度。

(五) **反應**：布魯默（Blumer）指出在社會變遷的過程中，從一個單一的、同質的、保守的傳統社會，欲轉型至複雜的、異質的、開放的現代性社會，在變遷壓力下，一個社會對於社會秩序之建立，通常會出現五種不同的反應（responses）：

1. 是衝突性的「分裂」（disruptive），例如，近代中國歷史之分裂事實。
2. 是對外來影響採取「拒絕」（rejective）方式，例如，清朝與當時的日本，或1978年以前的中共採取鎖國政策等。
3. 採取「分離並存」（disjunctive）的方式，例如，阿拉伯油田的各自開發與合作，石油輸出國家組織（OPEC）機能運作便是。
4. 採取「同化」（assimilative）方式，例如，日本社會傳統文化與現代價值和諧並存現象。
5. 是採取「支持」（supportive）的反應，也就是傳統社會支持工業化的推動。這些反應方式的不同，自然會導致有不同的發展結果。

三、社會互動

(一) **定義**：社會互動（social interaction）係指人與人或團體與團體在行動間或心理上之交互影響。

(二) **種類**：一般社會學家所指的互動方式，計有合作、同化、反對與順應等四大類別，分別為：

1. **合作（cooperation）**：指兩個或兩個以上的人或團體，為達到某種共同目的，將其活動互相配合、彼此協助，即稱為合作。
2. **同化（assimilation）**：
   (1) **定義**：是指不同文化的個人或團體融合成一個同質文化單位的過程。在同化的過程中，思想、態度或行為習慣的改變是整個的、漸漸的，不知不覺的，是直接而繼續接觸產生的。
   (2) **種類**：從同化和被同化的份子來說，同化有四種可能：
      A. 個人同化個人：如夫婦、父母子女、朋友或師生間的同化作用。
      B. 個人同化團體：如統治者同化被統治者、家長同化家庭份子。
      C. 團體同化個人：如收養家庭同化養子，或政黨同化新加入之黨員。
      D. 團體同化團體：其團體同化另一團體的份子。

(3) **影響因素**：同化過程有阻力，亦有助力：

    A. 阻力因素：種族偏見、種族中心主義、不同的語言文字及社會距離。

    B. 助力因素：異族通婚、教育及民主式的團體生活、使各種不同的份子能共有、共治及共享，以達成共同的觀點和生活態度。

(4) **階段**：社會學家戈登（Milton Gordon）提出同化過程的七個階段，主要是一個程度的問題，完成同化應包含下述七個方面的變化：(1)文化同化，指文化模式轉變為主流社會的文化模式；(2)結構同化，指大規模地進入主流社會的小群體、俱樂部、機構；(3)婚姻同化，大規模的族際通婚；(4)認同同化，指發展出完全基於主流社會的民族意識；(5)態度接受同化，族群間偏見的消除；(6)行為接受同化，指族群間歧視消除；(7)世俗生活同化，指族群間消除價值衝突和權力衝突。戈登認為文化同化最先發生，結構同化可能同時或稍後發生，一旦發生則接續各過程均將發生。不過，他並不認為同化必然發生，認為空間的孤立與歧視將延緩同化的過程。

3. **反對**：可分為競爭與衝突：

(1) **競爭**：

    A. 定義：競爭（competition）是指兩個或兩個以上的人或團體互爭一種有限量的東西或目標。

    B. 特徵：競爭有三個特徵：

      (A)必須有共同爭取的對象。

      (B)參與競爭者不必直接接觸，也不必互相認識。

      (C)個人或團體在競爭中的成功足以限制或剝奪他人的成功。

    C. 方法可分為：

      (A)破壞法：為達目的，使用種種方法來詆毀對方，破壞名譽、信用或地位，使別人不利，對自己有利。

      (B)賄賂法：有的政客在競選時採賄賂選民或教會用金錢收買教友等。

      (C)煽動感情法：以新奇東西吸引人。例如商店掛出大減價廣告；報紙常刊登各種社會新聞或驚人的案件，都是煽動感情的競爭方法。

(D)宣揚法：宣揚自己的優點以達目的。

(E)強制適應法：當兩個團體、兩種制度或文化，一新一舊同時對立存在時，如果新的佔優勢，舊的為了圖謀生存，不得不改變原有作風或體制，以適應新的環境，加強競爭的力量，即稱為強制適應法。

(F)專業化法：是指為和別人競爭而發揮自己特長，以期勝過對方，是最有利和最富於建設性的競爭方法。

(2) **衝突：**

A. 定義：衝突與競爭同是反對的互動方式，惟衝突（conflict）是直接的接觸；私人關係，訴諸情緒的，有知覺的及間接性的互動行為。換言之，是兩個或兩個以上的人或團體直接、公開競爭，彼此表現敵對的態度或行為，即可稱為衝突。

B. 方式：分別為

(A)戰爭：有內戰和國際戰爭兩種，是最激烈和規模最大的衝突方式。

(B)仇鬥：多半是民族或村落之間的械鬥。

(C)決鬥：衝突雙方用規定武器，依制定規則，在公正人監視下進行的方式。

(D)拳鬥：即所謂的打架，無一定的規則。

(E)口角：即彼此對罵，是最常見的，可能演變成拳鬥、決鬥，甚至仇鬥。

(F)辯論：可說是比較文明的衝突方式。

(G)訴訟：是在法庭中和法官前，以法律為依據的一種爭論，是文明社會中常用的。

4. 順應：

(1) **定義**：順應（accommodation）是指人對人，團體對團體的調適過程，即一方或雙方部分改變思想、態度、或行為習慣，以避免、減少、或消除競爭或衝突，特別是衝突，以便共同生活。

(2) **方法**：

A. 妥協（compromise）：衝突者若是雙方自己提出條件，彼此討價還價，互相讓步，以達到爭息的目的，稱為妥協。

　　B. 和解（conciliation）：和解多是由雙方代表進行磋商，或由第三者設法使雙方對彼此有新的認識與較好的了解，以建立和平的關係。

　　C. 調解（mediation）：雙方不出面講和，由第三者出面調停，試探雙方息爭的可能性。

　　D. 仲裁（arbitration）：衝突雙方將案件交與第三者裁判，而其決議對雙方都有約束力或遵守義務，即稱為仲裁。一般分為志願的與強制的兩種。

　　E. 容忍（toleration）：指兩個或兩個以上的人或團體，但任何一方不強迫別人遵從或採取自己的標準，也不改變自己的以遵從別人，彼此互相寬容，或同情了解的方式。

　　F. 突轉（conversion）：是指個人或團體忽然改變其信仰或態度，且完全接受原來與自己有衝突之對方的想法或觀念較少見。

5. **競爭、衝突與順應之關係**：競爭、衝突與順應：這三種互動方式是互相關聯的。

衝突與競爭的關係如下：

(1) 衝突與競爭同是反對的互動方式。

(2) 競爭可發展成衝突；另競爭可引起衝突，也可以產生順應，參與競爭的人，為爭取勝利或避免犧牲，各自調整行為，以求適應競爭條件；有時可能雙方設法接觸妥協，以避免或終止競爭。不過，與順應最有直接關係的是衝突。兩者之間具因果關係，換言之，順應是衝突的結果，也可視為下次衝突的準備。

6. **同化與順應之關係**：分別為：

(1) 在順應的過程當中，思想、態度或行為習慣的改變是部分的、很快的、有知覺的，並且可能由於間接接觸所引起。

(2) 在同化的過程中，改變是整個的、漸漸的、不知不覺的，並且直接的、繼續的接觸所產生的。

(3) 方法不同，順應方法是妥協、和解、調解、仲裁、容忍、突轉，而同化是由於通婚、教育等造成。

第十二章　社會問題

課前導讀

本章最為簡要，很少單獨列出考題，多與其他章節內容有關，重點在對於社會問題的界定以及解釋社會問題的理論觀點，只要掌握理論內涵，當對於時事題的題型解答有很大的幫助。

系統綱要

一、**定義**：指社會所發生的危險情境，對部分或眾人將造成負面影響或傷害，以致採取集體行動加以改善的情境，謂之。

二、**要件**

(一) 是社會情境。　　　　　　　(二) 是危險的。

(三) 想法加以改善。　　　　　　(四) 以集體力量加以改善。

三、**探究觀點**

(一) **文化失調觀點**：是文化特質發展速度不一所致。

(二) **社會解組觀點**：社會內部各部門不一致，功能喪失所致。

(三) **價值衝突觀點**：是兩個以上的3人或團體在價值觀念上的差異。

(四) **偏差行為觀點**：是由於違反規範所致。

(五) **社會病理觀點**：是社會本身產生病態變化所致。

(六) **標籤觀點**：是對於社會的情境加以定義為問題所致。

(七) **制度觀點**：是社會制度本身運作不當所致。

重點整理

一、定義

社會問題（social problem）是指人類社會所發生的某種危險情境，足以危害社會全體或部分人的福利或生活安全，因而引起人們的注意，認為需要採取集體行動加以對付或改善。

二、要件

任何社會問題均包含以下四個要件：

(一) 是一種社會情境：為社會中所發生的一種狀態或現象。

(二) 這種情境是具危險性的：其存在對社會全體或部分人是不利的或有害的。

(三) 將想法加以對付或改善。

(四) 需採取集體行動才可改善。

三、探究觀點

不同社會學者對社會問題產生之來源有不同的論述，茲分別簡述如下：

(一) **文化失調觀點**：烏格朋（W. Ogburn）的文化失調（cultural lag）觀點表達出社會快速變遷，或物質文化與非物質文化間的發展速度不一，致使規範模糊，因而產生社會問題。（詳見本書第五章，不再贅述）

(二) **社會解組觀點**：社會解組觀點（social disorganization perspective）與社會病理觀點（socialpathology perspective）相似，社會解組是社會病理研究的延伸，均重視人類行為準則之探討，唯一不同的是社會解組較不重視個人的態度，傾向從社會結構觀點剖析社會問題。認為個人行為不符合規範，不是個人問題或是個人的錯，而是社會結構無法調適或提供足夠規範，以維持社會秩序所致。是故，社會解組觀點將社會問題歸咎於社會結構的病態，而非個人的不正常，特別強調社會規範與秩序若發生混亂，便產生社會問題。

社會解組的發生是來自社會規則與秩序產生文化衝突、瓦解與缺乏規範，社會必須重新整合與調整，創立新規範，來維持社會的正常運作。一般社會解組的方式有三：1.規範的喪失，人們無所適從；2.文化的衝突，人們因為價值規範的矛盾，而進退維谷；3.社會秩序的崩潰，人們遵從規則無賞反而受罰。因為當社會規範喪失或缺乏時，人們的行為無所依恃與遵循，致使個人無法適應，社會問題便因而產生，這與涂爾幹提出脫序（anomie）或迷亂的概念相同。

總之，此觀點認為社會問題源於社會解組，而社會之所以解組是因為社會規範的喪失或缺乏；而社會規範之所以喪失，是社會快速變遷所致。因此，對於社會問題的解決，是重建新社會規範。社會解組觀點的優點在於強調社會的有組織性與秩序和其關聯性，從一個動態觀點探究社會問題。

(三) 價值衝突觀點：社會價值衝突觀點（value conflict perspective）源於馬克思的階級對立論，齊穆爾（Simmel）從社會互動形式分析衝突，直至1925年才將衝突論應用於社會問題的研究上。

所謂「價值」（value）係指一特定社區的標準、理想和信仰。但對於社會問題而言，認為價值提供任何社會情境，只依許多人的社會價值來判斷，是不智之舉，因為社會中的各個團體，都有不同的價值，因此任何社會團體都蘊含著某種程度的潛在對立趨勢，因而對於某種社會情境的判斷便持質疑的態度。不過對於社會問題之看法，還是堅持價值衝突的結果，也就是這些潛在對立價值因素，導致社會問題的產生。

價值衝突觀點有三個基本假設：

1. 不同的團體有不同的價值與利益，且會捍衛與追求。而一個團體的成功，會造成另一團體的問題。
2. 努力解決社會問題必然是少數團體向優勢團體的一種挑戰，促使其改變。
3. 存在某種程度的衝突有利於社會，因為它提供促使社會變遷所必須的動力。

總之，價值衝突觀點認為社會問題並非壞事，也不見得會產生破壞與暴力，且不同團體的利益和摩擦也是常態，不同團體的成員本來就有不同的出發點，隨之擁有不同的價值觀念與利益，在各個團體追求對自己較有利益的權利時，自然造成衝突，接著產生社會問題。也就是說，社會問題是社會團體價值不能相互共存或接受的社會狀況，因而造成社會問題乃是彼此價值衝突的結果。

(四) 偏差行為觀點：偏差行為觀點（deviant behavior perspective）將社會問題界定為凡是偏離或破壞社會規範行為的狀況。偏差行為係指社會成員偏離社會體系中大眾所共同接受的規範行為，或合法的制度化期待，而社會問題的產生，是因個人行為違背社會規範或體系的結果。也就是說，偏差行為所帶來的社會問題，乃是由許多偏差行為者所聚集發展出來的社會現象，例如，犯罪、吸毒、酗酒、精神失常、賭博等類型的社會問題。

總之，偏差行為是由於不健全的社會化所致，而解決偏差行為的方法就是進行再社會化，加強初級團體與合法行為模式間的聯繫，減少初級團體與非法行為模式間的連結。同時，開放更多結構機會，減輕刺激人們從事非法方式的緊張壓力，一旦合法的機會增加，社會性問題便減少。

(五) **社會病理觀點**：社會是由個人所組成，並透過社會關係加以聯繫，因此，社會病態（social pathlology）意指社會關係之不協調現象。社會病理就是將社會比擬為有機體之生理功能失調現象，而產生社會問題。此理論源於「社會有機論」（social organism）觀點。認為社會是一有機體，有機體自會有病態，就必須加以診斷與治療。

因此，對於社會病態狀態之解釋，有兩種說法：一是來自個人先天缺乏配合或順應社會在思想、制度、價值方面不斷變化的能力。二是社會的功能性組織無法配合與其社會變遷的速度。

社會病理學家傾向於認定個人是社會問題的來源，有問題的個人是指無法適應社會生活，或社會化過程有問題，造成內在人格的缺陷，無法接受社會價值與規範者，因而產生問題。

(六) **標籤觀點**：標籤理論（labelling theory）研究社會問題時，強調主觀面的研究。基本觀點是當一個人的行為被扣上偏差的帽子時，偏差者就會被迫接受團體所指派的偏差身分與角色，這個情境對個人有相當的影響。沒有任何一個人天生是偏差者，偏差行為之所以被視為偏差，是大家如此稱呼與界定。因此，一個社會情境要成為社會問題，仍繫於主觀的認定與界定。

勒馬特（Edwin Lemert）所著的《社會病理學》（Social Pathology）一書中，提到偏差新角色的強化，即由初級偏差轉為次級偏差的過程。（詳見第十四章）

又貝克（Howard S. Becker）所著的《局外人》（Outsiders）一書中，指出人們身處某一社會是如何根據其價值體系而導致標籤的過程，並探討人們如何具體地運用該過程於個人身上？構成被標籤為社會問題的因素有那些？社會對這個標籤反應如何？如何對被標籤者採取社會控制行動？以及標籤者如何反應等事項？貝克指出：「在社會團體中，偏差的產生是為了替那些犯法、構成偏差的人制定規則，並且將這些規則應用到特別的個人身上，並將他標示為外來者。從標籤行為觀點來看，偏差並非個人行動的本質，而是別人利用規範規則來制裁犯罪者，才產生的結果。偏差行為者亦即是被標示之人，偏差行為即為人們加以標籤化的行為。」因此，貝克認為人在經過動態的互動過程後，才會成為社會學上所說的偏差者。

標籤論可說是一種探討社會問題定義的研究，重視三項問題的分析：

1. 「是誰來對問題下定義」（who defines problems），是社會上的優勢團體和既定利益者？
2. 「在何種情境下，人們或某種情境會被界定為有問題」（the conditions under which a person or situation is labeled problematic），這會隨著觀念的改變和重新定義而有所不同。
3. 「標籤後的結果」（the consequences of this labeling），通常會是自我實證預言的結果。

標籤論仍存在著許多缺點與限制，例如：

1. 過分強調社會對越軌者的反應，忽視個人的所作所為。也就是說，是個人先做某些行為後，才會被標籤，而非先被標籤後，才做出越軌行為。因此，標籤論有倒果為因之嫌。
2. 標籤論的焦點集中在社會的反應，不能解釋何以某人會做出某些社會認定為越軌的行為，忽視成員人格上的差異，這些差異將導致某些有較大的越軌傾向。
3. 過分誇張被標籤身分的永久性，忽視可改變被標籤角色的命運。
4. 標籤論將被標籤者看得非常被動與軟弱，似乎給人一個標籤，對方就一定接受，從而終身影響其對自己的看法。忽視「自我標籤」的問題，也就是別人給你一個標籤，接納與否，還得看個人的看法與行為而定。

(七) **制度觀點**：制度觀點（institutional perspective）重視社會制度本身是如何產生偏差，強調提高社會制度的能力，來強化規範。制度觀點認為許多社會歧視不是來自於個人的種族、性別與年齡，而是既存社會制度運作的結果。例如在一個父權主義社會下，男性主宰政治與經濟制度，女性自然受到排斥與歧視，這是所謂的制度化歧視問題，即使女性已經獲得法律上的保障，享有政治參與權，在經濟上仍然有同工不同酬、單身條款，甚至升遷管道欠缺等問題，女性依舊被限制於家務上。又如，美國社會，黑人在各方面都處於劣勢，這是制度上的歧視所造成的，致使黑人不利於在美國社會的發展。此觀點研究社會問題時，關注制度關係中的衝突方式，而衝突又往往是改善制度關係的動力，或是重新建立新制度來解決社會問題，此適用於對貧窮、犯罪、種族、兩性等問題的分析。

四、台灣當今的重要社會問題

(一) **環境保護問題**：環境保護（簡稱環保）是在個人、組織或政府層面，為大自然和人類福祉而保護自然環境的行為。由於工業發展導致環境污染問題過於嚴重，損害生態環境，部分已達無法挽回地步，觸發各工業化國家對環境的重視，繼而利用國家法律法規管制和處理污染問題，並加強宣傳，讓全社會注意污染對環境的深遠影響。自1960年代起，環保運動已激發社會大眾更加重視身邊的各項環境問題。

舉凡廢棄物生產、空氣污染、生物多樣性喪失（物種入侵和滅絕所致）都是環保的相關議題。環保有三個相關因素：環境立法、道德與教育，對國家環保決策和個人環境價值與行為產生很大的影響。一般來說，環保的推動方式有以下三種：

1. **自願環保協定**：工業國家的自願協定，為公司提供一個平台，使其超越最低管制標準，為最佳的環保行動努力。開發中國家，如拉丁美洲，類此協定常用於彌補未能遵守的環保水準，亦即採取強制管制。挑戰點在於協定的基礎數據、目標、監控和報告。由於評估效力存在的高難度，標準的使用亦常存在問題，顯然，環境可能會因此受到負面影響。開發中國家應用最關鍵的利基在於有助於建立環保管理能力。

2. **生態系統方式**：用生態系統處理方式進行資源管理和環境保護，目的在於面對複雜的生態系統整體，並非僅是某個單一問題或是小挑戰而已。在此方式下，理想的決策過程包含政府各個層級、各個部門以及工業、環保組織、社區代表的共同計畫和決策。此一方式的推動重點在於提供加良好的訊息共享、建立衝突的調解策略，以改善地方的環境保護。

3. **國際環境協定**：地球上很多的資源是相對脆弱的，主要受到人類活動的負面影響。因此，很多國家嘗試聯合多國政府締結條約，對自然資源進行預防保護或管理人類活動。條約內容包括針對氣象、海洋、河流和空氣污染。類此國際環境條約有時是具備法律效力，若未遵行，就要承擔責任。有時，這些條約只是一些準則或行為標準。有些條約的訂定歷史悠久，例如在歐洲、美洲、亞洲的一些國際條約早在1910年起開始訂立。知名的條約計有：京都議定書、保護臭氧層維也納公約和里約環境與發展宣言。

反觀台灣地區，則在1971年3月行政院成立「衛生署」，衛生署下設立「環境衛生處」負責公共衛生設施、公共場所、食品加工廠衛生、垃圾與水肥等污物處理、環境衛生殺蟲劑之管理、空氣污染、水污染及噪音等公害；防治水污染則是由經濟部成立「水資源統一規畫委員會」的「水污染防治科」負責。

1982年1月行政院衛生署的環境衛生處升格為「環境保護局」，負責空氣污染、環境衛生、以及原本由經濟部負責的水污染防治，原本由警政署之交通噪音管制，另外新負責業務為：環境影響評估、廢棄物處理及管制毒性物質。

1987年8月22日行政院「環境保護局」升格為「行政院環境保護署」負責以下七項業務：

1. 綜合計畫。　　　　　　　　2. 空氣品質保護與噪音管制。
3. 水質保護。　　　　　　　　4. 廢棄物管理。
5. 環境衛生及毒物管理。　　　6. 管制考核及糾紛處理。
7. 環境監測及資訊。

2003年1月全國地方縣市政府皆已成立環境保護局，台灣環境保護的各級政府組織已經完備。聯合國於1993年初設立「聯合國永續發展委員會」之後，隔年1994年8月台灣成立「行政院全球變遷政策指導小組」，1997年8月23日將行政院全球變遷政策指導小組升格為「行政院國家永續發展委員會」，其中與環境保護相關的下轄單位包括：

1. 氣候變遷與節能減碳工作分組。
2. 國土資源工作分組。
3. 生物多樣性工作分組。

2002年11月立法院三讀通過「環境基本法」，「行政院國家永續發展委員會」的法律地位由原本的任務編組提升為法定委員會。

(二) **貧窮問題**：針對貧窮問題，政府的社會救助係秉持「主動關懷，尊重需求，協助自立」原則，依據「社會救助法」規定，辦理各項社會救助措施，使貧病、孤苦無依或生活陷入急困者獲得妥適之照顧，並協助低收入戶及中低收入戶中有工作能力者自立，及早脫離貧窮困境，保障國民基本生活水準，減緩所得差距之擴大。

據統計截至107年6月底，我國低收入戶計有14萬4,863戶，30萬4,470人，約占全國總戶口數1.64%，全國總人口數1.23%；中低收入戶計有11

萬5,937戶，33萬4,237人，約占全國總戶口數1.25%，全國總人口數1.37%。依據「社會救助法」第2條規定，本法所稱社會救助，分生活扶助、醫療補助、急難救助及災害救助。目前各級政府對低收入戶採行之服務措施，包括提供家庭生活補助費、兒童生活補助、子女就學生活補助、全民健康保險保險費補助、部分負擔醫療費補助、低收入戶學生就學費用減免、產婦及嬰兒營養補助、教育補助、輔助承購或承租國宅、住宅借住、老人生活津貼、身心障礙者生活補助等救助。另為提昇低收入者之工作能力，並輔以職業訓練、就業服務、創業輔導、以工代賑等積極性之服務，以協助其自立更生並改善生活環境。此外，也持續辦理災害救助、急難救助、醫療補助、遊民收容輔導等工作，協助民眾解決生活急困及滿足其基本生活之需求。

至於，貧富差距問題，根據行政院主計總處調查指出，108年臺灣地區全體家庭每戶可支配按戶數五等分位組觀察，高低所得差距6.09倍。

依據衛生福利部的資料顯示，98年因應金融海嘯重創景氣，加強照顧弱勢族群及提振消費，開辦工作所得補助及發放消費券等措施，致各級政府發放的補助，縮小所得差距倍數達1.75倍。之後隨景氣及就業市場回溫，政府社福措施回歸常態漸進式步調，108年各級政府對家庭提供之各項補助，縮小所得分配效果1.48倍，顯示政府持續推動社會福利措施，有助經濟弱勢及低收入家庭所得提升，減緩所得差距擴大之趨勢。

所得分配與世界各國家地區比較，由於各國公布之家庭所得內涵與調查範圍不一，統計基礎不同，各國貧富差距很難直接進行比較，不過就我國的發展而言，我國所得差距已逐年縮小，吉尼係數亦維持在0.35以下，低於國際設定的0.4警戒線，變動趨勢也相對穩定。

(三) **人口老化問題**：隨著醫療及社會的進步，我國老年人口及其比率逐年顯著增加，民國38年老年人口僅18萬4,622人，占總人口2.5%，至59年占2.9%，69年占4.3%，79年占6.2%，到了82年9月超過7%，開始進入「高齡化社會」（Ageing Society）。在107年3月超過14%，開始進入「高齡社會」（Aged Society），109年3月為15.51%。

此外，國民平均餘命持續延長（按105年統計結果，兩性零歲平均餘命為80.69歲，男性零歲平均餘命77.5歲，女性零歲平均餘命84.1歲）及生育率下降，109年3月65歲以上老年人口占總人口15.51%，而0-14歲以下幼年人口占總人口13.08%，顯然，65歲以上老年人口超過14歲以下

幼年人口，預估114年65歲以上人口比率將增至20％，達到「超高齡社會」（Super Aged Society）。

雖然人口高齡化是全球普遍的現象，目前西歐國家為65歲以上人口占總人口比率超過14％的「高齡社會」，日本更高達24％以上，惟各國自7％的「高齡化社會」增加至14％「高齡社會」的速度各有差異，例如：法國需時126年、瑞典84年、美國71年、英國46年、德國39年，而我國將與中國大陸歷時25年左右相似；預估我國大約在114年左右達到20％的「超高齡社會」，換言之，從高齡社會到超高齡社會，我國僅約7年時間（107年至114年），屆時即平均每5個人之中就有1位65歲以上的老人。

人口按年齡區分為0至14歲的「幼年人口」，15至64歲的「工作年齡人口」，及65歲及以上的「老年人口」，從這三個年齡群比例的變化，即可看出一個國家或社會的人口結構以及經濟發展所需的人力資源。扶養比（或稱依賴比）即是其中一項人力指標，又可以區分為扶幼比（幼年人口數除以15至64歲人口數）與扶老比（老年人口數除以15至64歲人口數），扶幼比加上扶老比，就是所謂的「扶養比」，一般而言，扶養比越低越有利於經濟發展。

民國45年我國「扶老比」為4.55％，每21.98個工作年齡人口扶養1個老年人口，107年4月上升至19.35％，約每5個工作年齡人口需扶養1個老年人口，依據國發會推估119年我國扶老比將達37.3％，每2.68個工作年齡人口需扶養1個老年人口，至149年更達77.7％，則每1.29個工作年齡人口需扶養1個老年人口。

「人口紅利」（demographic dividend）通常以總扶養比在50％以下，即工作年齡人口占總人口66.7％以上的時期，在我國約為民國79年至115年（1990-2026年）間，稱之為「人口紅利期」。在「人口紅利期」間，總扶養比較低也是勞動力較為充沛的時期。然而，因預期未來高齡化速度加快，老年人口中所謂的「老老人」（75歲以上或80歲以上）比率會不斷提升，亦即「扶老比」權重將提升，因此可採較嚴謹的「人口紅利期」定義，即以工作年齡人口占總人口70％以上的時期，此狹義「人口紅利期」在我國約為89年至111年（2000-2022年）。據此，我國還有10年時間就離開人口紅利期。

「老化指數」係指65歲以上人口數除以14歲以下人口數得出的比率，又稱為「老幼人口比」。比較我國歷年人口老化指數得悉，從民國45年的

5.56％即呈現逐年遞增現象，至101年已達76.21％，即社會中老年人口與幼年人口之比約為1：1.31。106年4月老年人口超過幼年人口，老化指數為101.2％，107年4月已達107.94％，預估119年老化指數將達199.4％，149年高達401.5％，即老年人口約為幼年人口4倍。

范光中、許永河（2010）指出，人口老化的社經衝擊全球性的人口老化問題是史無前例的、普遍性的、永久性的現象，而且此一現象對人類生活的各個面向都具有重大且長期的影響。就經濟面而言，人口老化將對經濟成長、儲蓄、投資、消費、勞動力市場、退休金、稅金與代間移轉產生影響。在社會領域，家庭組成、生活安排、住宅需求、遷徙趨勢、流行病與保健服務需求等面向皆因人口老化而改變；而在政治方面，人口老化也會造成投票模式的改變，透過選舉結果，間接對公共政策之制訂及跨世代資源分配造成影響。

人口老化的社經衝擊，可從以下8個部門及衍生的影響進行瞭解（引自范光中、許永河，2010：159-164）：

(一) **勞動市場**：人口老化對勞動市場的影響，在於中高齡勞動佔總勞動人口之比重增加，青壯年勞動人口相對減少，此現象不僅改變勞動市場的勞動力結構及就業結構，也改變勞動與資本的相對結構，進而影響勞動市場的勞動供給以及產品市場的消費需求。活得愈久，並不表示就工作得愈久，有許多人選擇提早退休，但也有許多高齡者希望再進入職場卻不得其門而入。勞動者何時退休及退休後是否再找工作的規劃，主要受個人所得及財富水準高低、個人的生活規劃以及社會制度等因素所左右。在預期餘命愈來愈高且醫療水準提升的情況下，許多在65歲依法規退休或提早退休者的健康情況仍佳，都還能勝任職場的工作環境。社會如能吸納這些高齡人口，提供適當的工作機會，除了可以避免有用的人力資源浪費，減緩人口高齡化對經濟成長的衝擊外，另可提昇高齡人口的經濟自主能力，降低整體社會負擔。

近年來，經濟景氣狀況欠佳所造成的青年失業問題引發相當多的關注。部分原因就在於勞動市場與產業結構的調整速度不足。高齡勞動者與青年勞動者在勞動市場中成為彼此競爭的對象。兩族群相互牽制也成為彼此無法在勞動市場中發揮生產力的原因。伴隨著台灣的社會結構邁入高齡化的過程，在過去的二十年來平均教育程度大幅提昇，延緩了青年進入職場的時間，對供過於求的勞動市場稍有緩和作用，部分地減緩了失

業率攀高的壓力。但另一方面，教育水準的提昇代表的社會資源的投入，近年來青年就業狀況不如預期反映出的是教育資源投資的無效率。但如果以高齡勞動者退出職場作為提昇青年勞動者就業率為代價，又造成高齡勞動人力資源的浪費。學者曾透過個別勞動者人力資源投資、就業、生育等決策說明高齡化社會勞動市場將使社會呈M型化發展。

然而，辛炳隆及鄭凱方、吳惠林等三位學者指出，中高齡失業者再就業機會遠較其他族群低。就改善高齡者的再就業機會而言，社會應創造高齡者就業的友善環境，降低工作場所的年齡歧視，並提供高齡者就業機會之訊息管道，如設立專職之高齡就業媒合機構等，以媒合勞資雙方之需求，善用高齡者之工作經驗，降低因為人口老化所帶來的衝擊。事實上，延長勞動者就業時間（延後退休年齡）將是確保經濟長期穩定成長重要政策方向。

(二) **消費型態與財貨市場**：家計單位對財貨與勞務的消費需求，會隨家庭成員的組成、年齡結構的改變而有改變。一般而言，年輕族群對休閒性消費的需求較年長者為高，高齡者之消費則較偏向健康相關之財貨或家庭勞務，包括保健食品及藥品、健康及生活照護之服務，以及生活輔具之需求等。可預期的是隨著人口老化，整個社會對健康與長期照護的服務支出會增加，且因退休老人居住在家庭的時間較長，也會導致住宅及能源支出提高，相對的對娛樂及交通支出會減少，食物及衣服的支出則相對固定。除了消費財貨特質的差異外，年輕族群與高齡者的收入也會影響消費的需求。高齡者在考量未來收入的限制下往往會對消費較為節制，年輕族群則在預期未來收入與借貸市場的融通下形成較高的消費需求。

高齡社會之商品及勞務市場的發展，導致許多服務業將因此改變其傳統之經營方式以因應高齡者消費型態的改變，並將帶動周邊產業的蓬勃發展。針對高齡者設計的安養照顧機構、醫療及人壽保險以及生前契約的殯葬服務方式的興起，都是高齡社會的產物。

台灣近年地下電台藥品廣告之氾濫，其廣告多以高齡者為訴求對象，也是高齡社會的另類商機。此外，除了高齡者生活輔具業會因高齡化而進一步發展外，未來超級市場或便利商店可能因為高齡化而提供額外之社區外送服務。

(三) 金融市場

人口老化對金融市場的影響在於以下四個面向:

1. 人口老化對總金融資產之衝擊。
2. 人口老化對金融資產需求之影響。
3. 人口老化對金融資產價格之衝擊。
4. 年金與金融市場結構關係等。

人口老化結果,對社會儲蓄行為及金融市場結構產生重大影響。1945年戰後嬰兒潮出生的人口目前已達退休年齡,大量嬰兒潮退休人口未來勢將出售其工作期間所累積的金融資產,用以支應其退休後的生活。嬰兒潮退休人口不斷拋售資產的結果,將使金融資產的價格產生下降的壓力,進而產生資產價值縮水的現象。此一推論,是所謂資產溶解假說(assets meltdown hypothesis)。資產溶解有資產價格下降與下降幅度的程度問題,有學者認為戰後嬰兒潮人口之退休或許導致資產價格下降,但不必然導致資產價格大幅下降。

高齡社會的年金制度需要金融市場的制度面配合,包括金融市場需有充足的儲蓄工具、保險保單,以及健全的金融監督制度等。在退休金不足以支應生活所需,且經濟情況不穩定的情況下,高齡者會避開高風險的金融資產,選擇收益穩定的固定收益資產(如政府債券)。穩健的金融市場經營管理,尤其是提供報酬穩定之長期債券作為儲蓄的標的,對高齡者的經濟安全將有助益。

然而,金融市場中銀行及資產管理人的「道德風險」問題,將是高齡者資產價值是否得以保障的重要因素之一,因此如何建立有效的市場監督制度並提供合理的資產保險,是高齡社會資產市場監督的重要政策議題。

(四) 政府財政:

勞動力老化的結果,使得支持非勞動人口的經濟產出下降,其影響是社會安全支出的財政收入來源萎縮,老人年金及醫療照護體系恐將難以維持,青壯人口的稅賦可能因此增加,而年輕族群之教育經費亦恐因老人福利支出增加而受排擠,引發社會公平及倫理的爭議。

曾有學者探討美國及歐洲國家面對逐漸增加的退休人口,優渥的退休金給付對財政制度的挑戰。亦討論日本人口老化及產出下降對日本政府財政收支的衝擊。也有學者以人口老化、勞動供給改變、稅收及移轉性福

利支出，建構一般均衡模型，探討高齡化社會政府財政的健全性，並探討財政維持的前提下，高齡社會財政制度的改革。也有以奧地利為研究對象，實證結果認為奧地利之財政體系將無法支應高齡社會之退休金給付。前述諸研究的模型或研究對象雖然不一，但共同結論是為了維持財政的健全，應該改革退休金制度。

(五) **經濟成長**：人口高齡化導致勞動人口的成長出現趨緩的態勢，再加少子化的結果，勞動力最後出現負成長狀況。由於勞動是產出過程所投入的重要生產因素，勞動力下降將對產出及經濟成長產生不利的影響。面對人口老化，如何藉由政策提高勞動參與率、促進技術進步以提升勞動生產力，或延遲退休年齡，或引進國外技術性勞動來填補國內技術性勞動短缺的現象，將是為來經濟成長政策及移民政策的挑戰。

(六) **健康照護**：高齡者的健康照護的目的，在維持高齡者的生活品質及生命的尊嚴，此項照護工作需要家庭、社會與政府來共同提供。然而因為快速的人口老化及都市化，使得傳統大家庭的制度及家庭支持體系難以維持，高齡者倚賴家庭成員照護的希望將愈來愈難以實現。傳統家庭照護功能遭受挑戰的原因，不外以下數端：

1. 少子化的結果，使得能照顧年老父母的子女數減少，再加上現代化的結果，子女通常外出謀生無法與父母同住。

2. 少子化使得工作族群對父母協助育嬰的需求降低，因而減少三代同堂甚至大家庭的需求，這個現象在高社經地位族群尤其顯著。

3. 教育程度的提高及所得機會的增加，導致對高齡者提供親族照護的認知和態度改變，為了照護高齡者而犧牲工作的機會成本提高。

4. 婦女勞動參與的增加導致過去倚賴家中婦女提供高齡者照護的傳統難以維持。因此，在家庭結構改變及家庭成員照護功能難以發揮的情況下，高齡者的照護需要政府或社區涉入之需求將愈來愈高。

   高齡者依賴社會或政府提供照護，是未來不可避免的趨勢，然而如何提供照護？由誰負責照護？接受居家照護或入住高齡照護機構？照護成本由誰負擔？類此問題將是高齡健康照護制度所需面對的基本問題。然而在高齡成為普遍現象時，城鄉發展差距所顯現的醫療資源分配差異，導致偏遠或離島地區高齡照護資源相對短缺，如何改善此一現象以提高偏遠地區高齡者的照護，亦是重要課題。更有甚者，隨著人口老化，醫療專業人才亦將面臨退休，導致醫師、醫藥及醫護等專

業人才短缺之現象，未來醫護產業如何因應此一挑戰，也是高齡化社會需要綢繆之問題。

(七) **社會支持系統**：公共年金制度已是先進國家重要的老年生活保障措施，也是社會安全制度重要的一環，然而老年人口所需之社會安全照護支出通常是經常性及長期性的，因此對政府財政會形成沈重負擔。年金制度的設計在追求社會安全。社會保險體系中公共與私人角色的區分，以及如何維持合理的社會安全體系，應是年金制度設計的重點。

自1980年之後，在戰後嬰兒潮出生的人口已逐漸進入高齡階段，各國因人口結構老化、經濟衰退與財政困難，為了維持社會安全制度莫不開始對公共年金制度進行改革。改革方式包括私有化、公共年金儲金化或是公積金制、市場趨向、分權化與去規則化、以及延後退休年齡等。世界銀行針對全球性的老人退休金危機，揭櫫老人經濟保障的建構機制，認為健全的老人照護及養老制度應至少包含三個支柱，亦即由政策規劃（policy managed）、雇主負責（privately managed），以及個人自願（voluntary pillar）等方向，由政府、企業及勞工三者共同挹注退休基金，藉此建立並鞏固老人經濟安全制度。

就年金或退休制度而言，我國目前之制度設計並不完善，而且有多頭馬車之現象。目前較具制度性的退休給付制度，主要是公教人員、軍人及勞工退休制度，以及老年榮民的安養給付制度。其他可以享有老人福利的對象，包含老農津貼及一般國民的老人福利津貼等。在一個即將面臨普遍性老化問題的台灣，如何統整規劃老人年金，追求社會安全，建立一個完善的退休給付制度，有其必要性與急迫性。

(八) **工作年齡人力不足問題**：目前我國面臨工作年齡人口下降之人口結構轉變，加以國際人才競逐激烈、我國吸引外國專業人才誘因不足等，造成人才外流及人才短缺問題日趨嚴重。因此，加強延攬外國專業人才，打造友善的生活環境，以提升國家競爭力，是政府當前施政重點之一。

為快速及通盤鬆綁外國人才來臺及留臺工作及生活之各類法規限制，國發會協同相關部會，研擬「外國專業人才延攬及僱用法」，106年10月31日立法院三讀通過，總統同年11月22日公布，為我國留才攬才立下重要里程碑。

要點如下：

1. **鬆綁工作、簽證及居留規定**
   (1) **外國專業人才**
   　　A. 開放外國自由藝術工作者來臺：放寬外國藝術工作者得不經雇主申請，可逕向勞動部申請許可。（第10條）
   　　B. 開放補習班聘僱具專門知識或技術之外國教師：除外國語文外，放寬雇主得向勞動部申請許可具專門知識或技術之外國教師得在我國擔任短期補習班教師。（第6條）
   　　C. 核發「尋職簽證」：針對外國人擬來臺從事專業工作、須長期尋職者，核發「尋職簽證」，總停留期間最長6個月。（第19條）
   　　D. 放寬廢止永久居留之規定：對外國人才取得內政部移民署許可之永久居留後，鬆綁須每年在臺居留183天之規定。（第18條）
   　　E. 外國教師之工作許回歸教育部核發：鼓勵學校擴大延攬外國教師。（第5條）

   (2) **外國特定專業人才**
   　　A. 核發「就業金卡」：針對外國特定專業人才擬在我國境內從事專業工作者，放寬渠等得向內政部移民署申請核發具工作許可、居留簽證、外僑居留證及重入國許可四證合一之就業金卡（個人工作許可），有效期間為1至3年，期滿得重新申請，提供渠等自由尋職、就職及轉換工作之便利性。（第8條）
   　　B. 延長特定專業人才工作許可期間：針對受聘僱從事專業工作之外國特定專業人才，延長聘僱許可期間，由最長3年延長至最長為5年，期滿得申請延期。（第7條）

2. **鬆綁父母配偶及子女停居留規定**
   　　A. 放寬配偶及子女申請永久居留：參考國際慣例及人權考量，對取得永久居留之外國專業人士，其配偶、未成年子女及身心障礙無法自理生活之成年子女得於合法連續居留5年後，申請永久居留，無須財力證明。（第16條）
   　　B. 放寬高級專業人才註3之配偶及子女得隨同申請永居：配合「入出國及移民法」第25條修正建議，鬆綁高級專業人才之配偶、未成年子女及身心障礙無法自理生活之成年子女，得隨同申請永居。（第15條）

C. 核發成年子女留臺個人工作許可：針對取得永久居留之外國專業人才，其成年子女符合延長居留條件者，得比照「就業服務法」第51條，申請個人工作許可。（第17條）

D. 延長直系尊親屬探親停留期限：針對外國特定專業人才及其配偶之直系尊親屬探親停留簽證，由總停留期間最長6個月，延長為每次總停留最長為1年。（第13條）

3. 提供退休、健保及租稅優惠

(1) 加強退休保障：

A. 受聘僱從事專業工作之外國人，經許可永久居留者，得適用勞退新制。（第11條）

B. 外國人任我國公立學校現職編制內專任合格有給之教師，經許可永久居留者，其退休事項準用公立學校教師之退休規定，並得擇一支領1次或月退休金。（第12條）

(2) 放寬健保納保限制：受聘僱從事專業工作之外國專業人才，其配偶、未成年子女及身心障礙無法自理生活之成年子女，經領有居留證明文件者，不受健保6個月等待期限制。（第14條）

(3) 提供租稅優惠：外國特定專業人才首次核准來臺工作，且薪資所得超過300萬元起3年內，享有超過部分折半課稅之優惠。（第9條）

為因應國內人口少子化與高齡化趨勢，延攬與補充國家經濟發展所需人才與人力，強化產業升級，進而改善人口結構，促進國家生生不息之發展，國發會研擬完成新經濟移民法草案，自107年8月6日起辦理草案預告，於107年11月29日行政院審查通過，送立法院審議，列為優先審議法案。

政府因應產業缺人才現況與對策詳見表12-1。

產業缺才現況與對策

現況

- 73%為主企歐人才短缺：萬寶華 Manpower Group「2016/2017人才短缺調查」報告，「技術人員」及「研發人員」。
- 產業創新人才招募不易：各部會重點為產業界需才，以軟體設計、如軟體設計、電子工程、系統技術、工程及經濟等，次依序為「業務代表」，微才及發展最高的職缺為「工程師」。
- 數位經濟人才供需出現缺口：因安全及工程(如GPU晶片、感測器)等人才需求激增，然我國STEM(科學、技術、工程及數學)領域畢業生占比年年持續下滑，具備基礎資訊能力之跨領域人才缺口加大。

育才	攬才（延攬外國人及本國人回流）	留才
面臨課題 ・學用落差 ・數位及智慧型人才培育應未來產業人才培育尚不足	**面臨課題** ・薪資不具國際競爭力 ・各國競相延攬人才 ・因法規及居留不易且生活環境有待改善	**面臨課題** ・國內發展機會相對不足 ・薪資成長相對挫滯 ・各國爭相挖角
7大策略 1. 強化產業連結：精進各式人才培育，針對特定產業需求，學校相關科系招生名額外加。(教育部、經濟部) 2. 企業協力教學：公協會提供科系及課程調整建議、促進企業廠商提供學校所需之業師。(經濟部、教育部) 3. 產業自主助育訓人才：促進產業投入自己所需人才，政府於政策、法規面全力支援。(經濟部、教育部、勞動部) 4. 擴大投入智慧人才培育：依據新修訂忙成產業人才鑑定運作機制與品質規範。(經濟部) 5. 千人智慧科技菁英：透過大學、法人培養智慧人才，2021年至少培養智慧科技人才1,000人以上。(科技部、經濟部) 6. 萬人智慧應用先鋒：大學培養學生智慧科技應用能力，並開辦科技認證機制，加速培訓企業員工具備科技應用技能。至少培養智慧科技應用人才5,000人/年。(經濟部、教育部、勞動部) 7. 人才轉接方案：鼓勵學校開發第二專長或提升技能課程，以利職場進入新產業。(教育部、勞動部)	**7大策略** 1.「外國專業人才延攬及僱用法」完成三讀，並 　(1)鬆綁跨國僱用限制，從3年延長至5年，並取消取得永久居留須在臺每年須住滿183日規定。 　(2)鬆綁父母配偶及子女居留規定。 　(3)退休保障，使保納稅。 　(4)租稅優惠，年薪300萬以上部分，個人綜所稅3年減半。 　(5)鬆發金卡(工作許可、居留簽證、外僑居留證等一張國許可)。 2.「Contact Taiwan」網站整合人才需求，至國家級的單一進才入口網。 3.「入出國及移民法」、「就業服務法」、「護海外國人」及第二代回臺居留「定居條件」，推動修正，讓得來。 4. 鬆綁僑外生留臺工作暨實習及第二代回臺尋職期間，由6個月延長到1年。(內政部) 5. 鬆綁國企業外籍幹部調臺任職及受訓、建立雙向人才交流機制。(勞動部、經濟部) 6. 鬆綁5+2產業聘僱外國專業人才的僱主資格或營業額限制規定。(勞動部) 7. 增設公立高中及國中小學雙語實驗班。(教育部)	**7大策略** 1. 修正「所得稅法」：將綜合所得稅最高稅率自45%調降為40%，增訂海外合夥組織成員直接課個人綜所稅，不必計算及繳納營利事業所得稅。(§5：§14、§71、§75、§79、§108及§110) 2. 修正「產業創新條例」，將「員工獎酬股票」於取得時或可處分年度依當年度時價或500萬元內股票，可選擇孰低五年做緩繳(緩做)規定。(§19-1) 3. 修正「產業創新條例」，將「技術入股」，可選擇延後5年課稅(緩稅)規定，或放寬可選擇「實際轉讓課稅時選課」，有助新創事業的發展。(§19-1) 4. 修正「產業創新條例」，有限合夥組織創業投資事業符合一定條件者，可適用「透視個體」課稅。(§23-1) 5. 修正「公司法」，對同一新創公司投資全部所得使投資額100萬元，投資金額50%限度內可自所得額中減除，每年減除金額以300萬元為限。(§23-2) 6. 打造新創友善創業環境： 　(1)提供融資協助、青年創業優惠貸款。 　(2)設國發基金列10億創業天使投資方案。 　(3)設立北、中、南新創基地及單一窗口。提供空間、資金、交流及創育。 7. 研擬修正「公司法」，將員工獎酬工具(庫藏股、新股、認股權證)之發給對象擴及控制公司及從屬公司之員工。(經濟部)

資料來源：國家發展委員會（2019）：www.ndc.gov.tw

表12-1 產業缺才現況與對策

第十三章　集體行為與社會運動

本章依據出題頻率區分屬：**A** 頻率高

課前導讀

早期的社會學將社會運動列為集體行為的種類之一，隨著社會型態的轉變，兩者已產生相當大的差異性，在社會運動進行的過程中，有時出現集體行為，由此可見，兩者尚具備高度的關聯性。本章重點在時事題上，有很大的出題空間，若當年出現相當大範圍的集體行為（例如台北中央黨部前的聚集），請多留意本章內容，至於社會運動的古典與現代理論，在解釋上有很大的差異性，請多比較，當有助於加深印象。

系統綱要

一、集體行為

(一) **定義**：指短時間未具組織的一群人，針對同一事件所產生的共同反應行為。

(二) **特性**

　　1. **偶發性**：指事件突然產生，未可預料。

　　2. **短暫性**：僅存在極短的時間，隨即消失。

　　3. **低組織性**：指表現共同行為的人群是未具組織性的。

　　4. **非成規性**：由於偶然產生，所以無法預定規範。

(三) **要件─史美舍的價值增加論**

　　1. **結構助因**：指結構本身所存在的特性。

　　2. **結構緊張**：指出現不利結構的因素。

　　3. **概括信念**：指社會成員具備相同觀念、想法或表現。

　　4. **催促因素**：指突發事件的驟然出現。

　　5. **行動動員**：運用更多的人力、物力與財力，同時出現領導者。

　　6. **社會控制失敗**：指控制失效，集體行為一觸即發。

(四) **種類**

　　1. **時尚與時髦**：

　　　(1) 時尚：指生活上較具制度化的共同行為表現或觀念。

　　　(2) 時髦：指社會生活上普遍共同表現屬生活細微末節的行為。

2. **歇斯底里與恐慌：**
(1) 歇斯底里：指在危險情境下，所存在的高度情緒恐懼。
(2) 恐慌：指集體逃離危險情境的行為。

3. **輿論：**
(1) 定義：社會大眾對某一社會議題，經過反映後所達成的共同協議。
(2) 特性：

  A. 是集體產物。   B. 經常變動。
  C. 以言論及出版自由為基礎。 D. 屬理性的，非情緒化的。
  E. 以多數意見為主。

(3) 功能：

  A. 社會大眾反映意見及態度的管道。
  B. 是民主國家的表徵。
  C. 可做為政府施政之參考。
  D. 可協助推行或宣傳政策。

(4) 形成要素：A.大眾傳播媒介；B.領袖；C.參考團體。
(5) 控制方法：

  A. 宣傳：將正確議題的資訊及論點廣為宣導。
  B. 檢查：實施某種程度的檢查，以阻止不當或不正確之資訊或
   內容。

4. **群眾行為：**
(1) 定義：指聚集一處、具共同興趣，且表現相同行為的團體。
(2) 特徵：

  A. 成員間有軀體的接近。 B. 有共同利益或興趣。
  C. 是一時存在。   D. 偶發因素決定的。
  E. 成員是匿名的。   F. 易受情緒影響。

(3) 類型：

  A. 偶然群眾：因偶發因素而聚集的群眾。
  B. 習慣群眾：因共同目標或依既定規範而聚集的群眾。
  C. 表現群眾：比習慣群眾更具高度情緒表現的群眾。
  D. 行動群眾：屬爆炸性、潛在危險性的群眾。

(4) 控制方法：

  A. 界定群眾：先認定是屬何種群眾類型。
  B. 制度化：透過制度的訂定，控制群眾的行為。

(5) 理論：

    A. 傳染理論：由於情緒傳染、暗示感應、刺激加強、同質經驗等因素產生相同的反應行為，屬心理學觀點。

    B. 輳合理論：由於聚集產生潛意識的解放並產生責任擴散的作用，屬心理學觀點。

    C. 緊急規範論：由於從眾的壓力產生群眾行為，屬社會學觀點。

    D. 遊戲論：核計成本與效益後的表現，屬社會學觀點。

(6) 與大眾的區別：

    A. 大眾是分散的、未接觸的、未互動的、反應屬個別的、不受時間與空間限制的。

    B. 群眾是聚集的、接觸的、充分互動的、集體反應的、受時間與空間限制的。

二、社會運動

(一) **定義**：一個團體有目標、有計畫的共謀行動，目的在於改變社會現象。

(二) **特性**

    1. 屬集體行動。

    2. 目標在促進或抗拒社會變遷。

    3. 屬由上而下或由下而上的集體行動。

    4. 表現形式屬體制外的集體抗爭。

(三) **功能**

    1. 在個人與社會間扮演一個居間促成的角色。

    2. 可形成壓力團體，進行遊說或示威，有利於政策或立法的推動。

    3. 可澄清集體的意識。

(四) **負功能**

    1. 造成社會不安與暴動。　　2. 提高社會衝突。

    3. 造成盲目跟從。　　　　　4. 挑起社會問題。

    5. 對政府施政產生困擾。

(五) **理論**

    1. **剝奪論**：由於相對剝奪感的觸動。

    2. **資源動員論**：由於有利的外在條件的推動。

    3. **社會網絡論**：由於社會關係對影響表現認知解放所致。

    4. **大眾社會論**：社會許多人感受孤立與無意義所致。

5. **政治過程論**：完全屬於政治現象，且非一連續過程。

6. **市民社會的社會運動**：來自市民的社會力。

7. **新社會運動論**：來自集體認同意識的提升。

(六) **種類**

1. **改革運動**：以部分、理性、平和、漸進、修法方式改變社會現象。

2. **革命運動**：以全部、情緒性、流血、迅速、戰爭方式改變社會現象。

3. **反對運動**：目的在於阻止社會現象的改變。

4. **表現運動**：目的在於彰顯自己的情緒反應，俾適應環境的改變。

(七) **發展階段**

1. **初步（萌芽）階段**：指少數民眾感受不滿。

2. **民眾（聯合）階段**：不滿情緒擴散，且出現領導者。

3. **正式（科層組織）階段**：組織成立、確定目標並進行一系列的活動。

4. **制度（結束）階段**：目標已達成，不滿的情緒已為制度所滿足。

(八) **結果**：

1. 成功。　　　2. 失敗。　　　3. 改變形式。

4. 選出新領袖繼續奮鬥。　　　5. 遭到鎮壓。

(九) **社會運動和集體行為的差異性**：

1. **組織性不同**：社會運動具組織性、集體行為屬非組織性。

2. **目的性不同**：社會運動在促進或抗拒社會變遷、集體行為以表達性為主。

3. **權力性不同**：社會運動由低權力者發起、集體行為無此特性。

4. **民主性不同**：社會運動發生在民主社會、集體行為發生在民主或獨裁社會。

重點整理

一、集體行為

(一) **定義**：集體行為（collective behavior）是指短時間內，沒有組織的一群人對同一事件、新聞、人物、團體或習俗的反應行為。此一定義包括的範圍很廣，諸如：群眾、暴亂、驚慌、時尚、狂熱、社會運動或輿論。其共同特點在於其發展是自然發生的，擴展亦像傳染病似的蔓延。

(二) **特性**：集體行為既是一種偶發的、短暫的、與無制度化的團體行動，因此，具有四項特質：

1. **偶發性**：有些集體行為常因受到某人或某事的吸引，匯集一處而產生。

2. **短暫性**：偶集的人群往往因事件的刺激消失或事件終了而煙消雲散。

3. **低組織性**：偶集的人群常是漫無目標的，有時因受某種刺激而引起過度的情緒反應，或時間一久而產生集體的情緒，但在集體行為的初步階段中，是沒有明顯的組織與結構的。

4. **非成規行為**：此種行為難免變成暴力或不可預測的衝動，因此，偶集的人群有時出現破壞性的火爆行為，尤其是謠言與煽動發生作用或社會控制不當情況下，極容易造成不可收拾的後果。

(三) **要件**：有些集體行為，如恐慌和暴動，因充滿情緒，乍看之下似乎是無理性的與不可預測的。但社會學家認為事實上並非如此。實際上，集體行為與日常行為是一脈相承的。因此，以社會學的觀點分析集體行為時，必須超脫高度情緒、無理性、以及完全不可預測等刻板印象。更有進者，社會學家發現集體行為的產生有其社會結構因素或許多前提要件，其中最有名的為美國社會學家史美舍（Neil J. Smelser）的價值增加論（the value-added theory）也稱為結構壓力理論（structural strain theory）偏重於解釋長期且大型的集體行為，並且試圖將偶發的群眾行為看成長期累積的行動，用來解釋集體行為的成長過程與社會結構的關係的論點。價值增加論指出，一種集體行為之出現與否，以其公共型態與影響力，係受下列六項因素的影響：

1. **結構助因**（structural conduciveness）：指集體行為環境因素，一種集體行為的產生必須具有該類環境的助長因素。譬如：如果沒有證券市場的存在，就不會發生超買超賣的投資事件。此證券市場就是該集體行為發生的環境因素，即史美舍所稱的結構助因。

2. **結構緊張**（structural strain）：指結構的矛盾或缺陷。也就是說，即使已存有環境因素，但如果該環境沒有缺失，不可能產生集體行為。以超級市場的搶購風潮來比喻，如果該超級市場貨源充足，就不會有搶購的問題。這就是結構緊張。

3. **概括信念**（generalized belief）：係指人們相信問題的存在，並願意共同設法解決該問題，人們相信超級市場缺貨，並以搶購解決問題，並且可能發生示威抗議行動。

4. **催促因素**（precipitating factors）：係指突然發生的大事，增加人們的憤怒，觸發人們的集體抗議，也許，人們原本排隊等候超級市場開門以便採購，秩序本來好好的。然後由於缺貨，超級市場負責人宣布缺貨，使得排隊的人買不到，以致發生衝突，這就是催促因素。

5. **行動動員**（mobilization for action）：係指人們開始採取集體的行動，這時候，領導者和組織都可能產生。

6. **社會控制失敗**（the loss of social control）：如果社會控制仍然有效，集體行為不會成氣候。如果社會控制失敗，則集體行為成型爆發。

史美舍的理論之所以稱為「價值增加論」，是因為以上六個因素中，每前一個因素的存在是下一個因素發生的必備條件，價值逐漸增加到第六個因素時，集體行為才會真正爆發。

此理論的簡單結構如圖13-1。

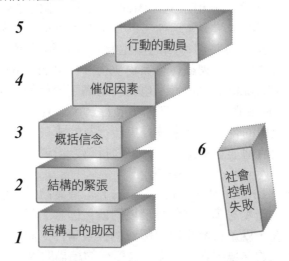

圖13-1　史美舍之價值增加論

(四) **必要條件**：現代社會的結構中，有許多要素會刺激集體行為的產生，是有利於集體行為產生的條件：

1. **社會團體的異質性**：社會團體的不同價值、信仰、觀念、意識形態與利益分配等生活特質會造成團體間的緊張與衝突，進而導致集體行為。

2. **政策含糊與公開決定**：政府政策常有意不做明確決定，等待輿論的出現與形成。因此，利益團體常會發動遊行示威等集體行為達到政策付諸實現之目的。

3. **不穩定的社會狀況與變遷**：當社會價值觀與未來展望有所改變，或傳統與習慣的行為方式受到質疑時，人們會改變其目標追求，並形成要求改革的巨大壓力。倘若現有行為模式無法立即改變，人們就會在法律之外聚訟，並透過集體行為來滿足其需要。

4. **大眾傳播媒介的影響**：大眾傳播媒介的報導與揭發社會不平等、不合理與剝削問題，或傳播新觀念與價值，不僅可更快速獲知社會各角落所發生的事件，也容易造成情緒傳染與心理聯合，促使集體行為的產生。

5. **缺乏良好的社會關係模式**：社會變遷的過程中，當人際溝通管道不良，既存行為模式無法指導人們在新情境中運作，致使人們必須臨時製造新模式以因應需要時，集體行為便因此產生。

(五) **種類**：集體行為依其表現方式不同，可分為以下四種類別：

1. **時尚與時髦（fad & fashion）**：

(1) **時髦（fads）**：是指一群人的暫時流行模式，這些表面或無關緊要的行為之產生與先前的趨勢無關，也不會引起後續的趨勢，例如：跳霹靂舞、看蠟筆小新漫畫、穿露背裝、玩電子雞、染金黃色頭髮等；但是，有些時髦在熱潮過後並未消失，例如：玩電視遊樂器與穿牛仔褲等。

(2) **時尚（fashions）**：是一種愉悅的大眾傾注於事物或意念的現象，具有相當程度的社會接受性與歷史持續性，可吸引較多人參與。它的情緒雖無時狂那麼強烈，發展也較例行化，但可能成為日常生活的一部分，或是身分與品味的表徵，例如：吃素、打坐、練氣功，以及成為香奈兒迷或兄弟象迷等。

(3) **時狂（crazes）**：是一種興奮的大眾投入或狂熱行為，能持續相當長的一段時間。它可能使個人投入大量金錢、情感與時間，並暫時放下許多平常的活動，甚至缺乏理性、扭曲事實，做出較富戲劇性的情緒反應。譬如說，宗教份子的狂熱、足球迷的激情，或是玩樂透的風潮。

以上所述的時髦、時尚及時狂，都很相近，彼此的差異在於程度，而非本質。時髦所涉及的，通常是社會生活的細微末節，時尚最具制度化，而時狂則富戲劇性情緒。

2. **歇斯底里與恐慌**：歇斯底里（hysteria）與恐慌（panic）是兩種混淆的集體行為。歇斯底里是在潛在威脅的處境中，一種普遍性的、高度情緒的恐懼。恐慌指的是人們逃離已知危險的行為。這兩類集體行為的顯例，如美國賓州三哩島及蘇俄車諾比的核電廠災變，人們惟恐受到輻射塵的感染，紛紛撤離當地。

恐慌類似歇斯底里，高度驚惶失措，是指沒有秩序、爭先恐後的集體逃避行為。例如，劇院失火，觀眾奪門而出，或銀行發生財務危機，客戶擠兌等等。

3. **輿論**：
   (1) **定義**：輿論（public opinion）是指公眾經由公開辯論所形成的協議，是指社會大眾對某一議題（issue）的共通意見，經由公開反映之後所造成的一項協議。

   (2) **特性**：具有以下五項特性：
      A. 是集體的產物，並非人人同意的意見，而是各種意見的綜合。
      B. 並非一成不變的，相反的，是經常改變的。例如：昨日贊成的多數，今日可能變成少數，而昨日為反對的少數，今日可能變成多數。亦即輿論常依客觀因素或情境的改變而變化。
      C. 是以言論自由與出版自由為基礎，和民主政治有密切的關係。
      D. 含有理性的成分，至於理性成分的多寡視公眾的教育程度而定。故輿論既非暴民意見也非群眾心理。
      E. 不需全體一致同意，係以多數意見的一致性作為要件，且輿論一旦形成之後，易受到全體份子的支持。

   (3) **功能**：輿論的功能分別是：
      A. 是社會大眾反映意見及態度的一個管道：社會大眾可經由輿論表達對社會的關心和關切，使個人心中的不暢得到抒解，更可積極地表現關心社會。
      B. 為民主國家最佳的表徵，自由民主國家重視人民言論及出版自由，重視輿論為表現民主國家的最佳途徑。
      C. 可作為政府施政的參考：經由輿論與民眾進行良好溝通，可減少政策施行的阻力與困境。
      D. 可協助推行或宣傳，以引起社會大眾重視和了解，達到教育的目的。

由此可知，輿論是公眾意見的最佳表現，也是一個民主國家不可或缺特性，為政者若能適度地製造與利用輿論，可協助國家政策的有利推行。

(4) **形成基本要素：**

A. 大眾傳播媒介：大眾傳播媒介（media）對輿論的形成，佔有重要的地位。報紙、電視及收音機，不僅報導新聞，亦會製造新聞。如果沒有各種媒介提供大眾的方向，公眾絕不會有機會對迫切問題，如墮胎或某種社會運動，表示意見與態度。公眾對於在報紙或電視上所看到、聽到的事，寄予很大的信任。就此點而言，大眾傳播媒介對形成與創造輿論，具有很大的影響力。

B. 領袖：領袖（leader）也在輿論的形成上扮演重要角色。企業界、宗教、工會、社會運動與政府各界的領袖，都會影響輿論。他們常常是許多輿論的對象。但他們也代表一個特別公眾的意見、信仰與態度。當領導者對於某種事件做了適當解釋，並提供決定的理由時，其所屬的公眾通常會因而修改他們自己的意見。

C. 參考團體：參考團體（reference group）也會形成輿論。參考團體提供形成個人行為標準與觀念，例如，大學企管系學生的參考團體，是一般企業界。雖然他們目前不是企業界的份子，但學生會以其作為參考的架構。於是企業界會限制與形成學生對於某些事件的思考，以及影響他們對事件的感受。

由此可知，傳播媒介提供媒體與消息，領袖影響輿論，參考團體補充其他因素的影響。

(5) **輿論的控制方法：**許多輿論研究者非常重視輿論的操縱。社會學家特別注意的兩種操縱方法，就是宣傳與檢查：

A. 宣傳：宣傳（communicate）指的是將正確的議題及論點，透過大眾傳播的方式加以說明，期望社會大眾了解，避免由於資訊的不正確，產生誤解或有以訛傳訛之弊，是控制輿論的最佳方法。

B. 檢查：檢查（censorship）是阻止公眾了解某種事件或問題的過程。在本質上，是用於阻止那些可能鼓舞社會變遷的集體行

為。所有的政府都會對其公民實施某種程度的檢查。在美國，檢查通常在與事件有關聯的領域中實施。例如，電影、電視、書本及雜誌的檢查。但檢查並非只限於政府，企業界也會阻止有關其產品品質不良的消息，父母也可能檢查有關子女的許多消息。

4. **群眾行為**：
   (1) **定義**：聚集於一處並具有共同興趣的暫時性團體，謂之群眾（crowd）。
   (2) **特徵**：群眾具有六個特徵：
      A. 成員間軀體相互接近：在群眾中，成員間的接觸互動頻繁，彼此間有很多機會將情緒、態度或行為傳染對方。因之，群眾組成後，全體成員將分享共同的情緒及作相同的反應。
      B. 成員間有共同的利益或對同一事物有共同的興趣。
      C. 群眾是一時的存在，當共同利益達成或興趣消失時，即隨之解散。
      D. 參與群眾與否，完全由偶然的因素決定。
      E. 群眾的份子是匿名性的。
      F. 群眾的份子易受群眾心理的影響，成為感情用事。
   (3) **類型**：社會學家布魯默（Herbert Blumer）對「群眾」提出最完整的分類，將群眾分為四大類：
      A. **偶然群眾**（causal crowds）：又稱為偶集群眾。常因一些表面理由，出於自發。偶然群眾是低結構、低互動及不持久的。參與者只是基於共同利益、好奇或興趣，對某一事件從事短暫的、消極的觀察，例如，停留在街上看賣唱的一小群人，或圍繞在一件車禍現場的一群人。因此，偶然群眾的份子，易增增減減，集合的期間可能只維持數分鐘。這種群眾，情緒並不激動，暗示感應性也低，除非情況有極強烈的改變，否則傳染不可能發生，但匿名性卻非常高。
      B. **習慣群眾**（conventional crowds）：又稱為中性群眾（neutral crowds）或因襲群眾。結構性比偶然群眾高。存有二個特性：(A)份子集合通常有特別目的或共同目標。例如，百貨店的購物者，或看電影的觀眾；(B)份子會默默依照既定規範行事，如

與規範有所偏差，即可能引起社會的責難。例如，在交響樂團演奏的時候，高聲喧鬧的行為就是完全不適當的，會被要求離場。其他習慣群眾還包括車站的旅客、學校的學生集會。雖然習慣群眾的份子所持目標相同，但他們通常彼此不相識，且缺乏互動、傳染力低、暗示感應或情緒激動也低。

C. **表現群眾**（expressive crowds）：是屬於習慣群眾的另一種形式，與習慣群眾的差異在於份子間有情緒的關聯。參與者必是充分表現情緒的一群，所受抑制少，有較多鬆弛，例如：出席搖滾音樂會、迪斯可舞會、宗教復活節等的人，都是表現群眾的份子。雖然表現群眾是高度情緒性，但不一定會引起暴亂，是屬於和平、有秩序的群眾。

D. **行動群眾**（acting crowds）：是四種群眾類型中，最具爆炸性的，最具潛在危險性的。行動群眾的份子具高度情緒激動，由於不平等的剝奪感產生憤怒，這種情緒常被刺激成為行動。行動群眾的集體行為，可能是由某事件突然引起的，這種群眾行為會是暴力的、激烈的與騷動的。群眾在行動以後，往往會造成巨大的生命與財產的損失。

表13-1　布魯默的群眾行為分類表

項目	偶然群眾	習慣群眾	表現群眾	行動群眾
持續時間（短暫）	最短	短	長	中等或長
高度情緒性	低	低	高	最高
參與人數	較少	較多	較多	不一定

(4) **控制方法**：群眾行為一旦發生後，可採界定群眾及制度化兩種途徑加以控制：

A. **界定群眾**：群眾行為發生後，最重要的事是解釋或界定群眾行為，了解群眾行為他們的出現是否向既存的秩序挑戰？是否篾視司法？可能意向又是什麼？這些問題的界定或解釋，對群眾行為的抑制或繼續發展將產生立即的效果。新的參與者會被這些問題的解釋所鼓舞或受嚇阻。這些特別人士可稱為說項民眾，即他的解釋可能帶來壓力，可能影響決定是否抑制群眾行

為或給予正式許可。有時，群眾行為情緒性相當低微，但說項民眾所散布的解釋，往往會導致群眾行為的擴大。說項民眾常會繼續維持對群眾行為的爭論，一直到產生滿意的解釋為止。因此，在事件發生期間或前後，說項民眾對事件的解釋，可決定群眾行為產生的效果。

B. **制度化**：由於社會秩序的不穩定與緊張所產生的群眾行為，將對既存的領導與法治造成威脅。因此，必須建立一項新的制度及程序，以規定這些生活上的活動，並減少其不可預測性。若能使民眾不滿情緒的表示能經由制度化的管道加以宣洩，則群眾行為它們對既存權威將會減少。以臺灣所發生的食品衛生問題為例，曾引起消費大眾的關注，如果衛生單位執行不力，可能會孕育成集體行為。但中華民國消費者文教基金會的創立與行動，促成制度化的運動，隨時化解此問題的嚴重性。

(5) **理論**：可分為兩大類，一類屬心理學，計有傳染理論及聚合理論，一類屬社會學，含緊急規範論及遊戲論：

A. **傳染理論（contagion theory）**：群眾的共同態度與行為的發展，被視為一種傳染過程。類似傳染病一樣的流行，而暗示感應是最重要的傳染機能。黎朋（Lebon）認為，人在群眾裡容易受到暗示，由於處於匿名的情況，容易產生強大的權力感覺，而所指的傳染是情緒傳染（emotional contagion），情緒傳染是指在團體內個人感受到共同心境（common mood），亦即恍惚有某種東西「存在空氣之中」，且各人交互領會彼此的抒情動作，如語音之深沉、語調之疾徐、眼光之變化、呼吸之快慢、肌肉動作、臉部之表情、皮膚之顏色等，感情藉此而交流，情緒氣氛藉此而發展，在情緒氣氛的籠罩下，參與者將遵循特定的路線行動，有些衝動會被加強，有些則會被壓抑。情緒傳染的要素有三：

(A)暗示感應性提高：由於情緒緊張，縮小意識領域、喪失鑑別能力，容易受到別人或情境的暗示。

(B)刺激增強：當別人的刺激在質或量上加強時，更容易受到影響，所有的刺激強度增加，更加明顯。

(C)同質經驗：由於個人皆有共同的背景或需要，容易被激起。

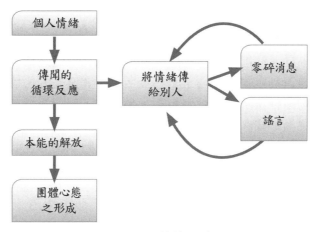

圖13-2　傳染理論

B. **輳合理論或稱聚合理論（convergence theory）**：強調人們在群眾情境中，容易表現出個人解脫的潛在傾向。參與群眾者並非經由暗示感應或因他人激發情緒，而是基於本能，或潛意識的解放。按此說法，人們惟有在群眾中才能顯現真正的自我。因此，當許多遭受共同經驗的人聚集一處時，個人潛意識的需要，很容易獲致解放，進而發展為強烈的行動，群眾行為因而產生。

聚合論解釋群眾行為產生的過程是：具有相同潛在願望的人聚在一起，當其中一人開始將願望以行動表現出來時，其他人即依樣畫葫蘆。因此，集體行為看來像是情緒傳染所造成的，實際上是個人發洩內在的衝動。

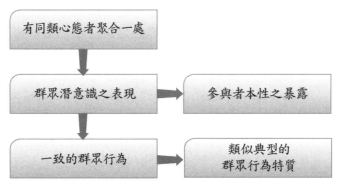

圖13-3　聚合論

C. **緊急規範論**（emergence norm theory）：認為集體行為是由規範受制的，但運作的規範是新訂的、就地產生的，與常規迴然不同。亦即集體行為產生於未見滿意規範之情境下，群眾成員自行判定規範，通常是在無明確可資遵循的情境下，人們在互動中推演出新的社會規範。易言之，新規範是在摸索與考驗下逐漸形成。創新者（如自力救濟者）可能提議採取某項行動，如示威抗議，其他人跟著行動。在新規範的推演過程中，群眾一方面界定情境，另一方面使行動正當化。最後，新規範的形成可有效約束群眾行為。

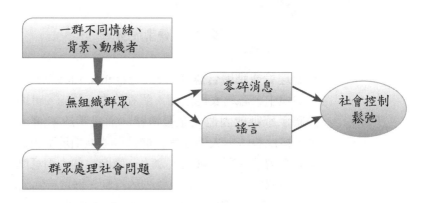

圖13-4　緊急規範論

D. **遊戲論（又稱博奕論）**（game theory）：遊戲論的觀點與聚合論或緊急規範論不相同，更與傳染論南轅北轍，遊戲論的基本假設是群眾成員在採取行動之前做出理性決策，無所謂的「集體心理」存在，人們想達成目標都是根據自己的精打細算，即使是行動群眾的參與者亦是理性的決策者。他們所考慮是行動的代價與回報（costs and rewards）。代價涉及個人受傷的冒險、被捕的可能性、刑期的長短。回報包括有形的，如錢財，與無形的，如心理滿足。一般都在最大可能回報與最小可能代價權衡下採取行動。換言之，行動群眾取決於淨回報（net rewards，即回報扣除代價的淨額）。

表13-2　群眾行為理論比較分析表

類別	傳染理論	聚合理論	緊急規範論	遊戲論
主要論點	情緒傳染	潛意識解放、責任擴散	從眾壓力	成本與效益的核計
學科歸類	心理學	心理學	社會學	社會學
適於解釋之群眾行為	表現群眾	行動群眾	恐慌、歇斯底里	行動群眾、偶然群眾、習慣群眾

(6) **群眾與大眾的區別**：大眾（mass）是指一個相當大的人群，分散在各地，且是匿名的，只是共同面對一個或多個刺激作出相同的反應，但其反應是個別性的、互不相關聯的。此外，沒有明確地位、角色、習慣與傳統，也沒有任何有形組織，或份子間存有強烈的情緒，更無直接互動。

由此可見，大眾行為與群眾行為是顯著不同的，大眾與群眾（crowds）的差別在於：

A. 大眾是分散的人群，沒有彼此的接觸；相反地，群眾是集合的人群，有相當密切的接觸。

B. 大眾是分散的，未見互動；而在群眾中，互動是頻繁的。

C. 大眾份子對於刺激的反應，是個別的選擇，不受時間與空間的限制；但群眾份子的反應則是集體的，受時間與空間的限制。

D. 大眾是由大眾媒體所創造的。因為大眾在空間上是分散的，惟有傳播才能提供廣大地區的人群，進行個別的反應，但群眾並非由大眾媒介創造。舉例來說，大眾包括人們同時讀到報紙所刊登的百貨公司大拍賣廣告，有所反應以致成為大眾。人們依照某種時尚將頭髮留長或剪短，這些人也是一個大眾。

二、社會運動

(一) **定義**：社會運動（social movement）是指一個團體有目標，有計畫的進行一項共謀行動，目的在於改變社會整個或部分現象，是社會變遷的手段之一。

易言之，社會運動是集體有組織的共謀行動。可促成社會變遷或也可能阻止社會變遷。一般社會運動的參與者，往往想達成某些目標，在作法上採取示威、杯葛、甚至暴力或其他非法行動。社會運動比集體行為更具組織、有計畫、有目標。

(二) **特性**：

1. **屬集體行動**：社會運動是一群人組織起來，促進或抗拒社會變遷，可說是「集體行動」（collective action）的一種。一般人常會將社會運動和「集體行為」（collective behaviors），（包括謠言、風尚、集體歇斯底里、恐慌等現象）混為一談。事實上，集體行為是沒有組織的一群人，突然針對共同情境，產生相似的行為；社會運動則是指有組織、有計畫的集體行動。

2. **目標在於促進或抗拒社會變遷**：社會運動的目的，是要發動社會改革，改變既有的社會結構或制度安排、促成社會變遷。又社會運動也可能將它所要改變的社會問題，診斷為「社會變遷的結果」，因此以抗拒社會變遷，或維持某種既有的價值或生活形態為目的。

3. **是由下而上或由上而下的集體行動**：社會運動是指由被排除在社會中例行權力結構之外的群體，所發起的集體行動，是「由下（市民）而上（政府）」的集體行動。社會中例行權力結構的參與者或成員，當然也可能發起以促進或抗拒社會變遷的集體行動，但是這樣的集體行動通常不被視為社會運動，這種「由上而下」的集體行動，所面臨的挑戰與困難，比「由下而上」所發起的集體行動小得多，二者不可相提並論。

4. **形式屬體制外的集體抗爭活動**：所謂體制外的抗爭行動，不是指「非法」的行動，而是指採用所要抗議的體制內部所提供的正式申訴管道以外之抗爭行動，例如，靜坐、示威、遊行請願。社會運動所以發生，是因為現有體制的制度性管道，不願意接受運動者的要求，或是根本沒有管道可以提出要求。社會運動是弱勢者可以依賴的最後手段，即使是在民主社會中，社會運動仍是維持或確保社會公義的一個重要的方式。

5. **有目的（標）的**：史美舍（Smelser）將社會運動的目的分成兩類：一類是針對社會規範的，稱為「規範取向的社會運動」（norm-oriented social movements）；另一類是針對社會價值的，稱為「價

值取向社會運動」（value-oriented social movements）。勞工聯盟和工會的勞工運動屬於前者，因其目的是改變工業規範，如提高工資或改善工作環境。道德重整運動則屬於後者，因其目的是改善人們的道德心，也提高社會價值體系。

6. **有組織的**：不像群眾、大眾或公眾式集體行為，社會運動的參與者有其共同目的（目標），於是有組織型態。參與者積極推動運動工作，並有效地使用組織的力量，以達成目的。而組織內職責分明，分工合作，協調業務。

7. **有意識型態的**：保守運動者主張維持不變的意識型態；婦女平等解放運動以婦女之受壓抑為意識改變的目標。意識型態使參與者有共同的體認，在同一理念下推動社會運動。

(三) **功能**：大體而言，社會運動扮演三項功能：

1. **居間促成（mediation）**：意指社會運動可作為個人與大社會之間的媒介。社會運動使個人有機會參與、表達意見，使大眾知曉，並影響社會秩序。

2. **壓力**：壓力意指社會運動常可促成壓力團體（pressure group）的興起，政策能付諸實施。在作法上，亦可採取遊說或示威。

3. **集體意識的澄清**：集體意識的澄清是社會運動最重要的功能。通常是發展意念（idea），讓社會公眾討論。例如，過去許多人對環境品質一向不重視，直至環境惡化，各種有關環境保護運動崛起，進而提高環境意識。又如，婦女運動使許多女性提高意識，使雇主僱用女性時更能顧及能力，而非性別。所有社會運動都在實現類似的「意識提升」的功能。由於權利意識的提升，每個人更重視自己的權利。因此，合法的請願與抗議，以及不合常規的自力救濟乃時有所聞。

(四) **負功能**：社會運動常會出現以下負功能，對社會造成影響：

1. 社會運動容易造成社會的不安與暴動。由於使用社會群眾行動路線，群眾往往具匿名性、激怒性、非理性、感染性、行動性，發生失控現象，出現攻擊、破壞、妨害交通。

2. 有些社會運動是一些反動地、保守地、反種族平等、女權運動、或是反墮胎，或狂熱的宗教、政治活動等。雖然有些運動目標可以是合理化的，然而卻會採取不當或非法手段，升高社會衝突。

3.有時社會運動訴求主題模糊不清，容易造成盲目跟從者走向歧途，例如，學生運動可能走向否定師道、女權運動挑起反男性運動等。

4.社會運動也會挑起社會問題，又無力解決社會問題，致使社會衝突尖銳化。

5.社會運動將訴求推向公共政策的議程設定，由於政府施政有輕重緩急，政府的人力與經費資源有限，將對政府施政產生困擾。

(五) **理論**：傳統上解釋社會運動產生的原因主要有二：一是社會經濟的剝奪，二是資源的動員。當人們不滿既有體制的安排，會群起反抗。但每一社會多少總有不滿存在，惟不滿情緒無法解釋社會運動的興起。關鍵因素在於資源動員能力；沒有足夠的資源，根本無法進行運動。至於理論觀點計有以下七項，前兩項為古典理論，後五項為現代理論：

1. **剝奪論**：剝奪論（deprivation theory）認為社會運動的發生，是由於許多人覺得被剝奪幸福與快樂所必要的東西，馬克思（Marx）指出貧窮勞工覺得受到資本主義體系的經濟剝奪，可見相對剝奪（relative deprivation）的重要性，亦即和其他標準比較下而產生被剝奪的感覺。馬克思認為勞工是相對於資本家而有被剝奪的感覺，資本家利用勞工來累積比其所支付工資更多的利潤。被剝削的感覺與對改善情境的希望結合，會一起促成社會運動，以求加速改變。

   葛爾（Gurr, 1970）指出：導致個人參與社會運動的主要心理性動機，是參與者的「相對剝奪感」，也就是個人預期得到的，和實際得到的價值滿足之間的差距的感受。相對剝奪感的產生，當然也是因為社會的變遷所導致的，例如，因為接觸不同社會的標準而導致期望的升高，或是因為突然的重大社會變故，使得個人滿足期望的能力下降，都可能導致相對剝奪感的增加。當這些心理的焦慮、疏離或相對的剝奪感累積達到最高點（例如：「民怨沸騰」）時，社會運動乃應運而生。見圖13-5。

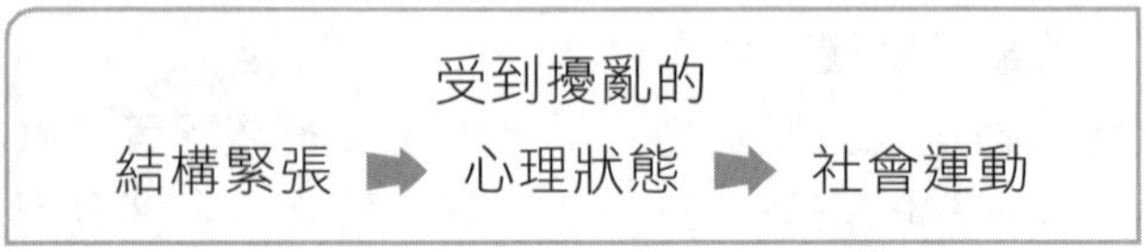

結構緊張 ▶ 受到擾亂的 心理狀態 ▶ 社會運動

圖13-5　相對剝奪論對於社會運動解釋的基本形式

因此，個人心理上的不滿，特別是「相對剝奪感」這樣的相對於他人的不公平的心理感覺，是促成個人參加社會運動或社會運動崛起的立即原因。

社會運動是如何開始的？一般來說，是始於人們對現狀有所不滿，聚眾設法加以改善。因此，貧窮、不公平、欺詐等等都可能激發人們參加社會運動。社會學家戴維士（James Davis）在分析法國大革命、美國獨立運動、美國內戰、以及其他較大規模的暴動後，發現一個共同點：它們都發生在一段經濟成長以後，而非在經濟危機當時產生。戴維士因此推論，大型社會運動，特別是革命，最容易發生在經濟發展與生活期望提升後突然經歷一段短期卻明顯的下降的情況。當人們的生活環境品質有所改善之後，人們的生活期望升高；生活愈好，人們期望愈高。如果此時發生稍微挫折，人們就產生失去一切的恐懼。因此，人們的期望與實際社會所能提供的事實之間出現差距，而此差距被認定不可忍受，於是滋事暴動。

根據此理論，戴維士相信社會運動的產生受人們心態的影響遠勝於當時社會的實況。長期生活在極端貧苦中的人，不會反抗或聚眾暴動；因為他們已習慣了苦日子，而且終日忙於謀生糊口，無暇顧及他事。但是如果人們認為沒能獲得應得的東西或生活程度時，這一群人就可能聚眾滋事。換句話說，當人們習慣了好日子後，一旦日子稍微轉壞，這些人就會鬧事。其理論通常稱之為J曲線論（J-Curve Theory）。

戴維士理論雖然言之有理，也可以在歷史上找到證明；但是有些社會學家則認為戴維士理論裏所指稱的期望與實際滿足程度兩者之間所存在的差距，每個社會每個時代都可能存在。那為何有些社會產生暴動革命，而其他則沒有。不僅如此，這理論亦無法說明為什麼有不同類型的社會運動，有些和平，有些流血，這些社會學家認為除了戴維士所提出的因素之外，資源之有無及其運用得當與否應該是相當重要的。持此論點者稱其為「資源動員論」（resource mobilization theory）。

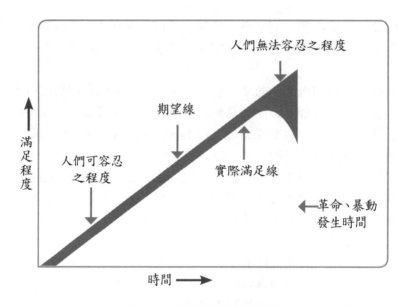

圖13-6　戴維士之J曲線論

2. **資源動員論**：多數社會學家認為剝奪單獨不足以詮釋社會運動的興起。不滿總是普遍存在；但時機成熟的社會運動不常發生，主要是不滿必須伴隨著資源動員的能力。沒有足夠的資源及有效地運用資源的組織，即使最忿忿不平的人也不能開始社會運動。資源動員論（resources mobilization theory）由麥卡錫和傑爾（McCarthy & Zald）提出，聲稱引起社會運動的因素往往不是受害團體原本既有的；來自「局外人」（outsider）的支持更加重要。參與運動者在財力、權力及聲望上常感不足，須局外人鼎力相助，可望運動得以成功。

麥卡錫與傑爾認為：外來資源或外力的挹注，是促使少數團體發起社會運動挑戰的最重要因素。他們並不認為運動支持者的「心理不滿」是運動發生的決定因素，因為那是隨時都存在的。麥卡錫與傑爾甚至認為，運動組織如果有足夠的資源，領導菁英可以操縱、強化，或創造發起運動所需要的不滿或怨氣。

資源動員論認為每一個社會的資源都是有限的，常常由一小群人掌握。因此，社會運動參與者必須有效運用有限資源，以爭取當權者所掌握的資源。動員是指運動參與者運用其資源以爭取目標，社會控制

則是指當權者為保護其既有利益而施用之手段策略，因此必須動員那些資源，分別是：

(1) **時間**：社會運動的參與需要時間。因此社會運動的參與者常常是可以抽出空閒時間的人，例如，公務人員、學生、教員，有足夠的空閒（如：學生）；或可將工作交給別人處理（如：教員、公務人員）而抽空參加示威、抗議或遊行。美國在1960年代的的學生運動和婦女運動，正是這類有空有閒者之運動。

(2) **數目**：社會運動的有效資源之一是參與的人數要多；美國早期同性戀者運動成效不大的一個原因是，只有少數的同性戀者願意拋頭露面，公開參加運動。如果數量多又有組織，社會運動成功的希望就大。德國希特勒納粹黨之所以在二次大戰前能迅速的控制德國就是因為其群眾人數多，而且有嚴密組織。

(3) **財源**：社會運動必須有足夠財源才能有效宣傳、吸收新會員，並影響非參與者，爭取同情與支持。當社會經濟繁榮時，可投入社會運動的財源就多；但當經濟衰退時，財源自然減少；社會運動的發生可能性就低。1960年代美國各種社會運動蓬勃，1970年代因經濟景氣消退，於是社會運動無法成氣候。臺灣在1980年代，自救運動十分蓬勃，與當時的經濟繁榮有關。

(4) **友黨支持**：任何一個成功的社會運動都具有外界強而有力的友黨支持。大眾傳播常常成為社會運動參與者與社會群眾同情者之間的橋樑，單打獨鬥難以成功，必須有外界的支持才能發揮效果。

(5) **意識理念**：社會運動必須要有理想；一種意識理念代表並團結參與者。意識理念把一群原本毫不相干的人集合一起，共同為理想奮鬥。妥善運用意識理念是社會運動不可或缺的。

(6) **領導分子**：社會運動必須要有一個優秀的領導者或領導團體。領導分子應有才能及遠見以吸收新會員，以制訂運動目標、工作綱要、以及推動策略。1960年代美國學生運動最後失敗的原因之一是因缺少了一位眾望所歸的領導分子。

(7) **溝通系統**：社會運動必須要能提供一個參與者之間彼此溝通的系統。這溝通系統不僅使參與者互通聲息，而且也使外界可與參與者聯絡溝通。

上述這七種資源有些是社會運動參與者本身可發展的，但是大多數需靠外界提供，像會員數目、財源、友黨支持等等。因此，當外界撤退時，社會運動就會失去其效率，甚至於解體。內在與外來資源的有效運用，對社會運動之成敗有相當大的決定性。

資源動員論的解釋，提醒我們注意社會運動這種行為的「成本面」，而不只是「動機面」；也為社會運動的現象賦予理性行為的色彩。但是，資源動員論也受到一些批評，分別是：

(1) 忽視心理因素（包括「心理不滿」）在社會運動中的角色。他們認為社會中隨時都有足夠的不滿可以發起社會運動的說法，是有問題的。社會中的確存在了許多不平等分配的客觀狀況，但並不一定就等於少數團體主觀的不滿。

(2) 過於忽視一般民眾（或群眾支持基礎）的重要性。雖然我們可以接受菁英論對於社會中權力集中在少數人手中的假設，但是，並不表示一般民眾對於政治體系就完全沒有影響力，而必須完全依靠菁英的善意或幫助，才能發起運動。

(3) 資源動員論高估菁英贊助社會運動的善意，忽略依賴外來資源的注入，可能對於社會運動產生不良的影響。菁英的贊助，可能使社會運動產生資源上的依賴，而不得不屈從於菁英的要求，改變運動的目標或手段。

由上所述，資源動員觀點不同於剝奪觀點。剝奪的觀點在於說明引發社會運動的內在挫折與不公；而資源動員觀點則在強調抗議可能形成的外在條件。二者並非互斥，而是相輔相成的。

3. **社會網絡理論**：社會網絡理論（social network approach）認為一個人所擁有的社會關係，會影響他們對問題的看法與態度，也會影響他們的行為方式，都將影響個人是否會參與社會運動。而一個社會運動是否會形成一股龐大力量，則有賴其成員既有的社會網絡關係，轉化成社會運動組織與否。

個人很容易受到社會網絡的影響，通常在熟悉的社會網絡互動中，比較容易達到個人的認知解放（cognitive liberation）。所謂「認知解放」是一個人認為他所面臨的問題是社會結構的責任，而不是個人因素所造成的，慢慢意識欲改善的問題，可以透過集體運動來完成。社會網絡關係的團體情境，可以提供個人新的解釋架構。

事實上，參與社會運動的人很少是單獨參加的，大多數的參與者是成群結隊的，或是與組織社會運動的人熟識才參加的。而且，集體的參與更能夠滿足個人主觀判斷其參與社會運動成功的期望，因為集體動員是符合成員一致想法的具體策略。再者，集體參與乃是因為社會網絡關係的引誘，個人往往難以推辭不參加，且不參加者也會擔憂失去其社會網絡人際關係的支持。因此，動員個人參加社會運動，最好的方式是透過社會網絡的非正式管道進行。所以動員社會運動方式，只不過是動員所有參與者之社會網絡關係的作法。

4. **大眾社會理論**：據此理論，社會運動之發生是由於大眾社會中許多人感覺到社會孤立與無意義。當人們在社會運動中和其他人團結在一起時，便克服了無力感。人們藉由參與社會運動而獲得一種歸屬感，這其實和追求社會運動的目標同樣重要。社會運動傾向發生於整合力量薄弱的社區，有些人也許會受到運動領導者的操縱。

這個理論的價值在於它指出一些經常參加社會運動者的特質，不過據一些實徵研究顯示，若干社會運動也會吸引人際關係緊密的社區成員。

5. **政治過程論**：政治過程論學者強調，社會運動在性質上是屬於一種政治現象，而非心理現象（如相對剝奪論所說的）；而且社會運動由出現到消失，是一個連續的過程，而不是一連串的發展階段，因此要解釋社會運動，要能夠解釋其全部的過程，不能只解釋其中某一個階段。社會中的政治情勢變遷，常為居於弱勢地位的群體提供組織社會運動以改變其處境的挑戰機會。在這樣的政治機會出現時，弱勢者能否有效的組織起來發起社會運動，有賴於是否有既有的組織作為動員的基礎，以及弱勢者是否能形成「現狀是不公平的、應該被改變，也可以被改變」的集體行動意識。政治過程論者認為，決定社會運動能否崛起的因素有三：(1)受壓迫人口之間的組織準備性；(2)受壓迫人口之間對於挑戰成功的可能性的集體評估；及(3)外在政治環境中的政治結盟情形。這三類因素之間的關係，可以圖13-7表示：

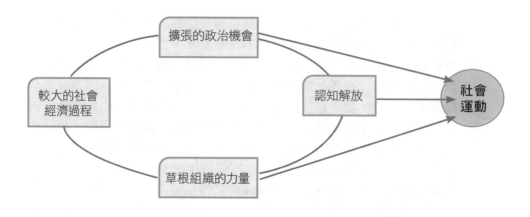

圖13-7 政治過程論對於運動崛起的理論

相對於「資源動員論」,「政治過程論」特別提醒我們注意運動的群眾基礎、行動者主觀意識的改變,及外在政治環境的機會等等政治機會的因素,對於發起運動的重要性。

6. **市民社會的社會運動**:社會運動的興起是「市民社會」發展的現象,也就是「社會力」(social force)主導的現象,社會運動變成一種政治訴求的手段是八〇年代興起的。所謂社會力就是社會的「集體意識」,「由下而上」的一種力量,以及民間組成的中介團體,或是利益團體運作的方式。所謂「市民社會」係指國家機關(the state)的威權性、自主性、控制力衰退的現象;相對地,人民的自主性與反控制的力量上升。市民社會的興起,主要肇始於三個原因:

(1) 經濟結構的改變,致使人們提高與追求更高的欲望層次。

(2) 由上而下的政治控制結構發生鬆動。

(3) 資源與溝通管道的結構不良,不合乎公平分配的原則。

市民社會未必會與國家機關處於對立位置,彼此之間可能是相互影響與支持的,並保障彼此的存在。市民社會的意義,變成了民眾運動(popular movement)的代稱。社會許多民眾部門(popular sector),包括藝術家、工人、農人、中產階級、知識份子、人權份子、學生等,通常會對國家機關政策或是資源與權力分配,提出不同訴求與建議,這將調整或重構市民社會與國家機關的關係。通常社會大眾會透過社會集體行為的方式,來追求權益的現象,可稱之為「市

民社會的復甦」（resurrection of civil society）。簡言之，對於市民社會的研究，逐漸重視各種不同的社會運動與各種不同階級的民間組織之間，為了表達及發展其利益，而相互結合的一個場域。

7. **新社會運動論**：「新社會運動論」（new social movements theories）是歐洲的學者針對當代的先進資本主義或後工業化社會中，所發生的一些新形態的社會運動所提出的一種解釋。新社會運動論者認為，現代的社會衝突發生的場域可以分為三類：(1)抗拒國家及市場力量入侵一般人的日常生活世界中，將一般人的日常生活殖民化或將文化同質化的壓力；(2)在都市的社會情境中，都市的草根運動挑戰國家或其他的政治力量，要求維持社區的自主力量及保護地方的文化認同，以重新組織都市生活；(3)抗拒後工業、資訊社會中新類型的社會控制，對於個人認同表達在文化符碼上的壓抑。簡言之，新社會運動論者認為資本主義的後工業社會中，民間社會對於國家與市場的力量所營造出來的新的主導價值所進行的文化性反抗，正是西歐新社會運動的主旨。因為強調意識型態目標，新社會運動在支持基礎、運動組織的結構與政治的形態上，和過去的社會運動有所不同。新社會運動的支持基礎不是以團體為主，而是以價值或議題為主；其運動組織上通常是離心化、開放、民主、鼓勵參與的，甚至透過比較沒有組織化的人際網路進行；而其政治形態，也刻意強調即使有機會也不進入政府的體制，而停留在體制外，以輿論及政治壓力來影響政策。

此外，新社會運動論者也重視社會運動的「集體認同」（collective identity）及發現集體利益的社會建構過程。所謂的集體認同，是指一群互動的個人，對於其集體利益及其集體行動在客觀的環境中的機會與限制的共享性認知。集體認同或集體怨恨的形成，不是可以由團體的客觀結構位置直接推論出來或自然產生的，而是在運動的過程中，逐漸被形塑、建構出來的。新社會運動包括生態運動、動物保育運動、同志運動、反核運動、反戰運動、反墮胎或墮胎運動、愛滋病患運動、婦女解放運動、消費者運動、原住民運動、教師人權運動，以及各種的地方性社會運動。「自力救濟」便成為一種普遍的現象，企圖來改造社會或是影響政府。

所謂「新」是相對於傳統的社會運動而言，新社會運動具有三大特徵：

(1) **社會性**：係指社會運動所欲爭取的是價值觀念、文化、生活方式的自由權，不若傳統的社會運動，以爭奪政治權力為主。

(2) **社會文化上的革命**：新社會運動是革命性的，也是反建制的。一方面它是文化、生活方式與觀念的革命，有別於傳統上以政治與經濟的追求。另一方面新社會運動是多元的，尊重異質文化，不以一套標準強加諸其他人身上。

(3) **草根性與自發性**：傳統的社會運動是資源動員，也強調領導與組織。而新社會運動是一種鬆散的、聯盟式的，不是科層組織的型態。它重視成員間的互動討論與激勵，以及由下而上建構的觀念。

部分學者提出以階層為基礎轉變為以社會運動為基礎的論點，主要有兩個建構理論：資源動員理論（RMT，resource mobilization theory）及新社會運動理論（NSMT，new social movement theory）。RMT源自美國學術界奠基於自由派個人主義，假設集體行為源自於個別行動者的動力及決策強調個別利益，因此如果有協調性的聯結，則集體行為應被視為理性的，反之，則視為社會失功能。所以，RMT被視為關心「how」的問題，領導者如何動員參與者及其它社會資源（如金錢、大眾支持、媒體關注）。而NSMT源自於歐洲，認為社會運動與社會歷史發展有相關。社會運動源自於市民社會的價值企圖影響官僚的資本主義體制，因此，新中間階層因為有專業教育背景、在公領域工作等特質而有相當重要的影響力，關注議題主要集中在性別、身心障礙等，強調在現有的文化、政治結構下挑戰既有的權力關係。

(六) **種類**：社會運動的分類，各家說法不盡相同，最簡單的分為革新與革命兩大類，也有分成六大類或八大類不等，茲僅以最常見的四大類分法詳述如下：

1. **改革（革新）運動**：改革運動（reform movements）只尋求改變社會組織中的某一部分，並非全盤改變，只限於公眾不滿的某個社會生活層面。例如：女權主義的要求、禁令的解除等，都是改革運動的例子，主要採立法、溫和漸進方式進行。

2. **革命運動**：革命運動（revolutionary movements）經常造成劇烈的社會變遷。高度不滿是明顯的特徵。過去最激烈的革命運動發生在蘇俄、古巴等國家。因此，當一項運動的目的是企圖廢除既存的社會結構時，即可視為革命運動，是採武力、激烈、立即的方式進行。

3. **反對或保守運動**：反對或保守運動（reactionary movements）目的在於阻止社會變遷，美國的三K黨與法西斯黨都反對其他運動所主張的社會變遷。革命運動與保守運動的共同點，就在激進的信仰與集體行動。此外，保守運動也會使用暴力，阻止社會結構的變遷。

4. **表現運動**：表現運動（expressive movements）是一種特殊的社會運動。所涉及的人，多不重視改變社會的外在條件，僅企圖改變其內在情緒反應，俾以較佳的能力應付周圍環境的改變。因此，表現運動的份子，是消極的、順從的。不論社會既存條件有何缺失，都視之為不可改變的。因此，變遷必須來自內在，例如一九七〇年代，美國青年們所參加的宗教復興活動，就是表現運動的例子。人們參與此運動，目的在於尋求內心安寧，以控制其情感與情緒。

(七) **發展階段**：社會運動的發展，必須經由四個階段，這四個階段分別是：初步、民眾、正式及制度。也構成大多數社會運動的「生命循環」（life cycle）。

1. **初步階段**：在社會運動的初步階段（the preliminary stage），又稱萌芽階段，是指對社會條件或某種問題的不滿開始出現。但未完全具體化，亦未形成組織。只見孤立的暴力行動或零星的暴動。力量尚未集中一致。

2. **民眾階段**：民眾階段（popular stage）又稱聯合階段，此時，出現領導者，不滿的情緒繼續流傳，運動逐漸形成，領導者企圖以言辭提高份子的不滿，升高其意識，使得參與份子了解共同情境，及需要一致努力以促成變遷。在民眾階段中，了解的程度升高，但社會運動仍然缺乏明確的目標，及達成的方法。

3. **正式階段**：正式階段（the formal stage）又稱為科層組織化階段，顯著特色在於理想、信仰與目標的形成，以及正式組織的出現。因此，意識型態開始發展，並獲得份子一致認同，同時出現職位與角色的層級組織，成員全心全力投入運動之中。而領導者多勇於實踐行動，並進行動員人力，以達成目標。

4. **制度階段**：此階段又稱為結束階段，即社會運動已達部分成功，其追求的目標逐漸成為一項新的社會制度，至此，運動的興奮時期已結束，目標已被社會接納。此時，運動不再被認為是運動，因其目標已顯然成為社會規範。

(八) **結果**：一般而言，社會運動將產生下列五種不同的結果：

　　1.**成功**：如既定目標達成。

　　2.**失敗**：一切努力均白費，徹底失敗。

　　3.**改變形式**：將已採取的方法及目標甚至計畫加以改變，俾利成功。

　　4.**選出新領袖、安排新組織，繼續奮鬥。**

　　5.**遭到鎮壓**：指遭受機關採用強權或軍力加以鎮壓，部分領導者甚至遭司法處置。

(九) **社會運動與社會變遷之關係**：社會運動與社會變遷相輔相成，社會運動帶來社會變遷，社會變遷也促成社會運動。

　　許多社會運動因資本主義興起而產生。工會運動、消費者運動、廢除童工運動、及提供工人賠償等，都是受到工業化的刺激。婦女運動在十九世紀也有它的根，肇因於女性受縛於家庭，而男性掌握大權。今日所掀起的許多社會運動，如環境保護運動，可說是世界工業化的產物。

　　社會變遷帶來社會運動，反觀，社會運動促成進一步的社會變遷。當有組織的團體推動社會運動致力於社會文化變遷之時，一股對抗運動也往往產生出來。對抗運動是反動的、保守的，主要目的在於抵制原始運動的力量。因此，對抗運動的興起是為保護現狀。其間，社會運動與對抗運動相互激盪而趨於複雜。一旦社會運動與對抗運動的較勁由前者獲勝，則它會成為社會結構的一部分。一項成功的社會運動可能成為社會秩序的一種成份，如工會組織。社會運動在達成目標後也可能消失無形。

　　可知社會運動與社會變遷之間的交互作用，二者在錯綜複雜的模式中密切關聯是極為明顯的。

(十) **社會運動和集體行為的差異**：社會運動和集體行為兩者是有所不同的，分別是

　　1.**組織性不同**：社會運動是一群人組織起來的現象，是「集體行動」（collective action）的一種。社會運動和集體行為（collective behaviors）的不同，在於集體行為通常是沒有組織的一群人，突然面對一個共同情境，產生相似的反應行為；相反的，社會運動則是指有組織、有計畫的一群人的集體行動。當我們看到一群人以社會運動的方式進行抗議或抗爭現象時，表示經過先前的組織準備工作，而集體行為則不一定有先前的組織工作。

2. **目的性不同**：社會運動的目標在於促進或抗拒社會變遷。社會運動通常會提出一套核心價值或意識型態，作為行動的指導；而這一套意識型態，通常會明確指出目前社會中，存在的某種不公平現象、診斷其發生的原因，並提出一套解決處方，說明需要如何進行改革，才能改善這種不公平的狀況，並且激勵人們參與此行動。因此，社會運動的目的在於發動社會改革，改變既有的社會結構或制度安排，以促成社會變遷。因此，社會運動是一種具「工具性」（instrumental）及目的性的集體行動，爭取的是以伸張「社會公義」或爭取合於「社會公平」原則的訴求。反觀，集體行為是以「表達性」（expressive）目的為主，例如，共同參加一場演唱會、看球賽，是表達對於特定對象的喜愛或感情。

3. **權力性不同**：社會運動通常是指由被排除在社會中的例行權力結構之外的群體，所發起的集體行動；也就是「由下而上」的集體行動。因此，「社會運動」一詞，通常是被用來描述或解釋由權力結構中的弱勢者所發起的集體行動，具權力不公平分配性，而集體行為則不具備此特性。

4. **民主性不同**：社會運動表現的形式，是運動者採用體制外的集體抗爭活動。社會運動的發生，是因為現有體制的制度性管道，不願意接受運動者所要求的變革，或是根本沒有管道可以提出要求。對權力弱勢者而言，其聲音或意見不被重視或是缺乏表達的制度性管道，因此，社會運動是他們可以依賴來改變其所受到的不公平待遇的最後手段。因此，即使在民主化社會中，社會運動仍可以說是維持或確保社會公義的一個重要且必要的方式。而集體行為則不論在民主化國家或獨裁社會皆可能發生。

表13-3　社會運動與集體行為差異分析

項　目	社會運動	集體行為
組織性不同	具組織性	非組織性
目的性不同	促進或抗拒社會變遷	以表達性為主
權力性不同	低權力者發起	無此特性
民主性不同	發生在民主社會	發生在民主或獨裁社會

第十四章 偏差與社會控制

本章依據出題頻率區分屬：**A** 頻率高

課前導讀

文化中的基本要素之一是規範，是指社會成員表現行為的準則，當其表現上違反準則，亦即違反規範即可稱之為偏差，但社會針對偏差者將採取預防及補救措施，預防社會成員逾軌的作法稱之為積極的社會控制或內部途徑，已偏差者仍然可以透過外部社會控制或消極手段，讓其再回到規範之列，即是本章的重點，請注意理論的部分，命題機率高。

系統綱要

一、偏差

(一) **定義**：違反社會規範的行為或表現。

(二) **基本概念**

  1. 是一項社會行動。   2. 是違反文化規範。

  3. 涉及權力關係。   4. 發生於社會結構。

  5. 形成功能整合體系。

(三) **種類**

  1. 偏差行為。 2. 偏差癖性。 3. 偏差心理。

  4. 偏差團體或組織。 5. 偏差文化。

(四) **功能**

  1. **正功能**：

   (1) 澄清或重新再界定規範。 (2) 有助於改變規範，促進社會變遷。

   (3) 可促進社會團結。   (4) 可獲警戒示範效果。

  2. **反功能**：

   (1) 妨害互信互賴系統。 (2) 動搖他人遵守規範的動機。

(五) **理論觀點**

  1. **生物學觀點**：

   (1) 龍布魯索的實證論：先天遺傳而來。

   (2) 希爾頓的組織型：粗壯骨架型。

   (3) XYY染色體：染色體的異常。

2. **心理學觀點**：佛洛伊德的本我大於超我觀點。

3. **社會學觀點**
  (1) 秩序迷亂論：
    A. 涂爾幹的迷亂論。
    B. 墨頓的偏差類型：順從、創新、儀式主義、退縮、反叛。
  (2) 文化轉移論：
    A. 犯罪次文化轉移：是透過次團體的密切互動，學習偏差行為。
    B. 差別結合論：是從偏差團體學習得來。
    C. 標籤論：是局外人給予偏差的名稱。
    D. 衝突觀點：是優勢團體對少數團體的判定。
    E. 中性化技術說明：是指對表現行為採取責任、毀損、無被害者之否認，或是定罪作為以及高度忠貞的表現結果。
  (3) 社會控制理論。

二、社會控制

(一) **定義**：指用來支持社會規範或制止對規範實際或潛在破壞的機制。

(二) **與偏差的關係**：1.偏差是社會控制的結果；2.社會控制用以改善偏差。

(三) **途徑**
  1. **內部途徑**：指完全的社會化過程，社會成員內化社會規範，是最有效的方法。
  2. **外部途徑**：
    (1) 正式途徑：透過一定的組織或程序安排給予報酬或處罰。
    (2) 非正式途徑：經由非語言動作給予支持或不以為然的表現。

(四) **過程**
  1. 界定偏差定義。　　　　　　2. 察覺真實的偏差是否存在。
  3. 決定是否進行控制。　　　　4. 診斷偏差的本質與原因。
  5. 處置偏差行為。

(五) **方法**：1.社會化；2.非正式團體的壓力；3.獎賞與懲罰。

(六) **類型**：1.直接控制；2.間接控制；3.積極控制；4.消極控制。

三、白領犯罪

(一) **定義**：由蘇哲蘭提出，指具有崇高社會地位的人，在其職業活動過程中的不法行為。

(二) **理論**

    1.古典犯罪學：是理性評估後的選擇。

    2.生物遺傳學：是與生俱來的犯罪者。

    3.犯罪心理學理論：是超我過於薄弱而本我太強烈的結果。

    4.社會控制論：依附組織力過低造成。

    5.差別結合理論：從其它組織成員學習來的。

    6.結構緊張論：遭受緊張和挫折之後所產生的偏差適應行為。

    7.組織行為論：是組織或個人的集合體實施的行為。

    8.自我控制論：處於低自我控制狀態所產生的行為。

(三) **類型**

    1.商業部門的白領犯罪。   2.政府部門的白領犯罪。

    3.專業人員的白領犯罪。   4.各種機構的白領犯罪。

(四) **因應對策**

    1.正式處罰。

    2.非正式處罰。

    3.強化民眾對於白領犯罪者危害的被害意識。

重點整理

一、偏差

(一) **定義**：在一個社會體系內，有共同接受或承認的行為標準，凡脫離這個標準的行動，通稱為偏差行為（deviant behavior）或稱為差異行為。簡單的說，違反社會規範的行為，即可視為偏差行為。是故，偏差行為可說是一種特殊的社會行為，是一種受社會規範所排斥的社會行為。換言之，偏差行為是一個相對的概念，而非絕對的。人類的行為，只要在社會容忍度內，就被視為正常行為，超出社會容忍限度外者，才屬偏差行為。

(二) **基本概念**

    1.**是一項社會行動**：偏差行動是因應或協調其他人行為的社會行動。例如，股票內線交易的經紀人同時與他的共犯之行為協調及對公司經理和投資人的財務經營作出回應。

2. **是違反文化規範**：根據定義，偏差行為是違反文化的規範。股票內線交易違反經紀人不得利用內部資訊謀取私利的規範。此種規範促進人們信任財政系統。內線交易的爆發動搖了此種文化信任的基礎。

3. **涉及權力關係**：非法利用內部資訊增加不老實經紀人的權力。在現代經濟中，資訊和金錢是權力的來源，此種權力能被變成偏差的應用。我們在後面將討論偏差和權力的關聯。

4. **發生於社會結構（社會關係和社會位置）的脈絡中**：股票市場有讓內線交易成為可能的社會結構。投資經紀人買賣股票，此團體的菁英成員彼此認識。他們利用社會連結和家庭關係認識經營階層而取得公司機構的內部資訊。在此種緊密聯繫的社會結構中，充滿著內線交易的機會。

5. **形成功能整合體系**：例如，股票內線交易是財政體系的一部分。沒有股票買賣的公開市場，大公司行號就無法集資營運和擴張。此體系內的偏差行為是反功能的來源。但偏差也有正面功能。

(三) **種類**：偏差依其性質不同，可為五大類：

1. **偏差行為（deviant acts）**：或稱行動偏差，是指明顯的偏差行為。又可分為三種：
   (1) 犯罪，屬侵略性行為，且違反規範者，如謀殺、搶劫等。
   (2) 性偏差，即不正當的性行為，如同性戀、賣淫等。
   (3) 自殺，此類行為有些視為偏差，有些不被視為偏差。

2. **偏差癖性（deviant habits）**：或稱習慣偏差，乃指連續出現該行為且成為生活方式者，如酗酒、藥癮、被迫性賭博、癮君子等。

3. **偏差心理（deviant psychologics）**：或稱人格偏差，乃肇因於人格不正常，使之無法與他人有效互動及扮演正常的角色，如精神疾病。

4. **團體或組織偏差（deviant group or organization）**：指偏差者組織成為明確團體、社區或組織，如幫會團體（gang）或黑道幫派。

5. **偏差文化（deviant cultures）**：或稱次級文化偏差，指一特定人口所共有的特殊文化特徵，而違反社會大多數人所具有的文化。內涵其中最明顯者為「對立文化」（counterculture或謂「反叛文化」）。

(四) **功能**：偏差對社會具有正負功能，分別是：

1. **正面功能**：雖然社會偏差的存在，少有被認為是適當的，但從某些角度觀之，偏差有助於社會系統的運作及變遷。

　　(1) 有助於澄清及界定社會規範（尤以部分規範含混不明確）。

　　(2) 使人警覺到舊有規範未必適當，改變規範確可促進社會變遷。

　　(3) 促進團結，使成員採取共同行動以控制偏差者。

　　(4) 具示範警戒效果，使未偏差者得到慰藉，提高大家遵守規範的動機。

2. **偏差的反功能（dysfunction）**：事實上，少量的偏差對整個社會運作並不會產生負面影響，除非是持續性或牽涉廣泛的偏差，則對社會產生若干反效果，負功能有二：(1)妨害人類複雜的互信互賴系統；(2)動搖他人遵守規範的動機（指偏差未得到懲戒時）。

(五) **理論觀點**：偏差行為的理論可概分為生物學觀點、心理學觀點及社會學等觀點三部分，生物學觀點強調個人生理特性使然；心理學觀點主張來自個人心理人格因素；社會學的觀點則以為社會文化因素才是關鍵：

1. **生物學的觀點**：將偏差行為的產生，歸因於個人的生物特徵，即生物上遺傳的偏差傾向。此理論包括龍布魯索的實證論、希爾頓的組織型及XYY染色體。

　　(1) **龍布魯索的實證論**：義大利醫師龍布魯索（Cesare Lombroso）於一八七〇年創立犯罪的實證學派，認為犯罪行為係來自遺傳的缺陷。即犯罪是一個人在生物上承受的一種結構及人格，即有所謂的「天生犯罪者」。

　　(2) **希爾頓的組織型**：希爾頓（William H. Sheldon）在檢查兩百位任性的男孩後，發現身體結構粗壯者，比柔弱或肥胖者，易有犯罪傾向。爾後，克魯克夫婦（Sheldon Glueck and Edeanor Glueck）的研究也確認希爾頓的發現。但粗壯筋骨者為何會造成犯罪，仍無法解釋。最好的說法或許是容易被適合其身心活動所吸引，例如街坊生活適合孔武有力與體格強壯者。

　　(3) **XYY染色體**：探討犯罪與染色體間的關係。發現某些男性有較多Y染色體，這種男性比只有正常數量染色體的男性，有更高的犯罪可能。

2. **心理學的觀點**：此觀點試圖以偏差者的生活事件來說明偏差行為。即偏差者帶有可怕的動機或未能取得適當的內在控制。此觀點係來自佛洛伊德（S. Freud）的心理分析，認為超我（superego）與本我（Id）的不協調及需要無法獲得滿足，是偏差行為的來源。

3. **社會學的觀點**：強調偏差行為是存在於社會系統內部，是社會文化所造就的，此觀點包括秩序迷亂、文化轉移論及社會控制論等。

(1) **秩序迷亂論**：

A. **涂爾幹的迷亂（anomie）概念**：涂爾幹深信階級衝突及社會凝聚的衰微，皆因分工增加所致，社會高度分化，使人們無法獲致一項共同的行為規則與了解。因此，各階層人士之間，彼此產生隔閡，以致出現混亂、無效率，甚至社會解組。社會體系缺乏共同規則，即呈現無規範，涂爾幹稱這種狀態為迷亂（或脫序）（anomie），亦即社會規範衰微、衝突、含糊或不存在的狀態。結果，使得人們不知道該做什麼，該怎麼做，甚至不能控制他們的慾望，更不能分享共同的目標，在這種情況之下，很容易出現偏差行為。

B. **墨頓的結構緊張論**：墨頓（Robert K. Merton）將涂爾幹的論點加以延伸。墨頓認為，迷亂（anomie）涉及一種整合，即文化目標與規範。由於社會成員或團體無法採規範所允許的手段來達成目標。例如，工業化的都市社會強調「經濟成功」及「物質佔有」等目標，並認定某些手段如「高等教育」及「待遇優厚」等為達成目標的方式。但某些團體（如低階層、種族團體）因受制於社會結構中既有位置的安排，以致缺乏採取合法手段以達成目標。在這種情境下，所經歷的壓力與挫折常相當嚴重，因而導引出各種偏差行為，是為結構緊張論（theory of the structural strain）。墨頓說：「社會結構對某些特定的人群施加獨特的壓力，使其不得不從事於違法行為。」亦即，墨頓嘗試從文化目標與社會結構關係中找尋偏差的原因，認為偏差是文化目標與社會結構模式間的扣連不緊密所產生的。依據文化目標與合法手段間一致的性質，墨頓劃分出五種反應類型：順從（conformity）、創新（innovation）、儀式主義（ritualism）、退縮（retreatism）及反叛（rebellion）。

(A) **順從**：順從並非偏差的反應型式，是指個人接受文化目標並採行合法手段。例如，大多數的大專學生接受「成功」做為其目標，並使用合法的手段——高等教育來完成目標，是為順從者。

(B) **創新**：當個人接受文化目標，但囿於個人的社會地位妨礙其以合法手段完成目標時，創新型的反應就可能發生。創新者拒絕合法手段，而訴諸規範以外手段的使用，以求獲致文化許可的目標，如經濟成功、物質佔有、社會地位等等。因重於私利而妄圖創新時，就不免走火入魔，最明顯的例子就如犯罪，特別是組織犯罪，或偷竊、搶劫、販毒及私娼等。

(C) **儀式主義**：當個人忽視文化目標，但卻嚴格執著完成這種已經不合時宜的目標手段時，拘泥的儀式型反應就發生了。個人在達成文化目標的失敗及挫折，使其發現解決這個問題的方式，就是減輕或忽視目標的重要性，但在外表上仍堅持順從合法手段，即誇大手段的重要，儀式主義者是一個最好的例子，就是死守規則，不理目標的官僚。

(D) **退縮**：當個人在目標的達成中遭受障礙，且同時放棄目標及完成手段時，退縮型的反應就會發生。個人拒絕目標及手段後，轉向其他的非常方式，如自殺、遊蕩及濫服麻醉藥品等，是退縮反應的形式。

(E) **反叛**：指個人不僅拒絕、排斥合法目標與手段，進而創新目標或手段，以為替代。如各種激進份子、革命者及幫會，都屬反叛型反應。

在這五種類型中，除了「順從」外，其他則均屬偏差的反應形式，發生原因來自目標與合法手段的受阻。

表14-1　墨頓的五種反應類型

適應方法	社會目標	合法手段	舉例
順從型（conformity）	符合（＋）	符合（＋）	想要發財，透過上大學熱門科系，到大公司就職，努力工作達成。
創新型（innovation）	符合（＋）	不符合（－）	想要發財，但上大學太難，努力工作太慢，搶銀行或貪汙較容易。
儀式主義型（ritualism）	不符合（－）	符合（＋）	不認為發財是重要之事，但考進沒興趣的大學熱門科系，到沒興趣的大公司就業，努力做沒有興趣的工作。雖然不喜歡社會共同的目標，但還是和他人一樣好了。

適應方法	社會目標	合法手段	舉例
退縮型 （retreatism）	不符合 （－）	不符合 （－）	不喜歡社會共同的目標，也不想上學、不想工作、不想努力，充滿無力感，退出社會生活，活在自己的世界裡，譬如：吸毒、酒癮、流浪、自殺等行為。
反叛型 （rebellion）	不符合 ／創新 （－／＋）	不符合 ／創新 （－／＋）	不喜歡社會的舊目標，也不喜歡社會認可的舊手段，專注找尋新目標和新手段。 許多熱衷於社會運動者、社會革命者、政治犯都是例子。

　　　墨頓的偏差反應理論主要在反駁將偏差視為個人疾病或病態的觀念。相反地偏差是來自對社會結構產生挫折、緊張及壓力所做的正常反應。因此偏差的歸因在個人，在於個人追求文化目標及其所使用之合法手段間產生衝突。

(2) **文化轉移論**：文化轉移論（或文化傳遞論）（cultural transition theory）與迷亂論不同。後者視偏差為個人處於無合法手段可用的情境下所產生調適的結果，因此偏差者被迫從事非法的創新。反之，文化轉移論不認為偏差者都是創新者，認為他們只不過是順從次文化的規範。當一社會團體持有與主流社會相衝突的規範，且死守此次文化者，就常被界定成偏差者。

　　　文化轉移論亦不同於個人心理的觀點。心理觀點認為偏差者有異於常人的人格結構。但文化轉移論認為偏差者也像他人一樣，學習既定的行為模式，並從其所處的文化環境學習知識、態度及信仰，組成其人格。其之所以成為偏差者，是因為從社會文化環境中學到此偏差行為模式。

　　　文化轉移論計可分為五種，如下所述：

A. **犯罪次文化轉移**：蕭斯（Clifford Shaw）與馬偕（Henry McKay）指出：犯罪是社會生活的一種傳統，經由個人與團體的接觸而轉移，此種偏差傳統可稱為犯罪次文化（deliquency subculture）。轉移這些犯罪次文化的主要媒介是遊戲團體或幫會。任何人會成為偏差行為者，絕非有意的，而是學習此團

體的傳統行為或犯罪次文化；因此，偏差者並非創新，而是遵守的結果所致。

B. **差別結合論**：蘇薩蘭（Edwin Sutherland）提出的差別結合論（theory of differentiation association），嘗試了解偏差行為的轉移是如何發生的。差別結合論（又稱社會學習論）視犯罪行為和其他行為一樣，都是從社會學習而得。是在與他人溝通中獲得，尤其是從個人所屬的直接團體中學習到的。在貧窮且犯罪率高的地區，年輕人在與他人互動中，感受到太多的犯罪次文化，因而他們可能認為犯罪是正常的，而據此表現。

C. **標籤論**：社會學者探究偏差行為的原因發現，往往無法解釋全部的現象。例如有些人時常出現偏差行為，但不被視為偏差者；有些人僅因一時失足，僅一次的偏差行為被發現，終其一生無法洗脫。為解釋這些事實，部分社會學者將焦點從行為原因的探討轉至偏差的過程。此即所謂標籤論者（或稱定名論或指稱論，labeling theory）。他們認為偏差的界定，並無絕對的標準，是具有高度的相對性。任何行動和個人只有在被貼上標籤或標示時，才成為偏差者。

雷馬特（Edwin Lemert）是最早研究標籤論的學者。將偏差行為分為初級偏差（primary deviance）即偶爾違反社會規範，和次級偏差（secondary deviance）──即被人貼上偏差標籤。被認為屬於偏差者的個人或團體，常自認為是偏差者，開始在行為和自我概念上扮演偏差角色，如奇裝異服，滿口黑語。這種自我認定後的偏差表現，更加深別人對其「偏差」之認定，長久以往，無法洗刷偏差的罪名。

一般而言，若將標籤整個的過程（即是一個人成為偏差者的過程）加以分析的話，可從下列五個步驟來說明：

(A)**社會訂定規則、規範、法律**：任何一個社會必須有其規則與規範，當作個人行為的準則。若是沒有這些規則、規範，就沒有偏差行為。

(B)**這些規範、規則、法律加諸於個人身上**：這些規則、規範必須經過社會化方式，傳授給社會中的各個成員，讓其能遵守社會要求，符合社會期望。

(C)**違反者被標籤成為偏差者**：若是個人在社會化的過程中有問題，或是受到社會的整合程度低，必然會做出一些違反規則、規範的行為，而成為偏差者。

(D)**偏差者被視為神經病、危險人物、有問題之人**：這些被標上標籤的偏差者，不為社會所接納，同時會被社會大眾投以歧視或不屑的眼光。

(E)**社會以各種制裁方式試圖加以矯正**：對於這些偏差者若是越陷越深，而不能自拔的話，社會將採嚴厲手段對付，以收殺雞儆猴之效，來維持社會秩序，達到社會控制的目的。

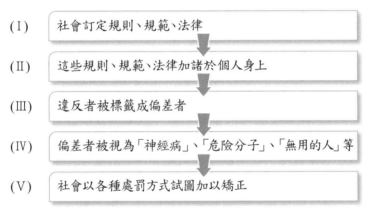

(I) 社會訂定規則、規範、法律

(II) 這些規則、規範、法律加諸於個人身上

(III) 違反者被標籤成偏差者

(IV) 偏差者被視為「神經病」、「危險分子」、「無用的人」等

(V) 社會以各種處罰方式試圖加以矯正

圖14-2　偏差行為的標籤過程

標籤論認為社會的下層社會階級違法事件的頻率較高的原因並不在這些人本身；而是其行為方式或社會次文化與上層階級不同，因而被認定為偏差者。不僅如此，標籤論者指出，即使上流階級犯錯，不一定會被列為偏差者或遭受處罰；因為法律規範是上層階級訂定的，且獲得其他上層階級同儕的支持。社會學者稱這種上層階級所犯的偏差行為作「菁英偏差」（elite deviance）。例如：政治欺瞞、盜用公款、操縱股票市場、壟斷商業交易、貪汙、經濟犯罪等。

又社會學家波片諾（Popenoe）試圖將一個人如何成為偏差者的過程，分為三個階段：

(A) **偏差的發現**：偏差行為如被老闆、警察等人發現，情況可能與被同事或部屬發現不同；是否被宣揚出去，也是個關鍵。

(B) **偏差行為的標籤**：如在警察局留下不良紀錄，又被報紙披露，從而大家視之為偏差者，自己也建立「自己是偏差者」的概念。

(C) **參加偏差集團**：在偏差團體中可以得到情感上的支持，並合理化自己的偏差行為，使得個人從此延續其偏差生活方式，無法自拔。

標籤論提供解釋偏差如何發生與持續的新觀點，但也有未盡完美之處：

(A) 認為個人一旦被貼上標籤，就無法改過遷善的可能。

(B) 未能有效證明為何有人被貼上標籤就無法自拔，有人卻可以懸崖勒馬。儘管如此，標籤論在解釋社會環境和個人行為互動關係，及塑造偏差的看法上，是頗具說服力的。

D. **衝突觀點**：衝突觀點學者認為複雜社會中，包含許多次團體和次文化，並各有一套規範和價值。當這些因素屬於偏差團體時，即暗示必然有些團體被視為正常。偏差亦常反映在有權者和無權者的關係上，有權的團體，可以視某團體的價值和行為是偏差表現，亦即由優勢團體的價值觀點判定少數團體價值或行為的「對或錯」。易言之，衝突觀點對偏差的看法，基本上是著重在社會中不同層次團體之間的關係。他們常問：為什麼某些團體的規範被制定為法律，但某一些則否？社會上對不同的人有不同的標準。例如黑人搶劫和白人貪汙同樣是偏差行為，但社會對此兩人的裁判方式，可能有很大的差異。

E. **中性化技術說明**：施凱和梅札（Sykes & Matza）認為沒有真正偏差副文化的存在。他們認為犯罪並不拒絕中產階級的價值，而是學習如何去中性化（neutralized）這些價值，如何去為其非法行為做道德上的辯護，以避免產生犯罪感而如何完成辯護，逃避犯罪感，則是利用下列五種中性化技術加以說明：

(A)責任之否認：視自己的行為係奉令而行，多於自主而行。

(B)毀損之否認：使其行為變成不太嚴重的事情，行動中並無真正傷害者，即無受害者犯罪。

(C)被害者之否認：被害者之所以被害乃罪有應得，是「代天行道」行動。

(D)定罪者之定罪：宣稱宣判其罪行者是偽君子，偽裝的偏差者，或是基於個人的假公濟私，轉移其對自己的偏差行為之注意力。

(E)高度忠貞之要求：即偏差者常為初級團體的價值和興趣所困，無法自拔。

(3) **社會控制理論**：賀奇（T.Hirschi,1969）提出社會控制論，認為偏差是社會無可避免的現象。社會控制論並不解釋為何會有偏差，而是解釋為何有人不會產生偏差。當人們與社會之連繫薄弱或破裂時，則可能產生偏差行為。致使個人順從於社會規範，而不致產生偏差行為的四個社會連結為：

A. **依附**：是指我們和他人有親密感情、尊敬他們以及認同他們，因此我們在意他人的期待。對他人的情感依附乃遏阻犯罪之主要工具，因而人類要能對他人產生依附，才能從他人看法和期待中形成內在道德規範。例如，依附於父母的程度高，則青少年發生行為偏差的機會較少。

B. **抱負**：意指個人若投注相當之時間與心力於特定的傳統活動中，如追求榮譽與成就，則其會考慮從事偏差行為所帶來的代價。如個人投注心力於社會地位或個人名望之追求，也是為了保障未來所希望擁有的各式機會，包括就學機會或就業機會等。因此，抱負對於降低偏差行為的產生著實有重要的影響。

C. **參與**：是指個人的精力投入各類活動，由於忙碌於活動中而間接地降低從事偏差行為的可能性。例如，青少年將時間、精力投入於學術活動、運動、正常休閒娛樂等傳統的活動，正因為時間、精力的自然限制，因此青少年參與偏差行為的可能便受到限制。

D. **信念**：代表個人若認同某些團體或社會規範，則會遵從團體或社會之價值觀與規則。例如：當子女對父母有認同與信任感時，則會認同且遵從父母所灌輸之價值觀與規範。

二、社會控制

(一) **定義**：社會控制（social control）是指用來支持社會規範及制止對規範實際或潛在破壞的那些機制。與偏差及社會化具密切關係。

(二) **偏差的關係**：偏差是社會控制的結果，社會控制創造偏差。基本上，社會團體經由制定規範而創造偏差，而違反規範者被界定為偏差者。這個觀念開始於涂爾幹，他認為偏差是既存秩序的自然結果。因為所有社會要求一種秩序，社會沒有道德秩序是不可能存在的；這種秩序經由規範加以確立，但任何規範的存在都會造成違規的可能。因此，偏差是內在於社會結構的必然結果。按此概念來看，有規範或正當行為的存在，就有「不正當行為」的可能；換言之，「不正當行為」是從「正當行為」取得意義的。

另一偏差是由於控制個人行為失敗所產生的。社會控制創造偏差，是指一個行為被界定為偏差，需先假定有規範的存在。因此，一個社會的偏差，並非由偏差人數來測量或用來當做破壞社會秩序的測量，而只能當做規範衝突、社會組織的不一致，或社會結構運作有缺陷而已。

(三) **途徑**：社會控制的途徑可由內部及外部控制進行，分述如下：

1. **偏差的內化控制（或稱內部控制途徑）**：內化（internalization）是指個人接受團體或社會規範並成為人格一部分的過程，是社會化過程的重要層面。社會規範一旦成功地被內化，個人即加以遵守，甚至不自覺地照樣表現。內化所產生的守法與因懼怕被懲罰而勉強守法不同。後者只是個人對社會應用外在控制的回應，而前者則是良心驅使的結果。所以說，內化是控制偏差行為的最有效方式。

2. **社會控制的外在過程（或稱外部控制途徑）**：偏差行為的外部控制，是指社會所具有的各種精密設計的社會制裁。有些制裁是非正式的，即經由每日生活中的人類互動產生制裁；另有些制裁則是正式的，即社會賦予某種機構合法的制裁力量。

    (1) **非正式的社會控制（informal social control）**：在社會控制中，大部分的制裁是非正式的。例如，人們常用蹙眉、鬼臉、粗鄙聲調、冷眼瞪視及其他姿態，作為糾正不適當的方式，亦即負面的非正式制裁。相反的，人們也常使用其他姿態，作為糾正不適當行為的方式，亦即負面的非正式制裁。相反的，人們也常使用熱

情的鼓掌、溫婉的微笑，以及其他不拘形式的撫肩拍背之類親暱動作，做為讚美的方式，亦即正面的非正式制裁。

(2) **正式的社會控制（formal social control）**：正式制裁是透過有組織的安排，給予報酬及處罰的方式。例如，贈勳、頒給學位、核發工作獎金或晉升職位，是正面的正式制裁；違規停車罰單、拘留、監禁、降級或罰款等是負面的正式制裁。

(四) **過程**：依據衛勒（Wheeler）的看法，社會控制過程可分為五個階段：

1. **界定偏差的定義**：是指依據法律、規範或行為期待而進行。
2. **察覺真實的偏差**：此步驟在於認知和察覺，社會上有那些偏差行為正在進行。
3. **決定是否控制**：此階段在判定偏差行為是否真正的違反規範。換言之，此偏差行為是否要進行控制。
4. **診斷偏差的本質**：當第三階段完成後，並且也決定加以控制，接著就要診斷偏差行為的真正原因，以做為選擇控制的途徑和方法之參據。
5. **處置偏差行為**：此為社會控制過程的最後階段，也是執行和採取行動控制偏差的階段。

(五) **方法**：主要的社會控制方式包括下列三種：

1. **社會化**：社會學家指出，大多數的社會控制方式是自制（selfcontrol），也就是不需假手他人而能節制自己行為。社會化就是將個人訓練教育成作社會所期望的標準性格型態的人的過程。在社會化過程裏，人們將社會規範內化（internalized）到個人人格，成為人格的重要指導原則；兒童時期的社會化是個人人格發展期中最重要的一段時期，如果在這時期中，一個人所遭遇的人際關係不理想，可能影響成年後偏差行為的表現。心理學家皮亞傑（Piaget）的道德發展論在這一方面有重要的貢獻。他指出，兒童的道德發展包括兩個主要階段，而每一個階段都受到三種變數的影響：
   (1) 兒童人格成長的程度：自我中心的或自制的。
   (2) 規則的性質：強迫性的或理性的。
   (3) 兒童與他人的人際關係環境：節制的或合作的。
   圖14-3可看出三者間具相互關係。

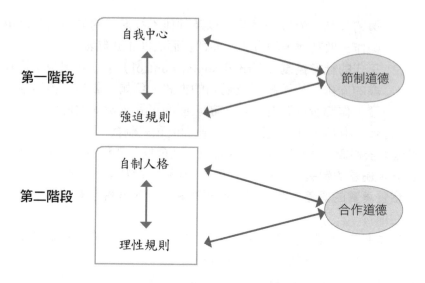

圖14-3　皮亞傑道德發展兩階段

　　道德發展論的第一階段有自我中心人格，強迫性規則與節制道德。在這一階段中，兒童尚無法與其他人合作，遊戲項目亦多模做，且聽從大人意願：兒童腦部發展尚未完全，推理及了解能力弱，對自己的行為不清楚，不知為何，或為誰而做。在這階段中，服從既有權勢規則是其特點。在第二階段的發展中，自治獨立性人格逐漸出現：大人權威減少，同儕團體內的合作程度增加，開始懂得尊重自己也尊重他人。兒童對規則的服從是由於了解其涵義，而非被強迫或懼怕。

2. **非正式團體的壓力**：是指同儕團體（peer group）的壓力，特別是在青少年時期。許多非行少年所以表現偏差行為是希望獲得其他同儕團體成員的認可與接納：大多數的青少年偏差行為很少是一個人單獨做的，常是由年齡相當的一群人一起做的。

　　偏差行為的產生來自青少年認為自己的行為與其他團體成員行為有差異，於是改變自己行為以獲取其他人的認可。同儕團體可能是鄰居、同學、同事、遊伴等比較合得來的人。有人不聽父母教訓，而朋友的勸說反而有效，就是同儕團體影響力的運用。因此，同儕團體和其他類似的非正式團體的壓力是很重要的社會控制方式之一。

3. **獎賞與懲罰**：獎賞是對遵守社會規範者給予物質金錢或聲譽上的報酬；懲罰則是針對偏差者的約束，可能是有形的，也可能是無形的處罰。例如公司給予表現優良職員獎金或升等，學校給予成績特優學生保送升學優待、表揚「好人好事」，「模範母親」，「模範勞工」或僅僅只是誇獎一番，都是獎賞對規範的遵守及超越的表現。

而懲罰目的在於提示社會成員違反社會規範可能付出的代價，希望人們因害怕受懲而遵守社會規範。

一般懲罰是有形的，關監坐牢，罰款，或當眾申誡。

以上三種主要社會控制方式，社會學家強調最重要的是社會化；是治本的方法。然而，社會化對一個已經違規的偏差者，卻無法產生緊急的補救功能。於是，大多數社會都以獎賞與懲罰做為社會控制的最直接而又最符合短期需要的補救方式。正式懲罰的根據是法律規條，懲罰的執行人員則是警察、法院，或其他治安人員。

(六) **社會控制的類型**：社會控制可分為四大類型：

1. **直接控制**：即控制者直接約束或管教偏差行為者或傾向偏差行為者，例如，父母對孩子的管教，老師對學生的指正，獄吏對監犯的教導等。

2. **間接控制**：指控制者並非直接管教偏差行為者，而是利用其他工具或途徑來抑制偏差行為的發生，例如，利用大眾媒體宣導吸食毒品的害處。

3. **消極控制**：即採用使偏差行為者感到不舒服的方式，或者是限制其活動之自由，使偏差行為不會發生，例如，老師提醒學生，抽煙會被學校記過。或是父母為了防止兒女到「網咖」，所以規定孩子放學後需立即回家且晚上不能外出。

4. **積極控制**：即以獎賞及鼓勵的方式抑制偏差行為的發生，勉勵被控制者遵守社會規範，例如，孩子若能在一個月內戒煙，父母便送他一支新款手機。

三、白領犯罪

(一) **定義**：蘇哲蘭（Edwin H. Sutherland）在1949年提出「白領犯罪」概念，定義為：「具有崇高社會地位的人，在其職業活動過程中的不法行為。」白領犯罪對社會的危害性往往比一般的「街頭犯罪」（例如搶劫、偷竊、傷害等）來得嚴重。白領犯罪的偏差行為，通指違反刑法、

民法與行政法禁止的行為。此一定義強調三個要素：偏差者的社會地位崇高、職業活動與信任均違背。

「白領」一詞的提出，係就美國社會階層中白領階級或藍領階級所提出的特徵。白領階級者，衣著為西裝、白襯衫、打領帶，負責行政或管理的勞心階級；藍領階級，則穿著藍色工作服，工作性質屬勞動的勞力階級。

白領犯罪的偏差動機在於，為了避免財物損失或支出，或為了獲得企業或個人利益，以非物理性的方式（nonphysical means）及以隱匿或欺騙手段所實施的違法行為。」白領犯罪不應侷限在與職業有關的犯罪上，也僅包括社會地位高者；任何透過詐騙手段實施的財產性犯罪，都可被視為白領犯罪。其核心在於有權勢者利用可得機會，濫用自己權力的犯罪。例如逃漏稅、信用卡詐欺、惡性倒閉，或是利用商業或政府信用地位進行犯罪的行為，例如收回扣、盜用公款等或職業上犯罪，例如醫療詐欺、勞健保詐欺等都屬之。

(二) **理論**：計有以下8種：

1. **古典犯罪學**：白領犯罪（公司犯罪）是公司經營者為了規避風險，經過理性的評估相關成本及利潤後，所做出工具性及策略性的選擇。

2. **生物遺傳學**：基於生來犯罪人的概念，公司犯罪，是一種遺傳而來的結果。但是就本理論的缺點，許多的白領犯罪人，看起來都不像犯罪者，況且生物遺傳因子，在白領犯罪的領域中缺乏實證依據。

3. **犯罪心理學理論**：在佛洛伊德的觀念中，認為白領犯罪是缺陷的超我、自我和本我的連結。然這些心理學理論對白領犯罪的相關研究，尚缺實證，因此在心理學的領域不多加著墨。

4. **社會控制論**：主張人的行為是受到社會或環境道德或禮節拘束或控制，因此公司管理人員愈附著於公司及參與公司事務，愈不會侵害自己的公司利益，但卻有可能為了公司的利益而從事侵害他公司的利益。

5. **差別結合理論**：以「學習」為理論依據，認為公司犯罪是個人進入公司或組織環境後，經由其他成員學習偏差行為技巧及合理化理由。

6. **結構緊張論**：Merton、Cloward和Ohlin主張追求財富為目的，在追求過程中，遭受挫折和緊張，進而為達適應所做出的偏差行為，公司為了追求利潤目標遭受阻礙，繼而形成公司經營者的緊張和挫折狀態，並以犯罪手段作為調適方式。

7. **組織行為論**：公司犯罪是由組織或是個人集合體實施，影響組織成員活動，甚至訓練成員從事特定行為。易言之，公司屬有生命的實體，對公司犯罪研究，當應從組織行為宏觀面出發，不應侷限在個體探討。

8. **自我控制論**：公司缺乏長遠規劃和宏觀遠見，為了追求眼前短暫利益，自陷於低自我控制狀態，以犯罪滿足公司所需利益和目標。

(三) **類型**：臺灣在1986年以前，治安良好，1986年以後快速增加的街頭犯罪、性犯罪以及白領犯罪。白領犯罪的發生，多與政治風氣和政策改變具密切關係。解嚴後，經濟犯罪範圍更加廣泛，危害程度深且手法新。政治風氣腐化，使得公司為了追求利益，陷於低自我控制狀態，藉由犯罪行為追求利益，例如行賄或背信等等。

種類計有以下四種：

1. **商業部門的白領犯罪**：利用犯罪手段的內部竊盜、盜用公款（業務上侵占）和商業行賄等，內部竊盜中，以盜取商業機密最突出，其次在業務上侵占方面，也會帶來公司巨大損失，商業行賄屬商業競爭產物，公司為能比對手更優先，以行賄手法達成目標，並非憑公司專業領先對手。

2. **政府部門的白領犯罪**：逃漏稅、瀆職和貪汙罪名最為常見，多與公務員公權力濫用或出賣公權力有關。

3. **專業人員的白領犯罪**：醫生、律師、藥劑師、工程師或會計師等具高薪且屬於高社會地位或階層的專業人員。例如：醫生為病人開不必要和昂貴的藥物，而獲取暴利等行為。

4. **各種機構的白領犯罪**：機構犯罪指影響力大的機構或其代表故意違反限制其對社會造成損害和要求其從事有益於社會的法律，並造成犯罪後果的行為。從被害人角度加以分類，有侵害雇員的犯罪，例如為了追求利潤危害雇員健康、侵害消費者的犯罪，如壟斷價格或銷售危險產品等和危害人類集體的犯罪，例如環境污染等。

(四) **損害**：根據蘇哲蘭的觀點，白領犯罪是富有的或高社會階層或受人尊敬之人在職業活動過程之違法行為，所造成的損失相當巨大。

1. 金錢損失比一般人所認知的犯罪問題嚴重的多。

2. 對社會關係造成損害。

3. 違反誠實信用原則，製造彼此間的不信任，降低社會道德和無組織感。

(五) 因應對策可採取下列三種對策

1. **正式處罰**：最直接的對策是加強刑事政策立法，因為刑事刑罰是犯罪行為最主要且最具刑法特性的法律效果，因此，透過對白領犯罪現象及原因的深入研究，衡量報應、威嚇和矯正等刑罰目的，以針對違法者及行為本身特性，制訂刑事立法和相關行政法規加以約束，並強化立法效果與弱化立法後可能的反效果，應能有效預防其犯罪。

2. **非正式處罰**：白領犯罪者，除正式處罰外，可附加非正式處罰，例如名譽受損、遭受嘲笑、不利工作發展、以及烙印化的羞愧心理等，有別於一般類型的犯罪者。專業人員或服務於公家機構者，一旦發生犯罪，會因而失業或遭受親友唾棄，因此，部分白領犯罪者在判決有罪時，會經歷內心烙印化的創傷。

3. **提升意識**：強化民眾對白領犯罪者危害的被害意識，以凝聚輿論力量，產生巨大力量以遏止其偏差行為。

   社會大眾對於高階層者，如有違法行為，並無強而有力的道德規範加以約束，導致民眾衡量類似犯罪行為的尺度寬大，無法凝聚輿論力量，予以監控。

   民眾對於各種白領犯罪的危害難以清楚瞭解，社會大眾不瞭解白領犯罪與一般街頭犯罪一樣嚴重，並具惡質性。

   專業化白領犯罪者被查獲處理時，有別於一般犯罪者處理方式，多由違法同僚之會計師、律師或特別訓練人員進行調查，經常透過行政上或非正式聽証，導致社會大眾誤解，視白領犯罪為輕罪或犯罪行為，使此類犯罪容易被大眾所忽略，而無法集合大眾力量，予以指責制裁。

   因此，如何強化民眾對白領犯罪的被害意識，以凝聚輿論力量，產生巨大力量以制止其犯罪行為，是一課題。透過大眾傳播媒體對白領犯罪的詳實深入報導，激發民眾對該犯罪施以輿論制裁。

四、犯罪黑數

犯罪黑數（dark figure of crime）是指不為大眾聞知或未受司法機關刑事追訴或處罰的犯罪數。亦指已發生犯罪，由於各種原因未被計算到司法犯罪統計中或未被司法機關追究刑事責任的犯罪數。簡言之，犯罪黑數是犯罪學上的一個專有名詞，由於被害人未自首或不敢報案、甚或未被查獲等因素，導

致真正刑案發生數量與官方犯罪統計案數據有明顯差距。究其原因來自社會大眾態度、犯罪者及其關係人、犯罪案件未被警察發覺,在輕罪與無被害者犯罪場合,更是常見。

五、犯罪化與除罪化

犯罪化(Criminalization)是指透過刑事立法手段,將原本不屬於犯罪的行為,賦予刑罰的法律效果,使其成為犯罪。近年來,隨著科技的快速發展、社會環境的變動以及受到國際條約的影響,許多行為成為犯罪化的對象。例如:電腦與網路的發達,產生許多利用電腦或網路侵害他人權益的行為,使得刑法在2003年修訂時,增訂了妨害電腦使用罪;或如我國政府為了配合國際智慧財產權協定,而大幅度修改著作權法,將著作重製等行為犯罪化。

犯罪行為之所以會遭受懲罰,主要的原因在於這些違法行為可能對於個人、社會或國家的法益造成嚴重的侵害,因此,社會必須採取較嚴厲的方式加以處罰,以確保社會的秩序與安全。

除罪化(Decriminalization)係指將原本被刑法所處罰的行為變成刑法不處罰的行為。一般而言,除罪化是經由修改法律、對法律加以解釋或由法院停止適用某一法律而達成,由與刑法對於人民權益的侵害甚鉅,因此部分不涉具體法意侵害的行為也常有除罪化的呼聲。除罪化往往僅指免於國家施以的刑罰,不等於合法化,並不必代表免除全部的法律責任,就算除罪化,該行為通常還是必須面對民事的損害賠償責任,或改用行政罰,特別在有懲罰性損害賠償制度的國家,刑罰係通常是被高額的損害賠償所取代。主要原因來自社會變遷及人民法意識的改變,而將之排除於刑法體係外,例如:「開立無法兌現的高額空頭支票」原本屬於我國的犯罪行為,目前已除罪化。

第十五章 現代化與全球化

本章依據出題頻率區分屬：**A** 頻率高

課前導讀

現代化是社會變遷的典型，全球化是二十一世紀社會面對的主要問題，而社會的麥當勞化更是影響後續社會發展的重點，本章即是以此三項主題為重點內容，在全球化及麥當勞化的內容，尤其是文化全球化及全球化的理論觀點，是近年來學者關注的焦點，請加閱讀，相關的報章雜誌或書籍的資料亦可補充，會有較完整的領會。

■系統綱要

一、第三世界

(一) **定義**：由拉丁美洲、非洲及亞洲等較貧窮的非工業化國家所組成。

(二) **特徵**：1.是殖民的遺產；2.根植於農業的經濟；3.快速成長的都市。

(三) **都市特徵**：1.貧窮和富裕懸殊；2.非正式部門居多；3.都市對鄉村明顯。

二、國家發展指標

(一) 國民所得。　　　　　　　　　(二) 經濟成長率。

(三) 產業人口結構。　　　　　　　(四) 健康狀況。

三、現代化

(一) **定義**：指社會結構的轉變，所從事的一切有關使生活方式或文化更合乎時宜的努力。

(二) **特徵**

　　1. 社會單位的特殊化。　　　　2. 社會單位的互賴性。

　　3. 社會互動的理性化。　　　　4. 集團化和民主化。

(三) **現代化過程主要特質**

　　1. **社會結構的分化**：特殊化與適應力的提高。

　　2. **社會關係的理性化**：選擇高效率方法以達目的。

(四) **理論**

　　1. **聚合論**：每個國家均以西方社會，尤其是美國的文化特質為中心，產生社會生活方式上的變遷，最後傾向文化特質的同質性。

2. **依賴論**：低度發展國家無論在經濟、政治、軍事上均依賴已發展國家，而已發展國家則從其購買低廉物料及傾銷貨品。由此如此的依賴與控制的密切關係，因而產生現代化。

3. **世界體系論**：由華勒斯坦提出，認為全世界國家可概分為核心國家、邊陲國家及半邊陲國家等三類。核心國家與半邊陲國家之間如同前述依賴與控制的關係，半邊陲國家與邊陲國家亦同。因而引起現代化的進行。

四、後工業（後現代）社會

(一) **定義**：服務業為經濟結構的主要部分，重消費，白領為主，知識與資訊為生產力源頭。

(二) **特徵**

1. 由福特主義到後福特主義。　　2. 資訊社會與消費社會為主。
3. 邁向後現代社會。

五、全球化

(一) **定義**：跨國工業生產、文化擴散和資訊科技的發達現象。

(二) **模型計分為三類**

1. 華勒斯坦（Wallerstein）的世界體系理論（World System Model）。
2. 菲德史頓（Featherstone）的文化全球化模型（Globalization of cultural model）。
3. 史卡萊爾（Sklair）的全球體系的社會學（Sociology of the global system）。

(三) **理論觀點**

1. 超全球主義論。　 2. 懷疑論。　 3. 轉型主義論。

六、經濟全球化。

七、文化全球化。

八、在地化與全球在地化。

九、社會麥當勞化

(一)效率（efficiency）。　　　　(二)可計算性（calculability）。
(三)可預測性（predictability）。　　(四)控制（control）。

重點整理

一、第三世界之特徵

第三世界的概念源自歐洲，此名稱植基於古老法國的社會觀念，當時社會分為三個階級：貴族、教士及平民，即一般周知的第一、第二及第三身分。該觀念於1950年代復活，用以描述軍事反殖民運動的出現。蜂起雲湧的反殖民運動將帶來新的國家及將結合而成全球政治的新勢力。這些新國家既非朝向西方的資本主義，也非朝向蘇維埃的共產主義，而是尋找「第三條路」（a "third way"）。

在今日的用法中，第三世界（Third World）一詞意涵世界的國家分為三大陣營。第一世界（First World）包括北美、歐洲及日本等富有的工業化國家，其經濟奠基於私人資產、支薪勞工及競爭。第二世界（Second World）指撤離資本主義世界體系的國家，其經濟奠基於生產工具的集體所有或國家所有，以及財貨的生產和分配由中央規劃——特別是俄羅斯和東歐國家。

第三世界（Third World）由拉丁美洲、非洲、及亞洲等較貧窮的非工業化國家所組成，多數不是過去的殖民地就是第一世界的附庸國，其中有許多國家在第二次世界大戰後才獲得政治的獨立。

多數第三世界的國家是貧窮的，但有些則累積龐大的財富——特別是阿拉伯的產油國家。第三世界有三項共同的特徵：殖民主義的遺產、根植於農業的經濟及快速成長的都市，其中第三世界的一個共同主題是被西方列強宰割的歷史意識及此種宰制的遺產——低度發展。歷史充滿著列強入侵、征服及併吞小國的諸多例證。

所有第三世界的都市中具有以下特徵：

(一) **貧窮和富裕懸殊**：在第三世界的都市中，貧窮和富裕比鄰夾雜並列。高樓大廈矗立在貧民窟旁，貧戶區緊鄰著豪華公寓和別墅、大飯店及夜總會。少數的中產和上層階級擁有彩色電視機和錄放影機、送子女就讀私立學校、穿戴義大利服飾和法國時尚及開日本或德國汽車。相極端的是龐大的都市居民，住在令人難以想像的條件下——不僅沒有電力，而且沒有堅固的建物、街道、下水道、廁所，甚至自來水。

貧窮與富裕的併置可以說明第三世界都市的高犯罪率及娼妓問題。第一世界的都市有遊民，但第三世界的赤貧人數則高出許多。

因此，第三世界的都市是一個貧窮和富裕並置的雙元性都市（dual city），是殖民時代遺產的一部分。歐洲殖民主義者為安頓自己及其行政機構，仿母國的樣式建造都市。惟允許當地人紮棚在都市的外圍地區，以滿足其人力需求。雙元性都市在獨立後之所以依然存在，乃因新國家將資源挹注於西式的政府大樓、寬廣馬路、工業及政府員工的住家，忽略傳統鄉村生活方式的福祉。鄉民大批加入都市違建戶和失業者的行列。

(二) **非正式部門居多**：第三世界三分之一的居民沒有定期支薪的工作，完全仰賴經濟的非正式部門過活，是指經濟活動發生於正常的僱傭關係及政府的監督和課稅之外。非正式經濟的基礎是以物易物和現金交易。例如，張三替李四油漆房屋，而李四以舊車送給張三當作回報，是以物易物而進入非正式部門。同樣，請工匠修理汽車，不必報所得稅而收取較低費用，此時即在非正式部門運作。

非正式部門普遍存於美國及其他工業國家，僅占經濟的一小部分。然而，在第三世界國家中，非正式部門是重要的。例如它提供因為各種財貨、服務及收入。正式部門是多數貧民無法進入的。因為無力購買正式部門的產品，也無資格就任正式部門的工作。非正式部門的主要優點是它毋須大的資本或正式的教育。黑市（black market）是非正式部門的一個面相，包括銷贓、逃稅，或非法分銷貨物、毒品、其他走私品及外國貨幣。非正式部門也包括餐廳和酒吧、理髮和美容院、裁縫店、事務所、照相館、臨時工廠及各種修理店，它們往往建在臨時的違建區中，服務棚戶區和貧民窟的居民。

(三) **都市對鄉村明顯**：許多第三世界的政府重都市輕鄉村。道路基金、通訊服務及其他設施都花在都市中。其中一個原因是高級政府官員大多住在首都。中產階級也傾向住在都市，而政府施政係針對中產階級的利益。多國公司和主要國內企業可能把總部設在都市，需要良好的交通運輸系統。第三世界的領袖仰賴這些公司造福自己和國家的經濟。

此種政府官僚、富裕商人及中產階級消費者雲集於都市，提供非正式部門的主要市場。窮人仰賴有錢人僱用他們充當管家和園丁、搭他們的計程車及向他們購買非法的酒類和其他的物品。非正式部門所提供的僅是累積創業的小額資本之機會。

持續移民都市的另一重要理由是，第三世界的政府補貼都市貧民及平抑
物價。鄉村貧民鮮少受到此項考慮。這並非統治精英較喜歡都市貧民，
而是害怕其鬧事。因此，移到都市的人民得到生活的改善。都市移民和
家鄉保持強聯繫。許多都市移民和家鄉仍保持交換關係，他們提供家鄉
的親戚現金或物品，而家鄉的親戚則提供他們價廉物美的東西。現金從
都市流向鄉村，而家鄉的禮品和財物送入都市。

二、國家發展指標

最普遍用來衡量一個國家的發展程度有四個指標：

(一) **國民所得**：即全國生產毛額與人口數的平均值，代表國民每人每年的生
產所得。

(二) **經濟成長率**：代表該社會經濟每年成長高低，愈高代表其經濟速度成長。

(三) **產業人口結構**：愈工業化社會，農業生產比例愈低，工業和服務業的比
重愈高，相反的，愈是低度發展國家，愈是以農業生產為主。

(四) **健康狀況**：是該國提供人民的醫療水準，通常以嬰兒死亡率和成人平均
生存歲數代表。愈是發達國家，嬰兒死亡率愈低，成人平均生存歲數愈
高，代表該國經濟發展水準。

三、現代化

(一) **定義**：現代化（modernization）指由一個社會結構，轉變為另一社會結
構的過程，簡言之，社會將技術、生活方式、社會組織、藝術、生產模
式等，變得更合乎時宜的各種努力過程稱之，與工業化有別。工業化
（industrialization）是指社會生產結構由農業轉為工業的過程，意指生
產方式的改變。

而「現代性」（modernity）是指十八、十九世紀以來由於工業化和資本
主義發展所造成的一個特殊而複雜動態的社會過程和結果，與過去傳統
的生活方式大不相同。由於西方資本主義擴張的影響，現代社會被等同
於西方社會，現代化等同於西化和進步，而經濟發展落後的國家所要追
趕的目標，就是西方社會所提供的發展模式，包括民族國家、工業化、
都市化，和各項相關的制度等。易言之，現代性是指由轉變到有機連帶
作為社會整合的基礎所標誌，始於社會互動的動態密度之增加。

(二) **特徵**：一個現代化社會的社會結構具有四項特質，分別為：

1. 社會單位的特殊化。具備特殊功能與單位，社會才能有效運作，也更能適應環境的挑戰。

2. 社會單位的互賴性。傳統社會是屬自給自足的，無需求助他人。現代社會單位的自給自足能力因分化而減低，因此需要依賴其他單位輔助。

3. 現代社會中，人與人的互動是超越家族界限而建立在普遍的原則上。理性思考是處事原則，考量的中心在於合理與否，而不考慮是否影響家人和親友。

4. 集團化和民主化。傳統社會少中央集權，且缺乏效率。現代社會，政府較具中央集權傾向，亦具高效率，加強協調各部門方式，造成中央集權與民主化兩體系的綜合。

(三) **現代化過程主要特質**：現代化過程中出現兩個最重要的特質：

1. **社會結構的分化**：分化（differentiation）係指社會組織裡的角色或單位由一變為二的過程，且這二個新分化的單位在功能上比原有的獨一單位更有效率，在分化中將涉及兩個相關過程：

   (1) **特殊化過程（specialization）**：使新的單位更專更精。

   (2) **功能調適能力提高（adaptive upgrading）**：使新分化單位具更強的適應力。

2. **社會關係的理性化（rationalization）**：現代化涉及成員尋求對理性目標能力的增高，理性係指選擇使用具高效率，能達到目的之工具或手段，是以理性作為選擇的標準，非以私人情感作為抉擇的原則。

   舉例來說，在傳統社會，經濟生產與家族組織是分不開的。但工業化以後，生產變成更具理性化的制度，更有效率。教育功能逐漸由家庭分離出來，同時由學校取代之。醫療功能亦由醫院或公共衛生單位負責。組織和社會階層亦都經驗分化過程，顯現理性化的特質。

   總而言之，現代化過程中雖帶來較合理、高效率的新社會體系，但同時衍生的調適問題仍不容忽視。

(四) **理論**：探究現代化的理論計有聚合理論（covergence theory）、依賴理論（dependency theory）、世界體系理論（world system theory）及經濟發展理論（economy development theory），茲分述如下：

1. **聚合理論**：聚合理論（convergence theory）假定每個國家都朝著現代的生活方式推進，最後每個國家都類似西方的模式。例如某些制度

與社會模式遍及世界各地，現代社會的人們分享共同的生活方式，如民主政治、兩性平等、科技主導等。聚合理論者認為社會變遷之所以發生，是由於個人獲得現代的態度與習慣。

聚合理論受到最嚴厲的批評在於將西方社會作為典範，尤以美國社會作為「典範中的典範」，不免失之偏頗，完全忽略發展中國家獨有的社會文化特質。此外，聚合理論也過份強調西方社會的同質性。事實上，美國、英國、法國、瑞典、西德等社會係各有其獨特的生活方式。

2. **依賴理論**：法蘭克（Frank, 1969）依賴理論（dependency theory）指出第三世界國家未能現代化的原因是它們依賴已發展國家，對已發展國家而言，低度發展國家的當前情形對它們具有經濟與政治利益。已發展國家發現第三世界可提供它們需要的原料，並能將產品銷售到第三世界，使它們無需在一個已經高度競爭的世界中從事更嚴重的競爭。

通常第三世界國家擁有一種主要農產品（糖或咖啡）或原料（錫或橡膠）做為主要經濟。這些國家經常不具改良經濟與技術資源。所以資源必須從國外引入——從較現代的國家或從西方國家控制的國際機構（例如國際貨幣基金會或世界銀行），從此這些第三世界國家便開始依賴已開發國家。依賴理論認為第三世界國家不能完全依循過去的現代化過程，因為它們的經濟與技術需求和它們在世界經濟中的依賴地位密切相關。

3. **世界體系理論**：華勒斯坦（Wallerstein）進一步闡述依賴理論的觀點而提出世界體系理論（world systems theory），從經濟、地理、歷史與政治層面，探討已發展國家與低度發展國家之間的關係。換言之，華勒斯坦認為低度發展國家很難趕上已發展國家，因為它們落後遙遠，且它們特殊的經濟結構又被強權國家所利用。

華勒斯坦認為世界經濟是以資本主義原則在運作。他將世界的國家分成三部分：

(1) **核心國家**（core states）是強權的軍事與工業國家，像美國、多數西歐國家與日本，它們藉由控制與資本而支配世界經濟，且成為全球工業的力量來源。

(2) **邊陲國家**（periphery states）提供必要的原料給工業化的核心國家。這些國家的經濟多為農業或某種初始的礦業。多位於非洲與拉丁美洲。

(3) **半邊陲國家**（semiperiphery states）介於核心國家與邊陲國家之間，這些國家在某些方面可控制自己的經濟與政治發展，但仍嚴重受到核心國家的影響。

至於第三世界的依賴原因分別為：

(1) 世界體系已使這些國家比以前更狹小、多樣、並以出口依賴做為主要的經濟。它們無法控制本國商品的價值，而是由核心的工業化國家所設定。

(2) 多數第三世界國家發現自身處於負債陷阱（debt trap）；它們為了發展經濟而須向核心國家借用龐大的資金。這些債務使他們更依賴於核心國家，而更無法控制自己的經濟。

(3) 多國公司（multinational corporations）的大量興起，它們以核心國家為基地，並在第三世界國家運作。雖然這些公司經常提供第三世界國家發展所需之資本與技術，但它們也在這些國家累積了相當可觀的經濟與政治力，並擁有龐大的影響力。

世界體系理論認為一個國家的發展不能獨立於和其他國家的關係。發展是屬於國際性的，不只是現代化理論強調的國內性。核心國家會持續控制世界經濟體系。

4. **經濟發展理論**：現代化理論中，羅斯托（W. Rostow, 1960）的經濟發展理論將經濟發展區分為以下五個階段：

傳統社會階段	以農業生產為主，使用的技術和技藝都是前科學的，人們傾向相信命運，也認為子孫將與其過著相同的生活。
起飛（take-off）前階段	人們相信經濟發展是可能而且必要。同時，由於企業家出現，動員社會資金，冒險投資以獲得利潤；增加投資，特別是在交通、運輸、貿易、金融等機構，使得現代工業生產開始出現。
起飛階段	工業大量發展，勞工需求大增；農業商業化，使得大量農業人口外移至都市成為勞工，都市化急速增加；又農業的商業化，使得生產力增加，供養大量工業人口。
邁向成熟期	工業成長漸穩定，開始尋找世界市場的縫隙，在世界中競爭，從依賴大型工業化產業（如鋼鐵）轉移至高科技產業（如資訊、化學等）。

大量和 高消費時期	生產從持久性消費產品到非持久性消費品。由於國民收入增加，所得中用於日常必需品的比例減少，有愈多的剩餘資金用在其他消費上，造就大量商品生產。同時，政府部門的社會福利、公共服務和社會安全的支出也增加。歐美、日本和現今東亞新興工業國已進入這個階段。

四、後工業社會

(一) **定義**：西方社會在1960年代之後逐漸轉型，成為後工業社會或後現代（postmodern）社會，後工業或後現代社會是指工業發展不再是經濟結構中最主要的部分，被服務業所取代，大量消費形成，白領階級取代藍領成為最主要階級，知識和資訊成為生產力源頭。後工業社會的形態透過全球化（globalization）過程，正逐漸擴散至其他新興工業國。其中，全球化是指跨國工業生產、文化擴散和資訊科技（透過人造衛星、網際網路和大眾傳播）的發達，出現全球性的社會關係和文化現象。

(二) **後工業（後現代）社會之特徵**：已發展國家自1970年代之後逐漸轉變，可從以下三個面：經濟發展的型態、資訊科技的影響及社會文化的轉型，其中最主要的經濟發展型態，具備以下特色：

1. **從福特主義（Fordism）到後福特主義（Post-Fordism）**：福特主義是指西方戰後以大量生產和大量消費為主的市場經濟。首先是由福特汽車廠在1914年開始，之後在二次大戰後普及於各產業和各先進國。福特主義的特色是將工作流程細分為不同的單位，並以生產線將流程整合，最後組裝成產品。由於工作的零細化，因此工人的技術層次降低、單位生產力大增，造成大量生產、勞工收入提高。

   由於國際資本之間競爭激烈，加以福特主義的大政府（福利國家）對經濟的干預，和大工會對公司的牽制，使得跨國公司形成，逐漸轉投資至國外，特別是東亞國家，造成先進國在1970年代初期面臨去工業化（deindustrialization）問題，失業嚴重、經濟發展停滯。在這個危機下，西方資本主義逐漸調整和轉型，以致出現後福特主義的經濟發展模式。

   後福特主義是指西方資本主義在面臨日本和東亞國家競爭過程，逐漸調整發展的發展模式。特色是大公司逐漸從層級分明的科層制轉變到扁平組織型態，不再大量生產，而是針對部分高消費者；大量使用高科技和自動化設備，從事彈性專業化，生產小量多樣的產品，以面對

快速多變的市場，金融資本全球性流動快速；相對的，福利國家逐漸
消退，被以強調發展和競爭力為主的國家機器取代；工會勢力逐漸受
到經濟景氣的影響和國家機器的壓制而瓦解等。

後福特主義的發展模式造就了新的世界分工模式。現今跨國公司已將
工作流程細分，將研究發展以及需要高科技和高技術的部分，留在國
內生產；將標準化而需要中等技術的外移到東亞和新興工業化國家，
且將標準化和技術層次低的，外移到部分邊陲地區，利用廉價勞動力
從事大量生產。

2. **資訊社會與消費社會**：資訊科技和知識成為現代西方社會經濟最重要
的一部分，可稱為資訊社會（information society），電腦資訊科技
運用至社會各層面，深深影響人類生活和組織方式。現代工廠中，電
腦的使用，使得自動化機器參與生產，因此，彈性、小量而精緻的產
品得以發展；在現代辦公室內，由於電腦的使用，可以快速過濾和消
化大量資訊，大大提升工作效率；在大眾傳播上，由於人造衛星的發
展，使得大量資訊可以快速傳播至世界各地。還有日常生活中的信用
卡、超級市場、飛機訂位系統、圖書館的借閱等等，無不使用資訊科
技，效率大為提升，同時改變人們的生活型態。近年來，更由於網際
網路的大量使用，人們可以不必到圖書館或辦公地點，就能夠透過電
腦傳輸資料。因此，陸續出現虛擬圖書館、虛擬辦公室、遠距教學
等。使得工業社會的時間和空間觀念大大改變。幾秒鐘之內，網際網
路就可以傳輸全世界的電腦節點。

又消費社會（consumer society）是指大量生產和大量消費時代，人的
行為和社會制度都圍繞在商品的獲取和消費上。例如服飾的需求已不
僅保暖，愈來愈講究多樣化，在不同場合穿不同衣服，透過廣告和百
貨公司的展示，刺激消費。同樣的，髮型、裝飾品，甚至身體（如瘦
身美容）都成為消費對象，也成為展現自我的商品。事實上，大眾消
費者已成為資本家的操弄對象，透過媒體和廣告，資本家不斷創造消
費者需求和慾望，造成消費和購買不必要的商品。另青少年透過大量
消費異類商品，塑造與主流文化不同的服飾、髮型，代表與主流的對
抗。因此，消費社會也是一個結合大量工業生產和社會制度的型態。

3. **邁向後現代社會**：由於產業結構、社會結構和生活方式的改變，連帶
的在社會文化現象和價值觀上也有相當的改變。後現代社會沒有一個

清楚的定義，可以說是超越現代工業社會。首先，人們不再那麼相信
工業帶來進步，因為環境的惡化已經使得生活品質下降。西方的中產
階級積極的參與環保運動，而反對毫無節制的發展主義，就是一個例
子。其次，不再崇拜工業社會的大而美的美學，而傾向小而美、片段
化、好玩的認同。在工業社會、大民族國家、大公司，和大工會，要
求成員自我訓練成為整體的一員，而後現代社會則是強調自我的片段
化認同，以族群、性別、社區，甚至年齡為認同基礎，快樂愉悅原則
重於對秩序的要求。這種雜質化和將多重不同性質的東西夾雜在一
起，而沒有整體的一致性，正是後現代的特色。它正在侵蝕工業文明
所帶來的進步觀、整體觀，和科學理性的信念。又敵視菁英文化的細
緻、認真和一致性，而標示大眾文化的愉悅、自我解嘲，和不需太認
真的目的。後現代的大眾文化與消費社會的商品特質連結，可隨意接
合完全無關的東西，而無一致的主題。因此建築形式可以隨意接合現
代建築風格，加上中國、西班牙，或希臘的古典形式；而在電影或小
說中，沒有固定一致的故事主題，而是將不同的故事同時混雜鋪陳或
是跳躍，但卻不太相關。

資本主義的持續發展，使得工業社會的現代化歷程，出現了新的形式。
而工業現代化的進步觀、時空觀念、美學、階級結構等都在改變之中。
簡言之，後現代社會的特色。主要表現在：

1. 經濟生產和流通愈來愈全球化，使得跨國生產和跨國界經濟活動成為
   常態，商業產品經常是在多國製造組裝完成，使得以單一國家或公司
   管制經濟生產的作法，愈來愈無效，需要多國或多家公司參與維繫經
   濟秩序。全球化使得過去以民族國家進行分析的看法愈來愈有問題。

2. 東亞和其他新興工業國家的興起，挑戰既有的西方發展模式。由於美
   國和西方愈來愈走向服務業為主的社會，大量的工作機會流向東亞和
   新興工業國，大量失業成為西方經濟的常態。值此同時，大量生產的
   方式改變，傾向以零散專業化的小型、彈性生產，扁平組織的中小企
   業成為後現代企業的主要類型。

3. 在認知上，後現代社會對現代性的科學、進步和理性，不再像過去那
   般樂觀的信仰，而充滿了不確定性。因為大量的工業化造成嚴重的生
   態問題，和生活品質的下降。人們愈來愈追求綠色環境和溫馨的社區
   生活，而不是污染的工業和冷冰冰的都市生活。

4. 大量工業化造成大量都市化，西方大都會人口逐漸銳減；象徵發展的摩天大樓不斷的在新興工業國平地而起之時，西方大都會則不再熱衷興建摩天大樓，而傾向喜好小型而有人性的建築形式。

5. 大量消費的社會和消費文化的傳播，加上全球化的經濟、文化和移民，使得個人的認同愈來愈片段化和零碎化，不再像過去那般的一體和一致化。民族、國家、性別，和區域認同充滿模糊性和可變性。

相對於從農業進入現代社會時的自信和充滿樂觀，在進入後現代社會的時期，卻是充滿不確定性。人們不再認為科學和理性是萬能，也不再確定過去對國家和民族的信仰。

表15-1　傳統、現代與後現代社會特質比較

	傳統社會	現代社會	後現代社會
主要產業	農／漁／牧業	工業	服務業
主要生產力	自然力／人力／獸力	機器	資訊與知識
生產組織	地緣／血緣組成	科層制	扁平組織
生產方式	與自然結合	大量生產	彈性專業化
國家機器	傳統父權／民族國家	福利國家	競爭力國家機器
時間觀念	自然時間	工業時鐘時間	壓縮時間
美學	自然主義	大而美／精緻的整體	小而美／片段愉悅

五、消費社會與消費文化

消費社會與消費文化（consumer culture）是因著資本主義成熟發展而形成的文化形式，使過去許多的文化想像面臨著更改的命運。主要是因為當代社會已經和早期講究節約、勤奮與努力生產的社會有了不同的生活理念。以現今社會發展而言，基本上是處在一種科技高度發達的階段，以消費、傳播和信息符號等作為工業生產的引領指針，而在文化建構的層面上，也有以消費作為思考對象的趨勢。我們稱為消費社會的誕生，它的出現和資本主義的大量生產，以及為了消耗這些大量的產品而進行的各類廣告和品味建構，有直接的因果關聯。

消費社會的一個重要特色是，消費品被包裝成為一種品味與能力的表徵。以商品的價值為例，在過去，一件商品（如衣服、運動鞋或化妝品等）的價值取決

於其實用性與投入生產所需花費的成本，這種價值觀在當代已被商品所能提供的聲望、名譽和社會地位等符號表徵所取代。也就是說，在大量生產和使用價值與勞動成本均相差不多的情況下，廣告所營造出來的商品意象（權力、聲望、地位）和品味，已經成為主要的消費對象，並且成為決定一樣商品是否具有生產價值的主要參考依據。這種以商品所能提供的品味（如典雅、健康、叛逆、瀟灑或「酷」等）和意象決定商品價值的文化邏輯，是當代社會重要的一個構面。這種發展不單標示著消費文化已經成為當代的主要文化型態，同時也使符號凌駕真實，成為決定世界建構的主要力量。

階層化（stratification）消費是當代資本主義社會共同擁有的特徵，在藝術欣賞、娛樂、休閒和運動的場域，可以發現類似的階層區劃原則。高爾夫球的被冠上一個「高而富」的遊戲名稱，各種休閒俱樂部的採行只對會員開放的政策，乃至飯店餐廳的最低消費額設定和等級排比等，都說明消費已經成為一種身分地位的表示或表徵。雖然這種運作法則並沒有從根傾覆或壟斷我們所有的消費行為，但不可否認的是，在資本主義的社會裡，層級化消費是許多人藉以證明他人或自己是屬於某個階層的重要參考指標。姑且不論此認證是否只是一種資本主義的惑世遊戲，但的確使品味和形象成為當代社會的重要消費對象。層級化的消費並沒有辦法真的購買到獨一無二，或任何屬於唯一、本源的東西。消費的只是商品的符號價值而已，這是當代消費社會所創造出來的獨特景象。

六、網路社會

「網路社會」（network society）亦即資訊社會（information society）的重要內涵，具備知識社會（knowledge society）的特性，是指電腦科技網路運用到社會各個層面，成為一個虛擬的電路世界或社會（virtual circuit world or society）。是二十一世紀的主流，影響所及分別為：

(一) **生產彈性化、精緻化與小量化**：屬後福特社會的生產方式。

(二) **工作效率提昇**：辦公室的大量文件處理與儲存功能顯著提高，效率隨之提升。

(三) **傳播更加迅速**：加速全球化（globalization）現象的進行。

(四) **生活型態改變**：虛擬辦公室、圖書館、遠距教學、網路購物及交友等，使得社會成員的生活型態大不如以往。

(五) **職業結構改變**：低薪的商業服務人員與高收入的技術或專業經理人，形成顯著的階段劃分與社會階層顯著化，兩極化社會更加突顯。

(六) **權力結構改變**：網路社會強化權力的兩極化現象，高階主管透過網路直接監督現場人員，員工只能接受命令；但有人提出，員工亦可透過網路傳達意見與心聲，可使高低權力關係獲得紓緩，顯然是有不同的見解。

(七) **世界的兩極化更形嚴重**：已發展國家透過網路更加發達，但低度發展國家缺乏網路設備與人才，發展更形艱困，因此，國家與國家之間的兩極化現象更加顯著。由此可見，資訊科技改變社會生活，也提高了生產力及消費能力，更強化消費社會的型態。

七、全球化

(一) **定義**：蕭博銘（2005）指出，全球化（globalization）是指「全球性」（globality）「變化」（-ization）過程，是一種全球性的變化過程，也是一種「現象」（phenomenon）。

「國際貨幣基金」（International Monetary Fund，IMF）將全球化描述為：「透過大量與多樣的商品、勞務地跨國交流與國際資本流動和加上科技急遽發展與廣泛的流傳，使得世界各國之間的經濟互賴逐漸成長」。簡單的說，全球化代表著流動（flows）與流動性（mobility）的急遽變化。

德國社會學家貝克（Ulrich Beck）將全球化（globalization; globalisierung）與全球主義（globalism; globalismus）加以區別：全球化是相對空間的壓縮和「世界村」（World village）的形成，換言之，是沒有一個國家或是任何一個群體可以離群索居：而全球主義代表的是新自由主義（neo-liberalism）提出的自由市場意識形態概念，也就是說，全球主義的意識形態會讓我們強烈的聯想到這是一個商業經濟帝國主義社會的世界觀。

又從全球化的意涵分析，全球化是透過政治、經濟與文化三部曲進行的，表示三種不同面向：首先是「經濟全球化」（economic globalization），代表廠商與企業跨越國界的活動，包含跨國的金融投資、商品、勞務等遠距離的經濟交流；在貿易方面，各地交流有絕對的自由；金融與勞動也都是可以無國界的方式移動；生產則是各國競爭優勢。換言之，經濟全球化代表著新自由主義觀的勝利；其次是「政治全球化」（political globalization），是指國家主權應退出，最後交由「非政府行為者」（non-state actors）或類似「世界政府」（world government）的全球政

體進行治理；最後則是「文化全球化」（cultural globalization），文化全球化利用符號為媒介，利用傳播媒體建立文化同質性（cultural homogenization），特別是利用消費文化達到標準品味，使世界各地看起來大同小異，同時也帶來文化全球化。

林賽（Brink Lindsey）提出「全球化」廣義的定義：「它有三個不同但彼此相關的意義，首先是用來描述市場在跨越疆界（政治因素或技術因素所導致的疆界皆然）並日趨整合後，所形成一個經濟方面的現象；其次是指嚴格地用來描述政府在面對國際間財務、勞務和資本的流動後，撤除原來所強制施加的障礙；最後，則是用來描述在國內及國際領域中，當以市場為導向的政策推廣至全球後所形成更為廣泛的政治現象。」亦即，「全球化」（globalization）是指一種成長中以全球為場域及世界一體感互相連接的事實。全球化因資本主義、市場經濟、資訊傳播科技和交通運輸科技等基本要素互動而產生的一種「跨域超界」新連結。全球化表現了大規模生產（mass production）、大規模消費（mass consumption）、大規模溝通（mass communication）及大規模參與（mass participation）的特色。具體而言，人類組織與活動的空間形式，在活動、相互作用及權力運作方面，轉向了跨國、跨區域、跨文化或跨科際的超界變化，它涵括了各種社會關係與制度機構在時間和空間上的強化與深化。

事實上，全球化縮短了人們彼此間的距離，也使更多的人享受到科技發展的果實。然而，另一方面，全球化的結果也使人與人、企業與企業、甚至國家與國家之間的競爭更形激烈。資本主義的市場結構中，當身處核心位置的國家與跨國公司企圖以全球化網絡宰制邊陲的國家與市場時，必然遭受來自邊陲的反撲。

克拉克（Clarke，2000）對全球化提出以下三個不同的概念層次：

1. **將全球化視為獨特的過程或是在經濟、社會及政治影響下的一個過程**：將全球化視為獨特的過程是指全球化為因果的過程－政治、經濟及文化面向已重構地理疆界，並將世界建構至新的範疇。而視全球化為經濟、社會及政治運作過程下的產物，則是將地區及國家間的轉變與互動關係視為經濟、社會、政治及文化動力下的結果。

2. **全球化是具明確方向的直線發展，也是矛盾及複雜情境下的混合體**：全球化是同質性的過程，在日益增加的資本流動、投資之下及消息不

順暢之阻礙排除後而建構的「新世界秩序」（new world order）。但全球化也是居於不對等及矛盾、緊張的狀況。因之，經濟、社會、政治結盟呈現出分化的衝突；並以不同的方式將區域及國與國間再重新組合。因此，產生異質化及文化分化的形式。

3. **將前兩者連結，視全球化為具啟發性的變遷或屬於不平等及未完成議題的類屬。**

亦即，可將全球化視為「許多不同過程互動產生的複雜結果...」。

(二) **模型**：史卡萊爾（Sklair）提出全球化的三個不同模型，分別是華勒斯坦（Wallerstein）的世界體系理論、菲德史頓（Featherstone）的文化全球化模型以及史卡萊爾（Sklair）的全球體系的社會學，分別是：

1. **華勒斯坦（Wallerstein）的世界體系理論（World System Model）**：華勒斯坦全然由經濟活動看待全球化現象，依序由核心國家、半邊陲國家及邊陲國家加以說明（見前述現代化理論，不再贅述）。

2. **菲德史頓（Featherstone）的文化全球化模型（Globalization of cultural model）**：菲德史頓主要從全球化的文化現象來研究社會和文化的關聯性。每一個家主要分享的內容有下列三項：
   (1) 在世代與世代間的成功經驗得以持續。
   (2) 對於國家的歷史有一個集體的認識。
   (3) 在分享共同經驗之餘，有一個共同的尊嚴。

3. **史卡萊爾（Sklair）的全球體系的社會學（Sociology of the global system）**：史卡萊爾純粹從社會學的角度來分析全球化現象，不同於前述的經濟與文化觀點。主要是不以一個國家的立場來分析，而是從一個國家的轉變過程來看待，而是以經濟、政治和文化（或意識型態）三個面向來分析。

(三) **理論觀點**：蕭博銘（2005）指出，全球化理論被劃分為：超全球主義論（Hyperglobalizers）、懷疑論（Sceptics）與轉型主義論（Transformationlists）三派。這三派的爭論核心點在於全球化的存在與否以及存在的面貌又是如何，分別是：

1. **超全球主義論**：超全球主義論（Hyperglobalizers）又稱做「全球化誇大論」或全球化超越論認為：全球化帶來一個嶄新的新時代，一切舊有的制度將在新一波的經濟全球化浪潮之下崩潰，包含民族國家（nation state）也將被終結」。此學派又可以劃分為兩類：

(1) 新自由主義學派（neo-liberalism）：樂觀認為「全球化是人類進步的象徵」，也是代表著全球市場與經濟的整合為一體，衷心擁護全球化的進行。

(2) 新馬克思主義學派或新左派（neo-Marxism or neo-Left）：認為全球化等同於帝國主義化、西化，也代表著資本主義的勝利，其結果是缺乏公平與公正的兩極化，國家淪陷成為國際資本的「代理人」。持全球主義論者一致認為，全球化是一股不可避免的趨勢，國家主權將在「經濟一體化」受到高度挑戰，因為全球化將根本重新建構新的「人類行為架構」。只是新自由主義學派樂觀的表示全球化將在「資本控制勞動」下達到「非國家化」（denationalization）的趨勢，而新左派對於這種潮流趨勢下的全球化演變感到憂心與悲觀。

2. **懷疑論（Scepties）**：懷疑論是針對前述「超全球主義論」論調的一種反撲，認為全球化是一種迷思（myth），並且對於全球化的存在持高度存疑態度，代表學者以赫斯特（Paul Hirst）和湯普森（Grahame Thompson）為主，認為全球化是根本是無中生有，兩位學者透過經濟史與比較研究方法，發現全球化在經濟上僅是到達「國際化」（internationalization）的程度，並未達到全球化的程度。同時認為，超全球主義論者口中的「經濟一體化」的現象是個謬誤，因為世界經濟是朝向美洲、日本與歐盟這三塊的「區域化」（regionalization）方向進行，這種區域化對於全球化而言是一股阻力；同時就政治上而論，懷疑論者仍然認定「民族國家」能力仍然存在，並未像超全球主義論者所言般的朝向「非國家化」的趨勢。此外，此派相當不認同新自由主義者所認定全球化替所有人類所帶來的樂觀未來的願景，認為現今所謂的全球化只會將人類帶向更不均衡的未來。

3. **轉型主義論（transformationlism）**：相較於前兩學派的論調，轉型主義學派（亦稱過程論）觀點是比較中庸的，英國季登斯（Anthony Giddens）和德國貝克（Ulrich Beck）是此派的代表學者。對於全球化的發展軌跡並未預設一定立場，試圖在超全球主義論者所言的「人類行為架構」的全然翻新和懷疑論者口中認為並無全球化發生的兩種論調中，取得均衡。轉型主義論者認為，全球化的演變是一種偶然的歷史過程，誰都無法預測全球化的方向。因此，轉型主義論者既不可否認全球化的存在與威力，但也不同意超全球主義論者關於傳統國家消亡的論

調，只是承認在這種全球化趨勢之下，傳統國家不再具有傳統般的絕對主權，而是在跨國性的國際問題與國際性組織的挑戰下，必須「重新調適」自己國家的權力。總而言之，轉型論者認為在全球化下，國家不會消亡亦不會因此而強大，只會因此邁向轉型與重組之路。

表15-2　全球化概念形成的三種趨勢比較

	超全球主義論（Hyperglobalizers）	懷疑論（Sceptics）	轉型主義論（transformationlists）
何種新面貌	全球化世紀	貿易區塊：地域統治力較前期來得薄弱	前所未見的全球性交流與連結
主要特徵	全球資本主義、全球治理、全球公民社會	世界互賴程度低於1980年代	密度高與範圍廣的全球化
國家統治權力	衰退或被侵蝕	強化或提高	重新組合或是建構
全球化動力	資本主義與技術發展	國家與市場	現代性的力量混雜
階級型態	舊有階級體系崩潰	南方國家利益被邊緣化	出現新建構的世界秩序
中心主題	像麥當勞之類的多國籍企業	國家利益	政治社群的轉化
全球化的概念形成	人類行為架構重新建構	是指國際化與區域化的過程	視為是一種區域間關係與遠距行動的重組過程
歷史軌跡	全球文明的出現	區域板塊與文明衝突	介於全球整合與全球分裂之間
論點摘要	民族國家之終結	國際化程度乃受國家默許與支持所決定	全球化正在轉變國家權利與世界政治

資料來源：蕭博銘（2005）

3. **轉型學派**：轉型學派（Transformation thesis）的代表人物是Anthony Giddens & M. Castells。認為全球化是推動社會、政治和經濟轉型的主要動力，同時正在進行世界社會和世界秩序的重組工作。不僅跨國界的政府和社會正在進行重大的重整，國際和國內、外交和內政的界線也不再清晰可見。也就是說，全球化正在產生一股強大的轉型力量（Transformation Force），促使世界秩序中的社會、經濟和制度產生巨大轉變。

同時在轉變過程中，又充滿變數，誰都無法預料其發展方向和所欲建構的世界新秩序。換言之，轉型學派並不否認全球化的存在和影響力，也不斷言全球化必然導致傳統國家的消亡，易言之，轉型學派並不針對全球化做出任何定論或價值判斷，也不認同新左派的全盤否定全球化，也不贊同新自由派的正面肯定自由化之功能，僅提出全球化是一個長期的歷史過程，其發生和發展充滿自身的矛盾，因此其內容和方向是無法預知的。

此派的主要代表人物Anthony Giddens是超越左派（Beyond Left and Right）和第三條路線（The Third Way）的作者，主張中間偏左的政治和社會哲學，亦即居於中道立場，因此獲得掌聲較多，完全是以一種中道的方法和途徑來看待全球化現象。

4. **懷疑派**：懷疑派（sceptical thesis）代表人物是P. Hirst & G. Thompson，認為全球化是一種迷思（myth）和天方夜譚。此派從歷史角度提出全球化並非是目前才有的，並非新玩意，只是一種發達國家經濟之間的國際化，各家所強調的全球化實屬誇張的錯誤。

綜上，新左派將全球化等同於新帝國主義，新自由派認為全球化是人類進步的象徵，轉型學派則認為全球化推動社會轉型，懷疑派則認為全球化是無中生有，各有不同的論見。

(四) **面向**

1. **經濟全球化**：在經濟全球化（economical globalization）過程中，資本、勞動力、技術、勞動條件、工資率等均產生跨國（cross-nation）流動現象。資本工業國家透過資本累積、企業結盟、技術更新與交流等策略，讓企業的競爭力超越國家地域界線，在國際之間形成無比的操控能力。對於勞動者而言，由於資本在國與國之間的高速流動，讓資方擁有更多的選擇，一般多傾向選擇有利於其資本累積的優勢環境，例如：臺灣產業的南進、西進政策，以及引進外勞等。如此一來，相對地降低了工會與資方協商空間與力量，勞資關係勢必面臨重整，工會組織與運作方式亦須隨之調整。也由於資本的跨國流動，使得企業組織將面臨的組織結構不健全或經濟不穩定之高度風險（risk），轉嫁至勞工，使得勞動者就業風險（the risk of the unemployment）隨之提高。由臺灣地區近兩年來由於關廠、歇業所造成的失業勞工人數增加，可見一斑。

臺灣地區在過渡至已發展國家的過程中，面對經濟全球化整合之際，無論在工作、市場和社會均產生莫大轉變，新的行業、新的工作、新的工作場所、新的生活方式與新的勞工問題相繼浮現。無論是工會組織、勞資關係、勞動條件、勞工福利、安全衛生、勞動檢查、職業訓練、就業服務與失業保險等相關勞動政策，都必須採取新的態度與做法，也就是說，都必須進行調整、更動或變革，不僅可以有效降低全球化所帶來的衝擊與負面影響，進而讓臺灣地區廣大的勞動者，在全球化的過程中，獲致基本權益保障與勞動生產力的提昇，帶動臺灣地區另一波的經濟成長。（見表15-3）

2. **文化全球化**：社會學從人類互動意義增強角度定義全球化，是指人類集團之間的聯繫，隨著社會發展而逐漸加強，最後形成全球性的聯繫，此過程即稱之為全球化。政治經濟學者將全球化定義為英國資本中心出現之後，資本中心和資本週邊的關係，此過程不僅是經濟過程，也是政治過程。也有學者認為，全球化是一種公共物品，是文化的傳播。更有人透過對現實的描述加以定義，全球化是全球網路的金融、資訊、資本，乃至思想，其跨越國境，使市場變成了世界市場。

表15-3　經濟全球化一覽表

面向	全球化的理想典型	事務的現今狀態
貿易	各地之間有絕對的交易自由。服務與符號商品不定性的流動。	最少的關稅障礙。大量的非關稅和文化障礙。區域性的新重商主義。
生產	各地區的均衡生產活動只由物質／地理優勢所決定。	技術性的分工取代國際性的社會分工。生產出現大量的分散情況。商品去實體化。
投資	最少的國外直接投資，且由貿易和生產聯盟所取代。	企業聯盟取代跨國公司，但仍存在大量的國外直接投資。
組織概念	對全球市場的彈性反應能力。	彈性典範已成正統，但福特主義實務仍存在許多部門當中。
金融市場	分散化、即時的且「無國界」。	全球化大半完成。
勞動市場	勞力能自由移動，不再永久屬於某個地區。	國家管制漸增。面對「經濟」遷移的機會，個人承受很大的壓力。

季登斯（Giddens）等人認為，全球化是一個綜合性的發展過程，經濟全球化必然導致文化和價值等的全球化。季登斯指出，全球化主要是一種經濟現象，也是空間和時間的轉變，不是一個單一過程，而是各種過程的複合。「總的來說，全球化是一個範圍廣闊的進程，受到政治與經濟兩種影響的合力推動。不僅作為當前政策的背景：從總體上講，全球化正在使我們所生活的社會組織發生巨變。」

其中，全球化對弱勢文化的影響至少可從兩個方面來看：(1)全球化將資本主義文化推廣到全球，引起「商品化」及「市場化」，對弱勢文化形成重大衝擊；(2)是全球化激起文化的本土化（localization）。西方發達的資本主義文化的擴張形成了對各民族本土文化的強大衝擊，不僅是發達的資本主義文化衝擊發展中國家的本土文化，且這種現象同樣發生在西方已發展國家之間。近年來，文化業在世界經貿中的比重激增，美國憑藉優勢，特別是在多媒體、網際網路、衛星電視等方面的強大勢力，以貿易自由化為藉口，積極打入他國文化市場，既滲透文化，又獲取實利。美國的近鄰加拿大首當其衝，受害最深。其95%的電影、93%的電視劇、75%的英語電視節目和80%的書刊市場主要為美國文化產品所控制。加拿大政府對此深感憂慮：如果聽任美國文化大舉入侵，加拿大文化就有被美國文化淹沒的危險。因此，近年來，加拿大亦採取一系列保護本國文化的措施。同樣的事情也發生在法國。法國電影界人士曾經大力呼籲政府採取措施，保護本國的電影業，阻止美國好萊塢的大肆入侵。

綜上所述，全球資本主義文化的擴張，給非西方的弱勢文化帶來的是商品化與市場化，讓其傳統文化直接面對衝擊。引起的是人們消費慾望的上升，同時也是追求失落後的反抗。在此過程中，不可否認的是，多數人的生活水準提高了，得到了很大的實惠。但是，由於不平等的國際市場的存在以及不同國家經濟實力的不同，大多數弱勢文化群體的需求不僅未得到日益提高的慾望的滿足，國內的不平等現象更加劇了失落感或剝奪感。資本主義向人們展示了未來世界的圖景，但並未給人們實現它的希望。於是，人們又重新回歸傳統，以尋求精神上的安慰。

表15-4 文化全球化一覽表

面向	全球化的理想典型	事務的現今狀態
神聖風貌	去領土化的多種宗教雜陳並列。	相對化和基本教義主義。
族群風貌	去領土化的世界主義和多樣性。	新興的次國家主義和超國家主義。
經濟風貌	模擬和表現的消費。	商品高度的去物質化。
媒體風貌	影像和資訊的全球分布。	影像和資訊分佈的去區域化。
休閒風貌	普遍的觀光業和「觀光業的終結」。	主體和客體的去分類。

文化全球化之後所產生的一個現象就是文化帝國主義現象（Cultural imperialism），原本帝國主義是指透過侵略、征服、控制與剝削別人來獲得最大的利益，傳統帝國主義國家是運用其船堅炮利、金融與商品，也就是以軍事或經濟手段來達到目的。而新帝國主義則更推陳出新，除用軍事、經濟手段外尚運用文化、思想等方式。薩伊德（Edward Said；1935-2003）認為，這種新型態的帝國主義可稱之為「文化帝國主義」。文化帝國主義是在二戰後興起的一個概念，用以指控西方已發展國家強加於第三世界國家的一種新的控制形式，包含兩層含義：

(一) **現象面**：指與資本主義/帝國主義全球擴張有機結合的文化現象，如宣揚或隱含西方意識形態的大眾傳播、消費主義的生活態度和生活方式，以及由此引發的其他文化傳統的瓦解和民族認同危機。

(二) **認知面**：指解析這種現象的一整套思考角度、學術探討、理論觀點、價值取向及研究方法等話語體系，其中特別著重於解析大眾傳播媒介關鍵性作用和決定性意義，文化帝國主義亦被等同於媒介帝國主義。

　一般而言，文化帝國主義有以下特徵：

1. 以強大的經濟、資本實力為後盾，主要透過市場來進行的擴張過程：某些經濟上占支配地位的國家向其他國家有系統地擴展其經濟、政治與文化控制方式，其結果導致了實力雄厚的已開發資本主義國家（特別是美國和西歐）與相對貧弱的開發中國家（特別是第三世界和南美、亞洲、非洲等單民族的獨立國家）之間形成的支配、附屬和依賴的全球關係。

2. 是一種文化價值的擴張，透過含有文化價值產品或商品銷售實現全球性的文化支配：超強大國具有按照自己價值觀改造整個國際關係的力量、意志、智慧和道德原動力，例如以美國為領導的西方國家，透過對外文化教育交流及援助項目或利用技術上優勢向落後國家大量輸出自己的文化產品，使這些國家認同並接受他們的價值觀念，造成發展中國家在文化生存與發展的許多方面（如：價值觀念、學術語言、產業形態等方面），不同程度地受到西方國家文化入侵。目前，無論是在服裝、食品、電影、電視，還是在建築設計方面，都充斥於第三世界。在這種衝擊下，落後國家不僅面臨著產業形態上殖民化的威脅，也面臨文化產業創新能力不足。既不利於低度發展國家人民創意發揮，使他們停留在複製學習境界，永遠保持落後狀態，進一步造成這些國家人民對民族國家和民族文化認同的危機產生。

3. 透過資訊傳播實現文化擴張：西方國家借助傳媒媒體力量，利用廣播、電視、廣告、流行音樂、通俗文化等大眾媒介和大眾文化，將自己的強勢文化滲入到人們日常生活中，將造成世界上確保文化產品豐富性和多元性的條件繼續惡化。再者，全球性文化產品市場形成和跨國傳播領域越來越大的情況下，對資訊單向流通所產生的文化差異也逐漸擴大。

簡言之，文化帝國主義又稱為文化殖民主義，有歷史上帝國主義以軍事力量入侵他國類似的概念。泛指全球媒體輸出者支配文化較弱勢的國家之媒介消費的趨勢，將本身的文化及其他價值加諸在他國的閱聽人上，其中的輸出內容還包含了科技、所有權、生產價值、專業意識形態。

3. **政治全球化的公民參與**：全球化時代中的公民參與在範圍、行為者、議題、目的、以及模式等皆與過去有所不同，表15-5所顯示的即是傳統及全球化時期公民參與的差異，分別是：

   (1) 範圍上：傳統的參與僅是著重於國內場域，但在全球化時代，參與的範圍已擴展到跨國性的場域。換言之，傳統的公民參與，其所關切的是國家究竟能釋放出多少的參與空間，使公民有權決定攸關其個人的權益，至於在全球化的時期，各國的公民更加關切的則是各種跨國性的公共議題。

   (2) 行為者方面：傳統時期僅以國內民間社會成員為主，但在全球化時期，跨國的公民社會網絡的連結已成為普遍的趨勢，而跨國性非國家行為者的數目及其在公共議題上的影響力亦逐漸增加，國

際非政府組織（international non-governmental organization, INGO）數量的持續增加便是一例。

(3) 參與的議題方面：傳統的參與僅著重在國內的民主政治、人權維護、以及弱勢族群權益的保障等，而其目的則在於追求公民權益的追求及保障，然而，到了全球化時期，公民參與的議題不再僅限於國內，國際和平、人權維護、南北均衡、環境保護、以及保護稀有生物等已成為普世的規範，而人類永續的發展則成為全球公民運動努力的目標。

(4) 模式方面：以國內場域為主的公民參與，主要是採取由下而上的參與形式，換言之，人民透過選舉、參加政黨、各種不同團體、及進行社會運動等方式以達改變政府政策作為之目標。當參與的範圍由國內走向跨國性場域時，在資訊科技的推波助瀾之下，不同國家內部公民社群之間的聯繫變的緊密，而跨越國界的非政府組織不但以最直接的宣傳方式，透過全球化強調在市場與科技力量支持下，全球商品、消費乃至文化、價值觀和各地人們的行為模式都有趨同（convergence）的發展。樂觀全球化者認為，這不僅不可避免，也是全球邁向市場自由主義的必經道路。隨著科技發達、通訊與交通的發展，人類的各式活動範圍，無論是人流、物流及知識流皆快速流動，流動範圍擴及全球，並且傳遞速度也不斷加快之中，政治、經濟、社會、文化都無法自外於此浪潮，所有的事務及活動幾乎都在同一時間同步脈動，這就是「全球化」的世界。

表15-5　傳統與全球化時代的公民參與

	傳統	全球化時代
範圍	國內場域	跨國性場域
行為者	以國內民間社會的成員為主，例如：政黨、派系、社會團體、社會運動等	強調跨國公民社會之間的行為者網絡，例國際非政府組織、跨國公民社會運動等
議題	國內民主、人權、保護弱勢團體等	強調國際和平、人權、南北差距、環境保護、經濟安全
目的	追求自我權益的維持與保障	追求人類永續的發展
模式	由下而上	由外而內

八、在地化與全球在地化

在地化（localization）亦稱本土化，是相對全球化而來的另一潮流。由於全球化強調在市場與科技力量支持下，全球商品、消費乃至文化、價值觀和各地人們的行為模式都有趨於同質（convergence）的發展。樂觀全球化者認為，這不僅不可避免，也是全球邁向市場自由主義的必經之路。

在地化者則認為，全球化趨勢已被擴大。事實上，各地多元文化的活力仍然旺盛，藉由全球化的刺激，產生創新性的抵抗因子。此種辯證效果，使資本主義全球化反而加強在地化意識的覺醒。這派觀點對全球化較為樂觀，認為在地化也會自發地產生並牽制全球趨同的潮流。同時資本主義為後盾的全球市場化正將各種人類文明的多元多樣性排擠消滅，於是不合乎標準化生產、資本化與商品化的小生產和各地特色事物，都面臨全球資本主義極大的威脅。全球在地派主張促進自我覺醒，積極投入復興在地文化元素的工作，並在文化、環境、人權、消費等方面抵制資本主義全球化的不良影響，以保障「在地」（locality）認同和特色的存續。

1970年以來全球化潮流來勢洶洶，北半球、南半球、西半球、東半球似乎距離近了，食物、時尚、資訊科技等交錯在地球這端與那端，例如亞洲的臺灣，可以喝著非洲人種而由美國西雅圖開發的煮法與服務的咖啡。然而，看來是文化交流的背後，隱藏著美國資本帝國主義的經濟霸權、文化霸權等，因而20世紀末興起了反全球化（anti-globalization）運動，這項運動本身也成了全球化的一部分。

此外，20世紀以來，國與國關係互動愈益頻繁，再隨著全球化風潮，跨越國界的組織已逐漸扮演跨國交流與互動的重要觸媒與平台，也因此國際組織快速增加，尤其20世紀末城市與地方政府的聯盟組織更是快速崛起，以在地因應全球化潮勢。同時許多國際組織亦採取了因應作為，因而形成一股全球在地化的發展趨勢。

「全球化」與「在地化」對應出現，形成了「全球在地化」的現象。「全球在地化」認為「在地」必須接受「全球化」的考驗；亦即一方面強調自己無可取代的特色作為利基，另一方面則不避諱國際市場的規範與運作。
1980年代「全球在地化」（glocalization）的概念被日本企業所提出，最早是日本企業集團發展出來的行銷策略，目的在於滿足各地不同的消費者，以

期拉近與當地市場之間的距離。此觀念為前述全球化與在地化之間的緊張關係創造了解套的契機。索尼公司（Sony）在1990年即以「全球在地化」為本，提出「思考全球化，行動在地化」的策略。該策略強調當地的需求、文化、傳統與態度，而非一味地將自身的文化與產品輸出。德國慕尼黑大學社會學教授貝克（Ulrich Beck）也從經濟層面的考量出，提出：「全球化需要以『不斷在地化』作為先決條件」之命題，更以可口可樂的全球在地化策略為例，說明大企業集團的全球化並非單純地在世界各地建造工廠，同時他們也成為了該地方文化的一部分。

綜上，全球與在地之間不必然只是一種矛盾與對立的關係。為了拓展海外市場，滿足各地多樣化的消費行為，在1980年代日本的企業集團便已採取了「全球在地化」（glocalization）的行銷策略，以增強企業的全球競爭力。

羅柏森（Roland Robertson）提出全球在地化一詞時即認為，全球化是全球與地方的融合關係，全球化與在地化並非是割裂而對立，且依照各自的邏輯運行的兩股力量。他深刻的觀察到全球化不只是歐美核心國家強勢文化全球同質化的過程，它也包括了其他在地特殊文化向世界散播或抗爭其價值的異質化過程。事實上，全球在地化可被視為是一種藉由資訊、技術、人才、思想的跨國流動，以協助建構並促進多元性與特殊性在地發展的過程。

全球在地化亦可定義為，全球化視野和在地化意識的結合，亦即，以全球化方式思考地方的發展方向，並以在地化方式規劃及落實地方回應全球化的發展方案。用簡單的話說，就是「全球思維，在地行動」。

在地產業遭受全球化衝擊時，通常會採取「挑戰全球化」或「尊重在地化」兩種不同的態度，前者意味著地方，必須整合更大的資源，創造競爭優勢，與全球化下的世界競爭，並享受全球化下的好處同時也承受衝擊。而「尊重在地化」的態度，則是由地方社區，以在地智慧、知識與文化為基礎，創造新的事業機會，來因應全球化的衝擊。

其次，在與全球化潮流的接軌方面，我們無論在政治、經濟、社會、法規或文化上，顯然都還有很多尚待努力的不足，尤其這些接軌不只涉及單方面的接受外來影響，還涉及須將「具有主體性」的「在地特色」推向全球化。另外，在整體資源的運用分配上，例如，水資源、土地與其他自然資源，以及各種人力資源，似乎也須進行全面性因應全球化潮流的檢討與變革，因為全

球化的本質，事實上即涉及資源的重組與再構；誰能更有效的利用資源、更合理的分配資源，誰將更能贏得全球化下的競爭。總之，從資本主義五百年的發展史看，全球化是不可抵擋、不能逆轉的潮流；但是，如何因應全球化潮流的「勢」，從而，因勢、乘勢，而制勢，是我們在「全球在地化」（glocalization）思考中，必須強調的。

九、社會麥當勞化

麥當勞自1950年代創業以來，即在美國與世界各地迅速擴展。社會學者瑞澤（George Ritzer）因此創造「社會麥當勞化」（the McDonaldization of Society）一詞來指涉日常生活例行工作的日益合理化。根據瑞澤的說法，麥當勞化的過程有四個面向或原則：

效率 efficiency	是指事務的處理從開始到完成，均以簡便有效率的方式進行。漢堡生產的步驟是，每個漢堡的製造方式其實是相同的。如果雇員所做的工作可由顧客自己做，那麼，企業甚至可能是更有效的。速食店聲稱：你可以「隨心所欲」，其實即意指你可以裝配自己喜好的三明治或沙拉。
可計算性 calculability	意味強調產品銷售的定量面，包括大小、價格，以及產品生產所需時間等。在麥當勞裡，除非機器能做的，否則，分店經理必須針對每天所用蕃茄醬數量加以計帳；連鎖店裡裝冰淇淋的員工也要計量分配預定的與實際的冰淇淋量。於是，數量取代品質，企業標榜自己的是它們的產品輸送速度，而不是它們的貨物品質。
可預測性 predictability	是為了確保產品的購買，無論何時或何地其實是相同的。在紐約可吃到的薯條或麥香堡，正如在台北、東京或巴黎品嚐到的薯條或麥香堡是相同的。你吃薯條或麥香堡的場景也將是非常相同的，因為在這種模式裡，工作人員是可預測的，甚至他們的歡迎辭也是一樣的。
控制 control	是麥當勞化背後的主要組織原則，無論顧客或工作者的行為同樣都被簡化成一連串機械式的行為。最後，效率的科技取代許多先前人類做過的工作。由於人類行為的不確定性將產生無效率與不可預測性，因此，這些組織中的人也周密的被監督著。譬如說，電腦可藉由工作者處理特定工作的情況而監督其速度。

顯然的，麥當勞也帶來許多好處，例如：人們可使用的貨物與服務增多、大眾以較少時間即可取得即時服務與便利、貨物買賣可預測性與親切性、價格標準化，以及均一的貨物銷售品質。然而，這種貨物與服務體系漸增的合理體系也產生不合理的現象。當我們變得較依賴親切與理所當然的事物時，即有失人性化的危險；人們喪失其創造力，也較不關心貨物與服務的品質，人類的某些基本特性，例如：嘗試錯誤、驚訝與想像能力等都可能因此崩解。現今，即使日益的全球化，而且它也為我們帶來許多不同生活方式的機會，但麥當勞化確實已成為世界其他社會的特徵。

麥當勞化等同於社會學所強調的現代性（modernity）；同時也與韋伯（Weber）所提出的科層制（bureaucracy）重視高效率以及現代社會的理性化（nationality）觀點以及後現代社會的非人性化之特徵，如出一轍。換言之，麥當勞化的現象就是韋伯理性化理論的擴大與延伸，而韋伯所指稱的理性化模式就是科層制，速食餐廳的型態就是麥當勞化的典型。更進一步來說，韋伯的理論逐漸吻合麥當勞化世界所出現的新產物。（事實上除了麥當勞化之外，星巴克、LV、GUCCI等都具有相同的特性）

其次，影響麥當勞化的重要影響是泰勒（Taylor）的科學化管理（scientific management），泰勒建立一系列用來將工作理性化的原則，並廣為各大組織所採用，泰勒主義的特徵恰與麥當勞化的四大特徵相仿。科學管理著重在可預測的層面，也利用非人性技術掌握一切工人，可計算的工作流程以及嚴格的工作分析，充分提升組織的效率。

再者，麥當勞化的三個助長驅力分別是：

(一) **重視經濟上的物質利益與追求的渴望**：追求較低的成本與較高的利潤，也就是韋伯所辯稱的，在資本主義的社會中，經濟利益驅動了理性化，也由於個人或組織從麥當勞化中獲利甚豐，因此產生了擴張麥當勞化版圖的更大野心。

(二) **將麥當勞化視為目的之美國文化**：長久以來，美國即以重視理性化、效率著稱，麥當勞正是建立在這樣一套價值之上。麥當勞與美國人民建立世代的濃厚情感，年輕人和朋友在麥當勞吃漢堡，長大以後同樣的也會帶孩子到麥當勞，甚至父母到麥當勞喝咖啡。充分顯現顧客的忠誠度是兼具理性與感性的。

(三) **麥當勞化和社會的變遷相調和**：是指麥當勞化和美國或其他國家所產生的變遷相契合。諸如單親家庭與職業婦女大幅增加，在工作時間之內無法擁有充分時間到傳統餐館用餐，而是選擇重視速度與效率的麥當勞。

再從組織的觀點來看，其變革方向具備以下特徵：

(一) 使更多消費者得以接觸其商品及服務，普及化及便利性是一大特色。

(二) 商品與服務可及性高，時間與空間的限制減少。

(三) 品質統一及提高週邊產品的附加價值（各項玩具或貼紙等）。

(四) 符合某些需要長時間工作人的需求。

(五) 去除階級化或階層化的刻板消費型態，亦即不因種族、性別或社會階級有所不同。

(六) 組織擴散性相對提升。

舉例而言，我們也許可以從生活中一杯平凡的咖啡談論起這種變化。咖啡文化在西方可以說是一種日常生活飲食的象徵，而喝咖啡是一天清醒的開端。但是大多數喝咖啡的人士絕對想像不到一杯咖啡的背後隱藏著全球一系列的複雜經濟與社會的變化。因為咖啡最主要的來源來自於咖啡豆，不過咖啡豆大多生產於貧困中的南方國家，而消費者卻大多為富裕的北方國民。故，咖啡豆生產的背後往往隱藏著一種全球性貿易的政治經濟的交易網絡，內含生產國勞工的剝削問題和國與國之間關稅協議等等問題。因此咖啡生產所引發的種種爭議也可以等同石油生產一般，也已經成為一種全球性政治與經濟上的一種爭議；不過，從另一種層面而言，咖啡的普遍流行也形塑出一種類似「文化全球化」（culture globalization）的概念，就像「麥當勞化」（McDonaldization）的流行。

A

1. APEC（Asia-Pacific Economic Cooperation）（亞太經濟合作會議）

APEC於1989年成立，為亞太區域主要經濟體高階代表間的經濟諮商論壇，期藉由政府相關部門官員的對話與協商，帶動該區域經濟成長與發展。回顧其近年來，面臨全球化的處境，尋求解決因應方案成為APEC的重點之一，這可以從歷年的會議與活動中看出。

2. affirmative action（確認行動）

由於種族與民族的歧視所造成的傷害性質（entrenched nature），使民權倡導者提出確認行動（affirmative action）（或稱積極行動）的對策。這項對策目的在除去那些阻礙少數團體制度障礙，並且矯正不均衡現象。在實務上，確認行動意味著，優先僱用少數團體，並提出達到僱用少數團體目標之時間表。但確認行動的批評者則指責，這項法案為反（倒轉）歧視（reverse discrimination）；並聲稱，將犧牲部分人員的權利。

3. alienated labour（異化勞動）

異化勞動指己身活動的肯定是依據活動的外顯（objectify）媒介性質，透過外顯活動的返回過程，獲得人際關係的彼此肯定；一旦己身活動的外顯是被強迫的、或是外顯的活動不能返回對己身活動的肯定，那麼，該項關係就是一種喪失主體性的、與己身相離異的關係。資本主義生產方式之所以是一種具體的異化勞動形式，在於工人的勞動外顯為工資，工資本身取代勞動意義，工資是異化勞動的直接結果，工人的價值是按照需求與供給而消長，工人軀體的存在、生命正如同其他商品一般，自始至終都被視為是在供給商品。也就是說，工人勞動必須轉化成工資，才能夠獲取生產所需的素材；同樣地，資本家的活動亦必須轉化成資本，與工資勞動一起進入生產行列，才能夠實現生產活動的意義。那麼，工人與資本家在生產過程的關係，不再是最初的物質需求滿足的活動，更不是相互肯定的主體關係，而是受制於資本累積的形成動力、即資本邏輯（M. C-M'）的關係。

4.alienation（疏離感）

疏離感是指一種未能融入社會與文化中，且與之疏遠的感覺。由於他人所共享的價值和社會規範對疏離的人似無意義，因此，他覺得被孤立且受到挫折。疏離感也包括一種無力的感覺，個人覺得不能控制自己的命運，或經由其行動對世界上的重要事件，無法產生重大的影響。無意義感和無力感均為疏離感的重要層面。無意義感包括對價值和規範的疏離，而無力感包括對角色的疏離，對規範的無意義感，必導致對角色扮演缺乏關心。反之，對角色的疏離感，必造成對支持角色的規範和價值觀產生拒斥。所以，無意義感和無力感均促使個人與其文化和社會的人際關係發生疏遠的現象。

至於產生疏離感的原因在於社會快速變遷，由於人們無法適應快速的變遷，產生城居生活的趨向，引起自我感消失的生活關係，另社會運動導致懷疑，最終使人不贊同所有的行為標準，結果導致對傳統價值產生普遍的懷疑。

5.anomie（迷亂）

墨頓指出是一社會追求的目標與達成這些目標且被社會認可的手段之間不一致的狀況。一般人適應迷亂的方法（或反應）有五種：順應、創新、儀式主義、退縮和反叛。

1.birth cohort（出生世代）

指同年或同一期間出生者。如戰後嬰兒潮或在龍年出生的一群人。

2.bureaucracy（科層組織）

科層組織是西方資本主義工業社會中一個普遍的組織化式。組織結構特質有分工、權威層級、成文的規則和規定、非私人性、技術品質為基礎的聘僱法則。是社會學家韋伯（Weber, 1978）提出的概念，是指十九世紀末逐漸出現的新型態組織，在這組織內分工細密，每個人只負責工作流程的一小部分，與其他人或部門密切合作；公司權力集中在組織的頂端，駕馭著公司組織的運作，同時這個組織有一套運作的規則，包括升遷、賞罰、會計和人事制度等。

1. capital punishment（死刑）

死刑（capital punishment）由國家執行，以維社會治安。自古至今死刑之罪行極廣，執行方式則包括吊十字架、斬首、煤氣、肢解、電椅。

贊成維持死刑的人認為死刑可防止犯罪，保障警察安全；反對者認為死刑無法防止犯罪，尤其因謀殺者多非職業殺手，只是家中細故而失手；反對者又以為死刑為歧視性處罰，富有的人常藉「好」律師脫罪。

2. charistmatic organization（魅力型組織）

魅力型的組織模式，這種組織由於女人參與的比例很高，相對於科層體制理性陽剛的組織，傾向於溫暖情感導向的女性化組織模式，故這種組織也被稱為是具女性色彩的經濟行為組織模式。

3. civil society（市民社會）

原來是指中古歐洲城市居民建立了不受貴族控制的城市生活規則、自律的共同體而言；在今天，它則是指國家機器之外的非政治領域，包含公民的自由結社、自主和公共的討論、自律和自我組織等。

4. coalitions（聯盟）

聯盟是一種不同利益團體暫時或永遠結盟以達成共同目標的團體。

5. collective memory（集體記憶）

集體記憶和一個團體或社會的存在，實有著緊密的功能關聯。它提供這個團體或社會一個形塑「命運共同體」的最基本條件。

以集體記憶的建構而言，它通常可以透過幾種不同的方式來維繫記憶的持續性。最平常的方式是透過文本書寫的形式，將某些社會希望其成員記憶的「事實」加以刻意凸顯，藉此形成一種公論和判斷。教科書的書寫就是其中最明顯的例證，而這也就是為什麼教科書的內容經常會成為社會辯論的焦點所在。

6. commodification（商品化）

商品化最粗淺的解釋，是指依照商品形式、對社會關係加以塑造的歷程，也就是，物在市場體系所呈現的交換關係，轉移到社會的人際互動關係。正如同物的關係是以貨幣為媒介、以商品為對象進行交換，商品化的人際

關係亦呈現出以己身活動為媒介、以不特定他人的活動為對象的互動方
式；同時，正如同貨幣是一種可量化的、具一般形式的計算工具，目的在
獲取相等價值的商品，同樣地，商品化意義下的己身活動亦呈現出工具價
值，以交換對等的他人活動；再者，正如同物的生產（產品）必須轉化成
可交換的商品，依照等價貨幣來實現生產目的，同樣地，己身活動亦必須
轉化成被不特定他人所認可的內容，以交換相對等的他人活動，實現己身
活動的目的。這三個層面（媒介、量化的形式、等價的內容）的對應，是
建立在資本主義生產方式所呈顯出來的特性。

7. communitarianism（社群主義）

是在批評以羅爾斯（John Rawls）為代表的新自由主義的過程中發展起來
的，它與新自由主義形成了當代西方政治哲學兩相對峙的局面。社群主義
者承認個體的權利和價值，但更強調集體的權利、價值及公共利益，因
此，並無「任我行」存在。社群主義認為個人的自由平等權利是社會過
程的產物，是人們奮鬥爭取的結果，政治參與則是爭取和擴大個人權利的
最有效途徑。儘管社群主義明確地與自由主義式個人主義格格不入，但仍
呈現多種不同的政治形式。左翼社群主義堅持社群必須具備無限的自由與
社會平等（無政府主義的觀點）。中間派社群主義認為社群是建立在對互
惠權利與責任的認識基礎上（托利派父權主義和社會民主的觀點）。右翼
社群主義則強調社群有賴於對權威及既有價值的尊重（新右派的觀點）。

8. community lost（社區失落論）

此一論點認為，小而緊密的地緣組織在都市中已不重要，或甚至不存在。
都市是工業化和科層化的具體反映，人類的分工減弱了社區的凝結，都市
人置身的乃是多重的社會網絡，而非單一的團結的社區。

9. commuter marriage（通勤婚姻）

通勤婚姻（commuter marriage）是指夫妻為了工作方便起見，各自住在不
同的地方。

10. consumer society（消費社會）

是指在大量生產和大量消費的時代，人的行為和社會制度都圍繞在商品
的獲取和消費上。

11. crude death rate（粗死亡率）

當年總人口中死亡人數所占比率，也就是當年死亡人數除以當年總人口數。

12. crude birth rate（粗出生率）

係指當年出生數與當年總人口的比值，通常以千分比表示。

13. cultural relativism（文化相對論）

一種觀察和對待文化的立場，這種立場認為我們應當以社會的生存環境來考慮文化的良窳問題，而不是以一些假定適合於所有社會的普遍標準來評量他們。亦即應尊重不同社會的異文化。

14. cultural reproduction（文化複製或再生產）

衝突論者認為，教育體系幫助傳遞了原本即具有宰制作用的意識型態，使不公平的社會結構得以維繫運作下去，被壓迫者更加難以翻身；這種現象稱為「文化複製」。其中包括階級、性別、國家／人民之間的不平等關係都透過教育而受到複製。

15. cultural shock（文化震撼）

一種初次經歷不同文化情境時所產生的心理震撼。

16. cultural transmission（文化傳遞）

意指透過教育的作用，將社會的文化代代相傳下去，所「傳遞」的則不只是知識，也包括價值觀和共同的社會規範。

17. culture（文化）

指造就人們生活方式中的各項語言、信仰、價值觀、行為規範等抽象的符號系統。

18. cultural capital（文化資本）

布爾岱（Bourdieu）為當代文化資本理論的代表性人物。文化資本概念所指的是「人們對於上階層文化所能掌握的程度」。此上階層文化可以是非物質面的，如上階層民眾的舉止、藝術品味；也涉及物質面，如上

階層民眾通常所擁有的家具、藝術品、交通工具所顯現的品味；人們的生活風格越接近上階層，所顯現文化資本也就越高。他的文化資本理論之基本觀點是：在當代的社會裡，階層區辨的最主要判準是「人們如何從事文化消費」，在消費中所顯現的文化品味，文化資本又是如何；消費品味、文化資本越高，所能得到的榮譽、聲望也就高，並有助於得到優越的教育，以及進一步的職位與權力。

1.demographic transition（人口轉型）
人口由高出生與高死亡的接近均衡狀態，由於死亡率先行下降，而出生率仍維持高水準，造成人口成長加速，隨後出生率也下降，使人口減速成長，而終將轉為低出生、低死亡的接近均衡狀態。此一歷程稱為人口轉型。

2.determinist theory（都市決定論）
都市人口多、密度高、異質性高，導致了都市居民心理調適的困難，都市的人口集中便直接改變了居民的社會生活與人格，且大都是不良的改變。

3.deviant behavior（偏差行為）
違背社會裡大多數人的期待，且會引起社會反應之行為。

4.differential association（差別結合）
蘇薩蘭（Sutherland）所創，是指每個人最後產生的行為決定於與誰接觸，如何定義行為，以及是否有別種行為模式可選擇。

5.diffused religion（擴散性宗教）
這種宗教本身並不具有獨立的神學、儀式和人事組織，而宗教元素擴散到所有的世俗制度裡，本身並不能獨立存在。例如臺灣的民間信仰。

6.discrimination（歧視）
歧視（discrimination）是外在的行為或行動的表現，也就是以不公平的方式對待其他人或族群。例如：僱用員工時，用省籍做標準，只僱用本省人或只僱用外省人，都是歧視的表現和作法。

7.doing gender（作性別）

是指組織如何性別化的論證，組織在內部的制度設計、評量標準與運作模式看似平等客觀，但這些規範在實際操作層次上，產生清楚的性別化形象，一般組織在進行性別化上將產生以下兩個途徑：

(1)理想勞工的性別化預設 （gendered assumptions）。

(2)職場內外各種性別化社會關係 （gendered social relations）交互連結。

8.dynamic & static population（動、靜態人口）

靜態人口（static population）是指在某一特定時間內（time point）的人口總數，如民國九十年三月三日十二時正之臺灣地區總人口數，此人口總數即為一靜態人口，相對的名稱為動態人口（dynamic population）是指一段時間內（period）的人口總數量，一般在人口統計上，皆以靜態人口數為代表，表示在某一定點時間之人口數量，後一秒鐘再增加或減少的都不予列入計算。

1.ecclesia（國教）

是指由國家確立且具有高於其它宗教地位的宗教。歷史上，東南亞的某些國家將佛教確立為國教，歐洲地區則有很多國家將基督教的某個宗派確立為國教，阿拉伯國家主要將伊斯蘭教確立為國教。實行政教合一的國家，國教對國家的政治和政策有很大的影響力，某些國家的人民被強制成為國教的信徒。

在宗教改革運動後以至近代，大多數的國家多實行政教分離，國教無法再支配國家政策和人民生活。宗教自由的思潮和世界人權宣言的共同推動之下，人們多可依據自己的判斷和自由選擇宗教。

2.ecological processes（生態過程）

構成某一生態分配模式的單位，在時間歷程中會形成某一種特殊空間集結的形式，形成如此形式的歷程，即為生態過程，主要有集中化、中心化、隔離、侵入與承繼等。集中化，是人口向某一特殊地區匯集；中心化，是人們在某些特定的地點獲得對特定利益的滿足，如教育、工作、

生意與休閒，並因著特殊的利益而有中心與周邊之分；侵入是外來的人群或產業遷入原為某種產業或人群所占有的地區；若前者取代了後者而改變地區的土地利用模式，則是承繼；不同特質的人群或不同專業的活動形成各有特性的地區，則為隔離。經由這些過程，一個都市的生態模式達到某種均衡狀態。

3.educational inflation（教育的通貨膨脹）

教育的通貨膨脹是教育發展上的問題，是指「取得高學位者，多於需要高學位的職位供給」，形成臺灣目前所謂的「高學歷，高失業率」的現象。特別是在提倡教育普及，以及高學位的普遍化之教育政策下，普設大學與研究所，讓有心想念書者有機會升學，滿足社會大眾的知識需求。以前是大學生滿街跑，現在是碩士與博士滿街跑，在僧多粥少的情況下，高學位的待遇相對下降，以前只需要大學畢業者便可擔任的工作，現在則由碩士來擔任，而碩士擔任的工作，則由博士來擔任。將形成地位不一致的問題，特別是在重視學歷的臺灣，以高學歷低就於不理想的職位，會產生一種心理的挫折與不滿，進而醞釀社會的問題。

4.elite culture（菁英文化）

菁英文化（elite culture）主要是指上層階級社會的文化，亦是領導階級的統治文化，也就是上流社會文化。

5.elite model（菁英論）

這種政治權力分配的觀點認為，社會中的政治權力，通常是集中在少數的菁英手中，一般的民眾根本沒有管道可以制衡菁英的權力。

6.enculturation（濡化）

濡化指的是文化中的成員繼承文化傳統的過程以及與此同步進行的文化從一代傳到下一代的過程。在心理人類學中，文化一般指行為的傳統標準或準則。因此，這裡所謂的文化傳承就是文化中行為準則的傳承（Linton, 1945），而「濡化」指把人類和其他生物加以區別的文化傳授與學習過程。濡化過程牽涉到兩個方面，即自我意識的發展和行為環境的約束，濡化的研究就是探討人的自我意識的發展以及個人適應文化環境的過程。

7.ethnocentrism（種族中心論）

一種將自己的生活方式，或自己的行為、價值、規範和信仰視為唯一合理的形式，並以此作為判斷他人生活的一種思考模態。

8.ethnomethodology（俗民方法論）

俗民方法論由高芬柯（H. Garfinkle）所提倡，「俗民」意味著一般大眾，「方法論」卻是指這些人日常最不起眼的互動模式，如走路、打電話、排隊等等，「俗民方法論」的研究集中在詳細紀錄人們日常生活的點滴，再「從不疑處起疑」，探討為什麼大家無意識地服從大大小小的規範，並且點出這些行事規則的意涵。

9.external control（外在控制）

個人基於獲得或不願意失去社會地位、聲望、權力、金錢、自由等外在資源，而遵守社會規範的過程。

1.focus group method（焦點團體法）

焦點團體法的特色是能夠在短時間內針對研究議題，觀察大量語言互動和對話（dialogue），研究者可以從對話和互動中，取得資料和洞識（insight），對於探索性研究而言，是一項有利的方法。

焦點團體法，常以3～6小組為架構，每一小組以同質性（homogenous）的成員6～10人為主。主持者以預設的訪談大綱及問題，進行小組討論。至於訪談後所獲資料的分析，則以內容分析（content analysis）及探討語言互動結構的言辭分析（narrative analysis）為主。言辭分析旨在呈現受訪者主體的語言，表達其對議題瞭解和解釋。此外，言辭分析並可針對其語言的互動動態特質、情境脈絡和所屬團體特質之結構加以切入探討。

焦點團體訪問使用預先選擇的主題和假設，而實際的問項則未事先指定。焦點團體訪問的重要因素是其結構由進行訪問中的人們所提供的經歷，訪問員事先研究事件本身，再決定要探索事件的層面，以及構建假設。

2.Fordism（福特主義）

是指西方戰後以大量生產和大量消費為主的市場經濟。包括工作流程的零細化、單位生產力大增，而形成大量生產、勞工收入大量增加的趨勢。這樣的趨勢，透過福利國家的實施，強化了國內需求的程度，大量生產加上大量消費，造成了戰後直到1960年代末期福特主義發展模式的成型。主要特性為：

(1) 資本導向，大規模產業。

(2) 彈性生產過程。

(3) 嚴密的科層管理結構。

(4) 採半技術的生產方式，以科學管理方式行之。

(5) 工會組織率較高，且常採取較多的產業行動。

(6) 可保護國家市場。

3.Ford model（福特模式）

美國福特汽車公司的創始人亨利・福特（Henry Ford）在二十世紀初期發展出熟知的生產線（the assembly line）生產方式。原本的生產是各個工作站分別製造，再將這些成品送到總工作站組裝。福特試著利用動力傳送系統，將各個分離的工作站整合起來。在1914年，福特將這套生產模式運用到整個汽車製造上。這種生產方式被稱為福特模式（Fordism），它的主要特點是：大規模的機械生產；標準化的零件與組裝；完全一致的相同成品。福特模式的生產方式，在勞動成本和生產時間上有高度效率。

4.formal organizations（正式組織）

正式組織是工業社會強調現代化和理性化的組織方式，科層組織是一個典型的正式組織形式。

1.game theory（博弈（遊戲）理論）

科爾曼（Coleman）則嘗試以「理性選擇論」（rational choice theory）來統合從個人到集體的交換與選擇，他應用數理模型及經濟學的「博弈理論」（game theory），來說明權威關係、信任關係和集體行動都可以拆解為「理性行動者」之間的互動，換句話說，現代的各式「法人行動者」，

如公司、社團和政黨組織等,都和個人一樣是依「自利」的原則進行選擇,因此他的分析可以一體適用。

2.gender polarization(性別極化)

Sandra Lipsitz Bem在《性別濾鏡》一書中將性別極化(gender polarization)界定為「以男女分別為中心的社會生活組織」,所以人們的生理性別幾乎與人類經驗的所有層面,包括穿著、社會角色,甚至情緒表達和性經驗的方式都有關。

3.general fertility rate(生育率)

生育率(general fertility rate)指每千名生育年齡(指15至49歲)婦女的活產嬰兒數。

公式:$GFR = \dfrac{B}{F15-49} \times 10000$

式中:B＝1年內某地區的活產嬰兒數。

　　　 F15－49＝15歲至49歲的年中育齡婦女數。

4.generation mobility(世代流動)

指父子兩代職業地位之升降,稱為世代流動。一般而言,世代流動有限,即是兒子傾向繼承父親的職業,或者父子的職業在聲望和收入上,不相上下。世代流動大致可分為二種:

(1) 上升流動:即兒子跨越父親職業地位,上升為專門職業或企業家等高職業階層。

(2) 下降流動:父親處於高職業階層,兒子卻處於低職業階層的流動,即為下降流動。如:企業家兒子當技工。

5.gentrification(士紳化)

在西方社會,郊區化的發展,導致中心都市相對的衰退,形成一些品質不佳的低社會階層居住區。但在1970年代以後,經過一些更新手段,這些地區成為都市中產階級的居住地區,此即士紳化。

6.globalization(全球化)

是指由於跨國界的工業生產、文化擴散,和資訊科技(透過人造衛星、網際網路,和大眾傳播)的關係,使得全球性的社會關係和文化現象出現。

7.group polarization effects（團體極化作用）

團體思考，能使一些不穩定的決策團體脫離現實，從而做出差勁或錯誤的結論。「團體極化作用」也會造成相同的結果。社會學家發現，在團體討論中，個人所做的決定，往往比他們原先所持的意見，更加極端或更加大膽。因此，如果團體成員在討論之前，對某議案已有贊同的傾同，則在會議期間，其贊同程度會更加強烈。同樣地，如果在討論之前，就有點反對，則在會議期間，也會更加反對。

團體極化作用，到處可見。例如，對被告是否有罪一事，陪審員初始都有初步且模糊的看法；經過互相討論之後，更加肯定證實自己的看法。

1.halo effect（暈輪效應）

暈輪效應或稱月暈效果，是指當觀察者在評斷某人時，他對於被觀察者的不同行為表現與特性的個別觀察，受到他對被觀察者的整體價值觀或某一次觀察所影響和歪曲，此種趨向即為暈輪效應。暈輪效應可能是正向的，也可能是負向的。於是當人們觀察某個人的正向（或負向）特性時，往往會將他們對那個人其他方面的觀察與最初的觀察連結起來。科學的觀察雖把暈輪效應看作一正常的社會心理現象，但卻應避免這種錯誤。

2.Hawthorne effect（霍桑效應）

在觀察法中會產生一種嚴重的問題，甚至扭曲觀察結果的真實性，這個問題就是「霍桑效應」（Hawthorne effect）；也就是說在實驗觀察中所產生的影響，因為觀察研究人員給予實驗對象特別的關心，以致於實驗對象得知被觀察後，往往會改變其行為，或為了面子，會表現出符合社會贊同的行為，扭曲其原有行為。此實驗是梅悠（Elton Mayo）在芝加哥的西電公司（Western Electric Company）的霍桑廠所進行的一項研究。梅悠原想了解照明、休息時間、計算薪資方式等之變動，是否會對工人之生產量產生影響。工廠經理原以為如果依據工作量計付工資，工人將較努力增產，並相信休息時間可以提高工人士氣。但出乎意料之外，梅悠等人的研究卻發現無論他們做任何的變動，其結果皆促使工人提高生產量，也不論管理部門增加或減少休息時間或工資，都提高工作效率。因而發現一個結論：提

高工人生產量之因素並非照明、休息時間或工資所影響，而是工人獲知研究人員的注意所致，使工人欲在人前有較佳的工作表現。

3.hegemony（霸權）
設計好一定的言說行動方式，他人只能在表面上虛假的推行言說行動交換的方式：如被訓話時，遭受了主體性的被剝奪（Megemony）。

4.hidden curriculum（隱性課程）
指一套價值、態度、知識結構等隱藏在學校的組織過程中，俾影響學生。雖然學校有正式的課程，且學生也期望從中獲得所知，但不可諱言的是，隱藏在正式課程中的有關價值、態度與相關知識，藉此達到社會控制效果，且可增進社會權威。亦即學生除了從正式的課程和課本裡學到知識、技能、態度等，也從學校生活中的同儕相處、師生互動、教室文化、校內儀式（如上下課敬禮、升旗早操等）等經驗中學習。後者這部分非正式課程的教育效應稱為「隱性課程」。

5.human capital theory（人力資本理論）
由貝克（Becker）提出，認為人力可視為一種「資本」，和土地、金錢一樣可投注於經濟生產；而教育具有提高人力素質的功能，故可視為一種投資，可以使「人力資本」的效能增加，導致對經濟生產的貢獻也增加。

1.imagined community（想像的社區）
指民族主義者和國家機器的領導者，透過了挪用歷史傳統和共同的生活經驗，來創造一致的認同感，將一般人非常原始的自然認同轉化為國家認同，將原來不相識和無關係的人口，結合成關係緊密的共同體，並願意為民族主義者所領導的國家機器效命而言。

2.impression management（印象管理）
高夫曼（Erving Goffman）提出印象管理（impression management）一詞，強調社會互動中印象管理的角色，人們會製造有助於傳達象徵意義之情境，重視面對面互動交換的情境。每個人都希望別人重視自己，或是別

人知道自己也很重視他，使得互動持續下去。在互動的過程中，每個人都
想控制對方的行為，尤其是對方自己的反應與想法，這可以藉由某種方式
來表達自己，進而影響他人對自己的看法，更藉由某種方式將某種印象加
諸在他人身上，使別人不知不覺地落入自己的計畫中。「佛要金裝，人要
衣裝」、「見人說人話，見鬼說鬼話」、「禮尚往來」就是印象管理的最
佳說明。

印象管理係指控制別人對我們形成各種印象的過程。在人際互動的場合
中，行動者選擇合宜的言辭、表情、姿態與動作，期望對方在心理留下特
別的印象，俾使彼此的互動持續下去。給別人製造出良好的自我印象，並
非是行動者的目標，只是將之當做改善進一步關係的基礎。印象管理可用
來潤滑人際關係，如參加別人的宴會，必須穿著整齊，並表達對主人的敬
意，主人也必須表現出特別歡迎之意。當別人有失誤的舉動，我們會裝著
沒看到，以免對方感到困窘。不懂的整飾自己言行的人，會給人相當的威
脅，終致遭到別人的排斥。

3.incest taboo（亂倫禁忌）

指血親或近親之間發生性交關係的亂倫禁忌（incest taboo）。對於亂倫禁
忌的產生，人類學家提出不同的解釋。從生物遺傳的觀點來說，近親交配
所生產的子女其身心障礙發生比例高；從佛洛伊德（Freud）心理分析來
說，亂倫禁忌是對戀父或戀母情結的壓制；從家庭功能立場來說，亂倫禁
忌根絕家庭成員在性慾方面的競爭或衝突，使母親、兒子、父親與女兒的
關係能夠和諧發展，進而使家庭發揮教養、繁殖與保護的功能。

4.information society（資訊社會）

是指電腦資訊科技運用到現代社會各層面，深深的影響了人類的生活和組
織方式而言。

5.in-groups（內團體）

內團體是一群人形成的團體，他們彼此有我們團體的隸屬感。

6.initiation rite（成年禮）

附屬於通過儀式（rite of passage），每個社會都會粗暴地區分孩童／成
人，而兩者的差異在於：

(1) 成人必須進入正式的經濟生產活動中。

(2) 成人必須進入親屬關係再生產活動當中（生小孩）。

7.institutionalized discrimination（制度化種族歧視）

制度化種族歧視（institutionalized discrimination）是一種社會現象，使得種族歧視的模式，成為固定的社會結構，因此，不須故意製造偏見，僅按預定既有的方式運作，制度將使得種族歧視繼續下去。

8.institutional discrimination（制度歧視）

制度歧視（institutional discrimination）指社會制度如何加以建構，以便有系統地拒絕某一團體成員的機會與平等的權利，如我國早期國家考試制度，限制女性參加或年齡上的級限，排除其他年齡的成員便是。

9.institutional religion（制度性宗教）

具有獨立的神學理念、儀式和人事組織的宗教，例如佛教和基督教。

10.interest groups（利益團體）

利益團體是指由於社會的分化，不同的職業、身分、地位團體有不同的利益，而組成不同的社會團體，在政治決策上透過遊說或集體行動相互競爭而言。利益團體是一種組織，目的在影響直接涉及其成員的政治決策。利益團體的範圍包括：(1)商會；(2)工會；(3)農業團體；(4)專業公會；(5)民權團體；(6)政治團體以及；(7)單一爭議團體。

但利益團體所形成的彼此交錯的聯盟，並不意味其全部努力能正確反應大眾的意願。因為：利益團體既不代表所有的人，也不代表大多數人。又大多數的說客是組織中的精英份子。而非一般民眾，所以，他們只對領袖負責，另外，各個利益團體的影響力並不相等。有些利益團體掌握較多的資源，因而擁有較大的權力。

11.internal control（內在控制）

個人基於信念、良心、是非感、罪惡或羞恥感，自願遵守社會規範，也是社會規範內化的過程。

12. internal colonialism（內部殖民主義）

是哈齊（Hechter）發展出來的，他借用馬列主義對帝國主義概念分析，並運用國家內部經濟發展的不均衡，區分經濟上支配的「核心」（core）與「邊陲」（periphery）的群體，核心群體在政治上宰制並在物質上剝削邊陲，核心企圖將其利益固定，形成文化群體的階層化體系，邊陲形成對核心的依賴。邊陲如果發生工業化，也是高度特殊化並專為出口的工業，其經濟相對地易受國際市場價格波動的影響。隨著時間的演變，劣勢群體將漸覺本身的文化相等或優於相對優勢的核心，這也許使它認為自身是個不同的民族，並尋求獨立。

◎Kula（庫拉）

庫拉涉及的是財富和實用品的交換，即為一種經濟制度。庫拉是植於神話之中，即有傳統法律支持，又籠罩在巫術祭儀之下的。它的一切主要交易都是公開的、儀禮性的，並且是根據一定規則來進行的，並不是一時興起而發的，而是按照事先安排好的日子定期發生的，沿著導向固定會合地點的一定貿易路線的。庫拉不是在任何壓力下才做到的，因為它的主要目標在於交換沒有實際用途的物品。庫拉不過是為了擁有才擁有的，而因擁有而產生的名譽，才是它們的價值之源。所謂庫拉就是個循環式的交易，是個流動的東西造成的圈或者環（我們不斷把貝臂鐲從左往右傳，把項鍊從右往左傳）庫拉創造出一種新的所有權制度，那兩樣庫拉寶物也自成一個範疇。

對土著而言，擁有的目的在於付出。一個人擁有一樣東西之後，別人很自然地就把他當做東西的保管人和分配者，就會期待他把東西拿出來分配，與人共享，而且身分越高的人義務也越大。

權勢的主要表徵就是富有，而富有的表徵就是慷慨。他們認為慷慨是善良之本，而吝嗇是土人唯一會做道德譴責的事。

庫拉交換以兩種方式來進行：一是大規模的海外遠航，另一種是內陸交易。

L

1.life expectancy（平均餘命）

平均餘命（life expectancy）又稱預期壽命，係指人口集團經歷當前各年齡組的死亡情形，預期各年齡組人口個別存活的平均年數，是由生命表（life table）計算而得。適用於死亡水準的相互比較，也是測度社會進步的一個重要指標。

2.life span（壽限）

壽限（life span）為人類可活的最大歲數。大體上說，近數世紀以來，人類的壽限並沒有很大的改變。

3.looking-glass self（鏡我）

我們把別人當成一面鏡子，用這面鏡子來「看」自己是怎樣的一個人。此過程又可細分為三部分：首先，個人想像自己是如何在別人眼中呈現。然後，再想像別人如何評斷自己呈現出的行為。
最後，個人以所看到的別人評斷為基準，發展出對自我的某種感覺。

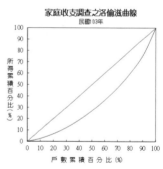

4.Lorenz Curve （洛倫茲曲線）

係以圖示法表示所得分配的狀況，該圖為一正方形，其對角直線代表所得分配完全均等，若所得分配不均時，洛倫茲曲線必是一條位於對角直線下方的弧形曲線，此曲線與對角直線間之距離，即可測定分配不均程度之大小，距離愈大，表示不均等程度愈高，103年臺灣地區家庭收支調查之洛倫茲曲線如附圖。

M

1.macrosociology（鉅視社會學）

指的是以社會結構、社會整體變遷，和社會制度等面向為主的研究，這類社會學家有興趣的題材包括整體政治經濟變遷模式、經濟和階級結構，甚至歷史或跨社會比較研究等。

2.magic（巫術）

利用操弄超自然的手段來達到需求的滿足，多半是為功利的目的，並無道德或倫理的意義，也比較沒有更深一層的關懷。

3.marriage gradient（婚姻斜率）

婚姻斜率（marriage gradient）係指男女雙方在擇偶考慮中，都會傾向於在各方面條件上，男方要比女方好，最差的情況也要男女一樣，忌諱女方條件比男方好，這種社會風氣可以說是傳統父權社會的產物，形成「男高女低」的婚姻關係。如果忽視這種婚姻現象，會遭受社會的壓力。例如，男人要比女人身材高大；在年齡上，男人也要比女人年紀大；在教育程度上，男人也要比女人高；在社會地位上，男人也要比女人高；在收入上，男人也要比女人多；在能力上，男人能力要比女人強等等，不僅男孩有如此想法，連女孩也接受這種觀點。因此，造成女人不敢強出頭，或是不敢表現比男人優越。女強人就面臨婚姻上的問題，在婚姻斜率的影響下，男人對於能力強的女人，都抱持避而遠之的態度。

4.mass culture（大眾文化）

大眾文化（mass culture）又稱為俗民文化，包括鐵窗文化、檳榔文化、祭拜文化、大眾傳播所形成的大眾文化、年節文化、飲食文化、婚紗照文化與宴客文化等。

5.methodology of sociological theory（社會學理論方法論）

社會學理論方法論是指社會學理論的建造（sociological theory building）方法過程，其主題著重於如何建立一個合乎邏輯而又可驗證的社會學理論。

易言之，方法論（methodology）主要是科學哲學：即我們怎麼知道我們的知識為真，採邏輯推理方式，反省我們做研究所使用的方法。例如：價值中立。以價值判斷，代替事實判斷。要超然中立（不可能、或會導致虛無主義）。價值判斷在生活中的普遍性，韋伯提出「專業倫理」，不要為政治、經濟、宗教所收買。「追求真理」的使命感。但未否定「價值判斷」在生活中的普遍性。瞭解自身的價值判斷，並反省自己的價值判斷所造成的影響。

6.metropolization（都會化）

當大都市的功能增強，其四周地區雖然在政治上不隸屬於該都市，但與該都市在社會上與經濟上的關係逐漸增強，可以視為與該都市整合為一體。這樣的地區，稱之為都會地區，而這種都市擴張的過程，則為都會化。

7.microsociology（微視社會學）

指的是以社會關係、社會互動，和社會心理為主體的社會學研究，這類的社會學家研究的興趣，例如社會化、語言或行為溝通、社會網絡的形成與轉變、小團體內部的決策模式等。

8.middle range theory（中型理論）

意指抽象度不特別高，較容易加以驗證，可適用來解釋特定範圍之社會現象的理論。社會學的知識體系，即包含了許多這類圍繞著具體題材的中型理論，由墨頓（Merton）提出。

9.M Shaped Society（M型社會）

「M型社會」係指所得階層的分布往低層階級和上層階級兩邊移動，所得分配呈現左右兩端高峰，而中產階級代表的中間人口卻減少之「M」型現象。根據臺灣歷年家庭收支調查結果資料顯示，無論按每戶或每人所得分配觀察，低所得

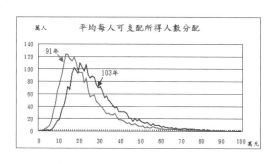

階層所得均逐年增加，高所得亦然，惟中所得階層之人數仍屬最多，我國所得分布呈現右偏型態，並無M型化問題。

10.myth（神話）

神話（myth）是以可觀察到的現象來表達宗教信仰中不可觀察的事實。就像其他象徵符號的表達，神話是超自然及神聖事物與具體及世俗事物之間的連結。

事實上，神話有多種功能，除可充作文化的歷史，尚可暗示過去的真實事件及行為，例如遷徙、早期的社會組織形式、及自然事件如流星雨、日月

蝕、或洪水。然而，神話中所描述的事件也可能是偽造的。既然神話會為了社會及宗教目的而利用歷史，因此，即使神話的確有其歷史效度，只不過代表過去的記錄。

1.nationalism（民族主義）

是指有相同文化認同的人，相信他們應該建立和擁有自己的國家機器和政治的自主性而言。

2.neoinstitutionalism（新制度論）

新制度論者認為組織制度結構的形成是由政府的法規、相互依賴生存的組織所建構的規範，和參與組織習慣性所認知的組織運作邏輯所共同建構的，故具有相當的制度穩定慣性和正當性。

3.new social movements theories（新社會運動論）

是歐洲的學者針對當代的先進資本主義或後工業化社會中，所發生的一些新形態的社會運動所提出的一種解釋性的描述。它是後工業社會中，民間社會對於國家與市場的力量所營造出來的新的主導價值所進行的文化性反抗，企圖捍衛既有的生活方式、地方性的文化認同，以及人民對於生活領域的自主權與掌控。

4.new world division of labor（新的世界分工模式）

指現今的跨國公司已經將工作流程細分，將研究發展以及需要高科技和高技術的部分，留在國內生產；將標準化而需要中等技術的外移到東亞和新興工業化國家，而將標準化和技術層次低的，外移到部分邊陲地區，利用便宜的勞動力從事大量生產。這產生了生產流程的世界性分工。

5.norms（規範）

一種成文或不成文的生活規則，它的存在使人得以判定行為的適當與否，同時也使得社會控制具有進行的準據。

O

1.OECD（Organization for Economic Co-operation and Developent）（經濟合作發展組織）

OECD是由30個市場經濟國家組成的政府間國際組織，以「For a better world economy」為願景，旨在共同因應全球化所帶來的經濟、社會和政府治理等挑戰，並把握全球化而來的機遇。

2.operational definition（操作性定義）

操作性定義是由步驟、行動及實際的操作所組成，目的在使概念與真實的世界產生關係，即在概念的量度下實行操作。

操作性定義不像直接接觸或觀察簡單，包含邏輯的連鎖，同時還需要某些步驟來完成。然而，操作性定義的目的，是為了使「外在世界」和我們心中的觀念發生關係。概念性定義與操作性定義正好相對，它處理的是吾人心中的概念與構成理論的其他概念之間的關係。例如：自我（Ego）是人格的一部分，並且斡旋於本我（Id）、超我（Superego）和外界現實之間，這個古老的陳述是一個概念性定義。進一步而言，超我是人格的一部分，它能幫助一個酩酊大醉者消除醉意，這是一個操作性定義。基本上，概念在性質上是相連的，所以，它們之間連結的關係必須被發掘，可是，也有一些其他的連結是由慣例（conventions）所組成。

我們就把它稱做概念性定義。舉例來說，命題（一階段）述說一個人具有較高的智慧，將較不快樂。現在我們可以接受字典裡智慧和快樂的定義。然而我們不能證明這個命題，因我們未在經驗的層次上量度這些概念。在二階

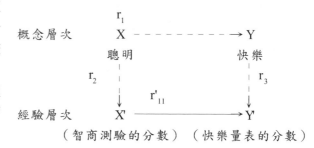

操作性定義概念圖

段，我們指定智慧的量度（智力測驗）和快樂的量度（快樂量表），並且寫一假說銜接量度。假設是：一個人在智慧量表的分數（智商測驗）逆相

關於他在快樂量表的分數（智商越高越不快樂），則可準備實地蒐集資料測試假設（三階段）（見上圖）。

操作性定義的優點是沒有量度誤差，缺點是抽象概念不能被操作性定義的就不被允許，同而限制理論的發展和通則化的能力。

3.organizational socialization（組織社會化）

個人為了成為組織一員而學習該組織價值、規範和所要求行為的過程。

4.organized crime（組織化犯罪）

組織化犯罪（organized crime）是指由具有科層制結構的組織提供需求量甚大的非法貨品和勞務之活動。這些組織化犯罪類似合法的商業活動；所不同的是：(一)進行非法的活動，及；(二)憑非法暴力和威脅，來控制其顧客和成員。

5.organized skepticism（組織性懷疑論）

組織性懷疑論（organized skepticism）：指任何社會科學研究人員，不應毫無疑問的接受研究成果，而應採存疑的態度，來研究計畫的每一方面，亦即以普遍的標準去判斷研究成果。

6.out-groups（外團體）

外團體是某群人，覺得他們不屬於某些團體，相對於他們有外團體的感覺。

7.overpopulation（人口過剩）

人口過剩（overpopulation）是指人數太多，足以影響經濟效力的一種社會狀態。

一般可分為絕對性和相對性兩種：

(1) 絕對性人口過剩—係指人口數量達到某個程度，同時文化水準已發展至最高峰，所有資源已完全利用，仍無法維持人類的正常生活，惟有國際遷徙方能解決問題。

(2) 相對性人口過剩—係指人口增長到某個階段，一般生活發生問題，但當時的文化尚未發展到最高的水準，資源也尚未充分利用，僅在資源利用上盡力，即可解決人口過剩的問題。

8.overurbanization（過度都市化）

一個國家或社會，相對於其經濟發展而言，居住在都市地區的人口太多了，更直接的說，即都市化程度超過了工業化所預期的。最簡單的指標，即都市化程度與二、三級行業人口比率的比值。若前者大於後者，即意味著過度都市化。

1.paradign（典範）

典範是一種模式、例子或模型，是指觀看社會世界的一種透視或參考架構，由一組觀念和假定所組成。

在社會學研究中，典範是個老概念，但庫恩（Thomas Kuhn）在《科學革命的結構》（The Structure of the Science revolution）一書中對「典範」一詞有新的詮釋：

典範是心靈的窗戶，研究者透過它看世界。通常他看的社會世界，是一客觀的外在，用他的觀念、分類、假定，與偏誤的典範來解釋，例如：兩位研究者。以不同的典範描述同一事物，可能產生不同結果。「一座建在半山腰的房屋，我在山頂，你在山腳下，則我描述該房屋是在下山的半路上，你卻說是上山的途中」，就二人所站的地點，我們的說法都沒錯，因為二人有不同的位置成「典範」而觀察同一現象。由於沒有單一典範能夠完全解決所有的社會科學問題，所以庫恩（Kuhn）說，科學家們在盛行的典範裡做典型的研究，在此透視之中累積發現，直到典範的極限完成為止。

典範提供好機會，互相談論過去在最顯著的事物。例如在上山與下山的例子，競爭典範的擁護者，可能各堅持對方不對，只是因為他們出發點不同，以致不能確定談同一件事罷了。

2.Parkinson's law（帕金森定律）

科層組織為了解決問題，不斷分化，增加人事，這種科層龐大的組織無形中產生了許多固定成本與冗員，組織反而變得沒有效能，這種現象可以稱為帕金森定律（Parkinson's law）。

3.pattern variable（模式變項）

帕森思（Parsons）提出「模式變項」（pattern variable）的概念，解釋行動者在任何情境中所做的普遍性選擇，涉及行動自我導向的問題。帕氏提出五組二分法的平行變數，用來分析意識與行動過程的工具：

(1) 普遍性與特殊性（universalism & particularism）：人與人之間的行動關係範圍，可能是建立在特殊的情感互動關係，抑或普遍性適用的互動上。例如，求職時以公開競爭方式是為普遍性行動，如果是因親戚關係或私交而被錄取是為特殊性行為。

(2) 狹窄性與擴散性（specificy & diffuseness）：人與人之間的互動關係是全面性的、全人格的、擴散性的；相反地，是局部性、部分人格的、狹窄性的互動。例如，夫妻互動、親子互動、知己朋友互動等，屬於擴散性關係；而醫生與病人、老師與學生、老闆與員工的關係是狹窄性的關係。

(3) 情感與情感中立（affection & affect-neutralism）：人與人之間的互動關係不是情感性反應，便是情感中立關係。例如，夫妻間的關係是情感性的，如果情感中立便有問題。而勞資間的關係，傾向於情感中立。但在師生間關係，可發展成情感導向的關係，也可以是情感中立的理性關係。

(4) 先天品質與後天成就（quality & performance）：有些互動是依據當事者的表現成就而定，有些則是依其出身背景而定。所謂先天品質是指個人出身，而後天成就是指經由個人努力與學習獲得。例如，個人必須經過努力才能成為醫生，或進入研究所就讀；然而在世襲的社會裡，個人的升遷是庇蔭於其家世背景而來，甚至利用家世特權而獲得升遷。

(5) 自我取向與集體取向（self-orientation & collective-orientation）：某些個人行為是以個人私利為導向，有些則是以大眾利益為導向，而且追求個人私利與顧及大眾利益是相互衝突、對立的。例如，醫生若以自我利益為導向，則自然重視賺錢之道；相反地，若以集體利益為前提，必然以行醫救人為至上。

4.Peter principle（彼得原理）

這個定律強調每一個人在科層層級結構依照能力往上升遷，總會面臨升遷到某個位置是不適合自己也無法勝任的現象。

5. pluralism（多元主義）

多元主義是對同化主義和融爐（melting pot）觀念的回應。證諸西方社會及世界其他各地，尤其是20世紀下半葉普遍發生的族群民族復甦的現象，人類並非必然走向同化，或者是說多元並存的情況仍將維持相當長的一段時間，而且就道德上反對強迫同化及其造成的災難，進而讚頌多元文化的價值。

6. political processing theory（政治過程論）

強調社會運動在性質上是屬於一種政治現象，而不是一種心理現象；而且社會運動由出現到消失，是一個連續的過程，而不是一連串的發展階段，因此要解釋社會運動，要能夠解釋其全部的過程，不能只解釋其中某一個階段。

7. politic-religion seperation（政教分離）

是一種制度上的設計，主要是禁止宗教勢力控制政權而迫害其他的宗教，也在於禁止政府以公權力來影響、控制，甚至壓迫宗教。

8. population-ecology approach（人口生態論）

人口生態論是強調組織變遷和轉型受制於組織的競爭力和組織生態環境的密度。組織形式能配合環境的需要，則該類型組織會被環境選擇繼續生存；反之，組織形式條件不適應環境，則面臨淘汰命運。

9. post-Fordism（後福特主義）

組織在後現代社會呈現更多元化，但分化程度卻有下降的趨勢，生產專門化但卻彈性化，這種生產模式意識型態稱作後福特主義。易言之，是指西方資本主義在面臨日本和東亞國家競爭的過程，逐漸調整發展的途徑而出現的發展模式。它的特色是大公司逐漸從層級分明的科層制轉變到扁平組織型態，不再大量生產而是針對部分高消費產品；大量使用高科技和自動化設備，從事彈性專業化生產小量多樣的產品；資本的全球性流動快速，尋找有利地方投資或投機；相對的，福利國家逐漸消退，被以強調發展和競爭力為主的國家機器取代；工會勢力逐漸受到經濟景氣的影響和國家機器的壓制而瓦解等。由於工作的過分分割，勞工出現疏離感；又因生產技術的突飛猛進，自動化生產普及化，對於非技術勞工的依賴降低，專業人才應之而起，工廠的組織管理方式不僅有所調整，在管理上也顯現出具有

彈性，重視產品的多樣化，強調區域性策略，特別堅持「即時」（just in time）送貨與小量庫存的概念，這種改變被後人稱為「後福特主義」（Post-Fordism）（見下表）。後福特主義的觀點強調靈活彈性運用，並不看好大型企業的發展，正如目前國際大型企業都面臨經營上的危機，紛紛在裁員，縮小其管理範圍，來降低經營成本。

福特主義與後福特主義之比較表

福特主義	後福特主義
工作非常僵化	彈性靈活、責任制、充分反應
大量生產	少量生產
單一功能的機械設備生產	彈性的自動化機械設備生產
標準化產品	多樣化產品
大量庫存	小量庫存
泰勒主義（非技術化生產）	後泰勒主義（再技術化生產）
垂直整合分工	垂直分散分工
集中式管理	區域性策略
強調JUST IN CASE	強調JUST IN TIME

10. post industrial society（後工業社會）

是指工業發展已經不再是經濟結構中最主要的部分，而被服務業所取代，大量消費形成，白領階級取代藍領成為最主要階級，知識和資訊成為社會生產力的源頭的社會而言。

11. postmodern society（後現代社會）

一個以科技為基礎，以消費、傳播和訊息符號等為發展主導的社會型態。指西方從1970年代中期之後的大轉型，相對於從農業進入現代社會時的自信和充滿樂觀，在進入後現代社會的時期，充滿不確定性。人們不再認為科學和理性是萬能，也不再確定過去對國家和民族的信仰，但卻又沒有替代性的信念。其特質是：第一，人們不再那麼相信工業帶來進步，而反對毫無節制的發展主義，但是也並不清楚社會到底要往那裡

走。其次，不再崇拜工業社會的大而美的美學，而傾向小而美、片段化、好玩的認同。第三，敵視菁英文化的細緻、認真和一致性，而標示大眾文化的愉悅、自我解嘲，和不需太認真的目的。

12. potlatch（誇富宴）

在早期物產豐富初民社會的一種交換方式，以大型宴會方式表達物資流通和人情交換目的。

透過分配財貨→財貨分配（distribution）、再分配（redistribution），具有權力的表徵：

(1) 天生的光環（ex：我的媽媽）。

(2) 可以分配、再分配：鮭魚、銅器（不用生產）：吃不完的鮭魚換回錢幣，再請其他部落的人來，其他酋長帶著其平民來饗享，越久越長，越吃越多，誇耀財富，再把銅器打扁扔進火裡。不能不吃（否則代表膽小，激起衝突），回去再好好生產鮭魚以雪恥。

13. power（權力）

指人們對他們所要作或去完成的事的決定能力而言。有權力的人，不論別人有多大的抗拒都能夠完成他想要做的工作；而沒有權力的人，經常對別人的意見或抗拒毫無招架之力。

14. prejudice（偏見）

偏見是對某一社會團體的成員有負面（不好）的態度。而歧視（discrimination）指的是實際的行為，這個行為會導致對某一社會團體成員不利的後果。譬如，某公司老闆認為女性比男性會處理家務，但處理公務的能力卻比不上男性，這就是一種偏見。若是該名老闆強迫懷孕的女職員離職，在家帶小孩，則是一種對女性的歧視。

15. primary deviation（初級偏差）

一個人初次或偶然地從事偏差行為，而該行為尚未引起社會反應。

16. primary groups（初級團體）

初級團體是一種傳統社會普遍存在的團體，團體成員關係親密，成員會有我們（we）的感覺，彼此用非正式的關係來往，同時也彼此分享情緒。

17. primary / secondary labor market（初級／次級勞力市場）

初級勞力市場是指工作較穩定、工資和福利較佳、在職訓練和升遷機會較好的工作、在工作規則的管理上有公平適當的程序。次級勞力市場則是指不很吸引人的工作、工資低、環境差、沒有一定的工作程序、升遷機會少。

18. proletarianization（普羅化）

指團體與階級間的調解（mediation）過程逐漸減少，主要原因來自於企業獨占及資本化的結果，造成工人薪資普遍下降；另亦指中階級的勞工（middle class labor）工作條件與單純的體力工或手工工人逐漸出現差異性，且中階級的勞工熱衷於組織工會與參與政治活動，特別是白領工人或行政職員的增加，加上科技進步以及科學管理的介入，使得勞工與資本階級的差距愈形縮小，勞工也可以成為小老闆或代表雇主管理所有的員工等等，已產生很大的轉變，是謂普羅化。

Q

1. qualitative research（質化研究）

質化研究，又稱為計質研究，係採取素質的理念，不用統計方法，不操作變項來驗證假設，是詳細記述人、事、地、物、問題的層層脈絡，研究者多採用參與觀察法和深度訪問法，深入研究情境，將所聽、所聞系統的記錄下來，並加以分析研究。適用於小樣本，能了解研究本質、潛在問題、縮短理論與實際的差距。

其適用對象為：

(1) 不熟悉之社會情境。

(2) 無法控制或正式權威情境。

(3) 低度概念或理論基礎情境。

(4) 描述複雜社會現象或蒐集被研究者主觀資料。

(5) 建構一新的概念或假設。

又質化研究方法多不固定，呈現多樣化，大多採用以下方法：

(1) 自然方法（natural method）：指研究者不用變項分析，而在自然狀態下，保留研究情境，對事件發生的整體性做深入、廣泛的了解，而且在自然狀態下走進研究社會，對社會現象有完整且真實的了解。

(2) 紮根理論法（grounded theory）：是指研究者在實際社會中蒐集資料，以資料中自然萌發的屬性和類別，再經由不斷驗證、測試、比較、交互作用、產生互動關係，經由這些關係的組合，建構理論基礎。

(3) 田野工作（field work）：田野工作是文化人類學研究最常用的方法，直接進入研究情境，成為其中的一份子，「參與」其生活及各項活動，在自然情境中「觀察」所發生的一切現象，不事先做任何預想或假設，也不受周圍任何人士的干擾，所以呈現出來的景象不會受到扭曲，完整的捕捉到所有觀察情境。

(4) 個案研究（case study）：是以一獨特的個人、家庭、團體、機構、部落、社區為研究對象，深入案例中，廣泛蒐集資料，徹底了解問題的癥結所在，提出適切的方法解決問題。

(5) 俗民誌（ethnography）：又稱為人種誌或民族誌，是描述一個團體或一個種族的互動行為或生活方式，敘述他們如何行動、交互作用及意義為何。以了解成員的價值觀、信念、行為動機、發展和改變情形。俗民誌學者認為這種研究方法最能掌握研究情境的多元性和豐富性，不論是一群問題青少年，一群罪犯、一個學習團體……都可依據其意圖、動機、態度、信念，了解其意義、因果關係及一般法則。俗民誌的研究步驟是一個整體的方法，依研究領域的不同，可以分為人類俗民誌學、社會俗民誌學及心理學。

2.quantitative research（量化研究）

量化研究又稱為計量研究，係摒棄素質的理念，認為易落入主觀、偏頗的困境，是以藉由統計方法進行變項之驗證與推論，期客觀的建立系統的相關或因果關係，常以大樣本、大量資料，應用問卷、測量或評量等方法進行，是普遍被接受、採行的研究方法。

(1) 其使用條件分別為：
    A. 須具有大量資料為基礎。
    B. 易接近被研究者，且資料蒐集容易。
    C. 易控制受研究者。
    D. 欲尋求變項間關聯、因果時，可滿足目標。

(2) 至於資料的蒐集方法可分為：
    A. 結構式觀察法。　　　　　B. 事後回溯研究與評量表。
    C. 問卷。　　　　　　　　　D. 自我觀察報告。

E. 設計狀況或模擬情境。　　F. 例行記錄。

G. 非干預測量。　　　　　　H. 測驗。

R

1.reference groups（參考團體）

所謂參考團體是指成員面臨各種態度或行動方針，必須從中選擇其一時，可供給參考的團體。參考團體提供個人價值、行為標準，甚至特殊的自我意象（self-image）。

一般可分為：

(1)規範參考團體（normative reference group）：以確立行動標準。

(2)「比較參考團體」（comparative reference group）：比較標準與表現，模塑自己。

(3)「觀眾參考團體」（audience reference group）：以觀眾的評價，調適自己行為。

例如一位十多歲的少女，行為取向以歌星為參考，穿著與歌唱都模仿歌星；而歌星卻連她的名字都不知道，這種情形之下，歌星對她的功能是「肯定性參考團體」（positive reference group）。相反地，一位富豪千金，不以其顯赫家庭為傲，可視家庭對其功能是「否定性參考團體」（negative reference group）。其家人的規範與價值，還有對食物、書籍，以及服裝式樣等嗜好，都與她相對立，且為她所不願意接受，顯然地，她可能判斷要與家庭團體有所不同，才能有所成功。

參考團體雖然不能全面決定個人的行為，可藉此概念了解隱藏於個人對參考團體的忠心或厭惡，以瞭解行為的微妙之處，這不是僅從個人的初級與次級團體身分所能解釋的。

2.refined culture（精緻文化）

精緻文化（refined culture）泛指人類所創造之文化中，內容相當嚴肅，所表達的感受滲透力十分一貫、敏銳、深入且豐富者，如音樂、繪畫、雕刻、塑像、攝影、詩詞、散文、小說、戲劇等。

3.reification（物化）

物化指從工人與資本家的活動關係轉變成工資與資本的生產關係，再進一步成為貨幣形成的計算關係，所代表的意義是：工人與資本家同時成為可交換的商品，按照工資差異在交換體系中分別與不特定的工人或資本家建立生產關係。這不僅顯示出活動產物的使用價值轉變成交換價值（即物的價格化），同時，活動本身亦轉變成交換價值（即人的價格化），成為商品邏輯的一環。這種「商品──結構的本質……其基礎是人際關係的一種物性，並從此獲得一種『虛幻的主體性』，一種似乎是極其理性且無所不包的自主性，並掩蓋了其原本性質的所有痕跡：人際關係。……人的勞動變成外於他的客觀物……，這種現象同時有主觀與客觀層面：客觀上，物的關係世界應運而生（商品世界及其在市場的運作）……；主觀上──一旦市場經濟已完整發展──人的活動變成與自身離異的物，成為一種商品」。

4.relative deprivation（相對剝奪感）

個人預期得到的，和實際得到的價值滿足之間的差距的感受。

5.reliability（信度）

指研究的可靠程度，也就是對同樣事項，用同樣方法重複研究時，得出同樣結果的比率。如果每次的結果皆能一致，表示信度很高，反之則可推論研究設計不良，無法取信於人。

6.religion（宗教）

大體上，宗教是很難界定的，不同的學術觀點就會對宗教有不同的定義，雖然絕大部分的人多知道宗教是什麼。在定義方面，涂爾幹和葛爾茲的定義最值得注意，涂爾幹強調宗教的社會性質，而葛爾茲則重視宗教的文化意義。

7.religion organization（宗教組織）

是重要的社會組織之一，主要在於組織內的人們有共同的信仰、崇拜同樣的神聖事物，一起參與相同的宗教儀式。各種宗教又有不同的組織形式和結構。

8.religion rituals（宗教儀式）

涂爾幹提出宗教儀式（religion rituals）論點，將宗教儀式分成三種不同的類型：

(1)消極的儀式：指的是戒律，例如禁止吃什麼東西，禁止撫摸什麼東西，消極儀式的發展方向就是各種禁慾主義的宗教慣例。

(2)積極的儀式：指的是宗教團體的儀式，例如祈禱多子多女的儀式。

(3)贖罪的儀式：是指對於所犯過錯或各項過失不當加以懺悔的儀式。

所有這些儀式，不論是消極的、積極的或贖罪的，都能產生重要的社會作用。目的在於使用共同體繼續維持下去，重新加強個人屬於集體的觀念，使人們保持信仰和信心。一個宗教只有通過宗教慣例才能存在下去，宗教生活是信仰的象徵，也是一種不斷更新信仰的方法。

9.resocialization（再社會化）

一種在範圍上更徹底且更快速的社會化過程。對於原有的價值、態度和行為，要在很短的時間內放棄，並要很快地學會另一套新的價值觀和行為模式。

10.resource mobilization model（資源動員論）

認為運動組織的資源，領導菁英的策略，可以操縱、強化或創造發起運動所需要的不滿或怨氣，而形成社會運動。社會中存在的怨氣並不足以解釋社會運動的興起，資源的挹注和組織的形成，是促使社會運動崛起的重要因素。

11.reverse discrimination（倒轉歧視）

對保障婦女機會平均的「特別保障法案」機構，其目的在針對一些聯邦機械、接受聯邦補助助款的機構或學校，設定針對少數者（包括亞、非、拉丁裔新移民、黑人與殘障人士等）及婦女，訂定晉用或入學比率（數額）目標與實行日程，以消滅過去因為歧視而造成的機會結構的不平等現象。這樣依據「配額」決定社會機會是否平等的作法，曾因為所謂「倒轉歧視」（reverse discrimination）的問題，而受到大幅度的削減。

所謂「倒轉歧視」主要是說因為國家設立了對於少數民族的保障名額，使「原來」的職業市場、還有以個人能力為主的競爭法則，受到扭曲，

因此，一些白人認為自己原來的工作或者教育機會，受到相對擠壓，也就是等於反過來被少數民族的保障政策所歧視的社會現象，這種保障政策因為違背憲法所揭示的個人不因種族、宗教而受歧視待遇之原理法則，所以被稱為「倒轉歧視」。

12. riffraff theory（賤民理論）

賤民理論（riffraff theory）意指只有犯罪人物或是行為偏差者才會參與暴動，有道德規範者必然不會參加。這些人如流氓、黑社會份子、無業遊民、吸毒者、流浪漢、品德低劣、犯罪者等，而為首的煽動者，常會鼓勵或暗示使用暴力，並加諸於那些他們看不順眼的人身上。

13. riot（暴亂）

暴亂（riot）是一種公開的暴力騷動，往往是一種缺乏目的或方向的散漫暴民，暴亂行為表現出襲擊、不受歡迎的集團、搶劫、搗毀財產等，如監獄的暴動，即是一個典型的例子，通常表現出不滿與仇恨。暴亂行為有一定的規範，但不明顯，在暴亂群體裡常常形成新的規範，成為一種可接受的行動。暴亂者往往是那些曾被歧視的少數民族成員，由於貧困、戰爭、失業之故引起。很明顯地，暴亂者可以說大部分是那些面臨社會問題，卻又看不到解決的希望或出路的無奈者。

14. rite of passage（通過儀式）

社會中存在著不同的分類系統：社會約定俗成，沒有一定道理，從社會區隔1到社會區隔2，分類1到分類2，會有很突兀的改變，必須要有一個套機制來緩衝，才不會有突兀的感受。將社會想像成由不同身分的人所組成，而每個人具有多重身分。身分的改變如：結婚，一夕之間的改變，人際關係也會改變。

三個階段：

(1) separation 分離 （轉變）
象徵的實質意義，把他和原來的社會環境形態分離開來。

(2) margin（or limen-"threshold " 門檻）
通常歷時最長，又是在內又是在外的邊緣，正處在一個特殊的邊緣狀態。（中介、閾限、混沌不明）＝transition轉化。

(3) aggregation 聚合

預演了又要回到社會結構裡= reincorporation 再融合。

如：大學四年：開學典禮—分離

四年時間—邊緣

畢業典禮—聚合

15. ritual（儀式）

一種象徵的行為，試圖將世俗和神聖相連接。

16. role exit（角色出走）

角色出走（role exit）是由勞史（Helen Rose）提出，旨在研究個人如何離開一個對自我認同很重要的角色的過程（自願離開一個重要角色的過程）一般經過四個階段：

(1) 懷疑（不滿意現有慣有的社會地位，以及社會位置所需要的社會角色）。

(2) 找尋出路（工作不滿意換工作、婚姻不滿意換婚姻）。

(3) 行動（要離開，而八成的人都有一個巨大的轉捩點，二成的人是慢慢來）。

(4) 建立新認同（同時要與舊角色保持聯絡，對於舊角色的種種，必須有人可談）。

17. role making（角色塑造）與role taking（扮演他人角色）

角色塑造（role making）與扮演他人角色（role taking）是形象互動論兩個重要的觀念。前者強調個人不僅扮演角色（role playing），即符合社會規範與期待來扮演，且個人對此角色也採取主動與創造取向的作法，試圖自己來詮釋自己所欲扮演角色的行為。也就是說，個人不僅在扮演角色而已，也在塑造角色。然而，社會結構常會限制社會角色被塑造的程度，不希望塑造出與社會角色不同的期待，否則將造成社會秩序的混亂。而扮演他人角色的概念是強調個人學習社會角色的過程，透過站在他人的角色立場，利用該角色觀點來想像其對互動或外在世界的期待與要求，提供自己撰擇一種適當的行為來反應。

S

1. scientific management theory（科學管理理論）

系統化的管理，將工作者結合，以非常確定的規則，整合最細微的生產動作，以得到最大的生產效率。

2. secondary deviation（次級偏差）

一個人從事偏差行為並引起社會反應後，接受了別人對他／她的標籤，開始改變自我印象，並認為自己就是偏差者。

3. secondary groups（次級團體）

次級團體是工業社會現代組織中普遍存在的團體，團體成員關係是依照組織角色互動，關係較片面，也比較正式化。

4. securilization（世俗化）

宗教在現代資本主義社會中成為分化中的社會制度之一，原有的神聖性減弱了，有時甚至成為商品或消費品因應人們的需要。

5. self-concept（自我概念）

個人對自身的能力、特質和價值之評估的自我意象。或是指個人對自己的看法、態度、意見和評價的綜合。

6. self-fulfilling prophecy（自我實現預言）

在偏差者與標籤作用之關係中，偏差標籤將呈現「自我實現預言」（self-fulfilling prophecy）的現象，就是說當一個人被標上偏差的標籤後，個人會接受這個偏差的角色，並加以內化與反應。既然大家如此看待他，給予如是的標籤，他就表現如此的行為給大家看，以符合大家對他的期待。結果，個人的行為越是實現出其標籤的偏差行為。

7. sexism（性別歧視）

性別歧視（sexism）乃支持性別不平等體系的一組信念。性別歧視者認為，男人在各方面天生就優於女人，這種觀點根源於猶太——基督教徒的傳統。「男人優越，女人順從」的觀念，早已存在於古猶太人的宗教、社

會結構和私生活之中。基督教禁止女人擔任祭司與教會中的高等神職，反應出對女性的強烈偏見。性別歧視是一種特別的意識，不僅在社會中被制度化，甚至那些屬於中、下階層的人，也將其主觀化了。

8.sexist ideologies（性別歧視的意識型態）

主要圍繞著三個概念：

(1)人可以分為兩類，男性和女性。

(2)個人的主要性徵以及情緒活動、肢體語言、性格、智力、性慾表達和運動能力之間有對應關係。

(3)主要性徵非常重要，它們可以決定兩性的行為以及社會、經濟和政治上的不平等。

9.sex occupational segregation（性別職業隔離）

性別職業隔離（sex occupational segregation）是屬於性別階層現象，是指某一性別人口超過其適當比率的人數集中在某種職業，且被社會大眾認為是理所當然的，並對於何種職業由某種性別來擔任有所期待。因此，當某一性別被隔離到一特定職業時，該種職業就被稱為性別標籤的工作（sex-labeling of jobs）或男性、女性主導的職業（male or female dominated occupation）。易言之，若依性別結合為一群體，則該群體的成員受僱一起工作的程度超過每一要素所有成員分配的結果，則該群體即存在著職業隔離現象。

又性別職業隔離依其性質可區分為垂直與水平隔離。垂直隔離（vertical segregation）表示職位在升遷的向上流動產生不同的限制，在職業的不同職階出現性別分布失衡現象。而水平隔離（horizontal segregation）係指職業的性別標籤化，例如：美容師、會計員、文書工作人員屬女性主導的職業；建築師、保全人員則屬男性的職業。另在職業內也有性別隔離化的現象（sex intra-occupational segregation），如醫師——小兒科與婦產科的女醫師較多，外科、骨科則以男性佔高的比率；又律師、專精公司法、商業法的多為男性；女律師則以家庭法、不動產、信託及稅法為主；大學教師也有同樣的情形，女教師多在人類學、教育與社會工作領域；商學及工程的男教師居多。

10. sex role stratification（性別角色階層化）

大多數社會，不僅對男性與女性的適當行為與特徵，有明確的信念與期望，且對兩性的特權和負擔也有不平等的分配。因此，若某一性別被列為優等，另一性別則被列為劣等，這一現象稱為「性別角色階層化」（sex role stratification）。若某一性別比另一性別享有更多的財富、特權與權力，則兩性間的關係就不平等了。

影響性別角色階層化的因素計有：(一)女人的生物角色是生兒育女；(二)在工作場所，女人常缺乏訓練與永久僱用權；(三)性別角色的社會化過程；(四)性別歧視受到意識型態的支持。

11. significant others（重要他人）

在個人的社會化過程中，可能有非常少數的人是很特別的，他們對我們個人的態度、價值與行為的形成具有極大影響力。這種對於個人的價值與行為模塑具有極大左右力量的人，我們稱為重要他人（或顯著他人）。

12. simulation of the social phenomenon（社會現象的虛擬）

社會現象之擬象，是指文字思考模型（model）受限於學者能接受的思考複雜程度。單一向度：如二分法、等級。社會學者常以二分法簡化社會型態。如傳統社會→現代社會；威權社會→民主社會；男權→平權；等級低→高。二向度：如權變模式（contingency model）。權變模型對現象的分析不是一分為二，或黑白分明。在不同情況，有不同結果。

13. social action（社會行動）

指人的有意識的行為，而不是本能或無意識的反應舉動。

社會行動不只是指涉個人，也指涉團體或組織，例如公司或政府。個人有意識地行動，參加某些社團想要改變自己的身分或命運，而社會團體或組織也從事有意識的社會行動。

14. social ben（社會時鐘）

社會時鐘（social ben）是指社會對於男女結婚、完成學業、建立事業、事業巔峰、成為祖父母及退休等有一最佳年齡的界定，社會成員常以此社會大鐘（big ben）所顯示的年齡規範，來校正自己的手錶。

15. Social capital（社會資本）

Coleman（1988）定義社會資本為許多具有兩個共同之處的主體，皆由社會結構的某些方面所組成，且有利於行為者的特定行為—不論是結構中的法人或個人；而Backer（1990）指出，社會資本是一種行為者可以從特定社會結構中獲得的資源，並且可以用來追求自己的利益，這種資源來自行為者間的關係變化。甚或將社會資本概念化為「鑲嵌在關係中的社會資源之集合」不僅包括社會關係，也包括與社會關係有關的規範（norms）與價值（values）：

主要採結構構面討論組織或社群的整體網路，以客觀角度解析社會系統中的各個連結以及構成的整體網路連結形態。

結構構面包括以下三個要素：

(1) 連結：是指社會系統中的各單位間的連結關係；觀察連結是否存在、誰與誰發生連結關係。

(2) 網絡形態：亦即所有連結構成的網絡，可利用連結網絡的密度、流暢度以及層級等屬性來描述整個形態。

(3) 組織移用：現存的網絡形態是根據某特定目的而建構的，網絡成員會將其它組織的形態，如其參與的教會，移入現存的網絡中。就團隊而言，教會的博愛精神社，有助於團對成員的資源分享意願。

16. social category（社會類屬）

一群具有相似特徵的人不一定是團體。例如，一群三十五歲以下的男性，所得在一萬元以下者、同一國籍者、推銷員及婦女等，不能算是團體，但可稱為社會類屬或統計聚體（statistical aggregates）。因這些人在某些方面有相同之處，但卻不是團體，除非他們依照一種組織方式來作反覆的互動。是故，社會類屬是沒有結構的，但常是促成團體出現的一個因素。

17. social control（社會控制）

社會通常會設計一些方法或機構來管理、控制偏差和犯罪行為，使其回歸社會規範或常態，稱為社會控制。

18. social fact（社會事實）

由涂爾幹（Durkheim）所提，所謂社會事實（social fact）意指外在且強制個體的力量和結構，也就是人類社會表現出來的模塑規則與行為。涂氏反對化約主義對社會行為的解釋，並持社會現象就是社會事實的看法。

涂氏以為社會事實有其明顯的社會特徵，它無法從生物或心理的層次加以解釋。社會事實不只外在於個人身上，且具有強制性力量，除獨立於個人意志之外，並將之灌輸在個人身上。簡單地說，社會事實發生在社會互動裡，並存在於社會風俗習慣及律法裡，一言以蔽之，就是一種社會規範制約的力量。

19. social forces（社會力）

社會力（social forces）指社會一切足以影響個人或團體的因素，社會力存在於個人之外，惟對個人的行為將產生很大的影響，例如社會力將產生社會事實，又社會力亦將決定社會成員內在的生活方向。以社會所界定的「病人」為例，具有三項意義：(1)形成一個實驗；(2)改變人們的社會經驗；(3)將個人的行為限制在一定的範圍之內。

20. socialization（社會化）

是個人獲得人格和學習社會團體習慣的終身社會互動過程。社會化過程有兩個重要的面向：一方面是個人在人生各階段的學習，不論是正式或非正式、計畫或非計畫的學習。亦即個人經由社會化過程獲取知識、態度、價值與行為，以扮演其在社會系統內的角色，此學習過程是一個長期累進、終其一生的發展過程。另一方面，社會化是指社會將其文化從上一代傳至下一代的過程，而使社會系統得以穩定地維持與發展，延續系統本身的文化。

21. social movement（社會運動）

可以界定為一群人組織起來，促進或抗拒社會變遷的現象。它與集體行為不一樣的地方，即在於集體行為通常是事先沒有組織的一群人，突然針對一個共同的情境，而產生相似的行為。相反的，社會運動則是指有組織、有計畫的一群人的集體行動。

22. social networks（社會網絡）

社會網絡（social network）係指群體中個人間特定的聯繫關係，其整體的結構可作為說明該群體中個人的社會行為。將社會網絡的概念，包括網絡的大小（size）、範圍（range）與組成成分。通常包括三種結構性質：

(1)社群網的大小，也稱為社群的廣度（range）是指個人人數的多寡，直接與間接造成以一個人為中心的所有連接之個人人數之意。

(2)結構上的概念，又稱為社群的密度（density）是指一個衡量社群網結構上鬆緊的程度，也是指一社群網中的實際關係，與所有可能發生的關係比例。

(3)社群網的結合（associate）：係指構成社群網的個人社會背景之同質程度，同質性愈高，愈呈單元性，反之，呈多元性。

社會網絡是一種由社會連繫（social ties）連接（connect）起來的社會結構式，也可以解釋為人與人在各種不同類型的社會關係中，直接或間接地所連結成蜘蛛網狀的關係結構模式。自從1970年代以來，西方的社會學家開始使用網絡的概念來處理團體和組織的現象。這種網絡的概念用在經濟組織結構的模式、找工作的強弱連繫、社區權力結構及政策制訂的結構模式，和個人社區支持網絡。

23. social structure（社會結構）

就像大樓的「骨架」，界定了社會關係的類型，也提供人們社會行動的參考。它是人們在社會團體或大社會中與他人的水平關係或垂直等級地位關係的類型。社會結構依照位置的多寡、關係的強弱、資源的差距、權力的大小等，可以區分為大小不同的結構類型：

(1)家庭結構的位置很少，關係緊密，資源流通較強，權力關係較弱；

(2)社會團體結構，與家庭結構比起來，社團的位置比較多，關係緊密程度較低，權力關係較強，資源流通程度較低。

(3)組織結構，例如工作場合或政府組織，在人員多寡、資源差距，和權力關係等面向都比前二者更為大，但關係緊密程度則比較小。

(4)階層化結構，則比較是全社會的社會結構類型，它是由於社會不同職業、族裔、性別、年齡，和教育程度的不同，所造成的社會地位、資源、權力和聲望的差異。例如在臺灣漢人、男性、資本家、高教育者享有比較高的收入和地位。階層化結構是社會結構類型中，指涉最多也是影響社會生活最大的類型。它影響了社會財富和權力的分配和社會運作的方式。

(5)最後是社會發展的結構類型，如農業社會、工業社會和後工業社會結構，是指社會學中農業、工業和服務業人口的比例，以及它們所涉及到的社會分工複雜程度和資源、權力分化的高低等。

24. social system（社會體系）

是指社會各部門之間相互影響所形成的整體。社會的運作是每個部門之間息息相關，因此一個部門的改變經常造成整體的調適。社會體系的觀念來自生物學的研究。生物學對人體生理的研究，看到了人體各個器官之間的緊密關連，消化系統提供養分給身體運作，呼吸器官提供氧氣，大腦則需要這些養分和氧氣，然後指揮身體各部分，包括神經系統的運作；在各器官都正常運作的情況下，人體是健康的。但是任何部門出現問題，則將導致其他部門的問題。而社會體系的運作類似身體，每個部門獨立運作但也密切關連。

25. socialism（社會主義）

社會主義思想自古即有，現代社會主義大體指一種反對資本主義的思想，其基本主張大致是「反對私有財產制，主張公有財產制」、「反對私有企業，主張國營企業」、「反對自由經濟，主張計畫經濟」、「反對資本家支配，主張勞動者支配」以及「主張勞動優位替代資本優位」。

26. sociology imagination（社會學的想像）

以多元和活潑的方式，想像個人與社會之間的聯繫，在這種想像中，社會學所累積的知識獲得靈活應用，社會學式的觀點亦得以充分發揮。由社會學家密爾斯（Mills）所提出。

27. statistic discrimination（統計歧視）

有些雇主對女性的能力和敬業態度持有刻板印象，認為女人容易鬧情緒、不夠冷靜；對於工作不似男性願意奉獻、忠誠；而且流動率高。雇主往往就憑藉著個人的經驗，甚至可能是錯誤的想像，而剝奪所有女性應徵者求職或是女性受僱者日後升遷的機會。這就是屬於一種統計性的歧視。

28. stress theory（緊張理論）

社會學家墨頓（Robert K. Merton）將迷亂（anomie）的概念，應用到美國的處境，解釋人們使用不同的方法，來適應期望與機會之間的差距。墨頓以「緊張理論」（stress theory）來解釋不同社會階級之間犯罪率的不同。墨頓認為高的偏差率係因失範所致。例如，每個人都想找到一份工作，但是客觀經濟環境卻無法提供足夠的工作機會。根據功能論者的

觀點，墨頓推論，每一個人都將文化中被認為值得力爭的目標加以內化；同時將達到目標所採用的正當合法方法加以內化。但是，當缺乏機會去實現極受重視的目標（文化所定義的）時，人們就會尋求其他途徑來達成目標，或者乾脆放棄目標。因此，「某些社會結構，對社會中的某些人，會造成重大的壓力，並使這些人表現出不順從的行為。」

29. structural strain theories（結構緊張論）

強調社會運動的發生，是由於社會結構中存在的某種形式的結構性的不平等，造成了個人心理上的不平或怨氣，進而使個人較可能參加社會運動來發洩或轉移這種心理上的不安所造成的焦慮。

30. structure of differentiations（差序格局）

中國社會格局好像一塊石頭丟進水裡，由裡往外推所產生的一圈圈的波紋，每一個圈的中心都是每一個人，每一個圈在不同的時空變化環境下，又被別的圈推動產生不同模式的波紋。從石頭丟下的點往外推所掀起的同心圓波紋結構，就是以石頭點為中心，依親屬關係遠近親疏往外推的關係網絡結構。

31. subcultural theory（次文化論）

綜合決定論與組合論，認為都市是由不同特質的人口所組成，而不同特質的人口易於在都市中達到關鍵多數，而形成各具特質的次文化，這些次文化團體之間的磨擦，則是導致社會解組的重要因素。

32. suburbanization（郊區化）

郊區是指一個位於都市化地區內相對而言較小的社區，緊臨中心都市，在行政上不隸屬該中心都市卻與之有著依賴的關係。人口與一些服務機能向大都市的鄰近地區移動，形成行政上不相隸屬的許多郊區環繞著大都市的過程，即郊區化。

33. surplus value（剩餘價值）

是指產品價值在減去工資（勞動價值）之後的龐大餘額，資本主義作為一種經濟生產模式，其特點是某些群體擁有生產工具，控制生產的過程，從中獲取最大的利潤。擁有資本的布爾喬亞階級對無產的工資工人階級進行嚴重的剝削，工人得到的僅是足夠養活自己及家庭必需的需求（necessary wants）的工資，而資本家則得到「剩餘價值」（surplus value），那是產品價值在減去工資（勞動價值）之後的龐大餘額（Sweezy, 1970）。資本主義的運作不僅導致無產階級極端不利的經濟地位，在工作過程及經濟生活的意義上，也對現代人產生不能忽視的衝擊。

34. symbols（符號）

代表某種意義或能表示某種狀態的任何物體、姿勢、聲音、顏色或圖案。

1. Taylorism（泰勒主義）

福特主義的發展，強調生產的自動化和機器化，而在此之前，勞動力過程的設計和控制早已為工業工程師所注意。Taylor（1856~1915）在1880年左右即開始注意到工人的勞動過程的細部動作和步調，若可以有效的設計，會增高生產的效率。他的理論稱為科學管理理論（scientific management theory），也稱為「泰勒主義」（Taylorism）。他的基本看法是傳統的工業活動可以依賴少數特具智慧的領導者，而現代的工業效率的競爭力，必須要先有系統的管理，將工作者結合，以非常確定的規則，整合最細微的生產動作，則可以得到最大的功效。科學管理因而就是「工作管理」（task management）。

此種控制的具體做法是：(1)事先規劃詳細的工作流程和工作手冊等規範，取代工人的判斷和思考；(2)精緻細密的分工；(3)全程工作的設計和管理，由管理階層負責，工人只執行已經設計好的勞動流程。科學管理學派認為，現代組織就是工作的集合體，有效的控制勞動過程，即可以提高生產效率。

2. the definition of situation（情境定義）

社會學家湯瑪士（W. I. Thomas）指出，我們經常不斷地估量「眼前」（here and now）的情況，從其中發現自己所處的位置，為情境指定意義。我們要衡量情境，並在內心裏考慮各種不同的行動。湯瑪士把這種過程稱為「情境定義」。這個概念使我們注意到，社會互動不會在真空中發生。它發生在某一特定而具體的情境中，我們對該情境具有不同的成見和期望。例如，我們不是在抽象的情境中，而是在特定的情境之內，解釋

「一眨眼」（a wink of the eyes）。從符號互動論者的觀點看，一個人所做的行為，都是根據他的情境定義。但是，決定一個人情境定義的，並不是物體或事件本身，而是人給這些物體和事件的意義。

3.the linguistic relativity hypothesis（沙匹爾霍夫語言相對性假設）

沙匹爾（Edward Sapir）和他的學生霍夫（Benjamin Lee Whorf）發展出「語言相對性假設」（the linguistic relativity hypothesis），認為人所採取的世界觀，是由語言所形成，並可用語言加以描繪。依照這個假設，人們經由語言的類別，來解釋周圍的世界。換言之，講不同語言的人，可說是住在不同的經驗世界裏。

沙霍假設，已經就語言對文化的影響提出有力的說明，即使用不同語言的人，經歷不同的社會實體。

4.the state（國家機器）

中文裡一般的理解就是政府，在現在社會中，國家機器是指在特定疆域領土之內，執行統治權威的一套複雜的組織和制度，具有正當使用合法暴力之權力。

5.the Thomas theorem（湯瑪士定理）

指我們從周圍的環境，不斷地取得訊息，並且透過社會定義，使這個訊息易於了解。符號互動論者認為，這樣做就是建構了現實。湯瑪士指出：如果人們把情境定義為真實，則這些情境的結果也會成為真實。即稱為「湯瑪士定理」（The Thomas theorem）。它意謂，一旦給一個情境定義，則這個定義不僅會決定我們的行為，也會決定行為的結果。

6.totem（圖騰）

係以一種動物或植物，作為神秘的社會始祖，並受人崇拜。在以圖騰為中心的儀式和舞蹈中，人們尋求與神溝通。

涂爾幹認為圖騰崇拜是最簡單的宗教，涂氏進一步用氏族和圖騰這兩個概念分析了圖騰崇拜這一簡單的宗教。氏族（clan）是一個並非由血親關係所組成的同種集團，是最簡單的人群組合，氏族把自己與某一種植物或某一種動物聯結在一起，表明其同一性。氏族圖騰（clan to totem）即與氏族

混合一起的圖騰，另有個人圖騰，更發達的團體，如胞族和姻族，也有集團圖騰。在涂爾幹所研究的澳洲部落中，每一個圖騰都具有標誌或紋章。為了解圖騰崇拜，涂爾幹摒棄將圖騰崇拜視為源自對祖先的祭祀或將祭祀動物看成是原始現象的說法。同時也排除個人圖騰崇拜先於氏族圖騰崇拜的觀點，以及把局部的圖騰崇拜—把授與某個特定的地區—看作最早現象的觀點。他認為，在歷史上和邏輯上，居於先位的是氏族圖騰崇拜，因為它表明個人對社會本身崇拜的優先或領先地位。圖騰崇拜最早源自對聖物的承認。

1.underclass（下階級）

一般可將社會階層劃分為四種不同的社會型態，早期的農業社會有如金字塔型的結構階層，是下寬上窄型；而現代化的西方社會，社會階層是屬於鑽石型，是中寬、上下皆窄的型態；進而依階級劃分，馬克思所指的階級分成資本階級（capitalist class）與普羅階級（proletariat），但事實上社會變遷的結果，社會上的階級結構可劃分為上階級（upper class）、中階級（middle class）、勞工階級（working class）及下階級（under class）等四類。

其中，中階級的興起，導因於教育的普及、社會的理性化、職業的多元化，加上地主和貴族的沒落，由一批專業人員、技術人員、經理人員、知識分子、企業家、行政人員等構成，走出傳統馬克思的二元階級。現在新資本與勞動生產技術之改變，取代傳統的生產結構和關係，一批從事管理、企劃、服務和行政、科技工程、教育和研究等之工作者，他們既非資本家，也不是傳統之勞工，這些人就構成所謂中階級的主體。

而認同中階級具有多重意義：

(1) 絕大多數人們以中階級自居，形成社會安定的心理基礎，中階級象徵法治、安定、繁榮、自足等，民主自由必須以廣大的中階級為基礎，民主自由的社會就是中階級的社會。

(2) 對於中階級的認同，也就是對於中階級價值、規範、思想的認同，在行動上會趨向於保守、勤奮、上進、自由。

2.UNESCO（United Nations Educational Scientific and Cultural Organization）（聯合國教科文組織）

在全球化背景下，為了經營會員國家的國家文化政策，同時尊重國際規則與基本權利，聯合國強調文化議題為在地化議題的關鍵重點，除了大會整體的著力外，UNESCO（現有191個國家會員及6個協會會員）更成為主要推動者。尤以21世紀起因應迫切性更密集的推動在地化相關活動。

3.unobtrusive measure（無干預測量）

無干預測量是指不會引起受測對象注意的一種研究技術。此法包括文獻的研究（如出生、死亡與婚姻紀錄、科學規則、政治與法院的紀錄、墓碑、銷售紀錄）、實物證據的研究（如圖書館書籍的磨損、展示品上的指紋、自動收音機指針盤上的裝置）以及未被察覺的觀察者，隱藏的照相機、錄音機，也可稱為非反應性的研究。

4.urban ecology（都市生態學）

都市生態學是人文生態學的特殊分支。人文生態學是1920年代芝加哥大學的社會學家所發展的，透過對人口、團體與服務機能的空間與時序分布的。

5.urbanization（都市化）

是指造成人們聚居於都市，且表現出都市生活型態的過程。所謂的都市化程度，即一個社會或國家中居住在都市地區的人口比率。至於對於都市的定義，因時代、因地區，所用的標準不盡相同。

6.urban primacy（都市首要性）

一個國家內一個大都市或幾個大都市較其他都市規模大很多的現象，即顯示都市首要性。通常以第一大都市人口是第二大都市的二倍、第三大都市的三倍（以此類推）為適度，若第一大都市與其他都市的規模超過如此的倍數越多，或前幾個大都市與其他都市間的差距越大，則都市重要性越明顯。人口的集中某些都市，通常也意味著資源集中在這些都市。

7.urban underclass（都市下階級）

係指一個都市中位居美國主流職業體系之外的家庭和個人所屬的異質性分類，他們代表經濟階層的最底層。

1.validity（效度）

指研究的有效性，若研究者所蒐集到的資料，不能有效達成解釋的目的，其效度便有問題，因此在研究設計中，必須對資料與事實間的效度加以衡量，才能提高解釋的效力。

2.value neutrality or value freedom（價值中立）

價值中立是德國社會學者韋伯（Weber）的看法。價值中立包括研究結果（不是研究題目、理論指導、研究方法的選擇），不受研究者個人「好惡」的影響；研究者不應以教師的身分提倡自身偏好的價值；社會科學研究只能提供事實分析，無法解決終極價值的問題（如自由的極限、人生目的、上帝的存在）；研究者如果不能排除價值偏好，應該在著作中坦白。

3.values（價值）

一套社會多數成員共同信守，並認為是重要的文化準則，它提供社會成員一個判斷是非、善惡，甚至美醜的基礎標準。易言之，是社會成員對什麼是好的、什麼是不好的、什麼是可以追求或不可以追求的共同道德觀念。

4.verstehen（理解）

韋伯（weber）主張社會學研究應該採取理解（verstehen，就是understanding之意）的方法，也就是主觀瞭解法，以局內人（insider）觀點來分析。唯有以設身處地方式，將心比心情境，了解別人的行為、感受與思想，才能真正解釋人類的社會行為。這種研究方法也就是所謂「詮釋性的了解」（interpretive understanding）。此種重視主觀的見解，對於實證主義一向強調客觀的研究方式，不免造成相當大的衝擊。

5.victimless crime（無受害者犯罪）

一般人通常認為，犯罪至少會有一個受害人。所謂受害者（victim）係指承受另一個人犯罪行為所造成結果的人。然而，有些犯罪卻沒有受害人，這種犯罪稱為「無受害者犯罪」（victimless crime）。無受害人犯罪包括：賣淫、成人之間非法的性行為、非法的藥物使用、賭博和酗酒等。

6.virtual community（虛擬社群）

虛擬社群（Virtual Community）是一個沒有明確定義的、相對較新的社會現象。一群人透過電子媒體互相溝通的社會現象，或可視為「有共同分享的目標與意見；某種程度上的穩定性；擁有成長性（growth）；同時成員對社群有忠誠與承諾（loyalty and commitment），因而能夠符合暫時性社群（ephemeral community）的最低標準」。簡言之，虛擬社群是一群擁有共同想法與興趣的人，透過電子媒介進行溝通與資源的分享，形成一個社群，這個社群具有成長性，擁有自己的運作規則，同時會創造出自己的社會與文化。

而網路社群（internet community）是一種從網際網路上形成的社會性集合（social aggregation），這些集合是由足夠的人經過足夠長的時間進行公開的討論，加上足夠的個人情感（human feeling），在虛擬空間（cyberspace）中所形成的人際關係網路。

7.vulgar culture（低俗文化）

低俗文化（vulgar culture）是社會的負面文化，如牛肉場、黃色小說、簽六合彩、賭博、吸毒、色情文化、賄賂、送紅包走後門、黑道、人妖秀、飆車文化等。

1.white-collar crime（白領犯罪）

是美國社會學家蘇薩蘭（Edwin Sutherland）所提，意指一位受人尊敬，並享有崇高地位的人，在從事職業時所犯下的罪行。近年來，社會學家已將此概念擴及到包括：公司犯罪、侵占公款、操縱股票，和有地位的人為了私利而賄賂他人等犯罪。因此，白領犯罪一詞，包括個人和公司違反各種法律和規定——從逃稅和換貼標價，到賄賂外國官員和將有毒廢棄物傾倒在河川中。

(1) 受害者不明確或覺性低。

(2) 犯罪人不認為自己犯罪。

(3) 他們經常可以規避到司法體系的懲罰。

(4) 犯罪方式不容易被察覺。

(5) 白領犯罪受到處罰的情況較輕；犯罪者較有能力保護自己（請最好的律師）。

2.WTO（World Trade Organization）（世界貿易組織）

WTO是全球最重要的國際經貿組織，含括全球97%的貿易，經歷多年努力，臺灣在2002年1月1日成為WTO第144個會員。由於WTO強調「自由貿易」（fair trade）WTO，會員國之貿易體制與法規需符合WTO規範，促成人員、貨品、技術、資金跨國流動，也讓貨品與服務貿易的市場進入機會更為擴大。整體而言，加入WTO既可參與制訂國際經貿規範；亦可利用WTO爭端解決機制，在平等基礎上解決經貿糾紛；同時推動參與其他國際經貿組織（如OECD），擴大國際活動空間，間接促成外溢效果。

◎Your Better Life Index（美好（幸福）生活指數）

影響幸福與福祉的因素多元，每個人的幸福生活不同，OECD於2011年5月首次公布「美好生活指數（Your Better Life Index）」，是較具全面性且可進行跨國比較的福祉衡量方式，不僅採用客觀統計指標呈現社會實況，亦結合意向性問卷調查衡量民眾的主觀感受與認知，例如對生活、環境品質的滿意度、健康認知等。由於OECD之「美好生活指數」已歷經多年嚴謹研究及國際間充分討論，發展較為成熟，因此，我國國民幸福指數是以OECD美好生活指數的領域為遵循架構，包括與物質生活條件有關的居住條件、所得與財富、就業與收入，以及與生活品質有關的社會聯繫、教育與技能、環境品質、公民參與及政府治理、健康狀況、主觀幸福感、人身安全、工作與生活平衡等11個領域。

◎zero population growth（簡稱ZPG）（零度人口成長）

零度人口成長（zero population growth，簡稱ZPG）。實質上是一個概念，也是一項運動。在概念上，指的是出生率等於死亡率的人口停滯狀態；在運動上，是各已發展國家一直推動的目標。當今在少數歐洲國家已達到或接近，惟德國的人口成長率仍是負的。

第十七章 近年試題及解析

102年高考三級

一、社會流動（social mobility）乃為現代社會的特色，請說明社會流動之樣態有那些？在現代社會中社會流動的機制主要為何？請配合社會流動的樣態討論之。

思考索引： 考生可先依題意回答社會流動的基本態樣，再從社會流動的不同途徑說明相關的流動機制，是容易回答的一題。

答 社會流動（social mobility）係指社會階級或社會階層間的變化，換言之，社會份子在一階層內或由某一階層或階級轉移到另一階層或階級的現象，其樣態可作以下分類

(一) 依流動方向劃分：分為垂直流動（vertical mobility），即流動的方向是由低而高，稱之為上升流動（upward mobility）；若由高而低，稱之為下降流動（downward mobility），而個人從某一社會階級（或階層）轉移至同樣高低的另一個社會階級（或階層）稱為水平流動（horizontal mobility）。

(二) 依流動類型劃分：分為交換流動（exchange mobility）與結構流動（structure mobility）：「交換式」社會流動，即當人們與階層中不同層級的他人交換地位時，其個人的社會地位便會發生改變。

「結構式」的社會流動，即人們社會地位的改變乃是經濟結構改變的結果，例如在經濟蕭條時期，收入減少、員工遭資遣，使得社會有普遍向下流動的趨勢。

(三) 依社會流動模式分為

1. 卡斯特社會的社會流動模式：古印度的卡斯特（caste）社會，將人劃分為婆羅門、剎帝利、吠舍、首陀羅（即奴隸）與賤民等五種階層，階層與階層之間，嚴禁通婚，禁止任何往來。在這社會內，既無世代流動，「各人生於何層，長於何層，婚於何層，子女長留於何層」。職業之間的流動模式，即或有之，亦屬很少。是故，此社會流動模式，毫無垂直流動，只有部分的水平流動。

2. 完全開放的社會流動模式：在一個完全開放的社會結構中，階層與階層之間的流動毫無限制，即使有限制，其影響力也減至最低；同時在階級之間的流動極為頻繁。換言之，在完全開放的社會，不僅有水平的社會流動，更有垂直的社會流動。一般以美國社會為這種模式的代表。

3. 混合的社會流動模式：混合型的社會流動，是指在一個開放模式內存在著封閉的卡斯特流動模式，而這種卡斯特流動模式，可出現在社會階層的不同階層間，或出現在不同階級間。

現代社會中，社會成員可藉由以下途徑來達成流動目的：

(一) 改變職業：上升流動的最普遍方式，就是取得一項聲望高的職業，於是個人可經由職業階梯改變其社會階級或階層。

(二) 提高經濟成就：要將職業、收入與教育分開是困難的。個人提高收入，將會增加上升流動，因為財富普遍受到人們尊敬。當然有些例外，例如，有些教育程度高的人，聲望較高，但所得較低；某些職業所得雖高，而聲望卻低。

(三) 提高教育程度：教育逐漸成為社會流動的重要因素。教育成為社會進步的因素，有其複雜的形式與重要程度。從聲望較高的學校畢業，個人會有更好的機會提高社會階層。

(四) 社會期望與期待（social aspiration and expectation）：社會期望個人向上社會流動，並提供各種流動的機會，則會影響個人的社會流動；反之，若社會不鼓勵個人流動，可能因此限制個人在階層或階級間的移動。

(五) 家庭背景（family background）：家庭背景因素與父母親期望，經濟能力等因素相關，同時家庭子女數的多寡，也影響個人流動的機會。

(六) 人口變遷（population change）：出生率或死亡率的提高或降低，都足以影響個人社會的流動。出生率提高或死亡率降低，使個人向上流動的機會減少；反之，若出生率降低或死亡率提高，則個人向上流動機會因而增加。

(七) 職業結構的改變（change in occupational structure）：隨著經濟發展，出現新的職業，因而增加個人流動機會。

二、何謂科層組織（bureaucracy），有何特質？面對現代資訊社會，這些特質是否有需要改變的地方？請討論。

思考索引：考生可先回答韋伯科層制的五大基本特質，再嘗試依據題意分別提出個人對此五大特質需要改變與否的基本看法或見解。

答 科層制（bureaucracy）最早由韋伯（Max Weber）提出，是指一個組織是互相關聯而功能互異的部分所組成。

具備下列五項特質：

(一) 專門化（specialization）：科層制組織的基本構想是：將整個生產過程劃分為若干項小工作，而讓某些人專門從事某項小工作，是處理複雜的工作的有效方式。專門化具備效率，所以科層制有賴於複雜的分工，從業者僅需精通和負責該組織的基本工作之某一項生產或管理步驟即可；如此的安排，鼓勵了某一有限範圍內技術專精的競爭，但也造成無人通曉整體步驟之缺失。

(二) 技術能力（technical competence）：人員的聘僱基於技術性資格（經由測驗或標準化程序錄用人員），並依其工作質量計酬。韋伯認為光靠薪津不足以鼓勵人們工作更努力、更迅速、更有效率，尚須保證他們有足夠的工作表現時，可以晉升。

(三) 規則和規定（rules and regulations）：科層制內成員的活動和關係由一套公開明白的規則和規定管理之，在此方式下，每位職員皆瞭解應具備的資格及決定應如何執行。各種規則使得複雜的科層制組織的工作井然有序並可預測，可說是科層化引擎的傳動桿裝置。

(四) 非人格化（impersonality）：又稱公平無私，韋伯認為私人感情有害於效率，故在科層制中予以排除，對所有工作人員都一視同仁，給予公平待遇，各種考慮均應至於組織目標的節制下。如果某位成員提升一位屬員，僅由於私人友誼關係；或與其他公司簽訂合約，由於對方是他的親友經營的公司的話，整個組織將受其害。

(五) 人員的職階體系（a hierarchy of offices）：一旦整個生產過程被化整為零，每一群人各操作一組不同的活動，則整個操作必須予以彙整。在小規模的組織裡，全體工作人員可以集會討論所遭遇之問題及交換意見，而在大規模組織裡就無法如此，高階主管不可能親自督導每個工作人員的工作，甚至不可能知道每個員工所負責的工作。為解決此一問題，工作人員必須組織一個職階體系（hierarchy），劃清那些人

對某人負責，某些人管理那些人等。組織的職階體系依據職位與職務而訂，每一職務均有其特定的職責、義務、權利及薪津。

三、社會學對於偏差行為（deviant behavior）的解釋深受到涂爾幹（Durkheim）的影響，為什麼？延續涂爾幹所提出來的概念，請舉出一個對於偏差行為的觀點或理論，並舉例配合說明。

思考索引：考生可先回答題意所指的涂爾幹對於偏差行為的理論內涵，再從墨頓提出結構緊張論，分別從目標以及手段兩方面說明社會成員的偏差行為。

答 涂爾幹的迷亂（anomie）概念：涂爾幹深信階級衝突及社會凝聚的衰微，皆因分工增加所致，社會高度分化，使人們無法獲致一項共同的行為規則與了解。因此，各階層人士之間，彼此產生隔閡，以致出現混亂、無效率，甚至社會解組。社會體系缺乏共同規則，即呈現無規範，涂爾幹稱這種狀態為迷亂（或脫序）（anomie），亦即社會規範衰微、衝突、含糊或不存在的狀態。結果，使得人們不知道該做什麼、該怎麼做，甚至不能控制他們的慾望，更不能分享共同的目標，在這種情況之下，很容易出現偏差行為。

墨頓的結構緊張論：墨頓（Robert K. Merton）將涂爾幹的論點加以延伸。墨頓認為，迷亂（anomie）涉及一種整合，即文化目標與規範。由於社會成員或團體無法採規範所允許的手段來達成目標。例如，工業化的都市社會強謂「經濟成功」及「物質佔有」等目標，並認定某些手段如「高等教育」及「待遇優厚」等為達成目標的方式。但某些團體（如低階層、種族團體）因受制於社會結構中既有位置的安排，以致缺乏採取合法手段以達成目標。在這種情境下，所經歷的壓力與挫折常相當嚴重，因而導引出各種偏差行為，是為結構緊張論（theory of the structural strain）。墨頓說：「社會結構對某些特定的人群施加獨特的壓力，使其不得不從事於違法行為。」亦即，墨頓嘗試從文化目標與社會結構關係中找尋偏差的原因，認為偏差是文化目標與社會結構模式間的扣連不緊密所產生的。依據文化目標與合法手段間一致的性質，墨頓劃分出五種反應類型：順從（conformity）、創新（innovation）、儀式主義（ritualism）、退縮（retreatism）及反叛（rebellion）。

(一) 順從：順從並非偏差的反應型式，是指個人接受文化目標並採行合法手段。例如，大多數的大專學生接受「成功」做為其目標，並使用合法的手段——高等教育來完成目標，是為順從者。

(二) 創新：當個人接受文化目標，但囿於個人的社會地位妨礙其以合法手段完成目標時，創新型的反應就可能發生。創新者拒絕合法手段，而訴諸規範以外手段的使用，以求獲致文化許可的目標，如經濟成功、物質佔有、社會地位等等。因重於私利而妄圖創新時，就不免走火入魔，最明顯的例子就如犯罪，特別是組織犯罪，或偷竊、搶劫、販毒及私娼等。

(三) 儀式主義：當個人忽視文化目標，但卻嚴格執著完成這種已經不合時宜的目標手段時，拘泥的儀式型反應就發生了。個人在達成文化目標的失敗及挫折，使其發現解決這個問題的方式，就是減輕或忽視目標的重要性，但在外表上仍堅持順從合法手段，即誇大手段的重要，儀式主義者是一個最好的例子，就是死守規則，不理目標的官僚。

(四) 退縮：當個人在目標的達成中遭受障礙，且同時放棄目標及完成手段時，退縮型的反應就會發生。個人拒絕目標及手段後，轉向其他的非常方式，如自殺、遊蕩及濫服麻醉藥品等，是退縮反應的形式。

(五) 反叛：指個人不僅拒絕、排斥合法目標與手段，進而創新目標或手段，以為替代。如各種激進份子、革命者及幫會，都屬反叛型反應。

四、解釋名詞：
(一) 霍桑效應（Hawthorne effect）
(二) 緊急規範理論（emergent norm theory）
(三) 性別社會化（gender socialization）
(四) 文化失調（cultural lag）
(五) 全控機構（total institution）

答 (一) 霍桑效應（Hawthorne Effect）是指一種實驗者效應，當被觀察者知道自己成為被觀察對象時所產生改變行為傾向的反應。霍桑效應源自1927-1932年間，美國哈佛大學心理學教授梅奧（Mayo）帶領學生和研究人員在西方電器公司（Western Electric）位於伊利諾州的霍桑工廠（Hawthorne Works）進行的一系列心理實驗的發現。

(二) 緊急規範論（emergent norm theory）：認為集體行為是由規範受制的，但運作的規範是新訂的、就地產生的，與常規迥然不同。亦即集體行為產生於未見滿意規範之情境下，群眾成員自行判定規範，通常是在無明確可資遵循的情境下，人們在互動中推演出新的社會規範。易言之，新規範是在摸索與考驗下逐漸形成。創新者（如自力救濟者）可能提議採取某項行動，如示威抗議，其他人跟著行動。在新規範的推演過程中，群眾一方面界定情境，另一方面使行動正當化。最後，新規範的形成可有效約束群眾行為。

(三) 性別社會化：社會性別建構的管道主要透過「社會化」（socialization）過程和機構進行。個人內化社會建構的價值判準後，形成「性別刻版印象」、「性別階層化」甚至「性別歧視」現象。社會對男性和女性有不同期待，不僅在性別氣質表現，甚且職業類別及顏色都會產生某些顏色是專屬於某一性別，將軍、醫生、法官或建築師被視為是「適合」男性的職業，因此，社會逐漸形成職業性別隔離現象，某些職業類別長期被某一性別占據，由於職業聲望、收入和社經地位息息相關，因此，性別階層化現象應運而生，也因為性別階層化而造成「貧窮女性化」的現象。

(四) 文化失調（cultural lag）由美國學者烏格朋（Ogburn）提出，認為物質文化的變遷速度比非物質文化快。現代社會的生活已被收音機、電視、汽車、飛機、火箭、電腦等發明改變。這些變遷都發生在物質文化的領域裡，而在政府、經濟系統、家庭生活，教育及宗教等方面的變遷似乎緩慢。由於物質發明所導致的變遷，要求相關的非物質文化，能作適當的調整。

一般亦將文化失調稱為文化脫節或文化失序，用以說明社會問題的產生或是促進社會變遷的重要來源。

(五) 全控機構（total institution）：又稱總體組織，其特徵是：(1)與外邊世界隔離，及(2)內部環境變異小。雖然所有的組織都具有某種程度的強制性，但是，以全控機構所具的強制性最高。在全控機構中，一個人既不能安排自己的生活，也不須要負起任何生活上的責任。

社會學家高夫曼（Erving Goffman）將全控機構稱為「收容所」（asylum），並界定為：一種封閉的生活場所，生活其中的一群人，具有相同的情境，與外邊世界隔離一段相當長的時期，並接受嚴格的生活管理。在收容所內，內部環境的控制最嚴密。

102年地方特考三等

一、文化是社會構成的重要部分，文化與社會兩者一直處在變動的關係中。試說明文化的意義、組成要素及其社會作用。

思考索引：本題屬簡單題型，可分別從文化六大要素著手，要素發揮的作用就是其產生的功能，是一體的兩面。

答 分述如下：

(一) 定義：文化（culture）指人類生活方法的總體，包括人所創造的一切物質和非物質的東西，是存在於人類社會的一切，包括人工製品、知識、信仰、價值以及規範，是人類經由社會學習到的且代代承續的社會遺業，是一個社會的特殊生活方式。

(二) 組成要素：由組成文化的基本要素觀之，計有規範、價值、符號、語言、意識型態及知識等六項，分別是：

1. 規範：規範（norms）是規定在某種情況下我們應當如何行動才是適當的準則。規範不但隨社會和團體而不同，且隨情境而有差異。

2. 價值：價值（values）是規範的來源，指的是有關善惡、是非、和要不要的一般觀念。因此，價值是作為判斷行為和選擇目標的準則，也是團體所分享的文化理想。

中國人較重視家族觀念，尊敬長者；而美國人崇尚個人主義，重視民主自由；法國人則喜歡浪漫的。其實，不一樣的文化隱含著不同的價值觀念

3. 符號：文化的各種觀念都存在於符號的領域中，符號（symbols）代表某些事項，並具有意義。符號包含物體、姿勢、聲音、顏色、或設計等。

4. 語言：語言（language）是最重要的符號體系，包括口頭和書寫的兩部分。語言可保留不同時空和不同時代人類生活的經驗與知識，可傳遞文化，可溝通訊息，可設計重大計畫和發展抽象觀念。

5. 意識型態：意識型態（ideology）是一種信條，可使個人或團體追求利益的各項行動名正言順。例如十九世紀社會達爾文主義（Social Darwinism）堅信「最適者生存」的原則，主張在經濟競爭中保護弱者足以削弱全體人類。實際上，這種意識型態提供

富人不公平行動的合理化。資本家必定比工人更喜歡社會達爾文主義，因為它可以使資本家在利用工人獲取利潤時消除罪惡感。意識型態很抽象，也很複雜。不過，簡單的往往可用一句話或幾句話說出，例如「勝者為王，敗者為寇」、「一分耕耘」或「求人不如求己」。

6. 知識：知識（knowledge）是人們累積一段期間的事實、信仰、及實用技術的本體。包含部分的程序資訊，譬如如何開車或操作電腦。它亦包含人、事、地的資訊。所有知識是文化的一部分，也是大家所共享的遺產。

(三) 社會作用：文化是人類重要的社會資產及生活經驗，不僅是人們維持基本生活的主要依靠，更提升人類適應的能力，以面對不斷變遷的生活環境。事實上，文化對人類社會發展提供許多社會作用，分別是：

1. 建立標誌與範圍：文化塑造社會成員的行為特色與生活模式，但也限制了人們活動的範圍與空間。換言之，文化提供不同社會生活型態的區別標準，社會中的成員背負自身文化的特色及標記，而形成一族群或地域特色。這就如同我們一提及德國人，便想到嚴謹的態度和科學的精神；一談到義大利人，便聯想到時尚與流行的追求一般。因此，不同的文化內涵建立不同特色的生活習慣。

2. 強化社會團結與整合：社會成員透過共同的語言、符號與行為模式進行溝通，了解彼此的想法及期望，拉近成員間的距離，逐漸形成族群或團體的歸屬感。而且社會成員分享彼此的價值觀念與信仰態度，也會醞釀出文化的認同感，進而產生團結的凝聚力，達到提高社會整合的目標。在日常生活互動過程中，人們對使用相同語言的人較有親切感，而且具有相同信仰的人容易成為好友。

3. 建立社會系統化的價值：文化是一套複雜的社會生活體系，是由不同的元素及成分組合而成，如語言、規範及價值觀念等，各單位有其獨立的功能外，彼此間亦相互關聯與影響，並構成一個縝密的組織系統，作為建構社會成員生活的框架，以指引人們在特

　　定的環境下應有的行為表現。就中國人喝茶的生活習慣而言，從茶葉栽種烘焙、茶具的選擇，泡茶水質的講究，以及喝茶之禮儀精神，正代表著一套複雜的社會價值系統。

4. 提供個人互動模式：文化基本上規範著人們行為的型態及方向，當然也指引著社會成員間的互動模式。文化內涵規定人類在社會中成員間接觸的倫理守則，這使得社會互動過程十分暢順及和諧。例如，中國社會中重視長幼有序，所以在成員互動接觸過程中，都按照自己的身分地位作為應對的依據，當晚輩見到長輩時，需先問安、讓坐及慎言。

5. 提供思考與學習方式：文化涵蓋語言、符號及價值觀念的傳遞，所以能增強人們的思考及學習能力。當然不同文化養成人們不同的思維方式，以及學習習慣。因此，文化不僅影響個別社會成員的思想模式，指導我們對周遭環境的認知與詮釋方向，同時也提供一種學習知識的方法與途徑。例如，受傳統文化的影響，中國人認為人生發展應該順其自然，順應天地宇宙的運作，所以在學習新知方面，表現得較為保守及謹慎。相對於中國傳統思維模式而言，美國人認為生涯發展應該主動爭取，不斷地自我表現及挑戰，所以美國學生在學習過程中處處表現積極與開放的態度。

6. 建構社會制裁與控制力：文化可維持社會秩序的正常運作，人們依據文化中的價值體系與規範模式塑造自身的行為方向，從其中，社會成員瞭解到什麼樣的行為將被其他成員所稱許，而什麼樣的行為將被唾棄，因而謹慎約束個人行為的表現。換言之，文化不僅提供社會成員行為的方向，而且建立一套社會制裁與社會控制的約束力量體系。

7. 塑造人格特質：人格是指個人所持有的行為模式特質，而人格特質的形成是受到遺傳、環境及經驗的影響。而對生活環境的反應，以及個人經驗的累積，都會受到身處所屬文化的影響，所以文化不僅能塑造一個地區民眾的共同性格，也會形成該地區的獨有特徵。文化是人類的「社會個性」，對個人行為發展影響甚鉅，其形塑出個人的人格特質。正如中國人的人格特質受文化影響，包括：順從、自我約束、謙遜及整體性。

8. 提供解決問題之工具：文化是人類在生活中解決問題的利器及有效工具，我們每天都依賴文化的產物而生活，如汽車、微波爐、電燈、電腦等等，甚至是一根小小的牙籤，都是與人們生活息息相關的文化產物。而且當我們碰到任何困難及問題時，都會藉由文化授予的思維模式尋找解決之道。事實上，文化就是人類生活累積經驗的總體，主要將前人解決生活問題的模式加以系統化及組織化，代代相傳，並不斷修訂以配合環境的變遷，所以提供如何解決人類生活所面對之難題，就是文化存在及發展之主要任務。

二、根據統計顯示，自1990年代中期以來，臺灣的失業率有逐漸升高的趨勢，試提出其主要原因並加以分析。

思考索引：失業率的提升有不同的影響因素，惟恐落入個人以偏概全的主觀與偏見，建議以理論著手是最恰當的。

答 有關失業的原因有許多不同說法，最主要有以下兩大理論說法：

(一) 古典派就業理論的解釋：建立在充份就業上，認為失業有自願性的失業與摩擦性失業兩種，但並無非自願性的失業。所謂自願性的失業乃由於有工作能力的勞工不願接受現行的工資或不願減低已得的工資所致，如勞工因不滿薪資而自動離職即為自願性失業的一種；而摩擦性失業乃由於就業市場的組織不健全，缺乏職業供需消息，或資本配備失調，預測錯誤或企業的轉變，使勞動者一時找不到工作所引起。古典派末期的學者，則將失業歸因於工資政策不能將工資自動調整到勞動實際需求函數的變化，以及人力供需失調的結果。因之，古典理論的皮古（Pigo）教授主張藉由訂定合理的實際工資，來減少自願性的失業；健全就業市場組織，並流通職業供需消息，以減少摩擦性失業。

(二) 經濟學者凱因斯的解釋：英國著名經濟學家凱因斯所持之就業理論，則以不完全充分就業為常態，而與古典理論相對。凱氏認為除了自願性的失業和摩擦性失業外，亦有非自願性失業，亦即當工資財貨價格較貨幣工資稍漲時，勞工願意在現行的貨幣工資下

提供總勞動，供給與在該工資下想僱用的總勞動需求，如果都超過現有的就業量時，則勞工就成為非自願性的失業。簡而言之，就是勞工有意願要工作，卻找不到工作。凱氏同時提出面對失業問題的三項論點：

1. 市場經濟並不會有趨向於充分就業的強烈傾向，相反的市場經濟可能會停留在大規模失業的均衡。

2. 大規模失業係起因於對財貨與勞務支出太少，即失業乃反映總需要的不足。

3. 解決失業問題的最佳方式，應增加總需求，增加政府支出為其有效對策。

由以上兩種解釋可知，失業是一個社會不可避免的問題，一般學者認為失業率低於就業人口4%以下，即算已達到充分就業的境界。

三、據統計結果，臺灣的非主流家庭型態越來越多，至今已約占家戶總數的四成，這種現象多少挑戰了傳統定義中的家庭。針對上述臺灣的社會情形，非主流家庭包括那些型態？其增多的原因何在？試加以說明並分析。

思考索引：非主流家庭表示是隨著社會變遷後所產生的不同於以往傳統的主流家庭型態，是屬於簡單易拿到高分的題目。

答 面對多元化、選擇性的現代社會特質，人們對個人及家庭需求滿足的適應以及個人對不同生活模式的自由選擇，大多數的家庭未必是等於傳統的主幹家庭或核心家庭之樣版，現今各類型家庭結構內涵：

(一) 單親家庭：單親家庭是指由父或母單獨一人和未成年子女所組成的家庭。隨著離婚率的提高，單親家庭的增加是可想見的，其中以女性為單親家庭居多。不過隨著現代多元的社會，由於工作、生活型態的改變，亦出現許多實質單親的狀況，即父母仍有法定婚姻關係，但孩子長期只與父或母單一方同住，如長期住院療養、父母相隔兩地就業、移民等。

單親家庭在組織結構上較為薄弱，生活重擔需由單親家長獨立承擔。對父母而言，常出現角色負荷過度的情形。對子女而言，常出現照顧不足或角色認同之困難。

由於婚姻地位的改變，單親家庭的成員關係重組，進一步帶來家庭社會經濟狀況的變遷，其中最令人擔心的就是經歷失利的經濟風險，特別是「貧窮女性化」的趨勢。

(二) 新三代同堂：新三代同堂是應單親家庭而生的新興類型，是指離婚或未婚生子的子女帶著第三代與父母同住。新三代同堂的家庭型態可協助單親家庭舒緩經濟及照顧壓力，亦有助於減少社會福利的負擔，而成為政府欲倡導的家庭型態。

新三代同堂雖可舒緩單親家庭的困難，解決家庭成員之需求（老人與兒童之照顧需求），但在實務上常轉變為隔代家庭的狀況。即父母代僅將子女留給祖父母照顧而不負任何責任，反而無形中增加年老父母的生活負擔。在意識形態上，新三代同堂的家庭構成政府逃避福利投資的擋箭牌。

(三) 隔代家庭：隔代家庭是指由祖父母與孫子女同住。隨著社會的變遷，家庭結構不斷的在改變，當父母無法親自照顧子女時，通常會將子女委由祖父母或外祖父母幫助照顧，這是近年來常見的社會趨勢。

隔代教養是社會變遷以及都市化之下的產物，如雙薪家庭的增加和離婚、遺棄、未婚懷孕等社會文化的壓力以及失業、父母被監禁其他個人因素，隔代教養是由許多社會因素所形成的，例如兒童雙親死亡、離婚、分居、再婚、遺棄、無足夠經濟能力撫養（失業）、外出、工作、感染愛滋病、孩子母親未婚懷孕、或孩子雙親受到監禁等，使得祖父母在自願或非自願的情形下，負起照顧孩子的責任。祖父母於是成為替代父母角色的首要人選。表面看來，是祖父母有含飴弄孫的圖像。事實上，老年人的安養與幼兒期的教育，二者生命階段的要求與期待差異甚大，缺乏父母代的居間調解，結果並不如理想中的如意。

(四) 繼親家庭：繼親家庭是指父母雙方，其中至少一方曾經結過婚，並帶來前次婚姻的子女。早期，繼親家庭的出現是源自喪偶，而現今則多源自於離婚。事實上，繼親家庭的成員結構複雜，不但需要解決前一個家庭有關連的問題，亦須重新調適現今的家庭生活，而無法以核心家庭的模式運作。對於家庭的各相關成員有其不同需要面對的問題。對繼父母而言，要學習與陌生子女相處並擔當管教責任，甚至出現父母與子女相互競爭的情況。對繼子女而言，要學習

接受父母離婚與再婚的狀況，並學習與不同的父母相處，甚至適應與不同父母的兄弟姊妹相處。目前臺灣的再婚率男性高達42%，女性則有16%，顯見繼親家庭已經開始影響臺灣的社會家庭結構。

(五) 同性戀家庭：同性戀的家庭是指相同性別的人居住在一起分享性行為及感情的承諾。他們可能是結婚的一對，經由私下或公開的方式結合。同性戀伴侶並不一定沒有子女。女性的同性戀者可能會養育先前異性婚姻裡所養育的子女，做父親的同性戀者有可能取得其前次婚姻子女的監護權。在社會裡，同性戀人數的增加，日漸公開其生活方式，同性戀者也像其他的少數人口的團體，也有要求其合法的個人權利，要求同性戀家庭也被確認為家庭，享有一般家庭可以享受的權利和義務。Maddox認為在這個情況之下，同性戀家庭的模式會漸漸普遍，這種家庭模式不一定會傳給下一代，因為同性戀的子女常是異性戀者。

(六) 獨身或親人合作型的家庭：獨身或親人合作型的家庭是指單身的男女或女人，與類似性質的孤寡或離異之個人等多人所組成的家庭，他們同住一所，相互照應以維持日常生活中類似的親情的關係。

四、根據歐美的西方社會經驗，在都會發展和擴張的過程中，往往會發生郊區化（suburbanization）及士紳化（gentrification）的現象。有在地學者指出，臺灣的都會發展並不能完全以這兩個歷程來解釋。何以郊區化與士紳化這兩個概念不能完全解釋臺灣的都會發展情形？請加以說明。

思考索引：社區在空間的變化，先是以中心化的方式形成，之後人口產生由中心向都市的離心化，稱為郊區化。之後出現復甦漸漸沒落社區的再中心化，就是本題所指的士紳化。

答　郊區化（suburbanization）：是現代化社會極明顯的區位過程，是繼人口向心化後的一種離心化現象。因此，郊區化是指人口由中心都市向郊區遷移的過程。

郊區化的原因很多，大致可歸納為以下六個原因：

(一) 擺脫擁擠、污染與噪音問題：都市中心的交通擁擠、空氣污染、噪音擾人與人口壓力等均造成都市生活品質的惡化，使人有擺脫困境的想法。

(二) 追求高品質的生活方式：基於郊區生活的利益，例如適於養育子女、空氣新鮮、地方空曠與少有犯罪事件等，使人口持續轉向郊區。

(三) 厭惡冷漠的都市生活：濃厚的人情味與社區意識，親切的人際互動與鄰里關係，是較令人滿意與喜歡的生活氛圍。

(四) 交通系統與公共設施的改進：交通系統的進步、公共設施的改進，以及越來越多人擁有私人轎車，使人從郊區至市區上班不是問題。

(五) 市郊土地與工商業開發：郊區因人口持續湧入，土地開發與住宅興建日益繁榮，繼之，工商業紛紛設立，又吸引更多移動人口。

(六) 郊區可建築美好新家園：都市中心建築老舊，而且不易修復，郊區的新建築則顯得舒適與寬廣，可以建築自己的美好新家園。

然而，郊區化也造成某些不利現象或社會問題，例如：

(一) 造成「人職錯置」（job-people mismatch）現象：美國郊區化的結果之一是形成「內黑外白」問題，亦即住在市中心者以中下階層的非白人居多，其工作地點大抵在郊區，而住在郊區者多為中上階層的白人，其工作地點卻在市中心，造成人職錯置與種族隔離，也形成社會不平等問題。

(二) 產生嚴重的社會隔離感：由於許多郊區缺乏工作、休閒與娛樂的多樣化生活，致使居民產生嚴重的社會隔離感與剝奪感，甚至生活單調與枯燥乏味的孤寂感。對於整天待在家裡的家庭主婦來說，更是嚴重的問題。

(三) 降低人際互動的頻率：由於郊區家戶的居住空間增大，人與人的互動距離拉遠，不僅降低人際互動的頻率，也失去良好的親密關係。尤在晚上，郊區猶如死城一般，令人有股窒息的孤獨感，不利於郊區的團結與整合。

由於郊區化的不良現象而有士紳化的提出，而士紳化（gentrification）是指少數人開始由市郊遷回市區居住，似乎都市有復甦的跡象，這種回歸都市市區的過程，稱為「士紳化」，而這些回歸者又以富裕者居多，並有心重建都市，彷彿是當都市趨衰退時，又燃起都市發展的曙光。起因有二：

(一) 由於新的人口結構與家庭組織之產生。在年輕的一代中，許多是單身的、結婚生子及退休的年老夫婦，因無學齡兒童問題，居住都市比較適合。

(二) 由於郊區化發展已達到極限，通勤變得相當困難。

士紳化最初是格拉斯（Glass）描述中產階級人士移往倫敦低收入住宅區所創造的概念。中產階級人士住進經過整修的老建築，在現代的室內設施中，可以展現對老式建築物的品味；居住地與工作地的接近，反映著對空間與時間的重視，不再能忍受日漸增加的通勤時間；再者，也意味著與以家庭為中心的郊區生活的割裂，移入分歧而又五花八門的都市生活。這樣的士紳化，代表著中心都市一種新的生活型態的興起，也相應著都市產業的重組。大型辦公大樓在低利用和地價下跌的市中心地帶紛紛設立，新的中產階級的居住區，便是在這種更新的過程所衍生的土地利用模式。產業與居住上的變化，導致部分的藍領工人居住地區的轉型，甚至有些為藍領階級而更新的地區，最後的居民並非原來的居民，反而是吸引了一些白領工作階級。相應著新的人口群，興起了新的消費型態。在北美、英國和澳洲都出現士紳化現象，臺灣地區也有相同的情形。

103年身障特考三等

一、針對社會中的貧富差距現象，特別是窮人之所以貧窮的原因，學界曾出現貧窮文化理論（culture of poverty theory）及貧窮情境理論（situation view of poverty）兩種不同觀點。試說明及比較這兩種理論的論點，並提出評論。

思考索引：貧窮的理論很多，有傳統的也有現代的，貧窮文化即屬於傳統類。至於貧窮情境則屬於現代的理論，由其觀點加以說明即可。

答　美國學者路易士（Oscar Lewis）指出貧窮人口具有共同的生活方式和文化特質，而且有代代相傳的趨勢。因此，處在貧窮環境下的個人和下一代更難逃離貧窮困境，彷彿是貧窮的惡性循環與傳襲，這種現象稱為「貧窮文化」（the culture of poverty）。例如：

(一) 在經濟方面：包括失業（unemployment）與低度就業（underemployment）造成家庭所得短絀、非技術性和非專門性職業、經常更換工作、購買力弱、依賴童工、家庭缺乏食物的儲存、營養不良、儲蓄觀念薄弱等。

(二) 在社會方面：包括住宅擁擠、群居而無隱私、高比例的酗酒、暴力滋事、體罰孩童、毆打妻子、過早接觸性問題、不重視教育、婚姻穩定性低、高比例的遺棄妻兒事件。

(三) 在心理方面：包括無固定歸屬的邊際感、自信心低、自我認同低、成就動機低、焦慮恐懼、疑神疑鬼。

路易士認為要改變貧窮境遇，有賴於長久的持續努力，運用社區發展方式，提供各項福利服務，並鼓勵其參與社會活動，加強本身之自助能力。否則他們根深蒂固之被動性的反應模式影響，很難使他們有效地運用各種新的機會。

墨尼漢（Daniel P.Moynihan）在1969年提出貧窮情境論，認為貧窮者不僅物質缺乏，在非物質方面如教育、訓練、各項社會參與之活動等等亦遭受到不同程度的剝削待遇。貧民由於諸方面受到限制，極難在現有的惡劣環境中產生自我突破，是以，易使一個人一直陷於貧窮漩渦難以自拔。

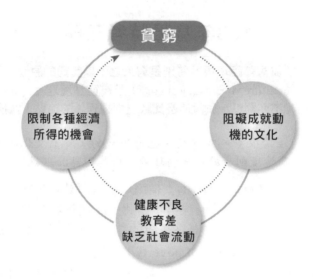

依此墨尼漢的惡性循環論點認為，片面的干預是無效的，例如僅提供
就業機會，卻未同時改善其健康狀況、教育訓練背景或動機的話，則
無助於貧窮的改變。面對此種惡性循環的現象，應採下列三種兼顧的
干預策略：

(一) 預防問題的發展：給予年輕的一代提供教育訓練之機會，改善其社
　　 會化；並對其父母提供輔導及必要之協助，以減少其對子女所產生
　　 的影響。

(二) 對功能受損的成員提供復健：亦即對已成年並有工作潛力者提供適
　　 當的復建服務措施。

(三) 設法減輕生活無以自立者之生活困擾程度：如為老年人、精神病
　　 患、或身心障礙者提供適當之照顧服務。

二、不少社會學家認為，西方民主政治發展與資本主義社會之間最重要的關聯，
　　在於市民社會（civil society）的建立。何謂市民社會？為何市民社會的存在
　　有利於民主政治的發展？這種說法適用於1970年代末期以來臺灣市民社會的
　　逐漸興起嗎？

思考索引：市民社會又稱公民社會，是在20世紀末所出現的一種反社會疏離的
　　　　　 觀點，希望市民要重視個人對於社會的基本責任。

答 市民社會（civil society）發展的現象，亦即「社會力」（social force）主導的現象。社會力就是指社會的「集體意識」，「由下而上」的一種力量，以及民間組成的中介團體，或是利益團體運作的方式。簡言之，「市民社會」係指國家機關（the state）的威權性、自主性、控制力衰退的現象；相對地，人民的自主性與反控制的力量上升。市民社會的興起，主要肇始於三個原因：

(一) 經濟結構的改變，致使人們提高與追求更高的欲望層次。

(二) 由上而下的政治控制結構發生鬆動。

(三) 資源與溝通管道的結構不良，不合乎公平分配的原則。

市民社會未必會與國家機關處於對立位置，彼此之間可能是相互影響與支持的，並保障彼此的存在。市民社會的意義，變成了民眾運動（popular movement）的代稱。社會許多民眾部門（popular sector），包括藝術家、工人、農人、中產階級、知識份子、人權份子、學生等，通常會對國家機關政策或是資源與權力分配，提出不同訴求與建議，這將調整或重構市民社會與國家機關的關係。通常社會大眾會透過社會集體行為的方式，來追求權益的現象，可稱之為「市民社會的復甦」（resurrection of civil society）。簡言之，對於市民社會的研究，逐漸重視各種不同的社會運動與各種不同階級的民間組織之間，為了表達及發展其利益，而相互結合的一個場域。

三、社會學者研究社會問題時，大體還是以結構功能論、社會衝突論及象徵互動論為主，對於同一個社會現象及問題，經常會有不同的看法。試以環境污染問題為例，說明這三種理論觀點可能提出的不同解釋。

思考索引：社會學兩個大型理論—結構論與衝突論，再加上象徵互動論，依其論點套入題目所指的環境汙染即可。

答 (一) 結構功能論將環境汙染問題看成是對現有價值的反動，一種病態問題。意識性的定義是社會體系功能運行之病態，也是社會失調不均衡的象徵，強調社會控制擴大應用，應由個人適應社會的汙染問題。

(二) 社會衝突觀點：社會衝突觀點（social conflict perspective）源於馬克思的階級對立論，齊穆爾（Simmel）從社會互動形式分析衝突，直至1925年才將衝突論應用於社會問題的研究上。

對於汙染問題而言,依許多人的社會價值判斷,是不智之舉,因為社會中的各個團體,都有不同的價值,因此任何社會團體都蘊含著某種程度的潛在對立趨勢,因而對於某種社會情境的判斷便持質疑的態度。不過對於汙染問題之看法,還是堅持價值衝突的結果,也就是這些潛在對立價值因素,導致汙染問題的產生。

社會衝突觀點有三個基本假設:

1. 不同的團體有不同的價值與利益,且會捍衛與追求。而一個團體的成功,會造成另一團體的問題。

2. 努力解決社會問題必然是少數團體向優勢團體的一種挑戰,促使其改變。

3. 存在某種程度的衝突有利於社會,因為它提供促使社會變遷所必須的動力。

(三) 象徵互動論又稱形象互動論,布魯默(Herbert Blumer)是形象互動論(symbolic interaction theory)之代表人物。主張建立一個與傳統社會學理論不同的主觀解釋性理論。強調社會互動是不斷地變遷和修正的過程,是自覺和主觀的。因此,社會學的新理論應將重點放在體會的經驗上,而非科學客觀的驗證上。布魯默所欲瞭解的是社會互動的本質,亦即環境汙染問題是人類在社會互動過程中所建立的中心概念,代表汙染內容及危害,代表某種意義是行動者用來代表物體、感覺、觀念、思想、價值和情緒。語言文字所代表之客體是社會所賦予的,是用來溝通的。

四、十八、十九世紀以來,國家機器紛紛在世界各地興起,成為現代社會形成的特徵,包括我國在內。現代國家機器的意義是什麼?它與過去的遊牧或農業社會體系有何差異?

思考索引:國家機器指的是政府,過去農牧社會的政府功能與目前服務業為主導的後現代社會的國家機器運作有很大差異,由學者觀點出發即可。

答 傳統對國家機器的看法,源自馬克思,馬克思主義基本上有階級邏輯與

資本邏輯兩種主要理論觀點：可用「工具主義」（instrumentalism）與「結構主義」（structuralism）分別代表。工具主義的國家理論，認為國家機器是階級鬥爭的產物，得勝的階級掌握國家機器，擴大其利益。因此，從這個國家理論的角度，國家機器是資本家的工具，是資本家用來強化其剝削和利益的壓制性工具。如馬克思和恩格斯說的：「國家機器是資產階級的管理委員會」。在資本主義的國家機器成員來自資產階級，因此其政策將有意地壓制工人的利益以強化資產階級的利益。

而結構主義的國家機器理論，則認為國家機器的任何作為，即使是制定有利於工人的政策，其結果都是為資本主義服務。某些政策雖然在短期內對資本家不利，但是卻有利於資本家全體的長期利益；國家機器是為整個資本主義社會服務，而不是為個別的資本家。馬克思主義認為，在資本主義社會裡，受剝削的勞工階級終究會意識到被剝削而團結起來，透過革命改變資本主義體制，而進入無階級和公平的社會主義。而福利國家的興起，是資本主義的改良，是資本主義拉攏勞工的一種變形的資本主義而已，與社會主義的理想差距甚遠。

現代的國家機器提供社會服務給特定環境或緊急事件下的個人或家庭，包括社會安全、健康、教育、職業訓練和住宅等。又對私人活動（包括個人或公司團體）的干預，藉此從事社會重分配，直接改變人口中某些個人的生活條件。因此，國家透過國家機器的力量，維持公民最基本的生活需求，使其能夠安身立命，以維繫社會的穩定和發展，透過公共預算和政策干預，解決失業和貧窮問題，進而解除資本主義危機。

103年高考三級

一、美國社會學學者C. W. Mills 提出了所謂的「社會學想像」，請說明社會學想像的意涵；並且從個人放棄工作，與行政院主計總處公布的失業率統計數據，以「社會學想像」的觀點，說明那些是可能影響臺灣年輕世代高失業率與薪資所得停滯的因素。

思考索引：社會學想像的基本觀點就可以分別從個人層次及社會制度層次加以說明失業的原因，是微視與鉅視兩個層次的論辯。

答 社會學的觀點是了解個人與社會間的相互關聯性，在社會學觀點的分析下，社會學家研究個人與個人行為時，往往將焦點放在個人是如何受到其他人或社會的影響上。個人生活在社會上受到社會力（social force）所支配，這種看法就是米爾斯（C. Wright Mills）在1959年所提出的社會學想像觀點。所謂「社會學的想像」（sociological imagination）係指檢視出社會力量如何對個人發生影響的分析能力，特別是對個人生活與行為的影響，而此社會學的想像其實就是社會學觀點的本質與重心。將社會學的想像區別成個人困擾（或個人煩惱）（personal troubles）與公共議題（public issues）兩種。個人的困擾就是私人的事務（private matters），限於個人在日常生活裡直接意識到的事務；而公共議題係關係到大社會體系的危機問題，也就是當無法控制到大多數的個人行為，例如，經濟循環、政策抉擇、宗教傳統，這些將影響到每日的生活。

易言之，社會學的想像是連結社會結構與個人行為的努力，此想像要求我們在分析個人行為時，必須常常注意到社會力的影響；也就是說欲了解一個人的行為，必須在社會的脈絡（social context）中尋求解釋與說明。由於我們在日常生活中的許多理所當然的行為，其實都是社會加諸在社會成員身上的「模塑行為」（patterned behavior），透過社會化與控制的作用，將成員行為模塑成符合社會的需要，即將成員「規格化」（format），所以個人行為反應出社會結構的特徵。

以年輕世代高失業率問題來看，就是社會模塑年輕人被動與消極的勞動價值與工作意義的結果。亦即，由高失業率可反映社會化的結果所致。

二、臺灣與其他亞洲國家韓國、日本等都面臨所謂「少子化」問題，請問：何謂
　　「少子化」？少子化所帶來的「超低生育率」問題，與其對臺灣社會的影
　　響；90年代以後臺灣高等教育擴張，對於少子化的影響。

思考索引：少子女化的問題是當前臺灣地區最主要的社會問題，可依社會制度
　　　　　層面說明其問題產生之背景。

答　臺灣生育率逐年下降，平均子女數愈趨減少，造成少子化的原因不
　　外為：
　(一) 社會經濟影響：
　　　1. 臺灣社會隨著失業率高升、競爭力強、薪資萎縮等因素，大家對
　　　　 於社會及生活充滿著不確定感，覺得生活越來越辛苦，組織家庭
　　　　 及養兒育女形成一種經濟及心理上的壓力及負擔。於不景氣時期
　　　　 時，人們可能會緊張，認為自己養不起孩子。
　　　2. 臺灣社會人際競爭越來越強，現代男女多數傾向精英式的教育，
　　　　 希望給自己的子女最好的培養，而這也讓養兒教育費用節節攀
　　　　 升，多數家庭會在經濟考量下，趨向選擇生育一或二個或乾脆不
　　　　 生來減輕經濟上的負擔。
　(二) 人口政策的影響：社會觀念由「多子多孫多福氣」轉為「兩個孩子
　　　 恰恰好」的想法，家庭計畫教育所扮演的角色不可忽視，而在計畫
　　　 中普遍提供有效而廉價的避孕方法，迅速提高全民的避孕實行率，
　　　 讓民眾能隨心控制其生育，以實現其逐年下降的理想子女數，使臺
　　　 灣於短短七十年間就完成人口結構的轉型。
　(三) 婦女晚婚與晚育效應的影響：晚婚確實是造成婦女總生育率低於替
　　　 代水準的主要原因，且晚婚又常肇因於受教育年限延長的影響。
　　　 少子化將帶來以下問題：
　　　1. 人口結構失衡，總人口數日益減少：如果任由少子化的趨勢發
　　　　 展，可能導致未來社會的勞動力不足，以及扶養負擔過重等問
　　　　 題，下一代青年及中年人必須一人扶養數人，造成使個人及家庭
　　　　 經濟負擔增大或儲蓄減少的問題。
　　　2. 教育方面，出現就學人數減少，無論小學、中學、大學都面臨招
　　　　 生不足的問題：102年度臺灣高中職缺額比例高達32%，中等教
　　　　 育的轉型已是刻不容緩，大學教育亦面臨就學人口持續減少的問
　　　　 題，國內高等教育招生不足的問題已隱然浮現。

三、團體與組織有何不同？為何現代社會中會產生正式組織？

思考索引：團體與組織是不同的，團體是最小的一個社會單位，組織則包含了團體，兩者之間差異性是存在的。

答 社會團體（social group）是指由兩個或兩個以上的人所組成，他們具有共同的歸屬感，而他們之間的互動也是基於共同的目標，且對彼此間的行為具有某種期望。社會團體所以能將個人團結起來，就是基於共同的認同，與相互關聯的地位和角色。因此，社會團體並非只是一個人群。

簡言之，社會團體是人群的結合，彼此認同並共享價值、規範及目標，而以非正式的結構方式互動。例如經銷商組成家庭式的團體，其間朋友的合作重於競爭。新經銷商的招募是透過親友網絡，很少對其潛在行銷能力作正式評估。所有的經銷商定期參加大會，會中頒發頂尖經銷商獎金，並在歡樂、非正式的氛圍中作成規劃。

而社會組織（social organization）或稱社會結構（social structure）是指一個社會內部互相關係的體系，一般指一個或社會（鄉村、都市、部落、或國家等）內的各種制度（institution）和次團體（sub-group）之互相關係的整個系統，由此可見，包括次團體與制度兩個要素，且可視為一種結構（靜態的），也可以當做一種過程（動態的）。

綜上，社會組織的中間層次是社會的團體結構，或是團體關係（group relation），亦即各種團體相互之間的關係。這種團體關係，有領導團體與附屬團體，也有聯盟、敵對以及中立的團體；有些團體占有策略性的位置，而能與社會中的其他部分溝通，或對它們產生影響；有些團體卻位於邊陲地帶，與其他團體來往非常有限。

另，正式組織（formal organization），係指為達到特定目標而故意設計其活動的人類集團。

正式組織已發展成為一種能使人們達到各種目標的社會機構。可根據分工細密，將工作分為「任務」（task）與「例行事務」（routines）。若以法規約束每一項職務，則可預測擔任該項職務人員之行為。在一個組織中，不同的職務與人員，都可依照權威與責任的層級，加以安排；所以，每個人都知道，他負責什麼？及對誰負責？權力，通常掌握在領袖或執行者的手中，可用以控制組織的活動。

四、請試述下列名詞之意涵：
(一) 偏差行為醫療化
(二) 女性貧窮化
(三) 婚姻資源交換論

答 (一) 偏差行為醫療化：社會學家Irving Kenneth Zola（1972）從衝突論觀點看待偏差，認為對最根本的正常／異常是如何定義出來的，提出質疑。醫療中所謂正常／異常，常態／病態，可能是被建構、被創造出來的分類。醫療被視為一種社會控制的制度，控制的方向則符合掌權者的利益。因此，偏差行為醫療化是被社會掌權者建構出來的。

(二) 女性貧窮化：Bianchi（1999）指出貧窮女性化一詞，凸顯高度經濟發展社會中，女性因性別因素遭受社會制度的差別待遇，因而產生貧窮惡性循環的現象。

(三) 婚姻資源交換論（resource exchange theory）：1960年由Blood和Wolfe提出，主要用於分析婚姻結構中的權力分配等，其理論假設家庭成員間會運用個人經濟資源來交換在家中權力與勞力的投入，強調現代社會中，家庭成員間的權力關係結構已不如過去，而應跳脫出傳統的父權文化，視彼此之間擁有的資源相對上的多寡來評斷、衡量。 在此假設下，社會經濟資源較多的家庭成員（擁有較高收入、教育程度較高、社會地位較高者）往往能避免付出勞力，且對於家庭共同決策具有相對較大的影響力、決定權。

103年地方特考三等

一、何謂次級文化？請敘述你從小到大受到那些次級文化的影響？那些次級文化如何影響到你的職業價值觀念？

思考索引：次文化（subculture）是指與主流文化（mainstreaming）有異的文化，種類很多，可從個人社會化過程中影響個人的著手，尤其著重在影響職業價值觀念的次文化內涵即可。

答 (一) 次文化或副文化（subculture）指的是某文化內涵顯著不同於主流文化；有其共同分享的規範、價值和態度，並以之作為認同的基礎。次文化的種類和形式繁多，簡單列舉如下：

1. 民族次文化：如美國的黑人文化，我國的苗疆文化或原住民文化。

2. 職業次文化：如美國的雅皮（yuppies，具專業知識的青壯年人）、我國的公務員或勞工。

3. 宗教次文化：如美國的統一教會、我國的天主教會、基督教會、伊斯蘭教會、或一貫道教會。

4. 政治次文化：如一般所謂左派和右派的政治取向。

5. 地理次文化：一個大社會中，不同區域的特殊文化，如山區或離島的文化特徵。

6. 社會階級次文化：如貧窮文化，貧民較畏縮、聽天由命、自尊心低、不良的教養方式和成就動機等。

7. 偏差次文化：如少年幫派、黑社會、吸毒、酗酒和同性戀等。

8. 犯罪次文化：由社會學家孔恩（Cohn）提出，指社會灌輸個人有關中產階級的一套規範和理想，而工人階層雖接受了此理想，惟缺乏達到此目標的方法；因此在挫折和焦慮中，發展出一套與中產階級要求完全相反的次文化；即以非法手段達到理想目標，此非法方法謂之。

(二) 從小到大影響個人的次文化依序如下所述，並特別指出影響個人的職業價冠觀念之次文化：

1. 中華民族次文化：從出生在家庭直至學校、社區、職場與整個社會，都受到中華民族次文化的影響，勞動神聖、工作為樂、工作不分貴賤，工作對整個社會有實質貢獻等等。

2. 職業次文化：各種不同職業的社會人士與團體，例如一般勞工朋友、公務人員、老師、醫師等等不同職業團體的次文化，亦耳濡目染的影響個人的職業價值觀。

3. 宗教次文化：各種不同宗教團體與人士的行為表現與其團體所突顯的價值觀，亦是深深影響個人。

4. 地理次文化：位在高山上或大海邊，甚或工業區或商業區等等不同地理位置，所接觸的不同地區的職業類別與其基本價值觀亦有很大差異，也是影響個人很深的次文化。

5. 社會階級的次文化：不同的社會階級所遵循或接受的基本職業內涵不同，因次對於職業的基本價值觀亦有所差異。

二、臺灣最近有那些重要的社會運動？試舉一個社會運動做為例子，從「衝突論」的觀點闡述，如果你是一個基層公務人員，如何批判這個社會運動？

思考索引：社會運動在臺灣是一項成熟的集體行為，尤以近日的高中生反教育部擬訂修改的國教課綱的社會運動更是如火如荼展開，可舉個人熟悉的例子加以說明即可拿到高分。至於，身為公務人員看待社會運動，必須站在中立公正的立場，客觀地看待其內涵，不宜有太多個人的主觀意識或預設立場，宜盡力避免。

答 (一) 社會運動（social movement）是指一個團體有目標，有計畫的進行一項共謀行動，目的在於改變社會整個或部分現象，是社會變遷的手段之一。

易言之，社會運動是集體有組織的共謀行動。可促成社會變遷或也可能阻止社會變遷。一般社會運動的參與者，往往想達成某些目標，在作法上採取示威、杯葛、甚至暴力或其他非法行動。社會運動比集體行為更具組織、有計畫、有目標。

最近台灣的社會運動最熱絡的是高中生反教育部擬訂修改的國教課綱、反明年推動的房地稅合一政策、工資偏低但調升有限等等，衝突論看待社會運動是屬於傳統的剝奪論觀點：

剝奪論（deprivation theory）認為社會運動的發生，是由於許多人覺得被剝奪幸福與快樂所必要的東西，馬克思（Marx）指出貧窮勞

工覺得受到資本主義體系的經濟剝奪，可見相對剝奪（relative deprivation）的重要性，亦即和其他標準比較下而產生被剝奪的感覺。馬克思認為勞工是相對於資本家而有被剝奪的感覺，資本家利用勞工來累積比其所支付工資更多的利潤。被剝削的感覺與對改善情境的希望結合，會一起促成社會運動，以求加速改變。

葛爾（Gurr, 1970）指出：導致個人參與社會運動的主要心理性動機，是參與者的「相對剝奪感」，也就是個人預期得到的，和實際得到的價值滿足之間的差距的感受。相對剝奪感的產生，當然也是因為社會的變遷所導致的，例如，因為接觸不同社會的標準而導致期望的升高，或是因為突然的重大社會變故，使得個人滿足期望的能力下降，都可能導致相對剝奪感的增加。當這些心理的焦慮、疏離或相對的剝奪感累積達到最高點（例如：「民怨沸騰」）時，社會運動乃應運而生。

因此，個人心理上的不滿，特別是「相對剝奪感」這樣的相對於他人的不公平的心理感覺，是促成個人參加社會運動或社會運動崛起的立即原因。

(二) 公務人員看待社會運動，如何有效批判：

1. 首先，必須站在中立公正的立場，客觀的看待其內涵，不宜有太多個人的主觀意識或預設立場。

2. 接著，深入探討其社會運動背後的基本訴求，在其主事的行政權責之內，應如何正確且迅速回應，甚或宜將其訴求所指內容，一一核對現行法令與行政措施是否確有其事。

3. 最後，針對其訴求研提後續改善作為與步驟，並回應予社會運動團體，才屬積極的作為。

三、做為一個公務人員要如何具有多元文化的行動素養？又多元文化行動素養宜包含那些內容？

思考索引：本題是從多元文化主義出發，針對日前公務人員任意批評東部地區原住民的生活習慣或外籍勞工的行為表現，甚且出現不當對待行為之違反文化相對主義觀點加以駁斥，從多元文化素養出發，即可依序說明本題題意所指之內涵。

答 (一)「多元文化」（multi-culture）概念源自1960年代，傳統以移民建國的美國和加拿大的民權運動。面對文化差異，早期西方國家態度常採取「文化大熔爐」的同化概念，希望其他族群同化為符合主流價值的規範。後來逐漸趨向「沙拉盤」或「拼布」的融合（amalgamation）概念，強調各族群如同一碗沙拉或拼布，強調每種成份如顏色、大小或形狀雖相互依賴，融合在一起，但卻是因本身差異而各自獨立。隨著全球性多元文化思潮，以及各國因應社會變遷的影響下，多元文化已成為世界性的文化改革運動。

多元文化素養是一種概念、觀點，也是一種文化改革運動和過程，所有的社會成員，不分社會民族或種族，都應擁有機會平等。尤其在多元文化社會的臺灣，公務人員在工作中要面對原住民、閩南、客家、外省、跨國婚姻移民與外籍配偶子女等多樣文化背景的民眾，因此，公務員需要多元文化素養，以便提供文化回應服務與進行文化溝通。部分公務員因為不了解、不尊重不同族群的文化習俗，也不熟悉相關法律內涵而遭到質疑或引致訴訟、懲戒，其癥結在於未具多元文化素養，從而難以持同理心面對不同族群的議題。台灣從來就是多族群文化並存的社會，可是我們所受的教育卻未將多元文化置入其中，從認識不同族群文化開始，並尊重對待不同族群身分的人或人群。民間曾有僱主逼迫信奉伊斯蘭教的印尼外勞吃豬肉、很多娶了外籍配偶的國人，對於配偶原居地的文化語言是持鄙視態度的。

(二) 公務人員必須培養多元文化素養，以寬容、民主態度，促進族群間互相尊重、包容及社會和諧。亦即其內容計有：

1. 瞭解不同族群文化特色與內容，具備基本認識。

2. 學習服務對象的不同族群文化特質，才能有效溝通與增進相互認識。

3. 針對無法接受的不同族群次文化，應維持一個基本的尊重態度，不以個人文化價值進行批評。

104年高考三級

> 一、社會控制代表一個社會對偏差與犯罪的反應，其中犯罪化及除罪化是各國普遍採取的兩種方法或手段。這兩種社會控制手段或方法的內涵是什麼？其主張的理由或目的何在？試比較並舉例說明。

思考索引：社會控制可分積極與消極社會控制兩種，積極是指加強社會化，預防社會成員出現違反規範的犯罪行為，若一旦違反規範則屬予犯罪化；但某些行為經過犯罪化後，隨著社會變遷的權益保障與自由意識觀念改變，而有除罪化的議題提出，例如通姦的除罪化就是最新的議題。本題建議可舉最近臺灣社會沸沸揚揚的通姦除罪化為例子加以說明，必能獲得高分。

答 (一) 犯罪化（Criminalization）是指透過刑事立法手段，將原本不屬於犯罪的行為，賦予刑罰的法律效果，使其成為犯罪。近年來，隨著科技的快速發展、社會環境的變動以及受到國際條約的影響，許多行為成為犯罪化的對象。例如：電腦與網路的發達，產生許多利用電腦或網路侵害他人權益的行為，使得刑法在2003年修訂時，增訂了妨害電腦使用罪；或如我國政府為了配合國際智慧財產權協定，而大幅度修改著作權法，將著作重製等行為犯罪化。

犯罪行為之所以會遭受懲罰，主要的原因在於這些違法行為可能對於個人、社會或國家的法益造成嚴重的侵害，因此，社會必須採取較嚴厲的方式加以處罰，以確保社會的秩序與安全。

(二) 除罪化（Decriminalization）係指將原本被刑法所處罰的行為變成刑法不處罰的行為。一般而言，除罪化是經由修改法律、對法律加以解釋或由法院停止適用某一法律而達成，由與刑法對於人民權益的侵害甚鉅，因此部分不涉具體法意侵害的行為也常有除罪化的呼聲。除罪化往往僅指免於國家施以的刑罰，不等於合法化，並不必代表免除全部的法律責任，就算除罪化，該行為通常還是必須面對民事的損害賠償責任，或改用行政罰，特別在有懲罰性損害賠償制度的國家，刑罰係通常是被高額的損害賠償所取代。主要原因來自社會變遷及人民法意識的改變，而將之排除於刑法體係外，例如：「開立無法兌現的高額空頭支票」原本屬於我國的犯罪行為，目前已除罪化。

二、 **教育具有什麼社會作用或功能？社會學的兩大理論傳統，功能論與衝突論對此秉持對立的看法。試說明及比較這兩種理論觀點的主張。**

思考索引：教育是屬於社會化的機構之一，也是重要的社會制度，更是延續社會文化的重要手段，但對於教育的觀點，功能論與衝突論是完全相左的看法，無所謂的對錯，僅是切入議題的觀點與角度不同而已。如同最近探討的12年國教課綱問題，兩個迥然不同的理論，一樣有不同的主張。

答 執行教育活動的學校是屬於社會化的機構之一，教育也是重要的社會制度，更是延續社會文化的重要手段，教育的功能可分別從顯性及隱性兩方面探討：

(一) 外顯功能：基本上，教育的外顯（或顯性）功能（manifest function）具有下列幾項：

1. 可促進政治與社會的整合：教育將個人整合到主流文化中，教育是社會化的重點，可透過正式與非正式的教育來薰陶個人，學校教育是在培養健全的好國民，並養成健全的人格，促使國民參與民主政治活動。

2. 教育可造就人才：學校體系的另一個任務，就是訓練專業人才，並訓練擔任重要職位。

3. 教育可發揮傳授技術：教育教導個人擁有必須的社會能力，學習社會基本技術，如讀、寫、算等，並發展思考能力，提供一般性知識與工作所需的基本技術。

4. 可發揮文化傳遞功能：透過教育的傳授與灌輸，可以將文化價值、風俗習慣與傳統，一代一代傳遞下來。

5. 塑造社會人格：教育之功能，在塑造社會化人格，以使個人適應社會結構。

(二) 潛在功能：教育也有潛在（或隱性）功能（latent function）。所謂潛在功能係指不是明定的、明顯的，或未先設定的功能與目的，例如，手錶的外顯功能是提供時間的工具，但在潛在功能上可以代表社會地位。基本上，教育具有下列幾個潛在功能：

1. 教育可提供照顧小孩或未成年人的功能：學校提供照顧小孩的場所，特別是義務教育的強制，提供照顧小孩至少十二年的時間。

一方面讓小孩學習知識，一方面讓學校照料小孩，父母可以暫時解除管教之責任與義務。

2. 可減少職業上的競爭，降低失業率：當教育時間愈長，從高中延伸到大學、研究所、博士班等，需要相當的修業年限，可以緩衝一大批人不須立即投入就業市場，造成競爭，也可以緩和失業問題。

3. 可建立未來的人際關係：學生在學校參與社團活動或是讀書會，可以結交朋友，也可以在校園先進行社會化，培養兩性互動的良性關係，有助於未來尋找結婚對象或是職業。

4. 教育可改變個人人生觀與價值觀：教育有助於個人人格的養成，也可以改變個人的態度，教育程度愈高者，其能容忍的偏差行為程度愈高。此外，學校的課程內容，如兩性間的角色與價值，也會影響孩童對兩性的認知。

5. 教育是一種社會地位的附加價值：文憑主義反應出一種社會價值，也代表著工作職位的需求標準。文憑無疑地變成專業與聲望的憑藉，教育程度愈高，愈是被人尊重與重視。

但功能論與衝突論對於教育有迥然不同的看法：

(一) 功能論觀點：

教育包括：

1. 政治與社會的整合。　　　2. 選拔人才。

3. 文化傳遞。　　　　　　　4. 技術訓練。

5. 社會化功能。

分述如後：

1. 政治與社會的整合：將社會成員整合於主流文化中，以達到成員的政治與社會目的。

2. 選拔人才：學校的任務是辨認社會所需的特殊人才，並訓練其擔任重要職位。在理想上，可以選出適當的人擔任適當的工作，不論是誰或出身背景。

3. 文化傳遞：在俄羅斯或古巴等社會中，政治領袖的肖像懸掛教室牆壁上，學生被迫學習馬列主義，這種過程稱為灌輸（indoctrination），由其中學習到社會規範。

4. 傳授技術：是教導個人基本社交能力，並使人有效地參與現代社會。

這種功能包括：教導基本技術（如讀、寫與算術）、發展思考能力（如將思考技巧應用到新的問題上）；提供一般性的知識與工作所須的特殊技術。

5. 社會化：使學生走出世界與家庭，並將其教導成為公眾世界中的一員，在學校中，學生學習如何適應階層，適應權力與特權的分配不均。

(二) 衝突論觀點：主要的論點是：

1. 否定少數團體文化：雖然功能論者主張，學校可將不同背景的學生整合入美國社會，但衝突論者卻指出，對少數團體學生而言，美國主義是一種強制的觀念。美國的學校一向認定，少數民族必須放棄那些不同的生活方式並被同化，否則他們將不會「美國化」。這種觀點就是認定他們的文化方式是劣等的，且不值得加以保留。

2. 少數團體仍無法獲致再進修：儘管一般人受教育的機會增加，但特權階級仍佔優勢，比少數團體更能接受長期的教育。例如，低收入學生常被指定到「非升學班」，且常是永久性的安排。更嚴重的是，即使窮人子弟後來在學業性向測驗中得到高分，他們仍比富人子弟更不可能繼續上大學。

3. 藉由文化控制，教導階級意識：持衝突論者說，學校是資本主義社會的一種機構，藉以在年輕一代中複製現存生產的社會與階級關係。他們提出「一致原理」（correspondence principle），意指在工作場所支配人際互動的社會關係，將反映到學校所培養的社會關係上。因此，學校的權威結構反映出公司的科層秩序。學校獎勵服從與勤勉，都是資本家所期望的特質。資產階級藉著文化控制，使社會成員填滿資本主義社會秩序中的語言、符號、價值與觀念。

4. 造成學校與家長的衝突：教導學生讀、寫與算術，似乎是學校最明顯與最重要的功能。然而，也因為部分學校無法勝任角色，因此造成學校與家長之間的衝突。

5. 差別社會化：階級與分班：學校一般會為學生做就業準備，其做法只是在每一代的孩子身上複製傳統階級安排。

三、1980年代以來，全球化對於工作所帶來的衝擊備受社會學者關注，特別是一般的受雇工作者、低技術的工人及國際移工（客工）等弱勢群體。試舉例說明上述弱勢群體在全球化下的工作處境及其成因。

思考索引：全球化的進行發生在政治、經濟與文化等三個面向最為顯著，本題所指的一般受僱者、低技術工人或國際移工是全球化下受影響最大的一群，影響所及是勞動條件變差、權益受損及就業風險仍居高不下，可由全球化相關理論與觀點著手敘述。

答 外籍勞工通稱外籍客工，台灣、香港簡稱外勞（migrant worker），係指受僱員工不在原本國籍內國家與企業工作，而是到另一個國家接受聘僱於他國公司或第三國企業。

在經濟全球化（economical globalization）過程中，資本、勞動力、技術、勞動條件、工資率等均產生跨國（cross-nation）流動現象。資本工業國家透過資本累積、企業結盟、技術更新與交流等策略，讓企業的競爭力超越國家地域界線，在國際之間形成無比的操控能力。對於勞動者而言，由於資本在國與國之間的高速流動，讓資方擁有更多的選擇，一般多傾向選擇有利於其資本累積的優勢環境，例如：臺灣產業的南進、西進政策，以及引進外勞等。也由於資本的跨國流動，使得企業組織將面臨的組織結構不健全或經濟不穩定之高度風險轉嫁至勞工，使得勞動者就業風險隨之提高。

國際客工出現的問題與可能原因如下：

(一) 工作時間過長，且多被迫從事許可以外工作：目前家庭看護工及家庭幫傭都伴隨受照顧者居住，每天24小時長期與家庭成員密切互動，屬隨時待命的工作型態，與雇主共同居住又未受到法令保障，以致常有遭受雇主指派從事其他家務工作，不僅工作時間冗長，工作內容又繁重，由於工作性質及相處空間的特殊性，性騷擾、暴力、虐待等事件時有所聞。

(二) 遭受雇主或家屬不當對待：依據外勞申訴案件可見，不乏申訴遭雇主或被看護者虐待包括：對身體踢、捏、打、推、禁止自由出入、或限制飲食等現象，除身體虐待之外，舉凡言語辱罵、威脅或恐嚇等精神虐待亦有聽聞；加以，家庭容易成為公權力介入的死角，規範著實不易。因此，成為勞工工作權益保障的灰色地帶，部分暴力

發生都屬私領域（家庭空間），外人不能也無從介入，當外勞遭受雇主家庭成員施暴或不當對待時，除非有極為明顯的外顯傷痕，甚或當事人勇於舉發，才可能獲得相關單位或社會大眾關注，因而產生國際客工成為高風險個案。

(三) 各項勞動條件低劣：國際客工到母國以外國家工作主要目的在於追求高於母國之薪資與相關福利，但相對工作所得未必如契約所規範，加以延長工時工資未必核實給予，休息、休假及各項福利都不佳，是常出現的勞動條件問題。

四、根據人口統計資料及其相關現象顯示，臺灣於1998年已到達總生育率極低的世界水準，表示已經從人口轉型邁進第二次人口轉型的階段。試以臺灣為例，說明第二次人口轉型的特徵、現象及其可能原因。

思考索引：臺灣人口轉型的第一階段是發生在高出生率低死亡率的人口爆炸期，亦即戰後嬰兒潮的人口紅利期，但自生育率逐年驟降，死亡率又維持在低水準情況下，臺灣自1998年以後已進入低出生率、低死亡率的人口負債期，本題主要探討人口轉型的雙低水準問題。

答　臺灣在1980年代以後，成為低生育率的國家，在社會經濟環境變遷下，生育率進一步下滑，呈現「超低生育率」（lowest-lowfertility）的現象，又引發了「人口衰退」（de-population）的人口轉型危機。

回顧臺灣在二十世紀中期以後的生育率變遷，的確極其快速地完成生育轉型歷程。現在，臺灣的育齡婦女總生育率為0.895人，已經是名符其實的超低生育率國家，正在面臨超低生育率即將衍生的人口危機及社會經濟後果。

在此同時，超低生育率何去何從，亦即，臺灣生育率的未來發展趨勢，成為眾所關注焦點。

臺灣的生育率下降，是發生在育齡的每一階段。整體而言，生育數量變遷效果，促使年齡別生育率曲線巨幅下滑，尤其近幾年的模式完全迥異於前。1950-1970年間，生育率下降的主要成分，就是高齡（35-49歲）的生育水準大量縮減；1970-1980年間的變化，重心則是25-35歲生育數量降低；1980-2000年間，則以20-25歲的生育率進一步壓縮為主；而最近幾年

裡，25-30歲組生育率每下愈況，成為加速推進超低生育率的主因。

當然，臺灣地區育齡婦女生育率變化，不僅發生在數量方面，在生育步調的模式上，亦是展現劇烈變遷。比較育齡婦女的年齡別生育率與相對年齡別生育率（relative age-specific fertility rate），呈現臺灣在二十世紀下半葉以來的生育步調變化。整體而言，生育步調的變化，是從育齡全程分散而朝向高峰集中，而且，高齡（35歲以後）及年輕（20歲以前）的生育角色比重，已經微不足道。至於近年來的趨勢，則是重心後移，亦即，延緩生育的態勢漸次出現，例如，30歲以後的生育比重，在1985年以後又開始擴張了。

至於，年齡別生育率方面，年輪生育率變遷基本上類似於時期生育率發展趨勢，呈現明顯的生育數量變遷效果。至於生育步調變遷效果方面，年齡別相對生育變遷顯示，從1950年之後的出生世代開始，生育步調效果明顯，的確出現生育率復原（fertility recuperation）趨勢。不過，由於生育數量與步調的互動，生育率復原的影響力恐怕有限——事實上，從世代累積生育率可以知道，在1930年以後的出生世代裡，35歲以上年齡的生育貢獻微乎其微，甚至，晚近世代（例如，1975年以後出生者），以目前的累積生育率來看，勢必無法擺脫超低生育率的夢魘。總之，臺灣的生育率水準下降，展現在每一年齡階段——1970年代之前，生育率下降的主要貢獻來自高齡階段的年齡別生育率巨幅降低，在1970年之後，則是因為主要育齡（20～29歲）階段的生育率下降所造成。近年來（1995年以後），20～29歲階段的生育率進一步下滑則是加速臺灣進入過低生育率水準的原因。

104年地方特考三等

一、近年來不少社會學家認為，現代社會的社群行為已經無法使用傳統的團體概念分析，而提出社會網絡（social networks）與虛擬社群（virtual community）的新概念替代。試舉例說明這兩個概念的意義，及其更能解釋現代社會社群行為的道理。

思考索引：本題是以現今資訊社會的流行為主，網路上的LINE、FB、WECHAT等等的擴大及普遍使用，成為不見面的新溝通模式，也因此形成虛擬社群高度運作的奇特現象，本題屬時事題項，以當前的流行現象加以敘述，當可獲得理想成績。

答 社會網絡（social networks）是一種社會連繫（social ties）連接（connect）起來的社會結構式，也可以解釋為人與人在各種不同類型的社會關係中，直接或間接地所連結成蜘蛛網狀的關係結構模式。自從1970年代以來，西方的社會學家開始使用網絡的概念來處理團體和組織的現象。這種網絡的概念用在找工作的強弱連繫、經濟組織結構的模式、社區權力結構及政策制訂的結構模式，和個人社區支持網絡。

人們經常使用人際關係來找工作，使用間接或弱的關係去找工作，可以觸及的社會層面較廣，獲取有關工作的訊息也較多，故可以選擇工作機會的範圍也較廣，找到的工作也較好。

社會網絡可提供人們許多社會資源，以面對生活的難題。其主要功能包括：

(一) 提供豐富的資訊：在網絡中人們不斷交換所知訊息，如青少年同儕交換最新流行的手機功能資訊；家庭主婦交換市場折扣的消息。

(二) 提供情緒的支持：當個人面對生活困擾或緊張時，網絡中的成員往往能提供最好的情緒支持及感情避風港。

(三) 提供實質的幫助：社會網絡除提供資訊消息與情緒支持外，更能實際幫助網絡中的成員，例如引薦工作與金錢借貸等。

(四) 提供社會控制的功能：社會網絡常對個人造成某種程度的行為約束，而人們為了維繫網絡中的緊密關係，也必須遵守某些規範。

虛擬社群（virtual community）源自電腦，透過傳播建構的虛擬空間（Cyberspace），是一種社會集合體（Social aggregation），來自虛擬空間上有足夠的人、足夠的情感、與人際關係在網路上長期發展。是指一群人在網路上從事公眾討論，經過一段時間，彼此擁有足夠情感後，形成人際關係的網路，也是一種新的社會組織，具備四項特質：1.表達自由；2.缺乏集中控制；3.多對多傳播；4.成員出於自願。虛擬社群形式包括早期的電子布告欄、討論區、MUD、部落格，或是最近的line、微信（wechat）或臉書（FB）。透過社群成員彼此分享與共創，人人皆可在網路媒體發聲。人們通過網際網路技術，在網上聚眾，發表文章、網上日誌、相片、錄影分享，互相影響著現實生活中人們的思想、意識、文化、及性取向等。在網上，虛擬社群是一個社會組織網路，相互連結形成全球化、地球村及各部落、自治區等。

二、階層化（stratification）是什麼？功能論與衝突論對此各自抱持怎樣的觀點？試舉例代表性的社會學家加以比較說明。

思考索引：社會學傳統的兩大理論－功能論與衝突論，對於階層現象的解釋是迥然不同的觀點，功能論持正向看法，認為階層化有期實質正向功能存在，反之，衝突論則持負面觀點，認為階層產生是可以透過階級意識覺醒及社會運動有效改善的。

答 階層化（stratification）是指社會將擁有不等量稀少資源、不等生活機會、以及不等社會影響力的人分為不同的階層。在每一層級中，人們占有社會地位，這些地位使其接近階層化的三個主要層面——財富（wealth，含所得）、權力（power）、及聲望（prestige）。而社會階層化（social stratification）是指將社會中的人，按照某幾個標準，如財富、權力、職業或聲望區別為不同等級的過程，主要以既定標準，將社會中的人分成不同等級（rank），以便進一步研究。

功能論代表人物為穆爾（Moore），及衝突論代表人物為馬克斯（Marx），分別對社會階層抱持不同看法，其主要論點的比較詳見下表：

功能論	衝突論
1.階層是普遍的存在，是必需且無可避免的。	1.階層雖普遍的存在，但非必需，亦非無可避免的。
2.社會體系影響了社會階層型態。	2.社會階層影響社會體系。
3.社會因有整合、協調、團結的需要而產生階層。	3.社會階層因競爭、衝突、征服而產生。
4.階層提高了社會與個人的功能。	4.階層阻礙了社會與個人之功能。
5.階層反映社會內共享的社會價值。	5.階層反映社會上權力團體之價值。
6.權力在社會裡分配得合法。	6.權力在社會被一小群人所控制。
7.工作與酬賞合理的分配。	7.工作與酬賞分配欠缺合理。
8.經濟結構次於其他社會結構。	8.經濟結構為社會之骨幹。
9.經由進化過程來改變階層。	9.階層須由革命來改變。

三、涂爾幹（Emile Durkheim）著有《宗教生活的基本形式》一書，奠立社會學研究宗教的一個主要觀點。舉凡一個宗教應該具有那些要素或特徵？試根據他的看法，舉例一個臺灣的宗教加以說明。

思考索引：兩位社會學大師－涂爾幹及韋伯對於宗教有不同觀點，且各有一本有關宗教的經典之作，其中，涂爾幹認為宗教是社會生活的一部分，有其基本形式，是屬於中性的觀點。

答　社會學家涂爾幹（Durkheim）最早對宗教進行有系統的研究，涂爾幹深入探討宗教與社會的密切關係，涂爾幹的觀點也影響日後社會學家對宗教研究的觀點與方向。

涂爾幹指出宗教包含三個要素，分別為：

1.文化的成分：宗教包含一套信仰與儀式（或動作），信仰是意見和態度的表現，而儀式則是外在的行為或動作。信仰與儀式必須與社會文化的價值和規範相一致。

2.社會組織的成分：宗教要有一個道德社區或教會的組織，教會並非指建築出來的教堂或社會裡的一小群一齊崇拜的人，而是指一群具有共同信仰與儀式的人所組成。由於共同的宗教信仰與儀式，人們可以把自己與別人不分成你我，

3.神聖的成分：神聖（sacred）是指不平常、稀有、人們畏懼的信仰或事物。神聖之事物並不是因為該事物的客體（object）有什

麼不平凡的能力，而是人們心中相信其平凡之存在。因此，神聖
與否是依人心而定。

易言之，宗教的必要成分是：

(1)神聖之物，如神祇、神靈、聖人或神器等代表宗教的神聖層次。

(2)一群信徒，相信宗教是個人的經驗，也是宗教的經驗，因為信
徒們能共享目標、規範及信仰。

(3)一套典禮儀式，這一套典禮儀式將人與神串聯起來，互相溝通。

(4)一套信仰，例如神典、聖經、可蘭經、佛經，用以詮釋神的旨意。

(5)一種組織，用來團結信徒，執行宗教儀式、傳授經典及吸收新
的教徒。

以台灣盛行的天主教、基督教或佛教為例，都可看出具備涂爾幹所提出
的文化、社會組織及神聖等三大要素。

四、將偏差與犯罪的行為疾病化，已經成為世界各國及我國的社會控制手段之一。試以我國的實況，舉例說明疾病化的社會控制方法之內涵及其意義或目的。

思考索引：偏差或犯罪的定義在社會學有其不同觀點，社會訂定規範的當下，同時定義了偏差，立法的同時也同時界定了犯罪，只能說是社會對於社會成員以貼標籤的生病觀點加以處置，由此論點加以論述即可。

答 偏差和犯罪行為疾病化是屬於偏差與犯罪的社會控制手段之一，一般而言，偏差與犯罪的社會控制手段共有六大類：1.犯罪化、2.合法化、3.疾病化、4.福利化、5.修復式正義（restorative justice）及6.物理與科技監控。其中，社會將原為犯罪的行為保留其犯罪名義，但以其他非刑罰手段給予犯罪人處置時，稱為疾病化。通常是針對未成年之犯罪或毒癮者，施予心理輔導及醫療戒治，來代替刑罰。此種做法折衷於合法化與犯罪化，因社會無法將全部罪犯送入監牢，或者是將多數行為合法化。

將偏差或犯罪行為解釋為病態，是指社會學家將此種反應稱為偏差行為的醫學化（medicalization of deviance），對偏差行為進行個人病理或疾病解釋，將偏差行為歸因為心理的「病」態，並期待透過個人治療「治癒」偏差。酗酒或吸毒便是明顯例子。無疑地，酗酒具有正式醫學名稱，證據亦顯示，酗酒的酒精中毒有其基因基礎。完全以醫學觀點看待酒精中毒，將忽略影響此行為之發展與持續的社會因素。醫師都知

道，僅靠醫學治療，無法解決此問題。社會關係、社會情境以及酒精中毒者的社會習慣，都必須被改變，否則酗酒行為將很容易復發。部分社會學家批評偏差醫學化觀點，完全忽略社會結構對偏差行為發展過程中的影響。從社會學觀點來看，偏差來自社會，非個人自身。偏差行為程度的改變，需要社會與個人共同改變。大部分偏差或犯罪並非病理現象，是人們對所處社會結構的適應結果。可能來自家庭背景、社會階級、種族不平等或性別關係等因素，產生偏差或犯罪行為。

主要的社會控制方式包括下列三種：

1. 社會化：社會學家指出，大多數的社會控制方式是自制（selfcontrol），也就是不需假手他人而能節制自己行為。社會化就是將個人訓練教育成作社會所期望的標準性格型態的人的過程。在社會化過程裏，人們將社會規範內化（internalized）到個人人格，成為人格的重要指導原則：兒童時期的社會化是個人人格發展期中最重要的一段時期，如果在這時期中，一個人所遭遇的人際關係不理想，可能影響成年後偏差行為的表現。

2. 非正式團體的壓力：是指同儕團體（peer group）的壓力，特別是在青少年時期。許多非行少年所以表現偏差行為是希望獲得其他同儕團體成員的任可與接納：大多數的青少年偏差行為很少是一個人單獨做的，常是由年齡相當的一群人一起做的。

   偏差行為的產生來自青少年認為自己的行為與其他團體成員行為有差異，於是改變自己行為以獲取其他人的任可。同儕團體可能是鄰居、同學、同事、遊伴等比較合得來的人，有人不聽父母教訓，而朋友的勸說反而有效，就是同儕團體影響力的運用。因此，同儕團體和其他類似的非正式團體的壓力是很重要的社會控制方式之一。

3. 獎賞與懲罰：獎賞是對遵守社會規範者給予物質金錢或聲譽上的報酬；懲罰則是針對偏差者的約束，可能是有形的，也可能是無形的處罰。例如公司給予表現優良職員獎金或升等，學校給予成績特優學生保送升學優待、表揚「好人好事」，「模範母親」，「模範勞工」或僅僅只是誇獎一番，都是獎賞對規範的遵守及超越的表現。

   而懲罰目的在於提示社會成員違反社會規範可能付出的代價，希望人們因害怕受懲而遵守社會規範。

105年高考三級

一、社會學是一門有系統地研究社會關係與社會現象的科學，它與時俱進。傳統社會隨著十九世紀資本主義工業化與都市化的開展，產生了新的風貌，請先以涂爾幹（Emile Durkheim）的機械連帶（mechanical solidarity）與有機連帶（organic solidarity）解釋社會變化的意涵；進入二十世紀後，資訊技術革命造成網絡社會的崛起，再次改變了人類社會面貌，請以當代社會學家紀登斯（Anthony Giddens）的結構化理論（structuration theory）說明科技對社會與人的行動所帶來的影響。

思考索引：涂爾幹對於社會的分類，以機械連帶及有機連帶的二分法分類基準，是最為經典的觀點；至於，季登斯的結構化則與涂爾幹的二分法觀點不同，認為並分純然一分為二，而是經由一定的過程之後才形成的。

答　涂爾幹（Durkheim）將社會分為機械連帶社會（mechanical solidarity society）與有機連帶社會（organic solidarity society）。涂爾幹認為原始社會不同於文明社會，在於前者是一種機械連帶社會，後者則是一種有機連帶社會。機械連帶是建立在社會各份子間的同質性上，社會的價值和行為融洽一致，人們重視傳統及親戚關係，因此社會的束縛力強，個人之間的差異較小，社會大於個人。有機連帶乃基於個人的不同，是社會份子的產品，由於社會高度分工結果，個人變得特殊化，缺少同質性。同時互相依賴性增強，更必須相互合作。就如同有機體生物的各部門間相互依賴合作生存一般，涂爾幹強調此種社會的異質性及個人之特殊性並不代表社會的瓦解，而代表著一種新形式的社會整合。

英國社會學家安東尼·紀登斯（Anthony Giddens）的結構化理論是以批判特點著稱，在與功能主義抗衡中產生的。紀登斯論述社會結構和個人能動性兩者間的關係，結構化理論透過對社會學理論傳統的反思，超越傳統理論的二元分立局面，提出社會學探求的社會結構惟有經過結構化過程才能得到說明。

是一種探究個人的社會行動及其行動性與社會結構間關係的理論。反對社會學理論傳統上將鉅視觀與微視觀、個人與社會、行動與結構、主觀與客觀視為彼此獨立存在的兩極，強調「社會結構的物化觀」，將社會結構視為獨立於個人行動的象「物」一樣外在於個人，強調微視觀的個人行動、

人與人之間的面對面互動和個人的意義建構，將鉅視觀現象還原為微視觀現象的二元論觀點，認為鉅視觀與微視觀、個人與社會、行動與結構、主觀與客觀雙方是相互包含的，不構成各自分立的客觀現實。

紀登斯認為社會結構並非外在於個人行動，是由規則和資源所構成。日常生活中的規則與實踐緊密相關，不僅是對人們行動的概括，且對行動者的行動具規範和引導作用。同時，行動者運用自己的知識採取適當行動，進而測試和確認其行動牽涉的規則。因而行動者採取行動達到自己目標的同時也再生產出社會結構。社會結構尚包括社會行動牽涉的資源－分配性資源和命令性資源，是行動者在互動過程中不斷生產出來的。規則和資源是相互依存的，一方面行動者資源影響其對規則的測試和確認；另一方面，資源又非獨立於行動之外，是存在社會環境中，社會成員在行動中賦予各種意義，進而影響規則的建立。因此，以資訊社會來說，科技對每一位社會成員的行動具備意義掌握與溝通，科技資源也因此具有轉換性和傳遞性，可隨行動者在情境中使用而得到改變。

二、試說明下列概念的涵義：(一)都市狀態（urbanism）(二)代間轉移（inter-generational transfer）(三)人口金字塔（population pyramid）(四)世俗化（secularization）(五)概化他人（generalized other）

答 (一) 都市狀態（Urbanism）

又稱都（城）市主義，源自亞當史密斯的觀察，認為最發達的農業國一定也是工商業高度發達的國家；實施最徹底的農業國家，農業一定不發達；最具生產力、最繁榮、最新式的農業一般都位於都（城）市附近。農村的出路在於如何借助城市做出最優技術和農作物多元化發展，避免往兩個極端發展。惟都市狀態一詞在1990年代已被興起的新都市主義（New Urbanism），強調都市規劃設計的新運動所取代，主要來自過度都市化與過度郊區化兩種極端發展的一種衝突折衝。

(二) 代間轉移（inter-generational transfer）

相對於代內移轉（intra-generational transfer），是指父子兩代間的移轉，是指階級或階層在父子兩代間的移轉，父親一代是上階層，子女一代仍然是上階層，代表上一代移轉給下一代，兩代之間的移

轉；另一種說法是用在家庭反社會行為或偏差行為，透過家庭社會化過程，將不良行為移轉給下一代。

(三) 人口金字塔（Population pyramid）

是指人口的性別與年齡組成以人口金字塔（Population pyramid）方式呈現，是一組水平長條圖的組合，各個長條都代表5年的年齡世代（所謂世代[cohort]係指一群分享同樣特徵與生活事件的團體；此處代表特定某五年內的所有人口）。每一個世代由兩條分別代表兩性的長條圖所組成，長條圖頭尾相連，中間由一條代表零值的縱軸將之分隔兩半，金字塔的左半通常代表不同男性世代的數目和百分比，右半代表不同女性世代的數目和百分比。金字塔圖形依據世代堆砌，0~4歲的世代構成金字塔底部，而80歲以上的世代則居頂層。人口金字塔可清楚檢視各年齡世代的相對人數，並比較每個年輪男女兩性的相對數目。

(四) 世俗化（secularization）

是指宗教在現代資本主義社會中成為分化中的社會制度之一，原有的神聖性減弱了，有時甚至成為商品或消費品因應人們的需要。

(五) 概化他人（generalized other）

是由米德（Mead）提出，認為每一個人的自我是由社會經驗中逐漸發展而成的。自我發展的第一個階段，是個人的自我由特定他人或團體對自己的特殊態度所形成，例如兒童從父母期望、眼神或言語，想像自己是父母期望或描述的自我；此一時期的父母或顯著他人、團體等，均是個人成長歷程中的參照團體。自我發展的第二階段，個人的自我不僅是由父母、其他顯著他人或團體期望或態度形成，而且是由個人綜合歸納周遭社會的共同價值、信念與態度，亦即概（括）化他人所形成。社會過程是透過概括他人形式而影響個人行為，易言之，社會藉概括他人控制和約束個別成員行動。例如兒童在遊戲之中，先是模仿成人而扮演父母、親人、警察、醫生、法官、工人，繼而發展遊戲規則，各種規則的服從便是概括他人的作用，進而建立統整的自我形象。

三、偏差與犯罪有何不同？標籤理論（labeling theory）如何解釋偏差行為？莫頓（R. Merton）的社會結構與脫序（social structure and anomie）研究如何分析偏差行為？

思考索引：社會訂定規範的當下，同時定義了偏差，立法的同時也界定了犯罪，墨頓的則從社會結構和文化目標的不一致劃分五種不同的偏差行為，認為是社會成員在目標達成和手段運用的不一致所造成。

答 在一個社會體系內，有共同接受或承認的行為標準，凡脫離這個標準的行動，通稱為偏差行為（deviant behavior）或稱為差異行為。簡單的說，違反社會規範的行為，即可視為偏差行為。是故，偏差行為可說是一種特殊的社會行為，是一種是社會規範所排斥的社會行為。換言之，偏差行為是一個相對的概念，而非絕對的。人類的行為，只要在社會容忍度內，就被視為正常行為，超出社會容忍現度外者，才屬偏差行為。而犯罪（criminal）則是違反政府公布任何法令規定且遭受制裁的。兩者是不同的。偏差的範圍明顯大於犯罪。

標籤論者（或稱定名論或指稱論，labeling theory）。他們認為偏差的界定，並無絕對的標準，是具有高度的相對性。任何行動和個人只有在被貼上標籤或標示時，才成為偏差者。

雷馬特（Edwin Lemert）是最早研究標籤論的學者。將偏差行為分為初級偏差（primary deviance）及偶爾違反社會規範，和次級偏差（secondary deviance）──即被人貼上偏差標籤。被認為屬於偏差者的個人或團體，常自認為是偏差者，開始在行為和自我概念上扮演偏差角色，如奇裝異服，滿口黑語。這種自我認定後的偏差表現，更加深別人對其「偏差」之認定，長久以往，無法洗刷偏差的罪名。

墨頓（Robert K. Merton）將涂爾幹的論點加以延伸。墨頓認為，迷亂（anomie）涉及一種整合，即文化目標與規範。由於社會成員或團體無法採規範所允許的手段來達成目標。例如，工業化的都是社會強調「經濟成功」及「物質佔有」等目標，並認定某些手段如「高等教育」及「待遇優厚」等為達成目標的方式。但某些團體（如低階層、種族團體）因受制於會結構中既有位置的安排，以致缺乏採取合法手段以達成

目標。在這種情境下，所經歷的壓力與挫折常相當嚴重，因而導引出各種偏差行為，是為結構緊張論（theory of the structural stain）。墨頓說：「社會結構對某些特定的人群施加獨特的壓力，使其不得不從事於違法行為。」亦即，墨頓嘗試從文化目標與社會結構關係中找尋偏差的原因，認為偏差是文化目標與社會結構模式間的扣連不緊密所產生的。依據文化目標與合法手段間一致的性質，墨頓劃分出五種反應類型：順從（conformity）、創新（innovation）、儀式主義（ritualism）、退縮（retreatism）及反叛（rebellion）。

墨頓的五種反應類型

適應方法	社會目標	合法手段	舉例
順從型（conformity）	符合（＋）	符合（＋）	想要發財，透過上大學熱門科系，到大公司就職，努力工作達成。
創新型（innovation）	符合（＋）	不符合（－）	想要發財，但上大學太難，努力工作太慢，搶銀行或貪汙較容易。
儀式主義型（ritualism）	不符合（－）	符合（＋）	不認為發財是重要之事，但考進沒興趣的大學熱門科系，到沒興趣的大公司就業，努力做沒有興趣的工作。雖然不喜歡社會共同的目標，但還是和他人一樣好了。
退縮型（retreatism）	不符合（－）	不符合（－）	不喜歡社會共同的目標，也不想上學、不想工作、不想努力，充滿無力感，退出社會生活，活在自己的世界裡，譬如：吸毒、酒癮、流浪、自殺等行為。
反叛型（rebellion）	不符合/創新（－/＋）	不符合/創新（－/＋）	不喜歡社會的舊目標，也不喜歡社會認可的舊手段，專注找尋新目標和新手段。許多熱衷於社會運動者、社會革命者、政治犯都是例子。

四、社會運動是世界各國常見的街頭現象，社會學也有各種解釋。其中，馬克思（Karl Marx）的階級論有何論點？當代學者麥克亞當（Doug McAdam）的政治過程論（political process model）內容為何？請比較上述兩個論點的異同。

思考索引：社會運動的理論有傳統觀點，也有現代觀點，馬克思的階級論屬於傳統觀點，政治過程論屬於現代觀點，階級論認為相對剝奪促成社會運動的起源，政治過程論則強調群眾力量及發動或參與者的主觀意識。

答 馬克思相信，整部歷史就是不同階級間為了爭取物資上的特權和權力，而彼此互相鬥爭的歷史。「剝削者」（the exploiters）極力維護自己從「被剝削者」（the exploited）得來的利益。工業社會中，這種鬥爭發生在兩種人之間：一種是擁有生產工具的資本家，馬克思稱之為「資產階級」（或稱為布爾喬亞階級）（bourgeoisie）；另一種是出賣勞力給擁有生產工具者的工人，馬克思稱之為「無產階級」（又稱為普羅階級）（proletariat）。依照馬克思的說法，資產階級藉著控制經濟生活以維持優勢地位。透過工廠、礦場、大型農場及其他生活必需資源的所有權，資產階級使自己處在無產階級和生產工具之間的有利地位。資產階級靠生產工具滿足其社會和生物需要。由於資產階級控制社會的重要資源，因而也支配了社會的所有人民，並使大眾無法抗拒並容許他們的控制。又由於資產階級掌握傳播工具、學校和其他的主要制度，所以資產階級企圖以社會化的方法灌輸無產階級的尋常看法和想法，並使無產階級無法對被剝削的狀況產生正確的知覺。因此，無產工人就發展出一種「假意識」（或稱虛偽或錯誤意識）（false consciousness）。以致成為所謂的「自在階級」（class in itself）。因此，如何揭開這種虛偽意識，成為關切的問題，馬克思進一步提出，唯有無產階級覺醒，成為「自為階級」（class for itself），推翻既有之社會關係，無產階級才能真正解放。

政治過程論則強調，社會運動在性質上是屬於一種政治現象，而非心理現象（如相對剝奪論所說的）；而且社會運動由出現到消失，是一個連續的過程，而不是一連串的發展階段，因此要解釋社會運動，要能夠解釋其全部的過程，不能只解釋其中某一個階段。社會中的政治情勢變

遷，常為居於弱勢地位的群體提供組織社會運動以改變其處境的挑戰機會。在這樣的政治機會出現時，弱勢者能否有效的組織起來發起社會運動，有賴於是否有既有的組織作為動員的基礎，以及弱勢者是否能形成「現狀是不公平的、應該被改變，也可以被改變」的集體行動意識。政治過程論者認為，決定社會運動能否崛起的因素有三：(1)受壓迫人口之間的組織準備性；(2)受壓迫人口之間對於挑戰成功的可能性的集體評估；及(3)外在政治環境中的政治結盟情形。

政治過程論特別提醒我們注意運動的群眾基礎、行動者主觀意識的改變，及外在政治環境的機會等等政治機會的因素，對於發起運動的重要性。

106年高考三級

一、社會階級是社會構成的重要現象，但要區別不同的社會階級是件不容易的
　　事。針對於此，社會學目前有那些探討或評量社會階級的常用方法？試列舉
　　並分別說明其特色及適用情況。

思考索引：社會存在著相異的社會階級和社會階層，也是社會不平等專家，有
　　　　　興趣探討的議題，如何劃分階級或階層有不同的方法，劃分結果是
　　　　　重要依據時，適合以客觀方式進行劃分，若僅供參考，又要求劃分
　　　　　速度要快，主觀探究法是最佳選擇。

答　一般用於社會階層的探究方法，大致可分成三種：

　　(一) 主觀探究方法（subject method）：由被劃分階層的對象主觀評估
　　　　自己的階層所屬，社會學家常在問卷上問這樣的問題：「請問你自
　　　　認為是屬於那一社會階層？」

　　(二) 聲望探究方法（reputational method）：是要求具聲望的人士對另
　　　　外一個人或一群人的階層地位做評估、劃分。因此，在問卷上會使
　　　　用這樣的問題：「請問你鎮上那些人應屬於上（或中層、下層）階
　　　　層？」或者「如果你把階層分為上中下，那麼你想某某人應該屬於
　　　　那一層？」，這種方法在小社區裡較容易舉行，因為在這種社區
　　　　中，人們彼此相識的可能性較大，較可以評估別人，但在大都會區
　　　　則較難實施。

　　(三) 客觀探究方法（objective method）：是以客觀指標（indicators）
　　　　衡量個人社會地位。常用的指標有教育程度、職業、收入、居住地
　　　　區等，有時也可用家庭設備、家庭費用支出等項目為指標。然社會
　　　　學家較常使用的仍以教育程度、收入及職業為主的社會經濟地位量
　　　　表（socio-economic status score，簡稱SES），由量表得分評估個
　　　　人的社會經濟地位。這種方法的好處是客觀，少個人偏見。

二、現今社會的網際網路使用相當普遍，已出現在各個生活領域裡。網際網路一般具有那些特性？其對社會運動組織有何影響？試舉例說明。

思考索引：資訊社會是目前的發展重點及生活主軸，影響社會成員的生活與關系的建立，甚且出現網際網路的相關社會問題，從正面來看，提升生活的便利性和可近性，從負面觀之，部分社會問題也是網際網路盛行後才出現的，面對網際網路是愛恨兩種不同的感覺。

答　網際網路（Internet）是在1990年代發展初期，因其跨國際性連接之特性，又稱為國際網路或國際電腦網路。是指在ARPA網基礎上發展的世界上最大全球性網際網路。網際網路（interconnection network）是連接網絡的網絡，可以是任何分離的實體網路之集合，這些網路以一組通用的協定相連，形成邏輯上的單一網絡。

具備以下特性：

(一) 全球化市場：透過網際網路及全球資訊網，可到全世界每一角落或人員，規模可擴展至全世界的所有人或團體，規模大。

(二) 虛擬組織：網路環境不具實體性，是異於傳統實體的虛擬世界，透過網際網路可架設虛擬商域、虛擬公司或電子交易，交易及互動虛擬化。

(三) 24小時運作或聯繫：由於虛擬性質，只要伺服器不關機，人與人間的互動或交易便能一年365天，一天24小時全年無休的進行。

(四) 快速回應：網際網路的最大特色是迅速，可線上處理或即時回應，非常迅速，效率提高，縮短互動或等待時間，增強個人或團體應變力。

網際網路對於社會運動有正面助益，不論在議題宣導，意見彙整或資訊傳達，甚至在資源動員上，網際網路都具備無比的正向功能。

三、1990年代以降，伴隨著全球化的潮流，世界各地同時興起了反全球化的運動。反全球化運動為何發生？誰是其主要的參與者？一般可見其採取那些行動或措施？試舉例說明。

思考索引：不同學者看待全球化的立場和觀點大不相同，有正面看待的右派觀點，也有持負面觀點的左派人士，更有持中立觀點說明全球化的中間路線，甚至持懷疑觀點看待，本題反全球化，非常明顯的是反對全球化的左派觀點。

答 全球化理論被劃分為：超全球主義論（Hyperglobalizers）、懷疑論（Sceptics）與轉型主義論（transformationlists）三派。這三派的爭論核心點在於全球化的存在與否以及存在的面貌又是如何：其中反全球化的觀點是超全球主義論。超全球主義論（Hyperglobalizers）又稱做「全球化誇大論」或全球化超越論認為：全球化帶來一個嶄新的新時代，一切舊有的制度將在新一波的經濟全球化浪潮之下崩潰，包含民族國家（nation state）也將被終結」。此學派又可以劃分為兩類：

(一) 新自由主義學派（neo-liberalism）：樂觀認為「全球化是人類進步的象徵」，也是代表著全球市場與經濟的整合為一體，衷心擁護全球化的進行。

(二) 新馬克思主義學派或新左派（neo-Marxism or neo-Left）：認為全球化等同於帝國主義化、西化，也代表著資本主義的勝利，其結果是缺乏公平與公正的兩極化，國家淪陷成為國際資本的「代理人」。持全球主義論者一致認為，全球化是一股不可避免的趨勢，國家主權將在「經濟一體化」受到高度挑戰，因為全球化將根本重新建構新的「人類行為架構」。只是新自由主義學派樂觀的表示全球化將在「資本控制勞動」下達到「非國家化」（denationalization）的趨勢，而新左派對於這種潮流趨勢下的全球化演變感到憂心與悲觀。

四、在日常生活中，我們容易發現這是一個重視男女區別的社會。對此，學界曾出現流行一時的性別角色理論。試說明性別角色的意義，以及其形成的過程和機制。

思考索引：社會存在社會不平等，性別是一大關注焦點，從社會性別角色出發，完全來自社會規範透過社會化所形成的性別不平等內涵，理論觀點不同，所持主張亦大不相同。

答 性別角色（gender roles）是指社會對兩性的行為期望，也是兩性的行為規範的準則，或理想化與一般化的男女行為標準。男性的性別角色包括賺錢養家、勇敢、獨立、體壯、有決心、嚴謹、果斷、有事業心；女性的性別角色則有柔順、體貼、犧牲、慈母賢妻、管家、依賴、重感情等。這些都是社會對兩性的不同期望，因此，兒童在社會化過程中就被引導在不同的角色中發展，父母給男孩的玩具有汽車、槍砲、機器工具、需要思考的遊戲等，給女孩的玩具常是洋娃娃、小廚房用具、音樂箱等等。在教育上，父母對男孩較嚴格，要有向上心，也多體罰，對女孩則比較寬鬆，讓幫忙家務等等。這種社會化經驗差異，造成男人支配女人的社會規範，也造成女人社會地位的低落。

理論觀點：有以下三種分析：

(一) 功能學派：認為男女的分工或兩性性別角色的不同是必然的，對社會的運作有貢獻，因為有這種角色期望的不同，男人扮演一種工具性角色（instrumental role），做有意的、有目的的實質工作，如發展事業。而女人則扮演一種情感性（或表達性）角色（expressive role）來彌補男人的空虛，來管家和教育下一代。

(二) 衝突學派：衝突論學者則認為，女人之所以居於低劣的社會地位，主要是男人剝削女人、支配女人。男人把女人關在家裡照顧小孩，俾限制女人活動的空間，使之成為男人的財產或附庸品。因此，性別關係實質上是一種不平等權力分配關係。

(三) 女性主義：「女性主義」（Feminist）一詞源於十九世紀法國，產生的立基是針對女性不平等社會地位，引發一連串反省與檢討之後，所匯集的思想信仰與力量的結合。所以說，女性主義的理論，實質上是敘述男女不平等的現象，進而解釋其發生原因，最終目的在於尋求有效的改善之道。

107年身障特考三等

一、人們在文化接觸與互動過程中，經常秉持不同的立場看待彼此，例如種族中心論（ethnocentrism）及文化相對論（cultural relativism）。試舉例說明這兩種文化立場的內涵與現象。

思考索引：不同社會存在著不同的文化，但從過去到現代，社會依舊存在著自我優越感的心理，對不同於自己的文化內涵，難免會出現歧視不當的態度行為表現，尤其台灣有眾多來自不同國家的新移民或客工，必須秉持文化相對論的觀點，對異文化採取尊重進而認識和學習的態度，才是當前必須學習的課題。

答 種族中心主義即民族優越感（ethnocentrism）是指對於文化的看法，以自己文化為一切的中心，以自己團體為準則，將他國文化劃入不同等級的一種觀念。即認為自己的文化是最好的，民族優越感有好處也有缺點，好處為可增進我群的概念和團結，提高成員的忠誠和士氣，減少衝突，促進文化穩定，維持社會秩序，壞的一面是容易產生偏見，易使文化僵化，且易引起衝突及造成社會孤立。

而文化相對論（cultural relativism）則是指對於不同文化所秉持的尊重態度，因為一個文化特質的意義和功能，端視其在該文化系統中的運作狀況；好壞、對錯係依其在該文化能否有效發揮作用而定。文化是社會與自然和社會環境調適而得的產物，無高低、進步或落後之別。如想瞭解他國文化，唯有以他人生活中的價值、規範和模式為標準，否則易陷入主觀判斷的窠臼。此概念在提醒我們，隨時摒棄有色眼鏡，避免價值判斷，持平論斷的談論其他文化。

一般在看待社會文化時，常會出現兩種極端的態度—自族優越感及媚外主義，是不當的做法，必須改採文化相對論的正面且中立的態度。

二、社會流動的形式除了垂直社會流動與水平社會流動的常見區分之外，又可區分為代間社會流動與代內社會流動。試分別舉例說明上述四種社會流動形式的意義。

思考索引：社會流動是任何社會必然存在的現象，若從父子兩代的立場觀之，則有兩代之間的上升和下降，也有父親或兒子個人代間在社會階層上的上升或下降，總之，從世代觀之代內或代間的垂直向上的上升流動或向下的下降流動，都是無可避免的。

答　社會流動（social mobility）係指社會階級或社會階層間的變化，換言之，社會份子在一階層內或由某一階層或階級轉移到另一階層或階級的現象。

依流動方向劃分：分為垂直流動（vertical mobility），即流動的方向是由低而高，稱之為上升流動（upward mobility）；若由高而低，稱之為下降流動（downward mobility），而個人從某一社會階級（或階層）轉移至同樣高低的另一個社會階級（或階層）稱為水平流動（horizontal mobility）。

而世代流動（generation mobility）則是指父子兩代職業地位之升降，稱為世代流動。一般而言，世代流動有限，即是兒子傾向繼承父親的職業，或者父子的職業在聲望和收入上，不相上下。世代流動大致可分為二種：

(一) 上升流動：即兒子跨越父親職業地位，上升為專門職業或企業家等高職業階層。

(二) 下降流動：父親處於高職業階層，兒子卻處於低職業階層的流動，即為下降流動。如：企業家兒子當技工。

　　舉例來說，父親是小販，兒子是行政院長，是明顯的代間垂直上升流動；反之，若父親是行政院長，兒子是小販，就是的代間下降流動；再舉例來說，兒子從行政院長變成受刑人，是明顯的代內下降流動；兒子從受刑人變成大學校長，是明顯的代內上升流動。

三、 社會學的研究已經證實疾病與不平等具有密切相關，例如窮人的平均預期生命比富人來得短，並且比較容易感染或罹患疾病。其形成有社會結構面向的影響因素，也有文化及行為面向的因素，試至少各舉出一例加以說明。

思考索引：任何國家都無法避免的貧窮問題，向來是大家關注的焦點，尤其因為貧窮造成生活資源稀少，生活條件較差，觀念比較消極無奈，造成個人的各面向都無法與非窮人相比較，因此更容易再陷入貧窮，或是長期處在貧窮中無法加以改變。

答 外在性貧窮：外在性貧窮（external poverty）是指貧窮的存在，不僅使貧窮的個人與家庭無法得到基本生活的滿足，同時也導致其他問題的根源，貧窮文化便是一個代表現象。也就是說，貧窮人口會產生生活次文化，使其陷入貧窮惡性循環中。

另，美國學者路易士（Oscar Lewis）指出，貧窮人口具有共同的生活方式和文化特質，而且有代代相傳的趨勢。因此，處在貧窮環境下的個人和下一代更難逃離貧窮困境，彷彿是貧窮的惡性循環與傳襲，這種現象稱為「貧窮文化」（the culture of poverty）。例如：

(一) 在經濟方面：包括失業與低度就業（造成家庭所得短絀、非技術性和非專門性職業、經常更換工作、購買力弱、依賴童工、家庭缺乏食物的儲存、營養不良、儲蓄觀念薄弱等。

(二) 在社會方面：包括住宅擁擠、群居而無隱私、高比例的酗酒、暴力滋事、體罰孩童、毆打妻子、過早接觸性問題、不重視教育、婚姻穩定性低、高比例的遺棄妻兒事件。

(三) 在心理方面：包括無固定歸屬的邊際感、自信心低、自我認同低、成就動機低、焦慮恐懼、疑神疑鬼。

四、 社會學者在研究社會問題時，經常可見結構功能論及社會衝突論兩個對立觀點的解釋。針對貧窮現象與問題，試說明並比較這兩種理論觀點的看法。

思考索引：衝突論和功能論是社會學兩大經典理論，兩者觀點大不相同，功能論樂觀正面看待，衝突論悲觀負面態度探討社會現象，是社會學必讀的重要資料，屬送分題。

答 結構功能論（structural functional theory）對社會階層的解釋來自戴維斯（Kingsley Davis）及默爾（Wilbert Moore）。認為社會為了維持均衡，繼續生存，就必將社會中的各個職務分配給成員，以分工合作方式滿足成員需要。社會不僅要使每個職務有人員負責，而且還要安排有資格，有才能的成員擔當。社會中各種不同的工作，有些工作較難，有些工作並非每個人都喜歡做，因此，社會必須以獎賞或報酬的方式鼓勵人們做那些工作。社會地位高低決定在兩個重要因素上：第一、該工作對社會之生存是否重要，愈重要的工作就給予愈高的報酬，等於是愈高的社會地位；第二、該工作是否難做，是否需要特別的技巧及許多年的訓練，愈難做或愈需要技巧的工作，報酬就愈高，社會地位也就愈高。結構功能論者強調這兩個條件缺一不可。換言之，某一個工作可能對社會生存很重要，但不難做，也不需要特別技巧，則該工作之社會地位不會太高。傳宗接代是社會延續下去的必要條件，相當重要，但是生兒育女是每一個婦女在正常情況下都可做到的，因此婦女在社會的地位並不因能生兒育女而提高。結構功能論者指出醫師享有高地位，乃是賦有上述兩個條件所致。

綜合言之，社會階層化功能論之論點強調社會位置的特性作為社會賦予報酬高低的決定。所考慮的社會位置特性包括(一)社會位置功能的重要性和(二)社會位置所需的才能和訓練。一個社會位置具有獨特性，比較不容易被其他的社會位置所取代，或其他的社會位置對它有較多的依賴，則這個社會位置的功能重要性就愈高。

衝突論（conflict theory）社會階層的看法與結構功能的必然存在的觀點不同，衝突論者認為階層不平等之存在是因為在上位有權勢的個人或團體為了維護自身益而設立的障礙，以減少或防止別人的入侵權益。因此，武力或強制性的安排是社會階層存在的要素。衝突論者認為科學家、醫師、律師、教育家在社會上享有高的社會地位，並非因其工作困難和重要，而是因為這些人的技能為某特殊優勢團體所需要。社會階層的結構並不代表社會真正的需求或生存條件，而是反映優勢團體的觀點。律師在美國政治界或社區裏，常有極崇高的地位，乃是因為律師們服務的對象多為權勢之人，且律師也將自己的行業裝得很高深專門的樣

子，提高自己身價。對衝突論者來說，社會階層既然是有權勢者在操縱，就應該加以糾正，也應該是可以糾正的；既然武力是維持社會階層的手段，也只有用武力才可以改變現有狀況。

結構功能論及衝突論對社會階層抱持不同看法，其主要論點的比較詳見下表。

功能論與衝突論之社會階層觀比較

功能論	衝突論
1.階層是普遍的存在，是必須且無可避免的。	1.階層雖普遍的存在，但非必須，亦非無可避免的。
2.社會體系影響了社會階層型態。	2.社會階層影響社會體系。
3.社會因有整合、協調、團結的需要而產生階層。	3.社會階層因競爭、衝突、征服而產生。
4.階層提高了社會與個人的功能。	4.階層阻礙了社會與個人之功能。
5.階層反映社會內共享的社會價值。	5.階層反映社會上權力團體之價值。
6.權力在社會裡分配得合法。	6.權力在社會被一小群人所控制。
7.工作與酬賞合理的分配。	7.工作與酬賞分配欠缺合理。
8.經濟結構次於其他社會結構。	8.經濟結構為社會之骨幹。
9.經由進化過程來改變階層。	9.階層須由由革命來改變。

107年鐵路特考（高員三級）

一、請試述文化工業（the cultural industry）的概念和其所批判的社會現象，以及相關理論的當代意義。

思考索引：過去工業社會的普及性大眾文化，愈來愈少，取而代之的是資本家刻意創造的文化工業，各種文創商品，精緻化家庭用品，在在影響著身為消費者你我的消費型態與慾望，造成一股魅力無法阻擋的高消費生活，且你我卻毫不自覺。

答　文化工業（cultural industry）是德國法蘭克福學派的學者馬克斯·霍克海默及狄奧多·阿多諾等人提出的概念，用以批判資本主義社會下大眾文化的商品化及標準化。「文化工業」是一個複雜的概念，無法清晰定義。代替了原本的「大眾文化」概念。主張，所有的文化都將變為商品，藝術將根據經濟價值，而非藝術價值定義。阿多諾認為，文化工業是資本主義社會中的「社會膠」，是統治和結合的工具，文化工業的結合作用在於其產品不斷調節著消費，不僅調節物質同時也調節精神，文化工業本身有相當高的物質性發展趨勢。

阿多諾深信文化工業消費者有高度的操縱作用，此操縱作用並非有特定目的、控制性、方向性，而是潛伏的。且此操縱作用產生以下兩個結果：

(一) 個人被文化工業退化後成為「消費者」。

(二) 文化工業向其消費者提供通俗的、表面的且無意義的事物。

簡言之，文化工業是一個由上層階級領導的文化影響，而非一個大眾文化，也不是一個民族文化。

文化工業對社會的影響不僅是思想上的停滯，還有以下的影響：

(一) 對消費者的影響：文化工業成為工業與觀眾間的調解人。在此作用中，影響人的意識，透過文化工業無法交換的物件是無法存在的。

(二) 在消費者內的影響：文化工業防止人產生批評性的思想，造成人更無法抵抗文化工業。

二、請試述種族（race）和族群（ethnicity）這兩個概念之間的差異，並藉此分析當代種族歧視（racism）現象依然無法根除的原因所在。

思考索引：種族的區分在於先天遺傳上的不同，外觀上最為明顯，而民族則來自於社會生活方式的不同，主要來自社會文化的不同，對社會成員造成內在和外在的差異，種族歧視顧名思義就是外觀上的不平等對待，由於歷史因素使然，仍無法有效加以改善。

答 在生物學上，種族（race）是指一個人口經過數代的繁衍而發展出遺傳上特殊的身體特徵。最為人所知的三個種族是：(一)白人（或高加索人）、(二)黃種人（或蒙古人）和(三)黑人（或尼古羅人）。易言之，種族是一群人自認為、且別人也認為他們具有某些遺傳上不同的身體特質；而這些身體特質又被認為與許多道德上、智力上，及其他非身體的屬性有關。因此，一個種族的成員認為他們自己不同於其他人，而其他團體的人也認為他們是不同的，這就好像他們自己也與別人不同一樣。換言之，種族是社會建構的，是存在於人們的知覺與信仰之中。

而民族（ethnicity）的概念也像種族的概念一樣，是由社會所定義的「標記」（label）。惟兩者之間有所差別：

種族是以察覺得出的身體差異為基礎，而民族則是以察覺得出的文化差異為基礎。換言之，民族團體（ethnic group）是指一群人，他們自己感覺到，而別人也感覺他們具有不同的文化特質，如語言、宗教、家庭習俗，與食物偏好等。

反觀種族主義（racism）或稱種族歧視是指某一有權力的群體以生物學或遺傳學決定論論證：不同種族或族群處於現有位置，或現實不均等的社會結構中，都是正當而理所當然的。換言之，當某些團體被指為屬於不同種族，並遭受歧視、剝削或暴力壓迫時，即為種族主義的現象。十九世紀由於種族主義是指一個民族或種族團體的生物組成足以解釋並合理化其優等或劣等的地位。種族主義者的意識型態由三個觀念組合之：

(一) 人們可依身體特質的基礎劃分為數個類別。

(二) 身體特質和語言、服飾、個性、智力與運動長才特徵是一致的。

(三) 像膚色的身體特質足以解釋和決定社會、經濟與政治的不平等。任何種族或民族團體都可能使用種族主義的意識型態，解釋自身或其他團體的行為。由此可知，種族歧視是無法根除的，只能努力改善。

三、社會分工（social division of labor）是人類社會得以維繫和發展的重要動態，但同時也容易產生馬克思（K. Marx）所說的異化勞動，以及涂爾幹（E. Durkheim）所言的強迫勞動，請加以闡述。

思考索引：馬克思和涂爾幹對於勞動或分工的觀點是大異其趣的，馬克思是採取衝突觀點，涂爾幹較偏向溫和的功能觀點，馬克思看待勞動者完全是虛偽意識所創造的異化產物，而涂爾幹則是從社會變遷過程中，看到分工的改變與其必然性。

答 馬克思以疏離（或「異化」）（alienation）的概念解釋資本主義的勞動特徵。「疏離」的原始意義是指與自己本性相違背。馬克思指出工人的疏離感有四個層次：

(一) 工人對自己的工作成果的疏離：工作的產品不屬於工人，而工人工資過低，甚至只能糊口，無法購買自己所製造的產品。

(二) 工人與工作過程的疏離：工人不像早期的工匠，能夠在製造過程中表現自己的技藝，工作成為無聊的、重複的動作，受制於沒有人性的機器；馬克思說，這種「異化的勞動」（aliened labor）與人的本性和興趣相悖離，而且工人受制於其他人的支配、壓抑和禁錮。

(三) 工人與其他人的疏離：工業資本主義的經濟體系發展出一種工資契約關係，工人與其他人（特別是資本家與工作伙伴）的關係遂以自我利益為主軸，整個社會轉變成所謂的「市民社會」（civil society），缺乏社會聯繫的個體追逐私利，無法建構以集體利益為考量的社會。

(四) 工人與自己的疏離：馬克思認為工業資本的利潤累積和市民社會的私利性格，與人的真正興趣（對社區和文化生活的參與）相違背，壓抑人作為主體的人性感覺（例如對音樂和自然的欣賞），資本主義是剝奪人性的制度，使工人與自己的原本性格疏離。

涂爾幹所著「社會分工論」一書中闡述，社會團結與社會整合為一種社會事實，該事實獨立存在於個人之外，並具有獨特特徵，分工的真正功能是在兩個人或更多人之間創造出一種連帶感（solidarity），亦即集體意識（collective consciousness）。分工類型的轉變僅在於組成方式不同而已，涂爾幹提出機械連帶社會和有機連帶社會之分。由過去較分立方式，轉向更細密分工，社會各

部分需要緊密合作的有機連帶方式，有如身體各個器官，各司其職，機能各自不同。尤其是有機連帶社會更需要集體意識，因為單純一部分的分工，並無法完成自身所有需求，唯有統合在更大的集體意識下，才能完整的構成社會，反觀，在機械連帶社會，集體意識需求規模就不高。

四、在近年來的臺灣社會中，性別平等的議題，包括兩性以及更多元的性別之間的平權，越來越重要，請從性別社會學的觀點加以闡述。

思考索引：社會不平等中的性別不平等是大家共同關注的焦點，由其是每一個國家都無法避免社會中出現或依然存在的性別不平等現象，從社會學的觀點分析有其特殊的論見。

答　性別主義（sexism）──基於生物的性別或社會的性別對男女有不平等的對待──及男性反對女性進入原本保留給他們的部門。社會認為男性優於女性的，這種價值存在於世界各個國家。由於社會上重男輕女的價值觀，使女人處於劣勢，特別是在父權主義的社會下，女人的社會地位低微。在性別主義下，女性在家庭之外的事業有成功的表現，將被視為是一種偏差行為，而且許多女性也深信，成功對他們來說必須付出比男性更大的代價。另外，性別角色刻板印象結果，女人的角色是被動的、消極的、畏縮的、依賴的、害羞的等負面的價值，將女性特質標上性膽怯（sexual timidity）和社會焦慮（social anxiety）的標籤。

反觀，性別階層化是社會階層化的一種現象，社會學家柯林斯（Collins,1971）基於三個假設提出性別階層化理論（theory of the gender stratification）：(一)人們利用其經濟、政治、生理和其他資源以支配他人；(二)社會中任何資源分配方式的改變都會改變支配結構；以及(三)意識型態是用來為某一團體對另一團體的支配所辯護。在男性和女性的例子中，通常男性在生理上比女性更強壯。柯林斯主張，由於男女力氣的差異，在每一次兩性遭遇時都存在男性強制的可能，又為性財產（sexual property）是「獨占對某個人之性權力的永久宣稱」－－的意識型態是性別階層化的核心，歷史上，女性大多被視為男性的性財產。

柯林斯深信，女性被視為性財產和附屬於男性的程度，由下列兩個重要因素決定：(一)女性接近暴力控制代理人（例如警察）的程度；(二)女性在勞動市場中相對於男性的地位。基於這些因素，柯氏提出四種歷史上的經濟安排，例如低技術的部落社會、強化家族、私人家族和進步的市場經濟，可見一斑。

1995年聯合國第4屆世界婦女會議通過「北京行動宣言」，正式以「性別主流化」（gender streaming）作為各國達成性別平等之全球性策略。「性別主流化」是一種策略，也是一種價值，希望所有政府的計畫與法律要具有性別觀點，並在作成決策之前，對男性和女性的可能影響進行分析，以促使政府資源配置確保不同性別平等獲取享有參與社會、公共事務及資源取得之機會，最終達到實質性別平等。

107年高考三級

一、請從社會流動（social mobility）、配置理論（allocation theory）切入，說明頂大博士班招生註冊率偏低一事的高教現象。

思考索引：社會不平等是近年來的熱門議題，尤其是教育的不平等更是大家探討的焦點，教育是社會流動最基本的途徑，教育資源的分配不均，更加速社會不平等的惡化，高等教育的入學學生家庭社會經濟地位，以及教育部對頂尖大學的補助成為大家關心的話題。

答 社會流動（social mobility）是指個人在社會階層中向上或向下的流動情形，常以經濟收入、職業聲望及教育程度作為主要區隔因素。尤其是教育程度高低，影響個人所從事的職業聲望以及工作收入，因此，才有「萬般皆下品，唯有讀書高」的俚語出現。

至於，配置理論（allocation theory）的意義，不同的理論有不同的說法，衝突論者認為，現代化社會的每一個人，依據他接受的教育年限和種類，被分配至某一種重要或不重要角色，此種過程和其真正的專業和能力關聯性不高。因此，教育本身具備選擇、分類、配置的多重功能。准此，衝突論主張者強調，運用教育進行人才培育或甄選，僅是藉著教育形式作用，亦即藉由文憑將社會上的每個人分配或配置到特定的位置。在此配置過程中，並未考慮學歷高低是否反映個人能力或表現，也不考慮特定職位為何需要某種高的學歷。說白了，教育在社會成員的「分配」功能中占了非常重要的位置，謂之「配置理論」。

但功能論者就不這麼認為，主張教育是培育社會所需人才的基本正向功能，某些職位必須具備一定專業知識和技術者才能擔任，因此，教育程度年限長短和學歷高低，都是具備一定培養人才的正向功能。與衝突論的負面觀點，認為教育未能激發個人潛能或培養工作技能，指是將個人「配置」到社會需要、指定的某種地位，進而表現某種角色而已。由此可知，兩種理論觀點迥然不同，頂大的博士班乏人問津，正反映著功能論的主張與當今現況不一，衝突論的觀點逐漸被大家所接受。

二、針對道路交通安全規則第52-1條規範：逾六十八歲之職業駕駛人，須檢附體格檢查及無患有失智症證明文件，符合規定後，始得繼續領有該職業駕駛執照。對此，請從年齡主義（Ageism）角度切入，以申述該項社會性標記的社會學意涵。

思考索引：與前題相近，也是探討社會不平等的議題，年齡不平等是面對高齡社會，必須探討的焦點，尤其台灣目前有300多萬的老年人，不論生活或照顧上都需要社會資源的投入，最重要的是友善環境的塑造，本題所指的駕照取得，不須檢附體格檢查就是最明顯的例子。

答 年齡歧視（ageism）是相信某一年齡層的人天生優於其他年齡層，並將差別待遇予以合理化。和性別歧視（sexism）相同，也是基於生理特徵。

說明年齡歧視的理論很多種，本題所指的檢附證明或證件，才能換取職業駕照，非常符合交換論者的觀點。

交換論：交換論者認為人與人的互動有如商業交易一般，有支出有酬賞。在社會上，一個人如果要得到別人的尊敬就必須以資源交換。年輕者有財力有聲望、也有精力，因此可用來交換較高的社會評價。老年人因為身體的衰退，財力的減少，職業上的退休等等因素，再加上工業或後工業社會，現代科技、專業、知識發展迅速，使老年人缺乏足夠的社會資源，減少交換能力，於是受到社會歧視，交換關係的不平衡自然產生。

三、從韋伯（Max Weber）的觀點來看，科層組織（Bureaucratic organization）包括那些典型特質？至於在文明的進程裡，科層組織又會出現那些負面效果及其相與配套的應變策略。

思考索引：考生可先回答韋伯科層制的五大基本特質，再嘗試依據題意分別提出個人對此五大特質需要改變與否的基本看法或見解。

答 科層制（bureaucracy）最早由韋伯（Max Weber）提出，是指一個組織是互相關聯而功能互異的部分所組成。

具備下列五項特質：

(一) 專門化（specialization）：科層制組織的基本構想是：將整個生產過程劃分為若干項小工作，而讓某些人專門從事某項小工作，是處理複雜的工作的有效方式。專門化具備效率，所以科層制有賴於複雜的分工，從業者僅需精通和負責該組織的基本工作之某一項生產

或管理步驟即可;如此的安排,鼓勵了某一有限範圍內技術專精的競爭,但也造成無人通曉整體步驟之缺失。

(二) 技術能力(technical competence):人員的聘僱基於技術性資格(經由測驗或標準化程序錄用人員),並依其工作質量計酬。韋伯認為光靠薪津不足以鼓勵人們工作更努力、更迅速、更有效率,尚須保證他們有足夠的工作表現時,可以晉升。

(三) 規則和規定(rules and regulations):科層制內成員的活動和關係由一套公開明白的規則和規定管理之,在此方式下,每位職員皆瞭解應具備的資格及決定應如何執行。各種規則使得複雜的科層制組織的工作井然有序並可預測,可說是科層化引擎的傳動桿裝置。

(四) 非人格化(impersonality):又稱公平無私,韋伯認為私人感情有害於效率,故在科層制中予以排除,對所有工作人員都一視同仁,給予公平待遇,各種考慮均應至於組織目標的節制下。如果某位成員提升一位屬員,僅由於私人友誼關係;或與其他公司簽訂合約,由於對方是他的親友經營的公司的話,整個組織將受其害。

(五) 人員的職階體系(a hierarchy of offices):一旦整個生產過程被化整為零,每一群人各操作一組不同的活動,則整個操作必須予以彙整。在小規模的組織裡,全體工作人員可以集會討論所遭遇之問題及交換意見,而在大規模組織裡就無法如此,高階主管不可能親自督導每個工作人員的工作,甚至不可能知道每個員工所負責的工作。為解決此一問題,工作人員必須組織一個職階體系(hierarchy),劃清那些人對某人負責,某些人管理那些人等。組織的職階體系依據職位與職務而訂,每一職務均有其特定的職責、義務、權利及薪津。

四、家庭的構成要件包括那些項目?近年來,在尊崇重視家庭倫理關係的東亞社會裡,手足的照顧已然蛻變成為某種的身心負荷,對此,請針對「手足風險」的客觀事實,進一步闡述其所具有的家庭變遷意涵及國家應扮演何種角色?

思考索引:社會變遷的結果,造成很多社會結構或現象都已轉變,家庭也不例外,不僅核心家庭比例提高很多,加上不婚比率增加,更是家庭手足關係變得更加緊張與重要的議題,在面對此變化之際,國家應推動替代家庭提供成員經濟支持與照顧服務的功能。

答 家庭（family）是指兩個或兩個以上的人，由於婚姻、血緣或收養的關係（其中一種即可）所構成的一個團體，是社會的基本單位。

由於經濟結構與社會制度的重大改變，家庭結構與功能均明顯的變遷，而引起家庭功能變遷的社會原因包括：

(一) 家庭勞動改變：傳統家庭的社會勞動是由男性組成，但現代社會的婦女就業普遍，形成雙薪或雙生涯家庭型態。

(二) 家庭成員減少：表面現象是生育控制使出生率開始下降，但根本原因是：知識普及、價值觀改變、工業化、職業專業化與娛樂普遍化等因素造成。

(三) 離婚觀念改變：傳統社會的離婚常被視為道德淪落與社會不穩的象徵，而現在的離婚則漸被接受與寬容，且有逐年升高的趨勢。

(四) 家庭權威改變：傳統家庭的高度父權制逐漸沒落，大家庭制度式微，現代家庭權威由夫妻兩人平均支配，家庭權威角色與經濟角色有著密切關係。

家庭變遷結果的具體表現不外為：

(一) 核心家庭比例提高，且家庭成員愈來愈少，原本存在的家庭成員間在經濟在心理或照顧上的功能逐漸減少中。

(二) 不婚比率增加，讓手足關係的家庭增加，兄妹等組成的家庭，手足關係變得更加緊張。

(三) 家庭成員少，年老父母乏人照顧或提供經濟資助。

面對此變遷與家庭功能銳減，國家應推動替代原有擴大家庭的成員經濟支持與互相照顧服務的機構或措施，以滿足社會成員的功能需求。

107年調查局特考三等

一、貧富差距是當前臺灣民眾普遍感受到的社會問題，試從馬克思以及韋伯的階層化理論來分析造成M型社會的原因。

思考索引：馬克思屬衝突論的古典代表人物，而韋伯則站在中立的立場來解釋或判斷各種社會現象，兩者之間的觀點是大不相同，韋伯認為階層來自社會多元面向發展結果大幅下降，馬克思則主張是資產階級無所不用其極的剝削或壓榨普羅的無產階級所致，是屬於激進且悲觀的立論。

答　馬克思主義與階層社會：階層概念深植馬克思主義及社會主義的核心，在一開始的共產主義宣言就認為，歷史應該被視為是壓迫者及被壓迫者間階級鬥爭的歷史。在封建社會是地主（貴族）及農夫（農奴）的衝突，而資本主義社會則是擁有資本者（中產階級／布爾喬亞階級／bourgeoisie）與無資本者（無產階級／proletariat）的衝突。馬克思深刻的認知社會上存在各種不同的階層、次階層及其他重要的社會團體，且預期在中產階級及無產階級間的產業衝突將是造成社會衝突的動力來源。

馬克思主義認為社會中始終存在著各種不同的階級，階級的區分並非天經地義的，而是歷史發展的必然產物。不同的歷史發展階段，將存在著不同的階級結構。馬克思認為一個人在生產關係中所佔的位置，將對他帶來重要的生活經驗。據此，人們為了生活而得到的經驗，尤其是經濟衝突的經驗，終將促成同一階級的成員們發展出共同的思想、信仰與行動。

馬克思指出，統治者與被統治者的不同利益導致階級關係必然是剝削的關係。因此，階級的區隔是潛在的衝突因子，經常化為激烈的鬥爭；而階級鬥爭經常是歷史向下一個階段發展的契機。而個體不一定清楚他所存在的階層，例如：工人常會相信資本家為他們帶來最佳利益。

韋伯與階層社會：韋伯（Weber）運用秩序（order）表示社會階層，認為秩序是高低不平的權力（power）之表現。Weber認為權力有三種秩序，分別是經濟秩序、政治秩序與社會秩序。三者又有其具體代表的團體，即階級（classes）、政黨（parties）和地位團體（status groups），三者是相互關聯的，同時各自具有相當程度之自主性，例如有了社會地位或許可帶來政治權力或經濟利益；有了經濟力量，也可能獲得政治權力或是提高社會地位。

Weber也強調階級劃分的標準是生產關係即財富的獲得，並歸納出階級
有以下特徵：

(一) 階級狀況是以財產關係來界定。Weber認為有無財產是階級狀況的
　　 主要界定條件，財產可以劃分為各類的財產，而無財產者的階級狀
　　 況是由其所提供的服務而表現出來。

(二) 這些各類的財產與種種的服務是透過市場而展現出來。Weber認為
　　 市場狀況是決定個人生活機會的基本條件，因此階級狀況最終是市
　　 場狀況。

至於階級的形成與演變，Weber認為階級行動（class action）的產生，
是勞動市場（labor market）、商品市場（commodities market）以及資
本主義企業（the capitalist enterprise）三者交織而成的結果。在階級鬥
爭之時，階級間彼此的敵意最濃者，是直接處於階級鬥爭的雙方，即一
方面是工人，另一方面即為資方代表的第一線人物，例如經理與生產者
等，而非幕後操縱工廠的人，例如股東或銀行家等。

Weber以經濟界定階級，以生活型態（styles of life）界定地位。Weber
說：「地位狀況代表人們的一種共同的、典型的生活之命運。而此生活
之命運乃是由特別的、正面或負面的榮譽評定所決定。」

Weber認為階級的重心是由生產（production）界定的，而地位是由消費
（consumption）界定。消費型態不同即代表生活方式的不同。最後，
Weber認為從歷史觀點與經濟情況而言，當社會變遷、技術變遷等社會
不穩定時，經濟的階級區分較為人所注重；反之社會經濟情況較穩定
時，社會地位便日益為人所注重，成為社會階層區分的重心。

二、2017年10月美國女星艾莉莎‧米蘭諾於社群媒體推特上公開譴責性騷擾，引
　　發各國響應。試從資源動員論與新社會運動理論分析Me Too成為一股全球化
　　風潮的原因。

思考索引：社會運動的理論觀點分成兩大類，一則為古典的，一則為現代的，
　　　　　資源動員係歸類在古典的，是動員社會上有形及無形的資源，以促
　　　　　進社會運動水到渠成，而新社會運動則屬於現代觀點，認為來自社
　　　　　會市民的集體認同所致，是大家累積形成的集體意識，形成社會運
　　　　　動的。

答 資源動員論：多數社會學家認為剝奪單獨不足以詮釋社會運動的興起。不滿總是普遍存在；但時機成熟的社會運動不常發生，主要是不滿必須伴隨著資源動員的能力。沒有足夠的資源及有效地運用資源的組織，即使最忿忿不平的人也不能開始社會運動。資源動員論（resources mobilization theory）由麥卡錫和傑爾（McCarthy & Zald）提出，聲稱引起社會運動的因素往往不是受害團體原本既有的；來自「局外人」（outsider）的支持更加重要。參與運動者在財力、權力及聲望上常感不足，須局外人鼎力相助，可望運動得以成功。

麥卡錫與傑爾認為：外來資源或外力的挹注，是促使少數團體發起社會運動挑戰的最重要因素。他們並不認為運動支持者的「心理不滿」是運動發生的決定因素，因為那是隨時都存在的。麥卡錫與傑爾甚至認為，運動組織如果有足夠的資源，領導菁英可以操縱、強化，或創造發起運動所需要的不滿或怨氣。

資源動員論認為每一個社會的資源都是有限的，常常由一小群人掌握。因此，社會運動參與者必須有效運用有限資源，以爭取當權者所掌握的資源。動員是指運動參與者運用其資源以爭取目標，社會控制則是指當權者為保護其既有利益而施用之手段策略，因此必須動員那些資源，例如時間、數量、財源、組織理論、友黨支持及領導份子等。

新社會運動論：「新社會運動論」（new social movements theories）是歐洲的學者針對當代的先進資本主義或後工業化社會中，所發生的一些新形態的社會運動所提出的一種解釋。新社會運動論者認為，現代的社會衝突發生的場域可以分為三類：(一)抗拒國家及市場力量入侵一般人的日常生活世界中，將一般人的日常生活殖民化或將文化同質化的壓力；(二)在都市的社會情境中，都市的草根運動挑戰國家或其他的政治力量，要求維持社區的自主力量及保護地方的文化認同，以重新組織都市生活；(三)抗拒後工業、資訊社會中新類型的社會控制，對於個人認同表達在文化符碼上的壓抑。簡言之，新社會運動論者認為資本主義的後工業社會中，民間社會對於國家與市場的力量所營造出來的新的主導價值所進行的文化性反抗，正是西歐新社會運動的主旨。因為強調意識型態目標，新社會運動在支持基礎、運動組織的結構與政治的形態上，和過去的社會運動有所不同。新社會運動的支持基礎不是以團體為主，而是以價值或議題為主；其運動組織上通常是離心化、開放、民主、鼓

勵參與的，甚至透過比較沒有組織化的人際網路進行；而其政治形態，也刻意強調即使有機會也不進入政府的體制，而停留在體制外，以輿論及政治壓力來影響政策。

此外，新社會運動論者也重視社會運動的「集體認同」（collective identity）及發現集體利益的社會建構過程。所謂的集體認同，是指一群互動的個人，對於其集體利益及其集體行動在客觀的環境中的機會與限制的共享性認知。集體認同或集體怨恨的形成，不是可以由團體的客觀結構位置直接推論出來或自然產生的，而是在運動的過程中，逐漸被形塑、建構出來的。

三、有人認為臺灣已經進入所謂「後工業社會」，後工業社會具有那些特徵？臺灣是否符合後工業社會的特徵？

思考索引： 後工業社會不同於工業社會，又稱服務業社會，台灣是一典型的後工業社會，偏愛少量，差異化，精緻化的產品，與過去標準化、大量生產的產品喜愛，完全不一樣，尤其在年輕人身上更加的明顯。

答 西方社會在1960年代之後逐漸轉型，成為後工業社會或後現代（postmodern）社會，後工業或後現代社會是指工業發展不再是經濟結構中最主要的部分，被服務業所取代，大量消費形成，白領階級取代藍領成為最主要階級，知識和資訊成為生產力源頭。後工業社會的形態透過全球化（globalization）過程，正逐漸擴散至其他新興工業國。其中，全球化是指跨國工業生產、文化擴散和資訊科技（透過人造衛星、網際網路和大眾傳播）的發達，出現全球性的社會關係和文化現象。

後工業（後現代）社會之特徵：已發展國家自1970年代之後逐漸轉變，可從以下三個面：經濟發展的型態、資訊科技的影響及社會文化的轉型，其中最主要的經濟發展型態，具備以下特色：

(一) 從福特主義（Fordism）到後福特主義（Post-Fordism）：福特主義是指西方戰後以大量生產和大量消費為主的市場經濟。首先是由福特汽車廠在1914年開始，之後在二次大戰後普及於各產業和各先進國。福特主義的特色是將工作流程細分為不同的單位，並以生產線將流程整合，最後組裝成產品。由於工作的零細化，因此工人的技術層次降低、單位生產力大增，造成大量生產、勞工收入提高。

由於國際資本之間競爭激烈，加以福特主義的大政府（福利國家）對經濟的干預，和大工會對公司的牽制，使得跨國公司形成，逐漸轉投資至國外，特別是東亞國家，造成先進國在1970年代初期面臨去工業化（deindustrialization）問題，失業嚴重、經濟發展停滯。在這個危機下，西方資本主義逐漸調整和轉型，以致出現後福特主義的經濟發展模式。

後福特主義是指西方資本主義在面臨日本和東亞國家競爭過程，逐漸調整發展的發展模式。特色是大公司逐漸從層級分明的科層制轉變到扁平組織型態，不再大量生產，而是針對部分高消費者；大量使用高科技和自動化設備，從事彈性專業化，生產小量多樣的產品，以面對快速多變的市場，金融資本全球性流動快速；相對的，福利國家逐漸消退，被以強調發展和競爭力為主的國家機器取代；工會勢力逐漸受到經濟景氣的影響和國家機器的壓制而瓦解等。

後福特主義的發展模式造就了新的世界分工模式。現今跨國公司已將工作流程細分，將研究發展以及需要高科技和高技術的部分，留在國內生產；將標準化而需要中等技術的外移到東亞和新興工業化國家，且將標準化和技術層次低的，外移到部分邊陲地區，利用廉價勞動力從事大量生產。

(二) 資訊社會與消費社會：資訊科技和知識成為現代西方社會經濟最重要的一部分，可稱為資訊社會（information society），電腦資訊科技運用至社會各層面，深深影響人類生活和組織方式。現代工廠中，電腦的使用，使得自動化機器參與生產，因此，彈性、小量而精緻的產品得以發展；在現代辦公室內，由於電腦的使用，可以快速過濾和消化大量資訊，大大提升工作效率；在大眾傳播上，由於人造衛星的發展，使得大量資訊可以快速傳播至世界各地。還有日常生活中的信用卡、超級市場、飛機訂位系統、圖書館的借閱等等，無不使用資訊科技，效率大為提升，同時改變人們的生活型態。近年來，更由於網際網路的大量使用，人們可以不必到圖書館或辦公地點，就能夠透過電腦傳輸資料。因此，陸續出現虛擬圖書館、虛擬辦公室、遠距教學等。使得工業社會的時間和空間觀念大大改變。幾秒鐘之內，網際網路就可以傳輸全世界的電腦節點。

四、隨著新的網路科技發展，你認為科技是否可以降低年齡、性別、族群、階級之間的不平等？請舉例說明之。

思考索引：科技發展對於社會不平等現象究竟是改善或惡化，近年來成為大家熱烈討論的議題，不同的學者有不同的主張，建議從兩方面論辯，舉出其優劣勢之處，比較能突顯個別的觀察力。

答 利用科技拉近貧富、城鄉等階級差距，可減緩社會不平等，因此，具強大生命力且蓄勢待發的新興技術，尤其與電子或電腦相關的新興技術，為消弭社會階級差距的良好技術。善用且大量運用科技可推動教育進步，科技與教育融合可根本解決貧窮、性別、年齡、族群等不平等問題。「扶貧必扶智」、「給人魚不如教他如何釣魚」，扶貧與教育工作息息相關，是主張科技發展可以降低社會不平等者的觀點。

針對科技與社會生活的互動關係，文獻中通常分為三種論點，前兩種論點認為網路科技的發展改變了社會，或者至少認為網路科技所帶來的政治經濟變革多過政治經濟環境對網路科技的約束。針對網路使用對社會不平等的影響，又可以分為「數位烏托邦論」（Cyber-Utopianism）與「數位反烏托邦／控制論」（Cyber-dystopian/control theory）兩類，前者傾向網路帶來解放人類的力量，後者卻認為網路科技增強了政治經濟菁英對一般民眾的控制。第三種論點可稱為「懷疑論」（skeptical aspect）則是所謂的「社會形塑論」（social shaping aspect），懷疑論認為網路科技對社會不平等影響甚微，社會型塑論則更進一步，認為社會不平等反過來塑造了網路科技的資源分配與使用方式，亦即資訊社會學文獻中所謂的數位落差。

也有研究顯示，階級、年齡與城鄉差異造成數位落差的擴大，而上網時數對社會網絡的大小、所得高低或投票行為並無重大影響。

107年調查局特考四等

一、 根據內政統計顯示出來截至2016年為止，臺灣一地男性的初婚年齡平均數為32.4歲，女性為30歲，兩者均出現遞延晚婚的現象，對此，請進一步論述該項遲婚現象本身所隱含的社會學意涵。

思考索引：國人對於結婚和生育的觀念一直在大幅改變，由內政部統計數字得知，結婚和生育年齡逐年延後，生育子女數亦大幅下降，造成台灣人口負成長的危機提早到來，政府大力推廣「樂婚、願生、能養」的人口政府，但成效有現，顯示遲婚和不婚的問題仍是必須面對的。

答 1990年代後，隨著國內網際網路的快速發展，資訊科技已深入國人的日常生活。許多人因此遲婚、不婚或不生育，並且拜女性主義興起之賜，強調生育自主以及墮胎合法化、墮胎藥物之普及化、E世代嬌生慣養、不願意負擔養兒育女的辛苦責任，視生育為畏途等等，都讓生育率節節下降。

亦即，隨著家庭觀念與婚姻觀念的改變，影響現代人對婚姻態度與生育意願，加上工作型態與時間改變、女性實現自我人生的概念增強，造成愈來愈多未婚男女晚婚，以及已婚男女沒時間生孩子，更錯過最佳生育時機。

尤其是，國人觀念普遍較認同婚姻內生育的正當性，所以一般人的生命歷程安排，多為先結婚再生育，較少有非婚姻關係的生育。因此，適昏年齡結婚及有偶人口結構變化對生育率影響最重要。總之，晚婚或遲婚的影響，計有：

(一) 有偶婦女比例下降：由於年輕一代的晚婚，婦女有偶率變動相當明顯，不僅愈年輕有偶率偏低，且各年齡層有偶率逐年下降。

(二) 結婚生育年齡延後：過去30年來男女初婚年齡皆呈上升趨勢，民國70年，男性初婚平均年齡為27.6歲，女性為24.0歲，至106年男性初婚平均年齡33.9歲，女性31.1歲，男女兩性的初婚平均年齡差距，30年前相差超過3.6歲，106年縮減為2.8歲。也影響，男性和女性的生育平均年齡分別後延，女性生育第一胎平均年齡明顯延到30歲以後。

(三) 家庭規模與型態改變產生的影響：遲婚及生育率持續下降，不僅顯現於家庭中子女數減少，家庭型態與組成也呈現規模小而多元的現

象。此外，因為家中子女變少，成為獨生子女機會增加，加上資訊
科技的發達與家庭、就業型態的改變等，子女幼年期由父母親自教
養機會下降，教養方式也受到影響。

二、近年來針對犯罪的各種社會控制手段之一有所謂的「修復式司法」
（restorative justice），對此，請說明「修復式司法」的概念內涵及其可能
的運作限制。

思考索引：修復式司法於不同於傳統以刑罰為中心的刑事司法制度，關注點不
在懲罰或報復，而是如何在犯罪發生後，療癒創傷、恢復平衡、復
原破裂的關係，賦予司法新的意涵，在尋求真相、道歉、撫慰、負
責與復原中伸張正義。

答 修復式司法（Restorative Justice）是對因犯罪行為受到最直接影響的人
們，即加害人、被害人、他們的家屬、甚至社區的成員或代表，提供各
式各樣對話與解決問題之機會，讓加害人認知其犯行的影響，而對自身
行為直接負責，並修復被害人之情感創傷及填補實質損害。相對於以刑
罰為中心的傳統刑事司法制度，修復式司法關注的重點不在懲罰或報
復，而是國家如何在犯罪發生之後，療癒創傷、恢復平衡、復原破裂的
關係，並賦予「司法」一種新的意涵，即在尋求真相、道歉、撫慰、負
責與復原中伸張正義。

法務部為逐步推動修復式司法、建立以人為本的柔性司法體系，於98年
7月已核定「法務部推動修復式正義—建構對話機制、修復犯罪傷害計
畫」，在暫不修法之前提下，初期擇定板橋、士林、宜蘭、苗栗、臺
中、臺南、高雄及澎湖等本部所屬地方法院檢察署自99年9月1日起辦理
試行方案。經過試辦地檢署的追蹤調查發現，被害人多數「感覺正義得
到實現」，多數加害人同意「會全力避免此類案件再次發生」，顯見修
復之功能。爰全面擴大辦理，建立修復平台，實施成果並將作為日後建
構本土化修復式司法執行模式之參據。其目的在於：

(一) 協助被害人、加害人及雙方家庭、社區（群）進行充分的對話，讓
當事人間有機會互相陳述、澄清案件事實、聽取對方的感受、提出
對犯罪事件的疑問並獲得解答。

(二) 讓加害人能認知自己的錯誤，有機會主動向被害人、雙方家庭及社區（群）真誠道歉及承擔賠償責任，並經歷自我認知及情緒之正向轉變，以改善自己與家庭、被害人及社區（群）之關係，俾助其復歸社會。

(三) 提昇加害人對修復與被害人間關係的自信與動力，協助其啟動再整合之重建機制，並降低其再犯罪之機會。

(四) 尊重被害人在犯罪處理程序有公平發聲的權利，讓被害人有機會描述其所經驗的犯罪過程、被害感受與直接詢問加害人，並表達他們的需求及參與決定程序。

(五) 透過對話程序，讓被害人得以療傷止痛、重新感受自己仍有掌握自己生活的能力，且能進一步了解加害人，而減少因被害產生的負面情緒。

(六) 提供一個非敵對、無威脅的安全環境，讓被害人、加害人及社區（群）能完整表達其利益及需求，並獲致終結案件的共識及協議，以達到情感修復及填補實質損害。

　　有意願之被害人或加害人填寫申請書，向地檢署專責小組提出申請。專責小組受理前項申請或轉介後，初步評估是否當事人意願及客觀條件認為適宜者，轉介適當修復促進者。修復促進者於進行會談前，適需要先行與加害人、被害人進行訪視或個別會談，必要時得協同陪伴者共同進行訪視工作，並安排時間進行雙方對談。

三、請就價值（value）、規範（norm）、符號（symbol）與語言（language）等文化的相關要素，說明各自的概念內涵，並且扣緊當前20歲左右的新生世代，說明此一新生世代族群相關的次文化特色。

思考索引：文化的內涵包括題意所指的規範、價值、符號和語言等要素，其它還有意識型態和知識，但新生代和舊世代有其不同的次文化，以致出現相異的規範、價值、符號和語言等內涵，逐一就個人觀察加以說明其詳細表現即可。

答 組成文化的基本要素觀之，計有規範、價值、符號、語言、意識型態及知識等六項，題意所指的四項要素及其差異，分析如下：

(一) 規範：規範（norms）是規定在某種情況下我們應當如何行動才是適當的準則。規範不但隨社會和團體而不同，且隨情境而有差異。新世代的規範除社會既有的以外，容易吸收其它社會透過網路所傳達的新規範。

(二) 價值：價值（values）是規範的來源，指的是有關善惡、是非、和要不要的一般觀念。因此，價值是作為判斷行為和選擇目標的準則，也是團體所分享的文化理想。

價值觀在新世代的心中是逐漸在蛻變的，舊世代的價值觀相對於舊世代有其一定的嚴格標準，不輕易改變，但又無法說明無法改變的理由，造成世代間的價值衝突出現。

(三) 符號：文化的各種觀念都存在於符號的領域中，符號（symbols）代表某些事項，並具有意義。符號包含物體、姿勢、聲音、顏色、或設計等。

符號在新舊世代之內或之間都有很大的差異，新世代所使用各式各樣符號，是舊世代所無法比擬的。

(四) 語言：語言（language）是最重要的符號體系，包括口頭和書寫的兩部分。語言可保留不同時空和不同時代人類生活的經驗與知識，可傳遞文化，可溝通訊息，可設計重大計畫和發展抽象觀念。

語言和非語言的使用，新舊世代同樣有其個別的習慣或內容，不可否認的是，也有新舊世代共同的語言存在。

四、請從人才、錢財與題材等考察介面，以探究非營利組織（not-profit organization）進行建置變革的相關問題思考。

思考索引：非營利組織面對社會變遷與社會成員的期待提高之壓力，如何從人才、錢財和題材上尋找更多的亮點，以協助非營利組織可以順利轉型，是目前NPO必須面對的重要課題。

答 常聽到的非營利組織失靈（Non-profit Organizations failures）或稱非營利組織失敗，是指非營利部門偏離社會公益或共益宗旨，片面以功利主義為取向的信念、行為給消費者、社會、生態帶來的負面效應。非營利部門也面臨籌措財源不易的窘境，無財力就招募不到好人力，組織所欲推動的社會公益題材亦無力推動，因此非營力組織的變革迫在眉睫。

(一) 財力變革：由於資金籌措不易，組織活動經費嚴重不足，經費問題是非營利組織面臨的共同問題。非營利性組織面臨資金缺乏問題，少數組織由於經費太少，已到了難以為繼地步。因此，如何進行有效的財務管理，不僅依賴外界財務援助，更要自尋生財之道、不營利，但為求正常運作是基本目標。

(二) 人力變革：非營利組織是改造人的組織，產品是服務社會上的所有人，但非營利組織本身的人力必須健全，人員能力要良好，組織的效率要提升，各項服務品質要提高且不斷創新，惟有透過組織一流的人才，才能恪盡其功。尤其，來自外在拜金主義、享樂主義、極端個人主義的負面影響，致使少數的非營利組織人員道德迷失，忘記職業道德和良知，片面追求利益，從而造成非營利性組織追求公益的內在動力喪失或消退。

(三) 題材的變革：非營利組織所關注的題材必須呼應社會大眾關心的焦點，和服務對象的基本需求應能相契合、相對應，才能真正滿足利害關係人的需求，真正和社會發展及脈動完全統合。

108年身障特考三等

一、當前臺灣社會對於學校教育的功能有許多的討論與不同的看法，請選擇兩個巨視社會學的理論觀點，以其觀點為依據，說明這兩個理論對於教育的功能有何看法？

思考索引：社會學的兩個大型論是對於教育有天壤差異看法，功能論的樂觀與衝突論的悲觀論點，大異其趣，屬送分題。

答 請見本書第十章政治、教育與經濟-第七點-教育。

二、何謂再社會化？再社會化是如何發生的？請舉例說明再社會化可能對個人產生那些影響？

思考索引：社會化是社會學關注的焦點之一，社會化的過程更是經常討論的重點，可舉熟悉的某位社會名人事件加以說明，即可拿到滿意分數。

答 請見本書第四章個人與社會化-4.再社會化。

三、法國「黃背心」運動，在警方發射催淚瓦斯與水柱驅離群眾後走調，衝突讓巴黎滿目瘡痍。這起原先因不滿調漲燃油稅而從網路發動的運動，訴求已擴大至其他議題。社會學者對於社會運動的發展有許多相關的理論論述，請從相對剝奪論、資源動員論和加值論這三個理論中，挑選你認為適當的理論來解析為何許多社會運動的發展，到後來呈現背離初衷的結果？

思考索引：本題屬時事題，以社會運動的理論中提議所指的三個理論加以說明，屬相對容易拿到滿意分數的題目。

答 請見本書第十三章集體行為與社會運動-第七點-(五)理論。

四、臺灣社會近年來醫學美容風氣興盛，許多愛美人士不惜花費金錢到醫療院所
　　進行各項醫美服務，例如：抽脂、整形、除皺等等。甚且有人已經把醫學美
　　容視為生活中的必要消費。請從「文化束縛症候群」以及「社會醫學化」的
　　概念出發，解析臺灣醫美文化氾濫的原因？

思考索引：社會醫療化現象與一般生理的醫療觀念大不相同，醫學美容就是非常
　　　　　明顯的例子，並無醫療上的必要性，僅是文化上的偏頗價值所造成。

答　社會醫療化請見本書第七章人口與健康-第十七點生病與社會醫療化。
　　文化束縛症候群（Culture-bound syndrome）是指只能在特定社會或文化
　　下，才能認可作一種疾病的精神和軀體症狀集合，屬於特殊文化專有的病
　　理行為症候群，不會在其他社會文化中承認為一種疾病，一般不會發現患
　　者有任何器質性病變。也可將此概念歸類為「文化對苦痛的理解」，是文
　　化集體對痛苦、行為問題、令人擔憂的情緒及想法的溝通、經歷和理解，
　　出現文化束縛症候群的原因來自文化行為模式或行為的流行傳染（像傳染
　　病一樣），類似娛樂性藥物的傳播，取決於社會及人與人之間的互動，是
　　人們難以在其他環境因素中找到病因的特殊流行的行為。

108年公務、關務人員升官等考（薦任）

一、 少子女化是我國當前的人口危機之一，請說明少子女化的成因，及其解決方式的建議。

思考索引：本題屬人口與健康一章範圍，人口低度成長甚至負成長，是台灣未來的人口問題，易拿高分。

答 請見本書第七章人口與健康-第十四點-台灣的人口問題。

二、 交通部臺灣鐵路管理局普悠瑪事件引發大眾對於鐵道運輸安全的疑慮，試從科層組織理論分析國營企業組織的困境。

思考索引：本題屬社會組織類型範圍，韋伯對科層組織有獨到見解，著墨也多，面對台鐵的百年老店，國營企業的科層組織非常明顯，屬基本概念題型。

答 請見本書第三章社會與社會組織-第八點-社會組織。

三、 最近美國國家女子足球隊獲得世界盃冠軍，但是獎金只有2018年男子世界盃冠軍的十分之一，因此對美國足球協會提起性別歧視訴訟，要求男女球員「同工同酬」。但也有人認為女子球賽不如男子精彩，觀眾以及票房收入也不及男子球賽，男女球員薪資不平等是反映男女差異的市場機制。你（妳）贊成男女球員獎金一樣嗎？請說明贊成或不贊成的理由。

思考索引：本題屬社會不平等一章中有關性別不平等的範圍，近年來性別不平等議題備受關注，尤其同性婚姻合法上路後，相關時事題型容易出現。

答 請見本書第八章社會不平等-第七點-性別不平等的原因。

四、請試述下列名詞之意涵：
　(一) 網絡社會（network society）
　(二) 依賴理論（dependency theory）
　(三) 非正式經濟（informal economy）
　(四) 醫療化（medicalization）
　(五) 都市狀態（urbanism）

答 (一) 網絡社會（network society）：請見本書第十五章現代化與全球化-第六點-網路社會。

　(二) 依賴理論（dependency theory）：法蘭克（Frank, 1969）依賴理論（dependency theory）指出第三世界國家未能現代化的原因是它們依賴已發展國家，對已發展國家而言，低度發展國家的當前情形對它們具有經濟與政治利益。已發展國家發現第三世界可提供它們需要的原料，並能將產品銷售到第三世界，使它們無需在一個已經高度競爭的世界中從事更嚴重的競爭。通常第三世界國家擁有一種主要農產品（糖或咖啡）或原料（錫或橡膠）做為主要經濟。這些國家經常不具改良經濟與技術資源。所以資源必須從國外引入——從較現代的國家或從西方國家控制的國際機構（例如國際貨幣基金會或世界銀行），從此這些第三世界國家便開始依賴已開發國家。依賴理論認為第三世界國家不能完全依循過去的現代化過程，因為它們的經濟與技術需求和它們在世界經濟中的依賴地位密切相關。

　(三) 非正式經濟（informal economy）：在某些情況下，非正式經濟亦指一般人認為的犯罪（criminal）活動。早期學者從依賴理論（Dependency Theory）觀點研究非正式經濟，認為第三世界國家（邊陲國家，Periphery Country）的非正式部門（Informal Sector）特別發達，主要是第三世界國家許多都市邊陲地帶的移民，因本身缺乏專門技術，只好投入進出容易的非正式部門以維生計；非正式經濟因此和邊緣性、貧窮形成同義詞。惟，1980年代後，經濟體系與生產交易網路的非正式化普遍。因此，非正式經濟被定義為不被管制的（unregulated）經濟活動部門。

(四) 醫療化（medicalization）：請見本書第七章人口與健康-第十七點-生病與社會醫療化。

(五) 都市狀態（urbanism）：又稱都（城）市主義，源自亞當史密斯的觀察，認為最發達的農業國一定也是工商業高度發達的國家；實施最徹底的農業國家，農業一定不發達；最具生產力、最繁榮、最新式的農業一般都位於都（城）市附近。農村的出路在於如何借助城市做出最優技術和農作物多元化發展，避免往兩個極端發展。惟都市狀態一詞在1990年代已被興起的新都市主義（New Urbanism），強調都市規劃設計的新運動所取代，主要來自過度都市化與過度郊區化兩種極端發展的一種衝突折衝。

108年退除役軍人轉任公務人員考試三等

一、權威（authority）與權力（power）有何區別？在歷史發展上及不同社會裡，曾出現過那些正當權威的類型？試根據社會學家韋伯（Max Weber）的學說，回答上述兩個相關的問題。

思考索引：本題屬政治議題範圍，韋伯對於權威的著墨最多，屬於基本概念的送分題型，易拿高分。

答　請見本書第十章政治、教育與經濟-第三點-權力。

二、不少醫學社會學研究文獻指出，人生而健康不平等，因為人們的健康出現性別、族群及社會經濟地位的差距。試舉例加以說明。

思考索引：病理學觀點疾病的醫療，與社會學觀點的患病醫療觀點大不相同，客觀與主觀文化認定上的差異，是受文化深度影響的醫療化定義，舉台灣的生產後坐月子、手術後必須靜養為例即可。

答　請見本書第七章人口與健康-第十七點-生病與社會醫療化。

三、近年來恐怖主義（terrorism）盛行，對各國及世界的秩序與和平帶來嚴重威脅。試舉例說明恐怖主義的性質及其通常的行動目標。

思考索引：社會學很少探討恐怖主義，本題可依個人對於恐怖主義的認知與案例加以發揮。

答　恐怖主義或恐怖份子帶有強烈的負面意義，一般用於政治標籤，譴責實施暴力或暴力威脅的行為者不道德、恣意妄為和不當，亦可用於譴責某類群體，如分離分子、自由鬥士、解放者、革命分子、好戰分子、游擊隊、武裝起義、愛國者或在各種語言和文化當中其他相似的詞語。是指一種會影響所有者做出，為了達成宗教，政治或其他意識形態上目的而故意攻擊非戰鬥人員（平民）或將其安危置之不理，有意製造恐慌暴力行為的思想。另，也有不同的定義指出，恐怖主義是不對稱衝突當中的政治暴力，透過暴力使他人受害或破壞非戰鬥目標（有時是具標誌性的事物）試圖引起恐慌及心理畏懼。恐怖主義的目標在於透過暴力表述在

傳媒面前曝光以達到最佳宣傳效果，影響目標觀眾及達到短期或中期目
的，進一步追求長期的最終目的。恐怖主義常帶有政治目的，如同抗議
和陳情書一樣，恐怖主義是一種政治手段，當激進分子認為別無他法達
成目的時，會採取這種手段。認為如果訴求無法得到實現，會比平民傷
亡帶來更嚴重的後果。簡言之，恐怖主義的受害人被當成目標不是因為
他們是威脅，而是因為他們是恐怖份子眼中特定的象徵、工具或人物。
他們的受害讓恐怖份子散播恐慌目的得以達成，使他們的訊息得以傳達
快速又廣泛，達成其宗教或政治訴求。

四、很多學者宣稱，在 20 世紀後半葉的第 2 個階段，西方社會已經邁入後現代
　　社會（postmodern society）。後現代社會具有那些特質？其與現代社會有何
　　不同？試加以比較並說明。

思考索引：現代化與後現代化是目前探討社會現況的最佳觀點，亦稱工業化社會
　　　　　與後工業社會的分野，拿到理想分數並不困難喔。

答 請見本書第十五章現代化與全球化-第四點-後工業社會。

108年警察考試三等

一、申論題

社會學對社會問題探討有幾個重要理論，包含社會病理說（socialpathology）、社會解組說（social disorganization）、價值衝突說（valueconflict）、偏差行為（deviant behavior）、標籤論（labelling）。先解釋該理論的主要觀念，並針對該理論提出一個適合解釋臺灣當前社會問題的案例，接著說明政府因應該問題的某種社會工作政策或計畫。

二、測驗題

( )　1. 英國社會工作者協會提出的社會工作的基本價值和原則不包括下列何者？　(A)社會正義（social justice）　(B)文化融合（cultural inclusion）　(C)人權（human right）　(D)專業正直（professional integrity）。

( )　2. 對於女性主義的敘述，下列何者錯誤？　(A)探討社會種種因性別差異造成的對女性不利問題　(B)拒絕把人類經驗化約為男人經驗的理論和傾向　(C)批判傳統哲學不客觀中立　(D)拒絕接受各種形式的本體二元論。

( )　3. 依照社會福利的理論觀點來分類，下列何者不屬於巨視觀點的社會工作理論？　(A)經濟決定論　(B)聚合理論　(C)共識理論　(D)交換理論。

( )　4. 下列有關功能派個案工作理論的描述，何者不正確？　(A)主張個人的行為受其意志力的影響　(B)個人的行為是其衝動力、智力、感受和意志的平衡作用　(C)人是自己的創造者　(D)人的一生為解決問題的過程。

( )　5. 社會團體工作的發展過程可以切割成不同階段，這些發展階段大致依循何種路徑？　(A)試探、納入、衝突、維持、工作與結束　(B)納入、試探、衝突、維持、工作與結束　(C)納入、衝突、維持、試探、工作與結束　(D)試探、維持、衝突、納入、工作與結束。

( )　6. 有關社區工作相關名詞的解釋，下列那一項錯誤？　(A)社區營造強調凝聚社區共識，以解決生活問題　(B)社區照顧指提供適當程度

的介入和支持，以使人們在家或社區中類似家的環境儘可能掌控自己生活　(C)社區發展是透過社區積極參與及提案，以創造社區經濟及社會進步的過程　(D)社區工作是指協助人們個別採取行動以改善所屬社區。

( )　7.Kadushin（1974）提出兒童福利的服務方式分類，其中有一類稱為替代性服務，下列那一項不屬於替代性兒童福利服務？　(A)寄養　(B)收養　(C)機構式安置　(D)日間托育。

( )　8.下列有關「社會安全網」的敘述，何者錯誤？　(A)及早介入個人或家庭風險升高的脆弱家庭　(B)協助一般家庭建構支持體系與提供預防性服務　(C)構築一個跨體系的協力網絡　(D)建構「以兒童為中心、以社區為基礎」的服務模式。

( )　9.Bowling和Iliffe（2006）統合多元評量模式，加入年收入、對環境品質的感受、對人身安全的感受來檢驗老人幸福程度，稱為：　(A)社會功能指標　(B)心理幸福指標　(C)世俗指標　(D)生活品質指標。

( )　10.醫務社會工作人員在保護性業務的職責不包含下列那一項？　(A)陪同驗傷　(B)陪同家訪　(C)必要時陪同偵查出庭　(D)責任通報。

( )　11.測量受服務者在接受方案服務後所產生具體可觀察的知識、態度、或行為等層面改變，稱為：　(A)社會影響評估（social impact evaluation）　(B)結果評估（outcome evaluation）　(C)產出評估（output evaluation）　(D)影響評估（impact evaluation）。

( )　12.依照艾瑞克森（Erikson）的生命循環論的觀點，老年期昀主要面臨那些問題與危機？　(A)婚姻問題　(B)認同危機　(C)就業問題　(D)社會疏離。

( )　13.安寧照顧是近年逐漸成熟的服務模式，請問下列何者不符合安寧照顧的基本原則？　(A)人性化　(B)積極治療　(C)類似居家化　(D)病人享有自主權。

( )　14.社會學對於偏差行為的解釋，下列何者正確？　(A)社會衝突論者將偏差行為視為現代社會貧窮現象的擴散與後果　(B)偏差行為的文化觀認為社區整合程度越高，偏差行為的發生率越低　(C)社會結

構論者將偏差行為視為現代社會不平等的產物　(D)社會過程論者認為偏差行為只是一種被標籤化的結果。

( )　15.「個人對於特定族群所存在的心裡依附情感乃至於激發出的行動力量」是指下列何者？　(A)根源依附　(B)族群淨化　(C)族群認同　(D)族群優勢。

( )　16.所得不平等是一種昀普遍的分配不平等，下列何者不是影響所得不平等的因素？　(A)主管的偏愛　(B)政府的控制　(C)資本的累積優勢　(D)勞動力組成的變化。

( )　17.在兒童期所學得的角色行為與價值，到成年期發生顯著改變的過程，稱為：　(A)角色錯亂　(B)再社會化　(C)秩序迷亂　(D)認同危機。

( )　18.以下對於社會階層的論述，那一項不屬於功能學派的看法？　(A)階層是普遍存在的　(B)階層反映社會共享的價值　(C)經濟結構為社會之骨幹　(D)階層經由進化過程改變。

( )　19.韋伯（Max Weber）對於國家的看法有其獨到的見解，以下敘述何者並非韋伯的觀點？　(A)掌握權力的人能夠對其他社會組織及團體施加決定性的影響，亦即國家影響社會發展　(B)強而有力的議會政治能建立符合大眾的利益　(C)國家是受生產關係所決定　(D)被統治者必須相信統治者的地位和權力的合法性，才能維持政治秩序。

( )　20.媒體時常報導許多受到家庭暴力傷害的受害者，即使在受虐嚴重的情形下，仍然難以決定離開施暴者，這種行為稱為：　(A)斯德哥爾摩症候群（Stockholm Syndrome）　(B)恐外心理（Xenophobia）　(C)代罪羔羊（Scapegoat theory）　(D)銘印（Imprinting）。

( )　21.那一派學者認為父母保護其子女是一種天性，與利他主義無關？　(A)生態社會學　(B)社會生物學　(C)文化社會學　(D)環境社會學。

( )　22.墨頓（Robert K. Merton）建議社會學的理論應該是一種介於大型綜合理論與小型研究假設之間的中程理論（middle range theory），依照他的觀點，下列何者不屬於中程理論？　(A)社會流動理論　(B)參考團體理論　(C)角色衝突理論　(D)文化循環論。

（　）23.有位學者認為衝突是與生俱來的，他主張，人天生是以自我為中心，無理性及反社會性。請問這位學者是誰？　(A)馬克思（Karl Marx）　(B)達倫多夫（Dahrendorf）　(C)佛洛伊德（Sigmund Freud）　(D)杜博斯（W.E.B. DuBois）。

（　）24.以下那一種社會控制偏差行為與犯罪的方法可以將全國國民全面進行管理與控制？　(A)物理與科技監控　(B)犯罪化　(C)合法化　(D)福利化。

（　）25.有關臺灣各類社會問題的成因，下列敘述何者錯誤：　(A)人口結構變遷是釀成臺灣人口問題的主因　(B)家庭控制是影響青少年問題的主因　(C)產業結構變遷是勞工問題的主因　(D)人格特質是失業問題的主因。

解答與解析

一、申論題

思考索引：題目指定的五種理論都是社會學在解釋社會問題的理論，建議從你熟悉的理論觀點著手，再以此觀點提出相對應的策略，觀點不同，策略大不相同，建議先想清楚後再挑選一種有把握的理論作答。

答：請見本書第十二章社會問題-第三點-探究觀點

二、測驗題

1.**(B)**。　英國社會工作協會提出的核心價值觀包括承認每個人的內在價值和尊嚴（尊重人）、促進每個人的自我實現，並適當顧及他人的利益（用戶自決和少傷害）、緩解和預防苦難（促進人類福利）、警戒權力濫用（包括政府、社會或機構）所造成的困苦和不公、承諾以負責任、誠信和專業技能提供服務（具有職業操守）、促進社會正義。答案(B)不在其中。

2.**(A)**。　女性主義很多學派，但探討重點在於對男流社會學的批判，之後再繼續思考女性主義的種種現況並力求改善，答案(A)是錯誤的。

3.**(D)**。　交換論屬於小型理論。

4.**(D)**。　人的一生為解決問題的過程是問題解決學派4P中的一個P，不屬於功能派觀點。

5.(A)。　社會團體工作的發展過程依序是：試探、納入、衝突、維持、工作與結束。

6.(D)。　社區工作是協助社區居民以自己的力量及資源改善社區，並非由社工員協助，答案(D)是錯誤的。

7.(D)。　日間托育屬於補充性服務。

8.(D)。　社會安全網是指從出生至死亡的安全保障措施，顯然答案(D)是一種推動方式而已，是錯誤的。

9.(C)。　本題從四個答案的適當性加以篩選，答案(C)世俗指標明顯是錯誤的。

10.(B)。　陪同家訪不在醫務社會工作員的工作範圍之內。

11.(B)。　接受方案後的各面向改變稱之為結果評估。

12.(D)。　老年期面臨的危機是自社會撤退後的社會疏離感。

13.(B)。　安寧照顧明顯已不再繼續接受治療。

14.(D)。　社會學主張成員偏差是來自社會訂定規範，再依據規範貼上違反規範的偏差標籤。

15.(C)。　族群認同感發自內心的情感依附之後再產生具體的行動力量。

16.(A)。　主管的主觀偏愛顯然不是造成分配不平等的原因。

17.(B)。　原有社會化過程學習的一切全部拋棄，重新學習一套新的，屬於再社會化。

18.(C)。　功能學派認為任何社會存在社會階層是最重要也是不可或缺的重要主幹。

19.(C)。　韋伯對於權力和政治及國家有一套獨到觀點，其中，「國家是受生產關係所決定」是馬克思的主張。

20.(A)。　斯德哥爾摩症候群（Stockholm syndrome）又稱人質情結、人質症候群，是一種心理學現象，指被害者對於加害者產生情感，同情加害者、認同加害者的某些觀點和想法，甚至反過來幫助加害者的一種情結。此情感被認為是非理性的、濫用同理心。

21.(B)。　社會生物學是指站在人與生俱來的人性觀點，與生態學和環境學強調所處環境不同，和文化學認為受到社會文化的影響也大不相同。

22.(D)。　答案中，僅文化循環論不屬於墨頓提出的。

23.(C)。　佛洛伊德認為人都是以自我為中心的自私、自我中心觀點。

24.(A)。　物理與科技監控就是以醫學及科技設備建立全民的個人資料，以有效控制社會成員偏差。

25.(D)。　人格特質並非是個人失業的主因，顯然答案(D)是錯誤的。

108年高考三級

一、在各社會中族群認同的形成與發展過程，常可見的現象有族群的根源依附（primordial attachment）及污名化認同（stigmatized identity）。試說明這兩個關於族群認同現象的意義，並各舉一實例闡釋之。

思考索引：台灣近年來非常重視多元文化問題，不論是原住民或新住民，甚至客家文化，都透過各種宣導、教育與提供足夠資源方式，協助各族群加強其文化的宣導與學習工作，尤以原住民及新住民族最為明顯，期望污名化認同的不良現象可以獲得改善，本題屬相對容易得分之題型。

答 根源依附（Primordial Attachment）一詞源自美國人類學家吉爾茲（Clifford Geertz）提出的，是指一個族群用以辨識我群團體（we group）與其它外團體差異的文化特質（cultural trait），即使對於這些特質的認定並無客觀依據，但也能用以持續鞏固族群團體的對外邊界。Geertz曾在1973年指出，二次大戰後的新興國家都是由眾多不同族群組合而成，族群成員仍受到強烈根源依附情感左右，導致多重且明顯的族群自我意識間，因為競爭、對立乃至武力衝突不斷發生。因此，根源依附泛指一個族群成員由於血緣、語言、文化、歷史記憶等根基因素，經由天生賦與或經年累月沉浸於相近的歷史文化與生活習慣中自然而然發展出來的一種族群認同（ethnic identity），這樣的認同感讓成員心甘情願為所屬族群奉獻、犧牲。最終，從根源依附衍生眾多相關概念，包含：族群、族群意識、族群關係、族群論述、族群想像、族群疆界、族群認同、族群運動及族群屠殺等。台灣的閩南人、客家人、外省籍及原住民非常明顯各有各的根源依附。

而污名化認同（stigmatized identity）係指一個特定群體，由於歷史背景因素或其特殊的社會情境等，讓社會中其他團體，一般多為較優勢、強勢群體對其賦予負面的刻板印象的形容，而其所屬語言或文化權益等長期被社會忽視，進而造成此群體中的成員本身對於自身所屬族群亦持有負面評價，認為其文化較為落後、卑微等，降低其認同感，產生對自己所屬團體認同上的危機，甚至可能排斥其母文化及其表徵，而向主流文化（mainstreaming culture）靠攏或被同化，台灣的原住民文化就是明顯的污名化認同，樂觀、熱情、好逸惡勞、不擅理財等等都是漢族對於原住民族的污名化。

二、我國立法院在一片社會爭議中，於日前三讀通過同婚法案，明訂同性伴侶可登記結婚，臺灣成為同性婚姻法制化國家。試舉出這項法案遭受反對的理由，並說明其通過的社會學意義。

思考索引：本題屬於時事題，同性婚姻合法化於108年5月24日上路，讓台灣成為亞洲第一個承認同性婚姻的國家，雖然同性婚姻在歐洲部分國家，甚至在國內都有不同的反對聲浪，但本法案通過施行，在多元家庭與多元文化的社會平等議題上，是值得重視的議題。

答　《司法院釋字第748號解釋施行法》（俗稱同婚法案），是依據107年底公投第12案結果所制定的專法，108年5月24日正式上路，當天近500對完成結婚登記，實施滿1年，總計4,050對完成結婚登記。本法案遭極力反對的理由分別有：

(一) 同性婚姻者不具自然生育能力，不利台灣家庭延續與人口成展台灣少子化問題嚴重，生育率下降迅速，全球排名敬陪末座，相較新加坡、南韓、日本等都要更低。低生育率將造成勞動力與生產力不足、財稅收入減少等眾多嚴重問題，加速社會高齡化，影響國家競爭力。一男一女的婚姻及自然生育傳承，合乎促進台灣人口永續發展的公共利益。

(二) 愛滋病最大來源是男男性行為，已成青少年十大死因根據統計，台灣民眾感染愛滋病的危險因子中，最高的為同性性行為，感染來源以男男性行為感染愛滋病者最高，每年國家支付愛滋病醫療費用高達新台幣30億，且每年仍逐漸成長中，同性婚姻入法等於變相鼓勵同性性行為，不利愛滋病防治及政府財政負擔。

(三) 不符未成年子女的最佳利益保障在一個具有長期承諾、穩定、受法律保障的一男一女婚姻關係中，子女能獲得父母良好照顧及教養。

(四) 將消耗國家龐大資源，影響政府經濟發展：所有涉及婚姻、親屬、生殖、財產繼承、保險撫卹之相關法令全都需要檢視與修改，各級行政機關作業流程及系統亦隨之修正，立法院亦須投入心力審視、修訂相關法令條文，耗費龐大行政、立法資源，對全國人民影響很大。

(五) 同性婚姻在很多國家造成激烈衝突，臺灣倉促推動，勢必引起社會爭議與內耗法國通過同性婚姻後引發30年來法國最大的街頭抗議，美國加州為了同性婚姻舉行公投，英國《每日電訊報》亦評論同性

婚姻將為英國社會帶來「亨利八世統治以來最大的衝突」。臺灣倉促推動，勢必造成國家社會更多對立及內耗。

(六) 歐洲人權法院尚未作出定論，臺灣不應成為華人地區第一隻白老鼠。目前僅11個歐盟會員國承認同性婚姻，少數國家承認其享有「某種形式的登記關係」，多數歐洲國家完全不承認同性伴侶的法律地位，歐洲人權法院亦提出，不承認同性婚姻並不違反歐洲人權公約。重視婚姻與世代傳承的華人地區，未見其他國家承認同性婚姻。同性婚姻法通過施行，凸顯社會學強調的多元文化、多元家庭的社會平等的社會現象獲得明顯改善，加以，顯現多年以來的婚姻平權社會運動成功達成立法目標。

三、綜觀各國社會控制偏差與犯罪的方法，大體有犯罪化、合法化、疾病化、福利化、修復正義、物理科技監控六種。其中，修復正義（restorative justice）方法的內涵是什麼？主張這個方法的意義或目的何在？試舉例說明。

思考索引：從社會學的角度看偏差或犯罪，主要是社會規範訂定不當、社會化結果甚或周遭人依據規範給予定義偏差的結果，忽略偏差者或犯罪者必須修復至原本的行為或表現，將懲罰或矯正方式轉型為修復。

答 修復正義（Restorative Justice）源自1970年代中葉，部分司法人員和被害者團體開始注意被害人於傳統刑事訴訟中不被重視，僅被傳喚當證人。為促使被害人及其家屬傷痛受到重視，為了讓犯罪者明確其造成的傷害程度和範圍，並給予道歉或彌補機會，開始試行修復正義。修復正義主張控制偏差或處理犯罪事件不應只從法律觀點出發，以規範標準界定其行為是否違背，也應從「社會衝突」、「人際關係衝突」觀點解決偏差或犯罪案件。強調「社會關係」修復，亦即，當事者的權利、尊嚴均應得到滿足，個人、團體與社區已損壞的社會關係亦得到應有的修復。易言之，社會復歸不只發生在偏差行為者或犯罪的加害人，連同被害者及社區均需復歸至未發生偏差或犯罪案件之前的正常生活。

執行修復正義時必須避免強迫或誘騙被害者以廉價條件原諒偏差者或犯罪的加害人（例如常見的犯罪賠償金額低估、法律系統的消極或被動等等），也要避免加害人表面假裝改過或暫時性的改變行為；尤其是性侵

害、殺人、虐待等無法或難以回復的犯罪（此類犯罪更容易讓被害人或其家屬長期處於悲傷狀態甚或罹患嚴重心理疾病，這種病難以治癒及有效控制，病人將終身承受痛苦）。

因此，修復正義應謹慎使用甚或禁止使用，尤其是必須正視被害人與家屬的受害程度，否則修復正義將成為對受害人的嘲諷或是重罪輕判的藉口、對犯罪者的變相鼓勵。

綜上，修復正義是一種以積極態度匯聚各方力量，以修復受損社會關係的司法活動與過程，核心思想在於使傳統的「懲罰」、「矯正」轉型為「修復」，具修復性、參與性、社會性、前瞻性及靈活性特徵，以「癒合」為最終目標。

四、當代歐美及東亞的社會流動研究指出，除中國大陸之外，不論是工業化國家或發展中國家，包括臺灣在內，各社會都受到階級繼承、跨級流動障礙及產業區隔等三種力量的影響，其流動性皆呈現相當穩定的狀態。試分析上述三種力量如何影響這些社會的流動性趨於穩定狀態。

思考索引： 在社會變遷的過程中常見的社會流動方式，不外有衝突學派主張的階級複製的階級繼承，尤其在破除階級承繼的跨越階級流動中出現眾多障礙，至於產業區隔也是造成跨級流動的障礙之一，因此，任何社會的社會階級依然存在，社會不平等的現象依舊無法獲得有效的改善。

答 階級流動（class mobility）是社會階層化領域長久以來關注的議題，東亞新興工業社會的台灣，是否走向後工業化或全球化的社會轉型，也就是說，過去近20年間，台灣的階級結構發生相當大的轉變，自僱者與無酬家屬勞動者快速減少；專業技術人員擴張，「黑手變頭家」與「頭家娘」現象逐漸消失。最明顯的是階級流動，父母的階級位置對子女階級繼承的影響愈來愈有有限，階級流動愈加依賴文化資本的代際傳遞。

階級承繼效果（inheritance）：是指階級不流動的力量分為三類：留在原階級的「階級繼承」、因為小雇主可透過代間文化資本及財富移轉產生的額外繼承力量，稱為「資本繼承」效果，及因為透過土地繼承及對於土地特別情感產生的農地「土地繼承」效果，都是台灣社會特有的階

級承繼現象。隨著高等教育擴張，女性勞動力大量進入專業技術領域，男性體力勞工與自僱者收入下滑，縮減性別間的工資差異。台灣所得分配不平等主要來自資本主義階級分化，非技術勞工與技術勞工差異亦逐漸擴張，資本與技術擁有者的利益提升，是貧富差距惡化的主要來源。也就是說，台灣過去20年來的階級結構與社會不平等變遷，雖然具備無產化特徵，後工業化是主要的轉型軌跡。

至於，產業或市場區隔不僅是靜態概念，更是動態過程，是指要瞭解某一群特定消費者的特定需求，透過新產品或新服務或新溝通形式，使消費者從認知到使用產品或服務，並回饋相關訊息的過程。產業區格的基本法則之一在於確定目標群體，通常都是相同次文化的某一特定階級者擁有共同的消費者特性，以房屋市場為例，中產階級的特定族群都以房價中低價位及地點不致於偏僻的地區為主，與上社會階層的豪宅、明星學區、商業區有所區隔。再以農業的初級（第一級產業）的產業效果為例，上一代是務農的，下一代要流動至非農業實屬不易，因為農業技術不易移轉成都市工作有用的技能，工作機會資訊欠缺及缺乏都市人脈等社會資本所產生的障礙。

108年調查局特考三等

思考索引：種族中心主義及文化相對論是指對待異文化不應表現及應持有的態度，屬送分題。

答 請見本書第五章文化與宗教-第一點-文化-(七) 理論觀點。

思考索引：從社會學的觀點解釋偏差行為有眾多不同的理論，從答題容易度觀之，屬相對易拿高分的題型。

答 請見本書第十四章偏差與社會控制-第一點-偏差 3. 社會學的觀點。

思考索引：家庭暴力案件時有所聞，不論是同居人、夫妻之間、親子之間都會發生，在案件數、暴力類型及殘暴程度上都呈現增加及惡化趨勢，若常關注社會時事或議題，會有基本概念，在社會工作或社會福利服務科目是必考題目（亦可參考本社出版相關書籍）。

答 近年來社會對於家庭功能失調有諸多探討，主要來自性別平等概念意識培力提升、少子女化及家庭暴力案件及殘暴度提高所致，站在家庭及社會不平等觀點關注，原本屬於社會工作領域著力的社會問題之一，有時候站在社會學角度觀察，會有不同的主張。

依家庭暴力防治法第2條規定，家庭暴力指的是「家庭成員間實施身體、精神或經濟上之騷擾、控制、威脅或其他不法侵害之行為」，分類上分別有：

(一) 身體層面的家庭暴力類型，舉例如下：虐待、遺棄、押賣、強迫、引誘從事不正當之職業或行為、濫用親權、利用或對兒童少年犯罪、傷害、妨害自由、性侵害…等。包括有鞭、毆、踢、捶、推、拉、甩、扯、摑、抓、咬、燒、扭曲肢體、揪頭髮、扼喉或使用器械攻擊等方式。（轉引自彭懷真，1999）

(二) 精神層面的家庭暴力類型，舉例如下：

　　1. 言詞虐待：用言詞、語調之方式對被害人進行脅迫或恐嚇，以企圖控制被害人。如謾罵、吼叫、侮辱、諷刺、恫嚇、威脅傷害被害人或其親人、揚言使用暴力等。

　　2. 心理虐待：如竊聽、跟蹤、監視、冷漠、鄙視、羞辱、不實指控、試圖操縱被害人等足以引起被害人精神痛苦的不當行為。

　　3. 性虐待：強迫性幻想或特別的性活動、逼迫觀看性活動、色情影片或圖片等。

(三) 經濟層面的家庭暴力類型，舉例如下：不提供生活費、過度控制家庭財務、強迫擔任保證人、強迫借貸等惡性傷害自尊的行為。

四、請從「環境社會學（Environmental Sociology）」，討論人類社會與全球暖化的關係。

思考索引：社會學對於環境的探討相對缺乏，討論生態環境是從文化人類學的觀點出發，探討環境變遷出現的各個問題，是從社會問題的面向切入，單純從環境角度倒是少見，本題亦有考生可發揮之處，從社會學的想像理論出發，是最佳的選擇。

答　環境社會學（Environmental sociology）是因應1960年代出現的環境運動，自1970年代後期成為社會學的一門子學科，是研究自然環境與社會之間相互作用的學科。研究重點是從社會因素造成的環境資源管理及其導致的環境問題，分別從社會結構、社會問題和社會反應（societal responses）面向探討造成的各項因素。易言之，環境社會學者特別重視社會因素導致的環境問題、社會影響的環境問題並嘗試解決問題。此外，也關注某些因為環境條件而在社會上被定義為問題的社會過程（social processes）。

2018年8月20日，年僅15歲瑞典少女童貝里（Greta Thunberg）拿著手繪

「為氣候罷課」標語，前往瑞典議會大樓外抗議，此舉打開沉悶多年的氣候社會運動，受童貝里感召，各地年輕人以 "Fridays for the Future" 為名，醞釀氣候罷課大串聯，希望透過學童力量敦促各國政治人物和企業積極採取行動，擔負對抗全球暖化責任，估計全世界150多個國家，2000多個城市，近200萬人走上街頭，提醒世人，氣候變遷是現在進行式，採取行動刻不容緩。

總之，社會學對於氣候變遷研究，跳脫僅透過科技手段解決環境問題，更重要的是要將暖化現象視為一個「社會」問題，社會學的想像（Sociological Imagination）不僅可幫助我們看透或剖析個人生活與社會脈絡的連結，更可讓我們想見「人類社會」與「自然環境」兩者如何互動，洞悉我們如何建構一個對環境大肆破壞、不永續的社會結構的瞭解切入，再從「氣候變遷與社會不平等」探討，談談社會學如何幫著社會應對此嚴峻的環境挑戰。

108年地方特考三等

一、在全球化的趨勢下，不同的文化接觸與互動過程中，可能出現一種文化帝國主義（cultural imperialism）及其反應和抗衡的現象。文化帝國主義是什麼？它會引起怎樣的反應和抗衡活動？試至少舉一個曾發生在臺灣的實例說明。

思考索引：本題是站在全球化的觀點，看待已發展國家的優勢文化對於發展中及低度發展國家的深度影響，雖有零星抗衡行動與力量，仍是無法逃脫其文化的深度與持續影響，拿到理想分數不困難。

答 文化帝國主義（Cultural imperialism）又稱「文化殖民主義」，與歷史上所見的帝國主義以軍事力量入侵他國概念相近。泛指全球媒體輸出者支配文化較弱勢的國家之媒介消費趨勢，將本身的文化及其他價值加諸在他國的閱聽人上，其中的輸出內容還包含科技、所有權、生產價值、專業意識形態等等。文化帝國主義是二次大戰後興起的一個概念，指控西方已發展國家強加於第三世界國家的一種新的控制形式，包含兩層含義：

(一) 現象層面：指與資本主義/帝國主義全球擴張有機結合的文化現象，如宣揚或隱含西方意識形態的大眾傳播、消費主義的生活態度和生活方式，以及由此引發的其他文化傳統的瓦解和民族認同的危機等，這層含義側重於事實層面。

(二) 認知層面：一整套思考角度、學術探討、理論觀點、價值取向及研究方法等話語體系，其中，特別著重解析大眾傳播媒介的關鍵性作用和決定性意義，因此，文化帝國主義也被等同於媒介帝國主義。以台灣的資訊使用為例，英美體系的科技產品以及說明書內容，甚至媒體廣告完全進入台灣人的生活之中，雖有拒買或少買的零星社會運動產生，但迫於生活的便利性，仍是受該科技產品所左右。

二、法國社會學者 Pierre Bourdieu 曾經提出文化資本（cultural capital）的概念，
　　並藉以主張這是形成與維繫教育及社會不平等的重要原因。試申其意並舉例
　　說明。

思考索引：教育制度本身造成階層和階級的複製，布爾岱的文化資本論也是重要
　　　　　的理論觀點之一，以台灣的北部各國立大學的學生都來自北部、中上
　　　　　社會階層為例加以說明，是相對有把握的作答方式。

答 請見本書第九章社會階層、階級與流動-第二點-階層化與社會階層-(4)
　文化資本論。

三、何謂公民社會（civil society）？為何其存在有利於民主政治的發展？臺灣公
　　民社會的興起與發展有何特徵及態勢？

思考索引：公民社會是民主國家的重要表徵，從馬克思主義提出此一名詞之後，
　　　　　成為通用的名詞，尤其是台灣在民主過程中，完全都符合公民社會所
　　　　　提出的各項特質和演進，請以公民社會對抗國家、制衡國家、共生共
　　　　　強、參與國家及合作互補五種型態加以說明。

答 請見本書第十章政治、教育與經濟-第六點-公（市）民社會與國家。

四、有學者指出，在戰後臺灣都市發展的過程中，其所面臨的問題與挑戰，可謂和
　　多數開發中國家的遭遇大同小異。試就其犖犖大者，至少舉出二個加以說明。

思考索引：每個國家發展軌跡雷同，從低度發展至發展中，再到已發展國家，台
　　　　　灣亦不例外，可從都市首要性及過度都市化等兩個問題加以說明，即
　　　　　可拿到理想分數。

答 請見本書第六章家庭與社區-第二點-社區-(九) 開發中國家的都市特性。

109年高考三級

一、我國司法院大法官於民國109年作出解釋，宣告刑法第239條通姦罪違憲，通過通姦除罪化，試從此法律修正說明家庭定義與功能的改變。

思考索引：近幾年來，人民對於個人自由權更加重視，常有聲請大法官釋憲案例出現，在106年5月24日釋字第748號解釋不同性別者可辦理結婚登記之後，在109年釋字第554號又做出刑法第239條通姦罪違憲的解釋，若能經常關注時事問題，當能在考前做出適當準備，多收集相關資料，定能拿到理想分數。

答 司法院大法官於109年釋字第554號做出解釋，宣告刑法第239條通姦罪違憲，說明國家為確保婚姻制度存續與圓滿，自得制定相關規範，約束夫妻雙方互負忠誠義務。性行為自由與個人人格有不可分離關係，固得自主決定是否及與何人發生性行為，依憲法第22條規定，於不妨害社會秩序公共利益之前提下，始受保障。婚姻關係存續中，配偶之一方與第三人間之性行為應為如何之限制，以及違反此項限制，應否以罪刑相加，各國國情不同，應由立法機關衡酌定之。

刑法第239條通姦罪，固對人民之性行為自由有所限制，惟此為維護婚姻、家庭制度及社會生活秩序所必要。為免限制過嚴，同法第245條第1項規定通姦罪為告訴乃論，以及同條第2項經配偶縱容或寬恕者，不得告訴，對於通姦罪附加訴追條件，乃立法者就婚姻、家庭制度之維護與性行為自由間所為價值判斷，並未逾越立法形成自由之空間，與憲法第23條比例原則規定尚無違背。

上述解釋認為刑法第239條通姦罪合憲，認為限制人民之性行為自由，係為維護婚姻、家庭制度及社會生活秩序所必要，並認為通姦罪之附加追訴條件，係立法者就婚姻、家庭制度之維護與性行為自由間所為價值判斷，並未逾越立法形成自由之空間。

此釋憲非常明顯是基於家庭乃兩個以上的人基於婚姻關係所成立，具有生育、經濟、心理、宗教、福利等多項功能，通姦罪除罪化之後，家庭組成的基本定義產生質變，家庭的功能亦不如以往的侷限於特定對象。

亦即，通姦罪保障內容有二：

(一) 關於婚姻制度下夫妻家庭生活之保護，關於父母子女間家庭生活之保護及注重一夫一妻婚姻制度維持，長久以來，台灣對於「婚姻制度」理解為「一夫一妻制」，因此，法理上對於通姦罪之保護法益，將其等同於重婚罪，是用以保護「一夫一妻制的健全性秩序」，甚至大法官釋字第554號解釋理由書中，亦直接將通姦罪理解為破壞一夫一妻之婚姻制度。由此可見，家庭的組成與功能隨之產生定義和功能上的改變。

(二) 刑法所具一般預防功能，於信守夫妻忠誠義務使之成為社會生活之基本規範，進而增強人民對婚姻尊重之法意識，及維護婚姻與家庭制度之倫理價值，仍有其一定功效。立法機關就當前對夫妻忠誠義務所為評價於無違社會一般人通念，而人民遵守此項義務規範亦非不可期待之情況下，自得以刑罰手段達到預防通姦、維繫婚姻之立法目的。

二、當代資本主義出現福特主義與後福特主義兩種生產方式，試分析臺灣的中小企業體制屬於那一種生產方式？又其形成的背景為何？

思考索引：台灣中小企業佔所有企業比例高達95.4%，小規模或微型是其特色，和後福特主義所強調的特質相近，在本書第15章現代化的後工業社會乙節可找到標準答案，是簡單題型。

答　請參考本書第十五章現代化與全球化中的後工業社會乙節。

三、最近美國發生非裔美人佛洛伊德被警方壓頸致死事件，引發全球反種族主義運動，試從社會運動的「結構性緊張理論」討論其產生的原因。

思考索引：反種族歧視的社會運動屬於社會運動的一種，長期以來方興未艾，尤以近期非裔美人佛洛伊德遭警方壓頸致死，導致全球各地反種族歧視社會運動再度興起，本題屬容易拿分題型。參考本書第13章集體行為與社會運動的社會運動理論剝奪論（又稱結構緊張論）圖13-5一目了然。

答　參見本書第十三章集體行為與社會運動的社會運動理論之一剝奪論（又稱結構緊張論）答題，圖13-5的基本形式說明，非常清楚）。

四、請試述下列名詞之意涵：
(一) **制度性歧視**（institutional discrimination）
(二) **都市首要性**（urban primacy）
(三) **標籤理論**（labelling theory）
(四) **非正式的規範**（informal norm）
(五) **同居伴侶關係**（domestic partnership）

答 (一) 制度性歧視（institutional discrimination）：制度化種族歧視是一種社會現象，使得種族歧視的模式，成為固定的社會結構，因此，不須故意製造偏見，僅按預定既有的方式運作，制度將使得種族歧視繼續下去。

(二) 都市首要性（urban primacy）：一個國家內一個大都市或幾個大都市較其他都市規模大很多的現象，即顯示都市首要性。通常以第一大都市人口是第二大都市的二倍、第三大都市的三倍（以此類推）為適度，若第一大都市與其他都市的規模超過如此的倍數越多，或前幾個大都市與其他都市間的差距越大，則都市重要性越明顯。人口的集中某些都市，通常也意味著資源集中在這些都市。

(三) 標籤理論（labelling theory）：標籤理論研究社會問題時，強調主觀面的研究。基本觀點是當一個人的行為被扣上偏差的帽子時，偏差者就會被迫接受團體所指派的偏差身分與角色，這個情境對個人有相當的影響。沒有任何一個人天生是偏差者，偏差行為之所以被視為偏差，是大家如此稱呼與界定。因此，一個社會情境要成為社會問題，仍繫於主觀的認定與界定。

(四) 非正式的規範（informal norm）：請參考本書第五章社會規範。

(五) 同居伴侶關係（domestic partnership）：在108年5月24日同性婚上路前，相同生理性別的兩男或兩女可以到戶政機關辦理同性伴侶註記，與同性結婚登記不同，僅屬於同性共同居住的伴侶關係，但108年5月24日後，同居的同性伴侶亦可至戶政機關辦理結婚登記，依兩人的自由選擇而定。

高普｜地方｜各類特考
共同科目

名師精編・題題精采・上榜高分必備寶典

1A011091	法學知識－法學緒論勝經	敦弘、羅格思、章庠	590元
1A021101	國文--多元型式作文攻略(高普版)	廖筱雯	360元
1A031091	法學緒論頻出題庫	穆儀、羅格思、章庠	470元
1A041101	最新國文多元型式作文勝經	楊仁志	490元
1A961101	最新國文－測驗勝經	楊仁志	630元
1A971081	國文－作文完勝秘笈18招	黃淑真、陳麗玲	390元
1A851091	超級犯規！國文測驗高分關鍵的七堂課	李宜藍	650元
1A551071	最新國文--橫式公文勝經	楊仁志	450元
1A911101	國文─公文寫作捷徑攻略	張良、方華	近期出版
1A421101	法學知識與英文 (含中華民國憲法、法學緒論、英文)	龍宜辰、劉似蓉等	590元
1A831101	搶救高普考國文特訓	徐弘縉	近期出版
1A681091	法學知識－中華民國憲法(含概要)	林志忠	530元
1A801101	中華民國憲法頻出題庫	羅格思	近期出版
1A811091	超好用大法官釋字工具書+精選題庫	林俐	490元
1A051091	捷徑公職英文：沒有基礎也能快速奪高分	德芬	510元
1A711101	英文頻出題庫	凱旋	近期出版

以上定價，以正式出版書籍封底之標價為準

千華數位文化股份有限公司

■新北市中和區中山路三段136巷10弄17號 ■千華公職資訊網 http://www.chienhua.com.tw
■TEL: 02-22289070　FAX: 02-22289076 ■服務專線：(02)2392-3558・2392-3559

高普｜地方｜各類特考

名師精編課本・題題精采・上榜高分必備寶典

法律・財經政風

1F191091	行政法輕鬆上手	林志忠	600元
1F141101	國考大師教你看圖學會行政學	楊銘	620元
1N021091	心理學概要(包括諮商與輔導)嚴選題庫	李振濤	530元
1N251101	社會學	陳月娥	600元

勞工行政

1E251101	行政法(含概要)獨家高分秘方版	林志忠	590元
2B031091	經濟學	王志成	590元
1F091101	勞工行政與勞工立法(含概要)	陳月娥	630元
1F101091	勞資關係(含概要)	陳月娥	590元
1F111091	就業安全制度(含概要)	陳月娥	630元
1N251101	社會學	陳月娥	600元

戶政

1F651091	民法親屬與繼承編(含概要)	成宜霖等	580元
1F341101	統整式國籍與戶籍法規	紀相	近期出版
1F241101	移民政策與法規	張瀚騰	近期出版
1E251101	行政法(含概要)獨家高分秘方版	林志忠	590元
1F281101	國考大師教您輕鬆讀懂民法總則	任穎	近期出版
1N441091	人口政策與人口統計	陳月娥	610元

以上定價，以正式出版書籍封底之標價為準

千華數位文化股份有限公司

■ 新北市中和區中山路三段136巷10弄17號 ■ 千華公職資訊網 http://www.chienhua.com.tw
■ TEL: 02-22289070 FAX: 02-22289076 ■ 服務專線：(02)2392-3558・2392-3559

學習方法系列

【本系列特色】

名師傾囊相授讀書技巧，國家考試高分上榜指南！
國考達人上榜經驗分享，您不可不知的備考竅門！

1D011081

國考必勝的心智圖法

孫易新 編著　　370元

1D021041

100問答國考必達-上榜生偷吃步

蔡朝勳 編著　　350元

1D031051

你一定可以學好英文-國考英文應考對策

黃亭瑋 編著　　360元

1D041071

圖解最省力的榜首讀書法：
雙榜狀元讀書秘訣無私大公開

賴小節 編著　370 元

1D051061

15招最狂國考攻略

謝龍卿 編著　430 元

1D061081

請問，國考好考嗎？

開心公主 編著　350 元

1D071081

零基礎考上國考-照著做，你也會上榜

黃柏 著　390 元

1D081091

國考聖經

王永彰 著　630 元

頂尖名師精編紙本教材

超強編審團隊特邀頂尖名師編撰，最適合學生自修、教師教學選用！

千華影音課程

超高畫質，清晰音效環繞猶如教師親臨！

TTQS 銅牌獎

多元教育培訓
數位創新

實戰面授課程

不定期規劃辦理各類超完美考前衝刺班、密集班與猜題班，完整的培訓系統，提供多種好康講座陪您應戰！

現在考生們可以在「Line」、「Facebook」粉絲團、「YouTube」三大平台上，搜尋【千華數位文化】。即可獲得最新考訊、書籍、電子書及線上線下課程。千華數位文化精心打造數位學習生活圈，與考生一同為備考加油！

遍布全國的經銷網絡

實體書店：全國各大書店通路

電子書城：
▶ Google play、🔖 Hami 書城 …
Pᵉ Pube 電子書城

網路書店：
🔶千華網路書店、📗博客來
MOMO 網路書店…

書籍及數位內容委製服務方案

課程製作顧問服務、局部委外製作、全課程委外製作，為單位與教師打造最適切的課程樣貌，共創 1+1＝無限大的合作曝光機會！

多元服務專屬社群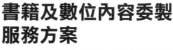

千華官方網站、FB 公職證照粉絲團、Line@ 專屬服務、YouTube、考情資訊、新書簡介、課程預覽，隨觸可及！

~~ 不是好書不出版 ~~
最權威、齊全的國考教材盡在千華

千華系列叢書訂購辦法

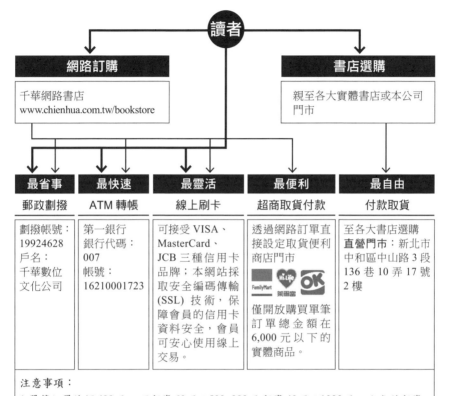

讀者

網路訂購
千華網路書店
www.chienhua.com.tw/bookstore

書店選購
親至各大實體書店或本公司門市

最省事	最快速	最靈活	最便利	最自由
郵政劃撥	ATM 轉帳	線上刷卡	超商取貨付款	付款取貨
劃撥帳號：19924628 戶名：千華數位文化公司	第一銀行 銀行代碼：007 帳號：16210001723	可接受 VISA、MasterCard、JCB 三種信用卡品牌；本網站採取安全編碼傳輸 (SSL) 技術，保障會員的信用卡資料安全，會員可安心使用線上交易。	透過網路訂單直接設定取貨便利商店門市 FamilyMart Hi-Life 萊爾富 OK 僅開放購買單筆訂單總金額在 6,000 元以下的實體商品。	至各大書店選購 直營門市：新北市中和區中山路 3 段 136 巷 10 弄 17 號 2 樓

注意事項：

1. 單筆訂單總額 499 元以下郵資 60 元；500~999 元郵資 40 元；1000 元以上免付郵資。
2. 請在劃撥或轉帳後將收據傳真給我們 (02)2228-9076、客服信箱：chienhua@chienhua.com.tw 或 LineID:@chienhuafan，並註明您的姓名、電話、地址及所購買書籍之書名及書號。
3. 請您確保收件處必須有人簽收貨物（民間貨運、郵寄掛號），以免耽誤您收件時效。

訂單及匯款確認

收到產品

我們接到訂單及確認匯款後，您可在三個工作天內收到所訂產品（離島地區除外），如未收到所訂產品，請以電話與我們確認。

※ 團體訂購，另享優惠。請電洽服務專線 (02)2228-9070 分機 211,221

千華數位文化

國家圖書館出版品預行編目(CIP)資料

社會學/

陳月娥編著. -- 第二十版. –

新北市 : 千華數位文化, 2020.11

　　　面 ；　公分

ISBN 978-986-520-157-9(平裝)

1.社會學

　　540　　　　　　　　109017583

社會學

編　著　者：陳　月　娥

發　行　人：廖　雪　鳳
登　記　證：行政院新聞局局版台業字第 3388 號
出　版　者：千華數位文化股份有限公司
　　　　　　地址／新北市中和區中山路三段 136 巷 10 弄 17 號
　　　　　　電話／ (02)2228-9070　　傳真／ (02)2228-9076
　　　　　　郵撥／第 19924628 號　千華數位文化公司帳戶
　　　　　　千華公職資訊網：http://www.chienhua.com.tw
　　　　　　千華網路書店：http://www.chienhua.com.tw/bookstore
　　　　　　網路客服信箱：chienhua@chienhua.com.tw

法律顧問：永然聯合法律事務所
編輯經理：甯開遠
主　　編：甯開遠
執行編輯：鍾興諭
校　　對：千華資深編輯群
排版主任：陳春花
排　　版：邱君儀

出版日期：2020 年 10 月 30 日　　　第二十版／第一刷

本書如有勘誤或其他補充資料，
將刊於千華公職資訊網　http://www.chienhua.com.tw
歡迎上網下載。